Handbook

水运工程施工监理手册

交通运输部水运司 编

人民交通出版社
China Communications Press

内 容 提 要

本书是在总结10余年水运工程施工监理经验的基础上，结合水运工程特点，以最新的标准、法规为依据，编写而成的。其主要内容包括：水运工程的基本理论、招投标、监理组织和监理文件的编制，水运工程施工监理过程控制、施工质量、进度、费用、安全、监控以及监理合同、信息管理和组织协调工作，水运工程施工工程材料、混凝土与钢筋混凝土工程各种码头结构型式，防波堤、护岸、陆域形成、软基处理、道路堆场、航道整治与疏浚的监理质量控制。

本书特色突出、实用性、指导性强，具有可操作性，是水运工程施工监理从业人员的重要工具书。

图书在版编目(CIP)数据

水运工程施工监理手册/交通运输部水运司编. —北京：人民交通出版社，2008.7

ISBN 978-7-114-07210-9

Ⅰ.水…　Ⅱ.交…　Ⅲ.航道工程—工程施工—监督管理—技术手册　Ⅳ.U615.1-62

中国版本图书馆CIP数据核字(2008)第081256号

书　　名：水运工程施工监理手册
著 作 者：交通运输部水运司
责任编辑：刘永芬
出版发行：人民交通出版社
地　　址：(100011)北京市朝阳区安定门外外馆斜街3号
网　　址：http://www.ccpress.com.cn
销售电话：(010)59757969，59757973
总 经 销：北京中交盛世书刊有限公司
经　　销：各地新华书店
印　　刷：北京宝莲鸿图科技有限公司
开　　本：787×1092　1/16
印　　张：34.5
字　　数：800千
版　　次：2008年7月第1版
印　　次：2008年7月第1次印刷
书　　号：ISBN 978-7-114-07210-9
印　　数：0001～2000册
定　　价：100.00元
(如有印刷、装订质量问题的图书由本社负责调换)

《水运工程施工监理手册》编委会

顾　　问：李悟洲
主任委员：徐光
副主任委员：仉佰强　苏炳坤　李永恒　黄　勇　卢永昌
委　　员：（以姓氏笔划为序）
王　玮　刘志杰　李　聪　乔宝根　杨振寰
赵利平　高月珍　郭华才

《水运工程施工监理手册》编写单位

主编单位：广州南华工程管理有限公司（原南华建设监理所）
参编单位：长沙理工大学（原长沙交通学院）
大连理工大学
天津中北港湾工程监理有限公司（原天津中北港湾监理事务所）
上海东华建设管理有限公司（原上海东华建设监理所）
长航监理有限公司

《水运工程施工监理手册》编写组

主　编:王　玮

副主编:(以姓氏笔划为序)

刘志杰　乔宝根　汤伟代　赵利平

俞建洲　谭　艺　张　晗

编写人:

王祖志　赵利平　王　玮(第一篇第一章)

王祖志　王　玮(第一篇第二、三章)

王祖志　贺　辉　王　玮(第一篇第四章)

刘志杰　王　玮(第二篇第一、二、六、七章)

胡立万　王　玮(第二篇第三章)

宋向群　王　玮(第二篇第四、五章)

杨晓萍　王　玮(第二篇第八章)

杨晓萍　张春生(第二篇第九章)

杨晓萍　王　玮(第二篇第十章)

杨晓萍　胡立万(第二篇第十一章)

汤伟代　胡鹏云(第三篇第一章)

汤伟代　胡鹏云(第三篇第二章)

张　晗　程端华(第三篇第三章)

张　晗　付金芳(第三篇第四章)

刘树勋　严彤章　付金芳(第三篇第五章)

孙育民　胡鹏云　徐云山(第三篇第六章)

金振起　程端华　鲁若云(第三篇第七章)

乔宝根　吴　翔　曹湘波(第三篇第八章)

朱义平　程端华(第三篇第九章)

张　晗　杨振寰(第三篇第十章)

马立东　杨振寰(第三篇第十一章)

姜海福　杨振寰(第三篇第十二章)

刘锡吾　曹湘波(第三篇第十三章)

曹湘波　谭　艺(第三篇第十四章)

《水运工程施工监理手册》审查组

主　审：杨振寰
副主审：李　聪
审查人：（以姓氏笔划为序）
付金芳　胡鹏云　程端华　曹湘波

前　言

工程监理制度作为我国20世纪80年代基本建设管理体制改革确立的重要制度，在我国水运工程建设中发挥了重要作用，取得了显著效果。

由于水运工程施工具有很强的专业特点，技术、质量要求较高，施工条件相对较差，监理工作难度较大。为了提高水运工程施工监理工作的科学化水平，为了给水运工程施工监理从业人员提供一本水运工程特色突出，实用性、指导性强，具有可操作性的工具书，交通部水运司从1998年起即组织主编单位和相关高校着手调研和编制《水运工程施工监理手册》。为保证手册质量，编写组多次召开专家会，研讨编写大纲和章节目录，2002年重新调整了参编单位和编写人员，随着我国水运工程监理事业的不断发展和完善，编写人员在认真总结10余年水运工程施工监理经验的基础上，结合各参编单位的工作实际和需求，以最新的标准、法规为依据，三易其稿，编成此书。

本手册共分三篇，第一篇为水运工程施工监理基础，共分四章，分别介绍水运工程的基本理论、招投标、监理组织和监理文件的编制；第二篇为水运工程施工监理的过程与要素控制，共分十一章，分别介绍从施工招标期直到交工验收与保修期的监理过程控制、施工质量、进度、费用、安全、监控以及监理合同、信息管理和组织协调工作；第三篇为水运工程施工质量控制，共分十四章，包括工程材料、混凝土与钢筋混凝土工程各种码头结构型式，防波堤、护岸、陆域形成、软基处理、道路堆场、航道整治与疏浚的监理质量控制。

为提高手册编写质量，出版前主编单位邀请了多位水运工程资深专家，对手册文稿作了进一步的修改、统稿和审查，编写组对杨振寰主审和各位专家为本手册审查、修改付出的辛勤工作表示感谢。

本手册的编写得到了交通部质量监督站领导、各参编单位领导和水运监理行业众多专家的大力支持和指导，同时本手册引用了大量的参考文献和技术成果，在此对各位领导、专家和文献作者一并表示感谢。

由于本手册内容涉及面广，编写工作量大，参编人员众多，不足与疏漏在所难免，恳请读者批评指正。

《水运工程施工监理手册》编写组

前　言

目　录

第一篇　水运工程施工监理基础

第二篇　水运工程施工监理的过程与要素控制

第三篇　水运工程施工质量监控

第一篇

水运工程施工监理基础

第一章　施工监理的基本理论

第一节　监理概述

一、工程监理的概念

1.工程监理的定义

1)工程监理

工程监理是监理人接受业主的委托和授权，依据一定的准则，对工程项目建设的过程及参与建设各方的从业行为进行监督、监控、检验和评价，并采取相应的管理措施，促使建设者的建设行为符合国家的法律、法规和技术标准，制止建设行为的随意性和盲目性，确保工程建设行为合法、科学、经济、安全和合理实现建设目标的微观监督管理活动。它是一种融工程技术、工程经济和相关法律法规为一体的全方位、全过程的动态工程管理模式。

工程监理包括设计阶段监理和施工阶段监理(简称设计监理和施工监理)。

2)施工监理

施工监理是监理人根据国家法律、法规和监理合同的要求，依据工程技术规范、标准、设计文件和承包合同文件等，按照业主的授权范围，从施工招标期到工程保修期结束的整个施工阶段，对工程建设的质量、进度、费用以及施工安全和环保措施进行控制，对合同和信息进行管理并协调有关参建各方关系的管理活动。

3)水运工程施工监理

水运工程是指具有国家颁布的水运工程监理资质的监理人，对港口、航道、航标、通航建筑物、修造船水工建筑物及其他附属建筑物的新建、改建、大修和安装等工程建设项目的施工监理。

2.工程监理的性质及作用

1)工程监理的性质

(1)服务性：指监理人通过自身良好的声誉和高水准的服务质量获取业务，为业主提供专业技术和管理服务；

(2)公正性：指监理人在提供服务时应正确地行使职权并客观公平地维护工程各方的正当权益；

(3)独立性：指监理人在提供服务时应经济利益独立、工作责任独立和身份立场独立；

(4)科学性：指监理人提供的技术服务应具备专业化、规范化、科学化、程序化的特点。

2)工程监理的作用

(1)有利于提高建设工程投资决策科学化水平

监理人可协助业主选择适当的工程咨询机构或者直接从事工程咨询工作，为业主提供投资决策研究，使项目投资符合国家经济发展规划、产业政策、投资方向，符合市场需求。避

免项目投资决策失误，为实现建设工程投资综合效益最大化打下了良好的基础。

(2)有利于规范工程建设参与各方的建设行为

工程建设参与各方的建设行为都应当符合法律、法规、规章和市场准则。在建设工程实施过程中，监理人可依据委托监理合同和有关的建设工程合同对承包人的建设行为进行监督管理。由于这种约束机制贯穿于工程建设的全过程，采用事前、事中和事后控制相结合的方式，因此可以有效地规范各承包人的建设行为，最大限度地避免不当建设行为的发生。

(3)有利于促使承包人保证工程质量和施工安全

建设工程是一种特殊的产品，不仅价值大、使用寿命长，而且还关系到人民的生命财产安全和生态环境。因此，保证工程质量和施工安全就显得尤为重要。监理人员作为工程管理专业人士，有能力及时发现建设工程实施过程中出现的质量和安全问题，把好工程质量和施工安全关，避免留下质量和安全隐患。

(4)有利于实现建设工程投资效益最大化

监理人在满足建设工程预定功能和质量标准的前提下，有责任协助业主控制建设费用，控制建设工期，从而大大地提高全社会的投资效益，促进国民经济的发展。

3. 工程监理与工程咨询、工程项目管理、政府监督的联系与区别

1)工程监理与工程咨询的联系与区别(表 1-1-1)

表 1-1-1

联系与区别		工程监理	工程咨询
联系		工程监理与工程咨询，同属工程技术管理服务，世界上很多国家并没有在名称上严格加以区分，业务上一般“工程监理”包含在“工程咨询”中。在我国二者有所区别。	
区别	工作内容	工程监理指受业主委托，对工程项目实施提供委托范围内的项目管理服务。	工程咨询是指咨询工程师应当事人在项目建设过程中的要求，提供相应的技术问题、经济问题、法律问题、管理问题等方面的建议、研究和论证等。
	服务范围	工程监理服务于项目实施阶段，目前主要是施工阶段。	工程咨询可以覆盖项目建设全过程，包括前期研究论证、项目规划设计、施工过程技术方案论证或研究、人员培训等。
	工作主体	经委托的有相应监理资质的监理单位。	经委托的咨询公司、监理单位、设计单位、科研院所、各专业事务所等。
	资质管理	监理资质由建设行政主管部门审批和监督。	咨询资质由发展与改革委员会审批。
	服务对象	工程监理主要服务于项目的业主。	工程咨询在项目建设中可以受各方当事人委托，进行相关技术指导或方案研究等。
	工作性质	工程监理属于管理性质的服务；根据监理合同和有关法律、法规、技术规范行使执业权力。	工程咨询主要属于技术性质的服务；服务于委托当事人，为当事人提供技术咨询和技术建议。

2)工程监理与工程项目管理的联系与区别(表 1-1-2)

表 1-1-2

<table>
<tr><th colspan="2">联系与区别</th><th>工 程 监 理</th><th>工程项目管理</th></tr>
<tr><td colspan="2">联系</td><td colspan="2">工程监理属于业主委托范围内特定内容的工程项目管理;二者都是进行工程项目的目标管理工作。</td></tr>
<tr><td rowspan="4">区别</td><td>管理内容</td><td>质量控制、进度控制、费用控制、环保控制、安全管理、合同管理、信息管理、组织协调等。</td><td>项目范围管理、进度管理、费用管理、质量管理、信息交流管理、风险管理、人力资源管理、采购管理等。</td></tr>
<tr><td>管理主体</td><td>监理人。</td><td>建设项目的参与各方当事人。</td></tr>
<tr><td>管理范围</td><td>我国现阶段为工程项目的实施阶段。</td><td>可以是业主建设项目的全过程管理,也可以是承包人、设计人的工程参与阶段的管理。</td></tr>
<tr><td>管理性质</td><td>工程建设的管理制度。</td><td>工程项目的管理组织模式。</td></tr>
</table>

3)工程监理与政府监督的联系与区别(表 1-1-3)

表 1-1-3

<table>
<tr><th colspan="2">联系与区别</th><th>工 程 监 理</th><th>政 府 监 督</th></tr>
<tr><td colspan="2">联系</td><td colspan="2">①同属工程监理制度下的监督体系,实行工程监理的工程必须接受政府监督;政府监督涵盖工程监理从业单位执业行为和企业资质,以及从业人员的资格监管;
②质量管理目标是一致的;
③工作的依据在国家的法律法规和强制性技术规范、标准方面是相同的。</td></tr>
<tr><td rowspan="5">区别</td><td>管理性质</td><td>是企业行为,它通过业主的委托取得工程监理业务,属横向管理。</td><td>是政府行政行为,委托专业机构进行;具有强制性、执法性和宏观性,属纵向管理。</td></tr>
<tr><td>工作范围</td><td>工程监理包括设计监理和施工监理;施工监理包括对工程质量、进度、费用、环保、安全、合同、信息、协调等的控制与管理,实践中取决于监理委托合同的约定。</td><td>政府监督从工程招投标到工程保修期结束;限于工程项目的施工质量和安全施工,政府监督的工作范围固定不变。</td></tr>
<tr><td>工作依据</td><td>不仅包括国家的法律法规、技术规范、标准外,还包括监理合同以及业主与承包人签定的工程承包合同。</td><td>政府监督主要依据行政法规和强制性技术规范与标准。</td></tr>
<tr><td>管理主体</td><td>有相应资质的监理单位。</td><td>政府委托的质量监督机构、安全监督机构。</td></tr>
<tr><td>控制方式</td><td>工程监理以巡视、旁站和平行检验等过程监督检查和工序验收为主控制工程质量,通过计量、支付管理,实现对工程质量的认可和否决。</td><td>政府监督以抽查、抽检为主,并进行工程质量认证。</td></tr>
</table>

二、国内外监理的发展

1.国外监理的产生和发展

工程监理制度,在国际上具有悠久的历史。它的产生、演进、发展与商品经济发展、专业化分工、社会化生产相同步。

16 世纪以前的欧洲,建筑师就是总营造师,他受雇或从属于业主,负责设计、购买材料、雇佣工匠并组织管理工程施工。16世纪后，随着社会对土木工程建造技术要求的提高，建筑师队伍出现了设计与施工的专业分工和职责分离，一部分建筑师转向为业主提供技术咨询、解答疑难问题或受聘监督管理施工，监理制度就产生了。监理业务仅限于施工过程的质量监督、工程量计算。

19世纪初，随着建设领域商品经济的日趋复杂，为维护各方经济利益、明确业主、设计、施工之间的责任界限，英国政府推行了合同制度，导致了招标投标交易方式出现，促进了监理制度的发展。监理业务逐步得到了扩充，主要为帮助业主计算标底、协助招标、控制质量、进度、费用，进行合同管理及项目组织协调等。

20世纪50年代末，欧美国家推行产业更新和现代化建设，建设了许多投资巨大、风险高、技术复杂、规模浩繁的特大型工程。这些建设项目，迫使投资者更加重视项目投资机会论证、可行性研究和建设的科学管理，因而拓宽了监理的业务范围，使其由项目实施阶段向前延伸到决策阶段的咨询服务，工程监理咨询服务开始贯穿于项目建设全过程。

20世纪70年代，西方发达国家的监理制度向法制化、规范化及程序化发展，法律法规对监理的内容、方法以及监理组织、个人执业等都做了详细规定，使监理制度逐步成为工程建设管理组织体系中一个重要组成部分，形成了业主、承包人和工程监理三角制衡的基本格局。80年代后，监理制度逐步国际化，并且成为国际金融机构提供项目建设贷款的条件之一，工程监理成为市场经济体制下工程建设必须遵循的管理模式和制度。

国际上具代表性的工程监理模式有：英联邦国家的QS；美国的CM；西方国家通行的PM；国际咨询工程师联合会的FIDIC工程师模式等。

2. 国内工程监理的产生和发展

中国封建社会民间建设活动，由业主负责管理和监督；官府组织的建设活动，实行行政监工制度。

鸦片战争后建设活动出现了设计与施工的分离，对建设活动中业主、建筑师、营造厂（包括政府的工务局）都指派监工进行监督，业主的监工往往委托建筑师事务所监工代行职权，形成了国内工程监理的萌芽。这种监工模式一直持续到新中国成立。

新中国成立以后直到70年代末，我国实行高度集中的计划经济模式，工程建设以行政指令为主导，工程项目建设的参建各方由国家行政安排，工程建设管理采用政府行政监督和参建各方的自我监督模式，监督的内容主要是工程建设的进度和质量。80年代初实行改革开放后，工程建设领域较早地展开了全面改革，投资开始有偿使用，建筑企业开始摆脱行政附属地位，向相对独立的商品生产者转变，追求自身利益的趋势日益突出，建筑业出现了一些问题，工程质量出现下滑趋势。工程质量单纯依靠企业自评自报水分较大，为此建筑企业的内部质量保证和外部专业质量监督认证的工程管理双控体制应运而生。1983年我国开始实施政府对工程质量监督制度。1987年交通部基本建设工程质量监督总站成立，各省市也相继成立了交通工程质量监督站，工程建设监督由行政监督向政府专业质量监督转变、施工企业自检自评向第三方认证和企业内部保证相结合转变。随着改革的深化和社会主义市场经济的发展，建设项目的大型化、投资来源的多元化、工程建设目标的效益化、参与的主体多且存在利益差异、实施的风险大等，要求新的工程建设管理模式来适应和维护建设各方权益，我国工程监理制度应运而生。

应国际金融机构要求，国家决定在交通和能源行业进行工程建设监理试点（如鲁布格水电站引水工程、天津港东突堤工程等），开展工程监理模式试点的工程，在工程工期、投资和

质量控制上都收得了很好的成效，因此1988年国务院作出了在工程建筑领域中实行工程监理制度的决定。

工程监理制度的实施在国务院各部委职能部门卓有成效的组织、管理下，经过试点、推行、全面推广三个阶段，逐步建立了相应的法律、法规和监理规范，健全了监理企业资质认证以及监理人员培训、考试、从业资格注册认证及审查等制度，使工程监理制度逐步发展完善到目前的水平。

3. 水运工程监理的发展概况

交通部是国家试点、推行工程监理制度最早的部门之一。1986年11月开工的天津港东突堤工程项目是国内使用世界银行贷款、采用国际招标并按FIDIC条款实行施工监理的第一个水运工程项目。该工程由于实行工程监理，工程质量明显提高，主要工程均达到了优良标准；各项工程的工期也比合同工期有所提前；工程费用控制在合同价款之内。天津港东突堤工程的监理实践，培养和锻炼了我国第一批水运工程的监理人员队伍，为建立、推行水运工程监理制度进行了有益的探索。随后水运工程监理试点在大连港大窑湾港区、黄埔港新沙港区、宁波港北仑港区、厦门港东渡港区、大源渡航电枢纽等水运工程项目建设中陆续展开，到1991年交通部许多水运建设项目都实行了工程监理。

在水运工程实行监理试点的同时，监理法规的建设和监理行业管理体系得以逐步完善，交通部基本建设质量监督总站及各省市交通建设质量监督站先后制定和发布了一系列水运工程监理的规章制度。交通部先后制定和发布了《交通工程建设监理工程师注册试行办法》和《公路、水运工程监理人监理资格审批暂行规定》(1990)；《水运工程施工监理规定(试行)》(1994)；《公路、水运工程监理工程师注册办法》(1996)；《水运工程建设市场管理办法》(1997)；《水运工程施工监理规范》和《水运工程质量监督规定》(2000)；《水运工程施工监理招标投标管理办法》(2002)；《公路、水运工程监理工程师资格考试工作暂行规定》(2004)等法规。这些监理法规的颁布与实施，加强和完善了我国水运工程监理制度建设，规范和推动了水运工程监理事业的开展。

目前，水运工程监理制度框架基本形成，监理法规体系逐步完善；水运监理队伍已具备一定规模，水运工程监理单位的资质及数量已基本满足水运行业建设规模要求；监理队伍的执业水平明显提高，受监工程已覆盖所有新开工建设的大中型和重点的小型水运工程项目；促进了水运工程建设项目工程质量和管理水平的提升。

我国水运工程监理行业目前仍处于发展阶段，监理工作还存在不少亟待解决的问题。

一是工程监理法规体系和市场体系尚需进一步完善。我们应在充分总结我国工程监理发展经验的基础上，加快建立和完善工程监理法规体系。打破地方保护和行业封锁，尽快形成全国统一开放、竞争有序的建筑市场管理体系。

二是工程监理服务价格有待规范。工程监理的取费标准长期过低，已不能满足工程监理企业正常开展工作的需要；而且市场不够成熟，恶性竞争、违规压价的情况比较突出，严重影响了监理工作质量，使工程监理企业无法吸引高素质的监理人才，造成监理人才流失，企业缺乏发展后劲，严重制约着监理行业的发展。

三是部分工程监理人员的素质亟待提高。我国工程监理人员的水平参差不齐，知识结构不够合理，缺乏集技术和管理于一体的复合型监理人才；总监理工程师和专业监理工程师的数量和质量不能满足监理工作需要；监理人员缺乏进一步培训提高的机会和途径。

四是工程监理水平有待进一步提高。目前，我国相当部分工程的监理水平较低，项目监

理机构组织不健全，监理工作制度不完善，监理人员的工作职责不明确；总监理工程师到位率不高，身兼数职的情况比较普遍；现场监督管理不力，缺乏先进的管理技术和手段；监理企业和监理人员的服务意识和服务水平有待加强，缺乏为业主服务的意识和观念，服务水平不高，直接损害了监理在社会上的形象。

五是工程监理企业产权制度尚需深化改革。有相当一部分工程监理企业没有建立起现代企业制度，为数不少的工程监理企业属于国有大中型企业或事业单位的第三产业或附属企业，影响了工程监理企业自身的发展壮大，进而阻碍了工程监理行业的产业化进程。

三、水运工程监理人和监理工程师

1.水运工程监理人资质

水运工程监理人是指经交通部水运工程建设主管机关批准成立，取得交通部或省区市交通主管部门颁发的监理资质证书、取得营业执照，从事水运工程建设项目的工程监理业务活动，具有法人资格的咨询公司、监理公司和监理事务所。

交通部以中华人民共和国交通部令(2004 年第 5 号)颁布的《公路、水运工程监理企业资质管理规定》，将监理人的资质等级按条件划分为甲、乙、丙三级，同时设立水运工程机电专项资质，各级水运监理人必备条件见表 1-1-4。

水运工程监理人的资质等级必备条件　　表 1-1-4

条　件	甲　级	乙　级	丙　级
法定代表人资格	10 年以上从事水运工程建设经历、具有监理工程师资格证。	8 年以上从事水运工程建设经历、具有监理工程师资格证。	5 年以上从事水运工程建设经历、具有监理工程师监理工程师资格证。
技术负责人资格	15 年以上从事水运工程建设经历、有水运工程高级专业技术职称、具有监理工程师资格证。承担过大型水运工程项目总监工作。	10 年以上从事水运工程建设经历、有水运工程高级专业技术职称、具有监理工程师资格证。承担过中型水运工程项目总监工作。	8 年以上从事水运工程建设经历、有水运工程高级专业技术职称、具有监理工程师资格证。承担过小型水运工程项目总监工作。
技术管理人员构成	持监理工程师资格证书(含专业监理工程师资格证书)的人员不少于 25 人，各类专业技术人员不少于 40 人，其中高级工程师、经济师和会计师人数分别不少于 10 人、2 人和 2 人。	持监理工程师资格证书(含专业监理工程师资格证书)的人员不少于 15 人，各类专业技术人员不少于 30 人，其中高级工程师、经济师和会计师人数分别不少于 5 人、1 人和 1 人。	持监理工程师资格证书(含专业监理工程师资格证书)的人员不少于 8 人，各类专业技术人员不少于 15 人，其中高级工程师、经济师人数分别不少于 3 人、1 人。
技术人员专业构成	应主要包括港工、航道、工民建、测量、试验检测、合同管理等。	港工、航道、工民建、测量、试验检测、合同管理等。	应具有相应专业技术人员。
试验检测仪器设备	经纬仪、水准仪、专用测距仪、万能材料试验机、压力机、混凝土强度快速测定仪、回弹仪、钢筋保护层测定仪、金属探伤仪、混凝土搅拌仪、胶浆搅拌机、跳桌、烘箱、混凝土取芯机。	经纬仪、水准仪、专用测距仪、万能材料试验机、压力机、混凝土强度快速测定仪、回弹仪、混凝土强度快速测定仪、钢筋保护层测定仪、烘箱。	应有必要的检测仪器设备。
注册资金	不少于 300 万元。	不少于 100 万元。	不少于 50 万元。

续上表

条件	甲级	乙级	丙级
监理业绩	承担过两项以上大型水运工程项目的施工监理，业绩优良，社会信誉好。	承担过两项以上大型水运工程项目的施工监理，业绩优良，社会信誉好。	承担过两项以上小型交通工程项目的施工监理，业绩优良，社会信誉好。
制度与组织	健全完善的规章制度和组织体系。	健全完善的规章制度和组织体系。	
业务范围	全国范围内从事大、中、小型水运工程项目监理业务。	全国范围内从事中、小型水中工程项目的监理业务。	省级行政区域范围内从事小型水运工程项目监理业务。

2.水运工程监理人资质管理

设立水运工程监理企业或申请兼承水运工程监理业务的单位必须具备相应的资质条件，并按交通部规定的格式填写《公路、水运工程监理企业成立资质申请表》和资质申请资料。申请资料应包括企业法人营业执照；验资报告；企业章程和制度；监理人员的监理工程师资格证书和中级职称以上人员职称证书(复印件)；主要成员从事公路、水运监理或其他工作经历的业绩证书；主要试验检测仪器设备和装备证明。

全国水运工程监理人资质实行分级管理；交通部负责公路、水运工程专业甲级、乙级监理资质和公路工程专业特殊独立大桥专项、特殊独立隧道专项、公路机电工程专项、水运机电工程专项监理资质的行政许可工作。省、自治区、直辖市人民政府交通主管部门负责公路、水运工程专业丙级资质的行政许可工作。监理人的资质实行定期检验制度，每两年由交通主管部门进行一次检验，实行监理资质动态管理。

3.监理人员素质和要求

1)监理工程师

监理工程师是取得监理工程师或专业监理工程师资格并承担工程项目监理的工程师。即个人通过监理业务培训、参加执业资格考试并合格者，经主管部门审定资格，予以批准注册，取得主管部门统一印制的监理工程师执业资格证书且受聘于监理人从事工程项目管理的人员。

水运工程监理工程师按从事专业一般分为：港口与航道工程、道路与堆场工程、机电工程、房建工程、铁路工程、试验检测、工程经济、合同管理等专业。

2)监理工程师的素质要求(表 1-1-5)。

监理工程师的素质要求　　表 1-1-5

素质构成		基本要求
职业道德		具备良好的职业道德，能“科学、公正、独立”地、全面地履行监理工程师的职责、权利和义务，有较高的社会信用，遵守法律法规和职业道德规范，维护执业声誉，努力学习和不断提高水平。具备认真负责的敬业精神、公正公平的工作态度、清正廉洁的思想品质、实事求是的工作作风。
业务知识	技术	具备与本专业有关的扎实的专业理论基础知识，如港口、航道、公路、桥梁、建筑、结构、水电、机械等。
	经济	具备工程技术经济知识，如可行性研究、技术经济学、经济学、投资控制、工程预决算等。
	管理	掌握必要的管理理论、现代化的管理方法和管理手段，如组织论、项目管理学、运筹学、网络计划技术、计算机辅助项目管理等。
	法律	熟悉相关的工程建设法律法规，如合同法、招标投标法、建筑法、建设工程质量管理条例、各种工程合同文件范本、FIDIC 合同条款等。

素质构成	基本要求
实践经验	必须具备丰富的工程建设实践经验，包括工程设计、工程施工和项目管理等方面的经验。监理工程师的管理能力和业务水平主要来源于阅历的积累和实践中的锻炼。
工作能力	具备对项目中复杂事件的分析、判断、协调和处理能力，对各种干扰的应变能力，对各种风险的分析决策能力。即要求具有较强的组织能力、解决问题能力、协调能力、表达能力。
健康状况	应有健康的体魄、充沛的精力，能适应现场、艰苦环境中的长时间工作。

3)水运工程监理工程师的资格条件

水运工程监理工程师资格分为监理工程师资格和专业监理工程师资格。其中专业监理工程师资格又分为:交通部批准的专业监理工程师资格和省区市交通行政主管部门批准的专业监理工程师资格。从2004年开始以考代评，监理工程师和专业监理工程师通过参加交通部组织的资格考试取得。

根据交通部交基发[1996]29号文发布的《公路、水运工程监理工程师资质管理办法》规定，取得监理工程师资格，必备条件见表1-1-6。

监理工程师的资格条件 表1-1-6

资格要求	监理工程师	专业监理工程师
政治表现	热爱中华人民共和国，拥护社会主义制度，遵纪守法，遵守监理工作职业道德。	热爱中华人民共和国，拥护社会主义制度，遵纪守法，遵守监理工作职业道德。
从事行业	应为长期从事公路或水运工程设计、施工、建设管理工作的专业技术人员。	应为长期从事公路或水运工程设计、施工、建设管理工作的专业技术人员。
学历专业	大学本科(含本科)以上相关专业。	大学专科(含专科)以上相关专业。
身体状况	男性年龄在65岁以下(含65岁)，女性在60岁以下(含60岁)，且身体健康，能胜任现场监理工作。	男性年龄在65岁以下(含65岁)，女性在60岁以下(含60岁)，且身体健康，能胜任现场监理工作。
专业资格与实践	具有高级专业任职资格;或取得中级专业任职资格后，有5年以上工程设计、施工、建设管理实践经历。	具有高级专业任职资格;或取得中级专业任职资格后，两年以上工程设计、施工、建设管理实践经历。
培训与考试	参加交通部组织的监理从业培训和监理工程师资格考试，取得交通部颁发的《交通部工程监理业务培训结业证书》和《交通部工程监理资格考试合格证书》。	参加交通部组织的监理从业培训和监理工程师资格考试，取得交通部颁发的《交通部工程监理业务培训结业书》和《交通部工程监理资格考试合格证书》。
监理专业实践	同时具有一种工程系列监理专业和一种经济系列监理专业至少各1年的监理工作实践经历。	应具有一种工程系列或经济系列监理专业至少1年的监理工作实践经历。

4)水运工程监理工程师执业资格考试

根据《公路、水运工程监理工程师执业资格考试管理暂行办法》(交质监发[2004]125号)的规定，水运工程监理工程师执业资格分监理工程师和专业监理工程师两级。考试的内容包括监理知识、专业知识、综合能力三个部分，考试科目设置见表1-1-7。

考试内容及科目设置　　表 1-1-7

内　容	监理知识	专业知识		综合能力
		经济系列	工程系列	
科目	1. 监理理论 2. 合同管理	3. 水运工程经济	4. 港口工程 5. 航道工程 6. 水运机电工程	7. 综合考试

申报监理工程师或专业监理工程师资格，监理理论、合同管理为必考科目。报考监理工程师资格需同时加考工程经济系列、工程系列的一个科目和综合能力考试科目；报考专业监理工程师资格需同时加考工程经济系列或工程系列的一个科目。

参加考试者须在个人所在单位或户籍(以身份证上标明的住址为准)所在地报考。报考者须同时满足下列报考条件：

(1)遵守国家法律、法规，职业道德和工作业绩良好，热爱监理工作。

(2)取得工程类或经济类中级以上专业技术职务任职资格。

(3)参加监理培训并取得交通部公路或水运工程监理培训结业证书。

(4)年龄 65 周岁以下，身体健康，能胜任现场监理工作。

(5)报考监理工程师资格须具有公路、水运工程或相关专业大专以上学历，从事公路或水运工程及相关专业技术工作累计 5 年以上；报考专业监理工程师资格须具有公路、水运工程或相关专业中专以上学历，从事公路或水运工程及相关专业技术工作累计 3 年以上。

公路、水运工程监理工程师执业资格考试采取闭卷方式，考试时间由部统一确定。应考者执业资格由部领导小组根据应考者的考试成绩核定其执业资格：应考者的监理知识、经济和工程系列专业知识、综合能力等各科目成绩均合格的，确认其监理工程师资格；应考者报考的监理知识科目均合格，经济或工程系列专业知识合格的，按其合格的专业知识科目确认其专业监理工程师资格；并颁发相应的监理工程师执业资格证书。

5)水运工程监理工程师资格管理

我国水运工程监理工程师资格管理实行分级管理办法。交通部是全国水运工程监理工程师资格管理的交通行政主管部门，具体负责监理工程师的资格和各等级交通基本建设项目专业监理工程师资格的审批、颁证和复查工作。各省、区、市交通厅(局)和部属双重领导港务局、航务(运)局是本地区、本部门监理工程师资格和专业监理工程师资格的审查、申报部门，并负责本地区小型水运基本建设项目专业监理工程师资格的审批、颁证和复查工作。部其他直属单位为本单位监理工程师和专业监理工程师资格的审查、申报部门。

申请监理工程师资格首先应由本人填写交通部统一印制的《公路、水运工程监理工程师资格申请报告》。申请报告由申请人所在单位审查同意后报相应的公路、水运工程监理工程师审查、申报部门审查后，报交通部审批。

交通部基本建设质量监督总站负责对申报材料进行初审，提出推荐意见，报交通部监理工程师评审委员会审定，并提出评审合格人员名单和评审意见，再报交通部审批。各省、区、市交通厅(局)和部属、双重领导港口、航务(运)管理局对小型水运基本建设工程的专业监理工程师资格的评审办法，可视本地区、本行业交通建设需要具体确定。

监理工程师或专业监理工程师资格申请经审查后，交通行政主管部门将对批准具有相应监理资格者颁发交通部统一印制的《监理工程师资格证书》或《专业监理工程师资格证书》。

具有水运监理工程师资格者经聘任可在水运工程建设项目中担任总监理工程师、总监理工程师代表、专业监理工程师等岗位职务；具有交通部批准的专业监理工程师资格者，经聘任可在水运基本建设项目中担任专业监理工程师岗位职务；具有各地区交通行政主管部门批准的专业监理工程师资格者，经聘任可在小型水运基本建设项目中担任专业监理工程师岗位职务。

对已获得监理工程师资格或部批专业监理工程师资格者，交通部将每3年进行一次复查。复查时，待复查人员须填写《监理工程师复查申请报告》，并按监理工程师的申报程序进行，同时须交回原相应资格证书。

对监理工程师因不能遵守监理工程师职业道德、缺乏监理工作责任心、造成不良影响者，或因监理工作失误造成工程质量事故或经济损失者，或以虚假或不正当手段获得资格者，交通行政主管部门将根据情节，分别给予通报批评、停止执业、取消监理资格并收缴证书及5年内不得申报监理工程师的处罚。对监理工程师丧失职业道德，贪污、索受贿赂，玩忽职守或因监理工作失误造成重大工程质量事故和严重经济损失并构成犯罪的，除取消监理资格收缴证书外，还将由司法机关追究其刑事责任。

第二节　水运工程施工监理的范围与内容

一、水运工程的范围

水运工程是指港口工程、航道工程、航标工程、通航建筑物工程、修造船水工建筑物工程、安装工程和支持系统及其辅助和附属工程等。

二、水运工程施工监理的特点

水运工程由于行业的特殊性，其施工监理除具有一般土建施工监理的特性外，还具有以下显著特点：

(1)水运工程由于投资巨大，回收期长，对经济发展影响大，其业主一般都是具有较强经济实力的国有大型企业、跨国外资企业或大型民营企业。由于我国港口建设长期采用工程指挥部模式，已形成了力量较强的港口建设管理队伍。在工程监理实施中，业主对监理机构的委托和授权有限，对监理机构技术服务的要求也较高。

(2)水运工程项目建设，其水工建筑、航道疏浚等工程专业性强；牵涉的相关专业多，如工民建、道路、铁路、机电设备、通信、航标等，覆盖专业面广，对监理机构专业人员配备和技术素质要求较高。

(3)水运工程现场施工条件往往较差，自然条件恶劣，现场监理风险较大，特别是外海施工、水上施工自然条件特殊，船机设备多，施工安全及技术风险较大，监理人员要有较强的安全风险管理意识。

(4)水运工程每个项目都有不同特点，单件性较强，水下工程多，检测手段特殊，出现质量问题返工、维修困难，在监理工作中，对质量预控和现场旁站要求较高。

(5)水运工程建设中应遵守的法律法规较多，特别是一些针对性法律法规如《中华人民共和国海洋环境保护法》、《中华人民共和国水污染防治法》、相关船舶安全监督管理及水上安全作业等法律法规。

三、水运工程施工监理的主要内容

水运工程施工监理的内容可概括为建设项目施工合同目标的“质量控制、进度控制、费用控制、环保控制”和施工合同行为及过程管理的“合同管理、安全管理、信息管理、组织协调管理”。主要内容一般有：

(1)审查承包人提交的工程施工组织设计和技术方案，提出审查意见；检查承包人人员、机械设备的进场情况，组织有关方面向承包人移交工程控制点并核验承包人设置的测量控制网点或基线的准确性。

(2)控制施工进度，对承包人提交的总进度计划和年度计划进行审查，检查施工实际进度与施工计划进度的执行情况，如实反映实际进度与计划进度的偏差，并对有可能影响总进度计划的因素提请业主采取措施，督促承包人按要求提出施工进度报表及必要的施工计划调整方案，并对工程施工过程进行详细记录。

(3)控制工程质量，检查承包人的质量保证体系及施工前的准备工作，对承包人提交的开工申请予以审查，签署工程开工令。检查与检验工程材料和建筑构件是否合格，按照“监理实施细则”督促承包人严格按照施工规范、验收标准、设计图纸进行施工，对不符合质量标准和不安全的作业责令承包人返工或停工。组织或参与工程事故调查，协助审查质量事故的处理方案及其补救措施，并检查处理结果。

(4)组织或参加施工图纸会审、设计交底，审查工程变更和有关施工工艺的改变，提出审查意见报甲方审批，在业主批准后，监督承包人按变更方案实施。

(5)审查核实工程计量，控制工程费用，核实承包人提交的工程进度报表和工程变更引起的工程量变化，审核支付申请，签发付款凭证。

(6)主持召开工地会议，并发布会议记录。依据施工合同进行管理，审核索赔报告，协调工程各方关系，公正地维护各方的合法权益。

(7)监督检查施工安全防护措施，审查承包人提交的安全措施方案并监督施工过程中安全措施的实施。

(8)组织分项分部和隐蔽工程验收，对分项分部工程和隐蔽工程的质量进行评定，组织工程初验，审核承包人提交的竣工资料和验收申请，协助业主进行竣工验收，提交工程质量评价意见和监理工作报告，协助业主审查竣工结算。

(9)审核保修期内工程保修与缺陷处理方案，检查实施情况，并签发保修期终止证书。

第三节　水运工程施工监理的依据和任务

一、水运工程施工监理的依据

交通部制定的《水运工程施工监理规范》将水运工程施工监理的主要依据归纳如下：

(1)相关的法律、法规及有关工程技术标准等；

(2)依法签订的监理合同与施工合同文件；

(3)经批准的工程设计文件；

(4)经业主和监理工程师审查批准的施工组织设计及其他技术文件；

(5)业主、设计人、监理机构和承包人在工程实施过程中有关的会议纪要和经确认的其他文字记载。

二、水运工程施工监理的任务

监理工程师根据施工监理依据，采取合适的组织、技术、合同和经济措施，对工程项目施工过程进行全面的质量、进度、费用控制，规范地进行安全生产监督管理、公正地进行合同管理，高效有序地进行信息管理、合理地进行协调管理，促进工程建设目标的实现。根据施工监理的不同阶段，施工监理任务具体见表 1-1-8。

施工监理的任务 表 1-1-8

施工监理阶段		主要监理任务
施工招标期		协助业主核定工程量；协助业主编写施工招标文件；协助业主审查投标人的资格；参加开标和评标工作；协助业主签订施工承包合同。
施工准备期		召开第一次工地会议；施工监理交底；组织或参加图纸会审，参加设计交底会；审查承包人的施工组织设计；审查承包人的质量管理体系；向承包人移交工程控制点；核验承包人的测量控制网点或基线；审查承包人的工地实验室；审查承包人开工条件，签署开工令；审核签任承包人提交的“材料/构配件/设备报验单”。
施工期	质量控制	“材料/构配件/设备报验单”的签认；巡视和旁站；典型施工的确认；实验成果和检测结果的审查；施工记录和有关资料的检查；组织召开必要的现场会议；组织隐蔽工程、分项和分部工程的验收。
	进度控制	检查各施工项目之间的合理搭接和进度安排的合理性；审查承包人的人员、船机、材料、设备的供应计划；检查进度安排与施工程序的协调；检查进度与其他计划的协调；审查进度安排的合理性。
	费用控制	审核工程费用年度使用计划；签认预付款申请；工程计量，签认中期支付申请；签认变更支付申请；制定索赔防范措施，签认索赔文件；定期进行工程费用分析。
	合同管理	分包工程管理；工程变更管理；索赔管理；工程保险管理；争端调解。
	信息管理	规划信息流通渠道；建立信息管理制度；建立信息编码体系；建立项目管理信息系统。
	组织协调	建立工程协调联系制度；规范协调方式与内容。
	安全管理	建立安全管理制度，落实安全责任制，完善安全管理体系。
交工验收		审查承包人的预验收申请报告；对全部完成或部分完成的工程进行预验收；审查承包人的交工验收报告或中间验收报告及其他有关交工资料；对申请交工工程提出质量等级评价建议；审查承包人工程保修期的质量保证计划；审查交工结算；参加交工验收会议，并签认“交工验收证书”或“中间验收证书”；提交监理工作总结报告。
保修期		检查工程质量情况；审查或估算修复费用；审查承包人的补充资料；审查承包人的工程保修终止报告；签认“工程保修终止证书”。

第二章　施工监理招标与投标

第一节　施工监理招标

一、施工监理招标的管理规定

1. 监理招标的条件和规定

1)招标条件

(1)工程项目许可条件：

初步设计文件已被批准

建设资金已经落实；

施工监理招标文件已经编制完毕，并已完成招标文件报审。

(2)招标人许可条件

招标人资格应当是提出建设项目的项目业主或由其委托的合格招标人，且应满足：

具有与招标工作相适应的工程管理、概预算管理、财务管理能力；

有组织编制招标文件和标底的能力；

有对投标人进行资格审查和组织评标的能力。

2)招标规定及要求

(1)项目规定

水运工程建设项目的工程总投资在3000万元以上；或

水运工程施工监理的单项合同价在50万元以上必须依法进行招标。

(2)管理规定

施工监理招标应当在水运工程施工招标之前进行；

业主自行办理招标的，应当在发布招标公告或发出投标邀请书之前15日按项目管理权限报交通主管部门备案；

采用邀请招标的，招标人应按项目管理权限报交通主管部门审批；邀请的潜在投标人名单应备案；

招标文件应当在招标之前15日按项目管理权限报交通主管部门审批；

招标人确定的投标时间从招标文件可以发出之日起至投标人提交投标文件截止日期止，不得少于20日；

施工监理招标投标实行资格审查制度，并将资格审查报告及结果报交通主管部门备案；

施工监理评标、确定中标的时间，自开标之日起至发出中标通知书之日止最长不得超过30日；大型水运工程或国际招标的最长不得超过40日；

招标人应当自确定中标人之日起15日内将评标报告及结果报交通主管部门备案；

招标人应当在发出中标通知书后15日内向未中标的投标人一次性返还投标保证金；

招标人和中标人应当自中标通知书发出之日起30天内，订立书面监理合同，并在合同

订立之后的15日内，退还中标人投标保证金。

(3)市场规则要求

施工监理招标应满足水运工程建设市场准入制度下的公开、公平、公正和诚实信用交易原则。

2. 水运工程监理招标的分级管理

水运工程施工监理招标投标实行统一领导，分级管理。管理范围及内容见表1-2-1。

水运工程施工监理招标投标管理范围及内容　表1-2-1

管理主体	监督管理的范围与内容
交通部	负责全国水运工程施工监理招投标活动的监督管理，负责大中型及限额以上、国家投资以及其他重要水运工程施工监理招投标活动的监督管理。
省级人民政府交通主管部门	负责本行政区域内水运工程施工监理招标投标活动的监督管理，负责小型及限额以下水运工程施工监理招标投标活动的监督管理。
长江航务管理局	根据交通部委托，负责小型、限额以下的长江干线水运工程施工监理招标投标活动的监督管理。

3. 水运工程监理招标方式和程序

1)招标方式

水运工程施工监理招标方式分为公开招标和邀请招标。

公开招标是指招标人通过国家指定的报刊、信息网络或其他媒介发布招标公告，邀请具备相应资格的不特定的监理人投标；

邀请招标是指招标人通过发送投标邀请书的方式，邀请不少于3个具备相应资格的特定的监理人投标。

水运工程施工监理招标采用邀请招标的，招标人应按项目管理权限报交通主管部门审批，所邀请的潜在投标人名单应当报交通部主管部门备案。

2)招标程序(图1-2-1)

二、监理招标文件的编制

1. 监理招标文件的组成和主要内容

1)施工监理招标文件的组成(表1-2-2)。

施工监理招标文件的组成及要求　表1-2-2

目　录	主要内容	备　注
封面	招标编号、工程项目名称、招标人、日期	
第一章招标公告或投标邀请书		
第二章投标须知	总则、招标文件、投标文件的编制、投标文件的送交、开标、评标、授标与签订合同	
第三章监理合同条款	合同协议书格式、合同通用条款、合同专用条款	
第四章技术规格书		
第五章投标文件与保证书格式	投标文件格式、保证书格式	
第六章投标报价说明		
第七章自然条件		
第八章设计文件及附件		

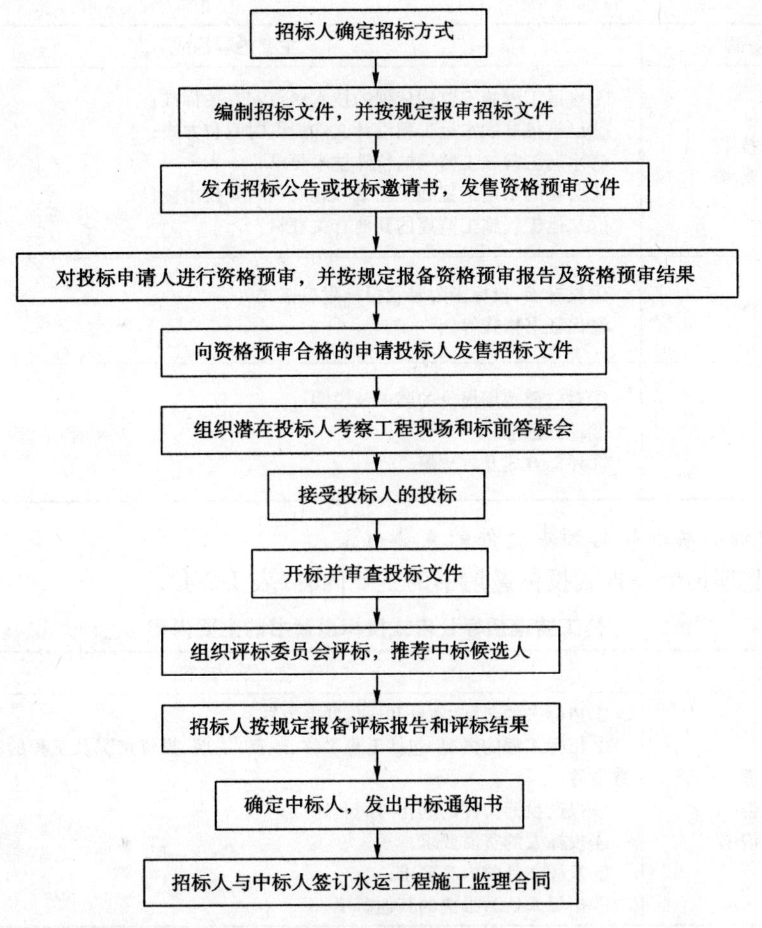

图 1-2-1　招标程序

2)水运工程施工监理招标文件的主要内容(表 1-2-3)。

水运工程施工监理招标文件主要内容　　表 1-2-3

文件名称	主要内容构成
投标须知	①招标项目名称、地点、现场条件、工程投资、工期、主要工程种类、规模、数量； ②委托监理的工程范围及业务内容； ③递交投标文件的地点、方式和起止时间； ④开标的时间和地点； ⑤公布评标结果的时间； ⑥投标保证金的数量及交付、返还的时间和方式； ⑦投标文件的格式和内容要求。
施工监理合同主要条款	①合同协议书； ②合同通用条款： 业主与监理人的主要权利、义务； 施工监理的时间及范围； ③合同专用条款： 施工监理的检测项目及监理手段； 对监理人的资质和现场监理人员的要求； 业主为监理机构可提供的检测仪器和设备； 业主为监理人提供的交通、办公和食宿等条件； 监理费用支付方式。

续上表

文件名称	主要内容构成
施工监理技术标准规范要求	①水运工程施工监理依据的技术规范和有关标准； ②已被批准的水运工程设计文件提供时间和方式； ③水运工程施工监理的特殊技术要求； ④必要的水运工程施工图纸和地质资料等技术资料； ⑤水运工程施工监理的其他有关资料。
投标文件格式	①投标函、投标函附录及投标附表格式； ②保证书格式等。
评标标准及方法	①对监理费用报价的要求及说明； ②评标标准； ③评标方式及方法等。

2. 监理招标公告和资格预审文件的主要内容

(1)施工监理招标公告或投标邀请书的主要内容(表 1-2-4)。

施工监理招标公告或投标邀请书的主要内容 表 1-2-4

文件名	主要内容
施工监理招标公告或投标邀请书	①招标人的名称、地址和通信联系方式； ②招标工程的概况，包括工程名称、地点、工期、投资情况及工程的种类、结构、规模、数量等； ③报送投标文件的起止时间和地点； ④投标人的资质要求； ⑤投标文件的内容要求； ⑥招标人认为必要的其他事项。

(2)资格预审文件的组成和主要内容(表 1-2-5)。

施工监理招标资格预审文件要求 表 1-2-5

目录	主要内容	附件或附表
封面	招标编号、招标工程名称、业主、招标人、时间。	
一、资格预审须知	①监理招标工程项目概况及标段范围； ②申请人资格规定； ③申请书的填写与递交； ④资格预审基本资料要求； ⑤资格预审的评审与合格； ⑥招标人的权利。	附件：招标项目基本情况及说明；资格预审强制标准、一般标准；评审标准、评审细则；合格通知书格式等。
二、资格预审申请书格式	①资格预审申请文件封面格式； ②监理投标资格预审申请书及附表格式； ③资格预审合格通知书格式等。	申请书及文件通常包括： 投标人的营业执照； 交通主管部门颁发或认可的施工监理资质证书； 投标人的组织机构及专业技术人员构成； 投标人近年施工监理主要业绩； 其他与施工监理资质有关的文件或材料。

3. 监理合同的编制

为简化合同的准备和商谈过程，促进水运工程施工监理工作制度化、规范化和标准化建设，提高监理合同签订的质量，更好地规范监理服务合同当事人的行为，交通部主持编制并颁布了《水运工程施工监理合同范本》(以下简称《合同范本》)，供合同双方选用。

1)《合同范本》的文件组成

(1)合同协议书。协议书是监理合同的法律性文件，对监理合同的组成、成立条件、合同双方权利义务等内容进行了规定和说明。

(2)合同通用条款。通用条款是监理合同的基本内容，从一般性和普遍性的角度规定了合同双方的义务、责任、权利，是双方履行合同和处理合同纠纷及承担违约责任的依据。

(3)合同专用条款。专用条款是监理合同通用条款内容的具体化，针对合同工程项目的具体情况而编写，是对通用条款的修改、完善和补充；当通用条款与专用条款出现矛盾和冲突时，应以专用条款为准。

2)《合同范本》的内容(详见附录)。

三、监理招标的开标、评标与定标

1. 监理招标的开标

1)监理开标会组织

由招标人主持，在招标文件所确定的时间和地点进行，并邀请所有投标人代表参加。

2)监理开标程序

由招标人或开标代表检查投标文件的密封情况；

由招标人或开标代表当众拆标和唱标；

由招标人或开标代表对开标过程进行记录并办理开标会会议签署。

2. 评标的原则与方法

1)评标委员会

招标人依法组建评标委员会。评标委员会由招标人代表及有关技术、经济等方面专家不少于 5 人的单数成员构成；专家成员不得少于成员总数的 2/3；

专家成员应产生于交通主管部门的评标专家库且与所有投标人无隶属关系、无业务关系，符合独立、公正等资格要求；

评标委员会成员名单应由招标人按规定进行报备。

2)评标原则

独立、公正、非歧视的客观评价原则；

严格遵守招标文件评标规定的原则；

遵守职业道德、诚信、认真、负责的评审原则。

3)评标方法

监理评标方法有“分项评分法”和“综合评议法”两种。

(1)评价指标分解

监理人信誉状况，业绩状态，资质状态及印证材料；

监理大纲合理性、可行性和操作性情况；

针对项目的质量、投资、进度控制和施工安全和环保监控措施，以及合同、信息、协调的管理措施是否科学、合理、有效；

监理组织机构设置模式、监理人员配备数量，专业配套是否合理或满足需要；

监理人员的素质、资格和业绩状况；

监理费报价是否合理。

(2)分项评分法

按照招标文件中事先制定的分项评分方法和标准，对投标文件的各项内容分别评分，依评分高低排出投标人的顺序。

(3)综合评议法

按评标规则要求对各投标文件的内容、投标人的资信、业绩、人员的素质、监理方案及报价等方面进行综合评议，提出各项评议意见，最后由评标委员会以无记名投票方式排出投标人顺序。

4)评标报告

评标委员会完成评标后，应向招标人提交书面评标报告。报告内容包括：

(1)评标委员会的成员名单；

(2)开标记录情况；

(3)符合要求的投标人情况；

(4)评标采用的标准、评标方法；

(5)投标人标书评定情况；

(6)推荐的中标候选人；

(7)需要说明的其他事项。

第二节　施工监理投标

一、监理投标概述

1. 监理投标的概念

监理投标是指监理人根据自己的资质和业绩获取投标资格，根据招标项目的业务范围和服务内容，通过了解工程项目的建设条件及建设要求，分析市场竞争情况，响应招标文件的要求和条件，发挥自己的优势提出监理方案及监理费报价，在招标人规定的期限内，向招标人递交投标文件，通过竞争获取监理业务的过程和方法。

2. 监理投标的基本程序

(1)办理资格预审(或获得投标邀请)，获得投标资格；

(2)购买招标文件并分析和研读招标文件；

(3)参加现场考查和标前答疑会；

(4)编制投标文件；

(5)递交投标文件；

(6)参加开标；接受评标中的质疑并进行答辩；

(7)获得中标通知并办理相关手续与业主签订施工监理合同。

3. 监理投标的组织

监理投标工作是监理投标人之间比企业信誉、比工作业绩、比人员配置、比技术和经验优势的综合竞争，投标人应有相对稳定的投标机构，能够快速、有效地编制反映企业特点、技术针对性强、报价有竞争力的投标文件。

投标机构一般包括以下人员：负责经营管理并有权决策的企业负责人、了解市场行情的经营人员、精通监理业务的技术人员、熟悉商务及合同知识的管理人员，一般邀请拟担任该项目总监理工程师的人选参加标书编制。

4. 监理投标前期相关工作

1)投标项目的跟踪和选择

监理人在市场经营中，应密切关注相关工程的建设情况，对重点项目进行跟踪，对相关信息进行收集和分析，并根据企业的自身情况和招标项目的具体要求，进行投标决策，确定投标项目。选择投标项目时一般应兼顾以下因素：符合企业的经营宗旨和发展方向；有相应技术优势和工作经验；项目建设的可靠性及业主的良好资信；与投标对手相比有一定的竞争能力和满意的项目赢利期望等。

2)建立和保持良好的公共关系

监理人应时刻注意树立和保持良好企业形象；重视企业信誉，加强与相关方的沟通和联系，扬长避短，真诚以对，充分展现企业的优势和实力。

二、监理投标文件的编制

1. 监理投标文件的内容组成

监理投标文件一般是在监理企业负责人的主持下，由技术人员和商务人员共同编制完成。其内容应符合监理招标文件的要求，一般包括：

(1)投标函；

(2)施工监理大纲；

(3)拟配置的现场检测仪器和技术装备情况；

(4)监理机构的设置及拟派出的监理人员的基本情况和有关资格证书；

(5)监理人的资质证书及反映企业信誉的相关资料；

(6)投标人近3年的主要相关业绩；

(7)监理费的报价及其依据；

(8)招标文件中要求的其他内容。

2. 监理投标文件编制方法与编制技巧

1)监理投标文件编制方法

(1)编制依据

①招标文件；

②相关的法律、法规和技术规范、技术标准；

③项目设计文件。

(2)编制程序

①全面仔细阅读投标文件，了解监理工作范围和工作内容，了解业主对监理工作的要求和希望，按照招标文件规定的时间安排，制定投标文件编制工作计划；

②仔细了解和分析招标项目的自然条件、施工条件和管理要求，确定相关监理专业种类及估算相应监理工作量；

③分析和研究项目设计文件和技术规格书，确定监理工作的重点和难点，拟定监理工作的初步方案；

④记录并研究监理投标文件编写时的疑问，通过参加标前会、现场考察和书面答疑等形式获得解答或澄清；

⑤完成施工监理大纲的编写，提出现场监理机构的组织模式及人员的组成、提出现场检测仪器及技术装备清单，提出工程质量、进度、投资控制方法和安全、环保监控措施，提出合同管理、信息管理、组织协调管理方案；

⑥按照监理大纲的人员、设备配置，匡算监理工作成本，制定投标策略，对投标报价进行分析和决策、编制报价清单和投标说明；

⑦编制投标文件中的其他商务文件及有关材料，整理汇总后提交投标负责人审查；

⑧审查通过后，出版、装订、签字和盖章，并按招标文件要求密封。

(3)编制方法

①施工监理大纲内容上要突出监理人对建设工程中的主要管理问题和技术问题的分析和理解，论述要有针对性，切勿照搬照套，应反映监理人在现场机构设置、人员安排、工程管理措施及监理方法等重要方面的独特性，监理大纲的编写参阅本篇第四章第一节。

②施工监理费用清单编制，一般采用费用计算格式(表 1-2-6)进行基础费用分析，根据招标文件要求的格式清单填报。

施工监理费用构成一览表 表 1-2-6

<table>
<tr><th>序号</th><th colspan="3">项　　目</th><th>费 用 计 算</th><th>备　　注</th></tr>
<tr><td rowspan="12">1</td><td rowspan="12">直接成本</td><td rowspan="5">人员工资</td><td>总监理工程师</td><td></td><td></td></tr>
<tr><td>副总监理工程师</td><td></td><td></td></tr>
<tr><td>专业监理工程师</td><td></td><td></td></tr>
<tr><td>监理员</td><td></td><td></td></tr>
<tr><td>后勤辅助人员</td><td></td><td></td></tr>
<tr><td rowspan="6">专项开资</td><td>差旅费</td><td></td><td></td></tr>
<tr><td>通信费</td><td></td><td></td></tr>
<tr><td>自备监理设施费</td><td></td><td></td></tr>
<tr><td>试验检测费</td><td></td><td></td></tr>
<tr><td>办公费</td><td></td><td></td></tr>
<tr><td>其他费</td><td></td><td></td></tr>
<tr><td colspan="2">直接成本合计</td><td></td><td></td></tr>
<tr><td>2</td><td colspan="3">间接成本(1×__%)</td><td></td><td></td></tr>
<tr><td>3</td><td colspan="3">利润(1+2)×__%</td><td></td><td></td></tr>
<tr><td>4</td><td colspan="3">税金(1+2+3)×__%</td><td></td><td></td></tr>
<tr><td>5</td><td colspan="3">监理总费用Σ(1+2+3+4)</td><td></td><td></td></tr>
</table>

③监理机构设置，应根据项目的规模、性质和专业内容，合理选择监理机构组织模式。按照招标文件对人员素质和资格的要求，选派监理人员。

④投标文件一般采用计算机文档管理方法编制，很多相关文件或资料可直接调用、修改；提高编制标书的速度，增强文件编制的规范性，但也要防止内容的“张冠李戴”和衔接不当。

⑤投标文件的资信内容一定要实事求是，不夸大、不保守。业绩填写应符合招标文件对

业绩年限和专业上的要求，可以带选择性，必要时应附上有关证明资料以增强说服力。突出展现本企业一贯的企业风格和管理实力，展现本企业在承接该项目上的技术和经验优势。

⑥文件装订应注意美观大方，装订前后应有标书编制负责人认真校对，以保证标书质量。

2)投标文件编制技巧

(1)要严格响应招标文件要求。投标书内容和格式应严格按招标文件要求，完整、具体。监理大纲要有针对性和可操作性。人员配置和业绩说明要响应招标文件的要求；杜绝出现重大偏差。

(2)监理人资信、经验方面，要突出投标人的优势，可按照投标评标标准中得分项目的要求真实填报，必要时可附上对应索引，以方便评标人审阅。

(3)可以针对工程项目设计方案及项目建设要求，提出投标人的合理化建议和设想，充分反映投标人在这方面具有的经验和优势。

(4)监理费报价时要全面分析成本项目，避免出现漏项，取费应基本合理；也可以采取以下一些报价技巧：

①根据监理项目特点和企业发展方向，合理确定监理费用报价水平。对监理工作条件差、技术和管理难度大、竞争对手少以及投标人与业主具有良好合作关系的项目，可以适当调高报价水平；反之，应选择有竞争性的价标。

②适当的不平衡报价。在监理费用组成中，适当提高监理人员费用报价比例，降低监理设施(特别是业主可能在后期提供的)费用报价；在监理人员费用报价中适当调高监理工程师的报价。

③充分利用合同条件进行报价。如项目进度可能存在非监理机构原因的延长，要争取按服务期补偿；如可能存在大量额外监理工作，工期又不延长，应争取额外补偿；如有合理化建议的节约奖励时，监理费用利润率可适当降低。

④向业主提供优惠。如可以免费提供某些监理服务工作或某些业务咨询。

(5)投标文件编制后要进行审查，避免内容的缺失、歧义、矛盾或错误，在装订后应尽量避免修改。

(6)在内容完善的前提下，适当注意投标文件的包装，使其装帧美观大方。

第三章　水运工程施工监理组织

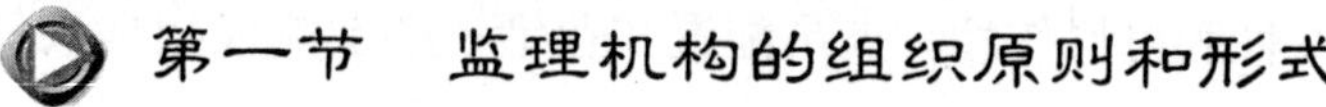

第一节　监理机构的组织原则和形式

一、监理机构的组织原则

1. 监理机构的组织原则及要求

监理机构是指监理人按照监理投标文件的承诺和监理合同文件的要求，为全面履行监理合同的责任和义务而组建的工程现场监理组织。监理机构应根据监理项目的规模、特点，结合监理工作目标和监理工作内容进行组织设计，把监理工作目标、内容、责任和职权进行有效的组合与协调。从组织论和监理实践看，设置监理机构时应遵循的组织原则及组织设计要求见表 1-3-1。

表 1-3-1

组 织 原 则	组织设计要求
目的原则	因目标而设事，因事而设置部门和岗位，定岗定责，因责任而授权。
统一指挥原则	建立以总监理工程师为命令源的责任、权限和信息流的统一指挥链系统。
层次原则	合理的层次结构和明确的岗位设置及各层次、岗位的职责和权限。
有效跨度原则	适当的管理跨度；跨度应与管理模式、管理人员能力、项目的特点相适应。
系统化原则	组织内各层次、职能部门间应形成相互制约、相互联系的整体。既要保证指挥中心、执行部门、监控与反馈单元能形成完整的封闭回路，又要防止职能分工、权限划分和信息沟通上的相互矛盾或相互重叠。
责权一致原则	权力是完成任务的必要保证，权力必须与职责相适应。防止有责无权或有权无责。
精简高效原则	尽量减少管理层次和职能机构，保证项目的高效运转。

2. 监理机构设置的逻辑流程

监理机构设置的逻辑流程可用图 1-3-1 表示。

二、监理机构的组织形式

监理机构的组织形式是组织结构模式在工程监理中的应用，主要反映工程项目监理机构内部各层次关系及对应的命令指挥系统。根据组织机构设置的原则，按照工程项目的规模和环境条件、施工条件的不同，常用的工程项目监理机构的组织模式及基本特点和要求见表 1-3-2。

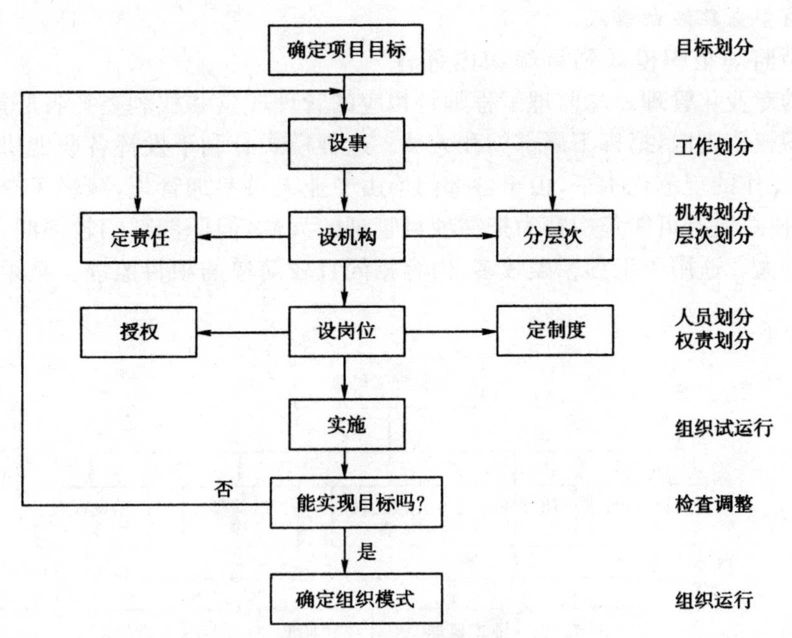

图 1-3-1　监理机构设置流程图

监理组织模式的基本特点和要求　　表 1-3-2

组织模式	基本特点和要求
直线型	在这种监理组织模式中，总监理工程师作为监理人履行监理合同的总负责人对业主负责，并领导监理机构工作。项目监理人员的任务是在总监理工程师领导下按项目的区段或工作划分分工负责，命令源唯一，不允许越级指挥。
职能型	在这种监理组织模式中，通过授权强化机构内部各职能部门的专业化管理，此模式层次较少。但执行人员接受多头指挥，主要管理者各部门间的协调工作量较大。
直线职能型	在这种监理组织模式中，监理管理部门和人员被分作两类：一是直线管理部门和人员，一般按项目的区段或工程内容划分，他们对自己管辖的区段或工程负责，对其下属有指挥和命令的权力；另一类是职能部门及人员，按专业或职能划分，是直线管理部门的业务助手。
矩阵型	这种监理组织模式适用于大型工程项目，监理机构由纵向和横向监理部门纵横交叉，形成矩阵。纵向管理部门的一方为稳定的职能工作部门，负责项目的目标控制、合同管理、信息管理和组织协调，另一方则为按任务组建的工作部门，负责现场实施，以适应工程管理的要求。

1. 直线型监理组织模式

直线型监理组织是组织结构中最简单的模式，整个组织权力集中，命令统一，决策迅速，但组织系统的刚性大，对外界信息不敏感。组织设计时应防止分工过细、层次过多，在保障信息交流渠道畅通的同时，使组织保持适当的弹性。该模式对组织领导者总监理工程师个人技术素质要求较高，因此仅在项目管理内容简单的工程中应用。其组织结构示意见图 1-3-2。

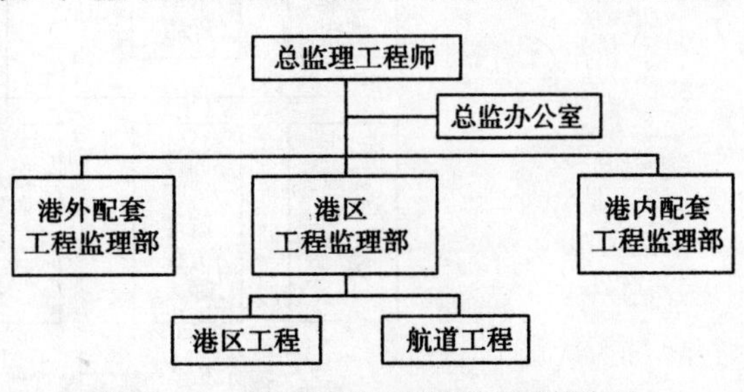

图 1-3-2　某工程直线监理组织模式结构图

2. 职能型监理组织模式

职能型监理组织模式强调组织内部各职能部门的专业化管理。总监理工程师将相应的管理职责和权利委托各职能部门负责人，后者在其职权范围内，指挥下属部门和人员。这种模式有利于发挥各职能机构的专业管理作用，提高工作的规范化水平，由于各部门均由专业人员参加管理，减轻了总监理工程师的管理压力，使总监有可能集中精力把握项目管理的大局，但职能部门较多时，各部门间的协调工作量较大。适用于工程标段较多、内容相同且较简单的项目监理。其组织结构示意见图 1-3-3。

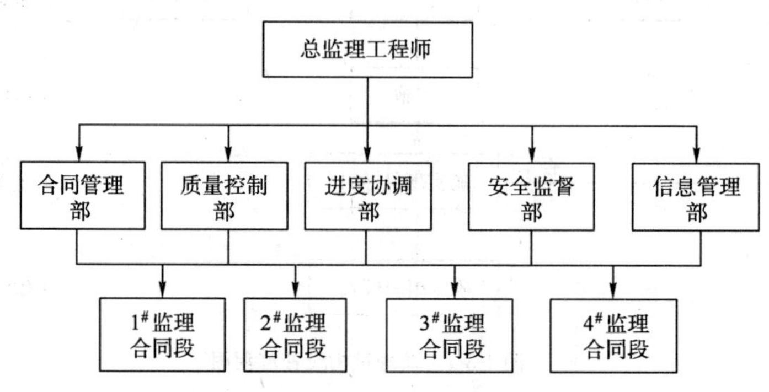

图 1-3-3　某工程职能监理组结构图

3. 直线职能型监理组织模式

直线职能型是由直线型和职能型相结合而成的组织结构模式。一般按工程区段和工程内容设置直线管理部门和人员，他们在设定的职责范围内有指挥权和决定权，对自己部门的工作负责。在机构内同时设置职能部门和人员，作为直线管理部门领导的参谋和助手，这种模式综合了直线型和职能型组织结构的优点，直线部门领导都有相应的职能管理人员帮助收集信息、分析问题，因而能够对工程项目的技术、质量、计划、合同、信息等管理进行有效的组织和指挥，充分发挥专家作用，提高管理水平。这种模式在我国工程管理中应用较广。其组织结构示意见图 1-3-4。

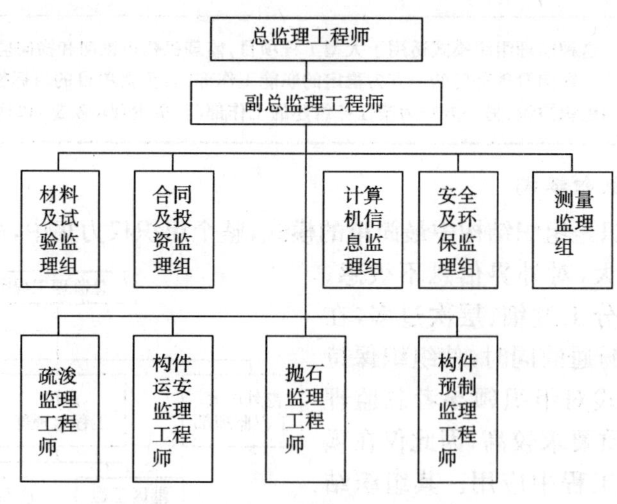

图 1-3-4　某工程直线职能型监理组织结构图

4. 矩阵型监理组织模式

矩阵型监理组织机构由纵向管理部门和横向管理部门组成，形同矩阵。纵向管理部门一般是按专业或管理内容划分的稳定的职能部门，横向管理部门为按项目内容或区域组建的一次性的工作班子。职能部门负责专业人员的调配，业务指导，而一次性工作班子的负责人对项目人员负领导责任，通过组织、协调，使项目机构为设定的目标而共同工作。矩阵型组织模式对项目环境的适应性较强，机动灵活，富有弹性。它既有利于加强专业管理，又有利于加强部门协作，充分利用各种资源；总监理工程师管理较宏观，有利于协调项目运行中的主要矛盾。但矩阵型监理组织最突出的问题是双重领导，指令源交叉，可能导致执行人员无所适从。因此，矩阵型组织结构在运行时除应加强协调管理外，还必须明确纵、横向管理以哪一方为主。矩阵型监理组织模式示意见图 1-3-5。该监理组织机构的最高层为总监理工程师负责的总监办公室，并配备副总监理工程师一名，同时明确职能管理负责人——计量支付工程师、机电设备工程师、合同工程师、结构工程师、测量及试验工程师；在总监办公室下面设置了合同标段监理组。形成以合同标段监理组为主、专业职能监理为辅的矩阵式组织系统。各合同标段监理组负责该合同的目标控制、信息管理、合同管理和组织协调，并明确相应的负责人，专业职能监理予以配合。

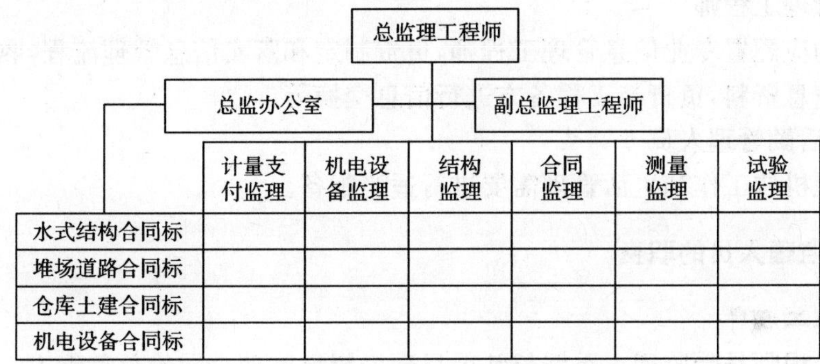

图 1-3-5 某水运工程矩阵监理组织结构图

第二节 监理人员的配备与职责分工

一、监理人员的配备

1. 监理机构人员配备要求

水运工程项目的监理机构一般由项目总监理工程师（简称总监）、副总监或总监代表、监理工程师、专业监理工程师和监理员及必要的行政、后勤管理人员组成。监理人员配备应以岗位需要为前提、个人的能力水平为依据、整体协调为参考综合确定。监理工程师应按照拟定的监理组织模式分专业配备，且应有足够数量和适当的年龄层次的搭配。

2. 监理机构人员专业配备

水运工程监理机构人员的专业配备可参考以下分类：

1）专业工程师

水运工程按专业性质可划分为水工建筑物工程（含码头工程、防波堤及护岸工程）、道路、堆场工程、机电设备安装工程、疏浚工程、河流整治工程、通航建筑物工程、铁路工程、土

建工程等，专业人员配备时应视项目规模、范围和内容，按涉及专业和监理组织模式，配备适当数量的专业技术人员，负责各专业工程的工艺检查、质量控制及验收。

2)试验检测工程师

大型水运工程项目监理机构设置工地试验室时应按工程试验检测需要，配备具备资格的试验、检测工程师，负责试验室的试验管理和对整个项目工地试验室的材料试验和过程平行试验的监控；中小型项目也应配备专业试验检测人员，负责对承包人的试验室及试验工作进行见证取样、现场检验和抽样监督。

3)合同管理与计量支付工程师

监理机构应配备了解国家法律、法规，熟悉招标、投标文件，熟悉施工合同条件和工程量清单、有一定项目管理经验的工程师或经济师担任合同管理及计量与支付工程师，对合同执行中出现的延期、索赔等合同管理内容进行控制和处理，对计划进度的实施进行监督和检查，负责工程计量复核，审核工程支付申请并提出审核意见。

4)测量工程师

根据工程特点和业主监理管理要求，监理机构可配备专业测量控制人员或由相关监理工程师兼任，负责整个项目基点、基线的测量复核及项目实施全过程的测量监控和核查。

5)信息管理工程师

监理机构应配置专业信息管理工程师，负责制定和落实信息管理流程，收集、汇总、整理和归档工程信息资料，负责与工程各方进行信息交换等。

6)行政、后勤管理人员

根据监理机构工作和生活管理需要进行适当配备。

二、各级监理人员的职责

1. 总监理工程师

总监理工程师是受监理人委派长驻项目现场履行监理合同的总负责人。其主要职责和权限是：

(1)对监理合同的实施负全面责任，并定期向业主和监理人报告工作；

(2)进行监理机构职能分工和明确监理人员的岗位责任；

(3)主持编写《监理规划》，审批《监理实施细则》；

(4)组织审核承包人的施工组织设计；

(5)主持监理工作会议，签发监理机构有关文件，下达有关指令；

(6)根据业主工作需要参加招标或评标工作；

(7)审批承包人递交的有关申请报告和报审表；

(8)组织编写并签发监理月报；

(9)审查承包人的交工申请和组织交工预验收；

(10)组织实施工程项目保修期的监理工作；

(11)组织整理工程竣工监理档案资料，对工程项目的质量、安全、进度和费用控制等进行全面总结，并编写监理工作总结报告。

2. 总监代表或副总监

总监代表或副总监是总监理工程师的助手或被授权人，其职责是在总监理工程师领导下分工负责履行部分监理机构管理责任或根据总监理工程师授权开展相关工作。

3. 监理工程师和专业监理工程师

监理工程师和专业监理工程师是深入施工现场、实施监理工作的具体执行者。其工作职责是依据监理管理程序并按专业分工，监督工程按设计图纸和技术规范进行施工，检查施工质量是否符合技术标准和合同要求，并督促承包人全面履行了合同规定的各项义务和责任。

监理工程师和专业监理工程师一般具有以下的职责和权限：

(1)按专业或工序编制《监理实施细则》；

(2)组织并指导监理员的工作；

(3)初审承包人的施工方案，并提出审核意见，报总监审批；

(4)检查、复核承包人的测量控制网点或测量基线；

(5)核实工程材料、设备的采购情况，检查进场材料、构配件和设备的质量；

(6)组织或参加隐蔽工程和分项、分部工程验收；

(7)检查工程施工情况，及时发现和处理工程质量、进度及施工安全问题；

(8)进行工程计量，核实工程数量，对工程变更、索赔等费用控制问题提出处理意见，报总监审核；

(9)检查与签认承包人的施工过程文件，并督促承包人按相关要求整理工程归档资料；

(10)做好监理日记并定期向主管监理工程师或总监汇报工作。

4. 监理员

监理员是监理工程师、专业监理工程师的助手，协助监理工程师履行现场监理职责。其主要职责有：

(1)掌握工程施工情况，对隐蔽工程和重要工序、重要工程部位施工实施旁站监理；

(2)记录工程进度的详细情况，并与施工进度计划进行对比；出现偏差时，及时向监理工程师汇报；

(3)及时发现和纠正施工中出现的违规问题；

(4)做好详细准确的监理日记，及时向专业监理工程师汇报现场监理情况。

第三节　监理机构的工作制度与管理

一、现场工作制度

现场监理机构作为从事具体项目管理的团队，规模有大有小，人员构成差异较大，为保证监理机构内部岗位分工合理，充分发挥组织的效能和调动个人的能动性，提供稳定的高质量的监理服务，须建立必要的现场工作制度。

1. 监理机构行政管理制度

行政管理制度应包含以下内容：人事管理制度、作息考勤制度、财务管理制度、后勤保障管理制度、车辆管理制度、伙食、生活管理制度等。

2. 监理岗位工作考评制度

岗位工作考评制度应包含以下内容：岗位职责、个人业务水平考核；工作岗位业绩评价；岗位的变动与岗薪的调整；岗位培训要求等。

3. 监理工程师行为规范

工程师行为规范应包含以下内容：法律规范、职业道德、工作纪律、廉政与保密等规范及奖罚措施。

4. 监理机构现场工作制度

现场工作制度应包含以下内容：工作记录制度、监理报告制度、监理信息流转制度、文件与档案管理制度、会议管理制度、技术文件审查制度、开工报告审批制度、材料报审与检验制度、交工验收制度、工程变更管理制度、工程事故处理制度等。

如：工作记录制度可以规范以下内容：

(1)历史性记录：a)会议记录；b)监理日报表；c)监理日记；d)监理月报；e)监理巡视记录；f)天气记录；g)往来函件记录等。

(2)质量记录：a)质量检查、检验记录；b)隐蔽工程、各分项、分部工程的验收记录。

(3)竣工记录：竣工记录包括施工过程中的验收记录和竣工验收阶段记录两部分，竣工验收阶段记录应包括验收检查、验收监测、验收评定及验收资料等各方面内容。

二、监理人员的管理与激励

监理服务的水平、质量很大程度上取决于监理人员的素质和对监理人员的管理；要保证监理机构的工作质量和工作效能，须建立合适有效的监理人员激励机制和约束机制。

1. 监理人员的激励机制

监理人员的管理制度一般由监理人按自身的特点和发展目标制定。现场监理人员的激励与约束机制可以结合企业管理制度要求和监理项目的具体特点，参照一般企业人员管理激励的内容(表1-3-3)自行建立。

企业管理激励机制　　表1-3-3

激励机制	主要内容
经济利益	建立与岗位职责挂钩的薪金激励制度，如：岗位工资、期权、年终奖、职务消费及其他经济利益。
权力地位	建立以岗位为基础兼顾监理人员的能力与水平，赋予其相应的管理决策中的地位与权力的机制。
企业文化	建立以执业能力高低、职位分工不同、收入方式及水平差异为特征的企业文化；形成良好公平的竞争机制。
荣誉尊重	建立与工作业绩及成就相关的表彰、奖励、培训提高等荣誉机制。

2. 监理人员的约束机制

监理人员的约束机制的建立要求同激励机制，见表1-3-4。

企业管理约束机制　　表1-3-4

约束机制		主要内容
内部约束	制度约束	建立健全人员管理的规章制度。
	合同约束	建立个人与企业有利于共同发展的聘用合同关系。
	激励约束	建立完善的激励机制。
	责任约束	建立以岗位和职责相关的工作责任约束制度。
外部约束	法律约束	依据法律法规实施对企业人员从业行为的强制约束。
	道德约束	通过监理职业规范约束从业人员的从业行为。
	市场约束	通过资格许可、企业聘用、业主要求规范人员素质。
	执业约束	通过行业协会的执业资格管理制度进行监督。
	媒体约束	通过媒体对从业行为进行监督。

三、监理设施的配备与管理

1. 监理设施的配备

水运工程项目一般都投资巨大，小则几千万元，多则几亿元甚至数十亿、上百亿元；而且施工条件差、施工难度大，影响因素多。水运工程监理往往工作任务重，工期紧，管理程序复杂。监理工程师在执行合同过程中必须有完备的监控手段及良好的试验、测量设备。

1)试验设备

工程质量的监理应以数据为依据，要达到质量监控的目的，利用独立的试验设备，进行严格的试验验证，是监理人员控制施工质量的手段之一。根据工程需要，大型水运工程往往设立监理工程师独立的工地实验室，中小型水运工程，一般由业主或监理人委托有资质的第三方进行相关试验，检测项目一般由监理工程师见证取样或独立抽检。

2)测量仪器及设备

测量工作是水运工程施工质量控制的基础。监理工程师应对承包人基点、基线的布设进行检查，对基点、基线的测量进行独立复核。在施工过程中，需要对建筑物重要部位的测量结果进行检查，因此监理机构配备各类精密的测量仪器和设备是质量控制必不可少的工具。

3)计算机及信息管理系统

工程监理的目标控制是一个动态过程，涉及大量信息的收集、存储、分析和处理；监理机构配置必要的计算机、打印机、复印机设备并建立有效的信息管理系统能极大地提高工作效率。

4)交通工具

为了有效地开展现场监理，随时对工程进行巡视检验，处理工程质量问题。视工程规模的大小和监理驻地与工程现场的距离，监理机构应按需要配置适当的交通工具。

5)通信设备

监理机构的各专业之间不是彼此孤立的分散体，相互间应是一个有机联系的整体，监理人员与工程各方之间需要及时互通信息协调工作。根据工程现场具体情况，监理人员应配备必要的通信设备。

6)照相、摄像器材

施工质量、施工工艺、施工过程以及隐蔽工程和工程进展状况，都需要工程照片或录像作为工程原始记录进行归档保存，监理机构应根据项目管理的要求配置适当的摄、录像设备。

7)其他办公生活设施

为了提高现场监理工程师的工作效率，应尽可能提供良好的工作条件与生活条件。如监理办公室、工程驻地住房应根据现场自然气候条件配备空调或暖气，监理机构生活方面除安排好伙食、洗澡、洗衣条件外，有条件时提供适当文娱、体育场地与设施。

2. 监理设施的配置管理

1)配置数量

监理设施配置数量应根据监理投标文件承诺和项目具体情况以满足监理工作需要为前

提配置。水运工程监理现场设施根据监理招标文件的约定，可由业主根据项目情况向监理机构免费提供或由监理人自行配置。

2)监理设施管理

(1)业主提供的监理设施产权属业主所有，监理机构在接收时应做好设施或设备的实物交接和资产账目的签认；工程竣工后移交业主时应办理交还手续。

(2)监理机构自行配置的设施或设备应按照监理人资产管理要求，实施相应的建档、交接、使用、维护等管理工作。

(3)所有监理机构的设施和设备，都应安排专人进行保管、使用、维护管理，建立设施和设备的管理责任制度。

第四章　监理大纲、监理规划与实施细则

第一节　监 理 大 纲

一、监理规划文件的种类和编制要求

监理人在承揽监理业务与组织实施监理工作的不同阶段，根据监理规范的要求，需要编制监理大纲、监理规划和监理实施细则等技术规划文件。这三个技术规划文件是监理工作文件的重要组成部分。它们之间既有联系又有区别，监理规划要根据监理大纲的有关内容编写，监理实施细则要在监理规划的指导下制定。它们的编制目的、编制阶段和编制内容的重点见表1-4-1。

监理规划文件的类型及其编制特点　表1-4-1

文件类型	编制目的	编制时间	编制内容重点		
			为什么做	做什么	如何做
监理大纲	承揽监理项目	监理投标阶段	重点	一般	
监理规划	指导监理工作的纲领	签订监理合同后施工准备阶段	一般	重点	重点
监理实施细则	实施监理工作的指南	监理规划审批后专业监理工作开展之前		一般	重点

二、监理大纲的概念及作用

1. 监理大纲的概念

监理大纲也称“监理方案”或“监理技术建议书”，是监理人在监理投标阶段响应监理招标文件的要求，根据监理人对招标工程的理解和自身的监理工作经验所编制的项目监理工作方案，是监理投标文件的重要组成部分。监理投标人根据建设项目的特点、招标文件确定的监理工程范围、监理合同条件提出的监理内容和要求，结合投标人自身优势及以往承担类似工程的监理经验，在监理大纲中提出监理工作目标、监理机构设置、监理工作程序以及对项目重点难点的分析和实现项目控制目标的措施等，是项目监理指导思想的具体体现，是向招标人承揽监理业务的要约。

2. 监理大纲的作用

(1)监理人承接监理业务的需要。监理大纲是承接监理业务的重要技术文件，主要说明监理机构需要做什么、谁来做、何时做，从而把监理工作纳入规范化、标准化的轨道，避免随意性。它主要表述监理人对建设项目的理解和监理工作计划，以及为实现业主建设目标而采用的监理程序、监理方法、监理措施及监理手段。

(2)监理投标承诺和技术竞争的主要内容。监理大纲是监理投标人响应监理招标文件的要求,向招标人承诺为履行监理义务而将采用的监理组织方式和监理方法、手段,是监理投标技术竞争的主要内容。一旦投标文件被业主接受,监理大纲中承诺的人员组成和监理手段将成为重要的合同内容。

(3)确定监理费用的依据。监理费用的高低与监理大纲中承诺的人员组成和监理模式、监理服务深度和范围相对应,是投标人确定监理报价,招标人评价监理费用合理性的重要依据。

(4)指导监理开展工作的基础文件。监理大纲中的承诺是监理合同的重要组成部分,是业主检查和监督监理工作开展的重要依据,是监理机构制定监理规划,开展监理工作的基础文件。

三、监理大纲的基本内容

1. 监理大纲的内容

监理大纲的内容应该响应监理招标文件的要求,说明监理投标人对项目的理解、现场监理机构的组织、人员配置及工作职责,为履行合同义务将采用的技术措施、组织措施、控制方法和控制手段,监理投标人承揽本监理业务的技术及经验优势等。应涵盖以下基本内容:

(1)项目概况;

(2)监理工作目标;

(3)监理机构设置与工作职责;

(4)施工准备阶段的监理工作;

(5)质量控制;

(6)进度控制;

(7)费用控制;

(8)合同管理;

(9)安全管理;

(10)信息管理;

(11)组织协调;

(12)竣工验收阶段的监理工作;

(13)保修阶段的监理工作;

(14)监理报表格式。

2. 示例:某工程监理大纲目录

××工程项目施工监理大纲

一、工程项目概况

1. 工程项目概况

(1)工程项目名称

(2)建设地点

(3)工程范围

(4)业主

(5)设计人

2. 本工程特点及监理重点

(1)本工程特点

(2)本工程监理重点

3. 承担本工程监理的优势及服务承诺

(1)承担本工程监理的优势

(2)监理服务承诺

二、监理工作指导思想和监理工作目标

1. 监理工作指导思想

2. 监理工作目标

(1)质量控制目标

(2)进度控制目标

(3)费用控制目标

(4)安全管理目标

(5)环境保护控制目标

三、监理组织机构及人员配置

1. 拟设立的驻现场监理组织机构

2. 拟配现场监理人员一览表

四、施工准备期监理服务措施

五、质量控制的方法和程序

1. 质量控制重点

2. 质量控制的方法

3. 质量控制程序

六、进度控制的方法与程序

1. 工程进度分析

2. 进度控制方法

3. 进度控制程序

七、费用控制的方法和程序

1. 工程费用控制重点

2. 费用控制方法

3. 费用控制的程序

八、环境保护控制的方法和程序

1. 环保控制方法

2. 环保控制程序

九、安全管理的方法和程序

1. 安全管理方法

2. 安全管理的程序

十、合同管理的方法和程序

1. 合同管理的程序

2. 合同纠纷、分包、变更、延期、费用索赔、保险、违约等问题的管理方法

十一、信息管理的方法和程序

1. 信息管理工作程序

2. 信息管理方法

十二、组织协调的方法和程序

1. 组织协调的程序

2. 组织协调的方式、方法

十三、交工验收期监理

1. 监督交工文件的编制

2. 协助组织初验

3. 协助业主组织交工验收

4. 审查工程交工结算

5. 编制工程监理总结报告及监理交工资料

十四、保修期监理

1. 保修期的监理组织

2. 保修期的监理内容及方法

十五、监理表格

A 类表:承包人向监理申报的报表

B 类表:监理发出的指令或业务联系的报表

C 类表:监理向业主上报的报表

D 类表:工程施工记录

E 类表:工程质量评定表

F 类表:监理旁站记录表

G 类表:监理平行检测(抽检)记录表

四、监理大纲的编写重点与技巧

(1)监理大纲的编制一定要根据业主监理招标文件要求的内容和格式,突出对招标文件的响应性和对业主项目的针对性;为提高编制效率,对一些技术内容和业务内容利用一些范本和通用模块,但切忌照搬照套。

(2)监理大纲内容应反映投标人对项目建设过程中重点难点的理解,以及为解决这些重点难点所拟定的管理措施。突出投标人监理方案的合理性和可行性。

(3)监理大纲要反映投标人的竞争优势,特别是拟派驻监理工程师的执业经验、技术水平、工作能力以及职业操守,同时也应突出投标人对本工程的关注和在管理与技术上的支持,和在类似工程项目监理的经验与业绩,以增强业主对投标人的信心。

(4)投标人在编制监理大纲时,应组织本企业管理和技术上的精兵强将,对项目进行分析和管理策划,大纲编写要体现本企业的技术水平和管理水平。编制人员最好包括拟定的总监理工程师,以利于中标后监理规划的编制和监理工作的开展。

第二节　监 理 规 划

一、监理规划的概念和作用

1. 监理规划的概念

监理规划也称监理工作计划，是监理人与业主签订监理委托合同后，依据监理大纲由项目总监理工程师主持编制的用来指导监理机构全面开展监理工作的纲领性文件。监理规划是监理机构开始监理工作之前，通过对工程项目特点的进一步了解，结合监理合同的约定和业主对监理工作的要求，对监理大纲内容的深化、细化和系统化。监理规划经项目总监理工程师主持编制完成后应报监理人技术负责人批准，并报备业主，是业主对监理工作进行监督检查和评价的重要依据。

2. 监理规划的作用

(1)监理规划是监理人承接了监理业务后而制定的监理工作总体计划，是监理人履行监理合同义务的全面计划和具体安排。

(2)监理规划是监理机构进行监理工作的重要组织文件，它体现了监理操作中费用控制、进度控制、质量控制、合同管理、信息管理、安全管理、环保管理和组织协调等方面工作的工作程序、方法及管理措施，是规范监理工作全过程的标准文件，是把监理工作纳入规范化、标准化、避免工作随意性的指导文件。

(3)监理规划编制完成并报监理人技术负责人审批后，应提交给业主及有关监理管理部门；并向承包人进行监理工作交底。使工程各方明确监理工作的计划、安排和要求，便于监理工作的开展和与各方的配合。

(4)监理规划是监理工作科学性的保证和体现。编制监理规划，必须运用组织论的基本理论和组织设计的基本原则，精心规划和组织，明确各部门、各级人员的职责及分工，规范各项工作程序和流程；运用目标管理的基本思想和基本方法，严格论证项目目标的可行性和合理性，认真分析、评价项目实施中可能存在的各种风险，逐项落实避免、减少、转移风险的有效措施，运用控制论的基本原理和方法，加强预控管理，重视过程控制，确保项目目标的最佳实现。

(5)监理规划是编写监理实施细则的依据，是科学、有序地开展工程项目监理工作的基础。

(6)监理规划是监理人对监理机构进行内部考核的依据，监理工作完成后，监理机构应对照监理规划进行监理工作总结并将监理规划归档保存。

二、监理规划的编制依据和原则

1. 监理规划编制的依据

监理规划编制的水平，直接关系到监理工作的深度、广度和效果，是监理人和监理机构监理能力和专业水平的具体体现。监理规划编制的主要依据有以下几个方面：

1)工程项目外部环境资料

(1)自然条件：包括工程地质、水文气象、地形、自然灾害等；

(2)社会和经济条件资料：包括政治局势、社会治安、建筑市场、材料设备供应、经济发展

环境等。

2)工程项目建设的法律法规

(1)国家、行业和地方与项目建设相关的法律、法规和政策;

(2)国家、行业与项目建设有关的相关技术标准和规范。

3)工程项目建设文件

(1)项目的可行性报告及相关批文;

(2)经审查的项目设计文件;

(3)有关开工许可文件。

4)工程项目建设合同

(1)监理委托合同;

(2)施工承包合同;

(3)材料、设备供应合同;

(4)其他有关合同等。

5)业主的建设目标和要求。

2. 监理规划编制原则

(1)全局性原则。监理规划应针对业主委托的监理业务范围,围绕监理机构开展工作的全过程来编写;监理工作的程序、方法和措施应全面、具体,并突出监理工作应该做什么。

(2)预见性原则。监理规划应分析工程项目的特点、承包合同的类型及承包人情况以及其他项目实施中的不确定性因素,制定目标控制的方法、措施及风险因素的预防和应对。

(3)可操作性原则。监理规划应实事求是地反映监理机构的监理能力、体现监理合同的要求、具有针对性和可操作性。

(4)动态性原则。监理规划编制后,随着工程项目的实施,有一些条件和要求会发生变化,因此,在执行监理规划中,要注意随着工程项目的进展不断补充、修改和完善规划内容,使监理规划始终保持对监理工作的指导作用。

(5)针对性原则。监理规划应分析项目所具有的特点,监理程序、监理手段、监理方法和监理措施必须有针对性。好的监理规划不仅能符合项目监理的实际,也能体现监理企业和总监理工程师对该项目的工作思路和工作风格。

(6)格式化与标准化原则。监理规划要充分反映水运工程施工监理规范要求和企业对监理工作的要求;在总体内容与结构上应与规范、统一,内容的表达方式上应尽可能简洁明确。

三、监理规划的基本内容

1. 监理规划的内容

依据《水运工程施工监理规范》,监理规划的基本内容至少应包括以下几方面:

(1)工程项目概述:包括项目名称、地点、业主、建设规模、项目组成、结构型式等。

(2)监理工作依据:参见本篇第一章第三节。

(3)监理范围和目标:包括工作范围、工作内容;质量目标、进度目标和费用目标等。

(4)监理机构的组织:包括监理组织模式、人员构成、职责分工和进场计划安排等。

(5)监理工作管理制度:包括监理报审制度、工地会议制度、工作交底与报告制度和其他监理工作制度。

(6)监理目标控制的程序、方法及措施：

工程质量控制：包括质量控制目标分解、质量控制程序、质量控制要点和质量风险控制措施。

工程进度控制：包括进度控制目标分解、进度控制程序、进度控制要点和进度风险控制措施。

工程费用控制：包括费用控制目标分解、费用控制程序和费用风险控制措施。

合同管理：包括工程变更、分包和索赔的管理。

信息管理：包括管理程序、管理要点和措施。

安全管理：包括管理程序或体系、管理要点和措施。

环境控制：包括控制目标、控制程序或体系、控制要点和措施。

组织协调：包括协调内容、协调方法和协调程序。

2. 示例：某港区陆域形成工程监理规划提纲

某港区陆域形成工程监理规划提纲

一、工程项目概述

1. 项目概况：项目名称、项目地点、建设规模、业主、监理人、承包人

2. 项目标段划分及合同结构

二、监理工作依据及范围

1. 监理工作依据：

(1)国家、地方、行业有关工程建设的各项法律、法规；

(2)水运工程施工监理规范及国家现行的有关工程技术标准；

(3)监理合同及施工合同文件。

2. 监理范围

三、监理工作目标

1. 质量控制目标

2. 进度控制目标

3. 费用控制目标

4. 安全管理目标

四、监理机构设置与监理人员职责

1. 项目管理组织机构图

2. 监理组织机构图

3. 现场主要监理人员配置表

序号	姓名	性别	年龄	职称	专业	监理持证	担任职务
	×××	×	××	××	××	×××	
…	……	…	…	…	…	…	…

4. 监理人员进场计划表、工作安排

5. 监理工程师岗位工作职责

五、施工准备阶段监理工作

1.组建现场监理机构

(1)组建项目监理部;

(2)建立健全监理规章制度;

(3)组织监理人员学习合同文件、设计文件及相应技术规范和标准;

(4)确保各种检测、测量设施仪器,按时到位,并对试验、检测、测量设备进行有效标定认证;

(5)进行现场调查,掌握现场地形、地物、水文地质情况,复核测量标志无误。

2.协助业主签订施工承包合同

3.核查施工图设计

4.编制监理实施细则

5.审查承包人施工组织设计

6.检查承包人的船机及设备

7.审查承包人质量保证体系

8.检查承包人基线、基点测量

9.对承包人材料、设备进场的检验和批准

10.批准标准试验

11.主持召开第一次工地会议

12.审查开工报告、下达开工令

六、质量控制

1.质量监控的原则和依据

2.质量控制的目标分解与控制重点

3.质量控制的主要方法和措施

(1)现场监理与旁站监理

①总监、副总监现场巡视检查;

②监理工程师施工工艺和质量的跟踪检查;

③监理员施工进行全过程的旁站监理。

(2)测量观测监控

(3)试验检测

验证试验	监理按规定频率试验与材料质保资料和设计要求相互验证,如:……
抽样试验	在旁站承包人自检取样、试验的基础上,监理抽样独立试验,如:……
验收试验	监理对吹填标高、基础清理过程等进行验收检验,如:……

(4)程序控制

①开工令批准程序;

②分项工程开工批准程序;

③分项工程施工检验程序;

④单位工程验收评定程序;

⑤竣工初验收程序。

4. 主要分项工程质量控制要点与方法

七、进度控制

1. 进度控制目标的分解与关键线路

2. 进度控制程序(略)

3. 进度控制步骤和方法

(1)进度计划的确定

①监理工程师进度控制节点目标；

②对承包人编制进度计划的要求；

③进度计划的审批。

(2)进度控制方法

①现场进度情况的了解与收集；

②工程月进度报告的提交与分析；

③进度控制台账。

(3)进度协调

①进度计划的调整；

②工程进度的督促；

③进度计划延误的管理。

八、费用控制

1. 费用控制的目标分解与控制重点

2. 费用控制程序

3. 费用控制步骤和方法

(1)核查施工图预算；

(2)熟悉工程量清单；

(3)工程计量程序和方法；

(4)设计变更的管理；

(5)索赔控制；

(6)费用支付计划；

(7)优化设计、节省工程费用。

九、安全文明施工管理

1. 安全施工

2. 文明施工管理

十、合同管理

1. 工程分包管理

分包管理程序；分包申请；分包审查；分包工程的管理

2. 变更管理

变更管理程序；变更意向报告的编写；变更意向报告的审查；工程变更通知

3. 工程延期管理

4. 费用索赔管理

索赔管理程序；费用索赔资料的收集、记录；索赔申请的审查；索赔支付

5. 承包人违约管理

承包人违约通知;违约资料的收集、管理;提出违约处理报告;扣回费用

6. 争议与仲裁管理

7. 工程保险管理

十一、信息管理

1. 信息管理工作目标

2. 信息的收集、整理

3. 信息汇总和管理

4. 信息传输

5. 计算机辅助信息管理

十二、协调管理

1. 第一次工程管理例会

2. 工程管理例会

3. 工地例会

4. 专题会议

5. 现场协调

(1)加强与工程各方的联系和沟通,对参与施工的各方统一监理要求和监理表格。

(2)考虑到现场施工交叉干扰的影响,应做好充分的技术措施安排。

(3)组成业主代表、总监、各承包人项目经理组成的工程协调小组,随时协调处理施工中的问题。

十三、竣工验收监理

1. 监督竣工文件的编制

2. 组织初验:初验程序;初验的内容和方法

3. 协助业主组织竣工验收

4. 审查工程竣工结算

5. 编制工程监理总结报告及监理竣工资料

十四、缺陷责任期监理

1. 缺陷责任期的监理组织

2. 缺陷责任期的监理内容及方法

十五、监理机构工作管理制度

1. 技术文件审查制度

2. 设计交底制度

3. 开工报告审批制度

4. 材料检验制度

5. 工程变更制度

6. 工程质量事故处理制度

7. 监理报告制度

8. 竣工验收制度

9. 会议制度

10. 信息管理制度

11. 保密与廉洁自律制度

十六、监理表格目录清单

编号	表格名称	编号	表格名称
	一、A类表		
A—01	施工组织设计(方案)报审表	B—03	监理通知单
A—02	工程开工报审表	B—04	停工通知单
A—03	主要分项工程开工报审表		三、C类表
A—04	分包单位资格报审表	C—01	监理日报
A—05	工程施工进度计划(调整计划)报审表	C—02	周(月)例会纪要
A—06	成品、半成品供应担任资质报审表	C—03	建设监理月报
A—07	建筑材料报审表	C—04	专题报告
A—08	主要设备选型报审表	C—05	年　月进度款审核表
A—09	复工申请表	C—06	工程初验报告
A—10	工程变更费用申请单	C—07	初验小组成员及其分工表
A—11	索赔报审表	C—08	外观项目评分表
A—12	工程延期报审表	C—09	质量保证资料检查记录表
A—13	整改复查报审表	C—10	工程初验整改意见表
A—14	设计变更报审表	C—11	工程质量评估报告
A—15	工程报验单	C—12	监理工作总结报告
A—16	施工测量(控制点)放线报验单		四、D类表格
A—17	工程质量问题(事故)报告单	D—01	沉降观测记录表
A—18	工程质量事故处理方案报审单	D—02	位移观测记录表
A—19	周施工进度计划表	D—03	分项工程施工记录
A—20	周施工进度完成情况表	D—04	分项(隐蔽)工程验收记录表
A—21	月施工进度计划表	D—05	实验记录表
A—22	施工工作月报		五、E类表
A—23	年　月进度款申请表	E—01	工程质量检验评定表
A—24	施工备忘录	E—02	分项工程质量检验评定表
	二、B类表	E—03	分部工程质量检验评定表
B—01	监理工程师函	E—04	单位工程质量综合评定表
B—02	监理备忘录(日记)	E—05	单位工程质量检验资料核定表

四、监理规划编写的重点与技巧

(1)监理规划编写应体现监理工作规范化、制度化和科学化水平。应当根据监理投标文件中监理大纲的承诺,结合监理合同所确定的监理范围和工作内容编制,在编写时应按照监理规范和监理人技术管理要求力求内容和格式规范统一。

(2)监理规划编写应具有针对性。监理规划是对具体工程项目进行的监理工作策划,规划中提出的监理目标、监理方法和监理措施应与项目的特点、管理要求相适应,不能照搬照套,应能真正起到指导监理机构开展工作的作用。

(3)监理规划编写应当遵循工程项目管理规律。项目建设中各种因素和条件不可避免要发生变化，项目目标与计划的调整是必然的，监理规划的编写应视为动态的过程，不应编制完成就一成不变或束之高阁，应随着建设项目各阶段工作的展开进行不断进行补充、修改和完善。

(4)监理规划编写应得到监理机构的高度重视。总监应亲自挂帅主持监理规划的编写，编写内容要充分体现总监对项目监理工作的总体思路，编写过程中应调动监理机构各主管监理工程师的积极性，广泛征求设计人和承包人的意见和建议，充分听取业主要求。编写完成后要报请监理人的技术负责人审核，按合同约定提交业主，供其批准确认和监督实施。

第三节　监理实施细则

一、监理实施细则的概念和作用

1. 监理实施细则的概念

监理实施细则是以监理规划为依据，在落实了监理机构各专业监理岗位职责后，由各专业主管监理工程师针对项目监理中各专业或分项工程监理工作实际、为落实监理规划提出的监理目标和监理措施而编写的指导监理工作实施的操作性文件。监理实施细则具有操作性和针对性特点，是指导监理开展工作的重要业务文件。

2. 监理实施细则的作用

(1)对监理规划中的监理工作内容作出详细的分解和计划，起到指导监理工作的作用；

(2)对监理规划中的监理措施、监理方法和监理程序进行落实或安排，起到规范监理工作行为的作用；

(3)对监理控制的标准和要求进行细化和量化，使监理的管理工作更具有合同属性和可操作性。

(4)在监理工作管理中，监理实施细则是监理机构评价监理人员履行监理工作职责的依据。

二、监理实施细则的编写依据和原则

1. 编写依据

(1)经批准的监理规划；

(2)项目设计文件、施工合同、技术规格书；

(3)技术规范和标准；

(4)经批准的施工组织设计和施工技术方案等。

2. 编制原则

(1)专业性原则。实施细则应针对专业监理工作内容及特点编写，突出专业技术管理的特色，质量监理细则应与承包人编制的施工方案相对应。

(2)操作性原则。实施细则应严格按照规范要求，制定监理工作的监控程序、控制方法及控制手段，突出针对性和可操作性特色。

(3)动态性原则。实施细则可随监理工作的开展分阶段编写，同时要根据项目进展的变化，不断进行补充、修改和完善，突出动态控制和项目个性特色。

(4)预见性原则。实施细则应根据工程项目的自然与管理环境、承包人施工情况以及项目建设中的不确定性因素编写，制定适合、主动的监理工作方法、措施，突出主动监理特色。

(5)标准化原则。实施细则在分专业编写时，尽量在文件结构、内容层次及表达方式上格式化和标准化，便于监理细则文件的统一汇总。

(6)责任性原则。专业监理工程师在编写专业实施细则时要强化责任意识，内容上突出如何做，谁来做，工作分工明确，责任到位。

三、监理实施细则的基本内容

参照水运工程施工监理规范，监理实施细则应包括下述基本内容：

1)项目建设概况与工程特点

2)项目建设控制目标与监理工作任务

3)专业监理工作的实施细则

(1)项目施工质量监理实施细则；

(2)项目施工进度监理实施细则；

(3)项目费用监理实施细则；

(4)项目施工安全监理实施细则；

(5)项目施工环境监理实施细则；

(6)项目建设合同管理实施细则；

(7)项目建设信息管理实施细则。

4)各分项工程施工监理实施细则

(1)各分项工程监理内容分解；

(2)监控项目的控制标准和控制目标；

(3)监控的方法和措施。

第二篇

水运工程施工监理的过程与要素控制

第一章　施工招标期的监理

第一节　施工招标期监理的任务和内容

一、施工招标期监理的任务

根据施工监理合同委托的监理工作范围，监理工程师可在施工招标阶段作为业主的参谋和助手参与项目管理。按照业主施工招标期的工作安排，监理工程师一般要完成以下任务：

(1)协助业主提出的招标方案；

(2)编写招标文件与协助业主制定评标标准；

(3)协助业主对投标人进行资格审查；

(4)参加招标、评标的各项具体组织工作；

(5)起草施工合同文件，参加业主与承包人的合同谈判。

二、施工招标期监理的工作内容

1. 招标文件的编制

编制施工招标文件是施工招标工作中的一项重要的内容，招标文件编制水平的高低，直接关系到招标工作能否正常进行，而且影响授标以后能否顺利地执行合同。监理工程师应根据招标工程的规模、内容、技术要求、自然条件和施工条件的不同，根据业主确定的招标方式，利用自身的技术特长和项目管理经验，协助业主做好招标文件的编制工作。

2. 参与招标与评标

招标期监理工程师可根据业主要求参与招标、评标工作。参加业主成立的评标委员会，对投标人提交的投标文件进行全面的审查和评审，根据招标文件确定的评标标准和方法，通过初评和详细评审，形成书面评标报告，并向业主推荐合格的中标候选人。

3. 起草施工合同文件，参与施工合同的谈判

监理工程师应协助业主起草施工合同文件，并根据中标人投标文件对招标文件的响应情况和招标阶段对中标人船机设备、人员组织、施工方案情况的澄清及中标人的承诺提出合同谈判的要点。合同谈判中监理工程师应发挥自身技术与合同管理优势为业主做好参谋与助手，并积极发挥协调作用。合同谈判取得一致意见后，起草谈判备忘录，并协助准备合同文件。

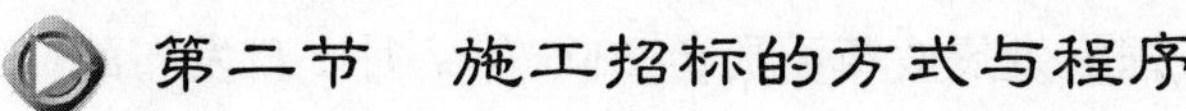

第二节　施工招标的方式与程序

一、施工招标的方式

1. 水运工程施工招标条件

水运工程施工招标是指招标人以水运工程的施工与安装任务为设定标的，通过公告或通知书的形式，招引或邀请符合资质要求并具备承包能力的投标人报价竞标，从中优选承包

人的市场行为和过程。

1)水运工程施工招标的标准和条件(表 2-1-1)

水运工程施工招标的标准和条件表　　表 2-1-1

招标标准	招标条件
①单项合同估算价 200 万元以上; ②单项合同估算价 200 万元以下,但总投资额 3000 万元以上。	①具有审定的施工图设计,或者具有经批准的初步设计和工程概算; ②征地拆迁工作已基本完成或落实,能保证分年度连续施工的需要; ③有交通行政主管部门核验的报建手续; ④资金或资金来源已落实。

必须招标的水运工程,全部使用国有资金投资或者国有资金投资占控股或主导地位的,应当公开招标,否则可采用邀请招标。

不满足规定标准的水运工程施工项目,可以招标,也可以不招标,由招标人自行确定,但应符合项目属地交通建设主管部门的有关规定。

2)招标人应具备的条件与项目报建

(1)招标人应具备的条件和工程项目报建条件(表 2-1-2)

招标人应具备的条件和工程项目报建条件　　表 2-1-2

招标人应具备的条件	工程项目必须具备的条件
①具有法人资格; ②工程项目资本金已落实; ③具有与所报建工程规模相适应的技术、管理人员,并具备编制招标文件、标底与组织评标等能力;否则,应委托具备相应资质的咨询、监理等单位代理; ④已办理工程质量监督手续。	①获得立项的批准文件; ②获得批准的初步设计; ③建设资金已纳入投资计划; ④具备与建设有关的其他文件。

(2)水运工程项目报建程序

①招标人在发布招标公告 15 天前,填写交通部统一制定的报建表并准备好报建条件所需的材料和证明文件,向有管辖权的交通主管部门报建。

交通部规定:国家立项的水运工程报建受理单位是交通部;其他大中型水运工程报建受理单位是省级交通行政主管部门并报交通部;地方立项的小型水运工程和其他水运工程的报建由本市、县交通行政主管部门受理。

②各级交通行政主管部门在接到报建表后 15 天内给予答复,否则视为已同意报建。

③各级交通行政主管部门定期发布项目报建信息。

2. 水运工程施工招标的形式

水运工程招标的组织形式有两种:自行招标和委托代理招标。

1)自行招标

所谓自行招标是指作为招标人的业主本身具备独立开展招标活动的条件而进行的招标行为。自行招标应按国家发展改革委员会 2000 年 7 月 1 日发布的《工程建设项目自行招标试行办法》执行。

(1)自行招标条件。自行招标条件是指是否具备编制招标文件和组织评标的能力,具体包括:

①具备项目法人资格(或者法人资格);

②具有与招标项目规模和复杂程度相适应的工程技术、概预算、财务和工程管理等方面专业技术力量;

③有从事同类工程建设项目招标的经验；

④设有专门的招标机构或者拥有3名以上招标业务人员；

⑤熟悉和掌握招标投标法及有关法规规章。

(2)自行招标资质的办理。招标人应根据项目报建管理权限规定，在项目报建之前向水运工程招标管理部门申请自行招标资质确认或核准。一般为一个项目办理一次确认。

由国家发展改革委员会审批的项目的自行招标应按其规定向该委报送自行招标申请的书面材料，其他项目按交通部或地方交通行政主管部门的规定报请确认或核准。

2)委托代理招标

所谓委托代理招标是指作为招标人的业主将建设项目的招标活动的组织工作委托给具有工程招标代理资格的招标代理机构承担的招标行为。

招标代理机构分甲、乙两级，甲级招标代理机构可以承担各类建设工程的招标代理业务，乙级招标代理机构只能承担3000万元以下的工程招标代理业务。

招标代理机构可以受招标人的委托从事编制工程招标方案、招标文件、工程标底和草拟合同以及其他招标活动的事务性工作。

招标人应就招标代理的有关事宜与工程招标代理机构签订委托代理合同。委托代理合同应包括委托事由、委托代理的工作范围、双方的权利与义务、报酬与时限、合同解除等。

3.施工招标的种类

水运工程施工招标的种类有全部工程招标、单项工程招标和专业工程招标三种。

(1)全部工程招标即施工总承包是将整个水运工程建设项目的全部施工任务(包括施工准备、施工组织、各单项工程施工安装、竣工验收及保修期管理等全过程)作为一个标发包，由具备相应施工承包资质的投标人投标，中标后签订施工承包合同的一种招标类型。

这种方式适用于具有完整的设计文件和概算文件的大中型水运工程施工招标。其优点是招标人或业主面对独立总承包人，协调工作量相对较小。但项目实施过程中不便于深入控制，不利于节省造价，业主管理的风险较大。因此在招标时选择合适的总承包人至关重要。

(2)单项工程招标是将整个水运建设项目中具有独立设计文件并能独立发包的各单项工程(如防波堤工程、码头工程、道路堆场工程等)的施工安装分别作为一个标发包，由具备相应施工资质的投标人分别投标，与中标承包人分别签订单项工程施工合同的招标类型。

这种方式的优点是对工程的组织比较灵活，各单项工程可以根据项目实施的准备情况分别安排施工。由于招标人对各单项工程分别发包，竞争性较强，便于招标人深入项目的过程管理和对项目的成本进行控制。但招标人将承担总承包管理的角色，协调工作量大。

(3)专业工程招标是指在水运工程建设中将专业性很强的单项工程作为一个标发包，由专业施工队伍承包实施的招标类型。例如水运工程中疏浚工程、爆破工程、设备安装工程、房屋建筑工程等。

4.施工招标方式

工程招标的方式主要有两种，即公开招标、邀请招标。

1)公开招标

公开招标是一种无限竞争招标，招标人以招标公告的方式邀请不特定的法人或者其他组织投标，即招标人通过报纸或专业性刊物以及互联网发布招标通告，公开招请承包人参加投标竞争的一种招标方式，凡符合规定条件的投标人都有同等机会了解投标要求，购买投标文件，自愿参加投标。

这种招标方式竞争性强，招标范围广，选择余地大，可以打破垄断，获得较低的标价。但招标人审查投标人资格和评审投标文件的工作量大，招标工作时间长、成本大。投标人中标机率小、风险较大。

国家发展改革委员会发布的《工程建设项目招标范围和规模标准规定》要求：依法必须进行招标的项目，全部使用国有资金投资或者国有资金投资占控股或者主导地位，应当公开招标。

2)邀请招标

邀请招标是一种有限竞争性招标，招标人根据工程项目的特点，按照自己的经验、信息渠道或经招标代理机构推荐，选择几家有承担该项目施工的能力、信誉较好的承包人，通过发出投标邀请函方式邀请他们参加投标。

这种招标方式的特点是业主对投标人资格审查和评审投标文件的工作量小，节省时间和成本。但这种招标方式选择范围小，竞争性较差，标价可能较公开招标要高。一般适用于专业性较强的工程项目或特殊工程，如要求具有专门技术和设备的承包人方能胜任的工程，或因特殊原因工期要求紧以及保密工程等。

《招标投标法》规定，国家和地方的重点项目若要采用邀请招标，必须经过国家发展改革委员会或省级人民政府批准。

二、施工招标的程序

施工招标过程包括招标文件准备阶段、招标阶段和开标、评标、签约阶段，一般程序如图2-1-1所示。

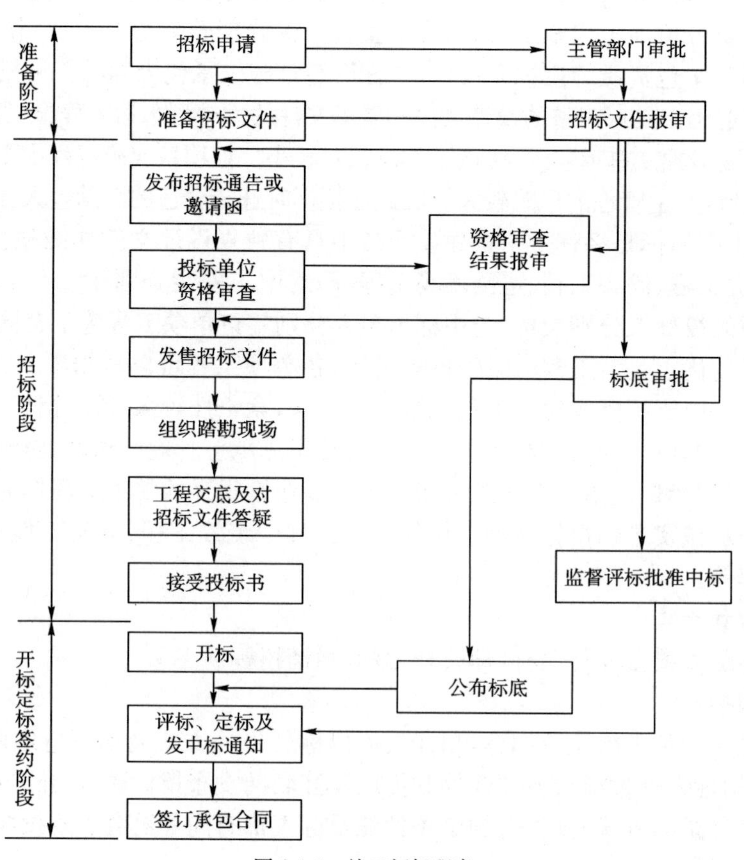

图 2-1-1　施工招标程序

第三节　施工招标文件的编制

一、招标文件的内容

1. 招标文件的组成

施工招标文件编制是施工招标工作中的一项很重要的内容，施工招标文件的编制水平，直接关系到招标工作能否正常进行，而且影响授标以后，能否顺利地执行合同。因此不仅需要认真编写，字斟句酌反复推敲，准确完善，而且需要一定的编制经验。根据招标工程的内容、任务、条件及招标方式不同，招标文件的内容也不尽相同，但一般应包括两部分；商务条款部分与技术条款部分。招标文件内容的组成见表 2-1-3。

招标文件内容的组成　　表 2-1-3

<table>
<tr><th colspan="2">商务条款部分</th><th>技术条款部分</th></tr>
<tr><td>投标须知</td><td>这部分内容应包括：投资来源、工期要求；投标方式、资格审查、对标书的澄清、报价要求、评标原则和评标方法；招标截止日期、开标时间与地点、投标保证金、履约保证金等。</td><td rowspan="2">(1)工程综合说明，包括工程名称、规模、地点、发包范围、工程内容、设计人等及可供使用的场地，给排水、供电、道路及通信设计等。
(2)设计图纸和设计说明，包括必要的设计资料和有关技术文件，业主对工程的要求应作出清楚而详尽的说明以便于投标人能有共同的投标基础。对影响项目施工的环境和风险因素，质量标准和运用的施工验收技术规范以及有关特殊质量要求及设备要求应作出说明。
(3)主要工程量清单和报价表。
(4)有关水文、地质、气象资料。
(5)有关施工组织、施工管理措施，各分项工程之间的衔接与要求，开工与竣工日期要求等。
(6)竣工验收文件内容。
(7)保证期(保修期及保险期)内承包人的责任。</td></tr>
<tr><td>合同主要条款</td><td>这部分内容包括合同价款，付款和结算方法；工期与质量目标；主要材料供应办法，总包和分包；所用的规范与标准、质量的检查与检验，设备试车和验收；违约责任，不可抗力及仲裁等。</td></tr>
</table>

国家发展改革委员会、交通部等七部委发布的《工程建设项目施工招标投标办法》规定，招标文件一般应包括的内容见表 2-1-4。

招标文件规定内容　　表 2-1-4

商 务 条 款	技 术 条 款
(1)招标邀请书； (2)投标人须知； (3)合同主要条款； (4)投标文件格式。	(1)采用工程量清单招标的，应当提供工程量清单； (2)技术条款； (3)设计图纸； (4)评标标准和方法； (5)投标辅助材料。

招标人可根据施工招标项目的特点和需要编制招标文件的内容，但以上内容是不可少的，而且在招标文件中规定实质性要求和条件的，应当在招标文件中用醒目的方式标出。

2. 港口工程施工招标文件范本的内容

为了使得水运工程招标工作更加规范化、标准化，减少招标人与投标人在编制招投标文件上的工作量。1996 年交通部根据国内水运工程建设的实际情况，主持编制了《港口工程施工招标文件范本》并颁布全国参照使用。该范本分四卷，各卷内容组成如下：

第一卷

第一章　投标邀请书

第二章　投标须知

第三章　合同协议书

第四章　合同通用条款

第五章　合同专用条款

第二卷

第六章　技术规格书

第三卷

第七章　投标文件与保证书格式

第八章　工程数量报价表

第四卷

第九章　自然条件与勘测资料

第十章　施工图纸

二、招标文件的编写

1. 招标公告、投标邀请书的编写

(1)招标公告的基本格式和内容

招标公告适用于公开招标,其对象是不特定的投标人。其格式及基本内容为:

①项目立项与招标方式

如:某招标人的某工程项目已由某政府主管部门批准建设,现决定对该项目的工程施工进行公开招标。

②招标项目的概况介绍

如:工程性质、规模;招标范围;工程的地点、自然、环境与施工条件;工程的结构形式;资金来源及落实情况;工程质量要求;工期要求。

③对投标人的要求

如:企业类别、资质等级;

④资格审查方式

如:资格审查文件购买、递交、内容要求及审查结果的通知;

⑤招标工作安排

如:招标文件的购买时间、地址、费用及说明;招标文件递交的截止时间、地点与方式;随同招标文件递交的投标保证金的数额;开标的时间及要求;

⑥其他事宜

⑦招标人的有效信息

(2)投标邀请书基本格式和内容

投标邀请书适用于邀请招标,对象是特定的投标人,因此招标邀请书的基本格式应开明宗义写上致某某投标人,内容与招标公告基本相同。

2. 投标须知的编写

投标须知是招标文件的重要内容,是投标人编制投标文件的指南。一般内容包括:

(1)总则

①工程说明；
②资金来源；
③投标资质与合格条件的要求；
④投标费用的承担。
(2)招标文件
①招标文件的组成；
②招标文件的澄清；
③招标文件的修改；
④招标文件及其澄清、修改的有效性规定；
(3)投标报价
①投标报价的范围要求；
②投标报价的依据要求；
③投标价格采用的方式要求(采用单价合同或总价合同,以及工程量清单报价要求等)；
④投标报价的编制要求；
(4)投标文件的编制
①投标文件的语言；
②投标文件的组成(商务投标文件和技术投标文件)；
③投标保证金；
④投标预备会；
⑤投标文件份数和签署。
(5)投标文件的递交
①投标文件的密封和标记；
②投标截止日期；
③投标文件的修改与撤回。
(6)开标
①开标事项要求；
②开标会议程序；
③投标文件有效性界定标准。
(7)评标
①评标会议；
②评标内容的保密；
③评标委员会组成原则；
④评标定标工作程序；
⑤投标文件的澄清；
⑥投标文件的符合性鉴定；
⑦投标文件错误的修正；
⑧投标文件的评价和比较；
(8)合同授予
①合同授予标准；
②中标通知书的发出；

③合同签订的时限等要求。

3. 招标文件编写的注意事项

(1)招标文件中如果允许投标人在提交符合招标文件规定要求的投标文件的同时提交备选投标方案,应在招标文件中明确说明,并提出相应的评审和比较办法。

(2)招标文件规定的各项技术标准应符合国家强制性标准。但规定技术标准时不得要求或标明某一特定的专利、商标、名称、设计、原产地或生产供应者,不得含有倾向或排斥潜在投标人的其他内容。若必须引用某一生产供应者的技术标准才能准确或清楚说明技术标准时,则应当写上参照或相当于此标准的字样。

(3)工程内容需要分若干标段进行施工招标时,应在招标文件中说明标段划分情况,但不得将工程肢解招标,也不可依此限制或排斥潜在的投标人。

(4)招标文件应当明确规定评标时除价格以外的所有评标因素,以及这些因素量化的标准和评估方法。

(5)招标文件应当规定适当的投标有效期,招标有效期从投标人提交投标文件截止之日起计算。

(6)招标文件应给出施工招标项目工期超过 12 个月时工程造价指数体系、价格调整因素和调整方法的规定。

(7)招标文件可由项目业主自行编写,也可聘请或委托专业咨询机构或监理机构编写。在业主不具备招标条件时,还可委托招标代理机构代理。但招标文件一经发出,不得擅自更改。如确需改变,应经招标主管部门同意后迅速(应在投标截止日期前 15 天)以书面形式正式通知各投标人,作为与招标文件具有同等地位的文件,否则,造成投标人的经济损失,招标人应予以补偿。

三、施工合同的编写

1. 施工合同的类型

(1)根据施工承包内容的不同,可以分为:工程施工合同和工程总承包合同。

工程施工合同是对某项工程的施工进行承包而签订的合同。合同的内容是承包人负责按业主提供的图纸要求完成项目的施工任务。

工程总承包合同是对工程设计和施工同时进行承包而签订的合同。合同的内容是总承包人按照业主提供的初步设计文件,完成工程施工图设计、工程施工和设备安装。

还有一种总承包合同是项目总承包合同,又称"交钥匙"合同。这种合同是业主将项目建设的全部工程内容,包括从方案的选择、规划、勘察、可行性研究、设计、材料采购与供应、施工和安装以及项目运行操作人员培训、试车投产等全部承包给承包人,直到产品质量、生产能力及原材料消耗达到设计要求后,再移交给业主的合同。

(2)依据计价和支付方式的不同可分为:总价合同、单价合同和成本加酬金合同。

总价合同是指承包人同意按照当事人双方在合同中确定的总价,负责完成合同规定的全部工程任务的合同,是工程施工中最通用的一种合同形式。适用于业主已完成详细的施工图设计,能比较准确地预算出工程的总造价的项目。

总价合同通常是通过投标竞争来确定合同总价。它又分为固定总价合同和可调整的或浮动的总价合同两种。固定总价合同的特点是合同总价不随施工外部条件的变化而变动,承包人不得以此变动向业主提出费用补偿。这种合同形式对承包人有一定的风险,一般适用于工程内容单一且工期较短的项目。可调整的总价合同的特点是在总价合同的基础上，对施工外部费用风险进行分担。双方可在合同中约定，当某种因素使施工费用的变化超过一定范围时，可以对合同总价进行约定比例的调整。

单价合同，又称按量计价合同，是总价合同的一种变形。它是根据承包人自己在投标时或合同谈判等其他方式中确认的项目单价或价格，按照已完成的工程量进行结算的一种计价合同。一般又分为工程量表合同和单价表合同。前者是招标文件中列有工程量清单，由承包人报价确定单价，执行中单价不能变，而工程量可按实结算。FIDIC《施工合同条件》即属于此种合同形式。但该合同条件又规定在某项目实际完成的工程量超出或少于工程量表中规定的工程量的10%以上时，可以对该项目的单价进行调整。而后者是只列出工程项目名称，但无工程量，只载明承包人要对各给出项目报出单价，最后按实际完成的工程量，乘以所报单价计算合同价格。又称之为纯单价合同。这种合同形式适用于设计文件尚未达到相应深度就进行招标的项目。承包人仅承担单价风险不必承担工程量风险。

成本加酬金合同是指按照承包人为完成合同义务所实际发生的成本加上业主向承包人支付的酬金和应得利润而确定合同价格的一种合同形式。此种合同又分为成本加百分率酬金合同，成本加固定数目酬金合同，成本加奖金合同以及最高限额成本加固定酬金合同。这种合同的特点是成本费实报实销，对承包人来说承担的风险最小，一般适用于特殊工程项目(如军事或国防项目)的承包。

(3)依据发包人的身份不同可以分为总包合同和分包合同。

总包合同是由发包人(业主)同承包人直接签订的合同，双方之间存在着直接的权利和义务关系。分包合同是总包合同的承包人(即总承包人)将自己所承包的工程项目中的一部分分包给其他承包人(即分承包人)而签订的合同。

(4)其他分类。如单独承包合同和联合体承包合同；工程承包合同和机电设备制造安装合同以及劳务合同等。

合同的类型的选择应结合工程特点、工程结构与施工工艺技术要求，工期要求，业主资金来源和项目管理要求等在招标文件编写阶段论证确定，并在招标文件中载明。

2.《港口工程施工合同》范本的使用

为了便于业主和承包人在进行招标、投标及合同谈判过程中了解各自的立场和要求，避免相互猜疑，增加透明度，降低合同履行中的风险，照顾到合同双方各自的利益，国际、国内相关行业协会和管理部门都编制有通用的工程施工合同条件标准文本。如国际工程中较多采用的FIDIC《施工合同条件》，国内房建工程采用的《建设工程施工合同》范本和水运工程施工采用的《港口工程施工合同范本》均属此类。

交通部为规范港口工程建设市场，加强对港口工程施工招标工作的管理，规范合同双方当事人的行为，使施工合同在法律、商务和文字编写方面进一步规范化、科学化和制度化，1996年组织制定和印发了《港口工程施工合同范本》。下面对《港口工程施工合同范本》(以下简称施工合同范本)进行简单介绍。

1)施工合同范本的构成

施工合同范本由以下三个部分组成：

第一部分　合同协议书；

第二部分　合同通用条款；

第三部分　合同专用条款。

施工合同范本主要适用于港口工程中的水工及土建工程，采用总价合同形式。

2)合同协议书的基本内容

合同协议书是施工合同的总纲性文件。虽然文字不多，却明确了合同双方最主要的权利义务，规定了组成合同的文件及合同当事人对履行合同义务的承诺。双方当事人在合同协议书上签字、盖章，是具有法律效力的重要合同文件。合同协议书包括以下基本内容：

(1)词语定义的说明；

(2)合同文件的组成和解释顺序；

(3)合同价款；

(4)合同施工期；

(5)双方的承诺声明；

(6)合同生效与终止条件；

(7)合同份数。

合同协议书的最后是合同双方签字、盖章之处，注明合同双方注册地址、联系方式、开户银行、账号及签约日期及签约地点。

3)合同通用条款的基本内容

合同通用条款是对承发包双方的权利义务做出的一般性规定，除合同双方协商一致对其中的某些条款在合同专用条款作出修改或补充外，合同通用条款中各条款是合同双方必须履行的合同内容。合同通用条款具有很强的适用性，适用于港口工程各类水工建筑物工程。

施工合同范本合同通用条款共有 22 条 102 款，其主要内容简介如下：

(1)一般规定

本部分共有 5 条。第 1 条为词语定义，共有 20 款分别解释和定义合同涉及的 20 个专用名词和用语。这些词语的定义是根据港口工程施工合同的需要而制定的，它可能不同于其他文件或词典的定义或解释，除合同专用条款另有约定外，不能任意解释。第 2 条为合同文件，定义了文件的组成和解释顺序。第 3 条为合同范围，指明在合同专用条款中约定工作内容、工程范围及工程界限等。第 4 条为技术标准，规定了工程采用的技术标准。第 5 条为语言、法规和联系方式，规定以汉语文本为基本文本，适用我国的法律法规和有关规章以及合同专用条款约定的法规，联系方式均以书面形式为准。

(2)双方的责任

本部分共有 3 条。第 6、7 条规定了发包人和承包人的责任，而第 8 条则对工程监理机构和监理工程师的工作进行了定义和约定。

(3)施工控制内容和要求

本部分共有 5 条。第 9 条为施工期，分别对工程的开工、延期开工、施工期延长、暂停施工、提前竣工和阶段工期进行约定。第 10 条为施工组织设计，约定了施工组织设计的提交、审批和修订要求。第 11 条为质量控制，条款内容涉及材料与设备、质量自检、分项工程质量检查、隐蔽工程验收、试验与检验、质量等级和质量监督等。第 12 条为合同价款与支付，约定了合同价款的计算与支付、合同价款的调整、进度款支付和延期支付等内容。第 15 条为施工安全，确定了施工安全措施的制定和施工安全责任的承担及安全事故处理的程序等。

(4)合同的管理的其他内容

本部分共有 9 条。分别为第 13 条设计变更、第 14 条转让与分包、第 16 条保险、第 17

条不可抗力、第 18 条竣工验收与结算、第 19 条工程保修、第 20 条争议、违约、索赔与赔偿、第 21 条奖励以及第 22 条合同的中断与中止。

4)施工合同专用条款

合同专用条款是对通用条款的补充、完善或具体化，两者条款编号相对应。应对照同一条款一起阅读和理解。如果合同通用条款与合同专用条款之间有不一致之处，以合同专用条款为准。

合同专用条款中的多数条款，需要由合同双方协商一致后，进行填写。双方合同协商应依据：

(1)国家法律和行政法规。依据国家法律、法规是订立施工合同的最基本原则。合同双方在协商专用条款内容时，必须遵守国家相应法律、法规的规定，合同内容不得与其相抵触，否则，所签施工合同无效。

(2)合同通用条款。合同通用条款中有许多内容需要在专用条款内具体约定或进行修改。因此合同双方要将通用条款中需要约定和修改的内容进行协商确定。

(3)结合施工现场情况进行的具体约定。水运工程有工程量大、工期长和涉及面广等特点，合同双方要依据施工招标中各自的承诺和双方的约定，以及施工现场的环境、条件和技术要求等，在专用条款中具体约定合同内容。

在招标投标中，通常业主在起草招标文件时会包括部分合同专用条款的内容，这是承包人中标后商定合同专用条款的基础。

3. FIDIC 合同条件简介

1)国际工程合同条件简述

目前国际工程上常用的合同条件主要有：国际咨询工程师联合会(FIDIC)编制的各类合同条件；英国土木工程师学会(IEC)编制的“新工程合同条件(NEC)”，英国皇家建筑师学会编制的“RIBA/JCT”，美国建筑师学会编制的“AIA 合同条件”，美国承包人总会编制的“AGC 合同条件”，美国工程师合同文件联合会编制的“EJCDC 合同条件”，美国联邦政府发布的“SF-32A”等。其中以 FIDIC《土木工程施工合同条件》、ICE《土木工程施工合同条件》和 AIA《合同条件》运用较广。

国际通用的施工合同条件一般由“通用条件”和“专用条件”两部分构成。通用条件适用性较强，如 FIDIC《施工合同条件》对各类土木工程均有较好的适用性。“专用条件”则针对具体的工程项目，根据项目所在国和地区的法律法规的不同，根据工程项目的特点和业主对工程建设的不同要求，而对通用条件进行修改、补充和具体化。

2)FIDIC 合同条件的组成

FIDIC 是国际咨询工程师联合会(FEDERATION INTERNATIONALE DES INGENIEURS CONSEILS)的法文名称的缩写，它是各国咨询工程师协会的国际联合会。FIDIC 合同条件是一个系列合同条件。其中最常用的有 5 个合同条件，即：《业主/咨询工程师标准服务协议书》(简称白皮书)，《施工合同条件》(简称新红皮书)、《永久设备和设计—建造合同条件》(简称新黄皮书)、《EPC/交钥匙项目合同条件》(简称银皮书)及《合同简短格式》(简称绿皮书)。

3)FIDIC 各合同条件的适用情况

(1)《业主/咨询工程师标准服务协议书》是为业主与咨询工程师针对工程咨询服务而提供的标准合同范本。

(2)《施工合同条件》的适用条件为：

①工程类别：房屋建筑工程，土木工程，机械与电力工程；

②工程由业主或其委托的设计工程师设计，但工程中的某些专业工程也可以由承包人设计；

③通过招标方式进行发包的工程；

④合同类型为单价合同；

⑤工程由工程师负责合同管理和工程项目管理。

(3)《永久设备和设计—建造合同条件》适用于电力和/或机械设备的提供，以及房屋建筑或工程的设计和实施。在这种合同条件下，一般都是由承包人按照规范设计和提供设备及其他工程(包括土木、机械、电力、建造工程或其任何形式的组合)。相当于国内由承包人负责设计和施工的工程总承包模式，为可调固定总价合同，也是由工程师负责管理的合同条件。

(4)《EPC/交钥匙项目合同条件》适用于在交钥匙的基础上进行的工厂或其他类似设施或能源设备的提供，或基础设施项目和其他开发项目的实施。EPC是英文Engineering(设计)、Procurement(采购)和Construction(施工)的缩写形式。一般为固定总价合同条件。

(5)《简明合同模式》适用于投资金额相对较小的工程和建筑工程；以及不需要专业分包合同、工期短、非常简单或重复性的工程。该合同条件可不委托工程师管理合同，而由业主直接管理；如果需要委托工程师管理，应在专用条款中规定。

4)FIDIC《施工合同条件》简介

FIDIC《施工合同条件》(Condition of contract for construction)是在FIDIC《土木工程施工合同条件》的基础上修改而成的。

FIDIC《施工合同条件》(1999年第一版)的主要应用条件与FIDIC《土木工程施工合同条件》基本相同：即可用于由雇主或由其委托的设计工程师设计，在施工过程中由工程师为业主进行项目管理，以单价合同为计价基础的施工合同。但其适用范围由土木工程扩展到包括房屋建筑、土木工程、电力、机械等各类工程的施工。

FIDIC《施工合同条件》第一版，共有四部分组成，即通用条件；专用条件编制指南；争端裁决协议书格式；投标函、合同协议书格式。

(1)通用条件

通用条件共分20条，163款，内容包括：一般规定，业主，工程师，承包人，指定分包商，职员和劳工，工程设备、材料和工艺，开工、延误和暂停，竣工检验，业主的接受，缺陷责任，测量和估价，变更和调整，合同价格和支付，业主提出终止，承包人提出暂停和终止，风险和责任，保险，不可抗力，索赔、争端和仲裁。其作用是明确双方的权利和义务关系。

通用条件部分，是在总结以往工程的合同管理经验的基础上编写的，针对各类工程施工和合同管理中常见的问题，依据有关的法律进行示范性的规定。这些规定有的不需要做任何改动，有的需要在专用条件中予以进一步说明和修改，有的必须在专用条件或投标函中予以明确。

通用条件的编制原则是尽可能全面和细致，使用时对不需要的条款只需在专用条件中相应条款中注明不采用即可，避免重新添加条款。通用条件的具体内容可大致分为四类：费用控制的条款；进度控制条款；质量控制条款；规章、法规及其他条款。

这些条款并不是截然分开的和相对独立的，因此，在理解和应用FIDIC《合同条件》时应当全面阅读，特别是对那些相互联系的条款应重点阅读和理解。

(2)专用条件

专用条件的作用，是对通用条件进行补充和修正，使合同条件能够适应不同国家、地区的不同项目的实际情况。正因为专用条件是依据实际情况和具体对象而制订的，所以专用合同条件在合同文件中占有重要的地位。

通用条件与专用条件共同构成了制约合同双方权利和义务的条件。按照工程具体情况编写的合同专用条件使合同更具有针对性和可用性，在合同文件中的优先顺序高于通用条件。一般专用条件对通用条件的修正和补充有以下三种形式：

①填入具体内容

通用条件中有一部分条款没有具体内容，或有些条款明确了具体的约定在专用条件中加以说明，这类条款在专用条件中必须填入具体内容。

②修正合同条款

根据工程的特点，在专用合同条件中，可以对通用条件的任何条款进行适合本工程的任何修正。例如，通用条件中通常是由工程师来行使合同管理的权力，如要求工程师在行使某种权力之前应获得业主的批准，则必须在专用条件中规定。

③增加合同条款

在专用同条件中，除在通用条件的20条163款号之内，按条款号一一对应修正、补充外，必要时也可根据工程的具体情况增加适当条款。

④争端裁决协议书格式，投标函、投标函附录及合同协议书格式

由于新红皮书引进了采用争端裁决委员会来代替以往版本由工程师解决争端的作法，故在合同条件后面给出了雇主、承包人和被任命的裁决委员之间的协议的有关条款供选用。

投标函是由承包人填写并签署，被雇主(业主)接受的投标报价书，是合同文件的重要组成部分，且优先于合同专用条件。

投标函附录是投标函的补充文件。它与投标函一起构成了投标文件的重要组成部分，用于说明业主和承包人对合同项目的某些重要约定。其中大部分内容由业主填写，少部分由承包人填写。以往由专用条件确定的有关内容现在都在投标函附录中约定，这是新红皮书的一大特点。

协议书是合同的首要文件，其内容和格式一般在合同文件中约定。

第四节　评标与施工合同的签订

一、施工招标的评标

1.施工招标的开标

根据施工招标文件的规定，在预先规定的时间(通常为提交投标文件截止时间的同一时间)、地点(有的地区规定在工程交易中心)，由招标人主持，所有投标人代表(法定代表人或委托代理人)、招标管理部门包括监察机构代表，必要时公证部门及标底编审单位代表参加，进行施工招标开标。

开标程序一般为主持人当众打开标箱，由投标人的代表或公证人员检查并确认标书密封完好，封套书写符合规定后，由开标工作人员逐一启封投标书，宣读各投标人投标函及投标函附录的内容，如投标人名称、项目或标段、报价、工期、质量目标及主要人员与设备配备等，并在开标登记表上进行登记，由投标人代表核对无误后签字确认。开标标志着施工投标阶段结束，评标定标阶段开始。

开标方式有两种，即：

(1)当众开标，当场决标

此种方式也叫开硬标，当众启封标函，宣读报价、工期、质量目标和主要技术人员配置后，招标人组织评标委员会评标，当场确定并宣布中标人。这种方式透明度高，速度快，但要求高，评标难度大，适用于对投标人比较了解，投标人数量不多，且由一两项重要指标(如报价)即可作为决策依据时的情况，这种方式多用于按经评审后的最低投标价确定中标人的定标方法。

(2)当众开标，过后定标

这种方式与前者开标的程序基本相同，但不当场定标。开标过程结束后，投标人退场，招标人组织评标委员会成员对标书进行审查、分析、评比，最后决策定标，向中标人发出中标通知书。这种方式可为评标定标留有足够的时间和余地，便于选择合适的承包人。适用于工程规模大且技术复杂，投标竞争激烈，投标人实力相当，报价不是决定性决策依据，招标人对投标人了解不足，需要慎重选择等情况。这种方式多用于采用综合评估法定标，工程实践中应用较广泛。

在投标截止日期和时间递送投标文件的投标人少于 3 个的，不能开标，应依法重新招标。

2. 施工招标的评标

所谓评标，就是招标人对投标人报送的投标文件进行全面审查，对报价、工期、质量等条件进行综合分析、评比和优选的过程，它是定标决策的依据。

1)评标的原则

评标时应遵循实事求是，公正公平，全面考虑，综合评价优选的原则。

2)评标的方式

评标方式一般是由招标人成立专门的评标委员会负责评标。评标委员会由一般由招标人(业主)代表和有关专业技术、经济方面的专家组成。评委人数为 5 人以上的单数，其中专家人数不得少于成员总数的三分之二。专家一般从招标管理机构的专家库中抽取，特殊项目可由招标人直接确定。

在评标过程中，评标委员会可以要求投标人对其投标文件中含义不明确的内容做出必要的澄清或者说明，但此澄清或说明不得超出投标文件的范围或者改变投标文件的实质性内容。评标委员会按照招标文件确定的评标标准和方法进行评标。

有标底的应当参考标底确定投标人投标报价的可信性和合理性。采用综合评分法的，评委应对各投标人按照评分项目及评分标准逐项独立评分，最后由评委会主任或其委托工作人员统计，按获分高低排序。采用合理最低投标价法评标的，应仔细审查各投标报价，看其是否有严重的漏项、工程量计算错误、选用材料设备的标准及价格过低，或者总价统计错误等，按合理的评标价由低到高排序。评标委员会完成评标后，形成书面评标报告，并向招标人推荐合格的中标候选人。

3)评标的内容

(1)评委应仔细阅读招标文件和相关资料，了解和熟悉以下内容：

①招标的目的；

②招标项目的范围和性质，项目施工的关键技术及难点；

③招标文件中规定的主要技术要求、标准和商务条款；

④招标文件规定的评标标准、评标方法和在评标过程中考虑的相关因素；

⑤标底(若有)。

(2)评委仔细阅读各投标人的投标文件，做好评审对比记录。

(3)进行初评。初评的目的是通过对各投标文件的有效性(是否废标)、完整性(是否有遗漏)和准确性(是否有重大偏差)进行符合性评审，确定合格的投标文件。在初评中对标书中一些不明确的问题(含文字或计算错误)，评委会可以书面要求投标人书面澄清。若合格的投标人少于三家，本次招标作废，招标人重新招标。

(4)废标条件：

①采取不正当手段或弄虚作假方式投标的；

②采取低于企业成本价格竞标且又无正当理由的；

③投标人资格不符合国家规定或不符合招标文件要求的；

④对招标文件的实质性要求(如工期、质量标准等)和条件不响应的；

⑤存在重大偏差。

(5)重大偏差的确定

①未按要求提供担保或担保有瑕疵；

②投标文件没有投标人授权代表签字和加盖公章；

③投标文件载明的招标项目完成期限超过招标文件规定的期限；

④明显不符合技术规格、技术标准的要求；

⑤投标文件载明的施工方案、检验标准和验收方法等不符合招标文件的要求；

⑥投标文件附有招标人不能接受的条件；

⑦不符合招标文件中规定的其他实质性要求。

(6)详细评审

详细评审是在标书初步评审的基础上，根据招标文件确定的评标标准和方法，对其技术部分和商务部分做进一步的评审、比较。

4)评标的方法

根据现行的法律法规规定，评标方法有三种：经评审的最低投标价法、综合评估法和法律、法规允许的其他评标方法。

(1)经评审的最低投标价法

经评审的最低投标价法又称合理低价法，它有两层含义：一是经初评是合格报价，即不低于企业最低成本的报价，二是将一些诸如漏项、计算错误等细微偏差按招标文件的规定方法进行调价后亦是最低报价。

此方法适用于具有通用技术、性能标准或者招标人对其技术、性能没有特殊要求的招标项目。

评审步骤为：首先列出各投标报价并按由低到高排序，通过对比(各投标报价之间或与标底之间)找出各报价书中的漏项、工程量偏差、价格偏差、计算误差；然后确定折算单价；对价格进行调整确定评审价，列出标价比较表；最后按评审价由低到高排序列出投标人名单。

(2)综合评估法

综合评估法是将投标文件中的技术部分和商务部分，通过对预先在招标文件中设定的因素采用"货币化"或综合评分的形式进行量化，然后进行综合，按预先设定的标准排序，列出候选中标人名单的评标方法。

此方法适用于大型、复杂，技术要求高、工期紧、有特殊要求的招标项目。这种方法考虑评标因素全面，定性与定量相结合，定量为主，以综合量化指标为依据确定投标人排序，比较科学合理。但方法比较复杂，量化因素和评分标准及权重需合理设计，评标工作量大。

评审步骤为：

①确定计评分项目，评分项目一般有：报价；施工目标（质量、工期、安全等）及措施；施工方案；冬、雨、汛（台风）季及水下施工措施，进度计划；人、料、机计划；施工平面布置及水陆交通安排；企业资质、资信、业绩；项目经理及技术负责人资格及业绩、项目组织机构、质量体系、分包计划与外协安排、优惠条件等。

②确定各因素的分值、评分采项及标准。对于报价可采用偏差评分法，所谓偏差就是各报价与标底或复合标底或平均报价的相对偏差，对偏差划分不同的范围，设定不同的得分，最高得分不超过设定分值。

③设计评分汇总表，包括每位评委对各投标人的评分汇总表和评委会对各评委评分汇总及统计表。

④各评委按评分方法对各投标人的投标文件进行评分。

⑤评委会秘书或工作人员统计填写评分排序表，评委审核无误后签字确认。

⑥按招标文件规定推荐中标候选人。

⑦写出评标报告，全体评委签字，提交招标人。

3. 施工招标的定标

通过评标，确定最佳投标人的过程叫定标（有时也称决标）。定标主要由发包方决策。招标人根据评标委员会提出的书面评标报告和推荐的中标候选人确定中标人，也可以授权评标委员会直接确定中标人。

招标人应在得到评标报告后的 15 日内确定中标人并发出中标通知书，同时通知其他投标人。中标通知书对招标人和投标人具有法律效力，中标通知书发出后，招标人改变中标结果的或投标人放弃中标项目的，应当依法承担法律责任。

二、施工合同的谈判与签订

1. 施工合同谈判

施工合同谈判是获得中标通知书的投标人与业主就签订施工合同事宜对合同协议书和合同专用条款内容进行磋商达成一致的过程。

合同谈判的基础是招标文件中的主要施工合同条款和投标文件中的承诺；合同谈判的框架是投标文件和中标通知书。按《合同法》规定，投标文件属于要约，中标通知书属于承诺。因此，谈判双方不得对两个文件进行实质性的变更，只能在此框架内对具体问题逐一约定。

如果投标人无正当理由不与业主签订合同，或对投标文件的内容提出实质性的变更而业主拒绝采纳，投标人应承担违约责任，业主将没收其投标保证金；反之，若业主提出实质性修改，投标人不能接受造成谈判破裂，招标人应承担违约责任。

2. 施工合同的签订

施工合同签订的条件：

(1)双方就合同条款达成一致；

(2)中标人按招标文件规定提交履约保证金或保函；

(3)法律规定的其他条件。

施工合同的签订应由合同双方的法定代表人或其委托代理人签字，同时加盖法人章。按规定需要合同鉴证的，应当到合同管理机构鉴证。

第二章 施工准备期的监理

第一节 监理工作的组织与准备

一、现场监理机构的组织与设立

1. 现场监理机构建立的原则

1)遵守投标文件承诺和合同约定原则

监理人在签定监理合同后应按合同要求和监理投标文件承诺,及时任命总监理工程师并选派主要监理人员,授权总监理工程师组建项目现场监理机构。在规定时间内派出满足现场监理工作需要的监理人员进驻现场,着手监理准备工作。监理机构的组织模式和人员配备应遵守监理合同的约定,如因现场工作条件改变需调整时应征得业主的认可。

2)实行总监负责制原则

现场监理机构实行总监理工程师负责制,根据监理工作需要,监理机构可设置总监代表或副总监,以协助总监工作。

3)监理人员专业、层次合理搭配原则

按工程需要,配备数量足够、专业齐备的监理工程师、专业监理工程师和监理员。按职能分工可设置测量、试验检测、信息或档案专业监理工程师;同时根据工程规模和现场条件,还应配备一定数量的行政和后勤人员。

4)人员配备和设施配备并重原则

监理人应按工作需要和投标承诺,配备必要的监理设施和设备,尽可能提供良好的工作与生活条件。

2. 监理机构组织模式的确定

监理机构的组织模式根据工程规模和管理要求可以考虑选用直线型、直线职能型和矩阵型组织模式;按管理层级可选用二级监理组织模式(总监理工程师、专业监理工程师)和三级监理组织模式(总监理工程师、监理工程师、专业监理工程师和监理员)。监理组织的模式确定原则可参照第一篇第三章相关内容。

3. 监理人员配备与分工

(1)监理人员的配备:人员配备应做到三个合理,一是职务结构合理,既高、中、初级技术职务或监理工程师、专业监理工程师和监理员的人员比例合理;二是年龄结构合理,既老、中、青合理搭配,以中年为骨干;三是专业配套合理,既有主体专业,也有配套专业,还应有测量和试验检测等专业人员;既有技术类人员,也有经济管理类人员,如合同管理人员和行政、后勤人员等。

(2)职责分工:监理机构应根据工程规模和监理管理内容,确定组织模式和管理层次、制定岗位责任制,明确职责分工,使每个监理岗位的人员都目标明确,职责到位。

二、监理工作的准备

1. 技术资料与设施的准备

(1)技术资料的收集:包括与工程内容相关的技术规范、标准等,特别是有关新工艺、新材料与新技术资料的收集与准备。

(2)监理文件的收集与准备:包括监理合同、监理招标文件、监理投标文件、施工招标文件、施工投标文件、施工合同等,并根据现场情况收集编写监理规划与监理实施细则的技术资料。

(3)现场设施的安排与购置:根据工程性质和规模以及业主为监理工作提供的条件,按监理投标文件承诺,对现场监理工作条件与生活设施进行安排与设备购置,一般监理机构设备配置包括电脑、打印机、传真机等办公设备;照相机、摄像机等图像记录设备;电话、手机等通信设备;根据合同约定配备的有关测量、试验、检测等仪器设备以及现场生活办公设备和用品等。

2. 技术管理的准备

1)熟悉合同文件和设计图纸

为了有效地进行项目目标的控制,必须发挥合同管理的作用。监理人员进场后,总监理工程师应及时组织全体监理人员,在监理工作实施之前对该项目的有关合同文件进行全面的了解和把握。应熟悉的合同条款内容有:

(1)施工合同条件中业主、承包人双方权利义务的规定;

(2)施工合同条件中关于质量、工期、安全管理目标的条款;

(3)施工合同条件中关于费用支付、工程变更、工程延期、工程分包、施工索赔的处理条款;

(4)施工合同条件中关于质量控制、试验与检测、工程验收和工程保修条款;

(5)监理合同中关于监理工程师的工作内容、工作职责和权限的条款。

通过对合同文件的仔细研读,掌握相关合同条款的基本规定,并能运用到监理工作中各种问题的处理上。

为了尽可能减少因设计问题给工程施工带来的不利影响,在施工准备阶段,总监理工程师应组织监理工程师熟悉设计文件和图纸。设计文件是监理工作的直接依据之一,熟悉设计图纸的技术要求和主要材料、构件的技术要求,不仅是编制监理规划和监理实施细则的需要,也是组织设计交底、图纸会审及监理交底工作的需要。

如果监理工程师能在工程施工前发现一些设计上的遗漏和错误,并及时予以更正,将给工程进度计划的实现、质量的控制、费用的节约提供良好的条件。如果对设计阶段尚未提及的风险因素提出防范措施,将会使工程目标的实现更为顺利,并减少或避免出现索赔。

熟悉设计图纸的方法是:由总监理工程师组织,根据专业或职能分工,明确各专业(或各子项)审阅设计图纸的主要责任人,提出审阅要求和时限,由各专业责任人组织本专业或本监理组人员对图纸中涉及的问题,如设计要求、结构特点、施工工艺、主要材料、质量标准等分别予以记录整理。必要时对现场施工环境和技术条件进行调研,为熟悉图纸提供感性支持。对设计文件和图纸中存在的问题,由总监理工程师负责汇总,并与设计人沟通。需要变更设计的应单独行文,提交业主,由业主要求设计人变更或补充。

审阅图纸，重点了解以下四个方面：一是设计条件是否与实际情况相符，尤其是工程地质和水文条件；二是设计文件及图纸是否符合国家强制性规范标准。三是施工能力及施工条件是否满足设计对施工的要求；四是设计文件对工程质量的技术要求，如对材料及构件的要求，对质量验收与检验的要求等。

2)掌握有关标准及检测方法

监理工程师必须掌握有关质量控制标准及检测方法。即使监理工程师有较丰富的专业知识和实践经验，对相关技术规范和标准较熟悉，但每一个项目都有其特点，特别是涉及新技术、新工艺、新材料的应用。只有准确掌握有关质量技术标准，才能及时发现施工质量中存在的问题和隐患，并发出正确的控制指令。因此监理机构应结合工程设计文件和施工工艺，列出技术规范和质量标准清单；按编制监理实施细则的技术深度，熟悉和掌握规范与标准的各项规定及要求；提出落实规范和标准的监理措施和要点，为编制监理实施细则做准备。

3)建立各项规章制度

监理机构应建立健全自身管理制度，如监理人员守则、监理岗位职责、监理人员考勤制度，监理人员学习与培训制度，监理机构内部例会制度等，建立各项工程管理制度，如监理交底制度、图纸会审制度、开工审批制度、材料见证取样送检制度、隐蔽/分项工程验收制度、总监理工程师巡查制度和工地会议制度等。

4)制定监理程序、记录和表格

监理工程师应针对项目特点和工程管理要求，结合项目管理目标的控制，制定出相应的监理工作程序，如开工审批程序、原材料检查、检验程序、质量验收程序、进度控制程序、计量支付程序、安全管理程序等，并按照不同工程结构的施工工序制定出相应的质量控制流程。相应监理程序是监理规划的组成部分，在监理工作交底中向承包人交底。

监理工程师应结合工程项目的实际，制定相应的监理、施工记录及承包人报审表式。各种记录、报表的格式应在开工前准备齐全，发送承包人，以便承包人在施工时填报的各种报表符合监理要求。

3. 施工环境调查

监理工程师在施工准备阶段应全面掌握现场自然环境条件和施工条件，如水电供应、施工通道、临时用地、地下管线等。对可能导致工程延误和索赔的各种因素，应及时与业主、承包人协商，采取相应的措施或适当调整计划。

第二节　施工准备期的监理工作

一、施工准备期监理工作内容

1. 编制监理规划和监理实施细则

在监理合同签订后，总监理工程师应组织现场监理人员编制监理规划，对项目监理工作进行部署和计划。监理规划应由总监理工程师主持编写，并经监理人技术负责人审批。监理规划应按合同要求及时报送业主。监理规划完成后根据工程施工计划，总监理工程师应组织监理机构各专业负责人，依据监理规划的要求，编制相应专业的监理实施细则，监理实施细则经总监理工程师审批后实施。监理规划和监理实施细则的编制详见第一篇相应内容。

2. 召开第一次工地会议

1)第一次工地会议的组织

为了检查工程开工所需各项条件的准备情况,明确业主、承包人、监理工程师三方的工作职责和相互关系,建立相互协调的工作制度和管理程序,建立良好的工作联系,了解业主组织体系和工程管理要求,了解监理机构工作职责和权限范围,了解承包人施工准备情况和工作计划,开工前由业主主持或业主委托总监理工程师主持召开第一次工地会议。

2)第一次工地会议议程

(1)业主介绍本身组织机构及业主代表,介绍监理人与承包人,通报业主对监理人的授权范围和授权内容,确定工程管理模式;并介绍工程筹备情况及对工程开工的要求和对各方的工作要求。

(2)监理机构介绍监理人员,提出工程管理程序和监理工作要求,进行监理工作承诺。

(3)承包人介绍项目施工准备情况,包括承包人人员、设备到位情况、工程分包情况、材料到场与检验情况及临时工程和场地的实施落实情况,提出开工日期建议。

(4)会议纪要由总监指定人员整理,并交与会各方签字。

3. 施工监理交底

监理机构应在第一次工地会议后、下达工程开工令前向承包人进行施工监理交底。施工监理交底的重点是落实监理工作程序,其目的是通过监理交底,使得承包人了解的监理工作内容,熟悉监理工作的程序和职权范围,以便在施工过程中主动配合监理工作,保证工程施工顺利进行。

施工监理交底的主要内容为:

(1)监理工作依据,监理工作职责;

(2)监理工作内容和有关报表的填报要求;

(3)监理工作的基本程序和方法以及对承包人的工作要求等。

施工监理交底的方式可以采用口头讲解交底、书面交底和样板交底(主要是报表填写示例)。

由于水运工程施工项目的组成较多,一般都是陆续开工的。一些单位工程或专业工程开工的时间可能相差很大,而承包人施工组织设计的编制一般也是逐步完成,因此,施工监理交底可分阶段根据单位(分部、分项)工程的开工时间分别进行交底。工程开工前的施工监理总交底应由总监理工程师主持。单位(或分部、分项)工程开工前的施工监理交底可由专业监理工程师主持。进行交底的监理工程师应做好准备工作,做到重点突出,要求明确,交代清楚,切忌泛泛而谈,使承包人抓不住重点。

4. 组织或参加图纸会审,参加设计交底会

设计图纸是承包人进行施工的直接依据,也是施工监理的主要依据之一。为了使承包人更好地掌握施工图纸的技术要求,理解设计意图,充分把握工程特点、工艺要求、质量标准,同时也为了在施工前能发现和减少图纸的差错,事先消灭图纸中的质量隐患和错漏,做好主动控制,监理机构应做好设计交底和图纸会审的组织工作。设计交底和图纸会审可以一并组织进行,也可以分别进行。

1)设计交底

设计交底是设计人的行为,是设计人对自己设计的图纸向承包人所做的说明和交代。设计交底应在整个工程(包括单位或专业工程)开工前进行。

设计交底的程序是:首先由设计代表介绍设计意图、结构特点、施工及工艺要求、技术措施和有关注意事项、设计中采用的新技术、新材料的要点和关键问题;然后由承包人技术人员就所关心的问题和不明确的问题提出意见,由设计代表解答或带回设计单位研究后答复;属于业主方面问题的或施工问题的,可经过业主、设计人、监理工程师和承包人四方协商处理,最后形成会议纪要。

设计交底的内容主要包括以下几个方面:

(1)自然条件。有关陆域和水域的地形、地貌,水文气象,工程地质及水文地质等自然条件以及自然条件对设计和施工的要求和影响;

(2)施工图设计依据。包括初步设计文件、交通主管部门及其他政府管理部门(如环保、消防、农渔业、规划、土地、旅游、海关、边防等)的要求;采用的主要技术规范和标准;业主供应的设备要求;

(3)设计意图。如总体规划与平面布置、主要建筑物结构型式、基础处理方案、结构设计方案、主要设备和机械配备等;

(4)施工要求及应注意的事项。如基础处理与施工要求、构件预制与安装要求,现浇钢筋混凝土施工要求以及对建筑材料的要求、对试验检测的要求等;对测量定位的要求;主体结构设计中采用的新结构、新工艺和新材料应注意事项和应采用的技术措施等。

2)图纸会审

所谓图纸会审有两层含义,一是承包人内部会审,即承包人项目部内各专业技术人员分别审图,然后将问题汇总,形成图纸审查意见;二是外部会审,即由业主代表、设计代表、承包人有关技术人员和监理工程师一同对图纸进行开工前的审查。

一般图纸会审是指后者。其方式是承包人代表针对图纸上发现的错、碰、漏或不明确的技术要求,按图实施时施工中存在的困难,向设计代表提出问题,设计代表予以解答,对于变更设计、提高工程造价或影响工期的问题,则需要与业主、监理方共同协商,由业主决定。

对于承包人提出的因施工困难而要求的更改设计,应慎重对待,若不增加费用或延长工期,只要技术上可性,质量上保证,可以同意变更设计;如果增加费用或延长工期,则应由承包人提出变更方案报业主研究后决定。

图纸会审由总监理工程师组织,业主代表、设计代表和承包人代表及专业人员、专业监理工程师参加。图纸会审会议纪要是承包人技术档案的组成内容。

5. 审查承包人的施工组织设计

审查承包人的施工组织设计,是施工准备期监理的一项重要内容,是进行工程施工质量控制的一项重要环节。因为施工组织设计是承包人进行施工组织的纲领性文件,是指导承包人进行施工准备和全面施工的技术经济文件,是承包人作业层进行施工的依据,同时也是监理工程师编制监理实施细则的依据,对施工组织设计的审查是监理工程师进行质量、进度和费用控制的重要内容之一。

6. 审查承包人的质量保证体系

工程开工前监理工程师应审查承包人的质量保证体系,督促承包人建立自检系统。由于承包人质检人员对保证工程质量起着重要的作用,因此承包人的质检人员应具备良好的技术水平和职业道德,监理工程师在开工前应认真审查承包人质检人员的资格和资历,并在工程实施过程中随时对承包人质检人员的工作进行检查,对不合格的质检人员,应通知承包人更换。审查承包人质量检查程序和制度，要求承包人对施工的每一道工序必须按监理工程师规定的程序进行自检并提交检查验收申请单。

7. 向承包人移交工程控制点

监理工程师在合同签订后规定的时间内向承包人书面提供原始基准点、基准线和基准标高。

8. 核验承包人的测量控制网点或基线

监理工程师应旁站承包人进行基点、基线的布设，并对基点、基线的保护进行检查。审核承包人提交的工程测量成果计算书及有关图表，并书面予以批复。必要时应使用自备的测量仪器校核及抽检承包人的有关测量数据。

9. 审查承包人的工地实验室

监理工程师应审核承包人现场实验室设备的类型、规格是否符合合同文件中有关试验标准的规定，要求承包人对有关设备进行核定和率定，对设备的数量进行落实，设备种类和数量应能满足合同文件要求的试验项目，以及在施工高峰期满足工程检验的需要。

承包人试验人员的资格应符合有关规定，承包人应提供试验人员的资历、专业技术、岗位证书、承担过的项目等详细资料供监理工程师审查，不合格者不能承担试验任务。

10. 对承包人进场材料的检验和批准

监理工程师在材料未运入工地前，应详细了解承包人的材料供应情况，避免不符合要求的材料进入施工现场，造成工程质量事故。在材料进入工地之前可按下列步骤进行监督：

(1)要求承包人提供当地的或外购的材料产地和厂家以及出厂合格证书，报监理工程师审查。

(2)监理工程师可在施工初期派人对这些厂家的生产工艺、设备等进行调查了解。

(3)必要时可要求承包人对材料取样试验。

(4)材料进场后应按规范要求频度进行定期抽样检测，不合格材料禁止用于工程。

11. 审查承包人的开工条件，签署开工令

为了能使工程开始施工，并能在开工后继续顺利地施工，充分保护业主和承包人的利益，减少风险损失，按照合同条款满足下述条件后，监理工程师签署开工令通知承包人正式开工。

(1)施工组织设计已审批；

(2)测量控制网点和基线已核验合格；

(3)承包人施工和管理人员到位，施工设备已按需进场，主要材料已落实；

(4)现场水、电、路、通信已达到开工条件。

二、施工组织设计的审查

1. 审查方式和程序

施工组织设计的审查主要是采用书面审查的方式，对于复杂技术或采用新技术的施工方案可采用专家会议审查法。根据施工合同约定的时间，承包人应将已由承包人技术管理部门负责人批复同意的施工组织设计连同施工组织设计报审表报送监理机构。监理机构接到承包人报送的施工组织设计后，由总监理工程师组织对施工组织设计进行审

查，并提出审查意见。如果施工组织设计需要做较大的修改，应由总监理工程师签署意见退回承包人进行修改补充后再行报请审批；修改后的施工组织设计如已达到施工管理要求的深度，则由总监理工程师和业主代表在施工组织设计报审表上签批意见，批准承包人予以实施。

2. 审查原则

监理机构审查施工组织设计时应按以下原则进行：

（1）满足施工合同约定原则。承包人的施工组织设计是其投标文件中技术标的主要组成部分。施工组织设计中工期目标、质量目标的确定，实现目标的计划及措施，施工方案的合理性与可信性，技术与施工装备的配备，总进度计划安排和施工总体布置以及项目组织机构的模式和人员安排、资源供应计划等内容，均是评标的重要条件。投标文件是合同文件的组成部分，不得随意更改。因此，监理工程师审查承包人施工组织设计时首先要看其主要内容，如工期和质量目标，主要施工方案和机械设备的选用等是否符合施工合同的约定，尤其是构成中标条件的承诺是否有更改。

（2）合理安排施工程序和顺序原则。合理安排施工程序和顺序，不仅可以保证工程施工活动的有序进行，按期完工，也有助于施工质量的保证。因此监理工程师要对承包人安排的施工程序和顺序的合理性进行审查。

（3）技术可靠性原则。承包人在施工组织设计中拟定的施工方法，必须保证其技术的成熟性和可靠性。对于采用的新技术，必须在施工组织设计中安排试验段施工或典型施工，在取得经验和成功后方可大面积或全面施工。同时应辅以施工规程等施工技术标准或指导文件。

（4）连续性与均衡性原则。承包人应根据自然条件和工程结构特点，合理安排生产，保证施工的连续性。通过采用流水施工原理，组织均衡的施工，有效地利用资源和时间、空间，做好工序衔接。

（5）统筹兼顾原则。水运工程施工是一个复杂的系统过程，项目组成多，施工队伍多，工期长、环境影响大，承包人应在施工组织和进度计划编制中采用网络计划技术，优化工期和资源，做到突出重点、照顾一般，统筹兼顾。

（6）提高工业化和机械化施工水平原则。水运工程有大量大型结构构件（如沉箱、方块、扶壁以及大型梁板等），为保证工程质量和加快施工进度，需要提高工厂化预制的水平。构件的安装施工，也需要大量的专用机械和设备，尤其是施工船舶。工厂化施工程度和机械化施工水平是衡量水运工程承包单位资质和能力重要标准，监理工程师应在审查施工组织设计时应予以重点审查。

（7）坚持质量第一和安全生产原则。监理工程师不论是在审查施工方案、还是进度计划，都要把握有利于提高施工质量，有利于安全生产的原则。

3. 审查内容和重点

施工组织设计主要审查以下几个方面内容：

（1）自然条件和施工条件的分析是否正确、准确，施工工艺、计划安排是否充分考虑自然条件的因素；

（2）施工工艺的选用、设计是否合理可行，施工技术方案设计是否安全、可靠；

（3）设备的选用和搭配是否合理，设备的来源能否保证；

（4）材料的来源渠道是否合理、有充分的保证；

(5)施工总平面布置是否合理、考虑全面、有利于提高施工效率；

(6)总进度计划安排能否满足总工期要求，各分项工程工期编排是否合理，设备、劳动力的配置能否适应进度的要求。

(7)重点审查影响进度计划的关键线路，并对其合理性进行充分的论证、研究；

(8)主要管理、技术人员的资历、能力能否胜任工作；

(9)质量、工期、安全的保证措施是否可靠，执行中能否落实。

审查施工组织设计的重点包括：

(1)施工管理组织体系特别是现场质量保证体系是否健全。

(2)施工现场总体布置是否合理，特别是场区的道路、防洪排水、材料和构件堆放、水上运输通道和施工临时码头的布置、混凝土搅拌站的设置、施工机械和施工船舶的安排和停靠等。

(3)主要分部、分项工程尤其是海(水)下作业施工方案的可行性、合理性，主要施工方法的科学性，选用的施工机械和船舶的有效性。

(4)采用的季节性措施、质量保证措施和地基处理、水下作业的检测手段。

(5)施工进度计划的编制依据，项目划分和施工顺序的安排及衔接、有效作业日数的确定(考虑河流季节或海上风浪潮的影响)，关键线路和关键工作的确定，最高施工强度指标确定的可行性、施工生产的连续性与均衡性。

(6)施工安全措施和安全应急预案等。

三、承包人施工准备工作的检查

1. 检查的方式

施工准备工作的检查分三个阶段进行。

第一阶段在承包人与业主签订施工合同后，由业主代表主持召开工程建设预备会。总监理工程师在会上提出对承包人施工准备工作的具体要求和各项准备工作的时限要求。承包人应在会后规定的时间内提交施工准备工作计划，报业主和监理机构审查。

第二阶段是承包人施工准备工作全面开展期间，监理工程师根据施工准备工作计划，检查承包人的技术准备、现场准备、人员准备、材料、物资和机械设备准备，对进展情况予以监督。

第三个阶段是承包人各项施工准备工作基本就绪时，召开第一次工地会议，正式检查验收施工准备工作，为工程正式开工做好最后准备工作。

2. 检查的内容

(1)技术准备情况

承包人的技术准备工作包括熟悉施工图纸和施工条件，参加设计交底和图纸会审，提出有关审图意见和疑问；编制施工组织设计和施工计划；建立质量管理体系和技术管理规章制度；建立现场试验室；完成技术交底工作。

(2)机构与人员到位情况

承包人是否按投标文件中承诺的施工组织模式建立项目经理部，项目经理、技术负责人、质量管理人员、安全管理人员等是否按投标文件承诺到位，岗位证书是否齐全；施工分包队伍的资质是否符合要求，特殊工种或专业工种的人员是否持证上岗；各类岗位责任制度是否健全，各项工作是否均有相关人员负责。

(3)现场设施准备工作

承包人负责的场地平整、施工道路和临时水、电管网的铺设情况;施工临时设施(包括生产、生活、办公和物资材料存储设施)的建设情况;施工测量控制网点的建立及地形、水深的测量和水下管线、障碍物的探测情况。

(4)材料采购进场与检验情况

检查承包人材料、设备的采购计划,构配件的加工、制作或定做计划并监督这些计划的落实,对大宗原材料出产地及大型构件的加工预制厂进行考察;按技术规范和质量标准对进场的材料、构件进行试验检测,不符合要求的材料、构件不得用于合同工程。

第三章　施工期的质量控制

第一节　质量控制的基本概念

一、质量控制的目标和依据

1. 质量控制的目标

施工监理质量控制的目的是通过有效的监理组织和措施，确保工程施工满足设计文件和技术规范与标准的要求，确保建筑物和设施的施工安全可靠。

施工监理质量控制的目标是确保业主在施工合同中确定的质量目标的实现。

2. 质量控制的依据

(1)国家有关工程建设的法律、法规。

(2)国家、交通部颁布的有关工程质量管理的规定和技术规范、标准。

(3)经批准的设计文件，包括设计图纸、设计说明以及图纸修改和设计变更、补充通知等。

(4)监理合同中约定的有关质量控制的条款。

(5)施工承包合同中约定的质量等级和有关质量控制条款。

(6)施工投标文件及施工组织设计中承包人承诺的质量保证及质量控制措施等。

(7)施工协调会有关质量问题的决定。

二、水运工程质量的特征和控制程序

1. 水运工程质量的特征

水运工程项目属于国家基础设施建设，从投资和效益的关系出发，水运工程质量的特征主要表现为：

(1)适用性：指满足使用要求的功能，它表示一个港口或航道的建筑物荷载等级、水陆域面积、航道的宽度和水深、曲率半径和水流条件等方面的技术指标，与它在设计使用年限内，实际所能担负的交通使用能力相适应。

(2)耐久性：指建筑物在正常的使用情况和在正常的维护保养条件下，所能工作的年限，水运工程设计的工作寿命一般为50年，即在50年内应无需进行实质性的修理。要是水运工程满足工作寿命的要求，其承受各种交通荷载作用的次数及概率，和抗震性能以及主体材料的抗蚀性、抗水性、抗老化和抗疲劳的性能都必须达到一定的标准。

(3)稳定性：表示已交付使用的港口及航道工程建筑物和构筑物对于保证船舶正常通航的可靠程度，即组成港口航道工程的各种建筑物和构筑物在使用过程中出现故障的概率大小。如通信、导航信号设施、靠船构筑物等工作状态的稳定性，一定时间内航槽的冲淤变化，两岸边坡发生坍塌引起断航、碍航次数的频率必须控制在规定的标准内。

(4)安全性:表示港航工程设施的完善程度及其对于突发性事故的防御能力。如水工结构物的抗洪及抗震应达到规定的标准等。

(5)经济性:指水运工程的建造运行、养护的成本应有较好的控制和把握,经济效益要好。

(6)与环境的协调性:指水运工程建筑物的布置、造型及外在观感比较协调,并与周围的自然风貌和城市规划环境相适应;建筑物的结构与生态环境和地质水文环境相协调,不破坏生态环境。

2. 质量控制的程序

施工质量控制的监控程序可分为三个阶段,即施工准备阶段(事前控制)、施工阶段(事中控制)和验收阶段(事后控制)。事前控制是基础,事中控制是重点,事后控制是补救。

施工质量监控程序如图 2-3-1 所示。

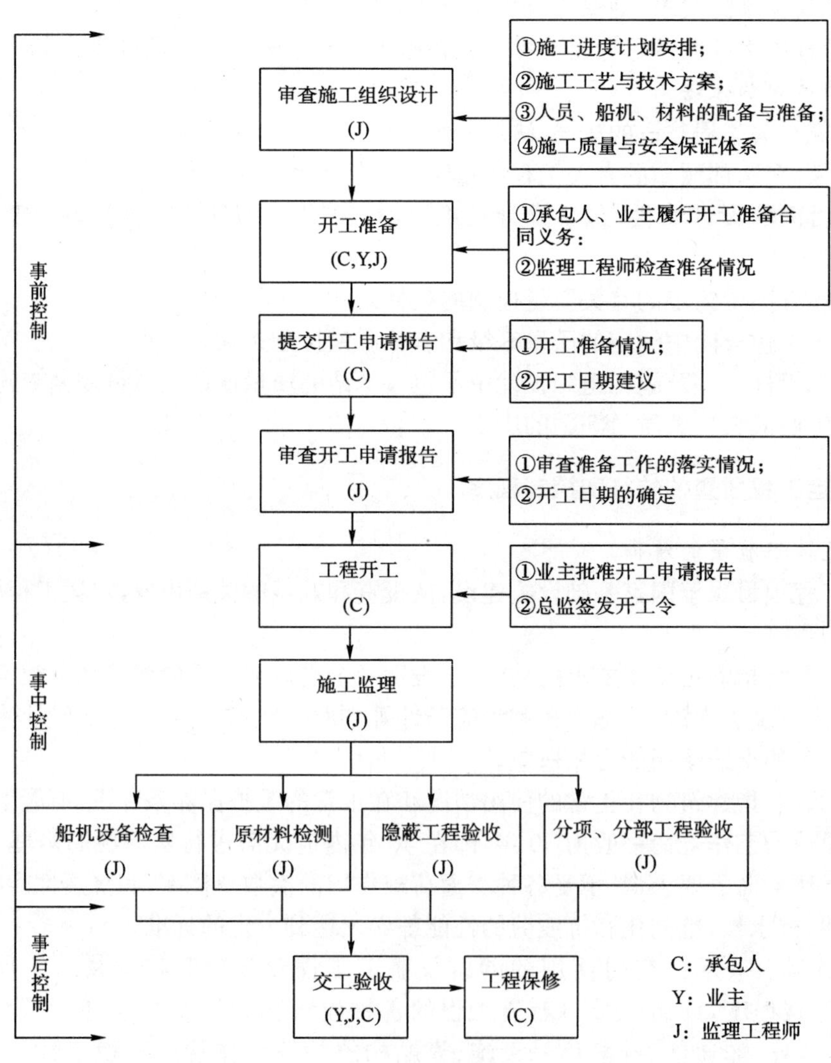

图 2-3-1 施工质量监控

第二节　施工质量控制的内容、方法和手段

一、质量控制的内容

1.质量控制的阶段划分

从施工准备到交工验收，监理工程师质量控制可分为三个阶段。

(1)事前控制阶段：即施工准备阶段。在工程开工前，监理工程师应按照施工合同的规定对合同双方各自应当履行的义务和所要完成的工作进行监督和协助，对开工前各项准备工作和对工程施工质量有影响的各种因素，进行有效的控制和检查。尤其是对施工组织设计的审查，施工准备阶段的质量控制是施工全过程质量控制的基础。

(2)事中控制阶段：即工程正式开工到工程交工验收前的整个施工阶段。监理工程师对承包人及其分包人的施工过程和施工活动进行有效控制，这是监理工作的重点，是形成工程实体质量和实现质量目标的关键阶段。

(3)事后控制阶段：即工程完工后，对已建成的具有独立使用功能和使用价值的最终产品质量(单位工程或单项工程)以及与此有关的技术资料进行检查和验收的阶段，是检验和评价工程质量是否达到质量标准和是否实现合同质量控制目标的重要阶段。

2.质量控制的主要内容

1)事前控制阶段

(1)明确质量目标

根据施工合同的约定，开工前应明确质量目标(如争创优良工程、部优工程或国优工程等)。为此，工程各方应制定实现质量目标的具体计划，建立健全质量保证体系，落实质量控制措施。监理工程师也应在监理规划中分解质量目标，制定具体控制措施。

(2)审查施工组织设计

施工组织设计是承包人落实工程控制目标的详细计划和具体措施。质量控制和质量保证是其重要内容之一。监理工程师应对照工程质量目标，对施工方案、工艺流程、船机配备、材料检验、人力组织、质量保证体系、质量保证措施进行认真审查，并对应编制质量实施细则，进行质量控制。

(3)进场材料的检查与批准

检查工程所需的材料是否已经按计划进场，其规格和质量是否符合规范与设计要求，查验材料出厂合格证明和性能检验报告，对材料按规范要求进行见证取样及材料抽检，对进场的合格材料和标准试验项目(如混凝土配合比等)办理批准手续。

(4)测量基线检查

测量放线工作的检查是质量控制的基础工作，在各项工程开工前对测量基线和控制点的布设进行旁站监理，审核承包人提交的测量结果，必要时进行监理工程师独立复测检查。

2)事中控制阶段

在事中控制阶段，监理工程师应紧紧抓住影响工程质量的五大要素(人，材，机，艺，环)进行质量监控工作。

(1)检查人员配备

承包人现场工程技术负责人、主要施工管理人员、质量检查人员、试验检测人员的资质与经验应符合合同约定和工程需要，现场施工人员的数量与技能应满足现场工作的要求。

(2)控制材料质量

施工过程中应严格控制原材料、预制构件和其他工程材料的质量，材料规格和质量应按规范和设计要求进行检查、检验，杜绝不合格材料用于工程。

(3)保证船机设备配置

保证船机设备的配备是控制工程质量的基础。船机设备的数量、规格与进场时间应符合合同规定，船机设备的进退场应履行约定程序。船机效率应满足施工强度要求。

(4)控制施工工艺

施工方案、工艺流程和施工方法应按施工组织设计实施，施工过程中施工工艺的调整和改变均应通过质量控制程序中确定的审查批准手续。每道工序完工后进行严格的质量验收，合格后才能允许承包人进行下一道工序的施工。

(5)满足施工环境要求

①保障水电交通条件。场地布置、交通运输、水电供应等应布局合理、供应保证。

②把握自然环境条件。工程地质、水文气象、潮流潮汐、泥沙波浪等自然因素对工程质量的影响，应有应对措施和应急预案。

③提供工程技术条件。设计文件应按时提交，图纸会审应出具审查意见。并加强质量保证体系的监督和质量保证措施的落实等。

3)事后控制阶段

(1)中间验收

分项工程(特别是隐藏工程)的验收，是工程质量控制的基础。一个单位工程由许多个分项、分部工程组成，分项工程的质量优劣决定了整个单位工程的优劣，监理工程师应把好分项工程(特别是隐蔽工程)验收关。

(2)阶段验收

分部工程完工后，应组织阶段验收，对已完工的各分项工程的质量情况进行的阶段评价，为交工验收打好基础。

(3)交工验收

一个或多个单位工程完成后(一般是独立承包的单项工程)应对工程进行完工验收。交工验收仅是整个工程中的一个单项验收，往往各项配套项目尚未完工，且未投入生产，故称“交工验收”。监理工程师在交工验收阶段应做好工程实体质量的检查、评价与交工验收资料整理的检查与督促。

(4)竣工验收

交工验收是工程综合性验收，是全部工程内容已按合同约定建设完成，并经试生产后组织的验收。由于验收涉及面广，且要经过一定时间试运营，故往往要在工程完工后一年或更长的时间才组织竣工验收。在这一阶段，监理工程师主要是协助业主进行竣工验收组织工作。

(5)工程质量评定

分项工程完成后进行中间验收时，承包人要进行质量自评，监理工程师予以签认，不合格时要进行返工。阶段验收时进行分部工程质量评定，交工验收时承包人根据各分部工程

质量评定结果，汇总评定自评等级，监理工程师要出具质量评价报告，报政府质量监督部门确定工程质量等级。

二、质量控制的方法和手段

1.质量控制的方法

1)内业控制法——审核有关技术文件、报告或报表

监理工程师应根据工程进度、施工顺序、监理工作程序及时审核施工单位提交的或与工程有关的各种文件报告。主要审核如下内容：

(1)承包人提交的进场人员资质、进场船舶机械和试验计量设备的报告。

(2)承包人的开工申请报告。

(3)承包人提交的对原始基准点、基准线坐标等的复核报告。

(4)承包人提交的施工组织设计。

(5)承包人提交的材料、半成品、构配件的质量检验报告。包括出厂合格证和质量保证文件及永久设备的技术性能和质量检验报告。

(6)承包人提交的反映工序质量动态的统计资料或管理图表。

(7)设计变更、修改图纸和技术核定书。

(8)有关工程质量事故处理报告。

(9)有关应用新工艺、新技术、新材料、新结构的技术鉴定书。

(10)承包人提交的关于工序交接检查及分项、分部工程质量验收报告。

(11)现场有关质量技术签证、文件等。

(12)承包人的质量保证体系和有关质量保证文件。

监理工程师在文件审查中若对文件有疑点时，有权要求承包人加以澄清或更正后重新报审。

2)外业监督法——现场质量监督与检查

(1)质量检查的内容

①开工前检查。检查工程是否具备开工条件。开工前检查包括两方面：一是对承包人开工准备情况的检查；二是对业主提供的开工条件的检查。

②工序交接检查。每一道施工工序，在承包人自检、互检的基础上，监理工程师进行交接检查。

③隐蔽工程检查。所有隐蔽工程，均需经监理人员检查验收后方能覆盖。

④停工后复工检查。因故停工后，应经监理人员认可，停工因素消除后，才能下达复工命令。

⑤分项、分部工程验收。分项、分部工程应经监理人员检查验收。

⑥旁站或跟踪检查。对于重要工程部位和关键质量环节，监理工程师应旁站监理，随时纠正不合规范的操作，及时纠正发现的质量问题。

⑦成品保护检查。成品保护检查是指在施工过程中，为保护已完工的成品质量免受后续施工的损坏，监理人员对成品保护的措施进行的巡视检查。一般要求承包人对成品采取“护”、“盖”、“封”等保护措施。

(2)检查的方法

①观感检查法。它包括看、摸、敲、照等具体检查方法。如目测检查混凝土浇筑及成品

质量；手摸检查粉刷的光滑度；敲击检查贴面砖质量等。

②实测检查法。即运用测量仪器和工具进行检查，判断质量是否合格。如对地面、墙面平整度的量测检查；对建筑物轴线、标高、轮廓尺寸的检查等。通过把检查得到的数据与施工规范及质量标准所规定的允许偏差对照，做出工程质量评价。

③试验检查法。指通过试验手段，对质量进行判断的检查方法。如混凝土强度、地基承载力和桩的承载力等。

对现场检查中存在的质量问题，监理工程师应下达质量控制指令，要求承包人采取有效处理措施，只有监理工程师检查认可后，才能进行下道工序。

3)质量统计与分析法

监理工程师在施工质量控制中常常应用数理统计的方法，通过大量质量特征数据，进行质量统计与分析，做出施工质量是否符合质量标准和设计要求的评价。常用的方法有：

(1)查找和分析影响施工质量因素的方法——因果分析法；

(2)确定产生质量问题主次原因的方法——排列图法；

(3)了解和分析施工过程是否稳定及质量波动状况的方法——直方图法；

(4)对施工过程的质量进行动态分析和控制的方法——控制图法。

2. 质量控制的主要手段

(1)旁站

旁站是监理人员经常采用的一种现场检查监督形式。即在工程重要部位或重要工序，监理人员通过在工程现场跟踪施工，在现场记录、监督与见证施工的全过程，及时发现质量隐患和影响质量的不利因素，及时处理质量问题。

(2)检测

对建筑物平面与高程进行检查和测量，是确保建筑物位置与高程准确性的主要手段。开工前监理工程师应对施工放线进行检查；施工过程中，发现偏差应及时纠正；中间验收时，位置、尺寸与标高不合要求者，应及时处理。

(3)试验

试验数据是评价材料和构件质量的主要依据。原材料性能、混凝土强度以及基桩承载力等，常需通过试验手段取得试验数据来判断质量情况。监理工程师除了要求承包人按规范规定进行有关试验以外，还应对主要原材料和已制作的构件进行抽查或独立试验，若发现试验数据有偏差且不满足规范要求时，应指令承包人重新试验。禁止不合格的材料与构件用于工程。

(4)书面指令

监理工程师发现施工中存在问题时，一般应以书面形式向承包人表达监理的正式意见，作为技术文件存档。如果时间紧迫，来不及发出书面指令，也可以以口头指令方式下达给承包人，但随后应以书面形式予以确认。

(5)程序控制

工程开工以前，监理工程师应对现场监理工作程序作明确的规定，并通过监理交底等形式通知承包人和业主。施工过程中应严格按质量程序办事，这是质量监控的重要手段。例如：未接到监理工程师的指令，承包人不得自行开工或停工；分项工程验收，特别是隐蔽工程验收，未经监理工程师对质量进行签认，不得进行下道工序的施工等。

(6)控制工程款支付

控制工程款支付是合同管理的重要内容,也是监理工程师对工程质量进行有效的控制的主要手段。所谓监理工程师的工程支付的签认权是指:没有总监理工程师的支付签认,业主应拒绝向承包人支付工程款。总监理工程师签认支付申请的主要条件是已完工工程应达到规范和设计文件规定的质量标准。监理工程师在质量控制上应重视这一种十分有效的控制手段。

第三节　现场质量与施工测量的监控

一、现场质量监控

1. 工序质量监控

1)工序质量控制的概念

工序是产品生产过程中的基本环节,也是产品质量形成和检验的基本环节。对于水运工程建设项目,其施工过程是由一系列相互关联、相互制约的工序组成,工序质量是工程质量的基础,直接影响工程项目的整体质量。

工序质量包含两个方面的内容,即工序活动条件的质量和工序活动效果的质量。工序质量的控制,就是对工序活动条件的质量控制和对工序活动效果的质量控制。

施工工序的质量控制,即在施工过程中对各施工工序,通过运用观测、试验等方法,对施工过程进行控制,及时发现工序施工中的异常现象,采取有效措施加以调整,防止工序质量不合格的情况发生。同时通过对工序施工条件的质量控制,保证施工环境、施工条件、施工材料和设备的合理配备,确保施工工序的质量。

2)施工工序质量控制的内容

施工工序质量控制的内容主要包含以下几方面的内容:

(1)确定施工工序质量控制的程序

监理工程师应在监理规划中对施工质量控制做出总体计划,在监理实施细则中对每一施工过程或分项工程制定详尽的工序质量控制程序。其要点是:当每道工序完成后,承包人应根据规范和设计要求进行自检,自检合格后填报"施工质量报验单",并报送监理工程师。监理工程师接到报验单后根据合同规定及时对工序质量进行检查,必要时进行抽样检测。只有监理工程师检验合格后,承包人才能进行下一道工序的施工。否则,承包人应遵照监理工程师指示进行修补或返工,直至检验合格。

(2)主动控制施工工序活动条件

施工工序活动条件是工序质量控制的对象,通常包括:人、机械设备、工艺或方法、材料及环境五大质量影响因素。监理工程师应主动地对工序活动条件进行控制,保证工序活动效果的质量。在工序活动条件控制过程中,要抓住影响质量的主要因素进行控制,以达到良好的控制效果。

(3)及时检验施工工序质量

影响工序质量的原因有两大方面,即偶然性原因和系统性原因。当工序仅在偶然性因素的作用下,其质量特征值的分布,基本上是按算术平均值及标准差固定不变的正态分布,工序处于这样的状态为稳定状态。此时产品的质量符合质量要求,无需进行调整。当工序

受到异常性因素影响时，其质量特征值将发生异常波动，此时称为异常状态，将会对产品的质量产生较大的影响，必须加以调整。检验施工工序质量就是通过对施工过程中抽取的产品样本的检测所得数据进行分析，判断工序处于何种状态。如分析结果处于异常状态，监理工程师应指令承包人采取纠正措施，原因不明时，应暂停施工，待查明原因，采取纠正措施，方可继续施工。

3)施工工序质量控制流程

工序质量控制的方法是通过对工序一部分（子样）的检验、统计和分析、判断整个工序的质量，若工序质量异常，则进一步进行因素分析，找出影响质量的主要因素，并对其加以重点控制，进而实现对工序质量的控制，施工工序控制的流程如下：

(1)施工工序活动条件的控制

在工序施工前，要求人、机械、材料、方法和工艺和环境能满足施工要求，为确保工序质量提供保障。在施工过程中，也要始终保持这五大质量影响因素得到有力控制，为工序活动效果的控制奠定基础。

(2)采取措施

采用必要的检测工具或手段，对施工工序活动的结果进行质量检测，为判断工序质量提供直接依据。

(3)数据分析

对检验所得的数据进行认真分析，从中找出这些数据所遵循的规律。

(4)质量判断

根据施工工序质量标准和分析数据，对整个施工工序的质量进行推测，判断该工序是否达到质量标准，即工序质量是否正常。

(5)因素分析

如果施工工序质量正常，控制过程的一个循环结束；如果施工工序质量异常，则进行工序分析，寻找工序质量的因素，尤其要找出其中的主要因素。

(6)主要因素控制

找出主要影响因素后，采取必要措施，对其进行调整，使其符合规定要求。

(7)重复检测

为检查调整效果，对调整后的工序需再次进行检测、分析、判断，直到质量达到标准为止。

(8)重复循环

通过上述7个过程，一个循环结束，工序继续进行，下一个控制循环开始。其流程图见图2-3-2。

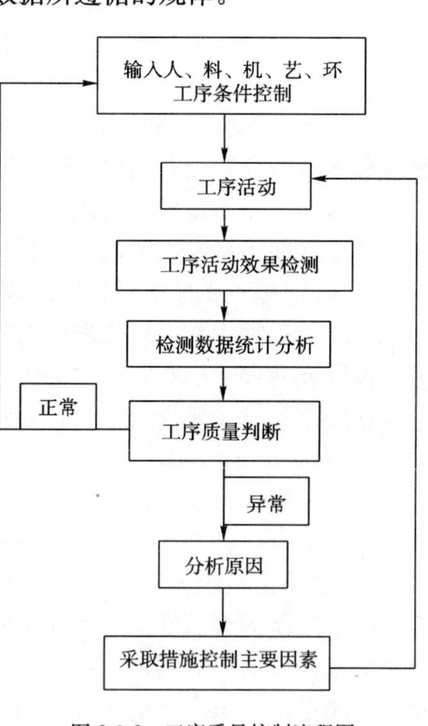

图2-3-2 工序质量控制流程图

2. 质量控制点的设置

1)设置原则

质量控制点是根据工程的质量特性在施工中对需要进行重点控制的关键工程部位、工序或薄弱环节，设置的控制节点。它是根据工程的复杂程度和质量特性在施工工序中设置的。其设置原则是：

(1)对工程的适用性(性能、耐久性、可靠性和安全性)有重大影响的关键工序、关键部位应设置质量控制点。

(2)对施工工艺上有特殊要求并对下道工序有严重影响的关键工序应设置质量控制点。

(3)对易发质量通病或施工质量不稳定的薄弱环节或工序应设置质量控制点。

(4)如出现质量问题对施工进度有重大影响的关键工序应设置质量控制点。

(5)对施工难度大或者新的结构，或用新的施工方法施工的分项工程设置质量控制点。

2)质量控制点的实施办法

(1)监理机构应根据工程特点和承包人管理水平，在监理规划中对施工质量控制点的设置明确列出，使每个监理人员能在自己的工作中落实对质量控制点的重点监控。

(2)监理工程师应将质量控制点的设置及控制措施向承包人交底，树立预防为主的意识。

(3)监理工程师应在监理实施细则中对这些控制点的监控措施进行详细叙述，对质量控制点的现场旁站、指导、检查、验收，有详细的计划和措施。

(4)实施中按严格要求及时检测、详细记录、认真检查、综合分析，确保工程质量。

二、施工测量的监控

施工测量基线、基准点和高程控制点(水准点)的准确性决定了建筑物和构筑物位置与高程的精确度。对于水运工程，由于建筑物(码头、防波堤、航道等)所处的自然环境，增加了施工测量的难度。所以监理工程师要认真审查，严格按规范的要求完成测量控制点的布设。

1.施工测量监控的内容

(1)监理工程师应要求承包人对业主提交的原始基准点、控制点进行复核，并将复核结果报送监理工程师审批。

(2)承包人的测量控制点布设前，监理工程师应审查其布设方案，满足施工测量方便、精确的要求。布设时，应旁站监理测量放线，审核承包人的测量成果报告及图表，有条件时，监理工程师还应对测量控制点用自备仪器进行现场复核。

(3)为了保证工程质量，防止质量事故，监理工程师通常需要对分部分项工程的位置、轴线、标高、预留孔洞的位置和尺寸以及填筑坡度等进行检测和复核。检测不合格，不得进行后续施工。

2.施工测量监控的方式

监理工程师对施工测量进行监控是采用内业审核与现场复核相结合的方式进行的。内业审核是对承包人提交的施工测量报告，依据设计图纸和施工测量规范进行审核，看其是否满足工程设计的要求，其误差或精度是否满足规范允许值的要求；现场复核是通过测量仪器，对承包人提交的测量成果进行抽测或复测，看复测值是否与报审值相吻合。现场复测需要注意两点：一是测量仪器必须经过率定和承包人认可；二是监理工程师的实测只是复核承包人的测量结果，不能替代承包人的工作和责任。

3.施工测量监控的程序

测量控制点的监理程序如图2-3-3所示。

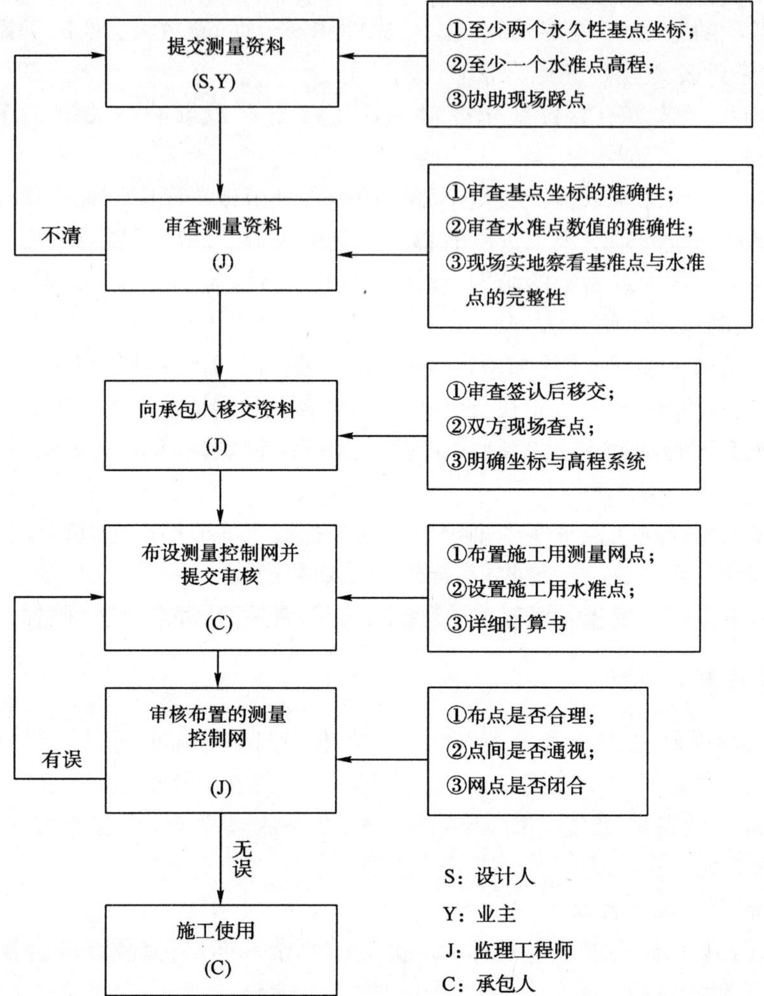

图 2-3-3　测量监控程序

第四节　试验与检验的监控

一、质量检验的内容和分类

1. 检验和试验

检验是"对实体的一个或多个特性进行的诸如测量、检验、试验或量度并将结果与规定要求进行比较以确定每项特性合格情况所进行的活动"。这里所指的实体，可以是工程所用的原材料（如水泥、钢材、砂、石、外加剂等），各种构件（如梁、板、桩等），也可是各分项、分部和单位工程等。试验是对产品一种或多种性能进行的功能检验。可见，试验和检验是既有联系又有区别的两个概念。

检验的概念不仅局限在通过试验对工程质量做出是否合格的判断，还包括通过检查、度量等其他途径对工程质量做出是否合格的判断。

2. 质量检验的内容和分类

1)检验的内容

(1)确定工件及批的质量判定标准;

(2)用某种方法对工件进行比较;

(3)将检验结果同标准进行比较;

(4)做出判断。

2)检验的分类

工程质量的检验方法,可根据不同的检验特性分为:

(1)按检验手段分:有外观检查,尺寸和几何形状检查,性能试验分析检查;

(2)按工艺,工程分:有工序检查,验收检查等;

(3)按检查后结果分:有破坏性检验和非破坏性检验;

(4)按产品受检率分:由100%检验和抽样检验。

3. 质量自检和抽检(复检)

由工作的完成者依据规定的规则对该工作进行检查,称为自检。自检是由供方(承包人或供货人)或委托具有相应资质的检测单位进行的。而抽检(复检)是由需方或第三方(如监理、监督单位或有资质的检测机构)进行的。水运工程质量检验,除了承包人及生产厂商进行自检外,还要进行各种性质的抽检(复检)。一是对工程中使用的属于定型产品的原材料,如水泥、钢筋等,除生产企业应进行自检,出具合格证和有关的试验检验数据外,使用前承包人或监理工程师要对它进行复检;二是在对工程质量实施过程中,监理或监督单位对工程质量进行抽检。

二、试验、检测的意义及特点

1. 质量试验、检测的意义

质量试验、检测是水运工程质量保证体系中一个重要的环节,如果离开试验、检测,就谈不上工程质量的控制,搞好试验、检测工作,对确保工程质量具有非常重要的意义。

(1)试验、检测是控制工程质量的重要技术保证

在施工过程中,进行过程检验和试验,其目的是避免不合格品的产出和流转到下一工序,便于及时对质量偏差进行纠正,使工程质量受到控制,因此,它是控制工程质量的重要技术保证。

(2)试验、检测的结果是对工程质量进行评定、验收的主要依据

对工程质量进行评定、验收,离不开试验、检测的数据和结果,它是工程质量评定和验收的主要依据。如果在工程质量评定、验收时发生分歧或产生纠纷,根据我国有关的规定,经计量认证合格的具有相应资质的检测机构出具的试验、检测结果,在解决纠纷中具有法律效力。

(3)试验检测是工程质量监督和监理的重要技术手段

交通部在工程质量管理中推行“政府监督,社会监理,施工企业自控”的体系。试验、检测不仅是承包人对质量进行自控的手段,也是工程质量监督和监理机构控制工程质量的主要工作内容和技术手段。监理工程师除对工程使用的原材料、施工过程的试验、检测数据和结果进行确认和核验外,还可以旁站承包人的试验过程,检查承包人试验、检测设备和试验检测操作。质量监督部门和监理机构在条件许可时应配备一定的试验设备,建立工地试验

室。不具备现场条件时，也还可委托具有相应资质的试验、检测机构，对工程质量进行抽检。

(4)试验、检测结果是质量改进的科学依据

应用数理统计的方法，对试验、检测数据进行统计分析，可以科学地了解工程质量水平，发现存在的问题并加以解决，是分析和改进质量不可缺少的科学依据，例如，混凝土预制厂(场)的混凝土生产，可根据统计周期内混凝土试件强度的试验资料，统计计算出混凝土强度的标准差，以试件强度不低于要求强度等级百分率等，来衡量该场(厂)的质量水平，根据统计结果，提出质量改进的措施。

2. 试验检测的特点

(1)科学性。工程质量用数据说话，工程质量评价，离开科学准确的试验、检测数据就没发言权。而试验、检测的数据不能保证其准确性、一致性和完整性，就可能对工程质量包括施工过程的质量控制做出错判、误判，给工程质量造成严重的后果。因此，保证试验、检测数据的科学性、准确性是试验、检测的重要特点，也是试验、检测机构和人员的根本任务。

(2)公正性。试验、检测结果应是公正、客观的，不应受某种利益的驱动或干扰。为了保证试验、检测的公正性，要求从事试验、检测的机构和人员具有相对的独立性，因此重要试验、检测项目除施工企业本身的自检外，也要求监理机构或委托第三方进行平行试验或验证检验。

(3)依据性。试验、检测的内容和方法以法律、法规，技术规范和标准为依据。试验、检测工作的依据包括：

①国家有关的法律和法规；

②国家及国务院有关部门颁布的技术规范、规程和标准；

③经项目主管部门批准的工程设计文件；

④试验、检测的委托书或委托合同。

对于新技术、新工艺、新材料，国家、行业颁发的技术规范、标准或者技术规程、试验方法满足不了要求时，可由试验、检测单位提出试验、检测实施细则(或方案)，经有关各方面同意，必要时可邀请有关专家评审通过，作为试验、检测依据。

(4)全过程性。试验检测随着工程的进展，自始至终贯穿了整个过程，开工前要对工程采用的原材料、预制构件等进行试验、检测，在施工过程中要进行过程试验、检测，完工时要进行验收试验、检测。由于工程实施的一次性，工程过程试验、检测的结果往往难以复演，所以工程质量试验、检测本身也是"特殊过程"。

3. 监理试验室

监理机构为了对工程施工质量实行有效的控制，需要对承包人的自检结果进行核查，包括对各种原材料的物理力学性能、混凝土强度和土方工程的密实度等进行复核性抽样试验，因此，大型工程项目根据工程特点可设置监理专用试验室。

1)监理试验室人员设备配置

(1)试验人员的配备，主要依据工程规模、试验项目和工程项目管理要求进行配备，同时应考虑与整个工程监理机构的设置相适应。

(2)试验室的仪器配置设备，种类和数量应按试验要求和工程管理模式来决定。

(3)条件不具备时，监理机构可以配备专业试验人员取样和制作试件，并委托有一定资质的第三方试验室(中心)进行试验。或若需借用承包人工地试验室的仪器设备进行试验，承包人应提供方便。

2)监理试验室的职责及主要工作范围

监理试验室的职责有以下方面：

(1)审查承包人试验室试验资质及试验人员资格，检查试验仪器、设备的配备是否符合合同约定并满足工程需要，并定期对仪器、设备进行检查；

(2)见证承包人取样、制作试件和进行试验的过程，如对承包人的实验结果有疑问时，可进行试验核查；

(3)对承包人的试验、检测项目，按一定比例和频率进行验证试验和对比试验，以确保试验结果的准确性；

(4)对工程试验测量结果进行统计分析，汇总管理试验检测资料。

监理试验室的工作范围包括：

(1)材料试验：凡用于工程的一切材料，均应由监理工程师见证取样，由承包人进行试验，资料报监理试验室备案，必要时监理试验室复检。

(2)标准试验：要求承包人提供的标准试验(如击实试验、集料级配试验、配合比试验等)，应在监理工程师见证下进行。必要时，监理试验室进行对比试验。标准试验结果由监理工程师批准。

(3)抽样试验：抽样试验一般分为任意抽样和随机抽样。任意抽样主要在工程施工中进行，随机抽样是在工程竣工或部分工程交工时进行。监理试验室根据工程进展情况和质量控制要求进行抽样试验，协助监理工程师进行质量控制。

第五节 工程验收和质量评定

一、隐蔽工程的验收

隐蔽工程是指将被后续工程施工所隐蔽的分项、分部工程。在其隐蔽前所进行的检查验收称为隐蔽工程验收。由于验收对象将被覆盖，不能留下任何质量隐患，故显得尤为重要，它是质量控制的一个关键环节。

隐蔽工程验收程序如下：

(1)隐蔽工程施工完毕，承包人按有关技术规程、规范、施工图纸先行自检，自检合格后，填写《报验申请表》，附上隐蔽工程检查记录及有关质量证明资料，报送项目监理机构。

(2)监理工程师收到报验申请后首先对质量证明资料进行检查，并在合同规定的时间内到现场核检(检测或核查)，承包人的专职质检员及相关施工负责人应随同现场验收。

(3)经现场验收，如符合质量要求，监理工程师在《报验申请表》及隐蔽工程检查记录上签字确认，准予承包人隐蔽、覆盖，进入下一道工序施工。如现场检查发现质量不合格，监理工程师可指令承包人整改，整改后自检合格再报监理工程师验收。

二、分项工程验收

1.分项工程验收的内容

分项工程验收属于中间验收，是对施工作业结果的检验。按交通部有关水运工程质量检验评定标准的划分，分项工程是工程项目组成的最基本单位，是施工作业结果的基本表述，其质量是否合格决定了整个工程质量是否合格。因此，把好分项工程质量验收关是监理工程师质量控制的重点工作之一。

分项工程质量验收的内容是：

(1)验收项目质量是否合格：工程主要项目要全部符合质量检验评定标准的相应规定；一般项目应基本符合质量检验评定标准的相应规定；允许偏差项目的实测值的偏差数量应满足质量检验评定标准的合格规定。

(2)保证资料是否真实、可靠、齐全：分项工程验收项目是否合格主要是由工程质量保证资料来印证。质量保证资料是各道工序检查验收结果的真实记录，也是监理工程师监理工作的记录之一。因此分项工程质量保证资料应真实、可靠、齐全。

质量保证资料一般应包括：

①图纸会审、设计变更和协商记录；

②原材料、成品、半成品、构配件和设备的质量证明书及进场检(试)验报告；

③工程测量、放线记录；

④按质量验收规范规定的抽样检验报告；

⑤隐蔽工程检查验收记录；

⑥施工过程记录和施工过程检查记录。

需要注意的是分项工程质量验收与分项工程质量评定的关系，分项工程质量验收是质量评定的基础，先验收后评定；质量验收主要是合格验收，是决定是否进行后续项目的施工，验收不合格不能进行下道工序；而质量评定则是侧重于质量等级的评定，是确定该分项工程是合格还是优良。两者是相互关联的，可以统一安排进行。

2. 分项工程验收的组织和程序

分项工程由专业监理工程师组织承包人质量检查人员和项目技术负责人等进行验收。验收前，承包人应自检合格并提交分项工程验收申请单及相应质量保证资料，监理工程师在合同约定的时间内组织验收。验收合格，由监理工程师签字确认，验收不合格时，监理工程师应指令承包人进行整改，自检合格后再次申请验收。

分项工程验收程序见图 2-3-4。

3. 分项工程验收不合格的处理

如果分项工程经验收达不到规定的标准时，可根据其具体情况按如下方式处理：

(1)经返工重做的分项工程，应重新组织验收，评定质量等级；

(2)经有资质的检测机构鉴定达到设计要求的，应予以验收；

(3)经有资质的检测机构鉴定达不到设计要求，但经原设计人核算认可，能满足结构安全和使用功能的，可予以验收；

(4)经返修或加固补强后，虽然改变了外形尺寸但能够满足安全使用要求的，可按技术处理方案或协商文件进行验收；

(5)经过返修或加固补强后仍不能满足安全使用要求的，不予验收，必须返工重做。

三、工程质量评定

1. 工程质量检验评定方法

港口工程的质量检验评定按照分项工程、分部工程、单位工程实行“三级评定”，由于不允许有不合格工程交付使用，故其质量等级只分为“合格”和“优良”两级。

1)分项、分部工程和单位工程质量等级标准规定如下：

承包人分项工程自检合格，填报验单(C)

承包人整改(C)

监理工程师审查质量保证资料(J)

不合格

资料检查(J，C)

合格

承包人整改或返工(C)

监理工程师组织承包人现场检查验收(J，C)

现场检查(J，C)

不合格

合格

监理工程师签字确认(J)

C：承包人

J：监理工程师

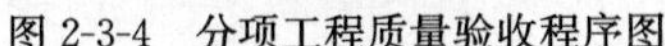

图 2-3-4　分项工程质量验收程序图

(1)分项工程

分项工程质量等级评定由主要项目、一般项目和允许偏差项目三个部分的检验评定组成。

主要项目是指主要原材料、构配件的质量、性能和涉及结构安全、耐久性及主要使用功能的项目，在规范、标准条文中采用“必须”、“严禁”的用词者。

一般项目是指对工程的耐久性、使用功能和外观有一定影响的项目，在规范、标准条文中采用“应”、“不应”和“不得”的用词者。

允许偏差项目是允许偏差的项目，如打桩偏位等。

①合格标准：

a. 主要项目必须全部符合“标准”的相应规定；

b. 一般项目应基本符合“标准”的相应规定；

c. 允许偏差项目(实测项目)的测点实测值有 70%及其以上(供电及照明和给排水管道安装工程有 80%及其以上)在允许偏差范围内，其余虽然超出允许范围，但不影响正常使用。

②优良标准：

a. 主要项目和一般项目必须全部符合规定；

b. 允许偏差项目(实测项目)的测点实测值有 90%及其以上在允许偏差范围内，其余虽然超出允许范围，但不影响正常使用。

对于需要进行综合评定的预制或现场浇注的混凝土和钢筋混凝土结构件、钢结构和钢

桩制作等分项工程，应按设计图纸所划分的单元进行全部或抽样检验，按单元评定其质量等级，计算该种构件的优良品率。在全部合格的基础上，优良品率达到60%及其以上，则该种构件的质量评为优良；不足60%的评为合格。

对施工分段完成的其他分项工程，在该分项工程全部完成后，将各段的检查评定资料汇总后再作综合评定，确定其质量等级，按综合评定结果参加分部工程质量的评定。

(2)分部工程

①合格标准：所含分项工程的质量必须全部合格。

②优良标准：所含分部工程的质量必须全部合格，其中有50%及其以上评定为优良，且主要分项工程(在分项、分部工程名称表中注"△"者)全部优良。

在评定分部工程的质量时，模板、钢筋、伸缩缝、沉降缝、系网环制作与安装、铁梯制作与安装分项工程不参加评定，但必须有分项工程质量检验资料、检验评定和隐蔽工程验收记录。

(3)单位工程

①合格标准：所含分部工程的质量必须全部合格，单位工程的质量检验资料，按照质量检验评定标准的规定进行整理，基本齐全；外观质量的观感评分，按标准规定进行，得分率达到70%以上。

②优良标准：所含分部工程的质量必须全部合格，其中50%及其以上评定为优良且主要分部工程(在分项、分部工程名称表中注"△"者)全部优良；单位工程的质量检验资料，按照标准的规定进行整理，基本齐全；外观质量的观感评分，按标准的规定进行，得分率达到85%及其以上。

2)分项工程的质量不合规定时，必须进行处理，并应按下列规定确定其质量等级：

(1)返工重做的可重新评定质量等级；

(2)经加固补强能达到设计要求的，其质量可定为合格，但其数量超过本分项工程中总数量的5%时，该分项工程不得评为优良；

(3)分项工程中某些构件和部位，其混凝土或砂浆标号因偶然原因，使试块失去代表性，无法正确判定其工程质量时，经检测单位鉴定能够达到设计要求的，其质量可定为合格；

(4)经检测单位鉴定达不到原设计要求，但经设计单位签认能满足结构安全和使用功能要求的，可定为合格，但其所在的分部工程不得评为优良。

2. 质量缺陷的处理

由于影响工程质量的因素经常变动，其结果必然会使工程质量产生波动甚至产生质量事故。作为监理工程师必然会遇到工程质量缺陷和质量事故的处理问题。

1)质量缺陷的分类

从影响工程使用性能出发，质量缺陷一般分为三类：

(1)致命缺陷。这种缺陷对使用性能带来根本性影响，例如预制梁板在安装过程中发生断裂；钻孔灌注桩孔底沉渣过厚等；

(2)严重缺陷。在使用中会造成故障或大大降低工程使用性能的缺陷，如混凝土预制构件的空洞，露筋、码头地面沉降过大或有明显的不均匀沉降；

(3)轻微缺陷。不影响工程使用性能的缺陷，例如混凝土表面的蜂窝、麻面。

2)质量缺陷的处理

(1)处理的一般方法

①应有可靠的资料和数据证明缺陷或严重缺陷的存在。

②当工程质量与规范规定的标准有偏差时，监理应着重注意分析原因，提出建议，要求承包人修补并改进工艺，以促使承包人在后续施工中防止类似问题发生。

③当工程质量出现严重缺陷时，监理工程师应指令暂停施工，并要求施工单位修补或返工。对于不合格工程不予计量签认。

当工程质量出现严重缺陷和损害，监理工程师已发出停工指令，而承包人继续施工时，监理工程师应再次书面指令施工单位停工，并同时书面报告业主和主管质监站。

④当工程施工发生了严重质量缺陷或质量事故以后，必须做到三个不放过：

a. 事故或严重缺陷的原因不明、责任不清不能放过；

b. 防范事故或缺陷再次发生的措施不落实不能放过；

c. 事故(严重缺陷)的责任人和有关施工人员没有从中受到教育不能放过。

(2)对复杂缺陷处理的方法

①试验检测：可进一步对缺陷部位进行检查、试验，一般可采用取样试验、无损检测，对断桩可进行探模、动测，或直接对结构物进行荷载试验、超荷载试验。

②召开专家论证会：当形成缺陷的原因很复杂时，可采用召开专家论证会地方式，听取各方面专家的意见，采取较好的处理方法。

③延长保修期并定期观测：由于某些建筑物的损坏程度，如沉降、位移等尚未稳定，有些缺陷需要较长时间的观测，通过业主与承包人的协商，可采取延长保修期的办法来处理。

3. 在质量评定中监理工程师的主要工作

监理工程师在水运工程质量评定中的主要工作有两项：即组织分项工程、分部工程和单位工程质量验收；核定承包人自评的质量等级。

1)质量验收

承包人完成相应的分项工程、分部工程和单位工程后，应组织自检，并按规定的格式及内容填写报验申请表报监理工程师组织验收。一般情况下，分项工程由专业监理工程师组织承包人专业技术(质量)负责人验收；分部工程由总监理工程师或监理工程师代表组织承包人技术负责人参加验收；单位工程由总监理工程师或业主代表组织承包人项目经理、技术负责人等参加验收。

2)质量等级核定

根据水运工程质量检验评定标准的规定，分项工程质量等级评定采用承包人自评，监理工程师核定的方式进行；分部工程的质量等级由承包人根据分项工程质量评定结果确定和核定；而单位工程的质量等级由承包人评定，由质量监督机构核定。监理工程师在质量评定工作中主要工作是核定承包人自评质量等级是否属实和恰当，其重点应放在分项工程质量等级的核定上，它是分部工程和单位工程质量等级评定的基础。

第六节　工程质量事故的报告与处理

一、质量事故的报告

1. 质量事故的分类

质量事故按其造成的损失程度和后果分为质量问题、一般质量事故及重大质量事故三类，其分类名称及标准如表 2-3-1 所示。

水运工程质量事故等级划分表 表 2-3-1

种　类	等　级	性　质	标准(满足其中一条)
质量问题	不分级	在施工和保修期间,因质量较差,影响正常使用	需要返工或修复才能达到合格要求,且造成直接经济损失 10 万元以下的
一般质量事故	一级	质量低劣,达不到合格标准,造成永久性缺陷的	1. 直接经济损失在 50 万元至 100 万元; 2. 小型水运建筑物降低使用标准
	二级		1. 直接经济损失在 10 万元至 50 万元; 2. 水运主体工程因永久性缺陷而造成使用不便,或严重影响建筑物美观
重大工程质量事故	一级	工程倒塌、报废、降低使用标准、造成人身伤亡或重大经济损失的	1. 死亡 25 人(含 25 人)以上; 2. 经济损失 1 000 万元以上; 3. 5 万吨级(内河万吨级)以上码头、船坞,5 000 吨级以上船闸主体垮塌
	二级		1. 死亡 10 人以上,24 人(含 24 人)以下; 2. 直接经济损失 500 万元以上,1 000 万元以下; 3. 万吨级(内河千吨级)以上码头、船坞,千吨级以上船闸主体垮塌
	三级		1. 死亡 1 人以上,9 人(含 9 人)以下; 2. 直接经济损失 100 万元以上,500 万元以下; 3. 万吨级(内河千吨级)以上码头、船坞,千吨级以上船闸降低使用标准

备注:本表中数字有以上字样的含本数字,有以下字样的不含本数字,特殊说明的除外。

2. 质量事故报告

1)报告程序

根据交通部《水运工程质量事故等级划分和报告制度》要求,质量事故发生后,事故发生单位必须以最快的方式上报。并对不同的事故类型的上报时限和部门做了规定。

(1)对于质量问题,承包人应在 2 天内以书面形式上报业主、监理机构、质量监督站;

(2)一般质量事故,按以下程序报告:

①由国家立项的水运工程项目,事故发生单位应在 2 天内书面报告交通部水运司和质量监督总站。由交通部派出机构管理的水运工程项目,要同时抄报派出机构;

②其他大中型水运工程项目,事故发生单位应在事故发生 2 天内在报省交通行政主管部门的同时,还应报交通部水运司和质量监督总站。

③地方管理的小型水运工程项目,事故发生单位应在事故发生 2 天内报地方交通行政主管部门和同级质量监督站。

(3)重大工程质量事故,事故发生单位应在事故发生后 2 小时内按一般质量事故呈报程序上报交通行政主管部门,同时尽快逐级转报交通部水运司和质量监督总站,并在 10 小时内报出水运工程重大质量事故快报。

(4)事故发生单位在向交通行政主管部门和质量监督站报告的同时,还应向其上级主管部门、业主、监理机构报告。

2)书面报告

事故发生后,承包人必须在规定时间之内写出书面报告。报告内容必须坚持实事求是,尊重科学的原则。书面报告的内容有:

(1)工程项目名称、事故发生的时间、地点、业主、设计人、监理人、承包人的名称;

(2)事故发生的简要经过、造成工程损伤的情况、伤亡人数和直接经济损失的初步估计；

(3)事故发生原因的初步判断；

(4)事故发生后采取的措施及事故控制情况；

(5)事故报告单位。

事故发生后，承包人应当严格保护现场，采取措施抢救人员和财产，防止事故扩大。因抢救人员和财产需要移动现场物件时，应做出标志，绘制现场简图，做出书面记录，保护现场痕迹和物证，尽可能拍摄照片和现场录像。

二、质量事故的处理

1. 质量事故的调查

1)事故调查组组成

按事故等级成立调查组，负责事故调查。调查组由以下单位的人员组成：

(1)交通行政主管部门；

(2)承包人(事故发生单位)的主管部门；

(3)劳动部门；

(4)检察机关；

(5)工会；

(6)有关专家。

重大质量事故的调查由交通部会同省、自治区或直辖市交通行政主管部门组成调查组负责事故调查处理；一般质量事故由省级交通行政主管部门组成调查组负责事故调查和处理；质量问题原则上由业主或承包人组成调查组负责事故调查和处理。

2)调查组职责

(1)组织技术鉴定；

(2)查明事故发生的原因、过程、人员伤亡和财产损失情况；

(3)查明事故的性质、责任单位和主要责任者；

(4)提出事故处理意见和防止类似事故再次发生的建议；

(5)提出对事故责任者的处理建议。

3)调查组的工作

(1)在调查期间，调查组有权向事故发生单位、有关部门和个人了解事故情况、索取资料，任何单位和个人不得拒绝和隐瞒。更不得以任何方式阻碍、干扰的调查组的正常工作；

(2)调查工作结束后10日内，调查组应写出调查报告报送批准组成调查组的政府或单位，同时报送组成调查组的成员部门。经组织调查的部门同意，调查组工作即告结束。

2. 质量事故的处理

1)事故处罚

(1)对于造成重大事故的责任者，由其所在单位或上级主管部门给予行政处分，构成犯罪的，由司法机关依法追究刑事责任；

(2)对造成重大事故承担直接责任的单位(项目法人、设计人、施工承包人和构配件生产人)，由其上级主管单位或当地建委，依据调查组的建议，令其改善安全措施并依法处罚；

(3)凡业主与承包人间签有施工合同的，依合同规定进行处理。

2)事故处理的结论

事故调查清楚后，应及时进行事故处理，应返工的返工，可修补的进行修补。对质量事故处理应做出明确无误的结论，其结论一般有如下6种形式：

(1)事故已处理好，可继续施工；

(2)隐患已排除，结构安全可靠；

(3)经修补处理后，已满足安全使用要求；

(4)基本满足使用要求，但附有限制条件；

(5)对耐久性有、无影响的结论；

(6)对外观有、无影响的结论。

3)事故处理的程序

事故处理的程序见图2-3-5。

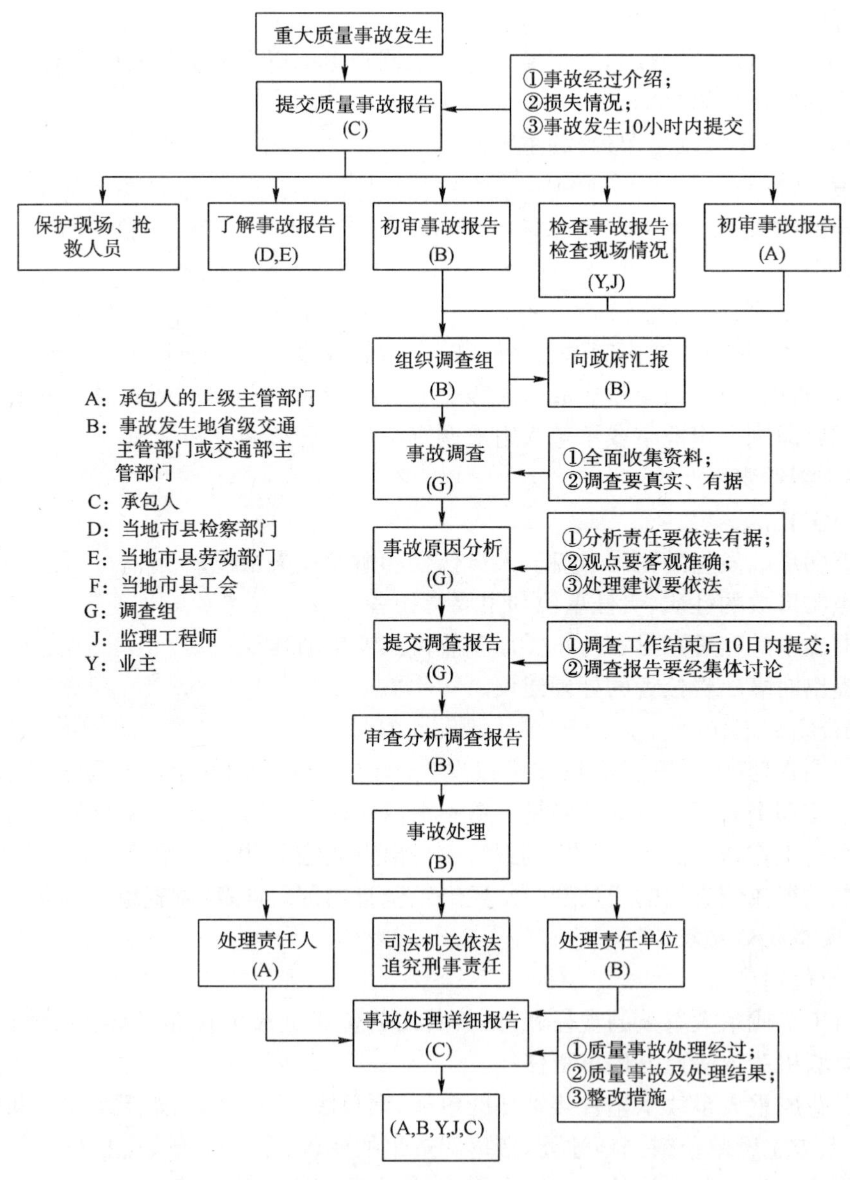

图2-3-5　重大工程质量事故处理程序

第四章　施工期的进度控制

 第一节　施工进度控制的概念

一、施工进度控制的目标

工程施工进度控制的目的是指通过具体的进度控制计划和有效的进度控制措施，在满足投资控制和质量控制目标的前提下，力求使工程施工按期完成和交付使用。

所谓按期是指按工程施工合同约定的工期。因此，进度控制的总目标是合同工期。为了有效地控制施工进度，一般将进度控制总目标按一定的方式分解，如按单位工程、分项、分部工程，或按承包标段、结构控制点等设置节点工期，形成各层次的进度控制子目标，由此构成施工进度控制的目标体系。在施工进度控制目标体系中，下级目标受上级目标的制约，下级目标保证上级目标，最终保证施工进度控制总目标的实现。

在确定施工进度控制目标体系时，必须全面细致地分析与工程进度有关的以下因素：

(1)工程进度控制总目标对施工进度的要求；

(2)工程施工在组织、管理及技术条件上的特殊性；

(3)已建成的同类或相似项目的实际进度；

(4)资金的来源和支付条件；

(5)人力、设备条件，指可能投入的施工机具、设备和人员安排；

(6)物资供应条件，指施工材料、构件及设备等供应的时间和连续性；

(7)环境条件，指自然条件和其他环境因素对工程进度的影响。

施工进度与合同工期的关系为施工进度是过程，合同工期是目标；进度控制是实现工期目标的手段。施工进度控制是工程项目管理与施工监理中与质量控制、费用控制并列的三大控制目标之一，在进度控制中必须正确处理好进度、质量和费用的关系，尽可能达到均衡和连续施工，追求工程建设的综合效益。

二、监理工程师进度控制的工作内容

监理工程师进度控制包括下列工作内容：

(1)协助业主确定合同工期即工程进度总目标；

(2)编制监理规划，确定监理进度控制目标体系和控制方案；

(3)编制施工进度控制细则，制定具体进度控制措施；

(4)审查和批准承包人提交的施工总进度计划及各种详细施工计划；

(5)督促承包人按施工进度计划组织施工，包括人力、材料、机械进场和设备的供应；

(6)定期组织现场进度协调会；

(7)对承包人施工进度计划实施情况进行检查、分析；

(8)当施工进度偏差可能影响进度控制总目标实现时，应书面通知承包人采取有效措施

并监督实施；

(9)定期向业主报告工程进度和进度控制措施的执行情况，并提出预防由于业主原因导致工程延期及相关费用索赔的建议；

(10)审批工程延期。

 第二节 施工进度计划的编制

一、施工进度计划的概念

施工进度计划是表示工程各项施工项目的内容与数量、施工作业顺序、作业开始和结束时间以及相互衔接关系的计划。它是承包人进行现场施工管理的核心指导文件施工组织设计的重要组成，也是监理工程师实施施工进度控制的主要依据。

1.施工进度计划的类型

1)按工程对象分类

(1)施工总进度计划

施工总进度计划是以整个工程施工项目为对象编制的进度计划。其目的是对各单项工程或单位工程的进度进行优化安排，在规定的建设期限内，确定各单项工程或单位工程的施工顺序、开始和完成时间，计算主要资源数量。

编制施工总进度计划的依据为:施工总方案，资源供应条件，各类定额资料，合同文件，工程动用时间目标，建设地区自然条件及有关技术经济资料等。

施工总进度计划与主体工程施工组织设计、施工总平面布置相互联系、相互影响。当业主提出控制性的总进度目标时，施工组织设计据此选择施工方案、配备施工机具、组织材料、设备供应和布置施工场地。同时，施工总进度计划又受到主体施工方案和施工总平面布置的限制，施工总进度计划的编制必须与施工场地布置相协调。进度计划中安排的施工强度应与施工方案中选用的施工机械的能力、配备的数量相适应。

(2)单项工程施工进度计划

单项工程施工进度计划是以单项工程为对象，用于直接组织单项工程施工。它是根据施工总进度计划中规定的各单项工程的施工期限，安排各单位工程或分部、分项工程的施工顺序、开、竣工日期。并根据单项工程施工进度计划修正施工总进度计划。

(3)单位工程施工进度计划

单位工程施工进度计划是以单位工程为对象进行编制。单位工程施工进度计划是实施性进度计划，根据各单位工程的施工期限安排各分部、分项工程的施工顺序和开、竣工时间。

(4)分部、分项工程作业计划

对于工程规模大、技术复杂和施工难度大的项目，在编制单位工程施工进度计划之后，常需编制某些主要分项工程或特殊工程的施工作业计划，它是直接指导现场施工和编制月、旬作业计划的依据。

2)按计划期限分类

(1)年度进度计划

按建设年度编制的计划，其主要内容应包括本年度计划完成的单位工程及施工阶段的工程项目内容、工程数量及投资指标；施工队伍和主要施工设备的数量及调配顺序；不同季

节及气温条件下，各项工程的时间安排；上年度计划完成情况及分析；局部调整或修改的详细说明。

(2)月(季)度进度计划

按年度计划确定的进度目标，结合月(季)度具体条件进行的计划安排，是组织日常施工活动的依据。主要内容包括本月(季)度计划完成的分项工程内容、工程数量、投资额和顺序安排，施工队伍、人力和主要施工设备的调配，上月(季)实际完成情况及分析，进行局部调整或修改的详细说明等。

3)按表现形式分类

(1)横道图进度计划

横道图进度计划是以横向线条结合时间坐标等表示工程中各项工作的起讫时间和先后顺序，具有简单、明了、直观、易懂的优点。

(2)网络进度计划

网络进度计划是用网络图表示的施工进度计划。网络图由节点、箭线和线路构成。网络图有双代号和单代号网络图之分，在双代号网络图中，箭线表示工作，节点表示逻辑关系；在单代号网络图中，用节点表示工作，而使用箭线表示逻辑关系。

图 2-4-1 所示为某基础工程施工用横道图表示的施工进度计划。该基础工程分为两个施工段，具有四个施工过程：挖泥→抛石→夯实→整平，图 2-4-2 为同一基础工程用双代号网络图表示的施工进度计划；图 2-4-3 为用单代号网络图表示的施工进度计划。

施工过程	工作日														
	1	2	3	4	5	6	7	8	9	10	11	12	13	14	15
挖泥		①			②										
抛石					①			②							
夯实								①			②				
整平											①			②	

图 2-4-1　用横道图表示的进度计划

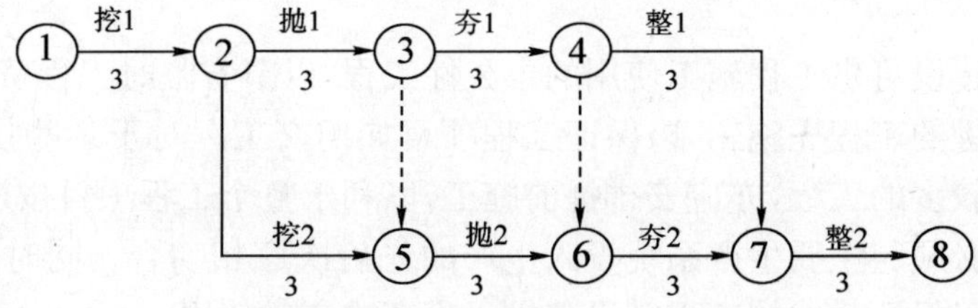

图 2-4-2　用双代号网络图表示的进度计划

在工程实际应用中，常采用双代号时标网络图和单代号搭接网络图来表示进度计划。关于网络计划的原理和方法，请参阅相关工程监理培训教材。

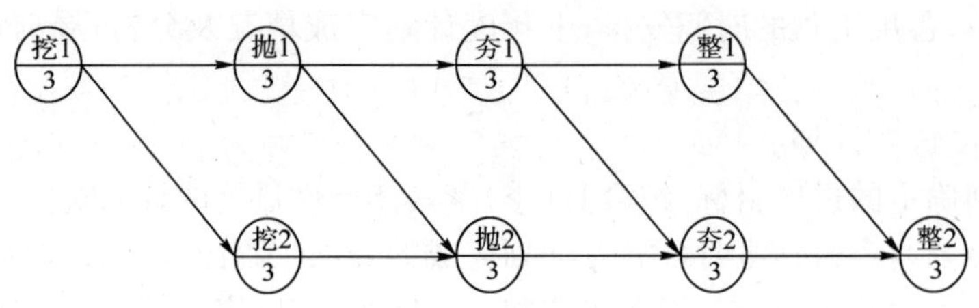

图 2-4-3　用单代号网络图表示的进度计划

2. 施工进度计划的编制原则

(1)确保进度目标按期实现的原则:施工进度计划的编制必须满足合同条件的要求并符合相关技术规范和设计要求;

(2)可行性与合理性相结合的原则:施工进度计划应结合工程特点、自然条件和施工条件来制定,计划应既可行又合理;

(3)便于操作的原则:施工进度计划应能表达施工中的全部活动及活动间的相关联系,工作关系清晰,工期明确,便于实施、检查和修改、调整;

(4)经济性原则:施工进度计划应充分反映施工组织及施工方法,预料可能的施工障碍及变化,尽可能避开不利自然条件的影响,充分使用人力和设备,保证施工的连续性、均衡性和经济性。

二、施工进度计划编制步骤和方法

1. 施工总进度计划的编制

1)计算工程量

根据批准的工程设计文件或合同文件,确定工程项目组成,按单位工程分别计算其主要工程量。工程量的计算可按初步设计图纸和有关定额手册或资料进行。

2)确定各单位工程的施工期限

各单位工程的施工期限应根据合同工期的要求,考虑拟采用的施工方案,施工机械配备、工程结构特点、施工管理水平及施工现场条件等因素确定。如果在编制施工总进度计划时没有合同工期,则应保证计划工期不超过工期定额。

3)确定各单位工程的开、竣工时间和相互搭接关系

主要考虑以下原则:

(1)同一时期施工的项目不宜过多,以免人力、物力过于分散;

(2)尽量做到均衡施工,以使劳动力、施工机械和主要材料的供应在整个工期范围内达到均衡;

(3)尽量提前建设可供工程施工使用的永久性工程,以节省临时工程费用;

(4)急需和关键的工程先施工,以保证工程项目如期交工。对于某些技术复杂、施工周期较长、施工困难较多的工程,亦应安排提前施工,以利于整个工程项目按期交付使用;

(5)施工顺序必须与主要生产系统投入生产的先后次序相吻合。同时还要安排好配套工程的施工时间,以保证建成的工程能迅速投入生产或交付使用;

(6)应注意季节对施工顺序的影响,使其不导致工期拖延,不影响工程质量;

(7)应安排一部分附属工程或零星项目作为后备项目,用以调整主要项目的施工进度;

(8)注意主要工种和主要施工机械能连续施工。

4)编制施工总进度计划

施工总进度计划既可以用横道图表示,也可以用网络图表示。如果用横道图表示,则常用的格式见表2-4-1。由于采用网络计划技术控制工程进度更加有效,所以大型水运工程更多地采用网络图来表示施工总进度计划。

施工总进度计划表 表2-4-1

序号	单位工程名称	建设规模(m)	结构型式	工程造价(万元)	施工时间(月)	第一年				第二年				第三年	
						I	II	III	IV	I	II	III	IV	I	…

编制施工总进度计划时首先根据已了解的工程施工组织信息和工程经验,拟定初步施工总进度计划。按初步总进度计划对总工期是否符合要求、资源使用是否均衡且其供应是否能得到保证等进行检查。如果不符合要求,则应通过改变某些工程的起止时间或调整主导工程的工期等措施进行调整。采用网络计划时,可以利用计算机对计划进行优化。当初步施工总进度计划经过调整符合要求后,即可作为正式的施工总进度计划。

施工总进度计划确定后,应据以编制劳动力、材料、大型施工机械等资源的需求量计划,以便组织供应,保证施工总进度计划的实现。

2.单位工程施工进度计划的编制

1)划分工作项目

工作项目是包括一定工作内容的施工过程,它是施工进度计划的基本组成单元。工作项目内容的多少,划分的粗细程度,应该根据计划的需要来决定。对于大型建设工程,经常需要编制控制性施工进度计划,此时工作项目可以划分得粗一些,一般只明确到分部工程即可。在一般情况下,单位工程施工进度计划中的工作项目应明确到分项工程或具体工序,以满足指导施工作业、控制施工进度的要求。

由于单位工程中的工作项目较多,应在熟悉施工图纸的基础上,根据结构特点及已确定的施工方案,按施工顺序逐项列出,以防止漏项或重项。凡是与工程对象施工直接有关的内容均应列入计划,而不属于直接施工的辅助性项目和服务性项目则不必列入。

2)确定施工顺序

确定施工顺序是为了按照施工的技术规律和合理的组织关系,解决各工作项目之间在时间上的先后顺序和搭接问题,以达到保证质量、安全施工、充分利用空间、争取时间、实现合理安排工期的目的。

施工顺序受施工工艺和施工组织两方面的制约。当施工方案确定之后,工作项目之间的工艺关系也就随之确定。如果违背这种关系,将无法施工,或者导致工程质量事故和安全事故的出现,或者造成返工浪费。工作项目之间的组织关系是由于劳动力、材料和构配件等资源的组织和安排需要而形成的。它不是由于工程本身决定的,而是一种人为的关系。组织方式不同,组织关系也就不同。不同的组织关系会产生不同的经济效果,应通过调整组织关系,并将工艺关系和组织关系有机地结合起来,形成工作项目之间的合理顺序关系。按网络计划编制要求,应将施工工艺关系和施工组织关系按紧前关系或紧后关系以及搭接关系(STS、STF、FTS、FTF)编成表格(表2-4-2),然后可采用专门的项目管理软件形成网络图。

表 2-4-2

序号	工作代码	工作项目名称	工程量或劳动量	工作持续时间	紧前工作(紧后工作)及搭接关系
1	10001	基床挖泥	12 500m^3	3.5 月	
2	10002	基床抛石	33 000m^3	4.0 月	10001
…					

3)计算工程量

工作项目列出后,即可根据施工图纸及有关工程量计算规则,逐项计算工程量。当编制施工进度计划时已有预算文件,且工作项目的划分与施工进度计划一致时,可以直接套用施工预算的工程量,不必重新计算。若某些项目有出入,但出入不大时,应结合工程的实际情况进行某些必要的调整。计算工程量时应注意以下问题:

(1)工程量的计算单位应与现行定额手册中所规定的计量单位相一致,以便计算劳动力、材料和机械数量时直接套用定额,而不必进行换算;

(2)要结合具体的施工方法和安全技术要求计算工程量;

(3)应结合施工组织的要求,按已划分的施工段分段进行计算。

4)计算劳动量

所谓劳动量,就是工程项目工程数量与相应时间定额的乘积。它包括人工操作和机械作业两部分。它必须根据现行的定额,并结合当地的实际施工水平和具体情况来确定。一般可用下式表示:

$$P = Q/S(\text{工日或台班})$$

$$P = Q \cdot E(\text{工日或台班})$$

式中:P——劳动量或机械台班(工日或台班);

S——产量定额(工人或机械)(m^3/工日,t/工日);

E——时间定额(工日/t,台班/m^3);

Q——工程数量(m^3,t)。

5)确定分部、分项工程的作业时间

按照施工条件和工期的不同要求分别确定,具体计算时有两种计算方法:

(1)根据承包人现有的人工、机械数量以及工作面的大小安排施工过程的作业时间。计算公式为:

$$D = P/R/n$$

式中:D——完成某分部分项工程的施工天数(日);

P——该工程的劳动量(工日)或机械台班数量(台班);

R——每班安排在某分部分项工程上的劳动力人数和机械台数;

n——每日工作班数。

(2)根据工期要求确定作业人数和机械台数

首先根据合同规定的工期,初步确定各分部分项工程的施工时间,再按各项工程需要的劳动量和机械台班数,确定每一分项工程和每一班所需的工人人数和机械台班数。计算公式为:

$$R = P/D/n$$

两种计算方法，通常先按第二种方法计算，再按第一种方法进行调整。

6)拟定施工进度计划

首先应选择施工进度计划的表达形式。横道图比较简单，而且非常直观，多年来被人们广泛地用于表达施工进度计划。但是，采用横道图控制工程进度有一定的局限性。随着计算机的广泛应用，网络计划技术日益受到人们的青睐。

编制施工进度计划时，必须考虑各分部分项工程的施工顺序，力求同一性质的工作连续施工，不同性质的分项工程尽可能组织搭接施工。还应注意下列几点：

(1)先考虑主导分部、分项工程的施工进度，其余工程应配合主导分部、分项工程进行。同一时期开工的项目不应过多，以免人力物力过分集中或分散；

(2)充分估计材料、设备等的到货情况，务使每个施工项目的施工准备、水下施工、水上工程、主导和辅助工程等能相互配合、合理衔接。力求做到连续、均衡的流水作业，同时应考虑到潮位和波浪等因素影响。做好施工工作面、劳动力、施工船舶机械、材料、构件的五大综合平衡。

当施工进度计划初始方案编制好后，需要对其进行检查与调整，以便使进度计划更加合理，检查主要内容包括：总工期和各分部、分项工程的施工时间以及施工顺序是否合理且符合合同工期要求；所安排的劳动力、材料和施工船舶机械需要量是否能保证供应，是否平衡等。

经过检查，对不合理的部分进行调整和修改，一般主要是针对工期和劳动力、材料等均衡性及生产船舶机械利用率进行调整。

 第三节 施工进度计划的实施与控制

一、施工进度计划的审批

1.施工进度计划的提交

承包人在工程开工前合同规定的时间内，应向监理工程师书面提交以下文件：

(1)按合同文件要求编制的符合业主要求的施工总进度计划；

(2)施工组织设计(施工方案、施工方法和设备、人员组织)；

(3)全部支付的现金流量计划；

(4)劳动力、主要材料、主要机械需要量计划；

(5)临时工程和大型临时设施计划。

在将要开工以前或在开工以后的合理时间内，承包人应向监理工程师提交以下文件：

(1)年度进度计划及现金流量计划；

(2)月(季)度进度计划及现金流量计划；

(3)周施工进度计划；

(4)主要分项(或分部)工程施工作业计划。

2.施工进度计划的审批

监理工程师应对承包人提交的各项进度计划进行审查，并在合同规定或满足施工需要的合理时间内审查完毕。如果监理工程师在审查施工进度计划的过程中发现问题，应及时

向承包人提出书面修改意见。其中重大问题应及时向业主汇报。

施工进度计划审查的内容主要有：

1)工期和作业时间安排的符合性

(1)施工总工期的安排应符合合同工期，各节点工期应满足分期验收或交付的时间要求；

(2)各施工阶段或单位工程(包括分部、分项工程)的施工顺序和作业时间安排应与材料和设备等进场计划相协调；

(3)对受冰冻、雨季、台风及波浪、潮汐水位等气候条件和自然条件影响的施工项目应尽量安排在适宜的时间，并应采取有效的预防和保护措施；

(4)对进退场、节假日及天气影响的时间，应有充分的考虑，并留有余地。

2)施工准备的可靠性

(1)所需主要材料和设备到货日期已有保证；

(2)主要技术、管理人员及施工队伍的进场日期已经落实；

(3)施工测量、材料检验、试验工作已妥善安排；

(4)驻地建设、运输道路或航道、供水、供电等临时设施已经解决或已有可靠的解决方案；施工机械和船舶以及其他机具已落实。

3)计划目标与施工能力的适应性

(1)各阶段或单位工程计划完成的工程量和投资额，应与承包人的设备和人力实际状况相适应；

(2)各项施工方案和施工方法，应与承包人的实际施工经验和技术水平相适应；

(3)关键线路上的施工力量安排应与非关键线路上的施工力量安排相适应；

(4)施工设备的类型、数量、工作状态、工作能力等应与计划的安排相适应；

(5)施工顺序的安排应与施工工艺的要求相适应。

4)进度计划的协调性

(1)总包、分包人分别编制的各项单位工程施工进度计划之间是否协调；

(2)专业分工与计划衔接是否明确合理；

(3)对于业主负责提供的施工条件在施工进度计划中安排得是否明确合理，是否有造成因业主违约而导致工程延期和费用索赔的可能存在。

二、施工进度计划的实施

施工进度计划的实施过程就是施工活动的进展过程，也就是用施工进度计划指导施工活动，落实和完成施工计划。施工进度计划的实施应做好如下工作：

1. 检查落实施工进度计划

1)检查各层次的进度计划，形成严密的进度计划保证系统

工程项目的所有施工进度计划，包括施工总进度计划，单位工程施工进度计划，分部、分项工程施工进度计划，都是围绕一个总目标而编制的，高层次的计划是低层次计划的依据，低层次的计划是高层次计划的具体化。在贯彻执行时应当首先检查各计划之间是否协调一致，计划目标是否合理分解、互相衔接，是否形成了一个计划实施的保证系统。

2)检查施工任务书的下达情况

施工项目经理采用下达施工任务书，将作业计划下达到班组，明确具体施工任务、技术

措施和质量要求等内容，监理工程师应认真检查施工任务书的内容和要求，了解施工强度，促使施工班组保证按作业计划完成规定的任务。

3)检查进度计划的交底情况

施工进度的实施是全体施工人员的行为，要使有关人员都明确各项计划的目标、任务和措施，使管理层和作业层协调一致，将计划变成全体施工人员的自觉行动。在计划实施前要进行计划交底工作。把计划目标及要求、施工条件和资金落实安排的情况，向参加项目施工的各方面人员作详细的说明和交代，特别要指出关键线路、关键工作、关键资源及关键条件。对于阶段控制点、单位或专业工种的分部目标和交接日期要予以突出说明，监理工程师应参加施工进度交底会并检查进度计划交底的落实情况。

2. 监督施工进度计划的实施

1)编制月(旬)作业计划

为了实施施工进度计划，将规定的任务结合现场施工条件，如施工场地情况、劳动力机械等资源条件和施工的实际进度，承包人在施工开始前和过程中应不断地编制本月(旬)的作业计划，明确本月(旬)应完成的任务；所需要的各种资源量等。

2)签发施工任务书

编制好月(旬)作业计划以后，承包人应将每项具体任务通过签发施工任务书的方式使其进一步落实。施工任务书是向施工班组下达施工任务，是明确管理责任落实工作计划的综合性文件，是计划和实施的纽带。

3)做好施工进度记录，填好施工进度统计表

施工进度计划的各级执行者都要跟踪做好施工记录，记载计划中的每项工作开始日期、工作进度和完成日期，为进度检查分析提供信息。

4)做好施工中的调度工作

调度工作是使施工进度计划顺利实施的重要手段，其主要任务是掌握计划实施情况，协调各方面关系，采取措施，排除各种矛盾，加强薄弱环节，实现动态平衡，保证完成作业计划和实现进度目标。

3. 施工进度计划实施的条件

(1)运用现代科学管理方法编制施工进度计划，以提高进度计划的编制水平和质量；

(2)充分落实进度计划条件，避免过多的人为假设而失去对施工管理的指导作用；

(3)中、长期计划实施条件必须与短期计划紧密配合、互相衔接；

(4)施工进度计划一经批准，业主、监理工程师和承包人三方就不应轻易变更，承包人必须坚决予以贯彻执行；

(5)要使进度计划上通下达，使项目参加者都明确各自的职责和任务，并建立考核、奖惩制度；

(6)注意收集、积累工程实际进度信息，加强施工进度计划的反馈。利用计算机等现代化信息处理手段，对收集的信息进行整理，及时纠偏、调整，使计划始终处于合理的指导状态之中。

三、施工进度的控制

施工进度控制是指在工程项目的实施过程中，监理工程师运用各种监理手段和方法，依据合同文件所赋予的权力，监督承包人采用先进合理的施工方案和组织、管理措施，在确保

工程质量、安全和费用的前提下按照合同规定的建设期限加上监理工程师批准的工程延期时间，以及预订的计划目标去完成工程项目的建设。

1. 进度控制的基本程序

进度控制应遵循下列基本程序：

(1)对承包人报送的总进度计划、年度进度计划，依据施工组织设计进行审查；

(2)按照总进度计划的分解，对承包人报送的具体进度计划进行审查签认；

(3)收集进度资料对具体进度计划实施情况进行检查、分析；

(4)在工程进度偏离工期目标时通过工程例会、签发"监理业务联系(通知)单"、召开进度专题会等监理手段，要求承包人采取调整措施，直至实现计划目标。

2. 进度资料的收集

1)收集和分析承包人提交的进度报表资料

施工进度报表资料不仅是监理工程师实施进度控制的依据，也是签发工程进度款的依据。在一般情况下，进度报表格式由监理工程师提供给承包人，承包人按时填写完后提交给监理工程师核查。报表的格式和报送时间间隔，根据施工对象及承包方式的不同而有所区别。监理工程师应要求承包人及时准确地填报进度报表，这是监理工程师了解工程实际进展情况的途径之一。

2)现场检查工程实际进展情况

为了避免承包人超报已完工程量，监理工程师应进行现场检查和监督，掌握工程实际进度的第一手资料，使获取的数据更加及时、准确。

3)定期召开现场会议

监理工程师应根据工程项目进展情况和工程管理要求，定期组织工程例会和进度专题会议。通过会议，分析和汇总工程实际进度状况和施工过程中的影响工程进度的因素和问题，研究和制定相应的措施加以预防和控制，并协调涉及工程进度的各种关系。

3. 进度计划执行情况的分析

监理工程师在工程实施过程中应及时对施工进度计划执行情况进行分析，当发现实际进度与计划进度不一致时，应分析产生这些偏差的原因。

出现偏差的原因很多，不能及时地对进度计划执行情况进行分析，就无法使计划与实际相适应，使进度计划失去指导性。

1)进度分析的步骤

为了有效地分析进度计划的完成情况，必须确定进度信息的准确性，再对影响工程进度的因素进行分析，找出其中起关键性作用的因素，分析原因，制定对策，并着手进行调整。

因此进度分析步骤一般分为三个阶段：找出所有影响工程进度的原因；进行影响因素分析，找出关键性影响因素；提出纠偏措施和调整方案。如此反复进行，直到工程竣工。

2)影响进度目标的因素

影响进度目标的因素很多，常见的有以下情况：

(1)各种变动因素

如竣工时间目标的变动；工程项目费用目标的变动；设计变更、工程变更；工程技术规范的变动；国家政策的变动；施工方法的变动等。

(2)各种估计不足因素

如工作持续时间(作业时间)估计不足；工作之间的关系衔接不上(如设计图纸未按期提

交);资源利用估计不足等(如临时占地存在困难,材料、设备未按期交货,人员、机械设备未能满足工程进度需要等)。

(3)各种未曾预料到的因素

如未曾预料到的技术困难(如原定的施工方案不能满足规定的技术要求等);恶劣的气候和自然环境条件异常;地质条件(如发现文物、化石和不良地质情况等);材料市场价格波动等。

(4)其他因素

如承包人施工组织问题(如分包人未能按期落实);业主管理原因(如未按期支付进度款);监理工程师与承包人之间的配合问题等。

3)进度分析的内容

(1)进度计划执行情况分析的主要内容

①计算工程计划完成的比率(工程量或工作量完成的百分率),是否影响按期竣工;

②考察关键线路计划执行情况,看关键工作是否出现延误,考察非关键线路,看非关键工作的总时差是否用完,在什么条件下转变为关键工作;

③分析哪些工作影响工程的工期;

④对影响工期的工作进行分析,确定影响进度的因素并找出其中关键性的影响因素。

(2)对影响进度主要因素的分析

①劳动力情况分析

劳动力数量与计划劳动力数量的关系,直接参加生产人员与管理工作人员的比例;工作顺序、工作流程是否合理;劳动组织与生产效率是否令人满意;工程变更和事故率情况等。

②材料情况分析

材料供应是否及时,有无停工待料情况;材料用量是否符合计划要求;使用材料时计量是否准确,有无严重浪费和丢失现象;料场布置是否合理,材料的运距有无变化;材料的储备周期是不是合理等。

③机械设备情况分析

机械设备是否能满足工程进展的要求,机械设备的利用率和完好率如何;机械设备的停工时间所占的百分比有多大;工地有无机械设备的备用零件,有没有预防性的维修计划;机械设备的生产率是否能达到额定的要求等。

④试验检测情况分析

工地的试验仪器和检测设备能否满足工程检测的需要;试验和检测的组织体系是否健全和有效;试验人员是否能满足试验和检测工作的需要;试验的数据和成果是否能及时地反馈到各有关人员手中等。

⑤财务情况分析

承包人是否有足够的资金支付材料、设备、人员工资等款项;业主是否根据合同规定按期支付工程进度款;工人的收入状况如何,报酬支出是否合理;各种资金的支出比例是否恰当,有无失调现象等。

⑥其他情况分析

是否遇到特别恶劣的天气;业主是否已经履行应尽的义务;有无延迟提供施工用地、延期交图、工程暂停、额外附加工程等现象;监理工程师是否有文件未及时批复、对工程未及时检测等责任。

针对上述分析，得出影响工程进度的主要因素，然后拟定应该采取的措施。

4. 进度控制的方法和措施

1)进度控制方法

进度控制方法按照不同的工作内容和所采用的技术措施有如下的分类形式。

(1)按进度控制内容分类

进度控制方法可分为规划、控制和协调三种。

①规划方法

根据工程项目的特点、承包人的人员、设备能力，结合项目的实际情况，规划总进度控制目标，重要工序和节点进度控制目标以及年度或季度进度控制目标等。

②控制方法

以控制循环理论为指导，充分发挥项目参与各方人员的主观能动性及积极性，对项目实施的全过程进行监控，通过比较计划进度和实际进度，发现偏差，及时查找原因，采取纠偏措施，并修改和调整计划，确保工程的按期完成。

③协调方法

在进度计划的实施过程中，由于受多方协作的影响，有时可能会产生不协调的活动。为此，监理工程师应充分发挥其作为“第三方”的特殊地位，及时处理和协调业主与承包人之间，承包人与承包人之间，以及承包人与当地各协作部门之间的关系，以使计划顺利地进行。

(2)按进度控制采用的技术措施分类

进度控制的方法可分为横道图法、S 曲线法、香蕉曲线法和前锋线法四种。

①横道图法(图 2-4-4)

施工过程	工作日 1	2	3	4	5	6	7	8	9	10	11	12	13	14	15
挖泥		①			②										
抛石					①			②							
夯实								①			②				
整平											①			②	

——— 计划　▬▬ 实际

图 2-4-4　横道图法

利用横道图进行控制，把施工进度计划用横道图表示，在计划实施过程中，将检查实际进度收集的信息，经过整理后，直接用横道线杆并列标于原计划的横道线处进行对比、分析，找出偏差，及时分析原因采取对策，纠正偏差。

②S 曲线法(赢值法)

用横坐标表示时间进程，纵坐标表示工程累计完成的工作量或工程量，将按计划进展绘出的 S 曲线(图 2-4-5)与在计划执行过程中，按工程实际进展绘出的曲线相比较，即可发现进度偏差，并拟定对策，纠正偏差。

③香蕉曲线法

如图 2-4-6 所示，将工程进展过程中工程实际进度曲线与工程计划最早开始时间(ES)和最迟开始时间(LS)两条工程计划进度曲线进行对比、分析，只要实际进度点处在 ES 和

LS 两条计划进度曲线围成的香蕉形区域内，则认为工程进度合理。

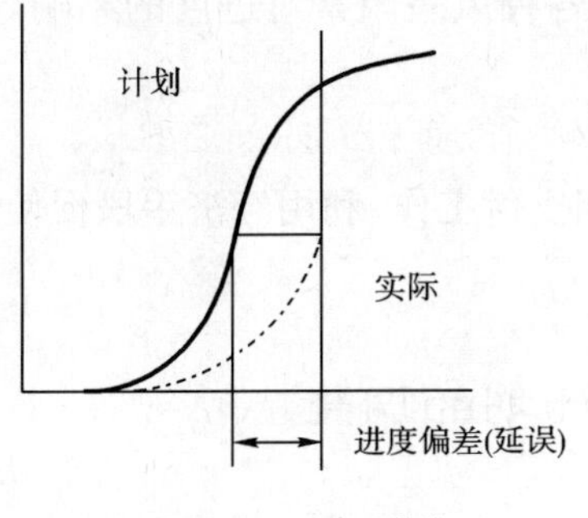

图 2-4-5　S 型曲线

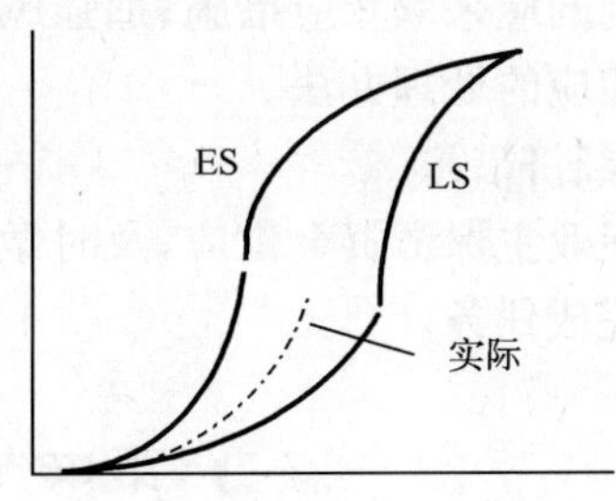

图 2-4-6　香蕉型曲线

④前锋线法

以编制的工程网络计划为基础，通过在图上确定检查时刻的各项工作的实际进度点，将其从上到下依次用点划线连成折线，它表示检查时刻各项工作实际进度所达到的前沿位置，即为进度前锋线(图 2-4-7)，表明了计划的实际进展情况，通过有关的计算、定量和定性分析，可以依此确定进度拖延对计划的影响程度，预测进度计划出现偏差的发展趋势，从而达到控制的目的。

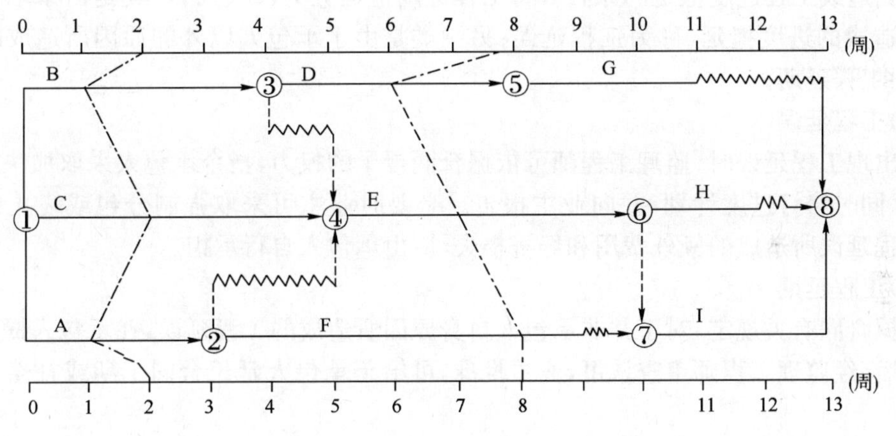

图 2-4-7　进度前锋线

2)进度控制的措施

进度控制的措施包括组织措施、技术措施、合同措施和经济措施。

(1)组织措施

建立进度控制目标体系，明确进度控制的人员安排和职能分工；建立工程进度报告制度及进度信息沟通方式；建立进度计划审核制度和进度计划实施中的检查、分析制度；建立进度协调会议制度，建立图纸审查、工程变更和设计变更管理制度。

(2)技术措施

审查承包人提交的进度计划，使承包人能在合理的状态下施工；编制进度控制监理工作细则，指导监理工程师实施进度控制；采用网络计划技术及其他科学适用的计划方法，对工程进度实施动态控制。

(3)合同措施

加强项目合同管理，协调合同工期与进度计划之间的关系，保证合同确定的进度目标的实现；严格控制合同变更，对各方提出的工程变更和设计变更，监理工程师应严格审查，对进度有影响的应采取相应措施；加强风险管理，充分考虑各种风险因素对进度的影响，在合同中采取相应的处理办法。

(4)经济措施

督促业主保证资金供应，及时做好工程计量和费用支付工作，利用经济手段促使承包人按计划完成任务。

 第四节　施工进度计划的调整

一、进度拖延的分析与处理

水运工程施由于施工周期长，影响工期的因素多，进度控制的难度较大，监理工程师应了解、分析工期拖延的原因，严格按合同条款规定分清责任，按进度控制目标审查承包人提出的调整方案。

1. 进度拖延的分析

1)工程进度拖延的分类

根据造成工程进度拖延的原因可将工程进度拖延分为两大类：一类是由于承包人自身原因所造成的进度拖延，称为工程延误；另一类是由于承包人以外的原因所造成的进度拖延，称为工程延期。

(1)工程延误

当出现工程延误时，监理工程师可依据合同授予的权力，指令承包人采取加快施工进度的措施，同时修订进度计划，并向业主报告。必要时业主可采取强制分包或终止合同等手段。工程延误所造成的额外费用和经济损失，应由承包人自行承担。

(2)工程延期

根据合同有关规定，对于并非承包人自身原因所造成的工程延误，在承包人提出工期索赔要求后，经监理工程师审查认可，业主批准，可给予承包人延长合同工期或补偿相应赶工费用。

2)工程进度拖延的原因分析

(1)工程延期的原因

工程延期包括以下几类：

①任何形式的额外或附加工程

当业主和承包人的施工承包合同签订后，在施工过程中，由于设计变更或其他条件的变化，业主提出增加合同外的工作项目或附加的工程，使得承包人增加工作，从而使工程无法按期完工。

②延迟占用土地

业主未能按合同规定的时间给承包人提供现场占有权和出入权，导致承包人延误工期。

③延期交图

业主和监理工程师未能在合同约定的时间内，按承包人的工作需要给承包人提供施工图纸，耽误了承包人的施工，从而造成了工期的拖延。

④工程暂停

由于业主工程管理原因、资金到位等非承包人原因，导致承包人根据业主、监理工程师指令暂时停工，造成承包人不能按期竣工。但由于承包人自身原因(如质量不合格，材料不到位，安全保障不落实)导致的监理工程师停工指令除外。

⑤不可抗力

在施工过程中，承包人在现场遇到了合同规定的不可抗力(如异常恶劣的气候条件、特殊水文、地质条件、社会动乱、战争等)，造成了工期延长。

⑥业主原因

业主在工程施工过程中，未履行合同规定的应尽的责任和义务而导致工期的拖延。如业主负责采购的材料、设备未能按合同要求按时交付给承包人；业主未能按期支付工程款项，业主对现场影响正常施工的阻碍条件协调不及时等。

⑦处理文物

在现场施工中发现文物、化石、建筑结构及有地质和考古价值的遗迹，监理工程师根据国家有关规定，下达停工指令，造成承包人工期的延长。

⑧样品与试验

在工程质量检查中，如果监理工程师要求做的检验超出了合同或规范的要求，且检验结果表明操作工艺、材料和工程质量符合合同和规范的要求，并因此拖延了工期。

⑨任何其他的特别情况

指除以上原因外的其他特别情况，造成的工程进度拖延。如政府法令或外交上的纠纷使工程不能进行；工程所在地发生大范围的流行病；工程勘察设计不当而造成的损失或破坏；业主对部分已交工的永久工程使用或占用不当，造成损失或破坏等。

(2)工程延误的原因

工程延误是由承包人自身原因所造成。包括以下几类：

①因承包人自身原因未能按期开工

在业主与承包人签订施工承包合同后，承包人因自身原因未能在业主规定的开工时间内进驻现场，并开始施工，由此而造成工期拖延。

②船机设备不能满足工程需要

承包人按合同规定应进场的船舶、机具设备不能按期进场，设备数量不足，生产率达不到预定的要求；或设备的完好率较低，不能满足施工进度要求，造成工程延误。

③人力不足

承包人所投入的劳动力、技术人员、管理人员等不能满足工程进度计划的要求，导致工程的延误。

④施工组织管理不善

承包人对工程现场施工的组织、管理不当，造成施工程序或秩序混乱；或施工手段落后，各方面的行动不能协调一致，造成工、料、机等的浪费；甚至出现工人消极怠工，造成工程延误。

⑤材料短缺

承包人自行采购的材料、构件等，不能按期到货，致使工程中断，停工待料，造成工程延误。

⑥质量事故

承包人未能按合同规定的技术标准和规范进行施工，从而造成工程质量不符合验收标准，或判定为质量不合格，需返工或修复，并因此而引起工程的延误。

⑦安全事故

承包人未能遵守安全操作规程或管理不善出现的安全事故，从而造成工程的延误。

在实际工程项目建设中，造成工程进度拖延的原因很多，有时甚至是错综复杂的。因此，监理工程师要充分理解和掌握合同文件，注意搜集有关的数据、资料，以便做出公正合理的判断。

2. 工程延期的处理

详见本篇第八章第四节。

3. 工程延误的处理

1)若承包人未采取措施或措施不力，无法加快施工进度，处理的方法如下：

(1)与承包人现场负责人一起研究，找出存在问题的关键及研讨可能解决的办法；

(2)邀请承包人的上级管理部门，协商并研究可能采取的行动计划；

(3)与承包人的主管领导或合同签署人保持联系，召开有业主参加的专题会议，以确保承包人履行合同承诺。

2)若承包人未按照监理工程师的指令改变延期状态时，通常可以采取下列手段进行处理：

(1)暂停支付：当承包人的施工进度拖后且又不采取积极措施时，监理工程师有权拒绝承包人的支付申请，以促使承包人采取积极措施。

(2)违约赔偿：如果承包人未能按合同规定的工期和条件完成相应工程，则应向业主支付投标书附件中规定的违约赔偿费。

(3)取消承包资格：如果承包人严重违反合同，又不采取补救措施，则业主为了保证合同工期，有权取消其承包资格。

取消承包资格是对承包人违约的严厉制裁。承包人不但要被驱逐出施工现场，而且还要承担由此而造成的业主损失费用。采用这种措施一定要慎重，而且在做出这项决定前，业主必须事先通知承包人。并与之充分沟通及谈判，同时也应准备好预后措施，以确保工程的顺利实施。

二、进度计划的调整

1. 进度计划调整的方法

当发现工程实际进度与已批准的计划进度有较大偏差时，为了确保工期目标，监理工程师可要求承包人对进度计划进行调整。

施工进度计划的调整方法主要有两种：一种是通过压缩关键工作的持续时间来缩短工期；另一种是通过组织搭接作业或平行作业来缩短工期。在实际工作中应根据具体情况选用进度计划的调整方法。

1)压缩关键工作的持续时间

这种方法的特点是不改变工作之间的先后顺序关系，通过缩短关键工作的持续时间来缩短工期。

2)组织搭接作业或平行作业

这种方法的特点是不改变工作的持续时间，而只改变工作的开始时间和完成时间。对于大型建设工程，由于其单位工程较多且相互间的制约比较小，可调整的幅度比较大，所以

容易采用平行作业的方法来调整施工进度计划。而对于单位工程项目,由于受工作之间工艺关系的限制,可调整的幅度比较小,所以通常采用搭接作业的方法来调整施工进度计划。但无论是搭接作业还是平行作业,在单位时间内的资源需求量将会增加。

除了分别采用上述两种方法来缩短工期外,有时由于工期拖延得太多,当采用某种方法进行调整,其可调整的幅度又受到限制时,可以同时利用两种方法对同一施工进度计划进行调整,以满足工期目标的要求。上述方法仍无法满足工期的要求时,也可以寻求变更设计或施工方案来寻求缩短工期的可能。

2. 进度计划调整的具体措施

调整施工进度计划是承包人的责任,监理工程师可提出进度调整的目标和要求,协助承包人认真分析产生进度偏差的原因,但进度调整的措施应由承包人自行提出,以尽量避免工程费用索赔。

1)组织措施

(1)增加工作面,组织更多的施工队伍;

(2)增加每天的施工时间(如采用三班制等);

(3)增加劳动力和施工机械的数量。

2)技术措施

(1)改进施工工艺和施工技术,缩短工艺技术间歇时间;

(2)采用更先进的施工方法,以减少施工过程的数量;

(3)采用更先进的施工机械。

3)经济措施

(1)实行包干奖励;

(2)提高提前完工奖金数额;

(3)对所采取的技术措施给予相应的经济补偿。

4)其他配套措施

(1)改善外部配合条件;

(2)改善劳动条件;

(3)实施强有力的调度等。

一般来说,不管采取哪种措施,都会增加费用。因此,在调整施工进度计划时,应利用优化的原理选择费用增加量最小的关键工作作为调整对象。

3. 网络计划的优化

网络计划的优化是指在一定约束条件下,按既定目标对网络计划进行不断改进,以寻求满意方案的过程。

网络计划的优化目标应按计划任务的需要和条件选定,包括工期目标、费用目标和资源目标。根据优化目标的不同,网络计划的优化可分为工期优化、费用优化和资源优化三种。

1)工期优化

工期优化是指网络计划的计算工期不满足要求工期时,通过压缩关键工作的持续时间以满足要求工期目标的过程。

网络计划工期优化的基本方法是在不改变网络计划中各项工作之间逻辑关系的前提下,通过压缩关键工作的持续时间来达到优化目标。在工期优化过程中,按照经济合理的原则,不能将关键工作压缩成非关键工作。此外,当工期优化过程中出现多条关键线路时,必

须将各条关键线路的总持续时间压缩相同数值；否则，不能有效地缩短工期。

2)费用优化

费用优化又称工期成本优化，是指寻求工程总成本最低时的工期安排，或按要求工期寻求最低成本的计划安排的过程。

(1)费用和时间的关系

在施工过程中，完成一项工作通常可以采用多种施工方法和组织方法，不同的施工方法和组织方法，会有不同的持续时间和费用。由于一项工程往往包含许多工作，所以在安排工程进度计划时，就会出现许多方案。进度方案不同，所对应的总工期和总费用也就不同。为了能从多种方案中找出总成本最低的方案，必须首先分析费用和时间之间的关系。

①工程费用与工期的关系

工程总费用由直接费和间接费组成。直接费由人工费、材料费、机械使用费、其他直接费及现场经费等组成。施工方案不同，直接费也就不同；如果施工方案一定，工期不同，直接费也不同，直接费会随着工期的缩短而增加。间接费包括企业经营管理的全部费用，它一般会随着工期的缩短而减少。在考虑工程总费用时，还应考虑工期变化带来的其他损益，包括效益增量和资金的时间价值等。工程费用与工期的关系如图 2-4-8 所示。

②工作直接费与持续时间的关系

由于网络计划的工期取决于关键工作的持续时间，为了进行工期成本优化，必须分析网络计划中各项工作的直接费与持续时间之间的关系，它是网络计划工期成本优化的基础。

工作的直接费与持续时间之间的关系类似于工程直接费与工期之间的关系，工作的直接费随着持续时间的缩短而增加，如图 2-4-9 所示。为简化计算，工作的直接费与持续时间之间的关系被近似地认为是一条直线关系。当工作划分不是很粗时，其计算结果还是比较精确的。

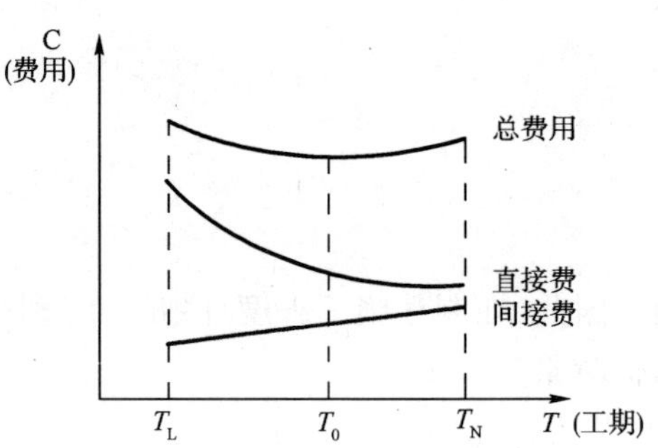

图 2-4-8 费用-工期曲线

T_L-最短工期；T_0-最优工期；T_N-正常工期

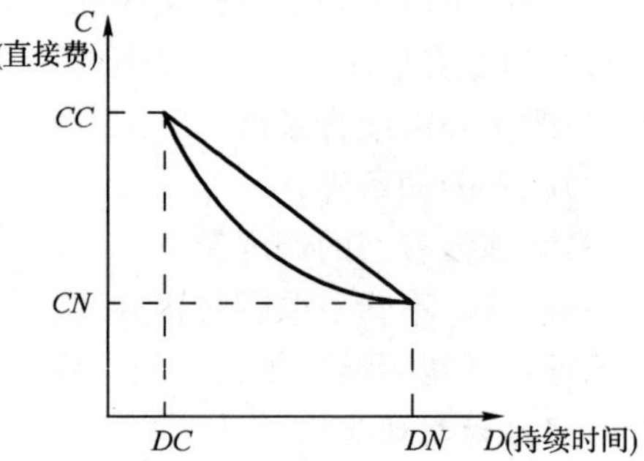

图 2-4-9 直接费-持续时间曲线

DN-工作的正常持续时间；*CN*-按正常持续时间完成工作时所需的直接费；*DC*-工作的最短持续时间；*CC*-按最短持续时间完成工作时所需的直接费

工作的持续时间每缩短单位时间而增加的直接费称为直接费用率。直接费用率可按下列公式计算：

$$\Delta C_{i\text{-}j} = \frac{CC_{i\text{-}j} - CN_{i\text{-}j}}{DN_{i\text{-}j} - DC_{i\text{-}j}}$$

式中：$\Delta C_{i\text{-}j}$——工作 $i\text{-}j$ 的直接费用率；

$CC_{i\text{-}j}$——按最短持续时间完成工作 $i\text{-}j$ 时所需的直接费；

CN_{i-j}——按正常持续时间完成工作 i-j 时所需的直接费；

DN_{i-j}——工作 i-j 的正常持续时间；

DC_{i-j}——工作 i-j 的最短持续时间。

从公式中可以看出，工作的直接费用率越大，将该工作的持续时间缩短一个时间单位，所需增加的直接费就越多；因此，在压缩关键工作的持续时间以达到缩短工期的目的时，应将直接费用率最小的关键工作作为压缩对象。当有多条关键线路需要同时压缩多个关键工作的持续时间时，应将它们的直接费用率之和(组合直接费用率)最小者作为压缩对象。

(2)费用优化方法

不断地在网络计划中找出直接费用率(或组合直接费用率)最小的关键工作，缩短其持续时间，同时考虑间接费随工期缩短而减少的数值，最后求得工程总成本最低时的最优工期安排或按要求工期求得最低成本的计划安排。

3)资源优化

资源是指为完成一项计划任务所需投入的人力、材料、机械设备和资金等。完成一项工程任务所需要的资源量基本上是不变的，不可能通过资源优化将其减少。资源优化的目的是通过改变工作的开始时间和完成时间，使资源按照时间的分布符合优化目标。

在通常情况下，网络计划的资源优化分为两种，即“资源有限，工期最短”的优化和“工期固定，资源均衡”的优化。前者是通过调整计划安排，在满足资源限制条件下，使工期延长最少的过程；而后者是通过调整计划安排，在工期保持不变的条件下，使资源需要量尽可能均衡的过程。

网络计划的优化方法可参考有关网络计划技术的专门书籍。

第五章　施工期的费用控制

 第一节　费用控制的概念

一、费用控制的原则

费用控制是工程监理主要控制目标之一，是施工期监理关键性工作环节。根据《水运工程施工监理规范》，在工程费用控制中，监理工程师必须遵守以下基本原则。

1. 依据合同原则

费用控制是一项政策性、法律性、经济性和技术性都很强的工作，必须以国家法规、技术标准和合同文件等为依据。把满足合同条款对工程计量、费用支付管理上的要求和工程量清单、说明、合同图纸、技术规范等对计量、支付程序和方法上的要求，作为工程计量与费用支付的必要与充分条件。监理工程师在费用控制上必须依据合同的规定和要求，坚持实事求是的原则，协调好业主与承包人的利益关系。

2. 质量合格原则

坚持把质量合格作为工程计量与费用支付的先决条件。任何有缺陷的工程，未经过修复或返工并经监理工程师签认前，均坚决不予计量与支付。

费用控制与质量控制有着极为密切的关系，它既直接以质量控制为基础，又是质量控制的基本保障和手段。对报验资料不全或质量不合格的工程均不予进行工程计量与支付。

3. 期限原则

承包人完成工程项目后，工程质量经监理工程师检查并确认其合格，承包人提出计量申请，监理工程师应在收到报表后在合同规定期限内通过计量给予确认或提出异议；工程量的计量结果经监理工程师确认后，承包人提出付款要求，则监理工程师应在合同规定的期限内签认工程款申请。

4. 公正原则

工程量计量与费用支付的审核、签认，直接涉及到业主和承包人的经济利益。监理工程师作为独立的第三方实施工程项目管理时，必须恪守合理、公正的原则，站在客观、公正的立场上，公平合理地处理工程中所发生的费用变更及有关纠纷，并及时地进行有关凭证的签认工作。

5. 准确原则

监理工程师应认真负责地进行费用控制，建立费用控制台账，广泛收集费用资料和工程信息，深入工程现场，了解工程实际。确保所有费用在计算上的正确性与准确性，在支付内容上无遗漏、无重复。

二、费用控制的内容

根据《水运工程施工监理规范》(JTJ 216—2000)的规定，费用控制的主要内容有：

(1)审核工程费用年度使用计划；

(2)签认预付款申请；

(3)工程计量，签认中期支付申请；

(4)签认变更支付申请；

(5)定期进行工程费用分析；

(6)制定索赔防范措施，签认索赔文件。

归纳起来，施工期费用控制的主要工作有三个方面：一是正常情况下工程计量与支付的审核与签认；二是变更项目的控制与价格确认；三是索赔费用的审核与确认。

三、费用监控的任务

1.施工招标期费用控制

(1)协助业主编写施工招标文件。费用控制的主要工作是应依据有关设计文件和国家有关法律法规、行业规范、标准，各级地方政府制定的工程项目施工招投标实施细则和办法编制出规范、清晰、准确的工程量清单，供投标人报价使用；为了使各投标人报价有相同的依据和基础，招标文件应在工程技术要求和质量标准上，做出明确的要求。同时应在投标须知和合同条款中明确报价要求、风险责任、承包范围、工程费用支付方式变更计价方式等，为工程实施中费用控制提供严谨的合同依据。

(2)协助业主对投标人进行资格审查费用控制的主要工作是认真审查投标人财物报表和设备清单。协助业主努力寻找施工能力强，施工技术、组织、管理水平高，报价合理、财物信誉好，具有一定的财务抗风险能力的投标人作为项目的投标人。

(3)参与招标、评标的各项具体工作。如参与编制标底或评标、决标的有关规定、标准、统计分析各投标人报价资料等；

(4)参与业主与承包人的合同谈判和见证工程施工承包合同签署。重点关注承包范围、承包方式、工程费用支付、变更和索赔条款的谈判和承诺。

2.施工期费用控制

(1)依据施工合同有关条款、施工图纸、对工程项目费用目标进行分析，并制定相应控制措施。

(2)依据项目的功能目标、质量要求和工期计划审查工程变更的方案，并在工程变更实施前与业主、承包人协商确定工程变更的价款。

(3)按施工合同约定的工程量计量规则和支付条款进行工程量计量和工程款支付审核。

(4)建立工程量计量和工程费用支付台账，按月对工程实际完成量与计划完成量、工程费用支付情况进行比较、分析，确定费用偏差，制定调整措施。

(5)收集、整理有关的施工过程中队费用产生影响的数据和资料，依据合同处理索赔事宜。

(6)按施工合同的有关规定进行竣工结算审核，协调竣工结算中业主和承包人的分歧，签署竣工结算凭证。

3.保修期费用控制

监理工程师应对工程保修期内工程需要修复的原因进行调查。分析并协助双方签署补充协议。对非承包人原因造成的工程质量缺陷，监理工程师应协助业主对修复工作进行费用估算。

第二节 费用的分解与分析

一、工程量清单的概念

在工程费用控制中，工程量清单扮演着一个非常重要的角色，无论是招标人、投标人或监理机构的项目费用控制和管理，工程量清单及其说明都是十分重要的工程管理文件。

1. 工程量清单的概念

工程量清单是指由招标人发出的，对招标工程的全部项目，按统一的工程量计算规则、项目划分和计量单位计算并列出的工程数量表格。

工程量清单可以由招标人自行编制，也可以由其委托有资质的招标代理机构或工程价格咨询单位编制。工程量清单是招标文件的组成部分，投标人一经中标且签订合同，即成为施工合同的组成部分。工程量清单的描述对象是拟建工程，其内容涉及清单项目的性质、数量等，并以表格为主要表现形式。

2. 工程量清单的作用

工程量清单是招标人编制招标工程标底和投标人投标报价的依据，也是支付工程进度款和竣工结算时调整工程量的依据。工程量清单除了作为信息的载体，为潜在的投标人提供必要的信息外，还具有以下作用：

(1)为投标者提供一个公开、公平、公正的竞争环境。工程量清单由招标人统一提供，统一的工程量避免了由于计算不准确、项目不一致等人为因素造成的不公正影响，使投标人站在同一起跑线上，创造了一个公平的竞争环境。

(2)是计价、询价和评标的基础。无论是招标标底的编制还是投标人投标报价，都以工程量清单为依据进行，这也为开展询标、评标奠定了基础。当然，如果发现工程量清单有计算错误或是漏项，也可按招标文件的有关要求在中标后进行修正。

(3)为施工过程中支付工程进度款提供依据。与施工合同条款相结合，工程量清单是合格工程计量的依据，也是确定工程价款的基础。为监理工程师控制费用提供了依据。

(4)为办理工程结算、竣工结算及工程索赔提供依据。

(5)招标人利用工程量清单编制标底价格，可为评标提供参考。

3. 工程量清单的内容

工程量清单由清单说明、分项工程清单表、计日工明细表和清单汇总表四部分组成。

1)清单说明

对工程项目的工作范围和内容、计量方法、费用计算依据等作具体说明。因此，清单说明对投标人的工程报价有影响，对施工期间的中期计量与支付有影响，对工程变更及费用索赔的单价确定有影响。监理工程师应熟悉、领会工程量清单说明的内容，并将它和招标文件等其他内容联系起来阅读，加深理解。

2)分项工程清单表

分项工程清单表中有项目编号、项目名称、工程数量及单位、单价及金额等栏目。

水运工程分项工程的划分可参照以下两种方法：

(1)按工程项目所处的不同位置或不同施工阶段来划分,可将水运工程(包括港口工程、船闸工程、整治工程、疏浚工程)质量检验评定时的分部工程划分为章,分项工程划分为节。

(2)按工程项目的性质来划分。例如可将钢筋混凝土和混凝土工程划分在一章内,以不同部位、不同强度等级混凝土等情况来划分为节。

无论如何划分,都具有例如表 2-5-1 所列的几种常见栏目。

工程量清单表式 表 2-5-1

项目编号	项目名称	单位	数量	综合单价(元)	金额(元)
(1)	(2)	(3)	(4)	(5)	(6)=(4)×(5)
	基床抛石(10~100kg)	m^3	4 551.95	85.25	388 054
402-2	沉箱溜放($320m^3$ 以内)	个	15	9 362.87	140 443

对于有具体工程计量单位的清单栏目,如表 2-5-1 中第三行所示,工程计量单位为立方米(m^3),类似的还有吨(t),千克(kg),米(m),平方米(m^2)等等。由于计量单位具体,并与国家规定使用的计量单位一致,使用起来比较简便,只需按实际计量并经过监理工程师确认的数量,根据相应的单价办理。

如果估计的清单数量准确性高,该清单栏目的各项在工程实施中均为定值。只有下列两种情况会引起这类清单栏目的改变。

(1)该清单栏目中的数量不准确。实际计量的工程数量与工程清单数量相比,自然增减幅度已超过合同规定的范围,则该栏目需根据合同的有关规定进行调整。在这种情况下,该栏目的数量、单价均与原来不同。

(2)该栏目的工程内容发生改变,即发生工程变更,由此引起该栏目中其他项目的改变。

对于以个数为单位的清单栏目,如表 2-5-1 中第四行所示,工程计量单位没有具体化,而是就整体而言,类似的还有套(set)、项等等。这类栏目在实际使用当中,对于支付非常简单。以整体为单位,意味着为支付而进行的计量可在最终一次性完成。

3)计日工明细表

根据合同条款,对那些施工现场常常会出现的、在分项工程清单中没有包括的工程量以及难以估计的附加工作,其费用可以用计日工来进行计量支付。由一系列计日工单价表组成计日工明细表。水运工程项目计日工明细表包括计日工劳务单价表、计日工材料单价表、计日工施工机械单价表和计日工汇总表。

承包人对计日工单价应该进行认真测算,填报计日工单价表(所填报的单价都应是基础单价),因为它可能就是以后计日工计量支付的主要依据。

4)工程量清单汇总表

即将各分项工程清单表的金额、计日工总额和暂定金额汇总于一表。注意汇总时不要漏项目、不要发生统计错误,因为工程量清单汇总表中的总价就是投标人的投标报价。表 2-5-2 为某重力式码头项目工程量清单汇总表。

工程量清单汇总表 表 2-5-2

编号	章次	名称	金额(人民币)
1	100	总则	
2	200	临时工程	
3	300	基础工程	

续上表

编　号	章　次	名　称	金额(人民币)
4	400	墙身结构工程	
5	500	上部结构工程	
6	600	回填及面层工程	
7	700	端头护岸工程	
8	800	码头设施	
9		第100～800章合计(a)	
10		暂定金额按(a)的__%计算(b)	
11		计日工总额(c)	
12		写入投标书中的投标金额总价：(a)+(b)+(c)	

4. 工程量清单的调整

工程量清单在承包人中标后，任何人不得进行改动。只有按合同规定办理工程变更，才能对工程量清单进行修改和补充。修改和补充的方式包括：

(1)变更工程数量，清单项目内容和单价不变；

(2)变更单价，原清单项目内容和数量不变；

(3)清单项目内容、单价、数量全部变更；

(4)新增项目内容、单价和数量。

通过工程变更令修改或补充的工程量清单同样是合同文件的重要组成部分。其栏目的设置与使用也相同。

二、工程费用的分解与分析

1. 工程费用的概念

工程费用是指工程建设活动中各种资源消耗或费用支出而形成的建筑工程费和安装工程费的总和，也称建筑安装工程费。它是工程造价的主要组成部分和直接基础，一般要占总造价的60%～80%。

我国现行建筑安装工程费用构成如表2-5-3所示。

建筑安装工程费用的构成　　表2-5-3

	费用项目		参考计算方法
直接工程费(一)	直接费	人工费	Σ(人工工日定额消耗量×日工资单价)
		材料费	Σ(材料定额消耗量×材料预算价格)
		施工机械使用费	Σ(机械定额消耗量×机械台班预算单价)
	其他直接费		土建工程：直接费×其他直接费费率 安装工程：人工费×其他直接费费率
	现场经费		土建工程：直接费×现场经费费率 安装工程：人工费×现场经费费率
间接费(二)	企业管理费 财务费用 其他费用		土建工程：直接工程费×间接费费率 安装工程：人工费×间接费费率

	费 用 项 目	参考计算方法
利润(三)	土建工程:(直接工程费+间接费)×利润率 安装工程:人工费×利润率	
税金(四)	营业税 城乡维护建设税 教育费附加	营业额×营业税率 营业税×城乡维护建设适用税率 营业税×教育费附加税率

1.建筑安装工程直接费

建筑安装工程直接工程费由直接费、其他直接费和现场经费组成。

1)直接费

直接费是指施工过程中耗费的构成工程实体和有助于工程形成的各项费用,它包括人工费、材料费和施工机械使用费。

人工费是指直接从事建筑安装工程施工的生产工人开支的各项费用。计算公式为:

人工费=Σ(人工工日定额消耗量×日工资单价)

材料费是指施工过程中耗用的构成工程实体的原材料、辅助材料、构配件、零件、半成品的费用和周转使用材料的摊销(或租赁)费用。计算公式为:

材料费=Σ(材料、构配件、零件、半成品定额消耗量×材料预算价格)+
Σ(周转材料定额摊销量×材料预算价格)

式中,材料预算价格是指材料(包括构件、成品及半成品等)从其来源地(或交货地点)到达施工工地仓库(或施工组织设计确定的存放材料的地点)后的出库价格。材料预算价格一般由材料原价、供销部门手续费、包装费、运输费、采购及保管费组成。计算公式为:

材料预算价格=(材料原价+供销部门手续费+包装费+运输费)×
(1+采购保管费率)-包装品回收价格

施工机械使用费是指使用施工机械作业所发生的机械使用费以及机械安、拆和进出场费用。计算公式为:

施工机械使用费=Σ(施工机械定额台班消耗量×台班费用单价)+
其他机械使用费+施工机械进出场费

2)其他直接费

其他直接费是指直接费以外的施工过程中发生的其他费用。同材料费、人工费、施工机械使用费相比,其他直接费具有较大弹性。就具体单位工程来讲,可能发生,也可能不发生,需要根据现场施工条件加以确定。

其他直接费的内容包括:冬、雨季施工增加费、夜间施工增加费、材料二次搬运费、仪器、仪表使用费、生产工具用具使用费、检验试验费、特殊工种培训费、特殊地区施工增加费、工程定位复测、场地清理等费用。

其他直接费是按相应的计费基础乘以其他直接费费率确定的。计算公式为:

土建工程:其他直接费=直接费×其他直接费费率

安装工程:其他直接费=人工费×其他直接费费率

3)现场经费

现场经费是指为施工准备、组织施工生产和管理所需的费用,包括临时设施费和现场管理费两方面内容。

临时设施费是指承包人为进行建筑安装工程施工所必需的生活和生产用的临时建筑物、构筑物和其他临时设施的搭设、维修、拆除费或摊销费。

临时设施包括:临时宿舍、文化福利及公用事业房屋与构筑物、仓库、办公室、加工厂以及规定范围内道路、水、电、管线等临时设施和小型临时设施。

现场管理费一般是指发生在施工现场的经营管理费用。

现场经费是以相应的计费基础乘以现场经费费率确定的。计算公式为:

土建工程:现场经费=直接费×现场经费费率

安装工程:现场经费=人工费×现场经费费率

2. 建筑安装工程间接费

间接费是指虽不直接由施工的工艺过程所引起,但却与工程的总体条件有关的建筑安装企业为组织施工和进行经营管理以及间接为建筑安装生产服务的各项费用。

1)间接费的组成内容

按现行规定,间接费由企业管理费、财务费用和其他费用组成。

企业管理费是指承包人为组织施工生产经营活动所发生的管理费用。

财务费用是指企业为筹集资金而发生的各项费用,包括企业经营期间发生的短期贷款利息净支出、汇兑净损失、调剂外汇手续费、金融机构手续费,以及企业筹集资金发生的其他财务费用。

其他费用是指按规定支付工程造价(定额)管理部门的定额编制管理费及劳动定额管理部门的定额测定费,以及按有关部门规定支付的上级管理费。

2)间接费的计算

间接费的计算公式为:

土建工程:间接费=直接工程费×间接费费率

安装工程:间接费=人工费×间接费费率

3. 利润及税金

建筑安装工程费用中的利润及税金是建筑安装企业职工为社会劳动所创造的那部分价值在建筑安装工程造价中的体现。

1)利润

利润是指按规定应计入建筑安装工程造价的利润。依据不同投资来源或工程类别,利润实行差别利润率。利润的计算公式为:

土建工程:利润=(直接工程费+间接费)×利润率

安装工程:利润=人工费×利润率

企业可以根据工程的难易程度、市场竞争情况和自身的经营管理水平确定合理的利润率。

2)税金

税金是指国家税法规定的应计入建筑安装工程造价的营业税、城乡维护建设税及教育费附加。

营业税的税额为营业额的3%。其中营业额是指从事建筑、安装、修缮、装饰及其他工程作业收取的全部收入,还包括建筑、修缮、装饰工程所用原材料及其他物资和动力的价款,当安装设备的价值作为安装工程产值时,亦包括所安装设备的价款。但建筑业的总承包人将工程分包给他人的,其营业额中不包括付给分包人的价款。

城乡维护建设税是国家为了加强城乡的维护建设，扩大和稳定城市、乡镇维护建设资金来源，而对有经营收入的单位和个人征收的一种税。城乡维护建设税的纳税人所在地为市区的，按营业税的7%征收；所在地为县镇的，按营业税的5%征收；所在地为农村的，按营业税的1%征收。

教育费附加税额为营业税的3%。

第三节　工程计量

工程计量是指根据设计文件及承包合同中关于工程量计算的规定，对承包人已完成的、质量合格的工程量进行的确认。监理工程师对承包人履行其合同义务所完成的工程进行的准确计量是业主向承包人支付工程款项的基础。

一、工程计量的原则和依据

1. 工程计量的原则

1)工程质量不符合合同文件要求的不合格工程，不予计量

工程施工质量达到合同文件规定的合格要求是工程计量的前提和首要条件。如果工程质量不合格，或未经监理工程师质量验收，不管承包人以什么理由请求计量，监理工程师均应坚持原则，拒绝对这些工程项目计量。

对于隐蔽工程，应在工程被覆盖之前进行验收，监理工程师对其质量签认后，在隐蔽工程覆盖前进行计量；对未经质量验收已被覆盖的隐蔽工程，监理工程师有权拒绝计量。

2)计量方法、范围、内容和单位应与合同文件的规定相一致

工程计量的方法、范围、内容和单位在招标文件中都有明确的规定。工程量清单的内容、范围、数量等都是承包人投标报价的基础，在对实际工程计量时，应严格遵循合同文件的规定，并结合技术规范、工程量清单的要求进行计量。

3)监理工程师在计量中的职权

对承包人完成的合格工程或所完成的工作内容的计量，是监理工程师控制进度、控制费用的主要手段。监理工程师对计量工作应具有权威性，否则就无法保证监理目标的全面实现。监理工程师对工程计量的职权主要表现在：

(1)工程计量的结果必须得到监理工程师的确认。

(2)监理工程师有权对工程的任何部分进行计量。

(3)工程计量应按监理工程师同意的方式、方法进行。

(4)监理工程师对承包人为计量准备的资料和设备不符合要求时，可暂不计量。

2. 工程计量的依据

1)质量合格证书

对于承包人已完成的工程，并不是全部进行计量。只有质量经过验收达到合同规定标准的已完工程才予以计量。所以质量控制是工程计量的基础，工程计量又是质量控制的手段。

2)工程量清单说明和技术规范

工程量清单说明和技术规范是确定计量方法的依据。工程量清单说明和技术规范的"计量支付"条款规定了每一项工程的计量方法和按规定的计量方法确定的单价所包括的工

作内容和范围。

3)设计图纸

单价合同以实际完成的工程量进行结算,但监理工程师计量的工程数量,并不一定是承包人实际施工的数量。计量的几何尺寸要以设计图纸为依据,工程师对承包人超出设计图纸要求增加的工程量和自身原因造成返工的工程量,不予计量。

4)其他

包括合同条件、工程变更令及修订的工程量清单、有关计量的补充协议等。

二、工程计量的方法和程序

1. 工程计量的方法

1)断面法

断面法主要用于挖填土石方的计量。如港池、航道疏浚,运河、基槽开挖,炸礁、填筑防波堤及港口陆域回填工程等。

断面法计算土石方数量时,应在轴线上按合同规定的间距 D,在同一个位置上测得两个(施工前、后)地形断面图,并计算其断面积,两个测图断面积之差 ΔA,就是该断面上挖走或回填的面积。再用上、下断面积的平均值$(\Delta A_i+\Delta A_{i+1})/2$ 乘以规定的断面间距 D_i 就是第 i 段内的土石方工程量 V_i,累加各段的土石方工程量 V_i 即为总的体积(土方量)。

2)图纸法

有些工程项目的计量,可直接根据设计图纸进行计算,现场测量主要是为检验其施工质量是否达到要求。如混凝土构筑物的体积、钻孔桩的桩长等。图纸法计量意味承包人必须按照图纸施工,尺度超出图纸、偏差超出允许范围为不合格工程,偏差在允许范围内,额外的消耗将得不到额外报酬。

3)分解法

把以项(总额)为计量单位的工程,按工序或部位或内容分解为若干子项,对完成的各子项进行计量支付。但各子项支付的合计款额应与整体项目款额相同。这种计量方法主要是为了解决一些包干项目或项目较大、支付时间过长,影响承包人的资金流动等问题。

4)凭据法

按照承包人提供的凭据进行计量支付。如工程险保险费、第三方责任险保险费、履约保证金等项目,一般按凭据法进行计量支付。

5)均摊法

将在合同工期内每月都发生的费用(且无法准确计算在各个时期发生量的多少),按合同工期每月平均分摊计量。这些费用包括临时码头、通航标志、道路及设施、测量设备的保养等单项费用。

2. 工程计量的程序

承包人对已完成工程项目或工作内容,认为已具备计量条件,可以提出计量要求并随同有关资料一起报监理工程师,以便监理工程师安排工程计量工作。根据工程项目的特点,有的必须到工地现场进行计量,有的可依据工程设计图纸和有关施工计划、施工记录进行计量,如何计量应由监理工程师安排。

1)现场计量程序

当监理工程师安排对某工程项目(或某工作内容)进行现场计量时,应按照合同条件的约定，事先(如提前 24 小时)通知承包人，承包人在接到通知后，应派出合格的代表准时参加，并按照监理工程师要求提供必要的工作条件和有关详细资料，协助监理工程师进行上述计量工作，计量工作在现场进行，对计量结果双方签字认可。如果承包人拒不参加，或由于疏忽或遗忘而未派上述代表参加，则由监理工程师进行的或由他批准的计量应认为是对该工程项目(或工作内容)的正确计量，可作为支付的依据，承包人不能对此种计量及结果提出异议。

2)非现场计量程序

对某些永久性工程项目的计量，可采用施工记录和工程设计图纸进行计量。当采用这种非现场方式计量时，监理工程师应准备该工程项目的图纸和有关记录；当承包人被通知要求参加此项计量时，承包人应在 3 天内(《港口工程施工合同范本》规定)或 14 天内(FIDIC《施工合同条件》规定)同监理工程师一道审查、计算该工程项目的工程数量，双方意见一致时，则双方签名确认。如果双方意见不一致(即承包人不同意计量结果)，承包人应在上述计量后合同规定的期限内向监理工程师提出申辩，说明申辩原由，监理工程师在接到申辩后，应复查相关记录、工程图纸及其计量结果，或者维持原计量结果，或者进行修改，并将复议后的结果通知承包人。如果承包人不出席、不参加此类计量工作，则应认为监理工程师对相应工程项目的计量结果是正确无误的。

第四节　工程费用支付控制

一、工程费用支付的程序

工程费用支付就是根据监理工程师确认的工程量或工作量，业主按合同文件规定的价款及方法付款给承包人的过程。

为了确保工程费用支付的合理性、合法性和准确性，每个工程项目的合同文件都具体规定了各项费用的支付条件、支付方法和申报、计算、复核、审批等必须遵循的程序。按 FIDIC《施工合同条件》有关规定，工程费用支付的程序是：

1. 承包人提出付款申请

承包人提出付款申请，须填报一系列监理工程师指定格式的阶段(月或季度)报表，提出本阶段承包人应得的有关款项。

2. 监理工程师审核，开具付款证书

监理工程师在 28 天内对承包人提交的付款申请进行全面审核，修正或删除不合理的部分，计算付款净金额，开具付款证书。计算付款净金额时，应扣除该阶段应扣除的保留金、预付款、违约金等。若净金额小于合同规定的阶段付款的最小限额时，则监理工程师该阶段不需开具任何付款证书。

3. 业主支付

业主收到监理工程师签发的付款证书后，按不超过 28 天的时间期限支付给承包人。

二、合同内支付的控制

所谓合同内支付控制是指监理工程师根据业主授权，在合同价格范围内直接援引合同规定，通过计量和支付手段进行的费用控制活动。

合同内支付审核一般可由监理工程师自行处理，部分支付项目则需经业主批准处理。合同内支付内容包括：预付款的支付与扣还、阶段付款、保留金的扣留与退还、最终支付、工程变更的支付、索赔支付、暂定金额支付、价格调整费用支付等。

1. 预付款

1）预付款的性质和内容

工程预付款是根据合同约定业主对承包人的承诺。它是无息的，属于暂借款性质，应有借有还。预付款可分为动员预付款和材料预付款。

2）预付款的支付依据

预付款的支付依据是施工合同，监理工程师为预付款开具付款证书的条件是承包人按合同约定提交了的履约保函和预付款保函。

预付款保函应对全部预付款价值进行担保。该保函应在业主收回全部预付款之前一直有效。但保函担保的金额也随预付款的逐次收回而减少。

3）预付款支付程序

动员预付款在合同签订、承包人提交了动员预付款保函后，在开工前监理工程师按合同约定时间和款额开具支付证书。

材料预付款则可按合同规定，在施工前及施工初期陆续支付。

预付款的支付不受保留金的约束。

4）预付款的扣还

承包人偿还预付款，一般采取在阶段付款中陆续扣除的方式偿还。

预付款扣还，从阶段付款的累计金额超出合同价格的10%之后，即承包人完成的经监理工程师签认的工作量累计超过合同价格的10%之后开始扣还。阶段付款的累计金额包括：所完成的永久工程价值，工程量表中全部已被签认的工作价值，但不包括预付款、扣减额、保留金的扣款。预付款每次扣还的金额占预付款金额的比例按合同约定计算，直到预付款全部偿清为止。

施工中如发生特殊情况，如中止合同或其他特殊原因使工程在移交证书颁发时预付款仍未偿清，未偿清的预付款余额应全部、一次扣还给业主。

为使预付款在扣还时程序简化，合同中除约定扣还起始时间外，还可约定偿清的最后时间（如规定在竣工前几个月的当月扣完），从而在若干阶段付款中等额扣回。

5）预付款的控制

预付款的性质决定了该款项的使用用途，对预付款的控制一是要求承包人必须把预付款用于本工程的启动或材料采购；二是预付款的使用必须符合本工程实施的进展要求，改善资金运动情况；三是承包人必须具有相应的流动资金投入，具有一定的财务能力。监理工程师应审查承包人对预付款的使用情况。

2. 阶段付款

阶段付款按合同约定确定时间间隔，一般按月或季度为阶段付款的时间间隔。

1）阶段付款的性质和内容

阶段付款发生在承包人实际完成工作之后。阶段付款的性质，是业主分次购买商品或劳务的支付，以符合质量标准的实物及合同约定的内容为支付前提。

承包人按指定格式向监理工程师提交的阶段付款报表中，所包括的是这一个时段内经监理工程师认可的全部工作，以及实施这些工作按合同有权得到的全部款项。主要包括以下内容：

(1)本时段已完成的经监理工程师计量的永久工程价值；

(2)所完成工程量清单中其他表列项目的价值(如计日工、暂定金额项目等)；

(3)为永久工程配套使用而运进现场的设备的价值；

(4)为永久工程使用而运进现场的材料的价值；

(5)按合同规定承包人有权得到的其他金额。

2)阶段付款的支付依据

监理工程师接到承包人提交的付款申请和阶段付款报表后，有权开具或不开具支付证书。其依据是：

(1)对报表中所开列的永久工程的价值，必须以质量验收的结果和计量结果为依据，签认的应该是经监理工程师认可的合格工程及其计量数量；

(2)必须以预定的进度要求为依据。一般以扣除保留金及其他本期应扣款额后的总额大于投标书中规定的最小金额为支付依据，小于这个金额则监理工程师不开具本期支付证书。

从阶段付款内容看，支付中包括永久设备(尚未安装)、永久工程材料(尚未使用)的购入价值，工程进度的主要表征是已完工程的价值。规模较大的项目，永久工程形成较慢，常常发生承包人摊子铺得很大，钱花得很多，但永久工程却进展缓慢的情况。遇到这种情况，监理工程师应掌握一个原则，即应以永久工程价值的支付为主，如因承包人原因永久工程无进展或进展缓慢，就应对承包人施加影响。使承包人理解永久工程的质量和进度是阶段付款的前提和依据。

(3)对用于永久工程的设备、材料购入价值，其支付依据是监理工程师对承包人运进现场的用于永久工程的材料和设备的检验和认可，如果不合格，则须指令承包人尽快(必要时限期)将其运出现场。如果合格，则每次阶段付款要按合同约定支付承包人购入材料、设备发票价值的一定百分比。待用于、安装于永久工程之后再在计量永久工程时计算这些材料、设备在永久工程中实现的价值，前后核对，把预先支付的款项予以扣除。由于设备、材料进场的时间不一，已使用数量和陆续进场的数量随时变化，监理工程师可设立台账进行控制。

已支付预先报销款的材料、设备，不管预先支付占其购入价值的百分之几，该项材料或设备的所有权即属于业主；承包人将业主已经预先支付了款项的材料、设备调到其他项目上去，是不能允许的。永久工程结算之后，剩余材料所有权属于承包人。

在支付此类款项时不涉及价格调整；所预先支付的材料价格不应高于工程量清单所列价格；单项材料累计的预先支付款不应超过材料需求表中所列数量对应的总额。

3)阶段付款的程序

接到承包人的阶段支付报表之后，监理工程师应审查相应项目的质检、计量结果，核定合格工程量；审查本期内的工程变更、索赔记录；审查上期未付款项、本期应扣款额等。

监理工程师校核并证明之后，扣除保留金和本期应扣款额，开具支付证书，提交给业主。

如果承包人本期进度延误，审核后，扣除保留金和本期应扣款额，净额少于投标书(或附件)中规定的阶段付款证书的最小限额时，监理工程师没有义务开具任何支付证书。

考虑到阶段付款对承包人资金需求的重要性，FIDIC 合同条件阶段付款程序有时间上具体约定。监理工程师应在接到承包人报表后的 28 天内审查、核定，并提交给业主；阶段付款证书送交业主后 28 天内，由业主付款给承包人。类似时间约定，不同的合同可有不同，但都必须有明确的约束，以便各方安排各自的资金运动。

《港口工程施工合同范本》规定业主在合同约定的支付日期后10天内未予支付，承包人可向业主发出催付款的通知，业主在收到承包人通知后仍不能按要求支付，承包人可在发出通知10天后暂停施工，业主承担违约责任。为不使业主因延误付款而违约，监理工程师宜以适当方式提醒、催促业主按时付款给承包人。

4)阶段付款的控制

(1)承包人完成的永久工程，应有自检合格、监理工程师抽检合格资料及工序验收、隐蔽工程验收合格的资料证明。资料不完整的项目，监理工程师可暂不支付。

(2)承包人用于永久工程而运进现场的材料必须有材料出厂(场)证明，有工地抽检试验证明，有经监理人员检验认可的证明；不合格材料不但得不到支付，不准使用，而且必须尽快运出现场。

(3)承包人所购材料数量、品种必须与进度计划相适应。

(4)承包人的机械设备能力、施工工艺、施工组织、现场管理必须有利于永久工程形成。主要施工机具、设备随意调出，主要施工技术人员随意调整，都将使支付受到影响。

(5)承包人除预付款、阶段付款外，必须具备相应的财务能力，保持工程连续进展。监理工程师应将进度控制与费用控制结合起来，促进工程顺利进行。

阶段付款是费用控制的基础。总费用是由阶段付款累计而成，因此监理工程师对每次阶段付款都要认真审查、核定，分析其对合同总价变动的影响，以确保费用控制目标的实现。

3.保留金

1)保留金定义和性质

保留金是业主为了确保在工程建设中和竣工移交后一段时间内承包人仍然能够完全履行合同义务(修补工程缺陷的义务)，使永久工程能正常运用，而在合同中预先约定，从支付给承包人的款项中暂时扣留的一种款项。

设置保留金的目的在于促使承包人完全履行合同，如果承包人未能完全履行合同中约定的责任和义务，则业主有权扣除保留金，监理工程师可以用保留金支付属承包人义务而发生的维修费用。因此，保留金也是承包人在缺陷责任期继续履行合同义务的一种约束。

2)保留金的扣留

根据合同条件的规定，扣除保留金的总金额一般为合同总价的5%。

从第一次工程量清单支付开始，业主每次从付给承包人的款额中，按其中永久性工程付款金额的10%扣留，直到累计扣留总额达合同总价的5%为止。所谓永久性工程的付款是指工程量清单、工程变更、价格调整和费用索赔等四项费用。

如果合同规定，承包人在提交第一次付款申请时，或者在此之前提交一份由业主认可的银行保函，其担保金额为保留金总额时，可不扣保留金。

3)保留金的退还

FIDIC合同条件规定，如果承包人按期完成全部工程并通过验收，业主应分两次将保留金退还给承包人。

当颁发整个工程的交接证书时，监理工程师应开具退还一半保留金的证明书，在退还的保留金中应当扣除已经使用的保留金金额。如果颁发永久性工程的某一区段部分的交接证书时，监理工程师应把由他决定的与永久工程这一区段或部分的价值相应的保留金的一半开具退还证明。业主根据监理工程师开具的证书，向承包人退还保留金。

当工程项目的缺陷责任期满时，另一半保留金将由监理工程师开具证书退还给承包人。此时，也应当扣除已使用的保留金金额。但是如果此时尚有应由承包人完成的与工程有关的任何工作时，监理工程师有权在剩余工作完成之前，扣发他认为与需要完成的工程费用相应的保留金余额。

《港口工程施工合同范本》规定在保修期满后 7 天内，将保修金和按合同专用条款约定利率计算的利息一起返还承包人。

4. 竣工结算

1)《港口工程施工合同范本》对竣工结算的规定。

水运工程竣工验收合格后，承包人应在 30 天内向业主提交竣工结算报告，办理竣工结算。监理工程师核对承包人提交的竣工结算报告的内容和金额是否属实，有差异时与承包人协调，并对结算结果给予确认。审核要求的期限是接到竣工结算报告后的 14 天内审核确认完毕。

2)FIDIC 合同条件中的最终支付

最终支付发生在工程项目缺陷责任期（保修期）满以后，它是业主和承包人之间工程费用的最后一次结算。

最终支付的内容包括：

(1)监理工程师认为按照合同规定最终应支付给承包人的款额；

(2)确认业主以前（在每次阶段付款中）支付过的所有款额，及业主有权得到的全部款额；

(3)确认业主还应支付给承包人或者承包人还应支付给业主的余额。

最终支付的程序如下：

(1)最终支付的申请

根据 FIDIC 合同条件，在监理工程师颁发缺陷责任证书的 56 天内，承包人应以监理工程师批准的格式向监理工程师提交一份最终报表和书面结算清单，并附有详细的证明文件，供监理工程师审查，报表应详列根据合同所完成的全部工程价值以及承包人根据合同认为应该进一步支付给他的任何款项。

如果监理工程师不同意或者不予核实最终报表中的任何一部分，承包人应按监理工程师的合理要求，提交进一步的资料，并按协商一致后的意见对最终报表做出修改。

(2)最终支付的审定

根据 FIDIC 合同条件，监理工程师在收到承包人提交的最终支付申请的 28 天内，应完成对支付申请的审定。申请的格式和内容，应满足合同规定及监理工程师的要求；相应的最终报表及结算清单必须齐全、完整，相互关系清晰；相应的系列证明资料均有监理工程师签字认可；确认所有的计量与支付均没有重复、遗漏，计算准确，汇总无误；若审查中发现还不能够确认的费用，应及时通知承包人，并要求其进一步提供所需的资料与证明。

(3)签发《最终支付证书》

监理工程师在接到承包人提交的最终报表和承包人给业主的书面结算清单后的 28 天内，应向业主签发《最终支付证书》，并给承包人一份复制件。

(4)业主最后付款

根据 FIDIC 合同条件的规定，业主收到监理工程师开具的最终支付证书后的 56 天内，应付款给承包人，工程承包合同终止。

5. 工程变更的费用控制

1)工程变更价款的确定

《港口工程施工合同范本》规定,发生工程变更后,按下述方法计算其变更单价和价款:

(1)合同中有适用于变更工程的单价,按合同已有的单价计算;

(2)合同中有类似于变更工程的单价,以此单价作为基础确定变更单价进行计算;

(3)合同中没有适用和类似的单价时,由甲乙双方商定变更单价并计算价款。

2)工程变更支付的依据

工程变更费用支付的依据是工程变更令和监理工程师对变更项目所确定的变更费用清单(工程变更清单),支付方式采用列入阶段支付的形式进行,具体依据是:

(1)对于业主提出的设计变更,要有反映业主变更要求的监理工程师的变更令、设计变更图纸和说明以及工程变更清单。

(2)对于监理工程师提出的现场变更,必须有监理工程师变更令,监理工程师现场口头指示必须在随后 7 天之内以书面形式加以确认。工程变更的权力在总监理工程师,一般不得进行委托。有些合同还在专用条件中对监理工程师进行工程变更的权力作了某种限制,超过一定限度时,必须由业主授权

(3)对于承包人提出的变更意见,必须有监理工程师的确认或批准、批复的文件。

(4)对于因工程变更引起的价格调整,要有双方协商一致的调整方式和计算办法;协商结果应有书面文字依据。

(5)对于某方不履行合同义务造成的变更,要有相应的证明材料。

3)工程变更支付的程序

(1)变更及其支付都要通过监理工程师进行;

(2)监理工程师认为有必要对工程或其中任何部分的形式、质量或数量做出的任何变更,均应同时说明费用的支付问题。

4)变更支付的控制

工程变更及其费用控制是工程项目费用控制的关键。

对于设计中的错误或问题,应通过施工前设计交底、设计审查等方式加以事前控制。

由变更引起的额外支付,承包人也可以索赔的方式提出。

工程变更都需要通过监理工程师进行,包括业主提出的变更。

监理工程师指令的现场变更,包括工程变更和承包人的工作变更,承包人要严格遵守与执行监理工程师的指示,这是合同赋予监理工程师的工作职权,FIDIC 条件规定这一权力的目的是为使监理工程师能及时处置有关工程问题,但承包人在遵守与执行指示的同时有提出费用要求的权力。因此监理工程师应慎重处理工程变更。

如果发出工程变更指令的原因是由于承包人过错、承包人违反合同或承包人责任造成的,则这种违约引起的任何额外费用由承包人自行承担。

6. 索赔费用的控制

1)索赔处理的有关规定

交通部《港口工程施工合同范本》第 20 条规定,因业主违约或未能及时履行义务给承包人造成损失以及其他索赔事件发生时,承包人可按以下规定向业主索赔。

(1)在要求索赔的事件发生后的 21 天内,承包人必须向监理工程师和业主提交索赔申请。

(2)在提出索赔申请后 14 天内，承包人必须向监理工程师和业主提交索赔报告，详细说明索赔理由，提供同期记录副本或其他可靠证据，并列明索赔款额和延长施工期及其计算依据和方法。

(3)监理工程师和业主在接到索赔报告后 14 天内，应及时进行调查，对索赔资料进行审核，并有权要求承包人进一步补充索赔理由和证据。在承包人按要求提供补充资料后的 28 天内，监理工程师和业主应给予承包人明确答复，并将确认的索赔款额列入业主的付款计划。

(4)若承包人未能按上述规定按时提出索赔申请、索赔报告或补充资料，监理工程师和业主可不予受理。如果监理工程师和业主未在上述规定的期限内进行审核或确认，视为承包人索赔要求已被监理工程师和业主确认。

(5)若承包人对监理工程师和业主的答复有异议，可按合同争议的处理程序，进行协商、调解、仲裁，直至解决争议。

争议发生后，除双方均同意停工外，双方都应继续履行合同，否则视为违约。

2)索赔费用的计算

(1)计算原则

①索赔的费用应反映实际损失。实际损失包括直接损失和间接损失两个方面，直接损失是指承包人财产的直接减少，在实际工程中，常常表现为成本的增加和实际费用的超支；间接损失是指承包人可能获得利益的减少。

②证明实际损失是索赔事件引起的。所有索赔事件直接引起的实际损失，以及这些损失的计算，都应有详细、具体的证明材料。如各种费用支出的账单、工资表(工资单)，现场用工、用料、用机证明，财务报表，工程成本核算资料等。在索赔报告中必须出具这些证明，没有证据，索赔是不能成立的。

(2)计算内容及方法

①人工费

索赔费用中的人工费是指完成合同之外的额外工作所花费的人工费用和由于非承包人责任的工效降低所增加的人工费用。计算方法是：

人工费用索赔额＝各类人员的工资单价(按合同规定、或计日工资)×各类人员的人工数×应赔偿(或延长)的天数

②材料费

由于业主修改了工程内容，或需要重新施工，致使工程材料用量增加，则承包人可向业主提出材料费用索赔。计算方法是：

材料费用索赔额＝(实际使用的材料数量－原来材料数量)×使用材料的单价

③机械使用费

机械使用费的索赔包括：

a. 由于完成额外工作增加的机械使用费；

b. 非承包人责任工效降低增加的机械使用费；

c. 由于业主或监理工程师原因导致机械停工的窝工费。

台班窝工费的计算，如系租赁设备，一般按实际台班租金加上每台班分摊的机械调进调出费用计算；如系承包人自有设备，一般按台班折旧费计算，而不能按台班费计算，因台班费中包括了设备使用费。计算方法是：

机械费索赔额=新增机械费用+工效降低费用+停机窝工费用

新增机械费用=使用台班×机械台班合同单价

工效降低费用=合同规定的单价×台班×工效降低系数

停机窝工费用=机械停机数量×停机时间×合同规定的窝工单价

④分包费用

分包人的索赔费,一般也包括人工、材料、机械使用费的索赔。分包人的索赔应如数列入总承包人的索赔款总额以内。

⑤工地管理费

索赔款中的工地管理费是指承包人完成额外工程、索赔事项工作以及工期延长期间的工地管理费,包括管理人员工资、办公费等。但如果对部分工人窝工损失索赔时,因其他工程仍然进行,可不予计算工地管理费索赔。

⑥利息

利息的索赔通常发生于下列情况:

a. 延期付款的利息;

b. 由于工程变更和工程延误增加投资的利息;

c. 索赔款的利息;

d. 错误扣款的利息。

至于这些利息的具体利率应是多少,在实践中可采用不同的标准,主要有这样几种规定:按当时的银行贷款利率;按当时的银行透支利率;按合同双方协议的利率。

⑦总部管理费

索赔款中的总部管理费主要指的是工程延误期间所增加的管理费。在国际工程施工索赔中总部管理费的计算有以下几种:

a. 按照投标书中总部管理费的比例计算

总部管理费=合同中总部管理费比率(%)×(直接费索赔款额+工地管理费索赔款额等)

b. 按照公司总部统一规定的管理费比率计算

总部管理费=公司管理费比率(%)×(直接费索赔款额+工地管理费索赔款额等)

c. 以工程延期的总天数为基础,计算步骤如下:

该工程向总部上缴的管理费=同期内公司的总管理费×该工程的合同额/同期内公司的总合同额

该工程的每日管理费=该工程向总部上缴的管理费/合同实施天数

索赔的总部管理费=该工程的每日管理费×工程延期的天数

⑧利润

一般来说,由于工程范围的变更和施工条件变化引起的索赔,承包人是可以列入利润的。但对于工程延期的索赔,由于利润通常包括在每项实施的工程内容的价格之内,而延误工期并未影响削减某些项目的实施而导致利润减少,所以,一般的费用索赔不包括利润。

索赔利润的款额计算通常是与原报价单中的利润百分率保持一致,即以直接费乘以原报价单中的利润率作为该项索赔的利润。

3)索赔费用的审查

(1)索赔报告中通常存在的问题

①对合同理解的错误。承包人片面地从自己的利益和观点出发解释合同,这是一种常

见现象。索赔报告中没有贯彻合同精神，或没有正确引用合同的条文，所以索赔理由不足。

②承包人有推卸责任，转移风险的企图。在索赔报告中所列的干扰事件可能全部是或部分是承包人管理不善造成的问题，或索赔要求中包括属于合同规定是承包人自己风险范围内的损失。

③扩大事实，夸大干扰事件的影响，或提出一些不真实的干扰事件和没有根据的索赔要求。

④在索赔报告中未能提出支持其索赔的详细资料，无法对索赔要求做出进一步解释，属于索赔证据不足，或没有证据。

⑤索赔额的计算不合理，多估冒算。按照通常的索赔策略，索赔者常常要扩大索赔额，给自己留有充分的余地，以争取有利的解决。

(2)监理工程师对索赔报告的审查

监理工程师对承包人的索赔报告必须进行全面、系统地分析、评价，剔除不合理的部分，为索赔的合理解决提供依据。

①审查索赔事件的真实性

事件的真实性可以从以下两个方面审查：

a. 承包人索赔报告中的证据。不管事实怎样，只要承包人在索赔报告中未提出事件经过的得力证据，监理工程师可要求承包人补充证据，或否定索赔要求。

b. 监理工程师掌握的事件资料。监理工程师根据现场监理资料和事件记录，依据合同分析事件发生的因素和条件，是否构成承包人索赔要求的证据。

②分清索赔事件的责任

工程施工中，干扰事件和额外损失往往是存在的，但责任并不一定在业主。除完全业主责任外通常有以下三种情况：

a. 由于承包人自己疏忽大意，管理不善造成损失，或在干扰事件发生后未采取得力有效的措施降低损失。

b. 干扰事件是其他方面原因引起的，不应由业主赔偿。

c. 合同双方都有责任，应按各自的责任分担损失。

③分析索赔理由

监理工程师在审查索赔报告时，对索赔理由的审查应完全依据合同，为业主把关。合理的应予确认，不合理的应予驳回，使承包人承担起应尽的合同责任。

④分析索赔事件对工期、费用的影响程度

首先分析索赔事件和对工期、费用的影响之间是否存在因果关系，分析索赔事件的影响程度和范围。如索赔事件发生后，承包人是否采取了积极有效的措施来避免或降低损失，如承包人未采取可以避免损失的措施，扩大了索赔事件的影响范围和影响程度，则扩大部分的损失应有承包人自行承担。

⑤审查索赔证据的可靠性

当索赔证据不足、证据不当或仅具有片面证据时，监理工程师可认为该索赔的证据缺乏可靠性。证据不足，即证据不足以证明干扰事件的真相、全过程或证明事件的影响。证据不当，即证据与本索赔事件无关或关系不大，证据的法律证明效力不足。片面的证据，即承包人仅具有对自己有利的证据。在证据缺乏可靠性时，监理工程师应要求承包人补充证据，在约定时间内承包人仍无法提供可靠证据时，可否定索赔要求。

⑥审核索赔费用

监理工程师在对索赔项目和索赔内容审核的基础上，还应该对承包人索赔的费用计算进行审查，主要审查费用计算的单价和费率。在监理工作中，以下方法确定单价和费率：

a. 选用工程量清单中相应项目的单价

b. 采用协商费率

当费用索赔项目与工程量清单中所列项目相差太大，无法套用工程量清单中的单价和费率时，只有通过业主、监理工程师、承包人三方共同协商，采用一个三方均认可的单价和费率来计算索赔费用。这是较为常用的方法。

c. 采用现行法规的规定计算索赔费用

在索赔费用的计算中，如果工程量清单中的单价不适应，协商费率各方意见又不统一，这时就需要监理工程师来确定一个公平、合理的费率。实践证明，采用由省、部级以上政府正式颁布的有一定法律效力的有关定额和标准如《水运工程预算定额》、《交通部承包人会计补充条例》等来确定费率，各方都比较容易接受。

d. 按有关票据计算

对于一些在费用索赔事件发生期间、承包人实际发生，且不需要采用费率来计算的费用，可按承包人出示的正式票据中的金额来进行计算，如水电费、设备的租用费等。

上述四种确定单价与费率的方法，除第一种外，其余三种方法在计算索赔费用时往往共同使用。即可以通过协商确定的，应通过协商来确定；协商不成的，监理工程师应按正式规定和公布的标准来确定；或按承包人提供的正式票据等来确定。

4）索赔费用的支付

一旦确定了索赔金额，就应当及时支付给承包人，一般在阶段支付证书中将其作为一个支付项目来处理。

如果由于索赔的争议较大，需要经历一段时间才能处理完毕，出现整项索赔没有结果的情况，通常可以将监理工程师已经认可的那一部分在阶段支付证书中进行暂定支付，这种支付就是一项持续索赔的临时付款。

7. 价格调整费用控制

1）价格调整的原因

在合同签订后，若涉及下列两个方面的原因，根据合同条件的相关规定，可能发生合同价格的相应调整：一是工程施工中所耗用的主要大宗材料的价格变动；二是后继法规及其他有关政策的改变而引起费用变化。

按照合同条件规定进行必要的价格调整，是国际竞争性招标项目中的惯例。合同中有关价格调整的条款，不仅体现了业主和承包人公平、合理地分担价格意外风险，免除承包人中标后因为法规、政策因素或劳动力、原材料价格上涨带来的风险，又能使投标人报价时能够合理地计算标价，保证业主获得较真实和可靠的报价。为此，《港口工程施工合同范本》规定了合同价款调整的四种情形：

（1）经监理工程师确认业主批准的工程量增减和设计变更；

（2）国家或地方工程造价管理部门公布价格和费率调整；

（3）一周内非承包人原因造成的停水、停电、停气累积超过 8 小时，使承包人受到损失时；

（4）合同约定的其他增减或调整。

2)合同单价调整的方法

合同价格调整的方法一般有两种：

一是根据地方劳动力和约定材料的基本价格与现行价格的差值以某种约定的方式加以补偿，通常称之为票证法或票据法。这里的基本价格指投标截止日前28天的材料价格；现行价格指在提交投标书后，工程实施中采购材料的价格。

二是规定一种固定公式，把全部合同价格分成若干组成部分，然后按各部分的价格指数进行综合调整，通常称之为公式法。

三、非常支付的控制

对应于合同内支付控制，把在合同履行过程中出现复杂情况时的费用支付控制称为非常支付的控制。

非常支付可以分成两种情况：

第一种是意外情况，指合同中虽有规定，但对其解释可以有异议的情况；

第二种是超常情况，指合同中虽有规定，但可以导致合同中止、工程暂停或永久停止，以至于合同解除的情况。

监理工程师在这些情况下行使职权的依据仍是合同条件。

1.意外情况下的支付控制

工程承包合同中往往有难以确切表达的概括性文字，这些表达又恰恰是最容易产生争议之处，所对应的实际情况则被视为意外，不可预见等。

意外情况下的支付控制首先是监理工程师对承包人的支付要求是否成立的分析、判断和认定；其次要组织双方协商与协调，最后依据以上分析和协商由监理工程师提出确认意见。

监理工程师的工作内容包括：

(1)考虑实际发生的情况，取得必要的资料，审查承包人的同期记录，进行分析与初步判断；

(2)确定相关责任及责任范围，证实承包人是否采取了预防和应急措施；

(3)摸清业主和承包人双方争议的焦点，为协商铺平道路；

(4)组织各方协商与沟通；

(5)在协商的基础上，监理工程师对支付提出初步意见供双方研究；

(6)监理工程师提出意见，开具支付证书。

对意外情况的理解和确认，涉及到合同各方的利益，产生较为对立的意见是正常的。监理工程师如果处理不当，则可能一方提出要求仲裁。因此，监理工程师处理时应该慎重而全面，达到经得起仲裁的程度。

2.超常情况下的支付控制

1)承包人违约导致合同中止的支付

如果发生由于承包人违约而导致合同中止，按照FIDIC合同通用条件第63条第2款的规定，监理工程师应尽快地确定并证明：

(1)在合同中止时，承包人根据合同实际完成的工程已经合理地得到的或理应得到的款额；

(2)未使用或部分使用过的任何材料、承包人装备和临时工程的价值。

确定了这两方面的价值后，监理工程师必须开具证书证明。

除此之外，按照FIDIC合同通用条件第15条第3款、第4款的规定，监理工程师还应尽快查明：业主中止对承包人雇佣后，在缺陷责任期终止之日前，有关工程实施、完成与缺陷修复的费用，拖期违约损失偿金(如有)以及业主已支付的所有其他款项的支付账目，在查明并予证实前，业主没有任何义务再向承包人支付任何款项。此后，承包人仅有权得到由监理工程师证明应支付给承包人的已完成并经验收合格工程的款额，扣除上述应扣款额之后的余额。如果应扣款额超过承包人应得的款额，则当业主提出要求时，承包人应将此超出部分款额付给业主，视为承包人欠业主而应予偿还的债务。

由此可见，承包人违约导致合同中止的付款规定对承包人带有惩罚性。

2)业主违约导致合同中止的支付

当出现业主违约导致合同中止时，监理工程师应澄清下述内容，同业主和承包人协商后，签发合同中止的支付证书：

(1)合同中止之日前，承包人已按合同完成工程项目的全部费用，以及业主已支付给承包人的款项与细目；

(2)承包人依照合同为该工程合理订购的材料、设备及货物的费用；

(3)承包人雇佣的所有从事工程施工的人员在合同中止时的合理遣返费；

(4)承包人机械设备撤离费；

(5)承包人为完成整个工程而合理发生的费用，而该费用未包括在其他各项支付之内；

(6)承包人应偿还业主的有关设备、材料和工程的预付款余额，以及到合同中止之日按合同规定业主向承包人收回的任何其他款项。

(7)由于合同中止给承包人造成的任何损失或损害的款额。

由此可见，业主违约导致合同中止支付除补偿成本外还包括对承包人利润损失的补偿。

3)业主导致的停工及费用支付

由于业主方面的原因而造成的停工，应根据合同中相应的规定和条款，对承包人给予补偿。这种补偿的具体计算应视现场情况及随后采取措施的内容和设备的闲置情况来定，并且一般只支付成本。

4)承包人导致的停工及费用支付

由于承包人自己的工作失误或合同约定范围内的风险而导致工程停工，其所有费用必须由承包人自行承担。但由于工程情况比较复杂，承包人总是设法要求费用赔偿。因此，监理工程师必须掌握现场情况，明确相关责任。

属于承包人责任，承包人除了自行承担有关损失外，如果停工影响到工程的竣工，则应按合同约定向业主支付拖期违约损失偿金，情况严重时，业主有权中止合同。如果影响到其他承包人的工作，则应向被其影响的其他承包人支付相应的款项，这种支付应通过业主进行。即由于承包人的责任而导致了其他承包人向业主索赔，则业主会根据合同条件将这种支付转由造成影响的承包人支付，一般通过从承包人付款中扣减的方式来实现。

如果承包人因合同约定的不可抗力因素而停工，则业主不能要求承包人赔偿，还应给予工程延期，承包人也不能向业主提出停工的费用补偿要求。

第六章 施工期的安全监控

第一节 安全监控的概念和作用

一、安全监控的概念

1. 安全监控的概念

工程安全监控是指监理人受业主的委托，依据国家有关建设工程的法律、法规、强制性标准和合同文件，对建设工程安全生产实施的监督检查。

工程安全监控是工程监理的重要组成部分，也是工程建设安全生产管理的重要保障。工程安全监控的实施，有助于提高工程施工现场安全管理水平，也是工程建设管理体制改革中加强安全管理，控制工程重大伤亡事故的一种新模式。

2. 安全监控的依据

1)有关安全生产、劳动保护等的法律、法则和标准、规范

有关工程建设安全生产、劳动保护、环境保护、消防等的法律、法规包括：《中华人民共和国安全生产法》、《中华人民共和国公路法》、《中华人民共和国港口法》、《建设工程安全生产管理条例》、《中华人民共和国劳动法》、《中华人民共和国环境保护法》、《中华人民共和国消防法》等。

有关部门规章包括：《公路建设市场管理办法》、《水运建设市场管理办法》、《公路建设监督管理办法》等以及地方性法规。

有关标准规范包括：《工程建设标准强制性条文》、《公路工程监理规范》、《水运工程监理规范》以及有关的工程安全技术标准、规范、规程等。

2)建设工程批准文件

建设工程批准文件包括：批准的可行性研究报告、建设项目选址意见书、建设用地规划许可证、建设工程规划许可证、施工许可证以及初步设计文件、施工图设计文件等。

3)监理合同和有关的建设工程合同

监理人应当根据两类合同进行安全监控。这两类合同包括：监理人与业主签订的工程监理合同，业主与承包人签订的有关工程承包合同。

3. 安全监控的范围

工程建设的安全生产管理，依据相关法律、法规，归纳为两方面：一是永久性工程的工程质量引发的工程安全；另一个是为实现工程实体，即建筑产品建造过程的生产安全。

监理人在实施监理过程中，安全监控范围应准确界定在现行法律法规的范围之内，做到不缺位、不错位、不越位，《建设工程安全生产管理条例》规定的监理人安全生产管理的主要责任范围是：

(1)审查施工组织设计中安全技术措施或专项施工方案；

(2)在实施建立过程中，发现存在安全事故隐患的，应当要求施工单位整改；

(3)情况严重的，应当要求施工单位暂时停止施工，并及时报告建设单位；

(4)施工单位拒不整改或者不停止施工的，应当及时向有关主管部门报告；

(5)应当按照法律、法规和工程建设强制性标准实施监理；

二、安全监控的作用

工程监理制度在我国建设领域已推行了近20年，在建设工程中发挥了重要作用，也取得了显著的成效，而工程安全监理在我国刚刚开始，其作用主要表现在以下几个方面：

1. 有利于防止或减少生产安全事故，保障人民生命和财产安全

我国建设工程规模逐步加大，建设领域安全事故起数和伤亡人数一直居高不下，甚至发生群死群伤恶性事件，给人民的生命和财产带来巨大损失。实行工程安全监控，监理工程师有责任和有能力及时发现工程实施过程中出现的安全隐患，并要求及时整改、消除，从而有利于防止或减少生产安全事故的发生，保障人民的生命财产安全，保障国家公共利益，从而维护社会安定团结。

2. 有利于实现工程投资效益最大化

实行工程安全监控，由监理工程师进行施工现场安全生产的监督管理，防止和减少生产安全事故的发生，保证了建设工程质量，也保证了施工进度顺利开展，从而保证了工程整体进度计划的实现，有利于投资的正常回收，实现投资效益的最大化。

3. 有利于规范工程建设参与各方主体的安全生产行为

在工程安全监控实施过程中，监理工程师采用事前、事中和事后控制相结合的方式，对工程安全生产的全过程进行动态监督管理，可以有效地规范各承包人的安全生产行为，最大限度地避免不当安全生产行为的发生。即使出现不当安全生产行为，也可以及时加以制止，最大限度地减少其不良后果。此外也有助于业主了解工程安全生产的有关法律、法规、管理程序，避免发生业主的不当安全行为，从而有利于规范业主的安全生产管理。

4. 有利于促使承包人保证工程施工安全，提高整体施工行业安全生产管理水平

实行工程安全监控制度，通过监理工程师对工程施工生产的安全监督管理，以及监理工程师的审查、督促、检查等手段，促使承包人加强安全生产管理，改善劳动作业条件，提高安全技术措施等，提高自身施工安全生产管理水平，从而提高整体施工行业的安全生产管理水平。

5. 有利于提高建设工程安全生产管理水平

实行工程安全监控，通过对工程安全生产实施三重监控，即承包人自身的安全控制、政府质量安全管理部门的安全生产监督管理、监理人的工程安全监控，不仅有利于防止和避免工程安全事故，也有利于政府改进市场监管方式，充分发挥市场机制，通过监理等中介服务公司介入施工现场安全生产的监督管理，改变以往政府安全管理被动的检查方式，与工程参建各方共同形成工程安全生产监管合力，从而进一步提高我国建设工程安全生产的管理水平。

三、安全监控的责任

监理工程师应当按照法律、法规和工程建设强制性标准实施安全监控，并对建设工程安全生产承担监理责任。

《建设工程安全生产管理条例》规定了监理人应建立五项安全管理制度：一是安全技术

措施审查制度；二是专项施工审查制度；三是安全隐患处理制度；四是严重安全隐患报告制度；五是执行法律、法规与强制性标准实施监理制度。

对于监理人在实施监理过程中不按法律、法规、强制性标准和合同约定履行义务，无论是过失还是故意，对永久性工程因工程质量引发的工程安全事故，并造成严重后果的，直接责任人都要承担"刑事"责任；《刑法》第一百三十七条规定："建设单位，设计单位，施工单位，工程监理单位违反国家规定，降低工程质量标准，造成重大安全事故的，对直接责任人员，处以5年以下有期徒刑或者拘役，并处以罚金；后果特别严重的，处以5年以上10年以下有期徒刑，并处罚金"，这里的刑事责任针对的是监理人的直接责任人员，承担刑事责任的前提是造成重大的安全事故。

当监理人不按合同约定履行义务，该监督检查的项目不检查或不按规定检查或者与承包人串通，为承包人谋取非法利益，使业主遭受损失的要承担"民事"责任，对业主承担赔偿责任。

当法规、规章要求审查而未审查、发现的违规行为要求应警示报告而不作为时，监理人要承担"行政"责任。可责令限期改正；逾期未改正的，责令停止整顿，并处以10万元以上30万元以下的罚款；情节严重的，降低资质等级，直至吊销资质证书。

 第二节　安全监控的主要内容

一、施工准备阶段安全监控

1. 安全监控的准备

1)组织监理人员进行安全交底，接受安全教育

(1)监理人应根据工程规模和特点，派出经过安全监理业务培训，并能满足施工现场安全管理要求的相关监理人员进驻现场，建立安全监理的相关组织机构，明确各级监理人员的安全监控职责。

(2)监理人应组织项目监理人员熟悉设计文件和施工周边环境，熟悉掌握合同文件中的安全监理工作内容和要求。对监理人员进行安全交底和现场自身安全教育。

(3)监理人员应参加业主组织的设计交底会，了解设计对结构安全的技术要求和施工过程安全注意事项。

2)编制安全监控方案及其实施细则

(1)编制安全监控方案

监理工程师在编制监理规划中，安全监控方案应单列一个章节，作为监理规划的重要组成部分。安全监控方案的编制应根据法律、法规、强制性标准和监理委托合同的要求，考虑工程项目特点、施工现场的实际情况，由总监理工程师主持，专职安全监理工程师参加编制。

安全监控方案应包括以下主要内容：

①安全监控工作依据；

②安全监控工作目标；

③安全监控工作内容；

④项目监理机构安全监理岗位、人员及工作任务；

⑤安全监控工作制度；

⑥安全风险较大的分部、分项工程一览表；

⑦须经监理复核安全许可验收手续的大中型施工机械和安全设施一览表；

⑧须编制的专项安全监控实施细则一览表；

⑨新材料、新技术、新工艺及特殊结构防止安全事故的监督控制措施；

⑩必要的安全防护用品。

(2)安全监控细则的编制

安全监控实施细则由专职安全监理工程师组织，专业监理工程师参与编制，并经总监理工程师批准；编制安全监理实施细则应依据已批准的包含安全监控方案的监理规划、相关的法规、法规、工程建设强制性标准和设计文件以及承包人施工组织设计和其他规范性文件等。

安全监控实施细则应包括以下主要内容：

①安全风险较大的分部、分项工程安全管理工作的特点和施工现场环境状况；

②安全监理人员的安排和与分工；

③安全监控的方法及措施；

④有针对性的安全监控检查、控制点；

⑤相关过程的检查记录(表)和资料目录。

2. 审查承包人安全生产管理体系

(1)检查承包人安全管理体系中的管理机构是否健全，检查总包、分包现场项目经理和专职安全生产管理人员持证上岗情况和施工安全人员数量配备。

(2)检查承包人的安全生产责任制、安全生产教育培训制度、安全生产规章制度和操作规程，消防安全责任制度、安全生产事故应急救援预案、安全施工技术交底制度以及设备的租赁、安装拆卸、运行维护保养、自检验收管理制度等是否健全和完善。

(3)检查施工现场各种安全标志和临时设施的设置是否符合管理要求；

(4)协助业主与承包人签订安全生产协议书，检查、督促总承包人与分包人之间签订施工安全生产协议书；

(5)督促承包人落实安全施工或文明施工措施费用的使用计划；

(6)督促承包人制定安全事故应急救援方案，监控对重点部位和重点环节制定的工程项目危险源监控措施和应急救援方案的实施；

(7)对承包人安全生产管理体系的检查项目，由监理机构在第一次工地会议上，书面向承包人告知。对不符合要求的，应开具限期整改书面通知，拒不整改的应向业主报告，并按施工合同进行相应的处罚，直至向建设行政主管部门报告。

(8)明确工程安全事故上报与处理程序，要求事故单位在第一时间内，按预定程序上报业主、所在地安全生产监督管理部门、公安部门、工会、建设行业安监站等相关部门，不得隐瞒和拖延上报。

3. 审查承包人进场的报验手续

1)安全设施的审查

监理工程师在安全设施未进入工地前可按下列步骤进行监督。

(1)承包人应提供当地或外购安全设施的产地和厂家以及出厂合格证书，供监理工程师审查。

(2)监理工程师可在施工初期，根据需要对这些厂家的生产工艺等进行调查了解。

(3)必要时,可要求承包人对安全设施取样试验,确保安全设施满足要求。

2)大、中型施工机械的审查

审查承包人进场大、中型施工机械设备一览表及合格证,对承包人申报进入施工现场的大、中型施工机械设备的数量、型号、规格、生产能力、完好率进行审查。当发现承包人的进场机械设备和报审表不一致并可能对施工进度、质量、安全造成不良影响时,要求承包人更正。

3)特种作业人员的进场审查

审核承包人申报的特种作业人员资格,包括垂直运输机械作业人员、安装拆卸作业人员、起重信号工、登高架设人员、爆破作业、电工、预应力张拉、水上作业、大(中)型机械操作员等特种作业人员的名册、岗位证书的相符性和有效性。

4.审查施工现场平面布置

施工现场场地布置是工程施工组织的重要组成部分,监理工程师在审查承包人的施工组织设计时,必须从安全的角度考虑施工现场平面布置的合理性和符合性。

(1)施工现场的生活、生产房屋、变电所、发电机房、临时油库等均应设在干燥地基上,并应符合防火、防洪、防风、防爆、防震的要求。

(2)施工现场要设置足够的消防设备,施工人员应熟悉消防设备的性能和使用方法,并应组织一支经过训练的义务消防队伍。

(3)生产、生活房屋应按规定保持必须的安全净距,一般情况下活动板房不小于7m,铁皮板房不小于5m,临时的锅炉房、发电机房、变电室、铁工房、厨房等与其他房屋的间距不小于15m。

(4)易燃、易爆的仓库、发电机房、变电所,应采取必要的安全防护措施,严禁用易燃材料修建。炸药库的设置应符合国家有关规定,工地的小型油库应远离生活区50m以外,并外设围栏。

(5)工地上较高的建(构)筑物、临时设施以及重要库房,如炸药房、油库、发(变)电所、塔架、龙门吊架等,均应加设避雷装置。

(6)对环境有污染的设施和材料应设置在远离人员居住的空旷的地点,污染严重的工程场所应配有防污染的设施。

(7)场内道路应经常维护,保持畅通。载重车辆通过较多的道路,其弯道半径一般不小于15m,特殊情况不得小于10m。手推车道路的宽度不小于1.5m。急弯与陡坡地段应设置明显交通标志。

(8)施工现场的临时设施,必须避开泥沼、悬崖、陡坡、泥石流、雪崩等危险区域,选在水文、地质良好的地段。施工现场内的各种运输道路、生产生活房屋、易燃易爆仓库、材料堆放,以及动力通讯线路和其他临时工程,应按照有关安全的规定制定出合理的平面布置图。

5.审查安全技术措施或者专项施工方案

1)施工组织设计的安全技术措施

施工安全技术措施是针对每项工程在施工过程中可能发生的事故隐患和可能发生安全问题的环节进行预测,从而在技术上和管理上采取措施,消除或控制施工过程中的危险因素,防范安全事故的发生。

监理工程师在审查承包人编制的施工组织设计时,应结合工程的特点审查以下施工安全技术措施:

(1)进入施工现场的安全规定；

(2)地面、深坑、隧道施工作业的防护；

(3)水上、高处及立体交叉施工作业的防护；

(4)施工用电安全技术措施；

(5)机械、机具使用过程中的安全防护及夜间施工安全防护；

(6)为确保安全，对于采用的新工艺、新材料、新技术制定的专项安全技术措施；

(7)预防自然灾害(台风、雷击、洪水、地震、高温、寒冻、雨滑等)的措施。

2)专项安全施工方案

监理工程师应根据《建设工程安全生产管理条例》，督促承包人在施工前单独编制专项安全施工方案。如：基坑支护与降水工程、土方开挖工程、模板工程、起重吊装工程、临时用电工程、脚手架工程、拆除及爆破工程等。同时对水运工程中特有的、危险性较大的工程，如：预应力结构张拉施工、特殊设备工程、高度在6m以上的边坡施工、大江(大河)的导流(截流)施工、港口码头工程、航道工程、采用新(技术、工艺、材料)的工程，以及可能影响建设工程质量、安全，已经行政许可但尚无技术标准的施工，也必须督促承包人编制专项安全方案。

(1)专项安全方案的编制与审核

依据《危险性较大工程专项安全施工方案编制及专家论证审查办法》，承包人现场技术人员编写的专项安全施工方案，应由承包人技术管理部门审核合格后，由承包人技术负责人审批，报监理工程师审核确认。

对以下工程，承包人还应当组织不少于5人的专家组进行论证审查，并提出书面论证意见。

①深基坑工程

开挖深度超过5m(含5m)，或深度虽未超过5m(含5m)，但地质条件和周围环境及地下管线极其复杂的工程。

②地下暗挖工程

地下暗挖及遇有溶洞、暗河、瓦斯、岩爆、涌泥、断层等地质复杂的隧道工程。

③高大模板工程

水平混凝土构件模板支撑系统高度超过8m，或跨度超过18m，施工总荷载大于$10kN/m^2$，或集中线荷载大于15kN/m的模板支撑系统。

④30m及以上高空作业的工程

⑤深水作业的工程

⑥房屋拆除爆破和其他土石方爆破工程

⑦大临工程，如挂篮、吊架、托架

⑧跨交通要道(如公路、房屋、人行横道)的桥梁安全工程

⑨桥梁转体施工工程

⑩沉箱的浮运、大型构件的水上运输及安装

(2)监理工程师对专项安全方案的审查

程序性审查——专项安全施工方案按规定须经专家认证、审查的，是否执行。专项安全施工方案是否经承包单位的技术负责人签认，不符合程序的应退回。

符合性审查——专项安全施工方案必须符合强制性标准的规定，并附有安全验算的结

果。须经专家论证、审查的项目应负有专家审查的书面报告，专项安全施工方案应有紧急救护措施等应急救援预案。

针对性审查——专项安全施工方案应针对本工程特点以及所处环境、管理模式，具有可操作性。

6. 对承包人事故应急救援预案的审查

由于自然或人为、技术等原因，当事故或灾害不可完全避免，建立重大事故应急救援体系，组织及时有效的应急救援行动，已成为抵御事故或控制事故恶化、降低事故损失的关键甚至是唯一的手段。因此，监理工程师应督促承包人在开工前根据施工现场和周边单位和社区的安全重大危险源类别、周边重要基础设施（道路、航道、港口）以及工程特点、环境条件、人员素质、物质资源评估等情况，编制相应的事故应急救援预案，建立健全施工现场应急救援体系。

1）事故应急救援预案的编制的相关法律法规要求

近年来，我国政府相继颁布了一系列法律、法规，如《安全生产法》、《职业病防治法》、《消防法》、《建设工程安全生产管理条例》、《安全生产许可证条例》、《危险化学品安全管理条例》、《特种设备安全监察条例》、《关于特大安全事故行者责任追究的规定》等，对特大安全事故，重大危险源、危险化学品等应急救援工作提出了相应的规定和要求。施工现场要求建立事故应急救援体系的法律、法规主要有如下几方面：

《安全生产法》第十七条规定："生产经营单位的主要负责人具有组织制定并实施本单位的生产安全事故应急救援预案的职责。"第三十三条规定："生产经营单位对重大危险源应当制应急救援预案，并告知从业人员和相关人员在紧急情况下应当采取的应急措施。"

《职业病防治法》规定"用人单位应当建立、健全职业病危害事故应急救援预案。"

《消防法》规定"消防安全重点单位应当制定灭火和应急救援疏散预案，定期组织消防演练。"

2）监理工程师对应急救援体系的管理

尽管重大、特大事故发生具有突发性和偶然性，但事故的应急管理不只限于事故发生后的应急救援行动。监理工程师对应急救援体系的管理是对重大事故的全过程管理，应充分体现"预防为主、常备不懈"的管理思想。

监理工程师在开工准备阶段，应针对应急救援体系的管理人员组成情况、危险源的辨别结果、预案编制的针对性、可操作性以及完整性进行审查，提出整改意见，督促建立、健全应急救援体系。在施工阶段，应对预案内资源准备和操作演练进行跟踪动态检查，及时发现应急体系内的缺陷和问题，书面提出整改意见，督促承包人不断完善应急救援体系和补充调整应急预案，保证预案的可操作性。在事故发生过程中，记录和分析应急救援响应过程中不足之处，在事后进行科学分析，对经验和教训进行及时总结和提高，以不断提高应急救援体系的管理质量。

7. 安全技术交底工作的检查

1）安全交底的主要内容

（1）施工组织设计安全技术措施或方案。包括分部、分项工程的安全技术措施或方案，以及专项技术措施或方案；

（2）分析气候、天气的状况和特点，告知施工作业现场应采取的安全防范措施；

（3）告知施工现场的安全管理制度和有关安全生产规定；

(4)告知施工现场的危险因素和安全防范措施；

(5)告知工作岗位的危险因素和安全防范措施；

(6)告知不同工种的作业人员应鉴别、检查、使用适宜自己所属工种的劳动防护用品；

(7)告知采用新工艺、新技术、新设备、新材料的安全操作规定；

(8)告知生产工具的使用方法和注意事项；

(9)告知施工现场不同工种协同施工时的安全注意事项和安全防范措施；

(10)告知事故应急措施。

2)安全交底的形式和方法

(1)安全交底形式

安全交底形式有直接安全交底和间接安全交底。

直接安全交底，就是交底人和被交底人之间当面直接进行的安全交底。如：班组交底会、安全专题会、安全技术讲座、岗位培训安全交底等。

间接的安全交底，是指安全交底人通过宣传的手段把交底内容向被交底人进行交代，使被交底人了解、接受，并贯彻执行的一种交底形式。如：墙报、黑板报、宣传栏、宣传横幅及标语等。

(2)安全交底的方法

安全交底的方法很多，在工程建设中，安全交底的方法大致有：

①总交底：根据施工现场的周围环境、施工条件、施工项目的特点，将施工组织设计中安全措施方面的内容和施工现场安全生产相关管理规定进行全面交底；

②分部、分项和重要节点的安全交底：根据分部、分项和重要节点的实际情况，将安全生产管理、安全生产措施中应贯彻执行的内容和要求进行交底；

③专项安全交底：如承重支架、脚手架搭设的专项安全交底，深基坑开挖的专项安全交底，起重吊装作业的专项安全交底及施工用电专项安全交底等；

④分岗位、工种的安全交底：针对不同工种，不同岗位的专业特点和性质，进行安全交底；

⑤班组安全施工操作交底：班组安全技术交底一般放在每天的施工作业前进行，亦称班前会。由班组长或安全员，对当天的施工作业内容、施工作业特点、施工作业时的安全注意事项、各岗位工种的安全要求进行安全交底。

3)监理工程师对安全交底工作方面的要求

(1)监理工程师对承包人安全交底的记录资料进行定期或不定期的检查，并做好检查记录。监理工程师对安全交底工作的要求一般通过安全监理检查记录、监理安全指令书、监理安全会议纪要和监理周报、月报予以体现；

承包人安全技术交底记录资料包括：

①承包人上级领导和管理部门对施工现场管理人员和作业人员所进行的安全交底记录资料；

②承包人项目负责人、安全负责人、专职安全员对作业人员所进行的安全技术交底记录资料，包括对专业分包的安全交底记录资料；

③施工现场安全生产每日告示牌的书面记录资料；

④班组长对班组人员所进行的安全交底；

⑤专业分包人对施工现场分包作业人员进行的安全交底。

(2)监理工程师在工程开工前监理交底时向承包人提出本工程安全监控的工作要求和工作程序,要求监理人员、承包人的安全管理和作业人员共同遵守。尤其对开工审批、安全管理日常检查、机械设备和安全设施检查、特殊作业人员进场认可、安全生产和文明施工措施费用的中间计量、安全施工工作中常用的规范、标准以及安全监控过程中工作程序、检查记录、报表等作重点介绍,使安全监控工作标准化、程序化。

二、施工阶段安全监控

1.施工现场日常安全监控的工作内容和程序

1)日常安全监控的主要工作

(1)加强督促

①监督承包人按照国家有关法律、法规、工程建设强制性标准和经审查同意的施工组织设计或专项施工方案组织施工,制止违规作业。

②督促承包人定期进行安全生产自查工作(班组检查、项目检查、公司检查),并将检查结果报送监理机构及政府工程安全监督管理机构备案。

(2)巡视检查

监理工程师应对施工现场安全生产情况进行巡视检查,监督承包人落实各项安全措施。发现有违规施工和存在安全事故隐患的,应及时发出口头或书面监理通知要求承包人整改,情况严重的,可由总监理工程师下达暂停施工令。承包人拒不整改或不停止施工的,应向当地政府有关部门书面报告。

(3)监理会议

在定期召开的监理会议上,安全生产应列为会议主要内容之一。承包人汇报现场安全施工情况和安全措施实施计划,监理工程师评述安全施工现状和存在问题,提出整改要求。对承包人违反安全施工的行为,进行处理并责成承包人整改。在监理会议纪要和监理月报中向业主汇报有关安全、文明施工情况。

2)日常安全监控措施实施程序

(1)发出口头通知

在监理工程师日常现场巡视、检查工作中,若发现施工过程中存在违反技术标准行为,或存在安全事故隐患,应及时口头通知承包人,要求立即采取措施进行整改(严重违规或重大安全隐患应及时采用书面通知予以确认)。

(2)签发书面通知、指令

监理工程师"口头通知"发出后,承包人未按期整改且无整改措施时,监理工程师(安全监理人员)应向承包人签发书面通知、指令,责成承包人整改。

(3)召开专题监理会议

当监理工程师签发书面通知、指令后,承包人仍未采取整改措施时,监理工程师应当组织业主、承包人及其他有关单位召开专题监理会议,要求承包人说明原因,落实整改措施,明确整改计划,并形成会议纪要。

(4)签发"工程暂停令"

在监理工程师签发书面通知、指令或召开专题监理会议后,承包人仍未及时整改或拒不整改,情况严重的,应要求承包人暂时停止施工,由总监理工程师签发"工程暂停令",同时报告业主。暂停施工的部位视工程的情况,可以是整个工程暂停,也可以局部工程暂停。

(5)向政府建设主管部门报告

若监理工程师发出“工程暂停令”后，承包人拒不整改或者不停止施工的，总监理工程师应及时向政府建设主管部门报告，可采用口头或书面形式。

2. 监督承包人按方案组织施工，及时制止违规施工作业

1)监督施工安全技术措施实施

(1)安全生产责任制的建立和落实

监理工程师应依据通过审核的施工组织设计中的施工安全技术措施，对承包人安全生产责任制建立和落实情况进行监督检查。

(2)安全管理机构的建立及人员配备

承包人应当按照有关法律、法规的规定和合同约定，设立安全生产管理机构，配备专职安全生产管理人员。监理工程师应对施工安全生产管理机构的建立、专职安全生产管理人员的配置情况进行监督检查。

(3)对分包人安全生产的管理

总承包人依法将工程分包给其他分包人，分包合同中应当明确各自的安全生产责任、义务和权利，总承包人和分包人对分包工程的安全生产承担连带责任。分包人应当服从总承包人的安全生产管理，分包人不服从管理导致生产安全事故的，由分包人承担主要责任。

监理工程师对分包人安全生产管理审查的内容包括：

①分包人资格和安全生产许可证的审查；

②分包人项目负责人资格及三类人员的审查；

③分包人安全生产责任制建立和安全生产条件；

④总包、分包安全协议中有关安全生产的责任、义务和权利等内容；

⑤对分包人从业人员接受培训，特殊工种持证上岗情况进行审查。

(4)三类人员及特种作业人员资格的审查

监理工程师应对承包人三类人员(承包人的主要负责人、项目负责人、专职安全生产管理人员)取得考试合格证书情况进行审查。三类人员应当经建设行政主管部门或者其他有关部门考核合格后方可任职。

监理工程师应对承包人特种作业人员取得特种作业操作资格证书情况进行审查。垂直运输机械作业人员、安装拆卸人员、爆破作业人员、信号工、登高架设作业人员等特种作业人员，必须按照国家有关规定经过专门的安全作业培训，并取得特种作业操作资格证书后，方可上岗作业。

(5)应急救援人员和物资、器材配备的检查

监理工程师应依据通过审核的施工组织设计，对承包人应急救援预案的人员组织，必要的应急救援器材、设备配备，以及应急救援预案的定期演练进行监督检查。

(6)施工安全教育培训的监督检查

监理工程师应对承包人落实安全生产教育培训制度情况进行监督检查。承包人应当对管理人员和作业人员每年至少进行一次安全生产教育培训。其教育培训情况记入个人工作档案，安全教育培训不合格的人员，不得上岗。

2)监督安全专项安全施工方案实施

危险性较大分部、分项工程必须按照批准的安全专项施工方案进行施工，在施工过程中需要对专项施工方案进行修改的，必须报原批准部门同意，不得擅自修改。监理工程师应对

下列危险性较大的分部、分项工程专项施工方案的实施进行重点监督检查。

(1)基坑支护与降水工程;

(2)土方开挖工程;

(3)模板工程;

(4)其中吊装工程;

(5)脚手架工程;

(6)拆除、爆破工程;

(7)其他危险性较大的工程。

3)及时制止违规行为

监理工程师在施工现场实施监理工作中,发现承包人有违反国家法律、法规、技术标准和安全操作规程的行为,应及时制止,并采取以下措施:

(1)发现严重冒险作业和严重安全事故隐患的,应责令其暂停施工进行整改;

(2)下达隐患整改通知单,要求承包人整改事故隐患情况,并复查整改结果情况;

(3)向业主报告督促承包人整改情况;

(4)向工程所在地政府有关主管部门报告承包人拒不整改或不停止施工情况。

3.定期巡视检查

监理工程师应对施工过程中的危险性较大工程作业进行巡视检查,发现违规操作行为及时制止,巡视检查的重点包括以下几个方面。

1)高处作业

从事登高作业的人员,必须经过专业技术培训及专业考试合格,持证上岗,并定期进行体格检查。对高处作业的安全技术设施,发现有缺陷和隐患时,必须及时解决;危及人身安全时,必须停止作业。雨天和雪天进行高处作业时,必须采取可靠的防滑、防寒和防冻措施。防护棚搭设与拆除时,应设立警戒区,并派专人监护。乘人的外用电梯、吊笼,应有可靠的安全装置,禁止利用起重臂和绳索攀登,禁止随同运料的吊篮、吊装物上下。

2)机电设备使用

建立机电设备操作手册和操作规程,机电设备运行状态完好,操作人员严格按照操作手册和操作规程进行操作,并有可靠有效的安全防护装置。有机电设备定期保养记录。机电设备定人操作,操作人员经培训、考核合格。特种机械设备(如电梯、塔吊、架桥机、龙门吊等)进场后使用前必须经过有资质的单位鉴定,并出具鉴定证书后方可使用。

3)场内车辆驾驶

未经专业、职业培训部门培训合格的持证人员、不熟悉车辆性能者,禁止驾驶车辆。车辆制动器、喇叭、转向系统、灯光等影响安全的部件必须良好。严禁翻斗车、自卸车车厢载人,严禁人货混装,车辆载货严禁超载、超高、超宽;捆扎必须牢固可靠。车辆进出现场、在场内掉头、倒车,在狭窄场地内行驶时,必须设专人指挥。临近机动车道的作业区和脚手架等设施,以及道路中的障碍应设安全标志和防护设施,夜间应设警示灯和足够的照明。

4)气割、电焊作业

所有焊接工具及防护用品应完整无损,安全有效。要正确使用焊接设备,焊具及防护用品,高空作业应佩带和安全帽。现场周围有易燃、易爆物品时应及时清理或采取防护措施。必须在禁火区进行明火作业时,应严格执行“动用明火”审批制度,办妥“动火证”手续。施工现场严格执行三级动火制度。

5)起重作业

起重指挥、起重机驾驶员必须持证上岗。起重机各限位保险应齐全,各机构的工作应正常,制动器应灵敏可靠。起重作业所需的用具、设备应可靠完好。起重指挥、起重机驾驶员、起重工等操作人员应严格执行起重作业安全操作规程,正确佩戴防护用品。吊装区域内严禁站人。

6)钢筋加工、绑扎作业

断料、配料、弯料等工作应在地面进行,不准在高空操作。搬运钢筋注意避免与附近的架空线和临时电线发生碰撞。现场高处绑扎作业时,必须搭设符合规定的施工脚手架并配备其他安全设施。现场绑扎悬空大梁钢筋时,不得站在模板上操作。绑扎独立柱头钢筋时,不准站在钢箍筋上绑扎,也不准将木料、管子、钢模板穿在钢箍筋内作为立人板支撑。起吊钢筋骨架,下方禁止站人。

7)混凝土浇注

使用平板振动器或振捣棒的作业人员,要穿胶鞋、戴绝缘手套;振捣设备用电应通过三级配电箱,并装有漏电保护器,电源线不得有破皮漏电;夜间施工时,照明要良好。混凝土工使用推车向料斗倒料时,要有挡车措施。浇注高度在 2m 以上,应搭设操作平台,浇注混凝土时,不准直接站在溜槽上或站在模板及支撑上操作;操作人员必须戴好安全带,并扣好保险钩。用塔吊、料斗浇捣混凝土时,指挥扶斗人员与塔吊驾驶员应密切配合。使用振动机前应进行安全检查,振动机移动时,不能硬拉电线,更不能在钢筋和其他锐利物上拖拉。

8)张拉作业

张拉人员必须严格遵守各项技术操作规程。张拉机具、千斤顶等机具使用前必须经有资质的单位鉴定和标定,压力表、持压阀、油管等部件的接头必须牢固。千斤顶与油泵在稳压时,工作人员必须在安全的位置。悬空张拉,必须先搭设工作平台,工作平台上应有栏杆、保险绳等安全设施。预应力张拉区域应设明显的安全标志,非操作人员禁止进入。

9)脚手架搭设与拆除作业

从事脚手架搭设和拆除的人员,必须是经过按现行国家标准《特种作业人员安全技术考核管理细则》(GB 5036)考核合格的专业架子工,经体检合格,方可持证上岗,被配备必须的个人安全防护用品。对脚手架及模板支架所使用的材料,应进行检查验收,不合格的产品不得使用。脚手架及模板支架基础验收合格后,应按专项施工方案的要求进行放线定位。脚手架和模板支架在搭设和拆除时,应设立作业警戒区,并派专人进行监控,严禁非操作人员进入。脚手架和模板支架在搭设过程中,应进行分步验收,全部验收合格,挂牌后方可投入使用。

10)大模板堆放、安装、拆除作业

平模存放时应满足地区条件要求的自稳角,两块大模板应采取板面对板面的存放方法,长期存放模板,应将模板连成整体。大模板存放在高处,必须有可靠的防倾倒措施,不得沿外墙围边放置,并垂直于外墙存放。没有支撑或自稳角不足的大模板,要存放在专用的堆放架上,或者平堆放,不得靠在其他模板或物件上。在大模板拆装区域周围,应设置围栏,并挂明显的标志牌,禁止非作业人员入内。

11)电器安装、维修作业

操作人员经体检合格,持证上岗。非电工一律不准安装、维修电器设备。电器安装、维修应严格遵守《施工现场临时用电安全技术规范》(JGJ 46—2005)的规定。操作人员应正确使用个人劳动防护和操作工具。

12)拆除作业

作业人员应熟悉被拆除建筑物的竣工图纸、建筑物的结构情况、水电及设备管道情况，熟悉周围环境、场地、道路、水电设备管路、危房情况。拆除作业安全检查要点如下：

(1)工程负责人要根据施工组织设计和安全技术措施、安全操作规程对参加作业的人员进行详细的书面交底。

(2)在拆除工程施工前，应将电线、瓦斯煤气管道、上下水管道、供热设备管道等干线同建筑物的支线切断或迁移。

(3)从事拆除工作的作业人员，应站在专门搭设的脚手架上或其他稳固的结构部分上操作。

(4)拆除区周围应设立围栏，挂警示牌，并派专人监护，严禁无关人员逗留。

(5)拆除建筑物应采用自上而下的顺序进行、禁止数层同时拆除，当拆除某一部分的时候，应防止其他部分的倒塌。

13)船舶作业

(1)船舶锚泊

①各船舶抛锚前应详细了解抛锚处水下情况，以防止挂断水下光缆或输油管道。

②各船舶锚泊须选择适当的地点抛锚，锚泊地点应远离大型作业船舶与通航航道

③各船舶在锚泊期间必须昼夜安排人员值班，随时注意观察船舶状况，当发现走锚，锚缆断损及其他船舶碰撞等紧急情况时，应立即报警，并及时组织采取应急措施。

④各船配置的首锚重量与锚缆强度必须满足船舶锚泊要求，应定期检查锚缆的磨损情况，当锚缆磨损断股超过30%时须更换新锚缆。

⑤主机出现故障的船舶，维修期间应在安全的锚泊地点抛锚，如在施工现场锚泊维修，必须安排专门船舶守护，以便随时处理应急情况。

(2)船舶航行及作业

①船舶停靠施工作业时，白天应悬挂信号球与信号旗，夜间警示信号灯。

②为了确保船舶与登船人员的安全，在特殊情况下，船长有权拒绝执行施工命令，可自行决定停工抛锚或返航。

③与其他单位船舶在同一区域作业时，应提前了解对方的通信频道，以便在应急时能够进行通信联络。

④严格避免与其他单位交叉作业。

⑤船舶航行时应注意航行安全，夜间航行应开航行灯。

⑥船舶在雾天及水面能见度低于500m时严禁航行，船舶在雾天锚泊时应按规定鸣放雾钟。

14)潜水作业

潜水员必须持有潜水员证书，并认真遵守潜水作业安全操作规程。潜水员在生产实习时，应在准许的潜水工作范围内进行作业。

15)水下电气作业

从事电气操作的人员应持有效电工证书，应熟悉电气作业操作规程，并应持证上岗，无证人员禁止进行电气作业。

16)水上起重作业

水上起重作业除应遵守陆地上一般起重作业安全操作要求外，尚应遵守下列规定：

(1)作业前应现场查看，根据吊物的性质、重量等确定下锚位置、起吊方法。

(2)作业前检查吊钩、滑轮、卸扣、链条、转环、螺栓、插销等零件应良好，起重钢丝绳的两端应牢固。

(3)当风力大于6级时，应停止起重作业。

(4)起吊前应查看和计算船体吃水是否满足要求。

(5)物体吊至空中时，其他船舶应避免从起吊物下方经过。

(6)吊重物移船时，各绞车应注意指挥人员的指挥信号，做到松紧均匀，避免突然停止或突然启动，使重物在空中摇摆。

(7)吊重物件落下时，绞车卷筒上的钢丝绳不能全部放完，至少保留5圈。

(8)在起吊埋在土中或水中的物件时，应缓慢进行，防止超载，等物件有移动时再起吊。

(9)当用两艘起重船同时起吊一个物件时，必须在安全部门和技术部门的领导下，编制具体的安全操作方案，经审查通过后，方能进行。两船应相互联系，并明确一个指挥人员进行指挥，保持物件吊起同一高度，并保持同步作业。

(10)夜间起重作业时，工作地点应有足够的照明，但不能妨碍指挥人员的视线。

(11)起重船与其他船舶配合工作时，双方船长应相互联系，明确分工，密切配合。

4.安全自查、抽查与安全生产专项检查

1)监理工程师安全检查的内容、形式和方法

(1)监理工程师安全检查的内容

①检查承包人的《安全生产管理制度》、《安全生产岗位责任制》及其贯彻执行情况；

②检查承包人安全教育培训及持证上岗的情况；

③检查承包人各项安全措施；

④检查承包人对施工现场安全生产、文明施工的管理情况；

⑤检查施工现场隔离与维护、交通与组织的措施；

⑥检查施工现场机械设备、安全设施的使用情况；

⑦检查施工现场的施工用电情况；

⑧检查施工作业人员劳动防护用品的使用情况；

⑨检查施工现场作业人员的操作行为。

(2)监理工程师安全检查的形式

监理工程师在建设工程进行监理的过程中，实施安全检查的形式很多。常用的有：

①日常巡视检查；

②定期检查；

③专项检查；

④节假日(前、后)检查；

⑤季节性检查；

⑥按照上级有关指令实施的检查。

(3)监理工程师实施检查的方法

①眼看、耳听、鼻闻的方法；

②手脚触摸感觉的方法；

③采用检测仪器、检测工具进行检查的方法；

④根据检查的目的，在检查的项目和内容上进行组合或分类，确定是综合检查还是专项检查、普查或抽查；

⑤单独检查或组织检查；

⑥采用检查表的方法。

2)督促承包人进行安全自检

工程项目安全检查的目的是为了消除安全隐患、防止安全事故。承包人安全自检是施工安全控制工作的一项重要内容和重要环节。监理工程师应督促承包人安全自检，及时发现工程危险因素，有计划地采取安全防范措施，保证施工安全和工程安全。施工安全自检应由承包人项目负责人组织进行。安全自检可分为日常性检查、专业性检查、季节性检查、节假日前后的检查和不定期检查等。

(1)日常性检查，即经常的、普遍的检查。承包人项目管理机构每月至少进行一次安全大检查；施工班组每周、每班次都应进行检查。专职安全技术人员的日常检查应该有计划，针对重点部位和危险工序周期性地进行。

(2)专业性检查，是针对特种作业、特种设备、特殊场所进行的检查，如：电、气焊、起重设备、运输车辆、锅炉压力容器、易燃易爆场所等。

(3)季节性检查，是指根据季节特点，保障安全生产特殊要求的检查。如春季风大，要着重防火、防暴；夏季高温、台风、雷雨，要着重防暑降温、防台防汛、防雷击；冬季着重防寒、防冻等。

(4)节假日前后的检查，是针对节假日期间容易产生麻痹思想的特点，而在节日前、后进行的安全生产综合检查。

(5)不定期检查，是指在工程或设备安装开工和停工前、检修中、工程或设备安装竣工及试运转时进行的安全检查。

3)对承包人自检情况进行抽查、考评

(1)监理工程师对承包人自检情况进行抽查，主要规定如下：

①定期或不定期对承包人自检情况进行抽查、评价和考核；

②抽查中发现作业中存在的不安全行为和隐患，签发安全整改通知，督促施工单位制定整改方案，落实整改措施，整改后应予复查；

③抽查采取随机抽查，现场观察和实地检测的方法，并记录检查结果，纠正违章指挥和违章作业。

(2)抽查一般内容：

①承包人施工人员、施工机械设备、材料、施工方法、施工工艺及施工环境条件等是否符合保证施工安全的要求；

②施工组织设计、施工专项方案中安全技术措施的落实情况；

③承包人安全自检记录资料整理情况，自检存在问题整改情况；

④现场安全防护设施、文明施工、用电安全及消防安全管理情况等。

4)参加业主组织的安全生产专项检查

监理工程师应参加业主组织的各种安全生产专项检查，配合做好对施工现场安全管理、安全制度落实、安全防护、文明施工、危险作业环境防护、施工用电等专项检查工作，对检查中发现的问题，积极落实承包人进行整改，复查整改情况，并及时向业主上报。

三、交工验收阶段安全监控

1. 修复作业条件

(1)作业前应掌握施工现场及毗邻区域内的供水、供电、供热、供气、通信、广播电视、排水等地下管线资料和水文、地质和气象资料、相邻建筑物、构筑物、地下工程有关资料。

(2)应掌握维修工程涉及文件,并对结构的安全性进行认定。

(3)应掌握涉及作业安全的重点部位和环节的设计说明或指导意见。

(4)根据工程所处的环境、所采用特殊施工方法应制定预防生产安全事故的专项技术措施。

2. 水上水下作业准备工作

(1)承包人应办理《水上水下施工作业许可证》,以及航行警告、航行通告等有关手续。

(2)由有关主管部门颁发的各类机械设备许可证书,如船舶证书、船舶安全检查记录簿。船舶航行通告及施工机械的登记证书、检测检验、验收、备案手续等。

(3)作业船舶在施工中要严格遵守《国际海上避碰规则》、《海上交通安全法》、《内河交通安全管理条例》等有关规定及要求。设置必要的安全作业警戒区并设置符合有关规定的标志。

(4)作业船舶应配备有效的通信和救生设备,并保持设备技术状态良好。

(5)在编制水上、水下修复作业施工组织设计的同时,必须制定船舶作业安全技术措施。

(6)承包人应掌握水上作业区域及船舶作业、航行的水上、水下、空中及岸边障碍物等情况,并有针对性地制定防护安全技术措施。

(7)应向参加作业的工程船舶、水上水下作业人员进行施工安全技术措施交底,并做好记录备查。

(8)作业人员必须严格执行安全操作技术规程,杜绝违章指挥、违章作业、违反纪律的现象,保障船舶航行、停泊和作业安全技术措施的落实。

(9)根据施工作业区域的实际情况和季节变化,应制定防台、防风、防火等预案,以及能见度不良时的施工安全技术措施。

3. 水上修复作业

(1)进入现场的水上作业人员,必须穿救生衣和戴安全帽,严禁酒后上岗作业,严禁船员在船期间饮酒。

(2)作业船舶应按有关规定在明显处设置昼夜显示的信号及醒目标志。

(3)在施工作业期间,应按海事部门确定的安全要求,设置必要的安全警戒标志或警戒船。

(4)作业船舶应配备有效的通信设备,并在指定的频道上守听;应主动与过往船舶联系沟通,告知本船的施工、航行动向,确保航行和船舶安全。

(5)作业船舶必须严格执行安全操作技术规程,严禁超载或偏载。

(6)作业船舶靠岸后人员上下船应搭设符合安全要求的跳板。

(7)交通船应按规定的数量载人,严禁超员,船上必须按规定配备救生设备。

(8)水上作业船舶如遇有大风、大浪、雾天时,超过船舶抗风浪等级或能见度不良时,应停止作业。

(9)在水上搭设的作业平台,必须牢固可靠,悬挂的避碰标志和灯标应符合有关符合有

关安全技术规定。水上作业平台应配备必要的救生设施和消防器材。

4. 水下修复作业

水下修复作业，涉及潜水作业、水下电气作业等相关作业安全要求，参见本节施工阶段安全监控中安全巡视检查相应内容的要求进行安全监督检查。

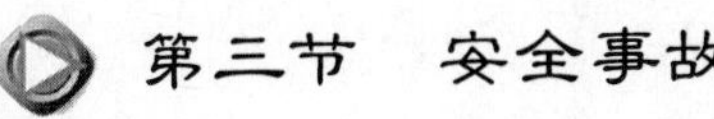

第三节 安全事故处理

一、工程安全事故处理依据

进行建设工程处理的主要依据有 4 个方面：安全事故的实况资料；具有法律效力的建设工程合同，包括工程承包合同、设计委托合同、材料设备供应合同、分包合同以及建立合同等；有关的技术文件、档案；相关的交通监督和工程法律法规、标准及规范。

前三种是与特定的工程密切相关的具有特定性质的依据。第四种法规性依据，是具有很高法律性、权威性、约束性、通用性和普遍性的依据，因而它在工程安全事故的处理事务中，也具有极其重要的作用。

1. 安全事故的实况资料

安全事故发生后，承包人有责任就所发生的安全事故进行周密的调查，并在此基础上写出调查报告，提交监理工程师、业主和政府有关部门。调查报告应详细说明与安全事故有关的情况，其内容包括：

(1)安全事故发生的时间、地点；

(2)安全事故状况的描述；

(3)安全事故发展变化的情况(其范围是否继续扩大，程度是否已经稳定等)

(4)有关安全事故的观测记录、事故现场状态的照片或录像。

2. 有关合同文件

所涉及的合同文件可以是：工程承包合同、设计委托合同、材料设备供应合同；设备租赁合同，施工分包合同，监理合同等。

有关合同文件在处理安全事故中的作用是：确定在施工过程中有关各方是否按照合同有关条款实施其活动，借以探寻产生事故的可能原因。

3. 有关的技术文件和档案

1)与设计有关的技术文件

施工图纸和技术说明等设计文件是工程施工的重要依据。在处理安全事故中，其作用一方面可以核查施工生产是否完全符合设计的规定和要求，另一方面是可以根据所发生的安全事故情况，核查设计中是否存在问题或缺陷，是否是导致安全事故发生的原因之一。

2)与施工有关的技术文件、资料档案

(1)施工组织设计(专项施工方案)、施工计划、工程施工安全计划。

(2)施工记录、施工日志等。根据此类文件可以查对发生安全事故的工程施工时的现场情况，如施工时的气温、降雨、风速、风向等有关自然条件，施工人员情况、施工工艺与操作过程的情况、材料的使用情况以及施工场地、工作面、工地交通等情况。

(3)有关建筑材料、施工机具及设备等的质量证明资料。

(4)有关安全防护用具、材料、设备等的质量证明资料。

(5)其他有关施工资料。

上述技术文件和资料对于分析安全事故原因,判断其发展变化趋势,推断事故影响及严重程度,考虑处理措施等起着重要的作用。

4. 相关的法律、法规和标准、规范

(1)建设市场管理的法律、法规;

(2)施工现场管理的法律、法规;

(3)建筑业资质、安全生产许可证和从业人员资格管理的法律、法规;

(4)强制性工程标准和规范。

二、水运工程质量事故等级划分和报告制度

1. 水运工程质量事故分类及等级标准

水运工程质量事故分质量问题、一般质量事故及重大质量事故三类。

1)质量问题

在施工阶段及质量保修期,因质量较差,影响工程正常使用,需经返工或修复才能达到合格要求,造成直接经济损失在10万元以下的。

2)一般质量事故

质量低劣、达不到合格标准、造成工程永久性缺陷,直接经济损失在10万元至100万元之间的事故。一般质量事故分两个等级。

(1)符合下列情况之一的为一级一般质量事故:

①直接经济损失在50万元至100万元;

②小型水运建筑物降低使用标准。

(2)符合下列情况之一的为二级一般质量事故:

①直接经济损失在10万元至50万元;

②水工主体工程因永久性缺陷而造成使用不便,或严重影响建筑物美观。

3)重大工程质量事故

工程倒塌、报废、降低使用标准、造成人身伤亡或重大经济损失的事故,重大质量事故分为三个等级。

(1)符合下列情况之一的为一级重大质量事故:

①死亡25人(含25人)以上;

②经济损失1 000万元以上;

③5万吨级以上码头(内河万吨级)、船坞,5 000吨级以上船闸主体垮塌。

(2)符合下列情况之一的为二级重大质量事故:

①死亡10人以上,24人(含24人)以下;

②直接经济损失500万元以上,1 000万元以下;

③万吨级以上码头(内河千吨级)、船坞,千吨级以上船闸主体结构垮塌。

(3)符合下列情况之一的为三级重大质量事故:

①死亡1人以上,9人(含9人)以下;

②直接经济损失100万元以上,500万元以下;

③万吨级以上码头(内河千吨级)、船坞,千吨级以上船闸降低使用标准。

2. 水运工程质量事故报告制度

1)质量事故报告单位

任何单位和个人均有权利和义务将工程质量事故的情况及时报告有关部门。水运工程在建项目,承包人为事故报告单位;交付使用的工程,接收养护单位为事故报告单位。

2)质量事故报告的程序

质量事故发生后,事故发生单位必须以最快的方式,将事故的简要情况同时向业主、监理人、质量监督站报告,在质量监督站初步确定质量事故的类别性质后,在按下述要求进行报告:

(1)质量问题:问题发生单位应在 2 天内书面上报业主、监理人、质量监督站。

(2)一般质量事故:事故发生单位应在 2 天内书面上报质量监督站,同时报企业上级主管部门、业主、监理人和省级质量监督站。

(3)重大质量事故:事故发生单位必须在 2 小时内速报省级交通主管部门和国务院交通主管部门,同时报告省级质量监督站和部质量监督总站,并在 12 小时内出《水运工程重大质量事故快报》。

3)质量事故报告的内容。

质量事故书面报告应当包括以下内容:

(1)工程项目名称,事故发生的时间、地点、业主、设计人、承包人、监理人等单位的名称;

(2)事故发生的简要经过、造成工程损伤状况、伤亡人数和直接经济损失的初步估计;

(3)事故发生原因的初步判断;

(4)事故发生后采取的措施及事故控制情况;

(5)事故报告单位。

3. 质量事故发生后的现场保护和调查处理

1)质量事故发生后的现场保护

事故发生后,事故发生单位和该工程的业主、承包人、监理人等单位,应严格保护事故现场,并采取有效措施抢救人员和财产,防止事故扩大。因抢救人员、疏导交通等原因,需要移动现场物件时,应当做出标志、绘制现场简图并作出书面记录,妥善保存现场重要痕迹、物证,并采取拍照或录像等直录方式反映现场原状。

2)质量事故发生后的调查处理

(1)质量事故处理的原则。

质量事故的处理实行"三不放过"原则,即事故原因不清不放过;事故责任者和群众没有受到教育不放过;没有防范措施不放过。

(2)质量事故发生后的责任追究。

质量事故发生后,事故发生单位隐瞒不报、谎报、故意拖延报告期限的,故意破坏现场的,阻碍调查工作正常进行的,拒绝提供与事故有关情况、资料的,提供伪证的,由上级主管部门按有关规定给予行政处分。构成犯罪的,由司法机关依法追究刑事责任。

三、工程安全事故的处理程序

工程参建单位应熟悉各级建设行政主管部门处理工程安全事故的基本程序,在工程安全事故处理过程中履行自己的职责。

重大安全事故由国务院按有关程序和规定处理，按《特别重大事故调查程序暂行规定》（国务院令第34号），《企业职工伤亡事故报告和处理规定》（国务院令第75号），《工程重大事故和调查程序规定》的规定进行报告。

现行水运工程质量事故管理的体制是：国务院交通主管部门归口管理全国水运工程质量事故的认定和调查处理工作，省级交通主管部门归口管理本辖区内水运工程质量事故。质量事故的调查处理实行统一领导，分级负责的原则。根据这一原则，重大质量事故由国务院交通主管部门会同省级交通主管部门负责调查处理；一般质量事故由省级交通主管部门负责调查处理；质量问题原则上由业主或承包人负责调查处理。

1. 伤亡事故的调查

1）组织调查组

在接到事故报告后，承包人主管领导，除立即赶赴现场组织抢救，还应迅速组织调查组开展事故调查：

（1）轻伤事故：由施工现场项目经理牵头，项目生产、技术、安全、人事、保卫、工会等职能部门的成员组成事故调查组。

（2）重伤事故：由承包人企业负责人或其指定人员牵头，企业生产、技术、安全、人事、保卫、工会、监察等有关部门的成员，会同上级主管部门负责人组成事故调查组。

（3）死亡事故：由承包人企业负责人或其指定人员牵头，企业生产、技术、安全、人事、保卫、工会、监察等有关部门的成员，会同上级主管部门负责人、政府安全生产行政管理部门、交通建设行政主管部门、公安部门、工会组织组成事故调查组。

（4）重大死亡事故：按照承包人企业隶属关系，由省、自治区、直辖市交通建设行政主管部门或者国务院有关主管部门会同同级安全生产行政管理部门、公安部门、监察部门、工会组成事故调查组，进行调查。重大死亡事事故调查组应邀请人民检察院参加，还可邀请有关专业技术人员参加。

2）现场勘查

现场勘察是技术型很强的工作，涉及广泛的科技知识和实践经验，调查组对事故的现场勘察必须做到及时、全面、准确、客观。现场勘察的主要内容有：

（1）现场笔录

①发生事故的时间、地点、气象等；

②现场勘察人员姓名、单位、职务；

③现场勘察起止时间、勘察过程；

④设备、设施损坏或异常情况及事故前后的位置；

⑤能量失散所造成的破坏情况、状态、程度等；

⑥事故发生前劳动组合、现场人员的位置和行动；

⑦重要物证的特征、位置及检验情况等。

（2）现场拍照

①方位拍照：要能反映事故现场在周围环境中的位置；

②全面拍照：能反映事故现场各部分之间的关系；

③中心拍照：反映事故现场中心情况；

④细目拍照：提示事故直接原因的痕迹、致害物等；

⑤人体拍照：反映伤亡者主要受伤和造成死亡的伤害部位。

(3)现场绘制施工图

根据事故类别和规模以及调查工作的需要应绘出下列示意图：建筑平面图、剖面图；事故时人员位置及活动图；破坏物立体图或展开图；涉及范围图；设备或工具制造简图等。

(4)事故资料

事故资料包括：事故单位的建筑企业资质、安全生产许可、营业执照及复印件；有关经营承包经济合同；事故单位的安全生产管理制度、安全培训教育记录、安全技术标准规程和安全技术交底；伤亡人员和肇事者的证件及工作情况；劳务用工注册手续；对证人的口述材料经本人签字认可，考证其真实性；施工现场示意图等。

2.伤亡事故的分析

1) 事故性质

(1)责任事故：是指由于人的过失造成的事故。

(2)非责任事故：是指由于人们不能预见或不可抗力的自然条件变化所造成的事故，或是在技术改造、发明创造、科学试验活动中，由于科学技术条件的限制而发生的无法预料的事故。但是，不包括对于能够预见并可以采取措施加以避免的伤亡事故，或没有经过认真研究解决技术问题而造成的事故。

(3)破坏性事故：是指为达到既定目的而故意制造的事故。对已确定为破坏性的事故，由公安机关认真追查破案，依法处理。

2)事故原因

(1)直接原因

根据《企业职工伤亡事故分类标准》(GB 6441—86)，直接导致伤亡事故发生的机械、物质和环境的不安全状态，以及人的不安全行为，是事故的直接原因。

(2)间接原因

事故中属于技术和设计上的缺陷，教育培训不够、未经培训、缺乏或不懂安全操作技术知识，劳动组织不合理，对现场工作缺乏检查或指导错误，没有安全操作规程或不健全，没有或不认真实施事故防护措施，对事故隐患整改不力等原因，是事故的间接原因。

(3)主要原因

导致事故发生的主要因素是事故的主要因素。

3)事故分析的步骤

(1)首先整理和阅读调查材料

根据《企业职工伤亡事故分类标准》(GB 6441—86)的附录A，按以下7项内容进行分析：

①受伤部位：指身体受伤的部位；

②受伤性质：指人体受伤的类型；

③起因物：导致事故发生的物体、物质；

④致害物：指直接引起伤害及中毒的物体或物质；

⑤伤害方法：指致害物于人体发生接触的方式；

⑥不安全状态：指能导致事故发生的物质条件；

⑦不安全行为：指能造成事故的人为错误。

(2)确定事故的直接原因、间接原因、事故责任者。

在分析事故原因是，应根据调查所确认的事实，从直接原因入手，逐步深入到间接原因，从而掌握事故的全部原因。通过对直接原因和间接原因的分析，确定事故中的直接责任者和领导责任者，再根据其在事故发生过程中的作用，确定主要责任者。

(3)制定事故预防措施

根据对事故原因的分析，制定防止类似事故再次发生的预防措施，在防范措施中，应把改善劳动生产条件、作业环境和提高安全技术措施水平放在首位，力求从根本上消除危险因素。

3. 事故责任分析

在查清伤亡事故原因后，必须对事故进行责任分析，目的在于使事故责任者，事故单位负责人和从业人员吸取教训，接受教育，改进工作。

事故责任分析可以通过事故调查所确认的事实，事故发生的直接原因和间接原因，有关人员的职责、分工和在具体事故中所起的作用，追究其所负的责任；按照有关组织管理人员及生产技术因素，追究最初造成不安全状态的责任；按照有关技术规定的性质、技术难度，追究属于明显违反技术规定的责任；对属于未知领域的责任不予追究。

第七章　水运工程环境保护监控

第一节　工程环保监理概述

一、工程环保监理的概念

1. 工程环保监理的定义

所谓工程环保监理，是指具有相应资质的监理人，接受业主的委托，承担其建设项目的环境监督管理工作，并代表业主对承包人的建设行为对环境的影响情况进行检查，对污染防治和生态保护的情况进行监督，确保各项环保措施落到实处的专业化服务活动。

2. 工程环保监理的依据

工程环保监理的主要依据是国家环保的法律、法规、相关技术规范和标准；工程所在地区环境质量标准和要求，项目环境影响评价报告、工程设计文件、监理委托合同和工程承包合同中有关环保管理的要求和标准。

3. 工程环保监理应遵循的原则

工程环保监理活动，应遵循守法、诚信、公正、科学的准则，协调好工程建设与环保的关系。环保监理应当和业主的环境管理、政府部门的环境监督执法区分开来，确立环保监理“第三方”的定位。理顺环保监理和业主、承包人、环境监测单位及政府环境主管部门等各方的关系，为环保监理工作创造有利的外部环境和工作条件。

二、工程环保监理的范围、任务及组织

1. 工程环保监理的范围

工程施工期环保监理的范围包括施工区域和工程影响区域。一般指承包人及其分包商的施工现场、工作场地、生活营地、施工道路，业主办公区和业主营地、附属设施等，以及在上述范围内生产施工可能对周边造成环境污染和生态破坏的区域和其他环保专项设施区域。对于涉及到移民的大型水运工程建设项目，一般还应包括移民安置区。

2. 工程环保监理的任务

工程环保监理的主要任务是根据《中华人民共和国环保法》及相关法律、法规，对工程建设中影响环境的行为进行监督管理。其中包括：

(1)监督检查承包人的环境管理体系建立情况，并对体系运行的有效性进行评估；

(2)在工程开工时审核承包人编制的《环境保护实施方案》；

(3)对工程施工对环境的影响进行检查；

(4)对环保设施的设计落实情况进行检查；

(5)对污染防治和生态保护的情况进行检查；

(6)定期与环境监测机构沟通，及时掌握环境监测成果，并作为向承包人下达环保监理指令的依据之一；

(7)根据环保设计的要求，对各项环保工程和环保措施进行监控；

(8)责令没有按有关环保要求施工的承包人限期改正；

(9)对工程施工造成的生态破坏，应监督承包人采取补救措施予以恢复；

(10)评价工程施工阶段的环保措施及实施效果是否已经达到环保设计的要求及预期目标。

3. 工程环保监理的组织

1)监理机构的设置

环保监理纳入工程监理体系后，监理机构应按工程特点和工程规模，考虑环保监理工作的具体要求，配置一定数量的专职或兼职环保监理工程师。当项目较大或环保监理内容较多和要求较高时，可设置分管环保监理的总监代表，主持环保监理工作。当项目相对较小、环保监理工作内容较简单时，可设置兼职的环保监理工程师。担任环保监理岗位的人员应经过环保监理知识的专门培训。

2)监理人员的环保工作职责

(1)总监理工程师

①对监理合同中有关环保工作条款的实施负全面责任，并定期向业主报告环保监理工作情况；

②在监理机构中明确环保监理职能分工和环保监理人员岗位职责；

③主持编写《监理规划》和审批《监理实施细则》中有关环保监理的工作计划和实施方案，检查和考核环保监理工作的执行情况；

④审查承包人施工组织设计中的环保实施方案是否满足环保要求，检查和评价施工过程中环保工作的落实情况；

⑤审查工程竣工资料中环保资料是否满足归档要求，组织编写环保监理工作总结。

(2)总监代表

总监代表是受总监委托，协助总监理工程师工作的监理机构负责人之一。拥有总监理工程师委托事项的全部权限，环保监理总监代表受总监委托协助总监分管环保监理工作的组织与实施，并定期向总监汇报工作。

(3)专业监理工程师

①编制《环保监理工作实施细则》；

②组织并指导环保监理员开展环保监理工作；

③审核承包人关于环保的措施和方案；

④检查施工过程中环保措施的执行情况，及时发现和处理环境污染问题；

⑤做好环保监理日记并定期向总监代表汇报环保监理工作情况，起草环保监理月报。

第二节 工程环保监理的工作程序和内容

一、工程环保监理的工作程序

环保监理按监理工作对象一般分为环境达标监理和环保工程监理。

1. 环境达标监理工作程序

1)审核承包人的环保实施方案

承包人应向监理工程师提交工程施工期的环保实施方案。方案应包括工程施工过程中各施工工艺产生的生产污水、各类机械设备的噪声、建筑工地的生活污水和垃圾、各施工工作面的水土流失、施工区及影响区域生态保护等方面的治理和保护措施；以及对施工人员环保的宣传教育、突发环境污染事故处理预案，承包人环保管理人员的组织和管理等内容。

2)审查承包人的环保效果自检报告

承包人的环保管理人员应按照经监理工程师审核的环保实施方案，在每项工程施工过程中按环保管理要求进行自查自检，定期写出自检报告报监理工程师审查。

3)施工过程中的环保监督检查

环保监理人员依据承包人施工环保实施方案和环保监理实施细则，对施工过程中出现的影响环境的各种问题进行全过程的监督检查。

4)工程环境达标检查认可

环保监理人员对分项或分部工程完工后的施工污染防治措施进行环境达标检查，对防治措施达标的予以签认，对防治措施未达标的，指令承包人进行整改。前项工程未经环保检查验收，后项工程不得进行施工。对于施工过程出现的承包人的环保违规行为，监理工程师可按合同约定提出处罚意见。

5)参与工程验收

当工程全部完工后承包人提交环保资料，环保监理工程师编制环保监理资料，参与工程验收。环保达标监理程序见图 2-7-1。

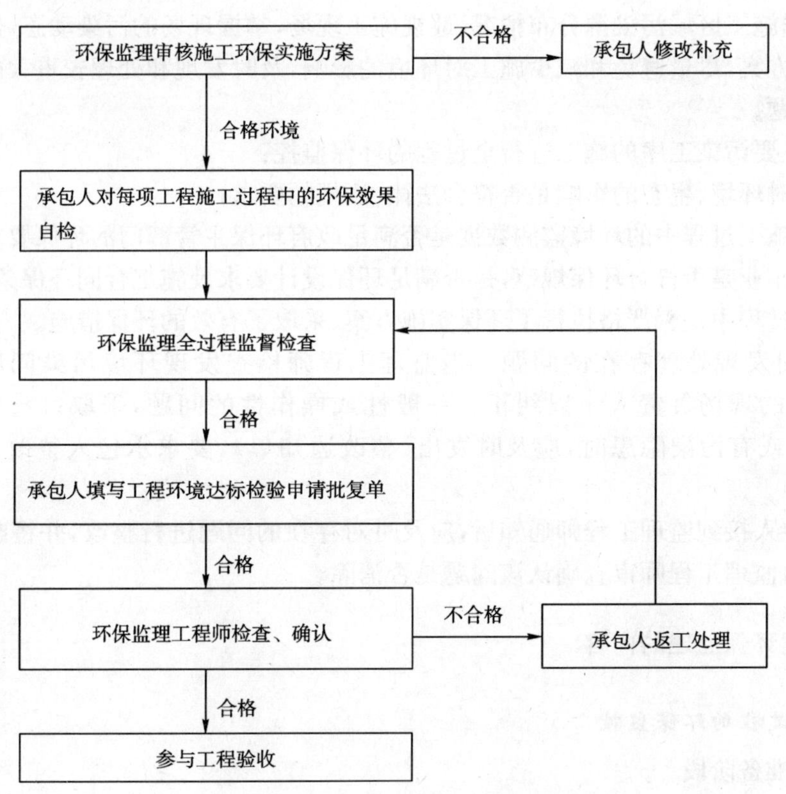

图 2-7-1　环保达标监理程序

2. 环保工程监理程序

环保工程指环境保护专项治理工程，如污水处理、烟气除尘、独特风格景观、绿化等。环保工程监理的监理程序与一般工程监理程序相似。

3. 污染事故处理程序

在工程施工过程中，出现重大污染事故时，应按如下程序处理：

(1)承包人在施工中发生污染事故后，应立即停止施工。除及时口头报告监理工程师外，应尽快提交事故初步调查报告。污染事故报告应包括工程名称、部位，污染事故原因，应急环保措施等。该报告经监理工程师签署意见，总监审核批准后转报业主。

(2)监理工程师应及时向业主及当地政府环保主管部门汇报。同时书面通知承包人暂停施工，督促承包人根据环保实施方案中事故处理预案及政府环保主管部门、业主环保管理部门的意见，及时采取有效的环保措施，予以补救。

(3)监理工程师和承包人对污染事故继续深入调查，并和有关方面商讨后，提出事故处理方案报业主及政府环保主管部门。

(4)督促承包人作好事故处理工作。

4. 工程环保监理的工作方式

环保监理工程师应常驻工地，对施工活动中的环保工作进行动态管理。根据工程建设期环保工作的特点，环保监理工作方式以巡视为主，辅以必要的仪器监测。日常巡视是工程环保监理的主要工作方式。主要工作包括：

(1)根据施工区域污染源分布情况，巡视施工现场，掌握现场的污染动态，监督承包人执行环保实施方案，尽量避免和减少施工对环境的影响，及时发现和处理较重大的生态破坏或环境污染问题。

(2)对主要污染工序的施工进行全过程的环保监控：

①施工对环境、生态的影响是否符合法律、法规的要求；

②现场施工过程中的环境监测数据是否满足政府环保主管部门的环保要求；

③施工作业是否符合环保规范，是否满足环保设计要求及施工合同环保条款约定；

④施工过程中是否严格执行了环保实施方案、采取了有效的环保措施。

(3)及时发现处理存在的问题。当监理工程师检查发现环境污染问题时，应立即通知承包人的现场负责人予以纠正。一般性或操作性的问题，采取口头通知形式；口头通知无效或有污染隐患时，应及时发出《整改通知单》，要求承包人整改，并检查整改结果。

(4)承包人接到监理工程师通知后，应及时对存在的问题进行整改，并将整改结果报监理工程师，由监理工程师审查确认该问题是否消除。

二、工程环保监理的内容

1. 施工过程的环保监控

1)施工准备阶段

(1)参加设计交底，熟悉环评报告和有关设计文件。

(2)审核承包人的环保实施方案。检查承包人环保设施、设备和用具，审查承包人环保管理制度、现场环保机构组织和人员安排等。

2)施工阶段

(1)对现场环保工作进行巡视检查或旁站监控。

(2)向承包人发出环保管理工作指令。

(3)检查环保措施的实施和控制效果。

(4)协助政府环保主管部门和业主处理突发环保事件。

3)交工验收阶段

(1)参加交工检查,确认各项工作是否达到环保要求。

(2)评估环保目标的完成情况,对尚存的主要环境保护问题提出处理方案和建议。

(3)编制工程环保监理竣工资料。

2. 主要污染环节的环保监控

1)生产废水和生活污水

对生产废水和生活污水的来源、排放量、水质指标,处理设施的建设过程和处理效果等进行监控,检查是否达到了规定或合同约定的排放标准。

2)固体废弃物

固体废弃物处理包括生产、生活垃圾和生产废渣处理。承包人应按环保实施方案将所有固体废弃物妥善处置,并保持工程现场清洁整齐的要求。

3)大气污染

施工区大气污染主要来源于施工和生产过程中产生的废气和粉尘。监理工程师应监督承包人对污染源进行处理,必须达标排放,施工区及其影响区应达到规定的环境质量标准。

4)噪声

为防止噪声危害,对产生强烈噪声或振动的污染源,应按环保要求进行防治,将施工区及其影响区的噪声污染控制在规定的标准之内。重点对靠近生活营地和居民区的施工噪声进行监控,避免噪声扰民。

5)水土保持

监控水土保持工程的按计划实施及植物保护措施的落实。

6)水生生物

监控各种水生生物的洄游通道、产卵场,水产品养殖场的保护及人工增殖、放流等措施的落实。

7)环境影响报告书提出的其他环保措施

监控环境影响报告书中提出的其他环保措施的有效实施。

3. 环境监测

工程施工期的环境监测工作一般由业主单独委托地方环保监测部门实施。环境监测工作一般按季度或年度进行,间隔时间较长。根据工程环保监控的实际需要,监理工程师如需要一些即时的环境监测数据,包括一些常规污染因子及突发污染事故的监测数据,必要时可自备一些常用的监测设备,自行监测一些比较简单的项目。表 2-7-1 列出了一些较简便的常用监测仪器。

常用监测仪器 表 2-7-1

序　号	监测项目	仪器名称
1	酸碱度(pH)	酸度计(pH 计)
2	溶解氧(DO)	溶解氧测定仪
3	化学需氧量(COD)	化学需氧量快速测定仪
4	悬浮物(SS)	便携式 SS 测定仪
5	水温	水温计
6	总悬浮微粒(TSP)	TSP 连续采样器
7	声级	声级计

第三节　工程环境保护监理的实施

一、工程环保监理文件的编写

水运工程环保监理纳入工程监理体系后，相应的环保监理文件资料也纳入工程监理体系。监理人在编制工程监理规划、工程监理实施细则、监理周报、月报、监理总结时，应包括相应的环保监理的内容。

1. 监理规划中环保监理内容的编制

1)环保监理的依据

水运工程环保监理的依据一般包括：

(1)中华人民共和国环境保护法(1989.12)；

(2)中华人民共和国大气污染防治法(2000)；

(3)中华人民共和国水污染防治法(1995.8)；

(4)中华人民共和国环境噪声污染防治法(1996.10.29)；

(5)中华人民共和国固体废物污染环境防治法(1997)；

(6)国务院第 253 号令《建设项目环境保护管理条例》；

(7)中华人民共和国海洋环境保护法(1999.12.25)；

(8)中华人民共和国海洋倾废管理条例(1985.3)；

(9)中华人民共和国防治海岸工程建设项目污染损害海洋环境管理条例(国务院第 62 号令)；

(10)《工程环境影响报告书》及批复意见；

(11)工程监理合同；

(12)工程施工合同；

(13)工程设计图纸、设计说明及其他设计文件。

2)环保监理的工作范围

环保监理工作范围是指监理人所承担的监理任务的工作范围。如果监理人承担全部建设工程的环保监理任务，环保监理范围为全部建设工程影响到的范围。否则应按监理人所承担的建设工程的建设标段或子项目划分确定监理范围。

监理工作范围的确定应依据国家有关的法律、法规和行业规范和标准,考虑城市环境功能区规划和各种污染物排放的允许强度。工程建设环境影响评价报告书是确定环保监理范围的重要依据之一。评价报告书中详细给出了工程所在地区的环境敏感点,工程施工期的环境影响范围等,因此可以根据工程建设环境影响评价报告书参考确定环保监理工作范围。

3)环保监理工作目标、工作内容

环保监理的工作目标是通过工程环保监理工作,使工程施工满足环境影响报告书以及批复文件中提出的各项环保要求,督促承包人在环保实施方案中承诺的环保措施和对策的有效落实,将工程建设对环境的影响减到最小,各项生态破坏得到恢复和补偿。

环保监理的工作内容应结合项目环境保护要求和工程施工对环境影响的特点,围绕环保监理目标,根据监理合同中环保监理的范围和内容编写。

2. 工程环保监理实施细则内容的编制

1)环保监理实施细则的编写原则

环保监理实施细则应在充分分析和研究工程建设的环保目标、技术方案、环境因素后编制。环保监理实施细则必须制定具体的、符合该工程特点的监理措施、工作程序和工作制度。

环保监理实施细则应与监理规划的内容相一致。但监控程序、监控措施要更加详实、具体,尤其是监理要点要明确、突出,具有可操作性。在编写时应注意以下几点:

(1)监理内容应具有针对性。符合本工程的自然环境、施工环境特点。

(2)分阶段编写。环保监理实施细则的内容与工程进展密切相关,监理实施细则的编写要根据工程进度和环境条件分阶段编写。

(3)经过审核批准后再实施。监理实施细则在编写完成后需经总监审核并批准。同时,还应当按合同约定提交业主备案。

2)细化环保监理内容

(1)细化环保监理工作区域

一般水运工程环保监理的工作区域包括:

①水域

以拟建港址、港池内水域、航道疏浚区、抛泥区、锚地所在水域为重点,包括附近其他可能受到影响的环境敏感区域。

②空气和声环境

码头工程所在区域,以及其他可能受到影响的环境敏感区域。

③生态和地表水环境

海洋生态同海域范围,陆域生态及地表水范围为受码头及配套工程直接影响的区域。

如果工程施工范围内有自然保护区、生态功能保护区、湿地、珍稀动植物及其栖息地等,应对这些区域提出重点监理方案。

(2)明确环保监理因子

大型的工程建设项目都同时存在多种环境污染因子。在确定环境污染因子时,重点考虑与工程相关的主要污染因子,以及造成不可逆转的环境污染的污染因子。

确定环境污染因子的方法和途径可以从《工程环境影响评价报告书》中筛选,也可以从工程施工方案和有关图纸、技术资料中筛选。

在确定环保监理因子时要注意在工程的不同施工阶段其环保监理因子是不同的。

(3)明确环保监理要点

监理要点要根据工程施工特点，结合环境影响报告书中的环保措施，有针对性地提出。

(4)提出具体监理措施

重点巡视施工现场，对正在施工的项目采取不定时巡视方式，主要检查施工人员是否按规定和程序执行。掌握现场的污染动态，及时发现和处理较重大的环保污染问题。

监理工程师对各项工程的重点污染部位的施工进行全过程的旁站监理，通过对环保检测数据的记录、分析，检查施工过程是否满足环保要求，纠正不规范操作，监督各项环保措施的落实。

二、工程环保监理的实施

1.施工准备阶段

施工准备阶段环保监理工程师应做好以下工作：

(1)熟悉工程资料，了解环境现状。

监理工程师需要熟悉的资料有工程环境影响报告书及批复、工程设计文件中的环保章节、施工合同中的环保条款、工程所在地的环保要求等；监理工程师还应对照设计文件和环境影响报告书，了解工程环保目标和附近环保敏感点的分布情况，对施工期的环保监理工作重点做到心中有数。

(2)编制监理规划、监理实施细则中环保监理的相关内容。

(3)进行人员组织和分工，根据需要配备必要的环境监测仪器和设备。

(4)审核承包人提交的环保实施方案。

2.施工阶段

1)港区陆域形成的环保监理要点

(1)监督检查爆破工艺是否按规范进行；

(2)监督检查土石方填筑及堆放情况；

(3)监督检查是否按设计要求进行固土绿化；

(4)监督检查堆弃场位置选择及环保措施；

(5)监督检查固体材料及固体废物堆放及处理情况。

2)码头施工的环保监理要点

(1)监督检查是否按爆破施工工艺及要求进行施工；

(2)进行渔损状况观察及样品检验，必要时对水质进行监测化验；

(3)监督检查施工中产生的淤泥、废渣等固体废料的处理处置情况；

(4)监督检查水上平台人员生活污水及生活垃圾处理处置情况；

(5)监督检查施工船舶产生的污水及垃圾的处理处置情况。

3)疏浚工程的环保监理要点

挖泥船施工作业时，由于机械扰动、溢流、洒落等因素，产生的疏浚悬浮泥沙将成为对附近水域产生影响的主要环境影响因素。对于疏浚作业可能对水体质量造成污染的环节应从以下几个方面加以控制：

(1)审查疏浚设备的选择

疏浚设备的选择过程不是单一的，依赖于下面不可分割的因素：对疏浚作业环境限值水

准；被疏浚物质的物理性质；设备的费用；最终处置地的位置及限制条件；疏浚作业点的风、浪和海况。目前港口施工可供选择的疏浚设备较多，各种挖泥船施工时的环境影响程度也有较大差别，在满足施工要求的情况下，应尽量选择对环境影响小的设备。

(2)疏浚作业施工工艺的监控

为减少悬浮物数量，应采取以下措施：

①减少超挖方量：由于挖泥船泥舱容积、耙头耙吸的泥层宽度和厚度有限，整个施工过程中的作业轨迹是不连续的，在挖下一船泥时，很难使耙头恢复到前一船挖泥时的工作位置，因而很容易产生重挖或漏挖现象。建议配备GPS全球定位系统，准确确定需开挖的位置，从而可以减少疏浚作业中不必要的超深、超宽的疏浚土方量，从根本上减少对环境产生影响的悬浮物数量。

②控制装舱溢流对水体产生的影响：疏浚作业开始后，泥浆进入泥舱时，较粗的泥沙沉入舱底。为增大挖泥船的装舱浓度，提高挖泥效率，减低作业费用，耙吸式挖泥船的两侧设有溢流口，当泥浆量超过两侧溢流口时，稀泥浆即从溢流口溢出。这一环节将会引起疏浚区局部水域的混浊度增加而影响该水域的水质。因此承包人应根据以往疏浚作业的经验，掌握合适的溢流时间。有条件的话，可以增加泥浆旁通装置、水下扩散管装置或改进溢流口的标高，可将溢流口改至水下数米处，使溢流泥浆溢至水底，悬浮物再悬起则比较困难，保持上部水体比较澄清，缩小浑浊水团的影响范围。

③缩短试喷时间：自航式耙吸式挖泥船的挖掘工作主要是依靠船舶配备的耙头挖掘机具，由耙子弯管和船体的吸泥管、泵等系统连接，依靠泥泵的抽吸将泥浆装入泥舱，在开始装舱前，一般需进行试喷，以检验其管路是否完好。为控制进入水域疏浚物的数量，施工操作人员应尽量缩短试喷时间，并确认耙子弯管与船体吸泥管口的连接完全对位后再开始疏浚作业，以免疏浚泥浆从连接处泄漏入海而污染施工区域水域。

④疏浚作业季节及作业周期选择：在某些环境敏感的区域仍然有可能进行疏浚活动，在使用目前疏浚设备的情况下，作业时配以综合治理手段以保证对环境的影响控制在最小程度，如改变施工作业的时间和周期，回避鱼类的迁徙期和产卵期。

(3)监督疏浚物质的转移运输

疏浚物运输阶段的环境影响问题集中在操作技术上，这一阶段应重点强调防止疏浚物溢出和泄漏，在水产养殖等环境敏感海域一旦发生泄漏事故，在污染赔偿等公共关系处理方面将耗费大量精力。因此，应采取以下措施：

①严防外溢：抓扬式挖泥机挖取的疏浚物常常通过管道输送或吹填，或通过驳船运往抛泥点。为了降低浊度和悬浮物的扩散，必须使抓斗及驳船底部的抛泥闸吻合严密，抓斗需要防止过载，驳船也要限制装载量，以防外溢。

耙吸式挖泥船在装满泥后，自航至倾倒区进行抛泥，在运输中泥门是关闭的，若关闭不严将会导致泥浆泄漏入海，使沿途水域遭遇污染。因此，承包人应经常检查挖泥船底部泥门密封条的严密性能，控制泥门开关的传动装置也应经常维修保养，及时更换液压杆上的密封圈，以免液压系统失控导致泥门关闭不严。

②恶劣气象条件禁止作业：挖泥船在运输途中，遇到大风或恶劣的天气，容易发生船舶倾斜或翻船，耙头损坏船体等船舶事故，操作人员应提高安全观念与环境意识，根据该船的抗风浪性能，在超出其安全系数的恶劣天气条件下，应停止运输，切不可为赶任务而冒险作业。

(4)监督疏浚物的最终处置方式和地点

自航耙吸式挖泥船和拖轮、泥驳将挖出的泥浆运到指定的抛泥区抛卸或用于陆域回填。挖泥船抛泥倾倒作业是整个疏浚工程对周围环境影响最为严重的一个环节，吹泥作业的环境影响虽然比较严重，但通过设置溢流口可以对吹泥区高浓度悬浮物实施有效控制。

①尽量减少抛泥作业：按照环保生产的原则，建议充分利用疏浚物质源，尽可能少抛泥、多吹填，最好将全部疏浚物用于吹填造陆，实现既减少对海域环境的扰动，又降低各方面资源浪费的双重功效。

②严格监控吹泥区溢流口悬浮物排放：吹泥作业期间应设置围堰，同时关闭溢流口，待悬浮物静置沉降、水体变得较澄清时，再打开溢流口，释放多余水量。

③抛泥作业应满足海洋倾废管理条例要求：即便是由于工程特点不得已将部分疏浚物外抛，根据我国海洋倾废管理条例的要求，业主应对新开辟的抛泥区是否满足要求进行专题评价，在得到国家海洋主管部门认可后方可实施。

④抛泥准确到位：若抛泥船没有航行至抛泥区就开始抛泥，或者还没有完全抛完就匆匆上线离开抛泥区，则其影响范围将会扩大。为缩小抛泥过程的影响范围，承包人应在每个抛泥区均设置灯浮装置，以使抛泥船准确到位抛泥。

4)港口配套工程的环保监理要点

(1)监督检查施工场地的各项环保措施是否到位，以及环保措施是否达到预期效果；

(2)监督检查运输道路及车辆是否有物料飞扬以及环保措施实施情况；

(3)监督检查拌和站是否符合环保要求以及各项环保措施是否到位。

(4)监督检查施工生活污水及施工废水的处理情况，处理设施到位及使用情况，各处理设施的施工、工艺及运行情况。

(5)监督检查施工垃圾处理处置情况、船舶生产及生活垃圾的处理情况。

(6)监督检查施工机械设备选择及运行情况。

3. 竣工验收阶段

1)整理环保监理竣工资料

包括监理规划、监理实施细则，与业主、承包人、设计人来往的环保监理文件，监理通知单及回复单，因环保问题签发的停(复)工通知单，与环保有关的会议记录和纪要等。

2)参加工程竣工验收

参与工程竣工验收，提出相关的评价意见。

3)编制工程环保监理总结报告

工程环保监理报告书内容主要有：工程概况、监理组织机构及工作起、止时间、环保监理内容及执行情况、工程的环保分析等。

第八章　施工期的合同管理

第一节　合同管理的任务和内容

一、合同文件的组成

1.合同文件的含义

合同文件指包括施工合同协议书和合同条款在内的，在施工招标、投标、合同谈判与签署过程中以及合同履行过程中所形成的与合同有关的各种文件的统称。

2.合同文件的组成

合同文件由下列文件组成：

(1)合同书，包括合同协议书、合同通用条款和合同专用条款；

(2)招、投标文件，包括招标文件、投标文件和中标通知书等；

(3)合同履行文件，包括各类与合同有关的函件、纪要、备忘录、补充协议、各种合同履行报告等。

3.合同文件的优先顺序

合同文件构成整个合同不可分割的整体。各文件相互补充和解释。为避免因各文件之间有不明确或不一致时产生理解和履行中的矛盾，一般合同中都规定了合同文件的优先顺序。按交通部《水运工程施工合同范本》的规定，合同文件的优先次序如下：

(1)双方商定的补充协议或合同期内经双方签署的备忘录；

(2)合同协议书；

(3)双方签署的合同谈判备忘录；

(4)合同专用条款；

(5)合同通用条款；

(6)中标通知书、投标文件和招标文件；

(7)与本合同有关的其他文件。

二、合同管理的任务

监理工程师合同管理的主要任务是协助业主制订或选择施工合同条款，参与合同谈判与合同签订过程，分析合同条件与合同风险，通过对合同的履行、变更等进行检查、协调、控制等动态管理，对合同争议进行调解和处理，充分保证合同双方的合法权益，防止和制止违约行为发生，以促进工程合同的顺利履行和项目合同目标的完整实现。

为完成上述任务，监理工程师应做好如下几个方面的工作。

(1)对于大中型水运工程建设项目，现场监理机构中要设有专门的合同管理人员。建立健全合同管理制度、管理程序和工作流程，为业主提供合同管理方面的建议和信息。

(2)依据合同对工程建设过程和合同各方的行为进行监控，督促和监督承包人严格执行

和全面履行承包合同，督促和协调业主全面履行合同约定的业主义务，保障合同双方的合法权益。

(3)严格控制和正确处理合同变更，及时协调和处理合同争议，做好合同索赔的管理工作。

(4)定期向业主提供合同管理报告，为业主提供可靠、及时的合同管理资料和建议，协助业主做出正确的工程管理决策。

三、合同管理的主要内容

1. 合同管理的种类

(1)按合同存在过程分为合同签订管理和合同执行管理

合同签订管理：指监理工程师受业主委托对投标人的资格、资信和履约能力进行预审；协助业主拟定合同条件，协助业主准备谈判资料和文件，分析投标人的合同意图及谈判策略，为业主提供谈判咨询意见；参与合同谈判，在谈判过程中协调双方权益，促进谈判双方达成一致。

合同执行管理：指合同履行的动态控制管理，如合同分包的管理、合同变更的控制、合同争议的协调及合同索赔的处理等，是监理工程师的合同管理的主要工作。

(2)按管理内容分为合同履约管理和合同文档管理

合同履约管理：亦称合同控制，指根据合同条款的规定，在工程施工过程中，对合同双方的建设行为和工程建设的过程进行有效的控制和监督，保证合同的顺利履行。

合同文档管理：亦称合同档案管理，是对包括合同在内的与合同有关的文件、信函、电报、电传、传真、电子数据交换和电子邮件，各种记录、证明、录像、照片、纪要、报告、图纸以及说明等进行的归类、编码、整理、存放、保管、检索、分析和使用等系统管理工作。合同档案是工程技术档案的组成部分，是合同履行的真实记录和有效的法律证据。

2. 合同管理的主要内容

对监理工程师来说，合同管理的主要工作在施工阶段。施工阶段合同管理的主要内容包括：

(1)工程分包管理；

(2)工程变更管理；

(3)工程延期管理；

(4)合同索赔管理；

(5)合同支付管理；

(6)合同纠纷的调解；

(7)合同档案管理。

第二节　工程分包管理

一、工程分包的概念与形式

1. 工程分包的概念

(1)工程分包的概念：工程分包指承包人按照合同约定的程序和方式（如经监理工程师

审查、业主批准认可)，将其所承担的合同工程的部分内容再发包给另外的承包人。这种合同行为称为工程分包。接受再发包的承包人称为分包人。

合同分包与合同转让是两种不同的概念。合同分包不改变合同的性质和作用，合同的主体关系也不发生变化。合同分包后不解除承包人依据合同规定应承担的任何责任和义务，承包人应将任何分包人及其代理人、雇员或工人的任何行为、违约或疏忽视为自己及其代理人、雇员或工人的行为、违约或疏忽，并为其负完全责任。

合同转让则是承包人将合同转让给另一承包人。实质上已经解除了原承包人同业主签订的合同关系，原承包人将不再承担合同约定的责任和义务。合同中规定的承包人的责任和义务由接受转让的承包人来承担。

(2)工程分包的规定：一般合同规定，在合同分包时，分包合同的产值或工程量不能超过承包合同的半数以上，而且合同工程的主体内容应由承包人自行完成。虽然合同转让可以将全部合同范围内的工作转让给其他承包人，但一般合同都有禁止合同转让的条款。

我国《建筑法》中规定：禁止承包单位将其承包的全部建筑工程转包给他人，禁止承包单位将其承包的全部建筑工程肢解以后以分包的名义分别转包给他人。建筑工程总承包单位可以将承包工程中的部分工程发包给具有相应资质条件的分包单位；但是，除总承包合同中约定的分包外，必须经建设单位认可。实施施工总承包的，建筑工程主体结构的施工必须由总承包单位自行完成。建筑工程总承包单位按照总承包合同的约定对建设单位负责；分包单位按照分包合同的约定对总承包单位负责。总承包单位和分包单位就分包工程对建设单位承担连带责任。禁止总承包单位将工程分包给不具备相应资质条件的单位。禁止分包单位将其承包的工程再分包。我国《合同法》中的第十六章第二百七十二条也做了相同的规定。

2.工程分包的形式

工程分包一般有两种形式，即：一般分包和指定分包。

1)一般分包

一般分包是指承包人根据合同规定的程序和方式提出分包要求并选择分包人的转发包行为，体现了承包人的愿望和要求，由承包人与分包人签订分包合同；

承包人应对分包人的行为负责，任何分包都不能改变承包人应承担的合同责任和义务；

承包人的分包行为必须得到监理工程师的认可和业主的批准，否则分包人不能进入工地进行任何工程的施工。

分包人在承包合同中完全是附属于承包人的，没有独立的合同地位，且在工程进度计划、工程付款等方面完全服从于承包人的安排。

2)指定分包

指定分包是指承包人根据业主招标文件的规定，将工程中的一部分分包给由业主或监理工程师指定或选择的分包人承包，并与之签订分包合同的行为。

对指定分包人的确定，可以在招标文件中指定，也可以在工程开工以后指定。指定分包人在进行施工或服务过程中仍视为承包人雇用的分包人，由承包人负责对他们进行协调和管理。

指定分包与一般分包有以下不同：

(1)指定分包人是由业主或监理工程师选定，或在合同中指定，而一般分包人则是由承包人选定，然后由监理工程师和业主批准。

(2)指定分包人分包的项目一般列在工程量清单中的暂定金额中(事先在招标文件中明确)，一般分包人分包的项目则是由承包人自行决定，并报监理工程师或业主批准。

(3)一般分包人的工程款项由承包人根据与分包人的协议支付，而指定分包人的工程款项在承包人无正当理由而扣留或拒绝按分包合同向其支付的情况下可由业主根据监理工程师的支付证明直接支付。

(4)指定分包人与一般分包人在合同中的地位不同。指定分包人在合同中有一定的地位，他们与承包人既有一定的联系，又有一定的独立性，监理工程师在必要时可以直接对指定分包人下达指令。

为便于承包人与指定分包人的合作，监理工程师或业主选定的指定分包人应在招标文件中列明或征求承包人的意见。指定分包只适用于特定情况，如专业性很强的项目，或招标时设计或技术要求尚未落实，只能给出暂定金额的子项目；或是某些合作项目等。

二、工程分包的审批与管理

1.选择分包人的审批程序

1)一般分包的审批程序

(1)承包人根据拟分包工程的内容和范围，从质量保证能力和履约能力评定合格的分包人名单中选择条件合适的分包人。

(2)承包人选定分包人后，向监理工程师提交分包申请报告。报告内容包括：

①分包工程的内容与范围；

②分包人的资料：包括分包人企业概况、企业业绩、主要管理人员和技术负责人简历、企业财务资本状况和企业社会信誉等；

③分包合同文件：除有合同商务、法律条款外，还应有分包项目的施工方案、施工计划、分包人设备进场计划及材料供应情况等。

(3)监理工程师审查承包人的申请报告。

(4)监理工程师对符合分包条件的分包人，可做进一步考察，如前往该分包人其他施工现场了解分包人的技术水平、管理能力和设备情况等。如果分包人各方面条件满足工程施工要求，监理工程师以书面形式予以批准。承包人收到监理工程师的书面批准后，方可与分包人签订合同，并将分包合同副本报送监理工程师备案。对不具备分包资格的分包人，监理工程师不予批准，并向承包人指明原因。

2)指定分包的审批程序

(1)业主或监理工程师根据招标文件或施工合同的规定，编写指定分包工程的招标文件，对指定分包投标人进行资格审查，并主持招标。

(2)业主或监理工程师根据各分包人投标情况以及资格、技术、信誉等因素选择分包人并与承包人沟通，选择承包人可以接受的指定分包人。

(3)指定分包人与承包人在充分协商的基础上签订分包合同。由于承包人需要对指定分包人进行协调和管理并对其行为承担连带责任，因此业主或指定分包人应向承包人支付相应管理费。

2. 工程分包的管理

监理工程师对工程分包的管理是工程项目管理的重要部分。在对工程分包的管理中，监理工程师应依据承包合同，通过承包人来实施管理。监理工程师对分包人的管理应注意以下几个方面：

1)严格监理程序，重视分包管理

监理工程师应重视对分包人的管理，当经过批准的分包人进场后，监理工程师应督促承包人及时向分包人进行技术、管理交底，督促分包人严格按照监理程序进行各项工程施工活动。为制止分包人忽视监理程序而进行施工的行为，必要时可对分包人单独进行监理程序交底。

2)了解分包状况，加强总包管理

召开工地会议是了解和解决现场施工问题的有效方式。分包人是否参加工地会议可由承包人决定，但每次工地会议，承包人必须上报分包人情况的资料，在分包人施工状况不理想时，可要求分包人参加工地会议。这样不仅便于了解分包人的工作，也有利于加强和控制承包人的管理。

3)检查分包施工，控制工程质量

监理工程师对分包人的现场情况可从以下三方面进行监督和检查。

(1)设备情况：设备数量、型号和技术状态是否满足工程施工需要。

(2)施工人员情况：分包人承诺的技术负责人和主要管理人员是否按约定在现场工作。

(3)工程质量情况：工程施工质量是否满足合同约定的标准，分包人自身的质量控制和保证体系是否健全。

4)采取有效措施，制裁违约行为

当分包人的施工设备、技术力量、工程质量难以达到合同要求时，监理工程师可根据情况通过承包人对分包人的违约行为采取以下措施：

(1)暂停施工。当分包人违反监理程序，或工程质量、安全措施达不到监理要求，且经监理工程师指出后无有效改进时，监理工程师有权指令暂停施工，并要求承包人对分包人采取有效措施予以改进。

(2)停止付款。当分包工程质量未达到合同有关标准时，监理工程师有权拒绝付款，并要求承包人对分包人进行违约处罚，以强化分包人的合同意识。

(3)更换分包人。当分包人施工设备、技术能力、自身管理无法满足工程要求，又无法有效改进时，监理工程师有权建议业主要求承包人辞退严重违约的分包人，更换合适分包人进场。

第三节　工程变更管理

一、工程变更的概念与规定

1. 工程变更的概念

1)工程变更的含义

工程变更既包括对全部工程项目或部分工程项目其中的任何一种进行变更、增加或取消，即工程本身功能、规模、工程数量、工程质量要求及使用标准等方面的变更，也包括合同

方面任何形式、内容和数量的变更等。

工程变更是在原合同框架内局部的、补充性的、修正性的和善意性的变动，且变动的处理规则应在合同中约定。如果在工程或合同性质方面发生大的变更，即对原合同进行全面和根本的改变，就应重新订立合同。

2)工程变更的因素

引起工程变更的因素主要有以下几个方面：

(1)业主原因，包括工程规模、使用功能、工艺流程、质量标准的变化，以及工期改变等合同内容的调整；

(2)设计原因，包括设计错漏、设计调整，或因自然因素及其他因素而进行的设计改变等；

(3)施工原因，因施工质量或安全需要变更施工方法、作业顺序和施工工艺等；

(4)监理原因，监理工程师出于工程协调和对工程目标控制有利的考虑，而提出的施工工艺、施工顺序的变更；

(5)合同原因，原订合同部分条款因客观条件变化，需要结合实际修正和补充；

(6)环境原因，包括不可预见自然因素(地质、气象、水文)和工程外部环境(社会、政治因素)变化导致工程变更；

2. 工程变更的有关规定

1)设计变更的规定

(1)变更超过原设计标准和规模时，须经原计划审批部门批准，取得追加投资和计划指标；

(2)送原设计人审查，取得相应图纸和说明。

2)工程变更的规定(交通部《水运工程施工合同范本》)

(1)业主提出设计变更时应将变更方案送交设计人审查，设计人审查同意后，由监理工程师向承包人发出变更通知。承包人应根据变更图纸落实施工方案并组织施工。若变更涉及设计规模和设计标准的改变，则应事先与承包人协商。

(2)承包人提出的设计变更应征得监理工程师的同意并经设计人审查，设计人同意后报业主批准后方可实施。若由此导致工程费用增减或工期变化，合同双方应协商处理。但承包人为便于组织施工或为了施工方便、避免自身干扰等原因而提出的变更，增加的费用由承包人承担。

(3)在施工中若出现设计图纸有误或地质条件与设计出入较大或其他严重不合理设计时，监理工程师应在3天内提出处理意见。承包人取得修改图纸后按监理工程师指令组织施工，由此增加的费用由业主承担，延误的工期予以延长。

二、工程变更的提出和审批

1. 工程变更的提出

工程变更无论由合同的任何一方提出，都应由监理工程师审查，并由监理工程师发出变更指令。由于工程变更一般都要影响费用或工期，业主有权要求监理工程师在对承包人发出指令前取得他的批准。

1)承包人提出变更

承包人提出工程变更时，一种情况是工程遇到了不能预见的地质条件或自然障碍，另一种情况是承包人为了方便施工，节约工程成本或加快施工进度。承包人提出的工程变更，均

应提交监理工程师审查批准，并报业主备案。

2)业主提出变更

业主提出变更有政策调整原因、市场变化原因，也有业主要求发生改变原因。业主提出变更后，监理工程师应与承包人协商，看是否经济、可行，工程变更内容不能超出合同限定的范围，若属新增工程，则不能作为工程变更，需要另签合同处理，除非承包人同意作为变更。

3)监理人提出变更

监理工程师可根据现场工程进展的具体情况，在必要时提出变更。监理工程师提出变更多数是由于设计考虑不周，或施工时环境发生变化，本着节约工程投资、保证工程质量或工程施工安全，加快工程进度的原则，提出变更。监理人提出变更应与承包人沟通，报业主审批。

4)第三方提出变更

与工程相关的任何第三方提出工程变更，监理工程师应先报请业主，由业主出面和第三方协调，如需变更，则与设计人、承包人协商修改设计或商定价格，业主审批后，下达变更指令。

工程变更的程序如图 2-8-1 所示。

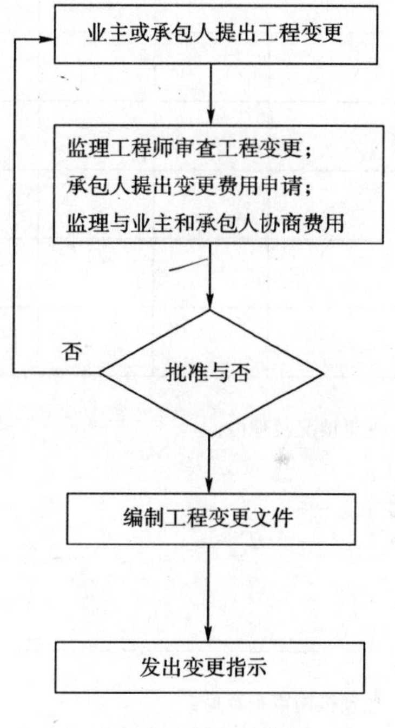

图 2-8-1　工程变更程序

2. 工程变更的审批

1)工程变更的审批原则

(1)变更后的工程不能降低使用标准；

(2)变更后在技术上必须可行，工程质量、安全有保证；

(3)变更后的工程费用要合理，应兼顾工程各方的利益。

(4)变更后对工程进展有利。

2)工程变更的审批程序

(1)监理工程师审查工程变更理由是否充分；

(2)计量与核实变更数量；

(3)与承包人协商变更价款；

(4)起草工程变更令；

(5)总监审核、业主批准备案；

(6)总监签发工程变更令。

3)工程变更文件

(1)工程变更令：可采取监理业务通知单的格式填写变更令，说明变更的理由和变更的概况、工程变更数量等。

(2)工程变更费用申请表：承包人接到监理工程师的工程变更令后，需申报工程变更费用申请表，见表 2-8-1。工程变更的工程量清单与合同中工程量清单形式基本相同，但工程变更的工程量清单每个项目都需填写变更前、后的单价、数量和金额，便于计算由于工程变更对合同价的影响。并附工程量计算记录及有关单价确定的资料依据。

(3)变更设计图纸：工程变更需要有变更设计图纸、计算书及相关设计文件。

(4)其他有关文件：凡与该工程变更有关的函件，都列入变更文件中，如业主对变更的要求，地方政府对变更提供的有关资料或文件等。

工程变更费用申请表

表 2-8-1

工程名称：________________ 编号：______

变更项目	

监理机构：

依据____年____月____日 第____号工程变更联系单，申请变更费用如下，请审核。

项目名称	原设计数量				变更后数量				工程款增(+)减(-)
	工程量	单位	单价	合计	工程量	单位	单价	合计	

变更情况及理由：

承包人：________________
负责人：__________日期：______

监理机构审查意见：

监理工程师：________________日期：______
总监理工程师：________________日期：______

业主审定意见：

业主代表：________________日期：______
业主负责人：________________日期：______

本表由承包人填报：一式三份，经监理、业主审批后，业主、监理、承包人各一份。

第四节　工程延期管理

一、工程延期的概念

1.工程延期的概念

在水运工程的施工过程中，经常遇到各种原因影响工程施工的正常进行，使工期延长。造成工期延长的原因可分为两种情况：

(1)由于承包人自身协调、管理或技术措施上的原因造成工程进度的拖延，称为工程延误；

(2)由于承包人以外的原因造成的，并经监理工程师书面批准的工期延长，称为工程延期。

工程延误和工程延期虽都可能导致工程不能按照合同原定的竣工日期完成，但两种情况性质不同，合同责任也不同。

工期延误导致工期的延长，其所发生的一切损失由承包人自己承担，承包人不仅要支付为加快施工进度而增加的额外支出，若承包人采取赶工措施仍然没有实现合同约定的进度目标时，还要向业主支付违约赔偿费用。

工程延期导致工期的延长，承包人除了要求展延工期外，还可要求业主补偿因工期延长而引起的一切费用和损失。

在合同执行期间，经过监理工程师批准的工程延期，所延长的时间都属于合同工期的一部分。

2. 工程延期的原因

(1)工程量的增加。在工程施工过程中，由于非承包人原因发生工程变更，通过监理工程师指令增加了工程量，则有可能造成工程延期。

(2)施工合同条件中涉及的有可能造成工程延期的原因：

①延期交图。施工设计图纸未能按照施工合同条件约定的时间提交，影响了承包人被批准的施工进度计划，造成施工的延误或中断。

②工程暂停。若承包人根据监理工程师的指令，暂停部分或全部工程的施工，而且暂停的原因又不属于由承包人造成的。

③延迟占用土地。业主未能按合同约定的时间和方式向承包人提供施工场地或通道用地，造成施工的延误或中断。

④施工现场发现文物等。承包人在施工现场中发现了文物或化石，应按规定保护好现场并报告国家文物保护或相关部门，由此造成的工程拖延或中断。

⑤进行合同约定以外的检查。承包人按照监理工程师的指令，对工程进行了合同约定以外的检查，而且检查的结果表明，被检查的项目达到了合同约定的规范标准，由此导致的工程的中断和延长。

⑥不利的外界条件影响。在承包人施工过程中，遇到了即使一个有经验的承包人也无法预料的外界障碍或条件而导致工程的延期或中断。

⑦业主未按规定时间付款。业主未按合同规定的时间向承包人支付工程进度款，或者拖延付款时间，致使承包人无法按被批准的进度计划施工，由此导致工程延期和中断。

(3)异常恶劣的气候条件。承包人在施工过程中遇到了合同约定的恶劣的气候条件，导致了工程延期或中断。凡在合同或设计文件中规定的界限以内的气候条件，不属于异常恶劣的气候条件。

(4)业主的干扰和阻碍。业主超越合同干预承包人的行为可能构成对承包人工作的干扰和阻碍，有可能导致工程施工的中断或延期。

(5)非承包人原因。承包人自身以外的任何原因（如不可抗力）造成工程施工的中断或拖延。

3. 工程暂时停工及处理

在工程施工期间，无论是业主、监理工程师的原因，还是承包人的原因，都有可能造成工程暂时停工。这种暂时停工可能是部分工程，也可能是全部工程。

在暂时停工期间，承包人应采取积极措施妥善地保护好工程现场及监理工程师认为必须保护好的任何工程内容和材料。对工程的保护不仅涉及工程安全，便于工程重新启动，也应尽量减少由此导致的工程损失。例如港口水工建筑工程中的防波堤、护岸等防护工程施工，在台风季节停工前必须予以妥善保护，避免造成工程损失。

凡是根据监理工程师的指令发生的非承包人原因的工程暂时停工，监理工程师都应与业主、承包人充分协商，给予适当的工程延期，并且补偿承包人由于停工造成的费用增加。

工程暂时停工若是因承包人的失误或违约导致，则承包人除应妥善保护好工程外，其损失和责任应由承包人承担。

二、工程延期的管理

1. 工程延期的处理程序

根据《港口工程施工合同范本》规定，承包人在延期事件发生的5天内应向监理工程师提出工程延期的意向申请和延期报告，监理工程师接到意向申请后要核实和确认所发生事件的性质是否符合工程延期条件，并与业主、承包人进行协商，在5天内做出是否批准工程延期的决定。在合同约定的时间内未能提出异议或作出决定，可视为承包人的要求已被业主批准。工程延期处理的一般程序如图2-8-2所示。

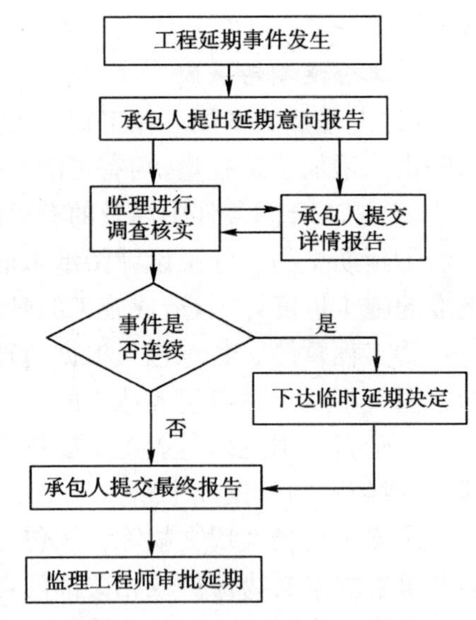

图2-8-2 办理工程延期的一般程序图

2. 工程延期审批的原则

1)工程延期条件符合施工合同相关条款的要求

监理工程师审核、批准的工程延期，必须符合施工合同相关条款的要求，即必须是非承包人原因导致的工程拖延，且影响程度达到合同条款约定的条件。凡是承包人自身原因造成的任何延误，都不能批准工程延期。

2)工程延期事件影响到进度计划中关键线路上的工作

非承包人原因导致工程部分项目施工进度拖延，并非确认工程延期的唯一条件。受延期事件影响的施工工作必须是施工进度计划中关键线路上的工作或进度拖延的时间超过了进度计划的总时差。只有关键线路上工作拖延或拖延时间超过总时差，才构成对合同工期的影响，这是承包人要求工程延期的前提。

3)工程延期事件的确认和延期时限的确定应注重证据，实事求是

监理工程师审核与确认工程延期应注重证据，实事求是，重视事件发生时的记录与资料。承包人对延期事件发生后的各类有关细节要详细记载，及时向监理工程师提交详细报告和有关资料。监理工程师也应对现场施工情况进行详细调查和分析，做好有关记录，应根据证据实事求是地确认延期事件和延期时限。

3. 工程延期的控制

在工程施工中为减少和避免发生工程延期，监理工程师应对工程延期进行有效控制：

1)提醒业主做好施工前期的准备工作

(1)按合同约定及时提供施工场地、做好三通一平工作，办理好各种与施工有关的手续，保证承包人能按合同约定时间进入施工现场。

(2)加强设计管理工作，保证设计质量与设计进度，及时地向承包人发送由业主负责提供的设计文件。

(3)做好工程款支付的准备工作，拖延工程款支付将影响承包人正常的施工进度安排，影响工程施工的顺利实施，超过合同期限的支付拖延将造成工程的延期或停工。

2)监理工程师对工程延期的控制：

(1)把握开工令下达的时机。监理工程师应根据合同工期、承包人施工准备和业主工程启动条件确定开工日期。开工日期应与业主充分协商，并检查应由业主负责的各项工作的落实情况。开工前的各项准备工作完成后下达开工令。

(2)提醒和协助业主履行合同职责，及时协调工程外部条件。

(3)妥善处理好工程延期事件。在工程施工中，当延期事件发生后，监理工程师应根据合同及时对延期事件进行调查、核实，并实事求是地妥善处理，尽可能地减少延期的时间和因延期造成的损失，合理地批准延期时间。

第五节　工程保险管理

一、风险与风险管理的概念

1. 风险的概念

1)风险的含义

风险是指人们在生活和生产活动中遇到的各种对生活和生产活动产生不利影响的无法准确把握的意外事件并因此而造成损失。

风险有两个要素：一是发生意外事件，即人们事先无法准确预测的事件；二是该意外事件的发生会产生不利影响，即带来损失。

工程施工过程中存在着诸多影响工程顺利实施的不利因素，既有人们可以掌握和控制的一般性因素，也有人们无法准确把握和控制的不确定性因素。一旦不确定性因素出现，控制不当就会造成工程建设中意外事件的发生，意外事件往往对工程进度或质量造成不利影响，此类不确定性因素称为风险因素。风险因素对工程的影响即为工程风险。

2)工程风险的分类

(1)按风险产生后果的程度可分为一般风险和特殊风险。

一般风险是指一旦风险事件发生，造成的损失范围和程度较小。而且通过风险因素分析和风险识别，可以通过谨慎、周密管理加以防范或规避风险，或采取相应的措施减少风险造成的损失。这种风险在工程上一般多为技术风险。

特殊风险是指一旦风险事件发生，损失不可避免，而且影响程度较大，若防范不利，损失甚至无法挽回。这种风险在工程上多为不可抗力造成的风险。

(2)按风险发生阶段可分为招标风险、合同签订风险和工程实施风险。

这类风险也称管理风险，包括因工程管理人员经验不足、工作不细、责任心不强、考虑不周造成的风险。这类风险是可以通过管理加以防范和规避的。

(3)按风险发生或影响的范围可分为局部风险和总体风险。

局部风险是指风险事件只发生在工程的某一部分或带来的影响仅局限于工程的某一部分。

总体风险是指对工程的不利影响是全局性的，往往造成整个工程的全面停工，甚至废弃等毁灭性后果。

(4)按风险的来源可分为政治风险、经济风险、技术风险、管理风险、商务与公共关系风险和自然风险等。

政治风险如战争与内乱；经济风险如延迟付款、通货膨胀、换汇控制、汇率浮动等；技术风险如设计不当；管理风险如经验不足；自然风险如自然灾害等。

2. 风险管理的概念

1)风险管理的含义

风险管理是工程项目管理的一项重要工作。所谓风险管理就是以风险为管理对象，对风险进行风险辨识、风险评价、风险对策与决策、风险防范、风险措施检查与监督，实现规避风险和把风险带来的损失降到最低程度的目标过程与活动。

2)风险管理的内容

水运工程建设自始至终存在着风险，风险的识别与评估，风险的规避与控制，采取有效措施把风险造成的损失减少到最低程度，是风险管理的主要内容：

(1)风险的识别。对工程实施过程中存在的各种风险，应通过收集与整理与项目实施有关的各种风险信息，确定工程实施中主要的风险因素，列出风险因素一览表，编制风险识别报告，作为风险管理的基础。

(2)风险的评估。风险评估是指通过对风险因素形成风险的概率的估计和对发生风险后可能造成的损失量的估计对风险进行的分级和评价。风险损失量的估计应包括工期损失的估计、费用损失的估计及对工程的质量、功能、使用效果等方面的影响。

(3)风险的规避。风险规避即采取措施避开风险。方法有放弃或拒绝实施可能导致风险损失的方案、制定制度和措施禁止可能导致风险的行为或事件发生等。

(4)风险的减轻。即风险损失的预防和损失抑制，把风险造成的损失降到最低程度。主要措施有：一是积极预防，对风险发生的条件进行预控，减少风险事件发生的机会；二是在风险不可避免的情况下，通过采取补救措施来遏制事件进一步恶化或影响范围扩大，把损失降到最低点。例如，在台风到来之前，水工建筑物施工处于防护之下；台风到来后，采取必要措施，防止损失扩大。

(5)风险的转移。风险转移就是通过采用合同的方法确定由他人代位承担风险的一种风险防范措施。如：利用分包合同或采购运输合同，使得本应由自身承担的工程施工或货物

采购与运输时的风险由分包人或供货商分担；采用保险的方法，将风险转由保险公司承担。采用担保的方法把风险转移给担保机构等。

(6)风险损失的弥补。弥补风险损失的方法之一是加强成本管理，留出风险预留金，如不可预见费、风险费等，一旦发生合同中规定的风险，即可得到弥补；二是通过加强索赔，提高索赔成功率，弥补风险造成的损失。

二、工程保险的概念和有关规定

1.工程保险的概念

1)工程保险的概念

工程保险是指通过专门机构——保险公司(保险人)以收取保险费的方式建立保险基金，一旦发生自然灾害或意外事故，造成参加保险者(投保人)的财产损失或人员伤亡时，即用保险基金给予补偿的一种制度。它的特点是投保人付出保险合同约定的少量保险费，换得一旦遭到重大损失时得到补偿的保障。

2)工程保险的种类

工程保险主要有以下几种类型：

(1)工程一切险。工程一切险又称工程全险，是一种综合性保险。保险人一般把工程一切险分为建筑工程一切险和安装工程一切险，其保险费可以列入承包工程投标报价中。保险人承担赔偿责任有一定的“责任范围”，投标人应仔细研究保险合同。保险合同列明的“除外责任”的风险事件所造成的损失，保险人概不负责。

一般建筑工程一切险的“责任范围”为：

①自然灾害，如洪水、潮水、水灾、地震、海啸、暴雨、风暴、雪暴、雪崩、地崩、山崩、冰灾、冰雹、雷电等；

②意外事故，如火灾、爆炸、飞机坠毁、飞机部件或飞行物体坠落；

③盗窃；

④工人、技术人员缺乏经验，疏忽、过失或其他恶意行为；

⑤原材料缺陷或工艺不善所引起的事故；

一般建筑工程一切险的除外责任包括(不限于)：

①战争、类似战争行为、武装冲突、暴动等；

②核反应、辐射或放射性污染引起的损失和责任；

③设计错误引起的损失和责任；

④中止合同、丧失合同、违约罚金等；

⑤被保险人的故意行为和重大过失引起的损失；

⑥全部停工或部分停工、罢工引起的损失。

(2)第三者责任险。这种保险是业主为免除自己的责任，而要求承包人以自己和业主的联合名义投保的一种责任险。因为工程是在业主的工程土地范围内进行，如果投保人在工程施工、安装和维护过程中意外地造成工地和邻近地区的任何财产损失或任何人员伤亡、疾病损害，依保险合同约定可由保险人负责赔偿。

(3)工伤事故险。工伤事故险也称人身意外险，是承包人对其施工人员(包括职员和工人)进行的人身意外事故保险。

(4)工程设备险。承包人给他已经运到工地的施工船机、设备、机具和其他物品进行的保险。其保险金额应足以供其在现场的设备重置,保险费由承包人自行承担。

(5)其他保险,如车辆、船舶等运输工具保险;货物运输保险、社会福利保险等。

2.工程保险的有关规定

1)工程保险的投保

目前我国对工程保险实行自愿原则,由业主和承包人在施工合同中约定。《港口工程施工合同范本》中涉及了工程一切险、第三者责任险和人员、船机设备保险的投保规定。

(1)工程一切险、第三者责任险,其投保人可以是业主,也可以是承包人,但承包人投保工程一切险、第三者责任险的保险费含在工程报价或合同价内,实质上是由承包人代为业主保险。工程一切险的被保险人是业主。第三者责任险,被保险人为不特定人,一般为合同当事人以外的第三方。

(2)人员、船机设备保险,其投保人一般是人员或设备的所有人,也可以是承包人、监理人、业主等。《港口工程施工合同范本》规定施工人员、船机设备的保险由承包人负责。

2)保险合同的订立和履行

(1)订立的原则

①诚信原则。所谓诚信就是诚实而守信用。在签订保险合同时,当事人双方要诚信相待,投保人应向保险人申报所有重大保险事实,如保险标的、被保险人情况等,否则保险合同无效;保险人应当向投保人说明保险合同的条款内容,尤其是除外责任;在合同履行过程中,被保险人应履行如实告之义务,不得故意隐瞒事实;保险人在保险事件发生后应按合同约定及时理赔,不得以各种理由推诿,或减少赔偿。

②保险利益原则。投保人或被保险人对其投保的财产具有法律上承认的利害关系,否则保险合同无效。

③补偿原则。即财产保险独有原则,一旦发生保险事故造成损失,被保险人有权获得合同约定的经济补偿。但这种补偿只能恰好填补因遭受保险事故所造成的经济损失,而不能获得额外利益。

④代位原则。被保险人获得保险人的赔偿后,需将其原应享有的向他人(责任人)索赔的权益,以及对残留保险标的的特权转移给保险人,被保险人不能获得双份利益。

⑤分摊原则。若被保险人以一个保险标的同时向两家或两家以上的保险人投保同一保险,就构成重复保险。若发生保险事故造成险损时,为了防止被保险人获得超额赔付,保险人之间适用分摊原则。如按比例分摊、限额责任分摊和顺序分摊等。

⑥近因原则。近因是指造成损失的主要的或有效的原因。如果造成保险标的损失的原因有多个,且各个原因之间存在着因果关系,在判定保险标的的损失是否为保险事故引起时,适用于近因原则。

(2)保险合同的履行

①投保人的义务

投保人有如实告之的义务,在订立合同时,投保人需将保险标的的有关重要情况如实地向保险人声明、申报和陈述,否则保险人有权解除保险合同。

投保人有“危险增加”的通知义务。投保人对订立保险合同时未曾预料或未予以估计的危险可能性的增加告之保险人。需要增加保险费时,应当按规定补交保险费,否则,由此引起的保险事故损失,保险人不负责赔偿责任。

投保人负有危险事故的通知义务。危险事故发生后，被保险人必须及时通知保险人，使保险人能迅速调查事实真相，便于及时处理，不至于扩大损失。投保人应在保险事故发生后，及时采取一切必要措施，避免扩大损失。否则，保险人有权拒绝损失扩大部分的赔偿。

投保人负有交付保险费的义务。投保人必须按保险合同约定的时间、地点、数额和方式交付保险费。如不按时交付保险费，保险方可以视情况要求其交付保险费及利息，或者解除保险合同。

投保人负有防灾防损的义务。投保人或被保险人应像没有投保那样爱护保险标的，应采取一切措施防止不安全因素的发生。保险事故发生后，被保险人应积极进行施救。违反此义务，保险人可以终止保险责任，或者拒绝赔偿。

②保险人的义务

保险合同成立后，一旦发生保险事故，保险人应按照保险合同约定的损失赔偿责任给付保险金。这是保险人的最根本义务。另外还有如实向投保人说明保险责任范围、除外责任范围、投保人的义务、理赔程序和理赔额的计算方法等义务以及保险事故发生后及时到场勘察取证的义务。保险人承担赔偿金的内容包括损失赔偿金、施救费用、向第三者追偿的诉讼费用和调查检验费用等。

三、监理工程师对工程保险的管理

1. 工程风险责任的分担

1）FIDIC《施工合同条件》有关规定

FIDIC《施工合同条件》"风险与职责"的条款，规定了承包人对工程的照管责任与业主风险。

承包人负有从开工日期起承担照管工程及货物的全部职责，直到颁发工程接受证书之日止。如在承包人负责照管期间，由于业主风险以外的原因，致使工程、货物、或承包人文件任何损失或损害，承包人应自行承担风险和费用，修正该项损失或损害，使工程、货物或承包人文件符合合同要求。

业主风险包括以下内容：

（1）战争、敌对行动（不论宣战与否）、入侵、外敌行动；

（2）工程所在国内的叛乱、恐怖主义、革命、暴动、军事政变或篡夺政权，或内乱；

（3）承包人员及承包人和分包商的其他雇员以外的人员在工程所在国内的暴乱、骚动或混乱；

（4）工程所在国内的战争军火、爆炸物资、电离辐射或放射性污染，但可能由承包人使用此类军火、炸药、辐射或放射性引起的除外；

（5）由音速或超音速飞行的飞机或飞行装置所产生的压力波；

（6）除合同约定以外雇主使用或占有的永久工程的任何部分；

（7）由雇主人员或雇主对其负责的其他人员所做的工程任何部分的设计；

（8）一个有经验的承包人不可预见的或不能合理预期的且已采取适宜预防措施的任何自然力的作用。

由业主风险造成对工程、货物，或承包人文件造成损失或损害而发生的修补以及为承包人造成的损失的费用，应由业主承担。

2)《港口工程施工合同范本》有关规定

我国《港口施工合同范本》对工程风险责任的分担没有作出明确的规定，但规定了合同专用条款中约定等级以上的自然灾害(如大风、波浪、大雨、地震等)为不可抗力。

对不可抗力造成损失的费用分摊，《港口工程施工合同范本》规定：

(1)工程本身的损害由业主承担；

(2)人员伤亡由其所属单位负责；

(3)承包人设备、船舶和机械的损坏由承包人承担。

对于损失补偿，《港口工程施工合同范本》规定：

不可抗力造成停工或破坏时，甲乙双方经过协商后由甲方给予乙方补偿，但此类补偿不包括因乙方防范措施不当而造成的损失和按合同规定由乙方承担的费用。

2. 监理工程师的保险管理

监理工程师对工程保险的管理，在现有的施工合同范本中涉及不多。《水运工程施工监理规范》对此也未作出规定。FIDIC《施工合同条件》在第 18 条中对保险所做的规定中也只是明确"当每项保险费已付时，应投保方应向另一方提交支付证据。每次提交证据或保险单时，应投保方也应通知工程师。"涉及一方向另一方支付费用时，按索赔的规定办理。

从合同管理的角度引申监理工程师在保险管理方面有三个主要职责：

(1)在工程开工之前检查承包人是否按施工合同约定办理了保险，保险单是否有效；

(2)出现保险事故后督促承包人采取补救和抢险措施防止损失进一步扩大；

(3)协助业主办理保险理赔，为业主提供证据和争得有利的赔付条件。

 第六节　施工索赔管理

一、索赔的概念与分类

1. 索赔的概念

索赔指合同当事人在合同实施过程中，对于并非自己的过错，而应由合同对方承担责任的情况造成的额外的时间损失或费用增加，根据有关法律和合同条件向对方提出给予补偿的要求。

索赔的性质属于经济补偿行为，是一种正当的权利要求。包含三层含义：

(1)申请或要求。由于对方未曾给予或支付，因此需要向对方申请或要求。

(2)索赔一方认为应当获得。索赔方认为自己应当获得，但并不一定被合同另一方所确认。

(3)所要求的是一种权利或额外支付。如获得合同价款之外的付款、延长工期或免除业主追究违约责任等。

费用索赔不管是业主或承包人均可提出。由于业主对承包人的索赔条件在合同中的规定比较具体，较易处理。所以通常费用索赔主要是指承包人向业主提出的额外费用的支付要求。

2. 索赔的分类

1)按所涉及的当事人分类

(1)承包人与业主之间的索赔。这是工程施工合同中最普遍的索赔，通常是承包人向业

主提出费用索赔和工期索赔。有时业主也向承包人提出费用赔偿的要求，即“反索赔”。

(2)总承包人和分包人之间的索赔。这种索赔的依据是他们签订的分包合同。分包人向总承包人提出的索赔要求中，涉及业主责任的，由总承包人一并向业主提出。而总承包人与分包人之间的索赔问题由他们之间协商解决。

(3)业主或承包人同出卖人之间的索赔。施工所用的材料和设备的采购可以是业主负责，也可是承包人负责。因此他们与出卖人之间签订了供货合同，在履行过程中，可能发生索赔事件。

(4)业主和承包人向保险公司的索赔。在施工合同签订之后，业主和承包人应该分别办理工程、机械设备和人身保险，当发生保险事故时，应根据保险合同向保险公司索赔。

(5)其他索赔。围绕施工合同还有许多其他合同，如运输合同，供用电、水、气、热力合同，委托合同等，在履行的过程中，也会发生索赔事件。

2)按索赔的依据分类

(1)合同内的索赔。提出索赔要求在合同文件中能够找到文字依据，有明确的合同条款规定。如工程变更，价格调整，不可抗力等。

(2)合同外的索赔。提出索赔要求在合同中没有专门的文字条款作依据，但可根据合同中某些条款引申为索赔的依据，也可以依据民法和行政法规进行索赔。

(3)道义索赔。也叫额外支付。承包人虽然经过了认真努力，但最终还是在经济上受到了损失。业主可以根据实际情况给予承包人一定的补偿。

3)按索赔的要求分类

(1)工期索赔。要求批准延展合同工期的索赔，称为工期索赔。工期索赔要求被批准后，承包人可以免除承担因拖期违约被罚款的责任，而且还可能因工期提前得到奖励。因此，工期索赔的目的最终仍反映在经济收益上。

(2)费用索赔。费用索赔的目的是要得到经济上的补偿。在施工过程中，发生了非承包人的责任而导致工程开支的实际增加，承包人要求对附加开支给予补偿。

虽然索赔有工期索赔和费用索赔之分，但其根本目的最终反映在调整双方的经济利益之上。工期索赔和费用索赔是索赔的最基本分类。

4)按索赔的处理方式分类

(1)单项索赔。在合同实施过程中，针对某单一事件提出的索赔。对于索赔原因单一，责任单一的单项索赔，应及时予以处理。单项索赔报告必须在合同约定的有效期内提交给监理工程师，由监理工程师审核后交业主，由业主做出答复。

(2)总索赔。总索赔又称一揽子索赔、综合索赔。总索赔也是一种常用的索赔方法，一般在工程竣工前，承包人将工程过程中未解决的单项索赔集中起来，提出一份总索赔报告。双方在工程交付前后进行谈判，一揽子解决索赔问题。但要注意合同约定的时效性。通常在如下几种场合下采用总索赔：

①有些单项索赔，原因和影响都较复杂，及时解决有困难，为不影响合同实施，合同双方可协商将单项索赔放到工程后期一并解决。

② 业主对单项索赔要求未能及时解决，使工程过程中的单项索赔拖延，甚至以拖延为手段对待索赔，导致许多索赔要求集中起来。

③工期索赔中，由于索赔事件对后续工序或项目的影响程度需要按实确定，且干扰多，合同双方协商放在工程后期解决。

3. 索赔的原因

1)业主的原因

在施工索赔过程中,业主原因有方面,一是业主违约,二是业主应承担的风险。

(1)业主没有按合同约定的时间提供施工所需场地与条件。如未办理好土地和水域的征用,未能及时开通施工通道、施工航道,未能按时接通施工现场水、电及通信线路,或其他承包人占用的场地或工作面没有及时给出,致使承包人人员和设备不能按时进场等。

(2)业主没有按合同约定的时间和方式提供设计资料、设计图纸。如推迟提供或提供的设计资料有重大错误等,且此因素影响了承包人的施工进度和施工质量。

(3)业主未及时办理工程施工所需的各种证件、批件和临时用地、占道及铁路专用线的申请批准手续,影响到施工的正常进行等。

(4)业主未及时将正确无误的水准点和坐标控制点以合同约定形式提交给承包人。

(5)业主未及时提供工程的陆地及海洋地质、水文、气象和地下(水下)管网线路资料,或者提供的资料数据不准确。影响了施工进度或需要进行特殊处理或采取加固措施,影响施工进度或施工方案的实施。

(6)业主未及时组织设计人和承包人进行图纸会审,未及时组织向承包人进行设计交底。

(7)业主没有按合同的规定按时提供应由业主提供的建筑材料、机械、设备及进口材料设备,以及提供的材料、设备质量上不合格。

(8)业主变更要求。如增加项目、工程量调整、设计变更、改变质量标准、改换建筑材料、暂停施工或要求赶工等,致使费用增加或工期延长。

(9)业主拖延合同约定的责任,如拖延对图纸的批准,拖延对中间工程和隐蔽工程的验收,拖延对承包人提出的有关施工问题的答复等。

(10)业主未按合同约定的时间和数量向承包人支付预付款和工程款,给承包人造成了经济损失和工期影响。

(11)业主提前占用部分永久工程,或在保修期中,由于业主使用不当或其他非承包人原因造成工程损坏。

上述索赔原因能否成立应依据双方签定的施工合同相关条款的规定。

2)承包人的原因

索赔是合同双方都拥有的权利。业主在承包人出现下列违约情况时,可以向承包人提出反索赔:

(1)工程质量不符合合同约定。即施工质量不满足合同约定的技术规范和标准要求,或者在工程中使用的材料、设备质量不满足设计和规范要求,以及在保修期满之前未完成工程缺陷的修复工作等。

(2)工程交付时间不符合合同规定。如果承包人没有得到工程延期的指令,而又不能按时竣工,应承担延期违约赔偿责任。

(3)承包人的其他原因。如因承包人的原因,使业主受到了行政管理部门的罚款或第三方投诉的损失。承包人以双方共同的名义办理的保险失效,给业主带来的损失;承包人在保管材料、设备中的失职,给业主造成损失等。

3)监理工程师的原因

监理工程师受业主的委托对工程施工实施管理,从施工合同的角度,因监理工程师的失误给承包人造成的损失应由业主承担。

(1)监理工程师发出的指令、通知有误,影响了施工的正常进行的。

(2)监理工程师未按合同约定及时向承包人提供指令、批准图纸、进行中间工程或隐蔽工程验收等,给施工造成不利影响。

(3)监理工程师对承包人的施工组织进行超越权限的不合理干预,影响了施工的正常进行。

不仅监理工程师的错误或失误原因可能引起索赔,有时正常的工作也可能引起索赔,如工程的重新检验等。

4)环境条件及风险因素

水运工程施工周期长,施工现场自然与生产环境复杂,由于现场环境条件及风险因素的影响也可能产生索赔事件。

现场环境条件的影响,主要指施工条件的变化。如地质条件与设计文件有较大差异,水文条件与技术资料不符等。这些因素将对工期及费用产生较大影响,必然引起索赔。

对于风险因素影响,双方在合同中应对风险责任的分担、风险的转移做出明确的规定,合同约定不明确时,可能引起索赔。

5)其他原因

除上述导致索赔的主要原因外,尚有以下导致索赔的情况:

(1)合同文件的缺陷。由于合同文件的缺陷,特别是技术规格书和图纸的缺陷,导致了承包人费用的增加和工期的延长,承包人可以提出索赔。

(2)其他承包人的干扰。大型水运工程往往会有多个承包人在现场施工,业主与监理工程师有责任组织协调好各承包人之间的工作。若因其他承包人的原因,导致工期延长或费用增加,受到影响的承包人可向业主提出相应的索赔。

(3)其他第三方的原因。如银行付款延误,业主提供的材料设备迟到,水电供应中断等,承包人也会向业主索赔。

二、索赔的申请与审批程序

1.索赔的申请

1)索赔程序

施工索赔处理流程如图 2-8-3 所示。

2)施工索赔的申请

(1)索赔申请。在索赔事件发生后,承包人应迅速做出反应,在 21 天内向监理工程师递交索赔申请,声明将对此事件提出索赔。如果超过这个期限,监理工程师和业主有权拒绝承包人的索赔要求。

(2)提出索赔报告及有关资料。发出索赔申请后 14 天内,承包人向监理工程师提出延长工期和(或)补偿经济损失的索赔报告及有关资料。为了提出有说服力的索赔报告,承包人应进行以下工作:

①进行事件调查。承包人应加强对合同的管理和对合同实施的分析。一经发现索赔机会,应对索赔事件进行详细的调查和跟踪,掌握事件的详细情况。

②分析索赔理由。只有非承包人责任引起的干扰事件承包人才能提出索赔。在实际工作中,干扰事件的责任往往是多方面的,故必须按合同进行责任分析,划分责任范围,提出索赔理由。

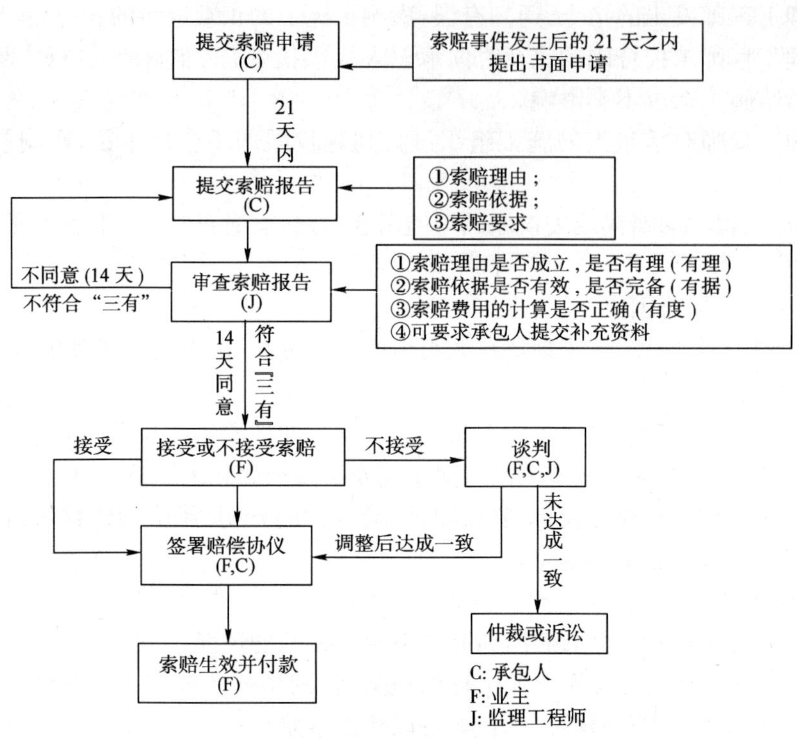

图 2-8-3　索赔处理流程图

③寻找索赔依据。索赔应依据合同文件和相关法律、法规。索赔事件产生的原因应符合合同的索赔约定，索赔的内容和数额应在合同约定的赔偿或补偿范围之内。

④损失调查。干扰事件造成的损失主要表现为工期的延长和费用的增加。如果干扰事件不造成损失，则无索赔而言。损失调查是通过对施工进度、工程成本和费用方面资料的收集、分析、对比，计算事件造成的损失，提出索赔要求。

⑤收集证据。索赔事件发生后，承包人应抓紧收集证据，并在索赔事件持续时间内保持完整的现场记录。在实际工程中，许多索赔要求都因没有或缺少充足证据而得不到合理的解决。

⑥起草并提出索赔报告。索赔报告是上述工作的结果，应由承包人的合同管理人员起草，承包人的决策人审定。

2. 施工索赔的审批

1)审查索赔报告

(1)承包人索赔申请的审查

接到承包人的索赔申请后，监理工程师应建立自己的索赔档案，密切关注索赔事件的影响，及时检查承包人的现场记录。

接到正式的索赔报告后，监理工程师应认真研究索赔报告和证据资料，客观地分析索赔事件发生的原因，对照合同的相关条款，检查承包人提出的索赔证据，并查阅工程各方同期记录。依据合同相关条款划清事件中合同双方的责任界限，在28天内给予答复。必要时可要求承包人进一步提供补充证据资料。最后审查承包人提出的索赔补偿要求，剔除其中的不合理的部分，拟定监理工程师自己计算的合理索赔款额和展延工期的天数。

(2)索赔成立的条件

监理工程师确认承包人索赔成立的条件是：

①与合同对照，索赔事件确实已造成了承包人的施工成本的额外支出，或关键线路上工期损失。

②造成费用的增加或工期损失的原因，按合同的约定既不属于承包人的行为责任，又不属于承包人应承担的风险责任。

③承包人按照合同约定的时间和程序提交了索赔申请和索赔报告。

2)与承包人协商补偿

由于对承担索赔事件损坏责任的界限划分、索赔证据的确认、索赔额计算的依据和方法与承包人往往有认识上的差异，监理工程师对索赔的确认和核查后初步确定的补偿额度，与承包人的要求往往不一致。因此双方应就索赔事件的处理进行协商。

3)业主审查批准索赔

在经过认真分析、研究并与承包人充分协商后，监理工程师应该向业主提出自己的索赔处理意见。业主应根据索赔事件发生的原因、责任范围、合同的相关条款审核承包人的索赔申请和监理工程师的索赔处理意见，决定是否同批准索赔。

4)签发索赔处理决定

索赔报告及监理工程师索赔意见经业主批准后，监理工程师即可签发索赔处理决定。如果承包人接受最终的索赔处理决定，则索赔事件的处理即告结束。如果承包人认为处理决定不公正，可以在合同约定的时间内提请监理工程师重新考虑，当监理工程师最后的决定，承包人仍不满意时，可以按照合同中的争议处理条款向仲裁机构要求仲裁。

3.监理工程师的索赔管理

1)索赔管理的原则

(1)公正原则。监理工程师作为施工合同执行中独立的第三方，在处理施工索赔时应当按照法律、法规的规定，准确理解和严格执行合同约定，公正地维护合同双方的合同权益，从事实出发，实事求是，认真调查研究施工过程干扰事件的真实情况和承包人的实际损失，及时公正地做出处理。

(2)协商一致的原则。监理工程师在处理和解决索赔问题时，应充分、及时地与承包人和业主沟通，充分协商，取得共识，是避免索赔争议的有效办法，也是发挥监理工程师作用，保证工程顺利实施的有效手段。

(3)诚实信用原则。监理工程师的索赔决定将直接影响业主和承包人的经济利益，所以监理工程师应充分发挥自身工作的积极性和责任心，遵守诚实和信用原则，以公正的立场，勤奋的工作，良好的合作精神和较强的处理问题的能力赢得业主和承包人的信任和尊重。

(4)及时履行责任的原则。监理工程师应按照监理合同约定及时处理日常监理工作，在工程施工中及时履行合同责任，行使监理职权，在合同约定期限内做出决定、下达通知或批准申请等，经常与承包人沟通，正确处理好工程变更，努力减少索赔的事件的发生和索赔事件损失影响的扩大，及时解决索赔问题。

2)处理索赔的依据

(1)施工监理合同。监理合同中业主授权监理工程师的内容和范围应明确、具体。这是监理工程师进行索赔处理的职权基础。

(2)工程施工合同。施工合同中规定了合同双方的权利和义务，划定了双方的风险责任，是监理工程师处理索赔工作的主要依据。同时，作为合同组成部分的技术标准、设计、施工规范及有关技术文件、图纸、工程量清单、工程报价单或预算书及文件等，都是索赔处理的依据文件。

(3)有关的法律、法规的规定。国家有关法律，政府行业主管部门及工程所在地政府有关法规、规章也是监理工程师处理索赔的依据文件。

3)监理工程师对索赔的审查方法

(1)审查索赔证据

监理工程师对承包人提出的索赔报告进行审查时，通常要审查承包人提供的下列证明材料：

①相关合同文件；

②经监理工程师批准的施工进度计划；

③合同履行过程中的来往函件；

④施工现场记录；

⑤施工会议记录；

⑥工程照片；

⑦监理工程师发布的各种书面指令；

⑧中期支付工程进度款的凭证；

⑨检查和试验记录；

⑩汇率变化表；

⑪各种财务凭证；

⑫其他有关资料。

监理工程师通过对上述索赔材料的汇总、分析，审查索赔要求是否有法律、法规和合同依据，核实事件影响和损失，划分合同责任，审查索赔证据，初步核算索赔额度。

(2)工期索赔的确认

①划清施工进度拖延的责任。因承包人自身原因造成的施工进度的滞后，不能同意工期索赔要求。只有承包人不应承担任何责任的延期，才能同意工期索赔。有时工期延期的原因中可能双方均有责任，此时监理工程师应进行详细分析，分清责任比例，适当延展工期。

②索赔事件对工程合同工期产生确实影响。如果被延误的工作处于施工计划关键线路上，或非关键线路上的工作受影响时间较长，超过其网络计划总时差，导致总工期拖延，监理工程师可充分考虑事件的影响，给予相应的工期延展。

③监理工程师无权变更合同要求承包人缩短工期。监理工程师有审核、批准承包人延展工期的权利，但他不可以要求承包人缩短工期。即使指示承包人删减掉某些合同内的工作内容，也不能要求承包人相应缩短合同工期。如果业主要求提前竣工，属于合同变更，应由业主和承包人协商解决。

(3)费用索赔的确认

对费用索赔的审查确认，除了要划清合同责任、审查索赔内容以外，应注意索赔取费的合理性和索赔额度计算的准确性。

①承包人可索赔的费用内容

a. 人工费。包括增加工作的人工费，停工损失费和工作效率降低的损失费等。

b. 设备费。可采用机械台班费、机械折旧费、设备租赁费等。

c. 材料费。

d. 保函手续费。

e. 贷款利息。

f. 保险费。

h. 利润。

i. 管理费。包括现场管理费和公司管理费。

②审核索赔取费的合理性。费用索赔涉及的款项较多,内容复杂。承包人从维护自身的利益出发,取费标准往往不尽合理,监理工程师应认真检查取费的合理性,剔除和修正不合理的取费项目或费率。

③审核索赔计算的准确性。监理工程师要对承包人的索赔计算进行审查,既要检查采用的费率是否合理、适度,也应检查数字计算的准确性。

(4)监理工程师处理索赔的权限

监理工程师在对索赔的审批中还要注意自己的权限。

①监理工程师仅有权审核、处理合同内的索赔。承包人提出的合同外索赔和道义索赔已经涉及到对合同的修改,应由业主处理。

②监理工程师不负责对承包人拖期违约的赔偿处理。

③合同内索赔数额超过权限范围时,需报业主批准后才能执行。

第七节　违约处理与争议的协调

一、违约与合同争议的概念

1. 违约及违约责任

合同当事人不履行合同义务或者履行合同义务不符合合同约定的行为称为违约行为,合同当事人对其违约行为所造成的后果依法承担的民事责任称为违约责任。

《港口工程施工合同范本》规定,合同任何一方不按合同履行自己的责任和义务,均为违约。违约方应向对方赔偿因违约给对方造成的直接经济损失。

根据《合同法》的有关规定,承担违约责任的方式主要有以下几种:

(1)继续履行;

(2)支付违约金;

(3)赔偿损失;

(4)承担侵权责任;

(5)单方面解除合同;

(6)定金制裁;

(7)价格制裁;

(8)其他措施,如修理、更换、重做、退货、减少价格或者报酬,支付预期利息,承担防止损失扩大的费用、中止履行等。

2. 合同争议

在施工合同的履行过程中,由于合同双方利益不同,对合同条款的理解和履行有时会有差异,不可避免地会发生各种争议,如合同双方对合同的成立、合同内容的解释、合同的履行、违约的责任，以及合同的变更、中止、转让、解除、终止等发生分歧和异议，均称为合同争议。

水运工程施工合同由于涉及的自然条件、技术问题比较广泛和复杂，施工合同履行期较长，难免会遇到客观环境条件、法律法规、经济政策的变化。在合同执行中产生争议是很正常的。抛开合同条款设置存在某些缺陷、内容表述不清晰、不准确或双方理解有差异等因素，由于所有合同条款都与工程成本、价格、计量支付和相应的责任与义务等有密切关系，直接影响到业主和承包人的权利、义务和经济利益，合同的双方发生分歧、争议和争端往往不可避免。

业主和承包人因合同发生争议，一般采取下述方式解决：

(1)向合同约定的机构或组织要求调解；

(2)向合同约定的仲裁机构申请仲裁；

(3)向有管辖权的人民法院起诉。

通常对合同争议的处理程序是：

(1)由监理工程师进行协调；

(2)协调不成功，双方可请工程所在地的合同管理机关(一般是指工商行政管理部门)进行行政调解；

(3)行政调解不成功或在规定的期限内不能做出调解时，任何一方可在规定的期限后提请约定的仲裁机构进行仲裁或向人民法院起诉。

二、违约与处理

1. 承包人的违约与处理

1)逾期开工

即承包人未能做好施工准备工作，致使工程无法按照监理工程师开工令规定的日期实质开工。承包人因故不能按期开工，应在收到监理工程师开工令后3天内向监理机构提出延期开工申请报告，说明延期理由和延期时间。对未经监理工程师审批的延期开工或承包人未在规定时间提出申请的延期开工，竣工日期不予顺延。

2)工期延误

因承包人的责任造成工程进度缓慢，进度计划拖延，承包人应自费采取措施加快工程进度，如果赶工措施不利，致使工程不能按合同工期竣工，承包人应承担合同约定的违约责任。

3)暂停施工

因承包人原因造成工程暂停施工，停工损失应由承包人承担，总工期不予延长。

4)使用不合格材料和设备

承包人在工程施工中使用的材料和设备必须符合规范、技术标准和设计要求。在材料和设备使用之前，承包人应向监理工程师出具合格的材质证书或试验报告，否则，监理工程师有权拒绝使用。在施工中，监理工程师有疑问时有权要求对设备和材料进行复验，若检验发现材料或设备不合格时，该批材料或设备不得用于工程。承包人应负责拆除、修复及重新采购，并承担由此发生的一切费用，工期不予延长。

5)分项工程质量不合格

如经监理工程师检验，隐蔽工程或分项工程质量不合格，承包人必须进行返工或返修。由此造成的工期拖延不予顺延，发生的费用由承包人承担。

6)质量等级达不到合同约定的标准

因承包人原因使工程质量达不到合同约定的标准或等级，业主有权要求承包人返工，返工费用由承包人承担，施工期不予延长。若返工后仍达不到约定等级时，承包人应承担合同约定的违约责任。

7)合同非法转让和分包

如承包人构成实质性转让合同，应承担违法责任和违约责任。业主可以终止合同履行，没收履约保证金，要求承包人赔偿损失。如果承包人未征得业主同意，将工程的一部分或大部分分包给合同约定以外的分包人施工，业主有权要求其停止分包。必要时，业主有权中止合同，由此造成的损失由承包人负责赔偿。

8)竣工验收不合格

若承包人提交验收的工程和竣工资料，在竣工验收时达不到验收部门的要求，承包人应按验收部门要求对工程进行整修或对竣工资料予以补充和完善，由此产生的费用和造成工期的延误由承包人负责。

9)工程保修不及时或不作为

若承包人不能按合同约定的时间和要求对由其原因产生的质量缺陷进行修补，业主有权动用保修金委托他人进行修补缺陷，不足部分业主可通过合同约定的方式向承包人追偿。

2. 业主的违约与责任

1)未按期提供施工条件

业主应按合同约定的时间、地点、内容为承包人提供场地条件、水电与交通条件、施工所需的各种手续。否则开工日期及竣工日期顺延，由此给承包人造成的直接经济损失应由业主承担。

2)未能按要求提供技术资料和图纸

业主未按合同约定的数量、时间和内容向承包人提供技术资料或图纸，或提供的技术资料和图纸不准确或有错误，由此造成承包人的施工进度拖延或质量达不到标准，业主应赔偿承包人返工的直接经济损失，并合理延长工期。

3)指令错误或批准不及时

业主或监理工程师对承包人的申请、要求、报告等需要批准或答复事项，未按合同约定的时间予以答复或批准，造成延期的，应准许工期延长，并赔偿由此造成承包人的窝工损失。若因业主或监理工程师指令错误造成工程返工的，其责任由业主承担，准许工期延长，赔偿承包人返工的直接经济损失。

4)计量、检查与验收过失

监理工程师未按规定时间检查、验收、计量，造成承包人等待而延误工期的，应准许工期延长，因检查、验收过失造成承包人经济损失的应补偿承包人的直接损失。

5)逾期支付

若业主未能按合同约定的时间和经监理工程师审核的数额支付，承包人有权进一步发出催付款的通知，在催款通知发出后的 10 天后，业主仍未支付工程款，承包人有权暂停施工，业主应从应付款之日起向承包人支付应付款的利息，并承担违约责任及承包人的停工损失。

6)逾期供应材料或设备

业主未按合同约定的时间、数量和质量供应由业主负责采购的材料或设备，造成承包人停工或返工的，业主应准许工期延长，并赔偿承包人停工或返工造成的损失。

7)延迟竣工验收和竣工结算

业主或监理工程师未能在合同约定的期限内对工程及竣工资料进行审查和组织验收，由此产生的经济损失由业主承担，并相应延长工期。

业主在确认结算报告后合同约定的时间内未将工程结算款支付给承包人，业主应从约定支付日期的第二天起承担拖欠款项的利息，并承担违约责任。

三、合同争议的处理

1.合同争议的友好协商

在业主与承包人发生合同争议时，双方可以坐下来通过友好协商来解决彼此的争议。实际上绝大部分合同争议通过友好协商都能得以解决。监理工程师可以为双方友好协商进行斡旋和协调。

进行合同纠纷的协调工作一般由总监理工程师承担。对于具有法律性质或其他专业特征的争议，总监理工程师应听取有关法律专家或技术专家的咨询意见后再作决定，使问题的解决合理、完善。

对合同争议进行协调的工作程序是：

(1)监理工程师了解合同双方的争端问题；

(2)监理工程师对争端的问题进行调查核实，取得证据；

(3)监理工程师依据合同文件及有关施工中形成的各种文件和记录及有关法律、法规，技术规范和标准对争议内容进行分析、评价，确定争议双方各自的责任；

(4)分别听取双方的意见并向其摆明事实，进行反复的劝解和协调工作；

(5)协调一致后，制定协调决定，构成合同文件。

2.合同争议的行政调解

合同争议的调解是劝导当事人和解的一种方法。根据调解人的性质，分为行政调解和民间调解。

合同争议的行政调解是行政机关依法劝导争议双方当事人和解，是解决合同争议的一种方式。合同争议调解的行政机关一般是工商行政管理部门。

工商行政管理部门依据《合同争议行政调解办法》进行合同争议调解的原则是：

(1)自愿原则；

(2)公平、合理、合法原则；

(3)不公开原则。

工商行政管理部门调解的程序为：

1)申请

合同当事人若要求工商行政管理部门进行合同争议调解，应向其递交合同争议调解申请书。申请书应当写明申请人、被申请人的名称或者姓名、地址、法定代表人姓名、职务，申请的理由和要求，申请日期等。同时应向调解机关提供有关证据材料和相关的法定文件(如合同书、代理人委托书等)。

2)受理

工商行政管理部门在收到调解申请书后，应指派专人审查此申请书。并于5日内做出是否受理的决定。受理的条件为：

(1)当事人自愿接受调解；

(2)申请人是与本案有直接利害关系的当事人；

(3)有明确的被申请人、具体的调解请求和事实根据；

(4)符合合同争议行政调解的范围。

3)调解

调解机关应指派一至两名调解员进行调解。调解的时间、地点应提前通知双方当事人，以便其作好准备。调解时，可由双方当事人陈述理由和主张。调解员在充分听取双方当事人的意见的基础上，进行劝导，促成双方当事人互相谅解，达成和解协议，并作好调解笔录。

4)终结

当调解成立时，可由双方当事人自愿签订调解协议或新的合同。该调解协议或新的合同具有法律约束力，受法律保护。调解终结后，不论当事人和解与否，都应制作调解终结书，写明争议的主要事实、当事人的请求和调解结果，并由调解员署名，加盖合同争议调解专用章。调解终结书可送达当事人。合同争议的调解时限为受理之日起两个月。

3. 合同争议的仲裁

在工程竣工之前或之后合同争议均可申请仲裁。但在工程进行中合同争议双方各自的合同责任和义务均不得以合同争议仲裁正在进行为理由而加以改变或拖延。

监理工程师在合同争议仲裁中的工作主要有两方面：

(1)提供证据。所提供证据应实事求是，客观公正。在仲裁庭调查情况时，应积极配合。

(2)监督各方按合同约定，继续履行合同责任和义务，保证工程能顺利的进展并符合合同要求。

4. 合同争端的诉讼

若合同约定解决争议的最终方式不是申请仲裁，而是诉讼，则监理工程师的工作与合同仲裁的工作类似。

第九章 施工期的信息管理

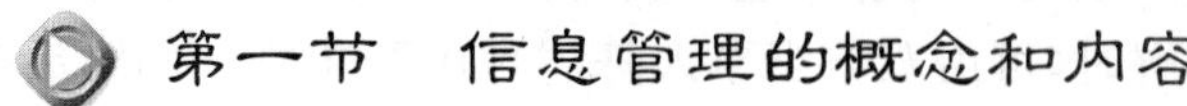

第一节 信息管理的概念和内容

一、信息管理的概念

1. 信息管理的概念

所谓信息管理是指对信息的收集、加工整理、储存、传递与应用等一系列工作的总称。它主要研究如何有效的利用信息资源，提出信息加工的条件。信息管理的目的就是通过有组织的信息流通，使决策者能及时、准确地获得相应的信息，为进行科学决策提供可靠的依据。为了达到信息管理的目的，就要把握信息管理的各个环节。

(1)了解和掌握信息来源，对信息进行收集和分类。

(2)掌握和正确运用信息管理的手段，对信息进行加工、储存和传递。

(3)掌握信息流程的不同环节，建立信息管理系统，利用信息进行决策。

2. 施工监理信息管理的特点

施工监理的主要方法是控制，控制的基础是信息，信息管理是施工监理工作的一个重要内容。信息管理工作的好坏，将会直接影响监理工作的成败。施工监理信息管理既具有一般信息管理的通性又有其自身的特殊性，其特点主要表现在以下几个方面。

1)信息来源的广泛性

施工监理项目信息来自业主、设计人、承包人以及其他与工程相关的各组织与部门；来自项目可行性研究、工程设计、施工招投标、施工过程及工程保修等工程实施的各个环节；来自与工程实施相关的工程结构、工程材料、工程机电等各个专业；来自工程实施中质量控制、投资控制、进度控制、合同管理等工程管理的各个方面。施工监理信息来源的广泛性，使如何完整、准确、及时地收集信息以及合理地整理、运用信息成为监理信息管理需要解决的首要问题。

2)信息处理手段的特殊性

由于工程建设特别是水运工程等基础设施建设规模大、牵涉面广、协作关系复杂，工程管理往往涉及大量的信息。监理工程师在施工监理中既要掌握计划信息，又要掌握实际进展信息，还要对信息进行对比、分析、储存与传递。监理工程师每天都要处理大量的数据，在目前大型工程实施管理中这些信息数据仅靠人工操作处理是极其困难的，只有引入计算机信息管理手段才能及时、准确地进行处理，为工程管理的正确决策提供及时、可靠的支持。

3)信息具有系统性以及时空上的不一致性

施工监理信息是在一定的时空内形成的，与施工监理管理活动密切相关，同时，监理信息的收集、加工、传递及反馈是一个连续的闭合环路，具有明显的系统性。时空上的不一致性体现于在监理实施的不同阶段、不同地点都将发生、处理和应用大量的信息。

3. 施工监理信息管理的作用

施工监理信息管理对工程监理的管理产生巨大的影响，总结起来有以下几个方面：

(1)信息是实施监理工作不可缺少的资源；

(2)信息是监理工程师实施控制的基础；

(3)信息是进行项目决策的依据；

(4)信息是协调工程参与者之间关系的纽带。

二、监理信息管理的内容

1. 信息的收集与传递

在监理项目实施过程中，监理信息的收集和传递是监理信息管理中两个不可分割的过程。它们是监理信息管理工作的基础。有效的信息收集可以保证监理信息的完整性和可靠性，有效的信息传递可以保证监理信息的针对性和时效性。对于监理信息的收集，在工程实施前进行监理规划时，应对工程实施各阶段将会产生的所有信息类别和项目文档进行分析，在监理实施过程中，通过多种信息渠道主动收集；对于监理信息的传递，应分析各类信息对各层次工程管理人员的作用，明确信息流程，进行有效传递。

2. 监理文档管理

监理文档管理是指监理工程师在监理实施的过程中对监理文档所作的有序的、恰当的组织、分发、存储、检索以及查询的工作。监理文档管理具有一般文档管理的特征，又具有其独特性。监理文档管理贯穿于工程监理管理的整个阶段，从文档的产生、管理到文档的移交、归档。文档管理不同于文档的保管，其内涵包括对文档的存储、查看、编辑、查询、分发等一系列的管理内容。监理文档管理是一个有机的系统，包括被管理的文档、管理人员、管理工具、管理手段、管理制度等诸多构成要素。

3. 工作流管理

工作流可以看作是用活动和活动之间的变化表示的业务流程。国际工作流管理联盟（Workflow Management Coalition，简称 WFMC）对工作流的定义为：工作流是一类能够完全或部分自动执行的经营过程，它根据一系列过程规则、文档、信息或任务，能够在不同的执行者之间进行传递和执行。工作流的三个要点：

(1)有多个参与者；

(2)按照一定的规则进行活动(传递文档、信息、任务等)；

(3)活动的推进是自动的或部分自动的。

监理信息管理的特点，符合工作流管理应用的要点，而工作流管理应用的优点在于把管理规则和手工信息传递变成程序化的控制流程，对信息的传递进行有效的控制，提高工作效率和规范化管理水平。

4. 信息交流管理

监理信息交流管理包含两个方面：一是施工现场监理人员内部的信息交流；二是现场监理机构与业主、承包人、监理人、政府主管部门之间的信息交流。

在监理信息管理中，加强信息交流管理是至关重要的任务。信息交流的不畅或紊乱，不仅会直接造成大量不必要的开支，而且会间接的影响工程的进度和质量。它是导致诸如工程成本超支、工期拖延、质量缺陷以及索赔与合同争议等的首要原因。

监理信息交流是指通过对工程管理组织体系的完善和调整、信息的分类与编码、各种先进信息技术的运用,使得工程参与各方对工程信息更好地进行交换与共享。信息交流是一个动态的过程,四个基本要素即发送方(Sender)、接收方(Receiver)、交流内容(Message)和交流媒体(Medium)在交流过程中不断变化,其目的是为了共享信息资源,在工程管理组织体系中及时、准确地传递信息,以有效支持决策,从而提高组织的效率。

第二节 监理信息的分类与编码

一、监理信息分类与编码体系的建立

1. 监理信息分类与编码体系的作用

监理信息分类和编码体系是监理信息管理的基础。监理信息分类和编码体系合理与否很大程度上影响着监理信息管理的效果。监理项目信息分类与编码体系应结合工程项目分解结构（WBS)、监理机构组织模式、业主工程管理特点、国家及地方对工程归档资料整理和竣工资料验收的要求来建立。

监理信息分类与编码体系,可以将工程各个阶段产生与利用的信息有序地串联起来,将归档资料的整理和竣工资料的收集分散在项目实施过程中的各个环节,既保证文档资料的完整、准确性,又便于利用计算机信息管理系统进行收集、传递、和储存,可以避免传统信息管理缺乏系统性、检索不便的弊端。

2. 监理信息分类与编码体系建立的原则

1)通用性原则

监理信息分类与编码体系首先要具有通用性,通用性体现在以下两个方面:

(1)监理人员通过项目信息分类与编码体系,建立相互之间交流的基础,并运用计算机网络技术构建一个全项目信息保存与共享的平台,实现基于统一信息分类与编码的信息有效交流;

(2)监理人员在遵守监理信息分类与编码体系的前提下,能方便地实现项目信息管理的各种功能要求。

2)稳定性原则

监理信息分类与编码体系的稳定性表现在信息分类与编码体系一旦建立,即成为监理机构信息管理的参照和标准,也是进行信息沟通的工作基础。任何改变都会带来前后信息的不一致及工程各方对信息理解上的偏差。所以信息分类与编码体系的稳定性十分重要,否则将造成资金和时间上的巨大浪费,甚至引起工程组织和管理上的混乱。

3)灵活性原则

监理信息分类与编码体系的灵活性体现在体系的可扩展性。工程信息具有动态性,这就要求作为信息对象载体的信息分类与编码体系具有一定的灵活性,体系应能根据工程管理需要,方便、有效地进行扩展和调整,以适应工程建设过程中出现的各种变化。需要指出的是体系的稳定性原则与灵活性原则并不矛盾,体系应该在总体框架结构上保持一定的稳定性,不能进行大的变动,但体系在内容构成上又应该体现灵活性,能根据实际情况的变动对原有的体系内容作局部的增加或删除,以适应工程的变更和调整。

4)兼顾性原则

监理信息管理贯穿于施工监理的全过程。因此监理信息分类与编码体系应该兼顾工程各阶段的信息管理要求，特别应注重工程竣工阶段对归档资料以及竣工资料的整理要求，将资料的收集分散在各文档产生阶段，运用合理的信息分类及编码体系进行保存与管理，实现文档的产生与整理的同步，保证信息的完整性及准确性。

二、监理文件分类与编码体系的建立

1.监理文件分类

水运工程等大型基础设施建设周期长，干扰因素多，施工环境复杂，工程信息涉及面广，工程信息可按不同的角度进行分类。

按工程控制目标可分为：施工质量信息，施工进度信息，施工安全信息、施工费用控制信息、环境保护信息等。

按信息表现形式可分为：文字信息，图表信息，声像信息等。

按信息来源可分为：设计人信息，业主信息，施工承包人信息，监理人信息、与工程相关的法规政策信息、政府主管部门管理信息等。

监理机构作为工程项目的管理人、协调人，监理信息涵盖工程信息的各个方面，经过监理工程师收集加工的信息称为监理文件，监理文件一般划分为计划性文件、记录性文件、指示类文件、报告性文件。

1)监理计划性文件

监理计划性文件包括：监理大纲、监理规划、监理实施细则等。

2)监理记录性文件

监理记录性文件包括：工程会议记录和纪要、监理日记和日志、工程现场巡视记录、气象记录、工程原材料及试件抽检记录、现场测量、试验记录、工程计量记录、质量验收记录、竣工验收记录等。

3)监理指示类文件

监理指示类文件包括：监理通知书、监理联系单、监理开工、停工令等书面指示。

4)监理报告类文件

监理报告类文件包括：监理日报、监理周报、监理月报、监理专题报告、监理工作总结等。

2.编码体系的建立

1)文档的分类

对文档进行分类与编码是监理信息分类与编码体系建立的一项重要任务。文档是工程信息的主要载体，结合计算机存储技术，文档可以理解为一切可以存储的电子文件，如各类文本文件、报表文件、多媒体文件等。

在施工监理实施的过程中，监理信息丰富多样，因而文档信息有多种形式。对项目文档分类的要求是要便于实现文档电子化，能够运用计算机及其网络技术，实时地描述工程进展状况。工程文档分类后所提供的信息应能反映信息的内容，反映信息载体文件的类型，并且反映出信息的来源。

因此，这里把文档信息分为以下三个层面：文档文件类型(如监理文件、施工文件、设计文件等)、文档内容类型(如质量控制、进度控制、费用控制、合同管理等)和文档责任人类型(如业主、承包人、监理人、设计人等)。

2)文档的编码

(1)编码的原则与方法

编码时要考虑到代码结构的简洁,节省存储容量,减少冗余,提高信息处理速度和可靠性;对各个层面的文档进行编码的过程中要考虑如何集成。

监理文档编码采用数字层次码比较合适,能反映出项目分解结构的层面。每个层面的编码均由1或2位数字组成,层与层之间采用1∶n的线性结构。即一个上位类对应多个下位类,每个下位类仅对应一个上位类。

由于监理的实施阶段一般是工程施工阶段,故文档的时间类型编码可以忽略;由于监理过程中文件来文单位主要为业主、承包人、设计人和监理人,文件责任人类型用有含义的字母表示。考虑到体系的可扩展性,文档的内容类型编码采用2位数的顺序码比较合适;文档文件类型编码采用有含义的字母和数字组合码比较合适,根据工程项目的具体情况,可采用2或3位编码;文档顺序编码采用3位数字码比较合适。

(2)编码的集成

各个层面的文档分类、编码后,进行文档的编码集成,并确定各个层面编码之间的关系,形成监理文档信息编码的目录集成结构。查找文档时,从文档目录的上层开始,依次为项目分解结构、文件责任人类型、文档文件类型、文档内容、文档顺序。监理文档信息编码目录集成结构如图2-9-1所示。

XX	X	X(字母码)	XX	XX	XXX
项目分解结构编码	文档责任人类型编码		文档类型编码	文档内容编码	文档顺序码

图2-9-1 监理文档信息编码目录集成结构

3)某工程监理信息分类与编码体系示例

(1)总则

本工程监理信息文档编码体系整体上按文件责任人进行分类,以便于监理竣工资料的收集与整理。本编码体系中文件共分为四大类:

a.行政管理与法规性文件(G类);

b.工程项目文件(X类);

c.施工文件(S类);

d.监理文件(J类)。

其中,G类文件为地方政府或协会类文件;

X类文件属业主类的项目管理类文件,按项目阶段和性质进行细分,涵盖了设计文件、合同文件等内容。

S类文件为施工文件,按质量、进度、费用、安全控制进行分类归档。

J类文件按监理管理文件和记录文件进行分类归档。

(2)编码说明

本工程按以下方式对归档文件进行编码:

项目	单位工程	文件责任人	文件类型	文件内容	序号
(2位)	(1位)	(1位)	(2位)	(2位)	(3位)

例如:文件编码XX—2—S—Z3—1—008

XX:XX工程

2:单位工程 2

S:施工承包人文件

Z3:质量控制中的施工技术文件

1:技术核定单

008:第 008 号技术核定单

(3)使用方法

a.文件编码可以通过管理信息系统自动生成,也可以由信息管理员按以上编码原则编辑生成。

b."项目"和"单位工程"编号由管理信息系统自动生成。当工程"单位工程"还未划分时可不对此项编码,即不选此项。

c."文件责任人+文件类型+文件内容"构成"档案号",具体编码如上例中"SZ3-1"所示。"档案号"标注在档案盒标签上,供查阅使用。

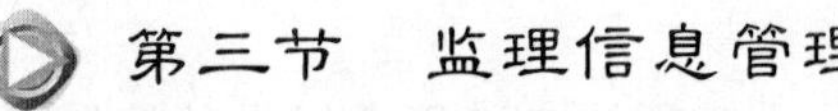

第三节 监理信息管理的实施

一、信息的收集、整理与传递

1.信息的收集

工程施工中各种信息资料的收集可以大致分为如下几个阶段:

1)工程建设前期的信息收集

工程项目在正式开工之前,需要进行大量的工作,这些工作将产生大量的文件资料,它们包含着丰富的工程管理信息,监理人应当收集和掌握以下资料:

(1)工程可行性研究报告及其有关资料

工程可行性研究报告是进行工程项目建设决策(包括建设规模、建设布局和建设进度等原则问题)的重要文件,也是编制工程设计文件的重要依据。通过可研报告和有关资料可以收集以下信息:

①工程建设的目的和依据;

②工程建设的规模和标准;

③工程建设的自然条件和施工条件;

④工程建设地点的选择和占地估算;

⑤工程建设的进度计划和工期目标;

⑥工程投资的资金来源;

⑦工程环境保护的措施和评估;

⑧工程的经济效益分析;

⑨存在的问题和解决办法。

(2)工程勘察资料及设计文件

通过工程勘察资料和设计文件可以收集以下信息:

①社会、经济情况。建设地区的社会经济发展、工程建设原材料、燃料来源、水电供应和交通运输条件、劳动力资源等资料。

②工程技术勘察情况。建设地区的自然条件资料，如水文、气象、地质、地形、地貌、自然灾害等资料。

③工程初步设计情况。如工程的规模、总体规划与布置，主要建筑物的结构形式和设计尺寸、各种建筑物的材料用量、主要技术经济指标、建设工期、总概算等。

④施工图设计情况。如施工设计要求，施工、安装详图，各种设备和材料的明细表，施工图设计预算等。

(3)施工招、投标文件及其有关合同文件

通过施工招、投标文件及其有关合同文件的收集，可掌握以下信息：

①招标人基本情况，招标文件对投标人的要求和条件；

②投标人基本情况，投标文件对招标文件的响应和承诺。

③合同签订情况，工程承包与分包情况，工程合同类型，合同内容与合同要求等。

2)工程施工过程中的信息收集

工程施工阶段是工程实体形成的过程，监理工程师的信息管理工作也主要集中在这一阶段。

(1)业主有关信息

业主作为工程建设的组织者，在工程施工过程中提供的信息对工程的实施具有重要作用。业主信息包括按照合同文件规定提供的相应条件，通过工程会议和工程指令表达对工程各方面管理的要求和意见等。监理工程师信息管理工作的一个重要方面就是应及时收集业主提供的信息。

(2)承包人有关信息

承包人在工程施工过程中，对现场所发生的有关质量、进度、安全以及技术、经济和管理上的信息必须及时收集和掌握，并通过向业主、设计人、监理机构及其他方面提交报告、计划、申请等形式进行信息传递，如向监理机构报送施工组织设计，施工计划、实施情况报告、月度支付申请、各种工程质量自检报告、质量问题报告、有关技术、管理内容联系单等。监理工程师应全面系统地收集这些信息资料。

(3)施工监理的信息

施工过程中监理记录是监理工程师监理信息收集的主要方式之一。

①监理日记。现场监理人员的日记主要包括如下内容：当天的施工条件，当天的施工内容；当天参加施工的人员(工种、数量等)；当天施工用的机械(名称、数量等)；当天发现的施工质量问题；当天的施工进度与计划施工进度的比较(若发生施工进度拖延，应说明其原因)；当天的综合评语；其他说明等。现场监理人员的日报表可采用固定格式，力求简明、准确。

②监理日志。由监理机构负责人或其指定的专人记录。主要包括如下内容：当天施工内容及质量、进度情况，当天所作的重要决定；当天对承包人发出的主要指令；当天召开的重要会议内容提要，当天监理工作安排等。

③现场每日的水文、气象记录。主要内容为：当天的潮汐、水位、波浪、水流状况，当天最高、最低气温、降雨、降雪量，当天的风力及天气状况等。若施工现场区域大、工地的水文、气象条件差别较大，则应记录两个或多个地点的水文、气象资料。

④监理月报。现场监理机构应每月向业主汇报下列情况：工程施工状况(包括工程进度、质量、安全情况)；工程款支付情况；工程进度拖延的原因分析；工程质量检查与验收情况；工程进展中主要困难与问题(如施工中的重大技术、管理问题，重大索赔事件，材料、设备供货困难，组织、协调方面的困难，异常的天气情况等)。

⑤监理指示和指令。主要内容为:监理通知、监理联系单、变更通知、停工令、复工令等。

⑥工地会议纪要。工地会议是监理工作的一种重要方法,监理工程师应充分重视工地会议,并建立完善的工地会议制度,便于会议信息的收集。工地会议纪要是工程管理文件的重要内容,每次工地会议都应有专人记录,并及时整理和提交各方签署会议纪要。

3)工程竣工阶段的信息收集

工程竣工并按要求进行竣工验收时,存在大量的与竣工验收有关的信息。这些信息一部分是在整个施工过程中,长期积累形成的;一部分是在竣工验收期间,根据有关资料整理分析而形成的。完整的竣工资料应由承包人编制,经监理和有关档案管理部门审查后,移交业主并通过业主移交有关单位保存。

2. 监理信息的整理、储存和传递

1)监理信息的加工整理

监理工程师除应注意各种原始信息的收集外,还要对收集来的信息资料进行加工整理,信息加工整理的深度可分为以下三个层次:一对信息资料和数据进行简单整理和过滤;二对信息进行综合分析,概括整理出辅助决策的依据;三通过对信息数据应用数学模型进行统计推断,产生决策信息。

监理工程师在施工过程中,依据收集的信息进行决策或决定有如下几个方面:

(1)依据进度控制信息,对施工进度状况提出意见和指示。

(2)依据质量控制信息,对工程质量情况提出意见和指示。

(3)依据投资控制信息,对工程费用支付和结算情况提出意见和建议。

(4)依据合同管理信息,对索赔提出处理意见。

2)监理信息的储存

信息的储存是将信息保留起来以备将来应用。对有价值的原始资料、数据及经过加工整理的信息,要长期积累以备查阅。信息储存的介质主要有三种,纸、胶卷和计算机存储器。用纸储存信息是传统的信息储存方式,随着计算机技术的发展和普及,用纸存储信息在传送、检索和统计上的不便愈加突出。而用计算机存储器存储信息在信息检索、分类、传递、汇总上的优势更为明显,且存储成本大为降低。因此,应尽量采用计算机等现代信息管理与储存手段,以节省存储时间、空间和费用。

3)监理信息的检索和传递

无论是存入纸质档案库还是存入计算机存储器的信息、资料,为了查找的方便,在储存前都要拟定一套科学的查找方法和手段,作好编目分类工作。健全的检索系统可以使报表、文件、资料、人事和技术档案既保存完好,又查找方便。

信息的传递是指信息资料借助于一定的载体(如纸张、软盘、磁带等)在与该工程信息相关的各部门、各单位之间的传递。按照工程管理组织体系,监理信息的传递可分为监理机构内部和外部两类,对内信息的传递主要通过信息管理系统和文件传阅登记表形式进行;对外信息的传递主要通过信息管理系统和文件收发登记表进行。

业主发给承包人的函件或其他信息,监理工程师应及时传递或转达给承包人,使业主指令得以贯彻落实;承包人提交业主的函件经监理工程师审核后,应及时送交业主,使业主及时掌握工程信息。信息分发时应注意:

(1)文件发送时要填写《发文登记表》,写明文件发送日期、文件名称、文件编号及文件内容等,应要求文件接收人签字。

(2)文件发送应做到不错送、不漏送、不延时，确保文件能准确、及时送达信息接受方。当文件需接收方批复时，应在文件规定批复的期限内督促其按时批复。

二、监理信息的管理

1. 监理文档管理

1)监理信息管理的组织设置与人员配备

监理机构应根据工程规模和项目管理模式，建立自身的信息管理部门，建立监理信息管理体系，明确人员设置、工作内容与工作职责。

(1)组织设置：设置监理信息部或项目信息管理中心。监理机构信息管理中心是工程所有信息的收集中心、存储中心以及共享中心，应为工程参与各方提供文档的查询与借阅服务。但应明确文档的查询、借阅制度以及查阅权限分配。

(2)人员配备：监理信息管理部门由监理机构负责人分管，应配备专门的信息管理人员，各专业或职能部门可指定监理人员兼任。当信息管理人员工作调整时，要对所管理的文档资料进行全面核对移交，确属无误后方可调离。

2)监理文档分类与编码

每一份归档管理的监理文档信息都应该根据已经确定的监理信息分类与编码要求进行分类与编码，信息管理人员对归档文件进行形式审核和信息储存，同时对相应的纸质文档原件进行手工信息编码。

3)文档查询与借阅服务

监理信息管理部门为项目参与人员提供档案、资料总目录、分类目录或计算机数据查询服务；提供档案查询、借阅服务，在权限内提供文件、技术资料的复印件。当监理信息管理系统使用后，文档资料的查询分为系统查询和纸质文件查询两类。系统查询主要是根据需要在系统中输入需要查询内容的查询条件进行查询。

4)文档移交管理

根据水运工程竣工验收的要求，所有的监理文档在工程竣工验收时应根据国家和地方工程档案管理部门的有关规定和要求进行整理和移交。监理机构除应整理好竣工监理文件外还应检查和督促施工承包人的竣工资料整理和移交。

2. 工作流管理

工程监理的发展使其在工程管理中形成了一套相对固定的管理模式和管理流程。根据监理控制目标，运用工作流管理方式可以规范监理文档、信息的流转。

工作流管理的主要内容是收集和整理监理工作流程，通过对进度控制流程、费用控制流程、质量控制流程等监理工作流程的分析和过程分解，用最具代表性的模型元素将流转过程简单、直观地描述出来，运用计算机技术对工程管理进行动态控制，建立起各种控制流程和控制台账。

以下结合监理文件处理过程，说明工作流管理模型建立的步骤。

1)确定工作流程的基本步骤和顺序(图 2-9-2)

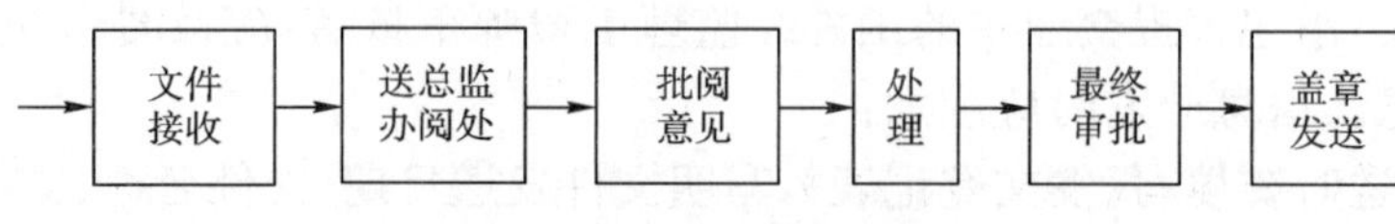

图 2-9-2　监理文件处理流程

2)确定可以推动工作流程的各种角色(图 2-9-3)

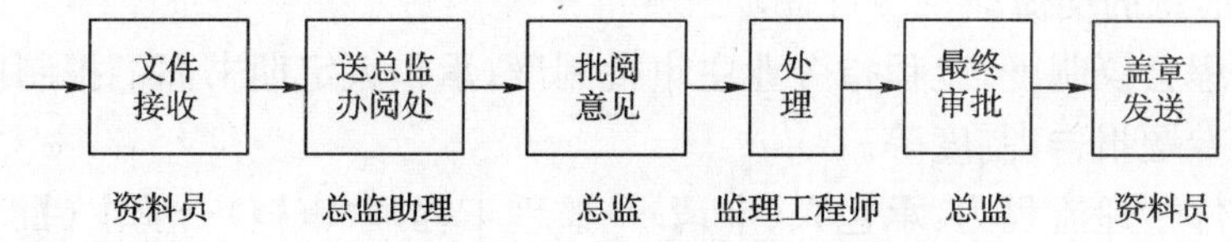

图 2-9-3 监理文件处理流程中的角色对应

3)补充工作流程中可能出现的意外情况(图 2-9-4)

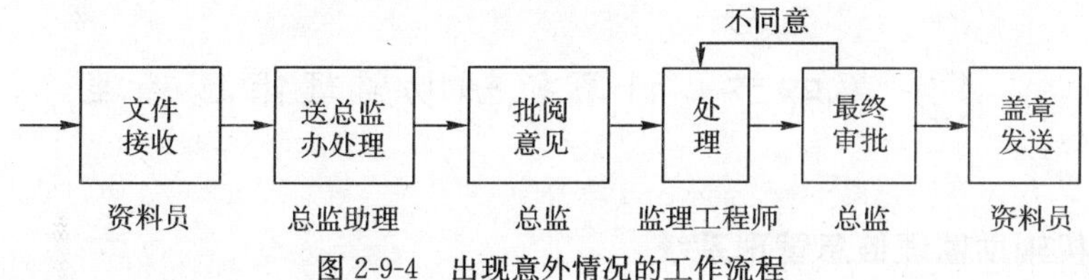

图 2-9-4 出现意外情况的工作流程

4)确定工作流程的整体框架(图 2-9-5)

3. 监理信息交流管理

监理信息交流管理是指在施工监理过程中,项目参与各方对工程信息的交换与共享以及监理机构内部信息的交换与共享,它包括监理信息的交流方式以及监理信息的交流制度。

1)监理信息的交流方式

监理信息交流方式应结合工程管理要求、信息管理水平以及网络、计算机应用水平确定。它包括使用基于网络的监理信息平台、基于网络的电子邮件系统、基于网络的视频会议系统、会议、电话、传真、文本文件等。

2)监理信息交流制度

将例行的日常监理信息沟通方式通过制度的形式确定下来,用以规范工作方式、规定工作流程,使日常工作趋于标准化、程序化、达到良好控制与交流的目的。它包括监理会议制度、监理函件制度等。如某施工监理项目对于信息交流管理有如下规定:

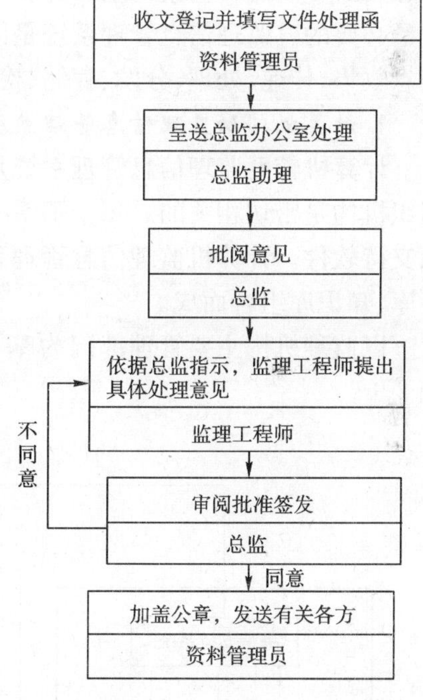

图 2-9-5 文件处理流程图

(1)内部信息的交流

①制定来文、发文登记制度;来文总监审阅制度;发文总监审批制度;文件归档制度等。

②一般文件传递流程为:资料员(登记)→总监理工程师(批示)→资料员(传递)→监理工程师(签证或提出处理意见)→总监理工程师(审查或批准)→资料员(盖章、发送及存档),

当来文是对已使用的文件进行修改或宣布其作废时,如设计修改通知单、设计变更批复、合同修改通知等,文件传递流程为:资料员(登记)→总监理工程师(批示)→资料员(通知并收回作废的文件,更换新文件或在旧文件上加注修改的内容)→监理工程师(通知有关文件使用各方并加以监督、落实)。

③监理机构内部应通过会议、内部文件、通知等形式将业主、设计人、监理人等有关单位的工作要求及时传递给现场监理人员,监理人员每日应将工程情况逐级汇报至总监理工程

师，并按规定的格式形成书面资料。

(2) 外部信息的交流

①制定工程会议制度；工程指令业主审批制度；承包人定期书面汇报制度，监理报告(工作周报、月报、专题报告)制度等。

②一般文件传递流程为：承包人(申请)→监理工程师(审核)→业主(批准)→承包人(实施)业主或政府主管部门的指令和要求，传递流程为：业主→监理工程师→承包人。监理指令传递流程为：监理工程师(提出要求)→业主(阅知或批准)→承包人(执行)。

第四节　计算机辅助监理信息管理

一、计算机辅助监理信息管理系统

为了充分发挥计算机技术在工程施工监理过程中的信息收集录入、分类汇总、储存处理、加工整理、流转检索乃至工程施工过程中的决策作用，建立计算机辅助监理信息管理系统是必要的。监理信息管理系统是以计算机为辅助手段，以系统思想为依据，建立的以监理信息收集、传递、处理、分发、存储、检索和调用的管理平台。

1. 计算机辅助监理信息管理系统的构成

计算机辅助监理信息管理系统是一个由多个子系统组成的系统。子系统的划分与监理组织机构是密切相关的。每个子系统有处理本部门业务所需的软件，以及必要的事务性决策支持软件。计算机监理信息管理系统是由大量的单一功能的“功能模块”，配合数据库、模型库、知识库组合而成。

以监理机构主要管理部门为基本组织单元模式的监理信息管理系统基本逻辑构成见图 2-9-6。

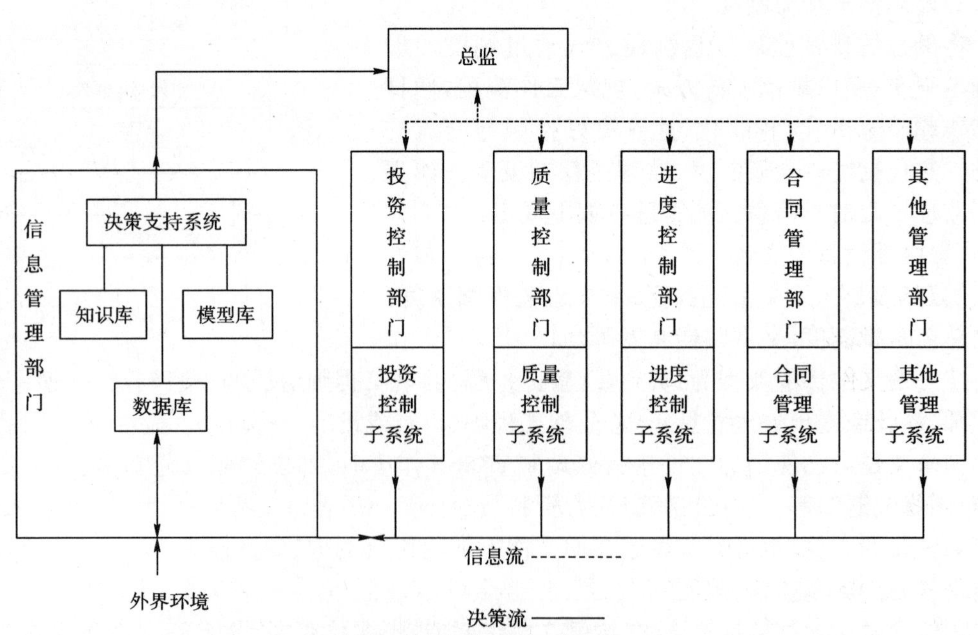

图 2-9-6　计算机辅助监理信息管理系统基本构成

2. 计算机辅助监理信息管理系统的作用

计算机辅助监理信息管理系统可以认为由两部分组成：一部分是信息管理系统 IMS（Information Management System），另一部分即为决策支持系统 DSS（Decision Support System）。

信息管理系统最主要的功能是提供信息数据的收集、存储、处理、使用及流通和共享的平台，并产生综合信息。为监理机构各层次、各部门、各阶段提供信息支持，架起工程建设决策者（各级、各类行政主管部门）与工程执行者（业主以及合同关系者）信息沟通的桥梁。

决策支持系统是以计算机技术为基础，借助知识库及模型库帮助，在数据库大量数据支持下，协助监理工程师利用知识、信息和模型解决多样化和不确定性问题，为监理决策提出意见和建议，起到辅助"决策"作用。

决策支持系统是 20 世纪 70 年代发展的一门新学科、发展相当快，有面向市场观测、投资决策、编制计划、生产过程控制、工程项目管理、财务及物资管理等多方面的决策支持系统，随着人工智能及计算机技术的发展，开发面向监理行业的信息管理计算机辅助决策支持系统势在必行。

二、工程监理软件简介

工程监理在我国起步晚、发展快，是市场经济形势下出现的新生事物。工程监理相应的管理软件开发在我国也是近年才开始起步。在我国监理实践中应用较广泛的国外软件是 P3 项目进度管理软件。国内较成熟的工程监理软件有：同济大学 1990 年推出的 PMIS 监理软件包；重庆建筑大学 1992 年推出的项目进度控制软件；水电部开发公司及水利成都勘测设计研究院开发的水利水电工程建设监理软件包；郑州国创信息技术有限公司开发的"监理大师"系列软件；广州南华建设监理所与长沙理工大学联合开发的水运工程施工监理管理软件等。

1. 项目进度管理软件（P3）

1）P3 软件简介

P3 是 1995 年由国家建设部组织推广的工程项目管理软件，它是 PRIMAVERA SYSTEM 公司的产品，全称是：Primavera Project Planner，简称 P3。P3 是目前在美国工程项目管理中使用最广泛的软件，P3 在我国大型工程施工监理中也得到了较多的应用。

P3 软件是在西方项目管理思想的指导下，将网络计划技术、计划评估技术和现代化的计算机技术融为一体的项目管理软件。软件通过定量分析，从工程建设的各项实施步骤中找出工序搭配更加合理、各种资源利用更趋优化的关键线路，并用人们比较熟悉的网络图或横道图的形式将工程建设形象地展现在工程人员面前。P3 软件的理论基础是广义网络计划技术、目标管理以及赢得值技术，管理思想是全面、详细计划，严密跟踪、适时对比、分析调整，严格按计划目标进行管理。

2）P3 软件的功能

P3 软件功能强大，主要包括以下方面：

（1）进度计算：主要是作业的时间进度、资源、费用计划。

（2）进度控制：即跟踪、分析、更新工程进度计划，包括作业完成情况、资源用量、相关费用数据等，利用 P3 生成进度分析报告，并利用横道图、网络图、资源 / 费用直方图表、过滤器等工具评估、分析、调整进度目标计划。

(3)资源费用管理，主要是为作业分配资源与费用，并利用资源费用直方图进行分析。

(4)自定义视图：通过对作业数据进行编辑、过滤、筛选、汇总等过程，重新组织视图，以满足不同条件的需要。

(5)输出各种图表：横道图、网络图、进度状态报告、进度报表、资源费用直方图表、资源费用分配曲线。

(6)其他功能，如：赢得值技术；二次开发技术等。

2. 同济大学开发的建设监理软件包(PMIS)

1)PMIS 简介

该软件是国内开发最早、功能较齐全的一个软件，并已用于上海地铁一号线等大型工程的监理实践，该软件能结合我国工程管理的特点，完成监理进度控制、投资控制、质量控制及合同管理和办公系统的管理。该软件工作环境是 DOS、FOXBASE，也可在局域网环境下运行。

2)PMIS 软件的功能

(1)投资控制

①概算、预算、标底的调整；

②预算与概算的对比分析；

③标底与概、预算的对比分析；

④合同价与概算、预算、标底的对比分析；

⑤实际投资与概算、预算、合同价地动态比较；

⑥项目决算与概算、预算、合同价的对比分析；

⑦项目投资数据查询。

(2)进度控制

①编制单代号或双代号网络计划；

②编制多阶网络；

③工程实际进度统计分析；

④实际进度与计划进度间动态比较；

⑤工程进度变化趋势预测；

⑥计划进度的调整；

⑦工程进度数据的查询。

(3)质量控制

①项目建设的质量要求、质量标准；

②设计质量的鉴定记录、查询；

③材料、设备质量的验收记录、查询；

④已完成工程质量验收记录、查询、统计；

⑤项目实际质量与质量要求、标准的分析；

⑥安全事故处理记录、查询。

(4)合同管理

①合同结构模式的提供和选用。

②合同文件、资料登录、修改、删除、查询、统计；

③合同执行情况的跟踪、处理；

④合同执行情况报表；

⑤涉外合同外汇折算；

⑥经济法规库(国内、国外)查询。

3. 监理大师—水利版

1)“监理大师—水利版”软件简介

“监理大师—建设版”是“监理大师”工程监理信息管理系列软件产品之一。“监理大师—水利版”是在国家水利部、新疆水利水电工程监理中心、华北水利水电学院等单位的支持下，根据水利部颁布的《水利工程建设项目施工监理规范》(SL 288—2003)，结合水利、水电工程建设监理业务的实际特点开发的水利、水电工程建设监理信息管理通用软件，也是目前市场上唯一的水利水电工程建设监理管理软件。

2)软件的特点

(1)符合国家水利部当前施行的各种标准规范。

(2)拥有国务院、水利部、建设部和地方政府现行的水利、水电工程建设相关的法律、法规、技术标准和规范等文献；可以实现对其的增加、删除和查询等数据操作。

(3)可以同时满足对多个工程的监理需要。针对每个工程项目可以自定义其专业设置、档案管理编号、模板(水利部、建设部及部分地方模板)和其他一些工程专用信息。

(4)提供的数据表格、文本与微软 Office 完美结合。

(5)查询简便，支持对整个工程项目的所有文件进行增、删、查、改等数据操作；同时可以实现对工程文件的统计。采用树型分类显示和组合式、模糊多项选择等查询功能。

(6)可以对工程地理信息、设计图纸、用 Project 软件绘制的进度计划等文件进行浏览和更改。

(7)方便快捷地制作监理大纲、监理规划、监理实施细则、监理工作总结报告、监理合同等。

(8)操作简单，提供数据字典功能和数据模板设置功能。

(9)提供安全完备的数据保护措施，系统具有自动备份和灾难恢复的功能。

(10)接口灵活、方便，可挂接任何“工程网络计划软件”、“计价系列软件”和“质量评定”等软件。

(11)同时提供了一些简单的工程计算功能。

(12)界面完全符合 Windows XP 风格美观大方，方便用户使用。同时提供了快捷菜单和快捷键的定制功能，使得用户可以根据自己的使用习惯定制界面。

(13)可以通过互联网进行升级或更新模版、资料。

(14)支持基于角色的用户管理，数据库安全加密等安全措施，有很强的安全性。

4. 水运工程施工监理管理信息系统

1)“水运工程施工监理管理信息系统”简介

“水运工程施工监理管理信息系统”是根据交通部颁布的《水运工程施工监理规范》(JTJ 216—2000)，结合水运工程施工监理业务的实际，由长沙理工大学与南华建设监理所联合开发的水运工程施工监理信息管理通用软件。

该系统通用性强、功能全面、覆盖水运工程施工监理业务工作的所有内容，严格遵守“三控三管一协调”的监理工作模式，提供了质量控制、费用控制、进度控制、合同管理、健康安全环保(HSE)、资料管理、旁站跟踪检验与检测、平行检验与检测等水运工程监理管理平台。

2)系统的主要特点

(1)符合国家法律、法规和技术规范与标准,设计开发思路来源于实践,实用性强。

(2)全面包容了水运工程监理规范中规定的全部内容,涉及到每一项监理工作,并可满足异地实时访问数据、多用户网络等需求,功能更加完善;同时通过系统中用户权限的设置,可实现信息的分级使用。

(3)系统界面友好,使用简单,操作方便。以多种方式进行输入、输出、查询和结果显示等。

(4)数据统计功能丰富。系统提供了资料查询统计、质量评定数据统计、原材料检测与抽检数据统计、进度数据统计分析等功能,为监理工程师的决策提供依据。

(5)报表类别齐全,实用有效。系统提供了固定资产管理、监理费收取管理、质量评定、原材料检测与抽检、月/周进度统计、月/周施工强度等各类统计报表,报表的输出格式为Excel格式,符合监理的日常工作习惯。

(6)安全的数据管理功能。本系统网络版和单机版都有数据的导入、数据的导出和提醒用户及时备份的功能,提高了系统的安全与稳定性。

第十章　施工期的组织协调

第一节　组织协调的概念与方法

一、组织协调的概念

1. 组织协调的概念

1)协调的概念

协调就是通过对所有参加活动的人员及资源进行联接、联合、调和,使各方相处融洽、配合得当,促使各方协同一致、共同努力,以期实现活动的目标。

2)组织协调的概念

组织协调就是通过建立有效的活动组织,通过组织领导者的沟通、协商、调度,使得组织内部各部门之间、人员之间、资源之间以及组织与外部环境之间达到相处融洽、配合得当、协同一致,化解矛盾,使得组织活动能有序有效地开展,实现组织的目标。

3)组织协调与系统

组织协调来源于系统思想。所谓系统是由相互联系、相互作用的部分按一定的规则组成的有机整体。组成系统的部分既有矛盾的一面,也有相互融合的一面。要想使其成为有机的统一体,各部分的关系必须协同一致,否则就无法实现系统的目标。因此,系统内各部分要协调。此外,系统本身又与环境密切相关,系统既要相对环境而独立存在,又要适应环境而调整,即要与环境协调。在系统科学中把研究系统内各部分协同工作的科学称之为协同学。

2. 组织协调的作用

1)调动各方人员的积极性

工程项目管理是一项复杂的系统工程,在系统中活跃着业主、承包人、设计人、监理人、分包人、设备及材料供应人以及政府建设管理部门、政府质量监督部门等各方人员和组织。工程目标的实现涉及方方面面,因此需要调动各方面力量的积极性。工程管理参与各方既有共同的利益、共同的目标,也有不同的利益和矛盾,及时协调并妥善解决这些矛盾,可以调动各方的积极性,保证共同目标的完整实现。

2)提高项目组织的运转效率

项目组织内部协调,可使组织内部职责清楚、目标明确、考核准确、赏罚分明,从而减少矛盾,避免或减少内耗,增强组织的凝聚力,提高其运转效率。

3)消除项目实施过程中的各种阻力和障碍

每个工程都是在一定约束条件下实施的,通过及时而有效地协调,可以调整有关约束因素,如资源、协作、外部环境、政策法规等,变不利因素为有利因素,化消极因素为积极因素,变硬约束为软约束,确保项目顺利进行。

3. 组织协调的任务

组织协调的任务就是通过建立有效的组织体系和协调机制，及时发现问题和化解矛盾，保证工程目标的实现。

(1)建立高效有力的组织机构。组织结构内部应该分工明确，责任到位。监理机构应做好内部协调工作，建立总监理工程师负责制，明确总监理工程师是工程监理组织协调的主导者。

(2)对工作目标按阶段或项目分解。做好各种资源的合理调配和综合利用，建立科学合理的工作流程和计划，保证监理工作能围绕着监理目标有序的开展。

(3)建立有效的协调机制，如建立工地会议制度；保持工程各方特别是业主、监理、承包人之间沟通渠道的畅通，采用有效的沟通方式，如上行沟通、下行沟通和平行沟通；单向沟通和双向沟通；书面沟通和语言沟通；建立对外协调机制，减少外部的制约和干扰。

(4)充分利用信息管理的手段，为协调关系、解决矛盾提供依据。

二、组织协调的方法

1. 组织协调的原则

(1)目的性原则。组织协调是一种手段，其目的是为实现项目目标服务的。因此，一切协调工作，都应围绕实现项目目标进行。

(2)整体性原则。局部服从整体，是解决矛盾的重要原则。在工程施工中，工程各方从各自的利益出发，就会对问题产生的不同理解和采用不同的处理方式，就会产生矛盾。解决矛盾的基点就是局部服从整体，小局服从大局。

(3)长远利益原则。眼前利益服从长远利益，各方遇到矛盾，应从大处着眼，不计较一时一事的得失，从长远利益出发，暂时放弃眼前利益，以保证根本利益的实现。

(4)均衡性原则。合同规定的权利与义务是对等的。因此，在出现矛盾时，应本着利益均衡的原则，使各方的权益得到保障，有所失，又有所得，保持各方利益的基本均衡。

(5)公正性原则。监理工程师扮演着协调人的角色，因此要行为公正，不偏不倚，只有这样才能使矛盾的双方接受协调。

2. 组织协调的方法

在工程监理过程中，组织协调贯穿于工程实施的各个阶段、各个层次和各个系统。监理工程师在进行协调时应因人而异、因地而异、因条件而异，采用不同的协调方法。监理工程师的组织协调常用方法有下列几种：

1)会议协调法

会议协调法是工程管理中进行组织协调时最常用的一种方法，它是通过会议的方式，提出问题、沟通情况、协商一致，从而解决问题。监理中常用的会议形式包括：第一次工地会议、经常性工地会议(周例会、月例会)和专题性工地会议等。

2)交谈协调法 .

监理工作中并不是所有问题都需要通过开会来解决，有时可采用“交谈”这一方法。交谈包括面对面的交谈、电话交谈和网上交谈三种形式。无论是内部协调还是外部协调，这种方法使用频率都是相当高的。其原因在于：

(1)它是一条保持信息畅通的最好方式。由于交谈本身信息量大、约束力小，而且方便、及时、深入，所以工程参与各方之间保持密切交流、沟通是组织协调的主要方式。

(2)它是寻求协作和帮助的最好方法。在寻求别人帮助和协作时，往往要及时了解对方的反应和意见，相对于书面寻求协作，人们更难于拒绝面对面的请求。因此，采用交谈方式请求协作和帮助比采用书面方法实现的可能性要大。

(3)它是及时协调工程问题的有效方法。监理工程师一般都是通过在施工现场与承包人的交谈、沟通，了解工程中存在的问题，及时地与业主有关方面交流沟通进行协调，工程中的一般问题都可通过交谈方式进行协调，必要时再以书面形式加以确认。

3)书面协调法

在组织协调中需要精确地表达自己的意见时，可用书面协调的方法。书面协调方法的特点是具有依据性和证据性，一般常用于以下几方面：

(1)不需双方直接交流的书面报告、报表、指令和通知等。

(2)需要以书面形式向各方提供详细信息和情况通报的报告、信函和备忘录等。

(3)事后对会议记录、交谈内容或口头指令的书面确认。

4)访问协调法

访问法主要用于外部协调中，有走访和邀访两种形式。走访是指监理工程师在工程施工前或施工过程中，对与工程施工有关的各政府部门、公共事业机构、新闻媒介或工程毗邻单位等进行访问，向他们解释工程的情况，了解他们的意见。邀访是指监理工程师邀请上述各单位代表到施工现场对工程进行指导性巡视，了解现场工作。因为在多数情况下，矛盾的产生在于有关方面并不了解工程实际情况，如果外部环境对工程施加一些不恰当的干预和干扰，将会对工程实施产生不利影响。采用访问法可能是一个有效的协调方法。

5)情况介绍法

情况介绍法通常是与其他协调方法紧密结合在一起的，它可能是在一次会议前，或是一次交谈前，或是一次走访或邀访前向对方进行的情况介绍。形式上主要是口头的，有时也伴有书面的。介绍往往作为其他协调的引导，目的是使别人首先了解情况。因此，监理工程师应重视任何场合下的每一次介绍，要使别人能够理解你介绍的内容、问题和困难、想得到的协助等。

总之，组织协调是一种管理艺术和技巧，监理工程师尤其是总监理工程师需要掌握领导科学、心理学、行为科学方面的知识和技能，如激励、交际、表扬和批评的艺术、开会的艺术、谈话的艺术、谈判的技巧等等。只有这样，监理工程师才能进行有效的协调。

3.组织协调的程序

不同性质的问题，协调的方式是不一样的，一般情况下业主与监理工程师的协调程序如下：

(1)明确协调问题，确定协调人；

(2)调查研究，掌握第一手资料；

(3)分别与业主和承包人交谈，摸清各自的想法和意见；

(4)寻找问题的症结所在和解决问题的途径；

(5)确定协调方式和方法；

(6)进行协商、讨论，达成一致意见。

第二节 工程参与各方的组织协调

一、监理机构与业主的组织协调

1. 监理人与业主之间的关系

1)业主与监理人之间是平等的合同关系

业主与监理人都是建筑市场中的主体,法律地位是平等的。这种平等的关系体现在市场经济中的地位和工作关系两个方面。

(1)业主与监理人都是市场经济中独立的企业法人,只有经营内容和经营规模的不同,没有高下之分、主仆之别。

(2)业主与监理人都是建筑市场中的主体,因为工程建设而形成了相互之间的关系。业主与监理人之间是一种委托与被委托的合同关系。双方按照合同约定履行义务、行使权利并取得利益。

2)业主与监理人之间是一种授权与被授权关系

监理人接受监理委托之后,业主即把工程项目的监理职权依照合同约定授予监理人,如工程施工阶段组织协调的主持权、施工质量以及建筑材料、设备质量的确认与否决权、工程量与工程价款支付的确认与否决权、工程进度的确认与否决权以及围绕工程建设的各种建议权等。但监理人的工作权限仅限于业主的委托,监理人应在业主授权的范围内工作。

2. 监理机构与业主协调的方式

1)取得业主的信任和支持

监理机构取得业主的信任和支持是开展工程组织协调工作的基础。监理人接受业主的委托后,应按业主要求和监理人承诺派出现场监理机构,监理机构应依法维护业主的合同权益,树立服务意识,接受业主对监理工作的监督与检查,尽一切努力促使承包人实现业主确定的工程建设目标。

2)加强与业主的沟通与协调

监理机构应加强与业主及其驻地授权代表的联系与沟通,听取业主对监理工作的意见,在进行重要监理决策时,如延长工期、费用索赔、处理工程质量事故、支付工程款、设计变更等,应按合同约定征求业主的意见和取得业主的批准。当与业主意见不一致时,总监理工程师应采取沟通与交流的方式进行协调,不可采取硬顶与对抗的态度,必要时可发出监理备忘录,以明确合同责任。

业主要按照合同的约定,充分授权,尊重监理工程师的意见,业主对工程的一切意见和决策应通过监理机构发布和实施。否则监理人将失去组织协调的主动权。

3. 与业主协调工作时应注意的问题

(1)监理工程师要把握工程建设的总目标,理解业主建设意图,适应业主建设管理模式和管理要求,明确监理工作目标和工作计划。如果不能对监理工作进行准确定位,充分发挥监理在工程管理中的作用,将失去与业主良好合作的基础。

(2)监理工程师可通过提交监理规划、组织监理交底并加强与业主日常的工作联系与沟通,增进业主对监理工作的理解,取得业主对监理工作的支持。在监理工作中监理工程师应站在业主的立场上,积极协助业主协调工程施工中的矛盾与问题,以自己主动的态度和规范化的工作去影响和促进双方工作的协调一致。

(3)尊重业主,发挥业主在工程管理和决策中的主导作用。监理工程师应在合同委托和业主授权的范围内开展工作,在水运工程项目管理中,业主往往在项目管理中发挥着主导作用,监理工程师应尊重业主,当与业主意见不一致时,应利用适当时机、采取适当方式加以说明或解释;对于原则性问题,可采取书面报告等方式说明和提醒。

(4)及时汇报,经常以口头和定期以书面形式报告工程进展情况和监理工作开展情况,使业主了解工程实施情况和监理工程师所做的工作,争取业主对监理工作的支持和协助。

二、监理机构与承包人的组织协调

1.监理人与承包人的关系

1)监理人与承包人之间的平等关系

承包人是建筑市场的主体之一,与监理人在建筑市场的主体地位相同,都是市场经济中独立的企业法人。虽然在工程建设中两者承担的具体责任不同,但无论是监理人还是承包人,都是在工程建设的法律、法规、技术规范和标准以及合同条款的约束下开展工作。

2)监理人与承包人之间是监理与被监理的关系

监理人与承包人之间没有签订任何经济合同,两者之间不是合同关系,而是通过监理人与业主签订监理委托合同,承包人与业主签订承包合同,通过双方与业主的合同确定的监理与被监理的关系。依据合同承包人应接受监理人对自己进行工程建设活动的监督和管理。

2.监理机构与承包人组织协调的内容

(1)与承包人工作关系的协调。承包人站在维护自身权益和顺利推进工程进展的角度,希望监理工程师能够公平、公正,通情达理并易于沟通;希望监理工程师的指令清晰和明确,对承包人所询问的问题给予及时的答复;对不顾工程实际的本本主义者以及工作方法生硬的监理工程师较为反感。监理工程师应该既懂得坚持原则、实事求是,又公正合理、善于听取承包人的意见,工作方法灵活、务实。保持与承包人的充分沟通是开展协调工作的前提。

(2)进度问题的协调。影响进度的因素错综复杂,进度问题的协调工作也十分困难。合同管理上往往通过奖罚条款来协调进度问题,在施工管理过程中,进度问题的协调更多是通过明确进度目标,制定进度计划,设定进度节点,动态监控的方式,运用交谈协调、会议协调、书面协调的方法进行反馈和调整。

(3)质量问题的协调。质量问题的协调涉及工程管理目标和对技术规范,技术标准的理解和把握。监理工程师应通过设计交底、技术交底、方案专题会议,专家研讨会等方式对质量问题进行预控,把握质量问题协调的主动权。在出现质量问题后,不仅站在业主立场上严把质量关,也要站在承包人立场上,出主意、想办法,弥补质量缺陷。严格质量验收,对于不合格工程,应坚持原则要求返工,但应通过耐心的沟通协调,使承包人积极主动地履行合同义务。

(4)合同争议的协调。对于工程中的合同争议,监理工程师应首先采用协商解决的方式,协商不成时才由当事人向合同管理机关申请调解。只有当对方严重违约而使自己的利益受到重大损失且不能得到补偿时才采用仲裁或诉讼手段。对于个别非常棘手的合同争议问题,应有足够的耐心和诚意,有时不妨暂时搁置,待时机成熟时,再行处理。

(5)对分包人的协调。分包人在施工中发生的问题,由承包人负责协调处理,必要时,监理工程师帮助协调。分包合同发生的索赔问题,一般由承包人负责,涉及到承包合同中业主

义务和责任时，由承包人通过监理工程师向业主提出索赔，由监理工程师进行协调。

(6)注意工作方法。协调不仅是方法和技术问题，更是沟通艺术与管理艺术问题。在监理过程中，监理工程师处于一种十分特殊的位置。业主希望得到专业的技术服务，而承包人希望得到公正、公平的对待。因此，监理工程师必须善于处理各种关系，既要严格遵守职业道德，也要利用各种机会增进与各方面人员的相互信任与了解，以利于工作的协调。

三、监理机构与设计人及其他监理人的协调

1. 与设计人的协调

监理人和设计人是业主进行工程建设和管理的重要委托人。一个负责工程策划与设计，一个负责组织实施和管理，相互配合，共同服务于业主。监理人与设计人没有合同关系，如不进行设计监控，也不是监理与被监理关系。因此现场监理机构在协调与设计人的工作时，应注意：

(1)充分尊重设计人的意见。设计文件是施工监理的依据之一，工程监理的重要工作内容是监督承包人的施工符合经批准的设计文件。因此，在施工过程中出现设计问题需要协调时，监理工程师应尊重设计人的意见。在工程开工前，监理工程师应组织设计人向承包人进行设计交底，介绍工程概况、设计意图、技术要求、施工难点等，把标准过高、设计遗漏、图纸差错等问题解决在施工之前；在施工阶段的重要质量控制环节，如隐蔽工程验收、结构工程验收、专业工程验收、竣工验收等，应约请设计代表参加；若发生质量事故，应认真听取设计人的处理意见。

(2)施工中发现设计问题，应及时向设计人提出，保持与现场设计代表的沟通与协调，争取设计人对现场施工的支持、理解和配合。

(3)注意信息传递的及时性和程序性。监理工程师联系单、设计人申报表或设计变更通知单传递，要按设计人(经业主同意)—监理人—承包人之间的程序进行。

(4)依靠业主的支持。由于监理人与设计人都是受业主委托进行工作的，两者之间并没有合同关系，所以监理人与设计人的协调要依靠业主的支持。《建筑法》指出：工程监理人员发现工程设计不符合建筑工程质量标准或者合同约定的质量要求的，应当报告业主要求设计人改正。因此，对于一般设计图纸问题可以采用口头沟通方式与设计人交换意见。对于重大问题需要设计修改设计的，必须书面报告业主，由业主行文要求设计人改正。

2. 与其他监理人的协调

在大中型工程建设项目中，由于建设规模大、专业工程多，工程施工现场往往不止一家监理人。如工程施工范围内有多个监理机构时，相互间应加强联系，互相尊重、互相配合，明确各自的监理范围与工作界限。工作交叉比较多时，可由业主明确一家为牵头单位，以方便沟通和交流。也可定期召开由业主主持的监理工作会议，交流情况、交流经验、取长补短，共同完成监理任务。

四、监理机构与外部条件的协调

1. 与政府质量管理部门的协调

(1)工程质量监督站是由政府建设主管部门授权的工程质量监督管理机构，也是监理人的管理和监督部门。监理人在进行工程监理时，应主动接受工程质量监督站的审查与监督，在进行工程质量控制和质量问题处理时，要做好与工程质量监督站的交流和协调。

(2)工程发生重大质量事故时，除督促承包人积极采取急救、补救措施外，应按照国家相关法律、法规，及时向政府建设主管部门、生产安全管理部门、工程质量监督站报告情况，接受检查和处理。

(3)大型水运工程施工合同应报政府交通主管部门备案；征地、拆迁、移民要争取政府有关部门支持和协作；现场消防设施的配置，宜请消防管理部门检查认可；在施工中要与环保部门保持沟通，敦促承包人在施工中注意保护环境，坚持文明施工。

2. 协调与社会各界的关系

工程建设是一个开放的系统，与工程建设相关的单位范围很广，如国土、海事、建设、规划、公安、消防、交通、环保等政府部门，检测、检验、咨询等技术服务机构，社会团体、相关企业、居民社区、新闻媒体等社会各界。工程项目建成后，不仅会给业主带来效益，还会促进该地区的经济发展，但施工过程中可能会给当地人民生活带来不便，对社会秩序造成影响。业主和监理人应把握机会，采取宣传、走访、慰问、联欢、共建等形式，争取社会各界对工程建设的支持和理解，争取良好的工程建设社会环境。

3. 与当地政府和村(渔)民的协调

水运工程往往占用工程所在地的海(河)岸线和航道，以及陆域及交通，难免会与土地或水域原所有权(或使用权)的地方政府、村委会或村(渔)民产生矛盾，如果协调不好，会经常出现封路、封海或上访的事件，对工程造成阻碍。而这方面的协调工作是非常复杂和艰巨的。

根据目前的工程监理实践，对外部环境协调，应由业主负责主持，监理工程师主要是针对协调中涉及的一些技术性问题，配合业主开展协调工作。

第十一章　交工验收与保修期的监理

第一节　交工验收标准与程序

一、交工验收的标准与依据

1. 工程验收的标准

水运工程交工验收标准，主要有交通部颁布的《港口工程质量检验评定标准》(简称《检评标准》)、《水运工程施工监理规范》以及现行港口与航道工程相应设计与施工规范等。

2. 交工验收的依据

交工验收的主要依据如下：

(1)上级主管部门有关工程建设项目的批准文件。

(2)经有关部门批准的设计文件、施工图纸和设计说明。

(3)业主与承包人签订的工程承包合同及施工招标、投标文件。

(4)国家或国务院相关部(委)颁布的现行技术规程、设计、施工技术规范及质量检验评定标准。

(5)施工过程中图纸会审记录、设计变更签证、中间验收资料和技术核定单。

(6)承包人提供的有关质量保证文件和技术资料等。

二、交工验收的程序

1. 水运工程质量检验与评定程序

水运工程的检验与评定按三级程序进行。

1)分项工程

分项工程完工后由生产班组进行自验。自验合格后，由承包人的专职质检员和分项工程负责人自评质量等级，并在自评表上签字后报监理工程师审查。监理工程师认为工程质量符合自评等级时，应在分项工程自评表上签认。若不同意自评质量等级，监理工程师应说明理由并退回给承包人重评，直至监理工程师认可为止。

2)分部工程

分部工程的质量评定，是由监理工程师组织承包人在分项工程质量自评等级基础上的一次中间质量评定。分部工程质量评定表应由总监理工程师和承包人的技术负责人签认。

3)单位工程

单位工程的质量评定是在分部工程质量评定的基础上由业主组织进行的。在承包人提出工程交工验收申请报告，交工资料整理齐备，监理工程师提出质量评价报告，设计人参加和对工程进行初步验收合格的情况下，按照质量检验评定标准的规定，经过科学的统计分析对工程质量做出共同评价意见，提出评定质量等级建议，报政府质量监督部门核准后，确定单位工程的质量等级。

单位工程质量评定等级应由以下单位签字盖章：

(1)业主或其代表；

(2)设计人或其代表；

(3)承包人或其代表；

(4)监理人或其代表；

(5)政府质量监督部门(核准单位)。

水运工程质量检验与评定程序参见图 2-11-1。

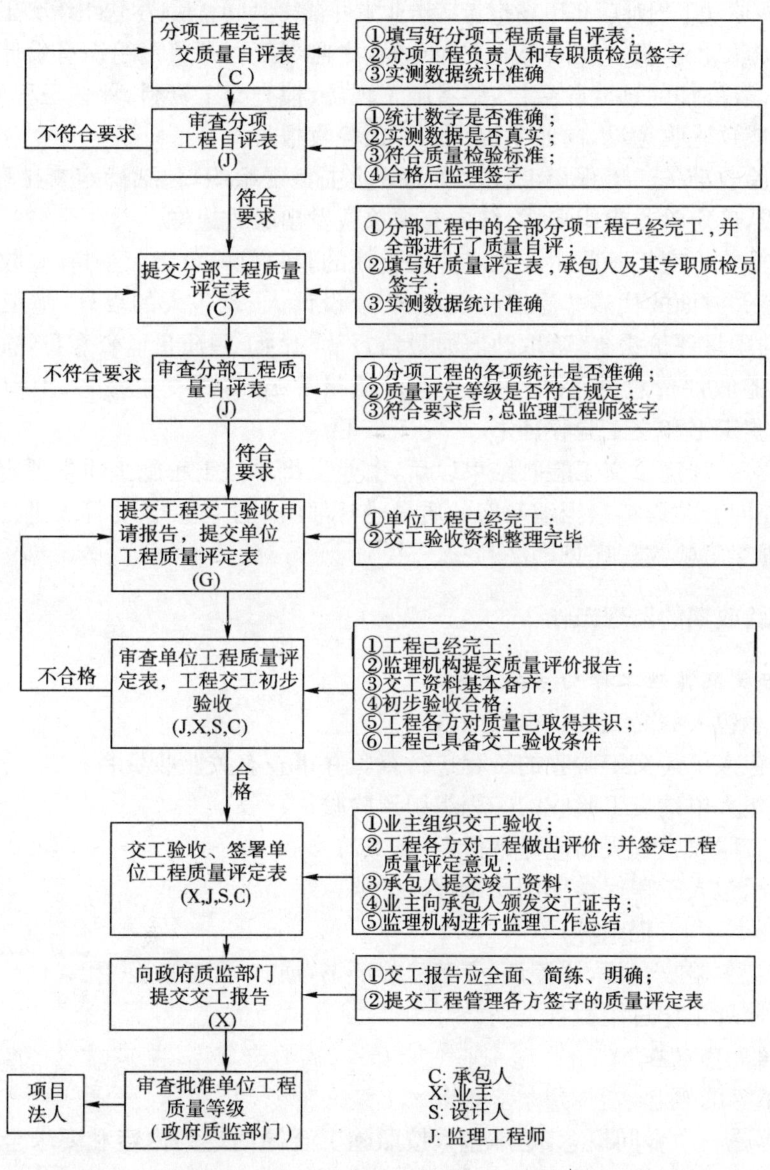

图 2-11-1 水运工程质量检验与评定程序图

2. 水运工程交工验收的程序

竣工验收是指工程项目从设计到建成投产的全过程的综合检验和评价，只有工程项目中所有的主体工程与配套工程全部建成且形成生产能力后才具备竣工验收条件。由于施工合同往往是由某一个或几个单位工程组成的单项工程，合同范围内的工程施工完毕后，合同双方都希望进行工程的验收与移交，因此在竣工验收前便出现了“交工验收”阶段。其验收程序一般按以下步骤进行：

(1)提交验收申请报告。承包人在施工基本完成且交工资料整理齐全后，向监理工程师提交交工验收申请报告，提请业主按施工合同规定对施工工程进行交工验收。

(2)审查交工验收申请报告。监理工程师在接到承包人的申请报告后，根据自己掌握的工程施工现场情况，对交工验收申请报告和交工资料进行审查，并提出审查意见。当工程基本符合交工验收条件后，监理工程师应将申请报告转送业主并征得其同意后，尽快组织交工预验收。

(3)组织施工预验收。在征得业主同意后，由监理工程师负责组织有设计、施工、监理和业主等单位代表参加的预验收会议，察看施工现场、检查交工资料、评估工程质量、处理工程遗留问题，形成预验收意见，向业主提交工程预验收报告。

(4)交工验收准备。工程交工验收准备由业主负责组织，包括确定交工验收日期、决定验收机构组成，确定验收组织形式，并向有关单位发出验收通知。

(5)交工验收。交工验收由业主或业主委托的验收机构负责人主持，验收时应组织验收机构成员和有关方面的代表察看工程现场，听取设计人、承包人的设计、施工总结报告和现场监理机构的质量评价报告，听取政府质量监督部门的工程质量监督意见，查阅工程验收资料，协商工程验收评价意见，评定单位工程的质量等级，签署交工报告、工程质量等级评定表、工程质量鉴定书和交工验收证书。

(6)质量等级评定。交工验收结束以后，由业主将单位工程施工质量评定意见和质量评定等级意见连同有关资料报当地政府的质量监督部门对工程质量的等级进行核定。

单位工程交工验收程序见图 2-11-2。

三、交工验收期的监理工作

1. 交工验收期监理工作的主要内容

(1)审查承包人的交工验收申请报告；

(2)对承包人申请交工验收的工程进行查验并审查有关验收资料；

(3)对承包人申请交工验收的工程组织预验收；

(4)对交工验收工程提出质量评价意见；

(5)审查承包人工程保修期的质量保证计划；

(6)审查承包人工程结算；

(7)参加交工验收会议，并签认“交工验收证书”或“中间验收证书”；

(8)提交监理工作总结报告。

2. 工程结算的审查

1)工程结算的概念

工程结算是一个合同概念，是承包人按照施工合同约定的内容和要求全部完成所承包的工程后，向业主进行最终合同价款结算的文件和过程。

工程结算与竣工决算是两个不同的概念。后者是业主在投资建设的工程项目全面竣工交付使用后对工程项目从筹建到竣工投产或使用过程中全部支出所进行的核算、分类、汇总和总结的财务文件。是业主行为，是反映工程建设经济效益、核定新增资产价值、办理交付使用的依据。

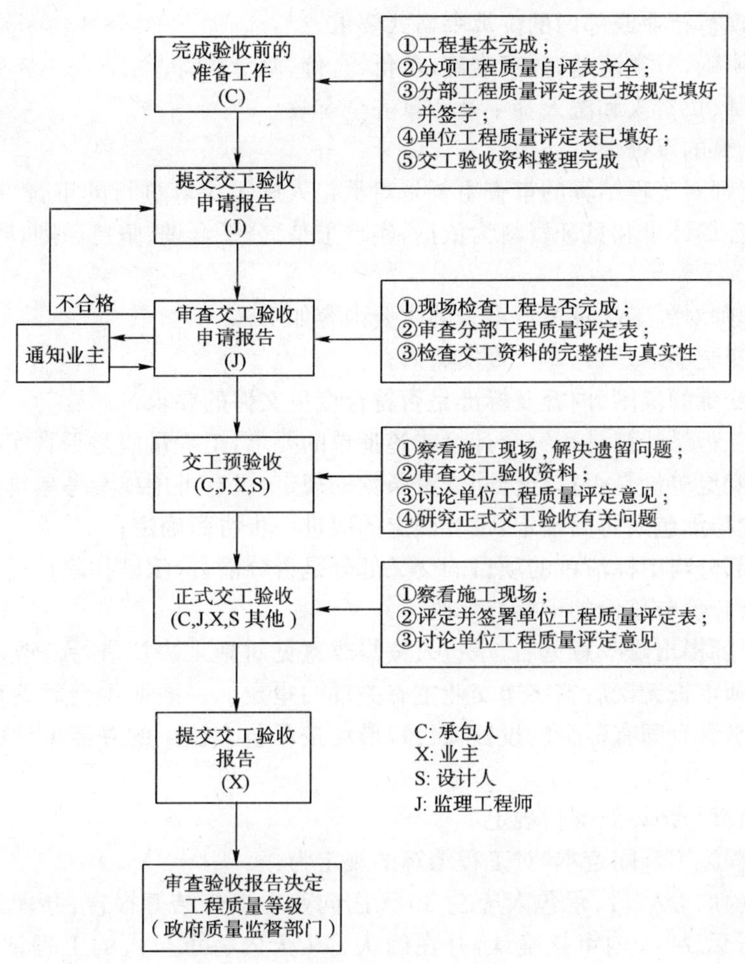

图 2-11-2　单位工程交工验收程序图

业主与承包人对承包人完成的工程最终价格进行确定的活动被称为工程决算或施工决算。最终合同价通过施工决算确定，扣除已支付的各种费用和合同约定的应扣款项后就是最终支付结算额。工程结算是承包人依据业主批准的施工决算编制的结算文件。

2)工程结算的作用

工程结算的作用主要有如下几个方面：

(1)是承包人与业主办理工程价款最终结算的依据；

(2)是承包人与业主签订的施工合同终结的凭证；

(3)是业主编制竣工决算的依据。

(4)也是衡量监理费用目标控制是否成功的依据。

3)施工决算编制的要求

工程结算是依据施工决算编制的，施工决算简单地说就是中标价加变更价。因此施工决算编制的要求为：

(1)严格按施工合同文件的规定和变更文件编写。

(2)对工程变更内容按投标书的工程量清单或预算书的项目和编号编写，其价格为在原合同约定价格的基础上的静增减额。对原工程量清单或预算书中未含项目需单独编码。

(3)符合现行行业或部门的决算书格式要求。

(4)依据明确,分类清楚,数字准确,单价、合价、总价相符。

(5)造价师、负责人和法人签字及印章齐全有效。

4)工程结算的审查

监理工程师对工程结算的审查主要是对承包人施工决算进行的审查,审查应以合同文件为准绳,以现场计量和见证资料为依据,实事求是、公平合理、坚持原则、严肃认真、及时审结、意见明确。

监理工程师对施工决算进行审查的主要内容如下:

(1)审查变更手续是否齐全,真实有效;

(2)审查变更的范围、内容及标准是否符合变更文件的要求;

(3)审查工程量计算是否符合计量或签证单的要求,工程量值是否真实准确;

(4)审查变更单价是否符合合同变更条款的规定,没有可用或参考单价的变更项目单价是否经过业主与承包人协商确定,没有确定的应进一步协商确定;

(5)变更部分与中标清单的项目的交叉部分是否分清,价款已扣除;

(6)单价、合价与总价的审核与修改。

监理工程师提出修改意见后,承包人按修改意见对施工决算进行修改后提交监理工程师,监理工程师审查无误后签字递交业主有关部门审定。一般业主会聘请审计师事务所进行审计(尤其是含有国有资金的投资项目),最后按承包人认可的并经审计的决算文件编制工程结算书。

5)工程结算与结算款支付规定

《港口工程施工合同范本》对工程结算的规定为:

(1)竣工验收合格后,承包人应在30天内向业主提交结算报告,办理工程结算。业主接到结算报告后14天内审核确认,并在确认后7天内将承包人的工程款支付给承包人;若业主接到结算报告后14天内未予审核确认,承包人提交的结算报告则视为已被业主确认。

(2)业主在确认结算报告后7天内未将工程款支付给承包人,从确认结算报告后第8天起按承包人同期银行贷款利率向承包人支付拖欠工程款的利息,并承担违约责任。

3. 监理资料的保存与归档

1)监理资料与监理档案的概念

监理资料与监理档案是既有联系又有区别的两个不同的概念。

监理资料是指监理人在工程监理过程中形成的关于指导监理工作、见证监理工作历程和总结监理工作成效的各类资料。

监理档案是指在工程监理活动中直接形成的具有归档保存价值的,具有历史记录性质的监理资料。监理档案资料应按照有关规范或规程的要求整理,作为工程建设技术档案的重要组成部分。

监理资料作为监理人总结监理工作经验和示范监理工作典型用,一般情况下保存期较短,而档案性监理资料需移交给业主和档案管理部门,作为历史性记录文件将较长期保存备查。

2)监理资料的归档和保管要求

根据监理档案移交与保管的不同,监理资料可分成三类:第一类为送交档案管理部门保管的监理档案；第二类为移交业主保管的工程管理资料；第三类为监理人自行保管的监理管理资料。

(1)监理档案组卷的内容

①监理委托合同；

②监理规划和监理实施细则；

③与业主、设计人和承包人的往来文件；

④会议纪要、监理业务联系(通知)单；

⑤工程质量控制资料及质量事故处理报告；

⑥"隐蔽/分项工程质量报验单"和"单位工程质量评定表"；

⑦监理专题报告；

⑧工程费用控制资料；

⑨监理月报；

⑩工程质量评价建议；

⑪监理工作总结报告；

⑫工程交工验收资料及"交工验收证书"或"中间验收证书"等。

(2)移交业主的监理管理资料组卷的内容

①监理规划和监理实施细则；

②与业主、设计人和承包人的往来文件；

③会议纪要、监理业务联系(通知)单；

④专题报告；

⑤监理月报；

⑥工程质量评价建议；

⑦监理工作总结报告等。

(3)监理人自行保管的监理档案资料

①监理委托合同；

②监理大纲和监理招标、投标文件；

③监理规划和监理实施细则；

④监理日志；

⑤监理月报；

⑥监理工作总结报告等。

⑦监理人认为有必要保管的其他监理资料。

3)监理档案移交要求

(1)监理档案的验收

监理档案组卷后，由业主组织初验收后交由质监部门审核验收，最后由档案管理部门进行接收验收。凡验收不合格的，由监理人按审核意见补充、完善，按要求从新组卷装订成册，再行报验。

(2)监理档案的移交

工程竣工验收合格后3个月内，业主应随同工程技术档案一道向有关档案管理部门移交监理档案，并办理档案移交手续。

 第二节 工程竣工验收的条件与程序

一、水运工程竣工验收的依据与条件

1. 水运工程竣工验收的概念

水运工程竣工验收是指水运工程完工后、投入使用前，对水运工程质量、执行国家和行业强制性标准情况、投资使用情况等事项的全面检查验收，以及对水运工程建设、设计、施工、监理等工作的综合评价。水运工程竣工验收是全面考核建设成果，检验设计和工程质量的重要环节。做好竣工验收工作，对促进建设项目及时投产，发挥投资效益，总结建设经验有着重要作用。

2. 水运工程竣工验收的主要依据

(1)按照国家有关规定应当具备的水运工程建设项目的审批、核准、备案文件；

(2)初步设计、施工图设计、变更设计及概算调整等文件；

(3)招标文件及合同文件；

(4)主要设备技术规格或说明书等；

(5)国家和交通部颁布的有关技术规范和标准及法律、法规、规章的相关规定。

3. 水运工程竣工验收条件

港口工程进行竣工验收应当具备以下条件：

(1)工程有关合同约定的各项施工、安装内容已基本完成，申请竣工验收的建设项目有尾留工程的，尾留工程不影响建设项目的投产使用，尾留工程投资额可根据实际测算投资额或按照工程概算所列的投资额列入竣工决算报告，但不得超过工程总投资的5%。承包人对工程质量自检合格，监理工程师对工程质量评定合格，业主组织设计、施工、监理、工程质量监督等单位进行的交工验收合格；

(2)主要工艺设备或设施通过调试具备生产条件；

(3)一般港口工程经过3个月试运行；设有系统装卸设备的矿石、煤炭、散粮、油气、集装箱码头等港口工程，经过6个月试运行，符合设计要求；

(4)环境保护设施、安全设施、消防设施已按照设计要求与主体工程同时建成，并通过有关部门的专项验收；航标设施以及其他辅助性设施已按照《港口法》的规定，与港口同时建设，并保证按期投入使用；

(5)竣工档案资料齐全，并通过专项验收；

(6)竣工决算报告编制完成，并通过审计；

(7)廉政建设合同已履行。

港口工程试运行前，业主应当向港口所在地港口行政管理部门办理港口工程试运行备案手续。试运行期满后应当及时办理港口工程竣工验收手续。港口工程试运行期自港口工程试运行备案之日起开始计算。

二、水运工程竣工验收的程序与内容

1. 竣工验收程序

(1)验收前应办理初步验收；

(2)初验合格后，业主应向负责验收的主管部门提交验收申请和竣工报告；

(3)负责验收的主管部门根据业主提交的验收申请和竣工报告，确定验收时间，并组建验收委员会或验收组；

(4)验收委员会(验收组)负责审查工程建设的各个环节，听取各有关单位对项目建设、设计、施工以及工程质量评定与监理等情况的报告；审阅工程档案资料，实地查验建筑工程、机械设备及其运行使用情况；对工程建设管理、设计、施工等方面做出全面评价；核定工程质量等级、审核竣工决算；对尾留的工程和存在的问题提出处理意见；

(5)工程验收合格，应签署竣工验收证书，办理交接手续，交付生产单位使用；对验收不合格的工程不予办理签证手续；

(6)验收委员会(验收组)在审议中如有分歧，验收委员会(验收组)主任(组长)应进行协调并作出裁决。

2. 水运工程竣工验收的内容

对于港口工程，竣工验收内容如下：

(1)审查工程是否具备国家规定的审批文件及相关手续；

(2)检查工程实体质量；

(3)检查工程合同履约情况，审查有关竣工档案资料；

(4)检查国家和行业强制性标准执行情况；

(5)核定码头靠泊等级、吞吐能力以及进出港口的航道等级；

(6)检查环境保护、劳动安全卫生、消防、档案等专项验收情况；

(7)检查对工程竣工决算报告的审计情况；

(8)检查廉政建设合同执行情况；

(9)确定工程质量等级；

(10)对存在问题和尾留工程提出处理意见；

(11)形成、通过并签署《工程竣工验收鉴定书》。

竣工验收合格后，工程竣工验收部门应当自《工程竣工验收鉴定书》签署之日起10个工作日内，签发《工程竣工验收证书》。

3. 竣工验收期监理工作的主要内容

由于工程竣工验收是业主和主管部门的行为，监理工程师在此阶段的主要工作是协助业主做好竣工验收的技术准备工作。主要工作内容有：

(1)编写监理工作报告，在验收会议上向竣工验收委员会(验收组)报告；

(2)协助业主编写竣工验收申请和竣工报告；

(3)协助业主编写竣工决算；

(4)协助业主检查设计人、承包人的工作报告；

(5)陪同验收委员会(验收组)实地查验工程；

(6)完成业主委托的其他技术服务工作。

 第三节　保修期的监理工作

一、工程保修期的有关规定

1. 工程保修制度

我国对建设工程实行质量保修制度。《建筑法》、《建设工程质量管理条例》中均对工程

保修有明确规定。

(1)建设工程承包人向业主提交工程竣工验收报告时，应向业主出具质量保修书。质量保修书中应当明确建设工程的保修范围、保修期限和保修责任等。

(2)建设工程在保修范围和保修期内发生质量问题的，承包人应当履行保修义务，并对造成的损失承担赔偿责任。

(3)建设工程在超过合理使用年限后继续使用的，产权所有人应当委托具有相应资质等级的勘察、设计人鉴定，并根据鉴定结果采取加固、维修等措施。

2. 工程保修规定

1)《港口工程施工合同范本》对保修责任、保修金的有关规定

(1)保修责任：承包人在工程保修期内有责任返修因承包人原因造成的任何工程缺陷或损坏，返修费用由承包人承担。因业主使用不当或其他非承包人原因造成的损坏，承包人应协助修复，费用由业主承担。

(2)返修时限：保修期内，对应由承包人负责的返修内容，承包人应在接到返修通知后14天内开始实施返修，并在合同双方商定的时间内修理完毕，否则业主有权委托其他单位或人员进行修理，其费用由承包人承担。

(3)保修金：保修金的数额在合同专用条款中约定。业主应在保修期满后7天内，将保修金和按合同专用条件约定利率计算的利息一起返还承包人。

但对于突发质量事故的抢修和因承包人违反保修协议的保修金的处理，应在合同专用条款中明确。

2)FIDIC《施工合同条件》对于缺陷责任的规定

(1)完成扫尾工作和修补缺陷

为了使工程、承包人文件和每个分项工程在相应缺陷通知期限期满日期或其后，尽快达到合同要求，承包人应：在工程师指示的合理时间内，完成接收证书中注明日期时尚未完成的任何工作；在工程或分项工程(视情况而定)的缺陷通知期限日期或其以前，按照雇主(或其代表)可能通知的要求，完成修补缺陷或损害所需要的所有工作。如果出现缺陷或发生损害，雇主(或其代表)应相应通知承包人。

(2)修补缺陷的费用

如果由于以下原因，造成缺陷和发生损害，其执行中的风险和费用应由承包人承担：

①承包人负责的设计；

②承包人的生产设备、材料或工艺不符合合同要求；或

③承包人未能遵守任何其他义务。

如果是由于其他原因造成的缺陷和发生的损害，雇主(或其代表)应立即通知承包人，相应的修补费用按变更程序处理。

(3)缺陷通知期限的延长

如果因某项缺陷或损害达到是工程、分项工程或某项主要生产设备(视情况而定，并在接收以后)不能按原定目的的使用的程度，雇主有权要求按雇主索赔的规定对工程或某一分项工程的缺陷通知期限提出一个延长期。但延长期不得超过两年。

(4)未能修补缺陷

如果承包人未能在合理的时间内修补任何缺陷或损害，雇主(或其代表)可确定一个日期，要求到或不迟于该日期修好缺陷和损害，并将该日期及时通知承包人。如果承包人到该

通知的日期仍未修好缺陷或损害，且此项修补工作应由承包人承担实施的费用，雇主可以选择：

①以合理的方式自行或委托他人进行此项工作，费用由承包人承担，但承包人将对此项工作将不再负责任；承包人应按照合同中雇主索赔条款的规定向雇主支付由雇主修补缺陷或损害而发生的合理费用；

②由工程师按照合同条款的规定的要求，商定或确定合同价格的合理的减少额；

③如果上述缺陷或损害实质上使雇主丧失了工程或任何主要部分的整个利益时，或不能按原定意图使用该主要部分时，业主有权终止整个合同，并有权收回工程或部分工程（视情况而定）全部支出总额，加上融资费和拆除工程、清理现场，以及将生产设备和材料退还给承包人所支付的费用。

(5)移出有缺陷的工程

如果承包人不能在现场迅速修复缺陷和损害，经雇主同意，承包人可以将有缺陷或损害的生产设备移出现场修复，但承包人应提供雇主认可的履约担保。

(6)进一步试验

如果任何缺陷或损害的修补可能对工程的性能产生影响，工程师可要求重新进行合同提出的任何试验，此要求应在该缺陷或损害修补后的28天内发出通知来提出。其试验费用应由责任方承担，该试验应按合同关于试验的条款执行。

(7)履约证书

直到工程师向承包人颁发履约证书，注明承包人完成合同规定的各项义务的日期后，才应认为承包人的义务已经完成。履约证书应由工程师在最后一个缺陷通知期限期满后28天内发出，或者在承包人提供所有承包人文件，完成所有工程的施工和试验，包括修补任何缺陷后立即颁发。履约证书副本应发送给雇主。

二、保修期的监理工作

1.保修期监理工作的主要内容

根据《水运工程施工监理规范》的规定，保修期监理工作的主要内容为：

(1)检查工程质量；

(2)审查或估算修复费用；

(3)审查承包人的补充资料；

(4)审查承包人的工程保修终止报告；

(5)签认“工程保修终止证书”。

2.保修期质量问题处理程序

(1)接到业主通知后，监理人应即刻转发通知承包人，相关监理人员应在尽可能短的时间内赶赴现场；

(2)监理工程师应责成承包人及时采取措施对工程缺陷部位进行保护，防止缺陷或损害进一步扩大；

(3)监理工程师会同业主代表和承包人对造成工程缺陷的原因进行调查，责成承包人编制缺陷处理技术方案并报监理工程师审定；如果此缺陷是非承包人原因造成，承包人应编制相应的费用预算，报业主审定。

(4)如果因非承包人原因造成工程缺陷或损害，而承包人又不愿意修补此缺陷，监理工

程师应会同业主代表委托第三方承担此修补工作，并审定修补技术方案和费用预算。

(5)监督承包人(或第三人)按修补技术方案修补缺陷，进行检查和验收，签署验收意见，形成存档资料。

3.保修期的总结和验收

1)保修期的终结

施工合同的履行一般是分两个阶段终止。一是工程经验收合格，承包人将工程移交给业主，并完成工程结算，除有关保修条款外，合同的其他条款终止；二是保修期结束。保修期的终结标志着业主和承包人签署的施工合同全部终止，双方的权利义务也到此全部履行完毕。

保修期结束的条件为：

(1)保修期满，承包人已按合同的保修条款的约定和作为合同附件的工程质量保修书(若有)的约定完成全部工程保修工作，工程质量符合规定并满足使用要求；

(2)工程经监理人、业主、质监部门的联合检查和确认；

(3)业主和承包人结清保修金。

2)保修期满的检查与验收

监理工程师应在保修期满前的合理时间，通知承包人回访，征求业主的意见，就工程质量保修书规定的事项逐一落实，若存在缺陷，承包人应安排修补和维护保养，之后监理工程师进行检查，合格后由承包人正式提出保修期终止报告。由监理人会同业主和质监部门进行验收，验收合格，各方签署《工程保修终止证书》。

第三篇

水运工程施工质量监控

第一章 工程材料与工程构件的质量监控

第一节 概 述

一、水运工程材料和工程构件简介

工程材料是工程建设的物质条件，合格的材料是工程质量保证的基础，是工程正常施工的前提条件。水运工程施工所用材料涉及面广，品种很多。随着技术的发展，新型材料日益增多，工程材料的选用和管理要求更高，必须充分重视，要了解工程常用材料的来源、规格、性能、使用、保管等要求，便于合理选用和管理，保证工程需要，防止和减少损失，确保工程质量。

随着工程建设的发展，工程构件的标准化、系列化生产和使用不断扩大，构件的工厂化生产能提高工程质量，加快工程进度，日益受到重视。

二、常用工程材料与构件的分类

常用工程材料主要有混凝土用料、钢材、防腐材料、土工织物、塑料排水板、沥青、砂石料等。常用工程构件主要有混凝土构件、钢构件等。

第二节 工程材料的质量监控

工程材料使用量大、品种多、质量要求较高，要根据材料的使用过程，从材料生产、储存和使用等环节进行监控。

大宗材料要调查产源，根据材料质量、生产能力、运输条件选择供应点，工厂生产的材料要审查生产的资质、生产许可证、工艺设备生产能力、质量管理体系、产品检验措施、产品合格证等。

材料选用要根据工程特点、材料性能、质量标准、适用范围、施工要求等方面综合考虑。

材料质量监控从进场计划开始，包括采购、运输、存储、使用，逐环节进行监控，材料必须经见证取样、检验、试验，检验合格才能进场。不合格材料处理必须坚决并及时清除出场。

一、混凝土用材料

材料质量应符合《水运工程混凝土施工规范》(JTJ 268—96)(以后简称《混凝土施工规范》)的规定，检验方法符合《水运工程混凝土试验规程》(JTJ 270—98)(以后简称《混凝土试验规程》)要求。主要有水泥、细骨料、粗骨料、拌和用水、外加剂、拌和料。

1. 水泥

1)质量要求

(1)常用水泥的种类、混凝土常用的水泥有硅酸盐水泥、普通硅酸盐水泥、矿渣硅酸盐水泥、火山灰质硅酸盐水泥、粉煤灰硅酸盐水泥。

(2)水泥的品种、品质必须满足设计和规范的要求，按《混凝土施工规范》要求：

①有抗冻要求的混凝土，宜采用普通硅酸盐水泥和硅酸盐水泥，不宜采用火山灰质硅酸盐水泥。

②不受冻地区海水环境浪溅区部位混凝土，宜采用矿渣硅酸盐混凝土，特别是大掺量矿渣硅酸盐水泥。

③烧粘土质的火山灰质硅酸盐水泥，在各种环境中的水运工程均不得使用。

(3)普通硅酸盐水泥和硅酸盐水泥的熟料中的铝酸三钙含量宜在6%～12%范围内。

2)监理内容

(1)把好材料进场前的质量检验，制定材料检验的见证、取样、送检制度。

(2)应注意水泥进场情况。未经批准的水泥品种不得进场，已进场但未向监理工程师申报和试验的水泥也不得使用。

(3)水泥进场时，应检查生产厂家的质量证明书，并对其品种、标号、包装、日期等检查验收。28天强度数值应在水泥出场后及时补报。

(4)水泥应按品种、标号、批次分别运输、装卸、存放，不得混杂，并应防止受潮。使用散装水泥时，应配备几个水泥贮存罐以存放不同品种、品牌和标号的水泥。使用袋装水泥时，应设置仓库，库内不同品种、品牌和标号的水泥应分开堆放。

(5)如因贮存不当引起质量有明显变化或水泥出厂超过3个月时，应在使用前对其质量进行复验，并按复验的结果使用。

2. 细骨料

1)质量要求

(1)拌制混凝土应采用质地坚固、粒径在5mm以下的岩石颗粒(砂)作为细骨料。

(2)海水环境工程中严禁采用活性细骨料，淡水环境工程中所用细骨料，经验证若具有活性时，应使用碱含量小于0.6%的水泥。

(3)采用海砂作细骨料时，海砂含盐量应符合下列要求：

浪溅区、水位变动区的钢筋混凝土，海砂中的氯离子含量不宜超过0.07%(占水泥重量的百分比计，下同)。当含量超过限值时，应通过淋洗，使降至此限值以下，如淋洗确有困难时，可在所拌制的混凝土中掺入占水泥重量0.6%～1.0%的亚硝酸钠和其他经验证的缓蚀剂。

(4)骨料质量的检验方法按照交通部《混凝土试验规程》进行。

2)监理内容

(1)严格执行材料计划的报审和材料进场的报验程序。审查检验资料应以同一场地、规格，进场量600t为验收批。

(2)每验收批应检查级配、含泥量、泥块含量，是海砂时，须检验氯离子含量。

(3)细骨料中杂质含量应符合《混凝土施工规范》表3.2.1规定。

(4)对砂的储存进行检查，不得夹杂泥块或受污染，有问题要及时处理。

(5)对砂的贮存应进行检查，注意是否夹带泥块或受污染，有问题时应要求承包单位进行处理。

3. 粗骨料

1)质量要求

(1)配制混凝土应采用质地坚硬的碎石。卵石和碎石与卵石的混合物作为粗骨料，其强度可用岩石抗压强度和压碎指标两种方法进行检验。用岩石抗压强度作检验。卵石的强度用压碎指标值表示，见《混凝土施工规范》表3.3.1-1和表3.3.1-2。

(2)卵石中软弱颗粒含量应符合《混凝土施工规范》表3.3.1-3的要求。

(3)粗骨料的其他物理性能宜符合《混凝土施工规范》表3.3.1-4的要求。

2)监理内容

(1)在承包人的材料计划报审和材料进场报审时，监理工程师应组织对碎石料场进行考察，审查其生产能力、材料质量和质量的稳定性。

(2)应在碎石石料场取样进行试验检测，监理工程师审查碎石强度报告，符合要求时同意选用该场碎石。应保证碎石供应来源的稳定。

(3)对于不同来源的碎石应分别进行试验检测，且应分别做混凝土配合比试验。

(4)对碎石的贮存应进行检查，夹带地面泥块或受污染时应要求承包单位进行处理。

4. 拌和用水

1)质量要求

(1)应用不含有影响水泥正常凝结与硬化，锈蚀钢筋的饮用水，水的氯离子含量不宜大于200mg/L，不得采用含有害杂质的水；

(2)钢筋混凝土和预应力混凝土均不得采用海水拌和。

2)监理内容

(1)审查有资料检测机构进行的水质化验资料；

(2)在使用过程中，对水质有怀疑时，及时见证取样化验；

(3)蓄水池应遮盖封闭，防止污染。

5. 外加剂

1)质量要求

外加剂在使用前应按现行国家标准《混凝土外加剂》(GB 8076)有关规定进行检验，符合要求才可采用。

(1)外加剂的种类包括引气剂、减水剂、早强剂、防冻剂、泵送剂、缓凝剂、膨胀剂等，应根据设计要求选用。

(2)各种外加剂选用要根据产品的性能、技术要求和对工程的适应性，决定其适用范围，掺量使用方法要符合施工需要。必须选用省级以上有关部门批准生产的产品，并有质量证明书。

2)监理内容

(1)外加剂出厂时必须附有技术文件，包括产品名称、型号、主要特性及成分、适应范围及适宜的参量、性能检验合格证书、储存条件及有效期、使用方法、注意事项及出厂日期等。

(2)外加剂在使用前应按现行国家标准《混凝土外加剂》(GB 8076)中的有关规定进行检测。并对混凝土性能、钢筋锈蚀、均匀性等进行检验。

(3)引气剂可采用松香热聚物或松香皂等。其品质应符合规范的规定。掺量应通过试验确定，并应符合本规范有关含气量的规定。

(4)钢筋混凝土、预应力混凝土中不得掺用含氯盐的外加剂。

(5)各种外加剂存储超过规定时间或发现异常，应重新进行检验，符合规定要求，方可使用。

6. 掺和料

使用的掺和料要求质量稳定，符合现行国家标准的有关规定，并有品质检验证书。在普通硅酸盐混凝土中掺加粉煤灰，可以改善混凝土合易性，降低用水量，减少干缩。

1)质量要求

(1)水运工程中采用成品粉煤灰，质量划分为三个等级，质量等级划分要符合《粉煤灰混凝土应用技术规定》(GBJ 46)，必须采用干排法获得的粉煤灰含水率小于1%。

(2)粉煤灰应为Ⅰ或Ⅱ级，掺和料细度不小于4 000cm²/g，并且质量稳定。

2)监理内容

(1)检查供货单位出厂合格证，包括合格证号、等级、批号、出厂日期、数量及检验资料。

(2)同一灰源供应量200t为一批，按批进行验收，应测定细度烧失量。

(3)运输、储存中不同灰源、等级的不得混杂，不得掺入其他材料，要防止受潮。

(4)抽检不合格的不得用于工程。

二、钢材

1. 钢材质量要求

钢筋和型钢的质量应符合现行国家标准，其力学工艺性能符合规范要求，对于进口的钢筋、钢材和经冷加工的钢筋还应按有关规定增加检验项目和内容。

混凝土用钢筋、钢板桩、钢管桩等质量要求在有关章节中论述。

2. 钢材监理内容

(1)检查生产厂家的资质、生产许可证、质量证明资料、(种类规格级别、型号)检验报告等。

(2)验收应按同一品种、牌号、规格、炉号为一验收批进行。

(3)检验结果要达到设计要求、国家标准和规范规定，未达到时，要双倍取样、复验，在合格后方准使用。

当设计有要求时，应作硬度、冲击韧性、化学成分的检验。

(4)对进口钢材，除按一般钢材检验外，还应进行化学成分检验，焊接试验。

(5)钢材存放应按品种、炉号、规格分别堆放，不得混杂，避免锈蚀和污染。

(6)应建立钢材进场及检验台账。

三、防腐材料

应选用符合国家标准或行业标准的产品，选用的配套涂料应具有相容性、耐老化性。

1. 质量要求

(1)涂层系统应由底层、中间层和面层或底层和面层的配套涂料涂膜组成。选用的配套涂料之间应具有相容性。

(2)防腐蚀涂料应具有良好的耐碱性、附着性和耐蚀性，底层涂料尚应具有良好的渗透能力；表层涂料尚应具有耐老化性。

2. 质量监理内容

(1)检查材料厂家用的资质情况，包括营业执照、产品生产许可证等。

(2)检查材料的质量证明文件，包括产品质量说明书、产品性能、质量标准、使用方法、检验报告、出厂日期、产品合格证。

(3)涂层一般由底层和面层配套涂料、涂膜组成，涂层要不起泡，不剥落，不粉化，厚度要符合设计要求。

(4)对有国家标准或行业标准的产品，按国家或行业标准进行检验，对没有国家或行业标准的产品，按设计认可的标准进行检验。

(5)材料进场要分批验收，存放条件符合产品要求。

四、土工织物

1. 质量要求

宜采用有生产资质、专业化生产厂的产品，质量应符合国家现行规范标准的规定。

(1)水运工程使用的土工织物可选用聚酯、聚酰胺、聚丙烯、聚乙烯和聚烯醇等高分子聚合物纤维制造。其纤维的物理力学性能和耐久性能应合理的选择。

(2)土工织物按其形态和制造方法分为编织土工布、机织土工布、非织造(无纺)土工布、复合土工布及其相关产品等种类。在使用中应根据工程要求、使用环境和施工条件等合理选用。

2. 监理内容

(1)土工织物进场时，应逐批地检查出厂合格证和试验报告，并逐卷进行外观质量检查，包括外包装、产品名称、材质、批号、规格、卷长、生产日期等，其主要物理及技术性能应按设计要求进行抽查复检，抽样数量每批次不少于一次。进场后应存放在通风、遮光的仓库内，严禁暴晒。

(2)土工织物应做单位面积质量、厚度、拉伸强度、撕裂强度、等效孔径和透水性能检验，有特殊要求的工程应增加检验项目。

(3)土工织物质量检验标准按《水运工程土工合成材料应用技术规范》(JTJ 239)进行。

(4)土工织物进场后应分类存放于通风、遮光的仓库中，不得暴晒。

五、塑料排水板

应按同批次生产的分批运输和分次检测，质量性能检测合格的才能使用。

1. 质量要求

(1)塑料排水板的型号有 A、B、C 及钉型几种，型号的使用要符合设计要求。

(2)不同批次生产的排水板应分批次检测，同批次生产分批运输的也应分批次检测。

(3)塑料排水性能指标包括纵向通水量、复合体抗拉强度与延伸率、滤膜抗拉强度与延伸率、滤膜渗透系数、滤膜等效孔径等。检验应符合《塑料排水板质量检验标准》(JTJ/T 227)。

2. 监理内容

(1)承包人必须制订材料进场及检测计划，及时做好试验检测工作，做好进场的分类、分批、标识和存放，只有检测合格材料才能使用。

(2)现场储存条件必须防雨、防晒、防潮、防火、通风。监理工程师在材料进场前要进行检查，发现不符合要求时承包人应及时整改。

六、沥青

(1)可分为石油沥青、煤沥青两种，主要用于防水，防腐蚀的材料及拌制沥青砂沥青混凝土。

(2)沥青的品种、标号、性能指标等应符合设计要求。

(3)沥青的进场检验应做针入度、软化点、延度试验等检验。符合要求方可使用。

(4)经验收进场的沥青应按不同品种、标号堆放,防止混杂。

七、砂石料质量监控

1. 用途

砂石料广泛用于水工建筑物,如:码头、防波堤、护岸、船台滑道和船坞等工程,是生产过程中用量最大的原材料。除在港口建设中是混凝土、钢筋混凝土主要组成材料之一外,还是各种结构型式码头、防波堤、护岸等项工程的基础、基床、各种垫层和软基处理填换土方必不可少的原材料。

2. 质量要求

1)石材

通常用天然骨料,随产地不同,其性能和品质都有差异,在水运工程中除混凝土应用外,也在其他工程中使用:

(1)基床类,要求物理性能稳定、坚固、耐久、密实,抗压强度较高,未经风化。

(2)填石类,要求对其杂质和含泥量进行自检,使其符合工程要求。

2)砂类

(1)砂垫层,要求级配好,根据不同工程,不同要求选取。

(2)回填砂,根据不同工程,不同要求选取。

3. 质量监控程序(图 3-1-1)

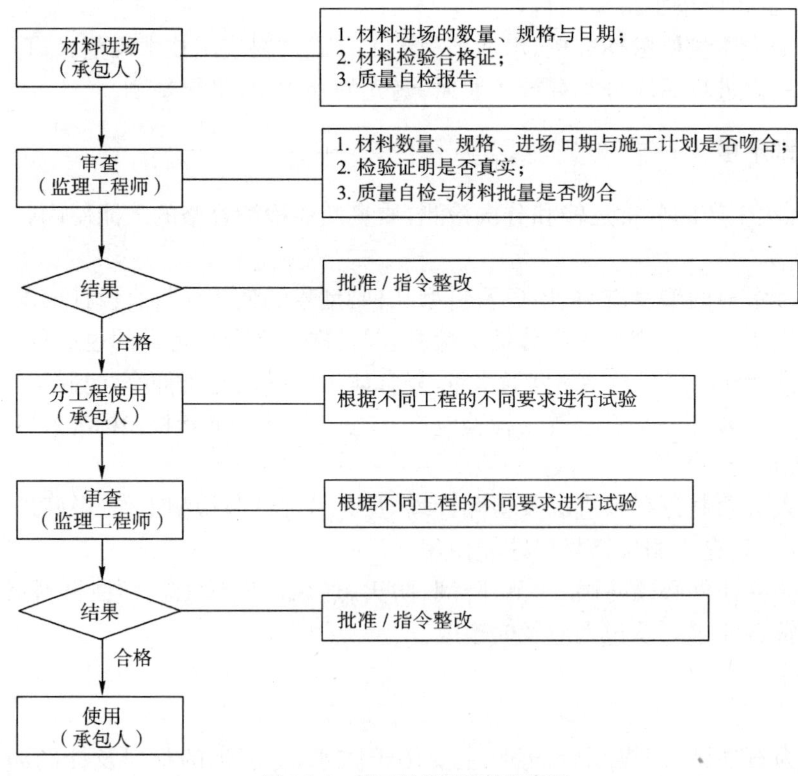

图 3-1-1 砂石料质量监控程序图

4. 质量监理内容

1)石材除混凝土工程应用外,还有:

(1)基床类:石材的品种、规格;抗压强度,坚固性,风化程度。

(2)填石类:石材的品种、规格;大小级配;含泥量,软弱颗粒含量及吸水率。

2)砂除混凝土工程应用外,还有:

(1)砂垫层:粗细度级配及含水率,含泥量;堆积密度及紧密度;化学物质检验。

(2)回填砂:含水量。

5. 质量监理标准

遵照《水运工程混凝土试验规程》(JTJ 270—98)的有关规定执行。

第三节 工程构件质量监控

工程构件的制作是在预制场或工厂进行,质量监控主要依靠厂家自身质保体系控制。监理工程师可进行抽检,要作好产品的检查验收。

一、混凝土构件质量检验

大型构件的检验多在预制场进行,小型构件运至现场检验。

(1)审查构件出厂合格证,质量检查资料,试验资料。

(2)检查外形尺寸、表面质量、有无损伤的情况等,并按设计图划分的单元进行。

(3)构件质量检验按《检评标准》相关规定进行。

(4)构件的运输、存放要符合施工工艺要求,支垫正确、稳固,防止损伤,便于吊放。

二、钢构件质量检验

1)钢构件加工监理程序见图 3-1-2。

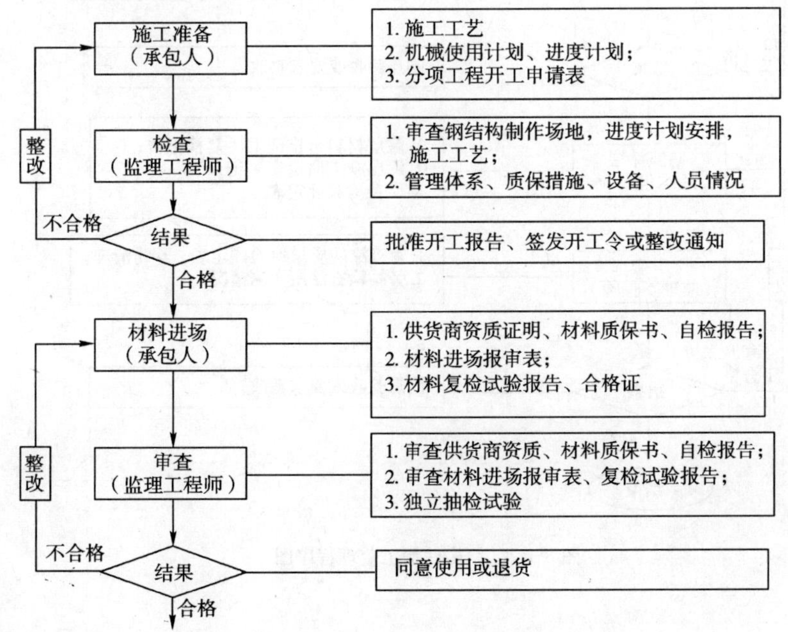

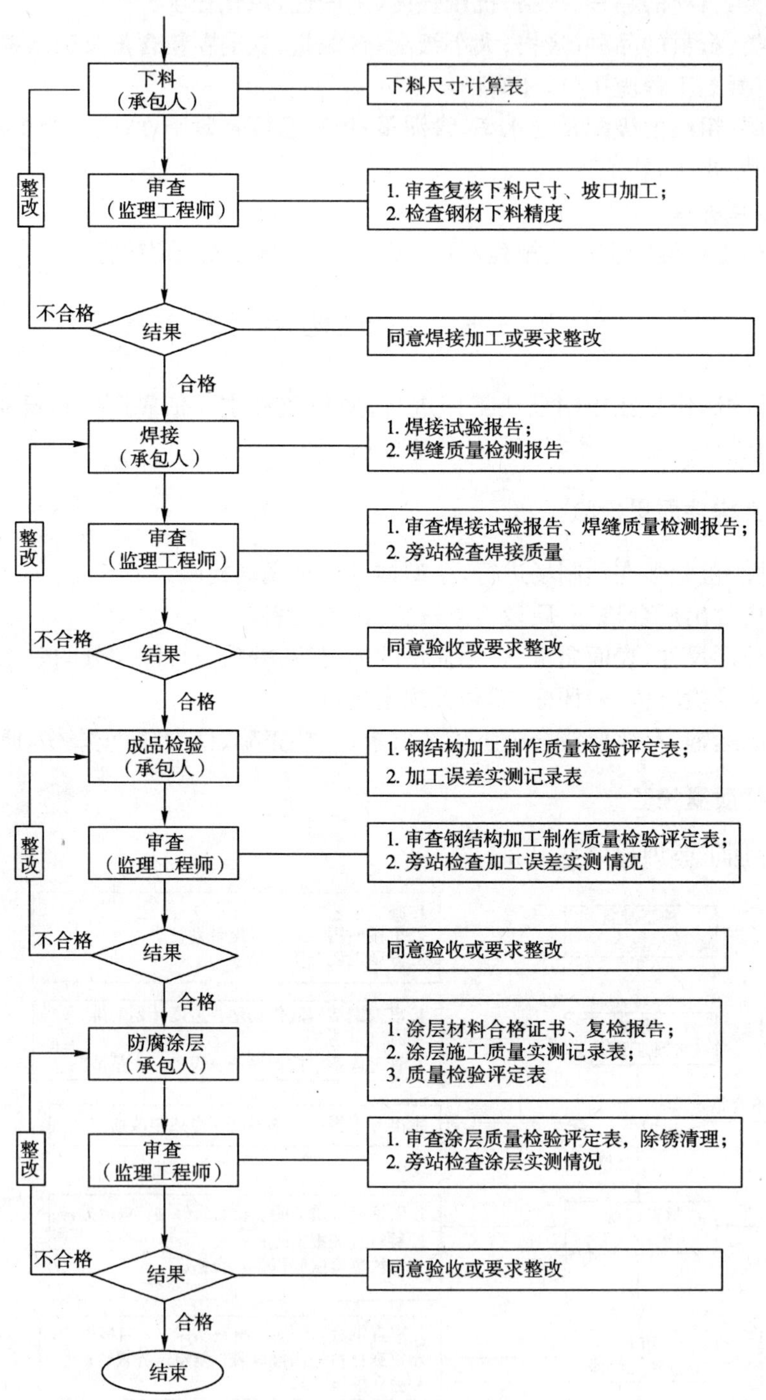

图 3-1-2　钢构件加工监理程序图

2)钢构件工厂加工时按构件的形状、尺寸、施工要求确定运输方式和检验地点。

(1)审核构件出厂合格证、质量的自检、试验资料、无损探测资料等;

(2)检查构件尺寸、焊缝质量、除锈防腐层厚度、外观缺陷等;

(3)构件验收按《检评标准》规定。

3)构件运输中要支垫合理,放置稳固,防止损伤构件。

4)需存放时要支垫合理,放置稳固,便于吊装。

第二章 钢筋混凝土工程施工质量监控

第一节 混凝土配合比设计审查

一、混凝土配合比设计

混凝土配合比设计应符合设计及施工要求，并应经济合理。

混凝土配合比设计应按《水运工程混凝土施工规范》(JTJ 268—96)(以下简称《混凝土施工规范》)的规定进行，通过计算和试配确定。

1. 混凝土施工配制强度计算

按《混凝土施工规范》配合设计 4.0.1 进行计算；

2. 混凝土配合比设计试验的步骤

(1)选择水灰比

水灰比的选择应同时满足混凝土强度和耐久性要求。

①用建立强度与水灰比关系曲线的方法求水灰比。

②按耐久性要求规定的水灰比最大允许值，见《混凝土施工规范》表 4.0.4-1 表 4.0.4-2。

按强度要求得出的水灰比应与按耐久性要求规定的水灰比相比较，取其较小值作为配合比的设计依据。

(2)选择用水量

根据所用的砂石情况和确定的坍落度值，按各地区经验或参照规范选择用水量。水量多少应考虑粗骨料、细骨料的颗粒级配以及外加剂的使用等情况。

(3)确定最佳砂率

按选定的水灰比和用水量计算近似的水泥用量，并按各地区经验或参照规范选取数种不同砂率，在保持水泥用量和其他条件相同的情况下，拌制混凝土拌和物，并测定其坍落度，其中坍落度最大的一种拌和所用的砂率，即为最佳砂率。当采用卵石、采用细砂或粗砂、采用引气剂时，砂率可适当调整。

(4)确定水泥用量

按选定的水灰比和已确定的最佳砂率，拌制数种水泥用量不同的混凝土拌和物，测定其坍落度，并绘制坍落度与水泥用量的关系曲线，从曲线上查出与施工要求坍落度相应的水泥用量。在海水环境对于有耐久性要求混凝土，上述过程应在不掺加减水剂的情况下进行，据以确定水泥用量，并不得低于《混凝土施工规范》表 4.0.4-5 的规定。

(5)确定砂石用量

用绝对体积法计算每立方米混凝土中的砂石用量。

3. 确定配合比

选用按以上确定的配合比和施工要求的坍落度，经试拌校正得出经济合理的配合比。

4. 校核配合比设计

按确定的配合比制作试件，根据指定的要求，对混凝土强度、抗冻性核抗渗性等进行试验校核。

在施工过程中，混凝土原材料发生变化或使用添加剂须改变配合比时，也必须事先做混凝土配合比试验，在新的配合比试验结果报送给监理工程师，经审查同意后，才能更改。

二、配合比设计审查

承包在开工前应提前，进行混凝土配合比的设计和试验，承包人若有类似工程经验的配合比资料，报监理工程师。为缩短审批周期，承包人应将拟试验的几种配合比先报监理工程师进行初审。

审查内容包括：

(1) 选用的原材料品种、规格、质量等符合设计要求，做配合比试验的原材料为批准已进场或拟进场的、合格的原材料；

(2)混凝土水灰比应符合规范规定的强度、耐久性要求，且满足设计与施工工艺要求；

(3)坍落度应满足施工条件；

(4)初凝时间与浇筑层间间歇时间相适应，且有适当富余。

选定的配合比必须有 28 天的强度试验报告及其他性能指标(抗渗、抗冻、氯离子电通量等)试验报告。监理工程师在审批配合比时，应要求承包人按所报的配合比进行试配并提前制作试件进行强度对比，确认满足要求后以书面形式，确认配合比。

承包人在配合比批准后才能使用，在施工过程中必须严格执行该配合比。如施工过程中需调整配合比，承包人须事先将新配合比及试验结果报监理工程师，经批准后方能更改。

第二节　混凝土工程施工质量监控

一、概述

混凝土工程是水运工程的重要组成部分，混凝土工程的质量直接决定工程的质量。影响混凝土工程质量的因素和环节较多，应作为监理的重点。

混凝土工程应从原材料使用、配合比设计、混凝土生产、浇筑、养护、检验等进行监控。

混凝土工程包括钢筋混凝土和预应力钢筋混凝土工程。

二、混凝土施工监理程序

混凝土施工监理程序见图 3-2-1。

三、混凝土施工监理内容

1. 混凝土搅拌

1)称量

(1)原材料配料时，应严格按配料单进行称量，不得任意改动。

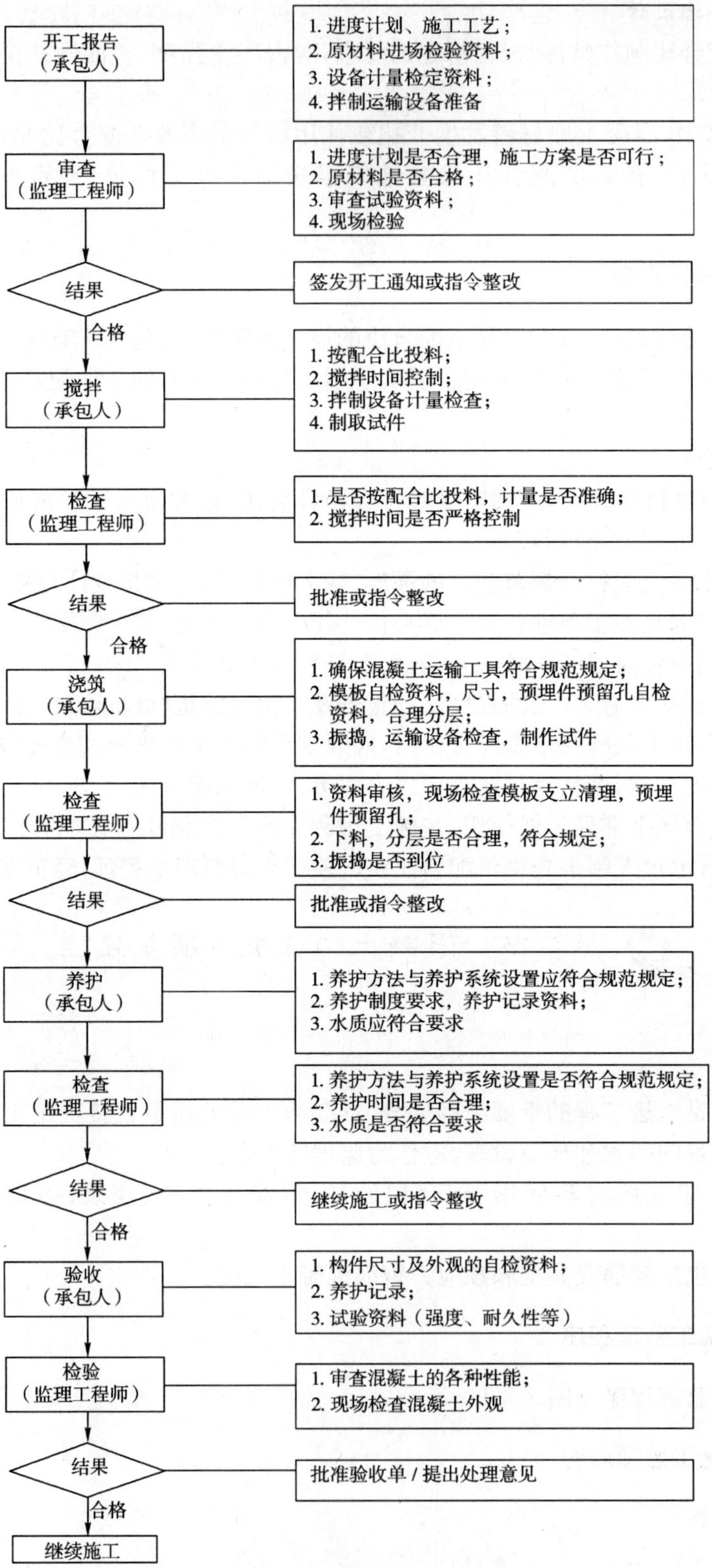

开工报告（承包人）
- 1. 进度计划、施工工艺；
- 2. 原材料进场检验资料；
- 3. 设备计量检定资料；
- 4. 拌制运输设备准备

↓

审查（监理工程师）
- 1. 进度计划是否合理，施工方案是否可行；
- 2. 原材料是否合格；
- 3. 审查试验资料；
- 4. 现场检验

↓

结果 — 签发开工通知或指令整改

合格 ↓

搅拌（承包人）
- 1. 按配合比投料；
- 2. 搅拌时间控制；
- 3. 拌制设备计量检查；
- 4. 制取试件

↓

检查（监理工程师）
- 1. 是否按配合比投料，计量是否准确；
- 2. 搅拌时间是否严格控制

↓

结果 — 批准或指令整改

合格 ↓

浇筑（承包人）
- 1. 确保混凝土运输工具符合规范规定；
- 2. 模板自检资料，尺寸，预埋件预留孔自检资料，合理分层；
- 3. 振捣，运输设备检查，制作试件

↓

检查（监理工程师）
- 1. 资料审核，现场检查模板支立清理，预埋件预留孔；
- 2. 下料，分层是否合理，符合规定；
- 3. 振捣是否到位

↓

结果 — 批准或指令整改

↓

养护（承包人）
- 1. 养护方法与养护系统设置应符合规范规定；
- 2. 养护制度要求，养护记录资料；
- 3. 水质应符合要求

↓

检查（监理工程师）
- 1. 养护方法与养护系统设置是否符合规范规定；
- 2. 养护时间是否合理；
- 3. 水质是否符合要求

↓

结果 — 继续施工或指令整改

合格 ↓

验收（承包人）
- 1. 构件尺寸及外观的自检资料；
- 2. 养护记录；
- 3. 试验资料（强度、耐久性等）

↓

检验（监理工程师）
- 1. 审查混凝土的各种性能；
- 2. 现场检查混凝土外观

↓

结果 — 批准验收单 / 提出处理意见

合格 ↓

继续施工

图 3-2-1　混凝土施工监理程序图

(2)进行原材料称量时，其偏差不得超过《混凝土质量控制标准》表5.1.2的规定。

(3)每一工作班正式称量前，应对称量设备进行零点校核，施工过程中也应经常进行校核。

(4)施工过程中应检测骨料含水率，每一工作班至少测定两次，当含水率有显著变化时，应增加测定次数，根据测定结果及时调整用水量和骨料用量。

2)搅拌

(1)混凝土拌和物的各项指标应与配合比设计符合，混凝土搅拌的配料单应由承包人试验工程师签发。

(2)混凝土搅拌时，搅拌的投料顺序应按设计配合比设计的要求进行、搅拌时不得任意更改，自全部材料(包括水)装入搅拌机起，至开始卸料时止，连续搅拌的最短时间应按《混凝土施工规范》表7.1.3的规定控制。

3)混凝土拌制的质量检验

(1)混凝土搅拌完毕后，应拌和均匀，不得有离析、泌水现象；

(2)混凝土的坍落度和含气量在搅拌地点和浇筑地点(当浇筑点离搅拌点运输时间超过15min时)分别取样检测，每一工作班对坍落度至少检查2次，含气量至少检查1次；

(3)混凝土的出料温度应进行检查，满足规范对冷、热天的施工温度规定。

2.混凝土浇筑

1)浇筑前检查

(1)浇筑混凝土前，应检查模板、支架、钢筋和预埋件位置的正确性，并应掌握水文气象预报。浇筑前应对各项准备工作进行认真的检查，在所有准备工作充分后由承包人的质检员、技术负责人和监理工程师共同把关，签署混凝土浇筑令，才能进行浇筑施工；

(2)在地基上直接浇筑混凝土时，应清除淤泥，并不得扰动原状土壤；对岩石地基应用压力水冲洗干净，但表面不得留有积水；

(3)浇筑混凝土前，应将模板内和钢筋预埋件清理干净。

2)浇筑中检查

(1)混凝土的浇筑应连续进行。如因故中断，其允许间歇时间应根据混凝土硬化速度和振捣能力经试验确定，或参照《混凝土施工规范》表7.3.4的规定。

(2)检查施工缝继续浇筑混凝土时，应符合下列要求：

①已浇筑的混凝土，其抗压强度不应小于1.2MPa。

②在已硬化的混凝土表面上，应清除水泥薄膜和松动石子以及软弱混凝土层。

③浇筑新混凝土前，先用水充分湿润老混凝土表面层，低洼处不得留有积水。垂直缝应刷一层水泥浆，水平缝应铺一层厚度为10～30mm的水泥砂浆。水泥浆和水泥砂浆的水灰比应小于混凝土的水灰比。

(3)浇筑混凝土过程中，应避免混凝土产生离析现象。混凝土自由倾落高度不宜超过2m。如可能发生离析时，应采用串筒、斜槽、溜管或振动溜管下落等措施。

(4)乘低潮位浇筑混凝土时，应采取措施保证浇筑速度大于潮位上涨速度，并保持混凝土在水位以上进行振捣。底层混凝土初凝前不宜受水淹没，浇筑完后，应及时封顶，并宜推迟拆模时间。

(5)浇筑大体积混凝土时，应按一定的厚度、秩序、方向分层进行。

①浇筑混凝土的分层厚度，应根据气温、浇筑能力和振捣设备综合分析确定，其分层最

大允许厚度应符合《混凝土施工规范》表 7.3.15 的规定；

②连续浇筑高度较大的混凝土构件时，应随浇筑高度的上升分层减水。

(6)混凝土浇筑至顶部时，宜采用二次振捣及二次抹面，如有泌水现象，应予排除。

3)振捣

(1)每一振点的振动持续时间应能保证混凝土获得足够的捣实程度(以混凝土表面呈现水泥浆和不再沉落为度)。

(2)插入式振捣器的振捣顺序宜从近模板处开始，先外后内，移动间距不应大于振捣器有效半径的 1.5 倍。振捣器的作用半径应根据试验确定，缺乏试验资料时，可采用 250～300mm。

插入式振捣器至模板的距离不应大于振捣器有效半径的 1/2，并应尽量避免碰撞钢筋、模板、芯管、吊环、预埋件或充气胶囊。

插入式振捣器应垂直插入混凝土中，并快插慢拔，上下抽动，以利均匀振实，保证上、下层结合成整体。振捣器应插入下层混凝土中不少于 50mm。

(3)当采用高频振捣器振捣引气混凝土时，其振捣时间宜为 15～20s。

3. 混凝土养护

1)混凝土浇筑完毕后应及时加以覆盖，结硬后保湿养护。

养护方法应根据构件外型选定，宜采用盖草袋洒水、砂围堰蓄水、塑料管扎眼喷水，也可采用涂养护剂、覆盖塑料薄膜等方法。

当日平均气温低于＋5℃时，不宜洒水养护。

2)混凝土潮湿养护的时间不应少于《混凝土施工规范》表 7.4.2 的规定。

3)混凝土养护用水应遵守下列规定：

(1)素混凝土宜采用淡水养护，在缺乏淡水的地区，可采用海水保持潮湿养护；

(2)海上大气区、浪溅区和水位变动区的钢筋混凝土预制构件不得使用海水养护。

4)预应力混凝土不得采用海水养护。

5)混凝土强度未达到 2.5MPa 以前，人不得在已浇筑的结构上行走、运送工具或架设上层结构的支撑和模板。混凝土达到上述强度的时间应经试验确定，当缺乏试验资料时，应符合《混凝土施工规范》表 7.4.5 规定。

4. 混凝土质量验收

1)对混凝土的原材料、配合比及施工生产过程中的称量、拌制、运输、浇筑、养护等主要环节进行检验。

2)原材料质量应符合《混凝土施工规范》的规定，并经检验合格。

(1)原材料的质量检查，应按下列要求进行：

①水泥：在保管正常情况下，3 个月至少检查一次；对于库存超过 3 个月、快硬硅酸盐水泥超过 1 个月、有潮结现象的水泥，使用前必须进行复验；对水泥质量有怀疑时，应随时检查。

②水：如使用非饮用水时，开工前检查其质量。如水源有改变或对水质有怀疑时，应及时检查。

③砂、石：每批或每周检查一次。

④外加剂质量检查以 2t 为一检查单位。不足 2t 者，亦作为一个检查单位。液态减水剂的固形物含量 3 个月至少检查一次。

⑤引气剂:水溶液的泡沫度每月至少检查一次。

(2)原材料称量时,其偏差不得超过《混凝土施工规范》表7.5.5规定。

(3)原材料称量视值检查的最少次数应符合下列规定:

①水泥:使用散装水泥时,每一工作班至少检查4次;使用袋装水泥时,对重量应经常进行抽查。

②水:每一工作班至少检查4次。

③粗、细骨料:每一工作班于少检查2次。

④外加剂:每一工作班于少检查4次。

⑤掺合料:每一工作班至少检查4次。

(4)每一工作班正式称量前,应对称量设备进行零点校核,施工过程中也应经常进行校核,称量系统失控应及时纠正。

(5)施工过程中应检查骨料含水率,每一工作班至少测定2次。当含水率有显著变化时,应增加测定次数并及时调整。

3)混凝土拌和物的坍落度和含气量,应在浇筑地点取样检测,每一工作班对坍落搅拌机至少检查2次,含气量至少检查1次,如果混凝土拌和物从搅拌机出料至浇筑入模的时间不超过15min时,可在拌制地点取样检测。

4)混凝土强度检验

(1)混凝土试件留置、制作、混凝土抗压强度标准试件的留置,应不低于下列规定:

①一次连续浇筑超过1 000m^3时,每200m^3不少于一组;一次连续浇筑不超过1 000m^3时,每100m^3不少于一组;每工作班浇筑不足100m^3时,也不少于一组。

②当配合比有变动时,每一配合比均应留置试件。

③留置的每组试件由3个立方体试块组成。制作时试样应取自同一罐混凝土。以3个试件强度的平均值作为该组试件混凝土强度的代表值。

a.当3个试件强度中的最大值或最小值之一,与中间值之差超过中间值的15%时,取中间值;

b.当3个试件强度中的最大值或最小值,与中间值之差均超过中间值的15%时,该组试件不应作为强度评定的依据。

(2)混凝土强度的评定验收应分批进行。同一验收批的混凝土应由强度等级相同、配合比和生产工艺基本相同的混凝土组成。对现浇混凝土结构构件,宜按分项工程划分验收批;对预制混凝土构件,宜按月划分验收批。

对同一验收批的混凝土强度,应以该批内按规定留置的所有标准试件组数强度代表值,作为统计数据进行评定,除非查明确系试验失误,不得任意抛弃一个强度代表值。

5)混凝土耐久性试验

(1)混凝土抗冻性、抗渗性合格检验及试块留置组数,应符合现行行业标准《水运工程混凝土施工规范》(JTJ 268)的有关规定。有抗冻要求的混凝土分项工程留置试件不少于3组,合格标准:实际抗冻等级,每三组中有两组以上达到抗冻等级;最低一组实际抗冻等级$F\leqslant250$时,不低于-50,当$F\leqslant300$时,不低于$F-100$。有抗渗要求混凝土分项工程留三组试块,各组均达到抗渗等级。

(2)用于混凝土抗冻性试验及抗渗性试验的试件,其制作、养护和试验应符合现行行业标准《港口工程混凝土施工试验方法》(JTJ 225)的有关规定。

6)混凝土外观质量及尺寸偏差

混凝土结构、构件拆模后应对其外观及尺寸进行检查，其检查数量和方法应符合现行《检评标准》的规定。

第三节 钢筋加工及绑扎

一、概述

钢筋加工和装设是混凝土工程中重要组成部分，是达到混凝土构件质量监控设计要求的重要保障，要求原材料合格，加工严格，装设规整，符合设计要求及规范规定。

二、监理程序

钢筋加工的监理程序见图 3-2-2。

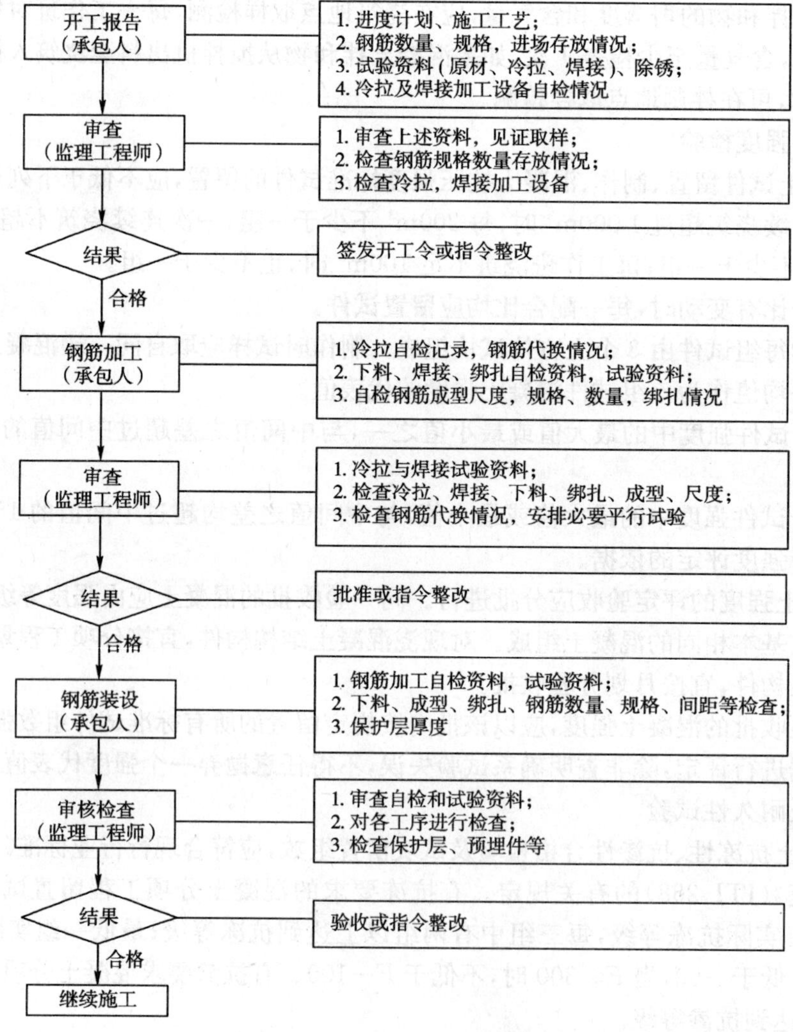

图 3-2-2 钢筋加工监理程序图

三、监理内容

1.技术要求

钢筋的级别、种类和直径应按设计要求采用，当需要代换时应取得设计同意，并应符合下列要求：

(1)不同种类的钢筋代换，应按钢筋受拉承载力设计值相等的原则进行；

(2)当构件受抗裂、裂缝宽度或挠度控制时，钢筋代换后应进行抗裂、裂缝宽度或挠度验算；

(3)钢筋代换后，应满足现行行业标准《港口工程混凝土和钢筋混凝土设计规范》(JTJ 220)规定的钢筋间距、锚固长度、最小钢筋直径、根数等要求；

(4)对重要的受力构件，不宜用Ⅰ级光圆钢筋代替变形(带肋)钢筋；

(5)梁的纵向受力钢筋与弯起钢筋应分别代换。

预制构件的吊环，必须用未经冷拉的Ⅰ级热轧钢筋制作，严禁以其他钢筋代换。

钢筋在运输和储存时，必须保留牌号，并按炉(批)、直径规格堆放整齐，避免锈蚀和污染。

2.钢筋加工

1)冷拉加工

(1)钢筋的冷拉可采用控制应力或控制冷拉率的方法。对用作预应力混凝土结构的预应力筋，宜采用控制应力的方法。对不能分清炉(批)号的热轧钢筋，不宜采取控制冷拉率的方法。冷拉钢筋力学性能应符合规定。

(2)当采用控制应力方法冷拉钢筋时，其冷拉控制应力下的最大冷拉率，应符合《混凝土施工规范》表6.3.3和表6.3.4规定，应进行力学性能检验。

(3)采用控制冷拉率方法冷拉钢筋时，其冷拉率应由试验确定。测定同炉(批)钢筋冷拉率的冷拉应力，其试样不少于4个，并取平均值作为该批钢筋实际采用的冷拉率。

(4)钢筋冷拉应遵守下列规定：

①钢筋应先对焊再冷拉。

②钢筋冷拉速率不宜过快，当拉到控制应力或冷拉率时需稍停，然后放松。

③钢筋在冷拉过程中，若对焊接头拉断，可切除热影响区重新焊接再拉，但不应超过2次。

(5)钢筋冷拉检查验收：

①每批钢筋由同级别、同直径的冷拉钢筋组成，重量一般不大于20t。

②钢筋表面不得有裂纹和局部缩颈。

③每批钢筋应从不同的两根钢筋上各取两个试样，分别进行拉力和冷弯试验。

2)制作加工

(1)钢筋应平直、无局部曲折，钢筋表面应洁净、无损伤或油渍。漆污和铁锈等应在使用前清除干净。带有颗粒状或片状锈的钢筋不得使用。

(2)钢筋加工的形状、尺寸应符合设计要求，钢筋的弯钩或弯折应符合规范规定。

(3)弯起钢筋弯折点弯曲直径D，Ⅰ级钢筋不宜小于钢筋直径d的10倍，Ⅱ级钢筋不宜小于钢筋直径d的12倍。

(4)箍筋末端应有弯钩，弯钩的形式应符合设计要求和规范规定。

(5)加工后的钢筋允许偏差不得超过《混凝土施工规范》表6.4.5的规定。

3)钢筋连接

(1)热轧钢筋的对接有闪光对焊、电弧焊、电渣压力焊、气压焊或其他形式接头。

Ⅳ级钢筋的对接接头，必须采用“闪光、预热、闪光焊”的工艺。必要时，尚应进行焊后通电热处理，提高其塑性。钢筋骨架和钢筋网片的交叉焊接宜采用点焊。

直径不大于 25mm 的钢筋允许采用绑扎接头，但中心受拉和小偏心受拉构件不得采用绑扎接头。

(2)钢筋焊接前，焊接部分的锈斑、油污、杂物等，应清除干净；钢筋端部若有弯折、扭曲应予以矫直或切除。

(3)钢筋焊接前，必须根据施工条件作焊接性能试验，合格后方可正式生产。闪光对焊施焊前如改变钢筋级别、直径或调换焊工时，均应制作两个冷弯试样，按《混凝土施工规范》表 6.5.3 规定作冷弯试验。合格后才能按相应的参数成批焊接。焊接接头试验应按现行行业标准《钢筋焊接接头试验方法》(JGJ 27)有关规定进行。钢筋对焊接头冷弯指标应符合《混凝土施工规范》表 6.5.3 要求。

4)受力钢筋采用焊接接头时，设置在同一构件内的焊接接头应相互错开。在任一焊接接头中心至少长为钢筋直径 d 的 35 倍且不小于 500mm 的区段内，同一根钢筋不得有两个接头；在该区段内有接头的受力钢筋截面面积占受力钢筋总截面面积的百分率，应符合下列规定：

(1)非预应力筋在受拉区不宜大于 50%。

(2)预应力筋不宜超过 25%，当焊接质量有可靠保证时，可放宽至 50%。

(3)受压区和后张法的螺丝端杆不限制。

5)接头(包括焊接和绑扎)距钢筋弯曲处，不应小于 $10d$，也不应位于构件的最大弯矩处。受弯构件仅配置一根受力钢筋时，接头应设置在小于 1/2 最大弯矩处。

6)钢筋电弧焊所采用的焊条，其性能应符合《碳钢焊条》(GB 5117)和《低碳合金钢焊条》(GB 5118)的规定，其型号应根据设计确定，若设计无规定时，可按《混凝土施工规范》表 6.5.8 选用。

试验结果大于或等于该类钢筋的抗拉强度时，才允许正式施焊。

四、监理要点

(1)钢筋品种、规格、质量、焊条，焊剂牌号、性能必须符合设计要求与规范规定；

(2)钢筋的冷拉及焊接的方法、质量必须符合要求；

(3)钢筋加工形状，尺寸符合设计要求，钢筋骨架设置稳定，受力钢筋不偏位，保护层符合要求。

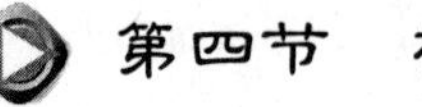

第四节　模板制作与安装质量监控

一、一般要求

1)模板及其支架应符合下列要求：

(1)保证工程结构和构件各部分形状、尺寸和相互位置的正确。

(2)具有足够的强度、刚度和稳定性，能可靠地承受新浇混凝土自重力和侧压力，以及在施工中产生的荷载。

(3)模板要构造简单、装拆方便，与混凝土施工工艺相适应，便于钢筋绑扎、安装和混凝土浇筑。

(4)模板的接缝不得漏浆。

2)模板的材料宜选用钢材、木材、胶合板、塑料等,模板支架的材料宜选用钢材、木材等。

(1)钢材的材质应符合现行国家标准《普通碳素结构技术条件》(GB 700)的规定。

(2)木材的树种可根据各地区的实际情况选用,但其材质不宜低于Ⅲ等材。

(3)其他材料的材质应符合有关的专门规定。

3)模板与混凝土的接触面应涂刷脱模剂,脱模剂不得污染工程结构和构件,或沾污钢筋和混凝土接茬处。

4)对模板及其支架应定期维修、妥善保管,钢模板及钢支架应防止锈蚀。

5)组合钢模板的制作和施工,尚应符合国家现行标准《组合钢模板技术规范》(GBJ 214)。

二、监理程序

模板制作和安装的监理程序见图 3-2-3。

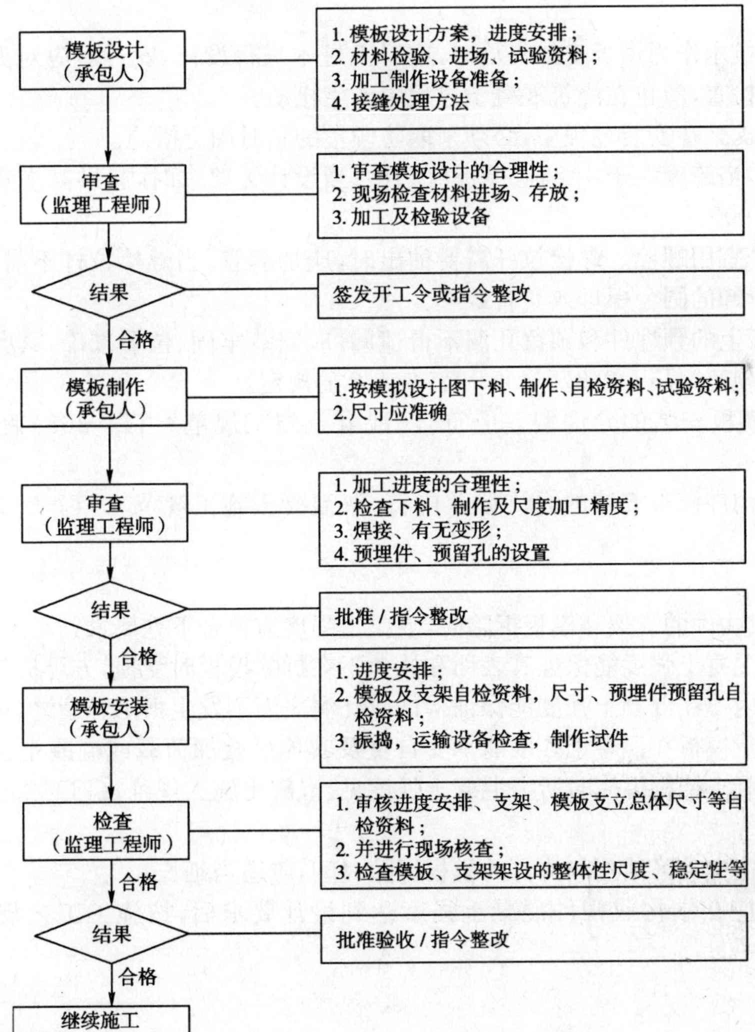

图 3-2-3 模板制作与安装监理程序图

三、监理内容

1. 模板制作

(1)钢模板应在模架上制作,并采取措施减少焊接变形。钢模板表面应平整、光滑、无锈蚀,外表面应涂刷防锈漆。

(2)木模板表面应刨光,木板的拼缝宜做成搭接缝或企口缝,当采用平缝时,应在拼缝内镶塑料管(线),或在外侧钉止浆板条。

(3)混凝土底胎的基础应坚实稳定,底胎混凝土应振捣密实,表面原浆压抹平整、光滑。

(4)模板制作的允许偏差应符合《混凝土施工规范》表5.3.4的规定。

2. 模板安装

1)模板和支架的支承部分应坚实可靠,并应符合下列规定:

(1)竖向模板和支架,当安装在基土上时应加垫板,且基土必须坚实,有排水措施。

(2)当采用在下层预埋螺栓作为上层支模支承时,其螺栓的承载能力必须符合设计要求。

(3)当采用夹桩木作为模板支架支承时,应对夹桩木进行设计,安装后应对夹桩木的高程、稳固情况进行检查,防止在浇筑混凝土过程中产生松动。

2)大型模板、支架在安装过程中,必须采取防倾覆的临时固定措施。

3)现浇梁、板,当跨度大于4m时,模板应起拱;当设计无要求时,起拱高度宜为全跨长度的1/1000～3/1000。

4)模板的拉杆宜用螺栓。螺栓拉杆需要抽出时,应加套管;当螺栓拉杆不需要抽出时,宜采用端部可以拆卸的圆台螺母或套管螺母。

5)固定在模板上的预埋件和预留孔洞不得遗漏,应安装牢固、位置准确,其允许偏差应符合《混凝土施工规范》(JTJ 268)5.4.5和表5.4.6的规定。

6)预制构件模板安装的允许偏差应符合《混凝土施工规范》(JTJ 268)表5.4.6的规定。

7)现浇结构、构件模板安装的允许偏差应符合《混凝土施工规范》(JTJ 268)表5.4.7规定。

3. 模板拆除

混凝土结构或构件的支架和模板拆除时,混凝土强度应符合下列要求:

(1)侧模板在混凝土强度能保证其表面和棱角不在拆除模板时受损,方可拆除;

(2)芯模或孔内模在混凝土强度能保证构件或孔洞表面不发生坍陷和裂缝,可拆除;

(3)底膜等承重模板在混凝土强度能承受自重及其他可叠加荷载或混凝土强度符合规定时方可拆除,混凝土结构拆模时所需混凝土强度见《混凝土施工规范》(JTJ 268)表5.5.1规定;

(4)水下和水位变动区结构和构件的模板拆除时间,应适当延长;

(5)模板支架应在结构或构件混凝土强度达到设计要求后,按施工工艺规定的顺序拆除。

四、监理要点

(1)模板及支架选用的材料,应符合设计要求和标准规定;

(2)模板及支架必须具有足够的强度、刚度、稳定性、制作尺寸、预埋件及预留孔的数量、规格安装偏差符合设计要求、涂脱模剂等；

(3)大型模板及支架必须牢固、稳定，支拆程序合理，符合安全要求；

(4)钢模板制作委托工厂加工时要作进场验收，查验产品合格证检查尺寸偏差、焊接、有无变形等。

第五节　预应力钢筋混凝土质量监控

一、概述

随着工程建设的发展，预应力钢筋混凝土的使用日益广泛，预应力钢筋混凝土施工有先张法和后张法，其施工要求严格，质量标准较高，工程监理中要高度重视。

二、监理内容

1.预应力钢筋制作

预应力钢筋制作加工应符合《混凝土施工规范》钢筋加工制作要求并满足：

1)预应力筋的下料长度应经计算确定。计算时应考虑下列因素：锚夹具厚度、千斤顶长度、焊接接头和镦头的压缩预留量、冷拉拉长值、弹性回缩值、张拉伸长值、台座长度、构件间距、联结杆长度等。

2)预应力筋下料的允许偏差除满足《混凝土施工规范》外，还应符合下列要求：

(1)采用钢丝束镦头锚具时，同一束中各根钢丝下料长度的相对差值不大于钢丝束长度的1/5000，且不得大于5mm。

(2)采用粗钢筋作预应力筋时，冷拉后同一构件内各钢筋的下料长度的相对差值，应不大于构件配筋长度的1/2000，且不得大于20mm。

3)钢丝、钢绞线、热处理钢筋及冷拉Ⅳ级钢筋，宜用砂轮锯或切断机切断，不得采用电弧切割。

4)成束预应力筋，应逐根理顺，捆扎成束，并宜用穿束网套穿束。

2.预应力张拉设备

1)预应力筋张拉所用的张拉梁，应按预应力筋的布置、根数、张拉荷载的大小、张拉条件等经过计算选定。设计时，除满足强度、刚度要求以外，尚应考虑装拆方便、操作灵活等特点。

2)预加应力用的千斤顶的油压表应有专人使用和保管，并定期维护和校验。

(1)张拉设备应按使用条件配套校验，以确定张拉力与仪表读数的关系曲线。仪表的精度应满足+2%的张拉应力的要求，校验时千斤顶活塞的运行方向，应与实际张拉工作状态一致。

(2)张拉设备的校验期限，应根据千斤顶皮圈的老化程度、油管、仪表的使用状态而定，一般不宜超过半年。

(3)如在使用过程中，张拉设备出现异常现象或千斤顶更换皮圈、改变油压管管道时，应重新配套校验。

3)预应力筋锚具(夹具、联结器)的形式，应根据设计要求或使用条件采用。

4)先张法预应力所用的镦杆、盒式中间连接器、螺杆的螺帽等的接触面应精加工，使接触面受力均匀。螺杆的螺纹，宜采用梯形螺纹。

5)先张法预应力筋的夹具、连接器、螺杆，在进场时应按技术要求和验收标准进行逐项验收。

6)先张法采用的连接器、螺杆应按以下规定进行验收：

(1)端头连接器要逐件验收：

①几何尺寸与螺纹的允许偏差应符合设计或技术标准的要求；

②互换性的合格率95%以上。

(2)盒式连接器每批中随机抽取10%，但不得少于10件，按下述要求验收：

①几何尺寸允许偏差、焊接质量应符合设计或技术标准的要求；

②任意抽取盒式联接器中的半片件互相结合，其结合面的高差不超过0.5mm；

③每批验收件的合格率必须达到95%以上，否则另取双倍数量，重新检查；如合格率仍不能达到95%以上的要求，则逐件检查，剔除不合格者或整批不予验收。

(3)螺杆必须逐根验收，检验允许偏差和通用性。

7)制作先张法放松预应力筋的放松器时，应符合要求。

8)先张法放松器的形式及性能应符合下列要求：

(1)当采用楔形放松器时，楔块的宽度、高度应根据张拉台座的布置、放松预应力筋最大回缩量选定；楔块的倾斜度应根据楔形的正压力、放松器的扭矩和楔块的润滑条件，经计算选定。

(2)当采用砂箱千斤顶时，砂箱千斤顶的直径、高度应根据随后正压力、砂质的容许应力和放松预应力筋时的最大回缩量选定。

(3)当采用平面推力轴承时，轴承的选型应根据预应力筋的布置、单根预应力筋的张拉力、端头螺杆的直径综合选定。

9)后张法采用锚具、夹具、连接器，按以下规定验收：

(1)外观检查：应从每批中抽取10%，但不少于10套的锚具，检查其外观尺寸。当有一套表面有裂纹或超过产品标准及设计图纸规定尺寸的允许偏差时，应另取双倍数量的锚具重做检查，如仍有一套不符合要求，则应逐套检查，合格者方可使用。

(2)硬度检查：应从每批中抽取5%，但不少于5件的锚具，对其中有硬度要求的零件做硬度试验，对多孔夹片式锚具的夹片，每套至少抽5片。每个零件测试三点，其硬度应在设计要求范围内，合格者方可使用。

(3)对一般工程的锚具(夹具或连接器)进场验收，其静载锚固性能，也可由锚具生产厂提供试验报告。

3. 施加预应力

1)施加预应力前应检查构件偏差，允许偏差按《检评标准》(JTJ 221)表11.0.10的要求执行；

2)施加预应力在构件混凝土、立缝混凝土达到设计强度，符合设计要求后进行；

3)预应力钢筋出现滑脱断裂应及时进行处理。

(1)先张法施加预应力

①张拉设备的安装应符合以下要求：先张法多根直线预应力钢筋同时张拉时，其张拉力

的合力线应在底模板的中轴线垂直面内；多根直线预应力钢筋单根张拉时，应使张拉力的作用线与钢筋的设计轴线一致。

②用应力控制方法张拉时，应尽量减少张拉设备的摩阻力，并力求稳定。摩阻力数值应通过试验确定，并在张拉时补足。

③预应力筋的张拉控制应力，应符合设计要求。

④预应力筋张拉锚固后，实际预应力值与工程设计规定检验值的相对允许偏差为±5%。

⑤用应力控制法张拉时，应校核预应力筋的伸长值。如实际伸长值比计算伸长值大10%或小5%，应暂停张拉，查明原因并采取措施予以调整后，方可继续张拉。

⑥当构件的侧模板在施加预应力之后安装时，宜先施加70%的控制应力，待模板支完后，再张拉至设计要求。

⑦预应力钢筋张拉和放松均应作好记录。

⑧放松预应力筋时，混凝土强度必须符合设计要求。

(2)后张法施加预应力

①检查预留孔道，逐根检查尺寸与位置应正确，孔道应平顺。端部的预埋垫板应垂直于孔道中心线

②预应力筋的张拉顺序，应按设计规定进行，如设计未规定或受设备限制时，应经核算确定。核算时应考虑下列因素：

a.避免张拉时构件截面呈过大的偏心受压状态。

b.应计算分批张拉的预应力损失值，分别加到先张拉钢筋的张拉控制应力值以内，但不得超过规范的规定值。

③预应力盘张拉端的设置，当设计无要求时，应符合下列规定：

a.抽芯形成孔道：曲线预应力筋和长度大于24m的直线预应力筋，应在两端张拉；长度等于或小于24m的直线预应力筋，可在一端张拉。

b.同一截面中有多根一端张拉的预应力筋时，张拉端宜分别设置在结构的两端。

c.当两端同时张拉一根预应力筋时，宜先在一端锚固，再在另一端补足张拉力后进行锚固。

④平卧重叠浇筑的构件，宜先上后下逐层进行张拉。可逐层加大张拉力，减少上下层之间因摩阻引起的预应力损失。但底层张拉力对钢丝、钢铰丝、热处理钢筋不宜比顶层张拉力大5%；对冷拉II、IV、III级钢筋不宜比预应力张拉力大9%，且不得超过规范的规定。如隔离层效果较好，也可以采用同一张拉值。锚固阶段张拉端预应力钢筋内缩量不得大于《检评标准》表8.3.8的要求。

⑤预应力筋锚固后的外露长度，当无要求时，不宜小于15mm。锚具应用封端混凝土保护，如需长期外露时，应采取措施防止锈蚀。

⑥孔道灌浆应采用不低于42.5级普通硅酸盐水泥配制水泥浆；对空隙大的孔道，可采用水泥砂浆灌浆。水泥浆及水泥砂浆的强度，均不应低于20MPa。

灌浆用水泥浆的水灰比不大于0.45，搅拌后3小时泌水率宜控制在2%以内，最大不超过3%，水泥浆中可掺入对预应力筋无腐蚀作用的外加剂，增加孔道灌浆的密实性。

⑦灌浆前孔道应湿润、洁净。灌浆顺序宜先灌注下层孔道。对曲线孔道和竖向孔道应由最低点的压浆孔压入,由最高点的排气孔排气和泌水。

⑧灌浆应缓慢均匀地进行,不得中断,并应设排气通道。在灌满孔道并封闭排气孔后,宜再继续加压 0.5～0.6MPa,稍后再封灌浆孔。

不掺外加剂的水泥浆,可采用两次灌浆法,提高密实度。

⑨孔道内的水泥浆或水泥砂浆强度未达到设计要求时,不得移动构件、切割主筋、拆卸锚具。如设计无要求时,对一般拼装构件不低于 15MPa。

⑩张拉过程放松预应力,均应作好记录。

第三章 重力式码头施工质量监控

第一节 概 述

一、重力式码头分类与特点

重力式码头常见的结构型式有:混凝土方块(实心和空心)、扶壁、沉箱和圆筒结构等。

以上均为预制安装结构,此外还有干地施工的现浇混凝土或浆砌石结构。本章主要讨论预制安装重力式顺岸码头的施工监理。其他类型重力式码头的质量监控可参照本手册有关章节。

重力式码头是以其自重力(包括通过墙传递至墙底的填料重力)抵抗和维持码头稳定为其特点。该种结构型式主要适用具有较好承载力的地基。

重力式码头具有坚固耐久、抗冻性能好、耗钢量小、施工简单和造价较低等优点。但对地基承载力要求较高,水下施工量较大,砂石用量大,应用有一定局限性。

二、重力式码头分项分部工程划分及名称

不同结构型式的重力式码头其主要施工分项基本相同。大体可分为以下几个部分:基础处理(如基槽开挖、砂垫层置换、爆炸挤淤等)、预制构件制作、基床抛石、构件安装、混凝土现浇、倒滤层或倒滤井制作、回填、面层、护岸、码头设施等。其施工的分项、分部工程划分及名称见表 3-3-1。

重力式码头分项、分部工程划分及名称　　表 3-3-1

序　号	分部工程名称	分项工程名称
1	△基础	基槽开挖,砂垫层(或基础换砂)、基床抛石、△基床夯实,基床整平等
2	△墙身结构	预制构件(△沉箱、△预制方块、预制扶壁),构件安装,△接缝倒滤层(井)等
3	△上部结构	△现浇胸墙,现浇管沟,预制构件。构件安装,砌石,压顶石(或混凝土),伸缩、沉降缝等
4	回填及面层	抛石棱体,△倒滤层,土石方回填,垫层与基层(碎石、灰土等),面层(混凝土、铺砌块、泥结碎石、沥青混凝土)等
5	端头护岸	基槽开挖,换砂、抛石、回填、护面等
6	码头设施	轨道梁基槽开挖,地基处理,轨道梁混凝土,轨道安装、系船柱制作与安装,护舷制作与安装,系网环,铁梯,铁栏杆,护轮坎等

注:①表中带“△”者,为主要分部、分项工程;
②凡预制或现浇混凝土构件,均包括模板、钢筋、混凝土三个分部工程;
③本表引自《港口工程质量检验评定标准》(JTJ 221—98)表 2.0.1-1。

三、重力式码头施工程序

重力式码头施工程序见图 3-3-1。

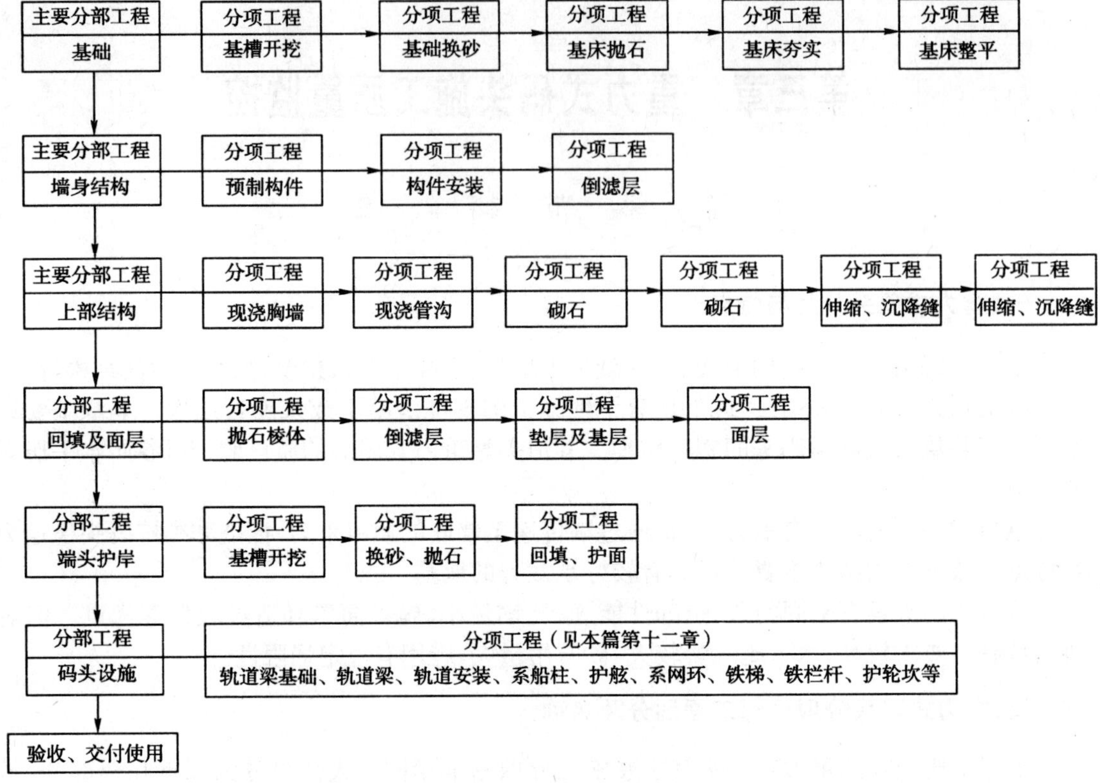

图 3-3-1 重力式码头施工程序图

第二节 基础工程施工质量监控

重力式码头的基础施工一般包括基槽开挖、基床抛石、基床夯实、基床整平等。在基床夯实分项工程中，又分重锤夯实和水下爆炸夯实。凡不止一种施工方法的分项工程只择其一叙述监理程序、内容与要点。

一、基槽开挖

以下介绍非岩石地基水下基槽开挖。

1. 监理程序（图 3-3-2）

2. 监理内容

1）开挖准备

（1）审核船机设备性能符合施工组织设计和满足设计与施工进度要求；

（2）检查开挖方案符合《重力式码头设计与施工规范》（JTJ 290—98）9.1 的规定；

（3）审查抛泥区位置及范围不会造成港区水域回淤和环境污染；

（4）审查挖泥安排应符合总进度计划；

（5）检查开工条件，审查施工测量方法应合理、测量数准确；核对水尺，对施工基线进行验收。

（6）确认已发航行通告。

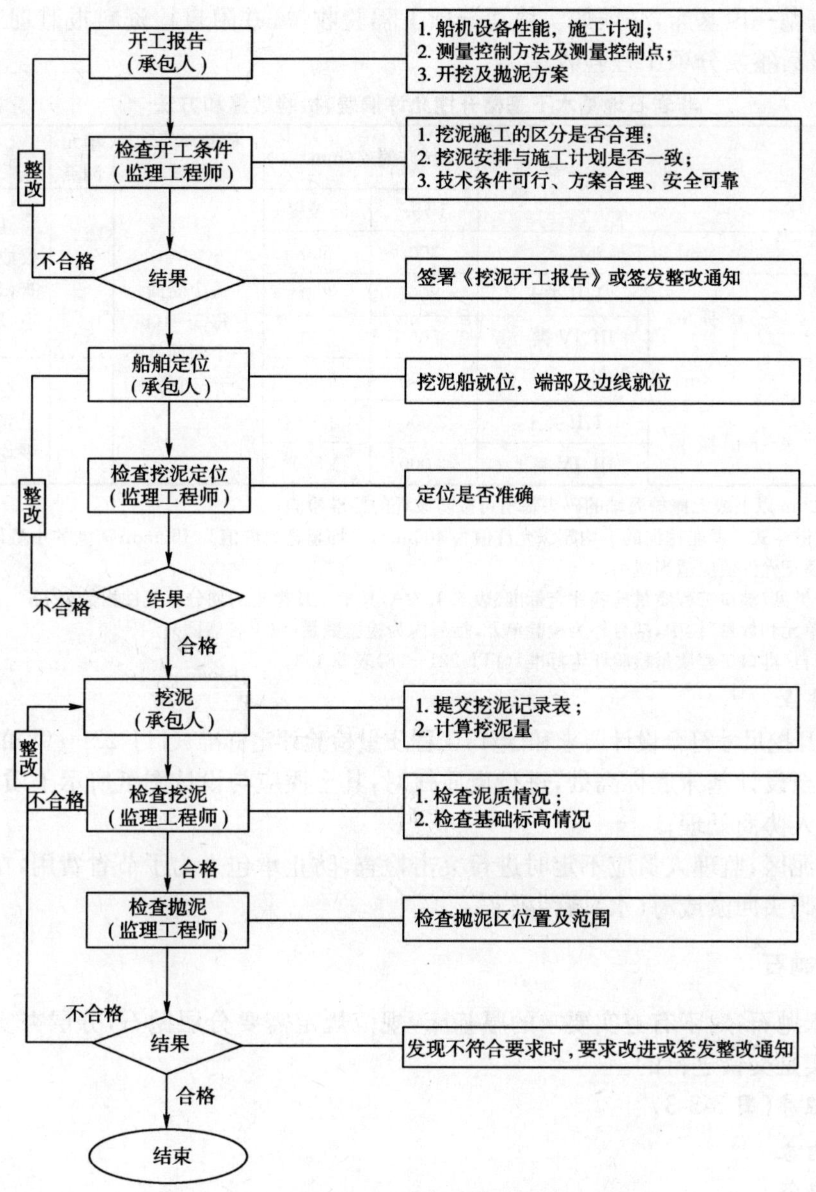

图 3-3-2　非岩石地基水下基槽开挖监理程序图

2)开挖过程

(1)检查挖泥船按区就位,挖泥船定位准确;

(2)检查开挖按所定方案进行;

(3)检查抛泥位置及范围符合审定经审查指定的地点;

(4)检查施工记录并观察检查开挖至设计深度时最后一斗泥质,核查结果应符合设计要求,否则,应与设计人及时研究解决。

3)验收

(1)检查施工开挖断面测量记录,其断面符合设计要求,尺寸不小于设计规定,其允许偏差、检验数量和方法符合表 3-3-2 的规定;

(2)验收,签发分项工程验收单。

承包商每抛一段基床，必须如实填写分项工程验收单，并附自检资料报监理工程师，监理工程师审核后签发分项工程验收单。

非岩石地基水下基槽开挖允许偏差、检验数量和方法 表 3-3-2

序号	项 目			允许偏差(mm)		检验单元和数量	单元测点	检 验 方 法
				码头	防波堤			
1	平均超深	$4m^3$ 以下抓斗		300	500	每个断面(每 5～10m 一个断面且不少于三个断面)	1	用回声测深仪或测深水砣检查，1～2m 一个点，取平均值
		$4\sim8m^3$ 抓斗	Ⅰ、Ⅱ类土	800	800			
			Ⅲ、Ⅳ类土	500	500			
2	每边平均超宽	$4m^3$ 以下抓斗		1 000	1 500		2	在全部断面图上量测，取各边平均值
		$4\sim8m^3$ 抓斗	Ⅰ、Ⅱ类土	2 000	2 000			
			Ⅲ、Ⅳ类土	2 000	1 500			

注：①离岸 500m 以上或无掩护海域的码头基槽可按防波堤的标准检验；

②绞吸式链斗式挖泥船挖泥的平均超深允许值为 400mm，平均超宽允许值为 150mm；河港的小型码头基槽挖泥超深、超宽允许值应适当减小；

③土质分类见《港口工程质量检验评定标准》表 5.1.3-A，其中Ⅰ、Ⅱ类土的划分以液性指数为主；

④"检验单元和数量"栏中，括号外为检验单元，括号内为检验数量(以下各表同)；

⑤本表引自《港口工程质量检验评定标准》(JTJ 221—98)表 5.1.3。

3. 监理要点

(1)基槽开挖尺寸符合设计要求和《港口工程质量检验评定标准》(JTJ 221—98)的规定；

(2)开挖至设计基床底标高处，进行土质核对，其土质应与设计图纸所示土质相一致，否则，应与设计人协商处理；

(3)对卸泥区，监理人员应不定时进行突击检查，防止承包人为了节省费用，在非指定区域卸泥，造成码头回淤或海(水)域污染。

二、基床抛石

水下基床抛石，对于有夯实要求的厚基床，规范规定需要分层抛石，分层夯实。这种情况抛石与夯实是交错进行的。

1. 监理程序(图 3-3-3)

2. 监理内容

1)抛填准备

(1)检查承包人抛石前对基槽尺寸、标高及回淤沉积物检查的方法和结果符合设计要求和《港口工程质量检验评定标准》(JTJ 221—98)6.1.2 的规定；

(2)检查检验记录和观察检查石料的规格质量符合设计要求和《重力式码头设计与施工规范》(JTJ 290—98)3.1.8 的规定；

(3)审查《开工申请报告》。对回淤严重的港区，向承包人提出应考虑防淤措施。

2)抛填过程

(1)抛石核查石料质量符合要求；

(2)检查施工记录和现场观察检查、监督抛石施工执行《重力式码头设计与施工规范》(JTJ 290—98)9.2.1 的规定；

(3)抛石前要求施工单位进行试抛，并检查通过试抛所选定的抛石起始点和移船距离是否合适；

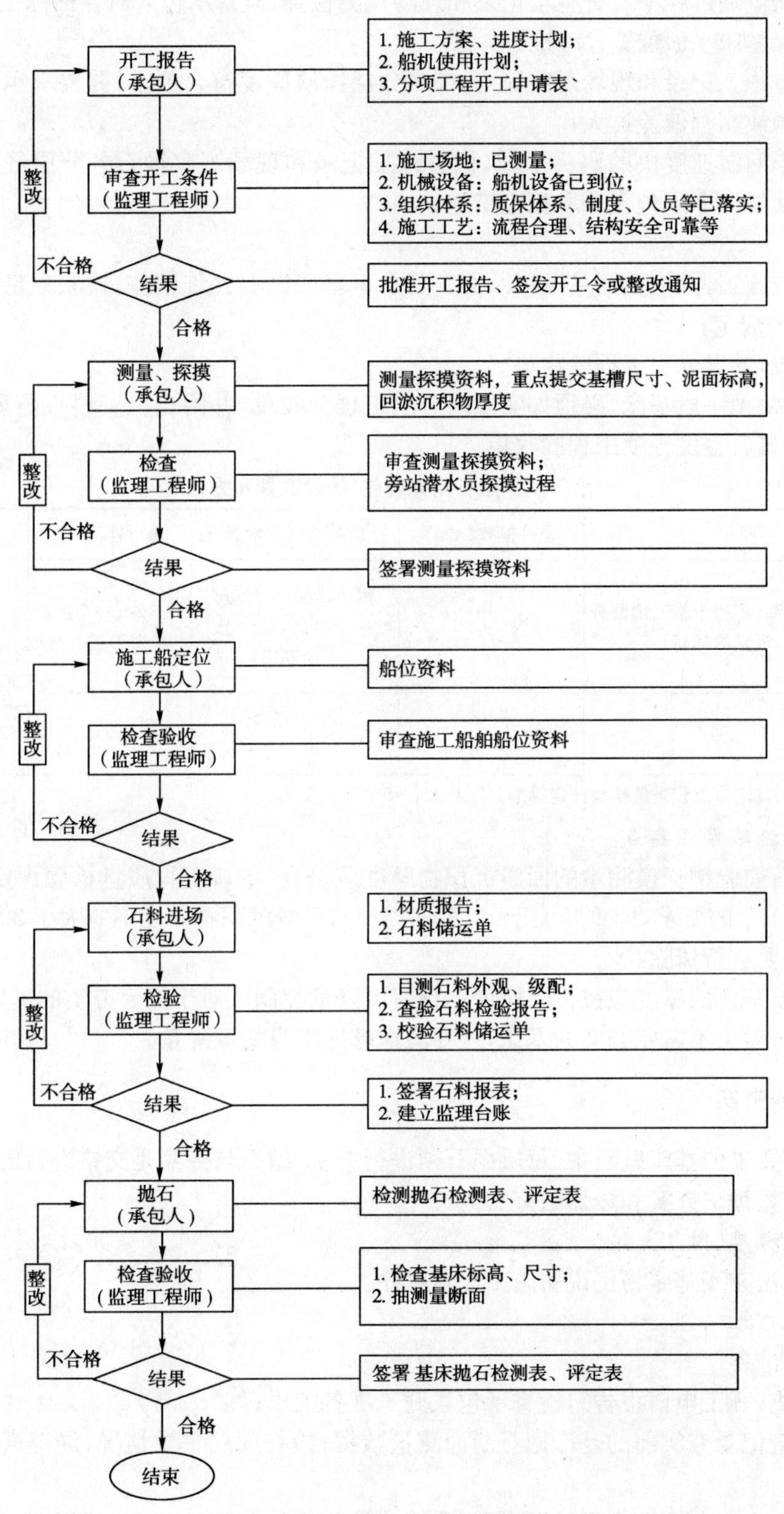

图 3-3-3　水下基床抛石施工监理程序图

(4)现场监理过程中检查施工记录和现场观测检查、监督承包人对导标标位进行经常性复测，以确保基床平面位置尺寸准确；

(5)检查施工记录和现场观察检查、控制分层抛填厚度符合要求，并要求承包人勤测水深，防止漏抛或高程偏差过大；

(6)对于回淤速度快的码头水域，检查施工记录和现场观察抛石各分层层面的回淤情况，如出现回淤应令承包人采取相应措施。

3)验收

(1)检查施工，并抽查测量抛填断面。其水下基床抛石允许偏差、检验数量和方法应符合表 3-3-3 的规定；

(2)验收，签发分项工程验收单

承包商每抛一段基床，必须如实填写分项工程验收单，并附自检资料报监理工程师，监理工程师审核后签发分项工程验收单。

水下基床抛石允许偏差、检验数量和方法 表 3-3-3

序号	项　目	允许偏差(mm)	检验单元和数量	单 位 测 点	检 验 方 法
1	顶面标高(相当于施工预留夯沉量的标高)	+0 −500	每个断面(5～10m 一个断面，且少于三个断面)	1～2m 一个点，且少于三个点	用回声测深仪或测深水砣检查
2	边线	+400 −0	每一个断面(5～10m 一个断面)	2	

注：本表引自《港口工程质量检验评定标准》(JTJ 221—98)表 6.1.3。

3. 基床抛石监理要点

(1)抛石前验槽探摸测量的回淤沉积物厚度应符合《港口工程质量检验评定标准》(JTJ 221—98)6.1.2 的要求，即重度大于 12.6kN/m^3 的回淤沉积物厚度不应大于 300mm。不符合要求时需要进行清除。

(2)抛石基床的厚度应按设计厚度加预留沉降量控制。对于需要夯实的基床，只考虑地基的沉降量；对于不需要夯实的基床，还要考虑基床本身的沉降量。

三、基床夯实

有夯实要求的基床抛石中，每层抛石须进行夯实，抛石与夯实是交错进行的。基床夯实施工方法有重锤法夯实和爆炸法夯实。

1. 监理程序(图 3-3-4)

以爆炸法夯实基床为例说明施工监理程序。

2. 监理内容

1)夯前准备

(1)审查《开工申请报告》，检查承包人开工准备工作；

(2)检查记录夯实前的基床抛石断面测量数据；检查面层平整情况，局部高差不宜大于 300mm；

(3)检查夯实范围符合设计要求和《重力式码头设计与施工规范》(JTJ 290—98)9.3.1 的规定(即设计未作规定)；

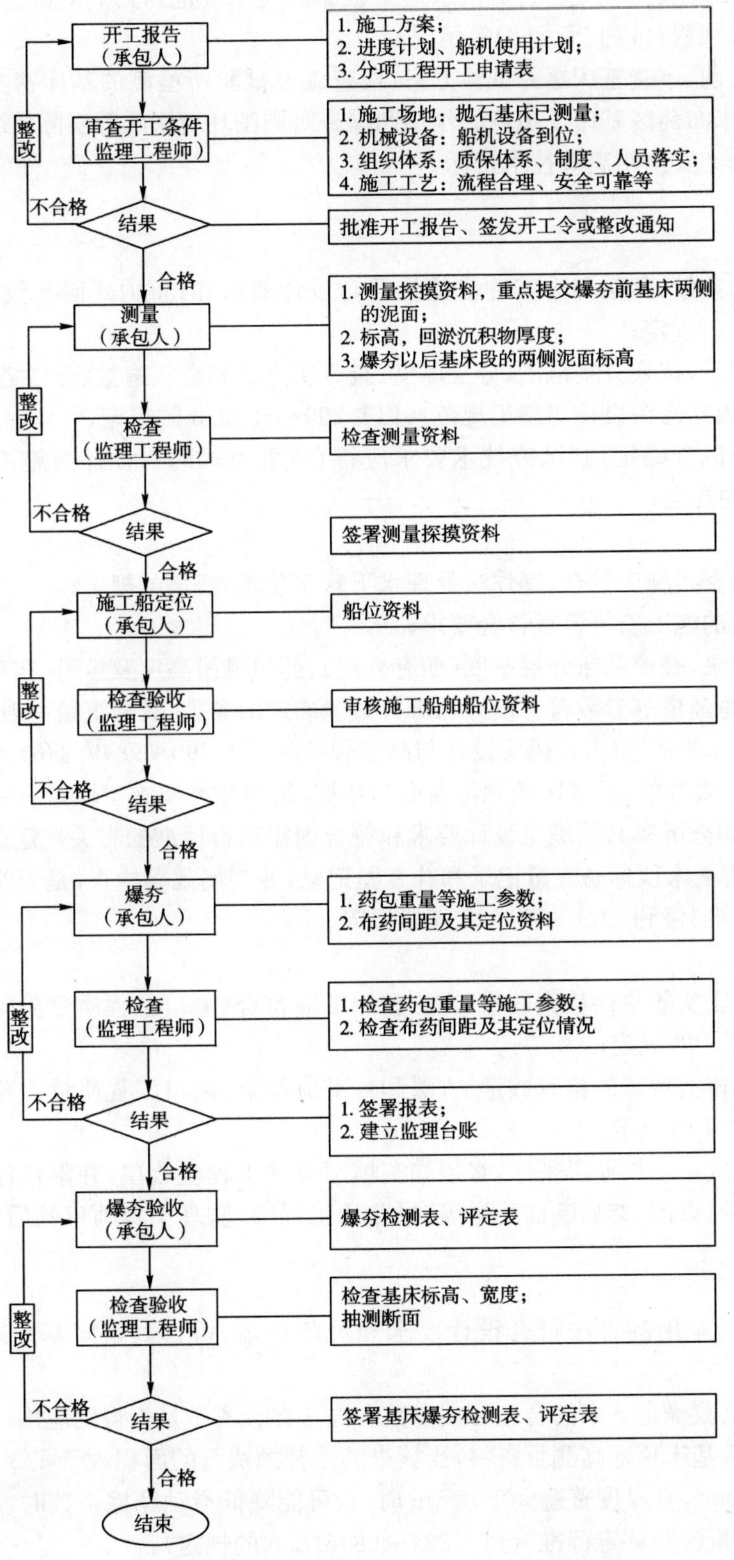

图 3-3-4　水下爆炸法夯实基床施工监理程序图

(4)爆炸法夯实，应检查承包人执行《水运工程爆破技术规范》(JTJ 268—19)、《爆炸法处理水下软基技术规程》(JTJ/T 258)等情况；

正式爆夯施工前，审查基床爆夯试验方案，检查爆夯试验所检测的基床密实度、基床表面平整度、爆夯对未布药区基床及边坡的作用和爆夯对周围环境影响等实际情况，确定的爆夯参数、夯沉量、爆夯安全距离等技术指标。

2)夯实过程

(1)重锤夯实

①检查夯锤的重量、落距和夯实冲击能量符合设计要求和《重力式码头设计与施工规范》(JTJ 290—98)的规定；

②检查夯实记录，核查夯实范围、分层厚度、查夯实方法和夯实遍数、分段搭接长度应符合设计要求和《重力式码头设计与施工规范》(JTJ 290—98)9.3 的规定；

如夯击遍数由试夯确定，其试夯技术要求应符合《重力式码头设计与施工规范》(JTJ 290—98)附录 H 的规定；

(2)爆炸夯实

①检查爆炸法夯实施工符合《爆炸法处理水下软基技术规程》的规定；

②检查承包人的施工安全警戒符合要求；

③检查爆夯记录，查核基床分层厚度(如有分层)、药包悬吊高度及重量、布药方式、爆夯遍数、一次爆夯的总药量等参数符合设计和爆夯试验确定的参数，其夯沉量一般监控为抛石厚度的 10%～20%(参见《重力式码头设计与施工规范》(JTJ 290—98)9.3.6)；

④ 检查爆炸夯实夯前、后基床的测量断面和数据，每爆炸夯实施工段检查一次；爆炸夯实后，抛石基床平均夯沉率必须满足设计要求和符合国家现行标准的有关规定；

⑤ 检查夯实后基床顶标高测量记录和补夯抛记录，并现场观察检查，是否符合《港口工程质量检验评定标准》(JTJ 221—98)6.2.6 的规定。

3)验收

①重锤夯实法密实效果的检查数量、方法和标准应符合《港口工程质量检验评定标准》(JTJ 221—98)6.2.4 的规定；

②爆炸法夯实密实效果的检查数量、方法和标准应符合《港口工程质量检验评定标准》(JTJ 221—98)6.4.4 的规定；

③承包人每完成一个作业段基床，必须如实填写分项工程验收单，并附自检资料(抛填石料质量、方量记录；夯前、夯后断面测量等)报监理工程师，监理工程师审核后签发分项工程验收单。

3. 监理要点

(1)审查夯实所采用的方法符合设计要求和规范规定，可达到密实基床减少沉降的目的；

(2)检查经过试验确定下来的合理夯实参数和方法在夯实中是否得到应用；

(3)检查夯实后基床顶标高测量资料，当核查的需补抛块石的面积大于 1/3 构件底面积或连续面积大于 30m^2，且厚度普遍大于 0.5m 时，有可能降低滑动摩擦系数时，应作补夯处理(见《港口工程质量检验评定标准》(JTJ 221—98)6.2.6 的规定)；

(4)对爆炸夯实基床监理工程师应严格执行《爆炸法处理水下软基技术规程》(JTJ/T 258)，监控安全、质量和进度。

四、基床整平

抛石基床不论有无夯实要求，为使基床顶面标高符合设计要求，以及便于平稳安装上部预制构件，水下抛石基床顶面均需按设计要求进行细平或极细平。

1. 监理程序(图 3-3-5)

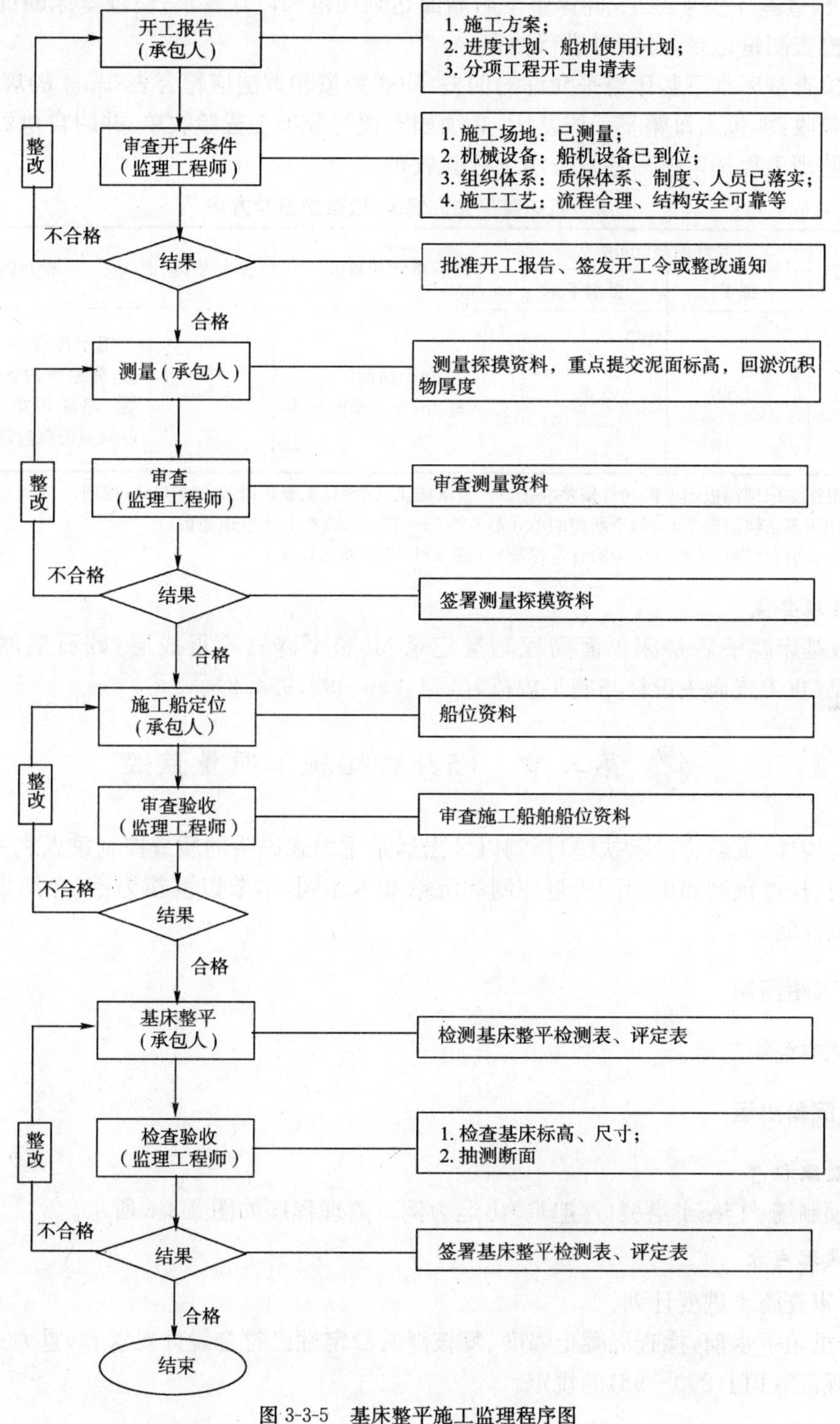

图 3-3-5　基床整平施工监理程序图

2. 监理内容

(1)审查《开工申请报告》;

(2)检查抛石基床整平范围、方法、顶面坡度符合设计要求和《重力式码头设计与施工规范》(JTJ 290—98)的规定;

(3) 检查基床整平施工,确保整平后断面达到规范和设计要求;检查基床断面验收测量工作,并检查测量记录,必要时进行抽查;

(4)检查基床水下基床整平允许的偏差、检查数量和方法应符合表 3-3-4 的规定;

(5)验收:承包人每整平一段基床,必须如实填写分项工程验收单,并附自检资料报监理工程师,监理工程师审核后签发分项工程验收单。

水下基床整平允许偏差、检验数量和方法 表 3-3-4

项　　目	允许偏差(mm)		检验单元和数量	单元测点	检验方法
	细平	极细平			
顶面标高	±50	±30	每个断面 (每 2m 一个断面)	2～3	用水准仪和水深测杆检查,测钢轨内侧 1m 和中线处。基床顶宽小于 6m 时,可只测钢轨内侧 1m 处

注:①滑道基床顶面极细平的允许偏差应按设计要求施工,如设计无要求时按-20～0mm 控制;

②如用多条轨道整平时,每个断面的单元测点为$(n-1)\times 2$,其中 n 为轨道条数;

③本表引自《港口工程质量检验评定标准》(JTJ 221—98)表 6.3.3。

3. 监理要点

检查基床整平后基床顶面高程测量记录,其整平碎石不得成层(碎石层厚度不大于 50mm,见《重力式码头设计与施工规范》(JTJ 290—98)9.4.2)。

第三节　墙身结构施工质量监控

墙身构件(沉箱、方块、扶壁)预制以及出运是重力式码头的质量控制重点之一。

方块、扶壁预制和出运的质量控制和沉箱基本相同,本节以沉箱为例,介绍出运及安装中的质量控制。

一、沉箱预制

详见本篇第二章。

二、沉箱出运

1. 监理程序

以预制场-气垫-半潜驳(浮船坞)出运为例。监理程序如图 3-3-6 所示。

2. 监理内容

(1)审查施工进度计划。

(2)沉箱下水前,检查混凝土强度、复核浮游稳定性已符合设计要求和《重力式码头设计与施工规范》(JTJ 290—98)的规定。

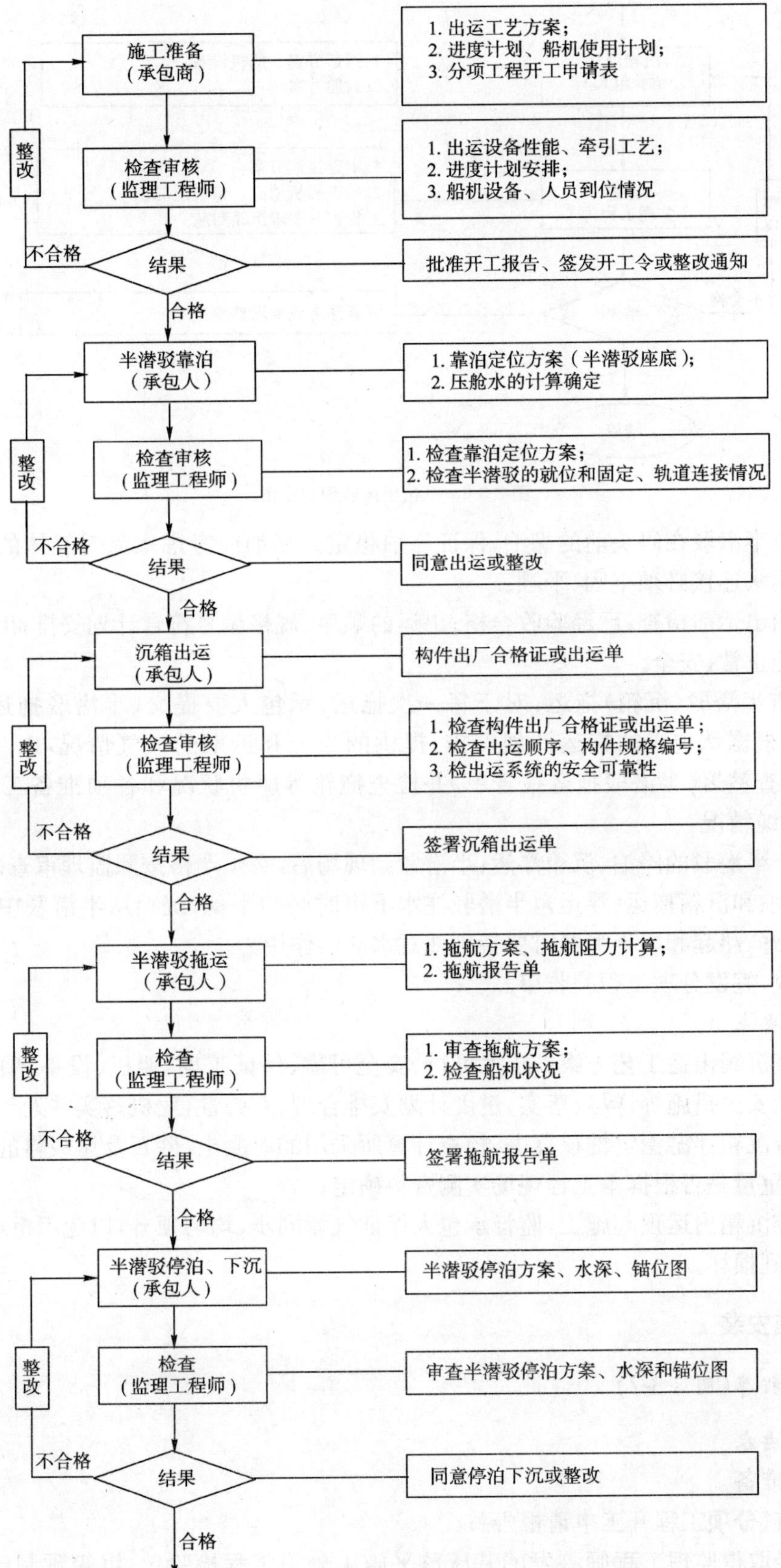
施工准备
（承包商）
1. 出运工艺方案；
2. 进度计划、船机使用计划；
3. 分项工程开工申请表
整改
检查审核
（监理工程师）
1. 出运设备性能、牵引工艺；
2. 进度计划安排；
3. 船机设备、人员到位情况
不合格
结果
批准开工报告、签发开工令或整改通知
合格
半潜驳靠泊
（承包人）
1. 靠泊定位方案（半潜驳座底）；
2. 压舱水的计算确定
整改
检查审核
（监理工程师）
1. 检查靠泊定位方案；
2. 检查半潜驳的就位和固定、轨道连接情况
不合格
结果
同意出运或整改
合格
沉箱出运
（承包人）
构件出厂合格证或出运单
整改
检查审核
（监理工程师）
1. 检查构件出厂合格证或出运单；
2. 检查出运顺序、构件规格编号；
3. 检出运系统的安全可靠性
不合格
结果
签署沉箱出运单
合格
半潜驳拖运
（承包人）
1. 拖航方案、拖航阻力计算；
2. 拖航报告单
整改
检查
（监理工程师）
1. 审查拖航方案；
2. 检查船机状况
不合格
结果
签署拖航报告单
合格
半潜驳停泊、下沉
（承包人）
半潜驳停泊方案、水深、锚位图
整改
检查
（监理工程师）
审查半潜驳停泊方案、水深和锚位图
不合格
结果
同意停泊下沉或整改
合格

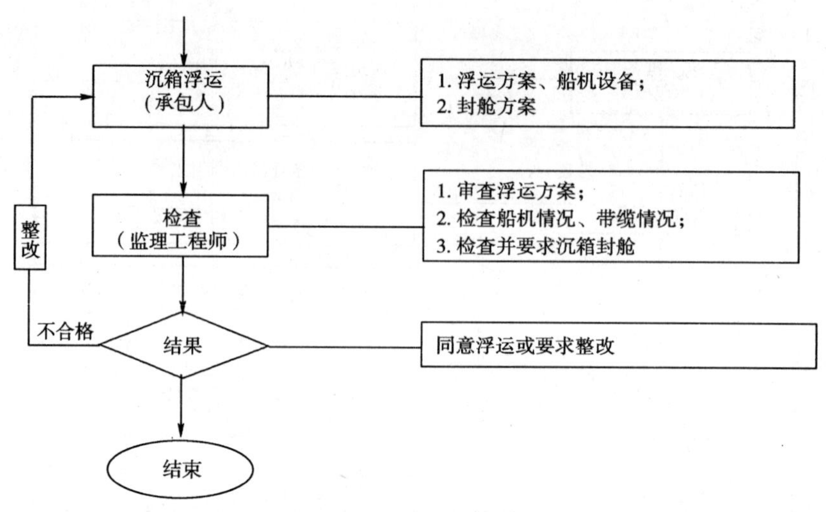

图 3-3-6　沉箱出运监理程序图

(3)检查半潜驳在码头前的靠泊，保证靠泊稳定。靠泊应考虑水流对船体的影响，缆绳要带紧，与码头连接必须牢固、平顺。

(4)沉箱出运前检查：已经验收合格；出运的顺序、规格编号符合计划安排；出运系统（牵引系统）性能正常、安全。

(5)检查半潜驳（沉箱）拖运：对于每一次拖运，承包人要提交《半潜驳拖运报告单》，监理工程师根据承包人的拖运计划安排、提供的当天和近期的天气情况，以及现场施工进度情况审查签署《半潜驳拖运报告单》并检查拖轮等船机状况和各项准备工作情况，特别要检查带缆情况。

(6)检查半潜驳的停泊、沉箱浮运：半潜驳到现场后，必须严格按照监理审查确定的施工方案进行停泊和沉箱拖运（浮运），半潜驳注水下沉时必须平稳；沉箱从半潜驳中浮起时，其带缆要固定好，浮起和出半潜驳时要特别注意水流的作用力。

(7)验收，签发分项工程验收单。

3. 监理要点

(1)审查沉箱出运工艺方案：技术可行、安全可靠、保证工期：船机、设备，项目组织、质量保证体系、安全措施等详尽、落实，进度计划安排合理、有弹性，船机落实并处于良好状态；

(2)检查沉箱浮游稳定性核算书，核查计算所采用的混凝土、砂石及压载料的重度，以及封舱盖板的重量是否根据本工程现场实测资料确定；

(3)监控沉箱出运顶起施工，监督承包人保证气囊同步、均匀顶升，以免因沉箱底部受力不均匀而受到损坏。

三、沉箱安装

1. 监理程序（图 3-3-7）

2. 监理内容

1)安装准备

(1)审查《分项工程开工申请报告》；

(2)已经取得监理工程师签发的基床整平施工分项工程检验单，沉箱预制已经通过验

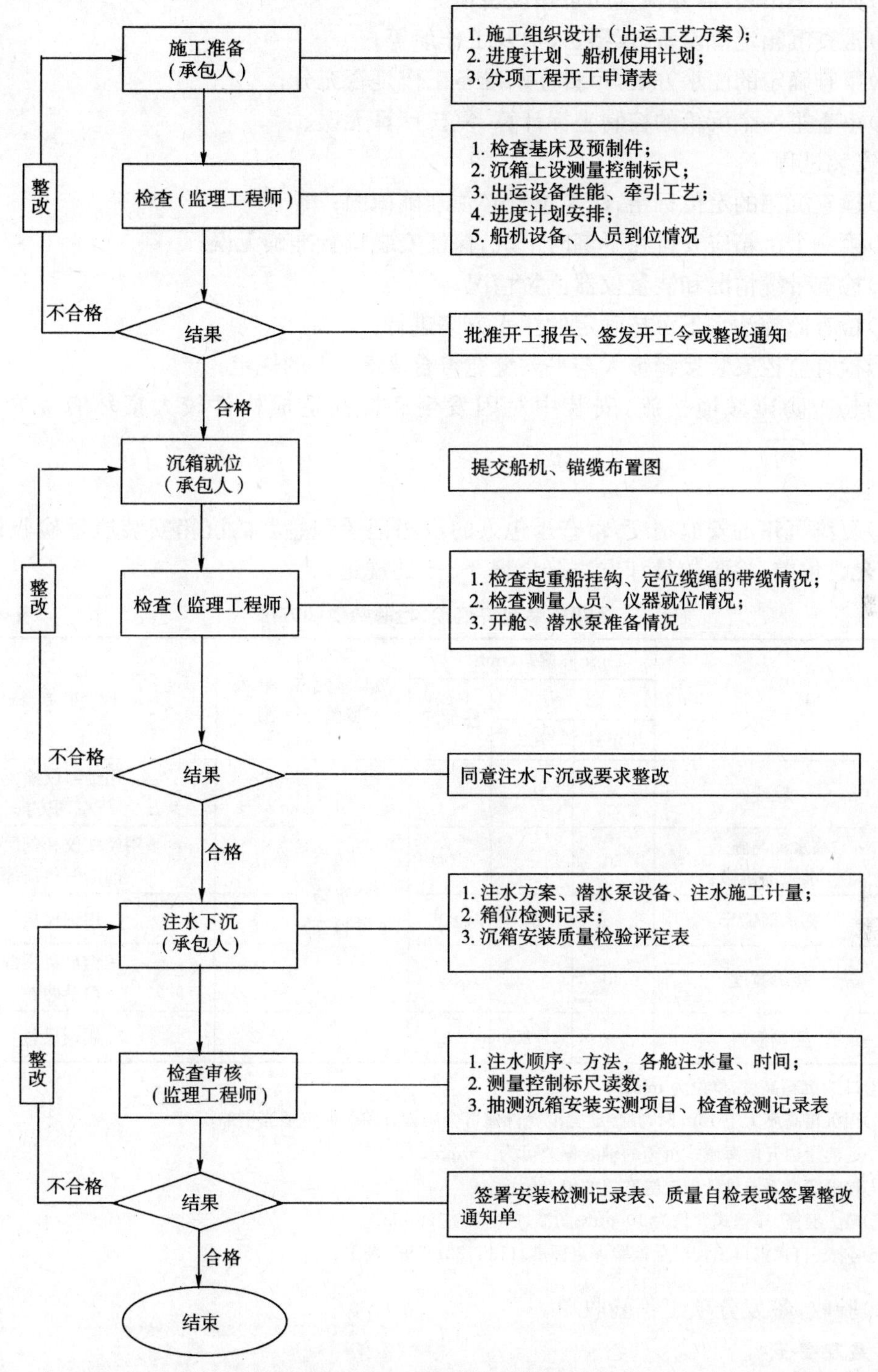

图 3-3-7　沉箱安装监理程序图

收，取得了监理工程师签发的验收单；

(3)如在基床整平后未能及时安装，应检查回淤沉积物情况，在回淤速度较快、较严重的水域，则不论整平完成时间有多长，一律必须在安装前检查回淤情况，如较严重，必须先清淤，后安装。

(4)如采用吊装,需要检查起重船设备情况;

(5)检查沉箱定位设备、仪器、人员及工作船等;

(6)审查确定的注水方案,审查注水准备工作是否充分;

(7)审查第一个沉箱的控制坐标计算,复核计算无误。

2)安装过程

(1)检查沉箱的定位标竿,标竿位置必须准确稳固;

(2)第一个沉箱应安排在平潮时下沉,保证安装位置准确无误;

(3)检查带缆情况和测量仪器读数情况;

(4)检查监控注水下沉按确定的注水方案进行;

(5)检查监控安装接缝最大与平均缝宽符合表 3-3-4 的规定;

(6)检查防碰减撞措施,安装中对因发生碰撞而造成构件较大损坏有无及时进行修补。

3)验收

(1)复测沉箱的安放精度,审查承包人的检测记录和签署的沉箱安装质量检验评定表,其安装允许偏差、检验数量和方法符合表 3-3-5 的规定;

沉箱安装允许偏差、检验数量和方法 表 3-3-5

序号	项　目	允许偏差(mm)			检验单元和数量	单元测点	检 验 方 法
		码　头		防波堤			
		岸壁式	墩式				
1	轴线	—	100	—	每个沉箱(逐件检查)	2	用经纬仪检查纵横两方向
2	临水面与施工准线的偏移	50	—	100		2	用经纬仪和钢尺量前沿两角顶部
3	临水面错牙	50	80	80		1	用钢尺量
4	接缝宽度	30	—	30		2	用钢尺量顶部前沿两端
5	竖向倾斜	—	H/250	—		2	用钢尺量

注:①H 为沉箱高度,单位为 mm;

②当沉箱高度大于 15m 时,其接缝宽度允许值可会同设计单位研究适当增加;

③远离岸边开敞海域式沉箱的轴线偏差可为 150mm;

④接缝宽度系与设计规定缝宽值的偏差值;

⑤最大缝宽:岸壁式允许为 100mm;防波堤允许为 150mm;

⑥本表引自《港口工程质量检验评定标准》(JTJ 221—98)表 15.1.5。

(2)验收,签发分项工程验收单。

3. 监理要点

(1)码头的边线、变形缝和总长度的控制是监理沉箱安装的质量的控制重点之一;现场监理工程师应详细检查每个沉箱的安装偏差实测记录,特别注意监控安装缝宽符合设计要求和规范规定;

(2) 监控第一个沉箱的控制坐标计算结果及现场定位安装准确无误是监控随后沉箱安装位置的关键。

第四节　上部结构施工质量控制

一、现浇胸墙

1. 监理程序(图 3-3-8)

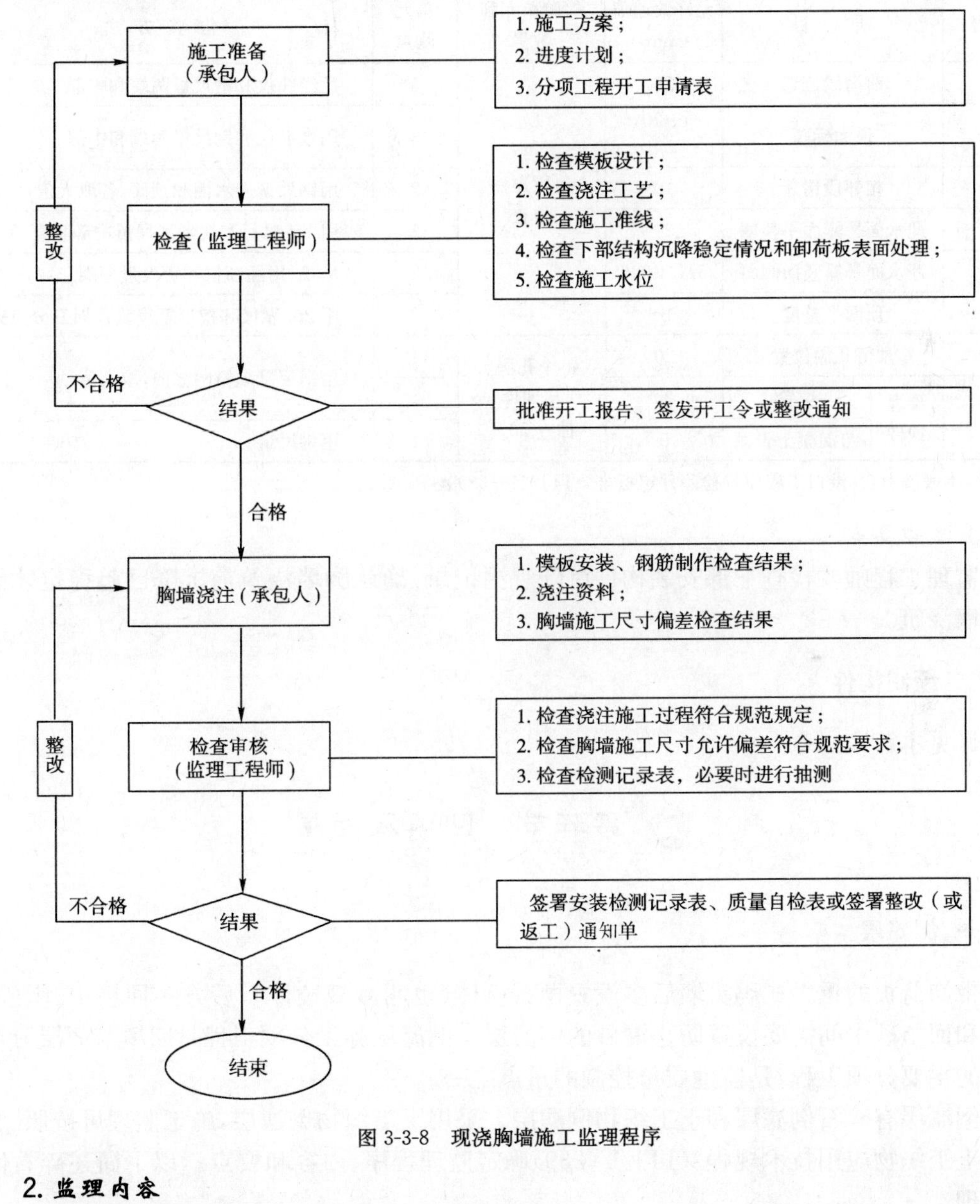

图 3-3-8　现浇胸墙施工监理程序

2. 监理内容

(1)审查施工方案；

(2)检查下部安装构件沉降是否稳定；

(3)检查施工水位能否保证混凝土在水上浇注；

(4)检查系船柱、护舷、舷梯及供水供电等设施的预埋件数量及其位置符合设计；

(5)检查胸墙顶面预留沉降量；

(6)检查码头胸墙沉降位移观测点设置及墙身沉降位移的定期观测记录，预留沉降量的取值将根据墙身施工期沉降的观测数据综合考虑予以确定；

(7)检查现浇胸墙的允许偏差、检验数量和方法，应符合表 3-3-6 的规定；

(8)验收，签发分项工程验收单。

现浇胸墙允许偏差、检验数量和方法 表 3-3-6

序号	项目		允许偏差值(mm)	检验单元和数量	单元测点	检验方法
1	前沿线位置		20	每段逐件检查	3	用经纬仪和钢尺量两端和中部
2	顶面标高		+20 −0		3	用水准仪和钢尺量两端和中部
3	相邻段错牙		10		2	用钢尺量迎水面和顶面，各取大值
4	迎水面暴露面平整度		20		2	用 2m 靠尺和楔形塞尺量中部垂直两方向
5	迎水面暴露竖向倾斜		$5H/1\,000$		2	吊线、用经纬仪和钢尺量两端
	顶面平整度		10		2	用 2m 靠尺和楔形塞尺量顶面三分点处
6	预留孔洞位置		20	每个孔洞、预埋件抽查 50%	1	用钢尺量纵横两方向，取大值
7	预埋铁件	位置	20		1	
		与混凝土表面	5		1	用钢尺量

注：本表摘引自《港口工程质量检验评定标准》(JTJ221—98)表 10.3.1。

3. **监理要点**

监理工程师要检查下部安装构件沉降观测记录，确认胸墙浇筑前沉降已趋稳定才能开始胸墙浇筑。

二、预制构件

详见本篇第二章。

第五节 回填及面层

一、倒滤层

带卸荷板的重力式码头墙后多设置抛石棱体(也叫减载棱体)，后方多回填中、粗砂，在棱体和回填砂中间需要设置防止漏砂的倒滤层。倒滤层施工分项工程是回填与面层分部工程中的主要分项工程，是监理质量控制的重点之一。

倒滤层有碎石倒滤层和土工织物倒滤层。采用土工织物倒滤层，施工监理可按照《水运工程土工织物应用技术规程》(JTJ/T 239)确定监理程序、内容和要点。以下简述碎石倒滤层监理。

1. **监理内容**

(1)审查施工方案；检查施工记录并观察检查；

(2)检查棱体断面(和表面二片石)尺寸，应符合设计要求，二片石已经进行了适当整理；

(3)检查施工记录并观察检查倒滤层碎石的规格和质量(目测碎石级配良好)，应符合设计和规范要求；

(4)检查抛石棱体顶面宽度、倒滤层最小厚度和坡度，应符合设计要求，其允许偏差、检验数量和方法符合《港口工程质量检验评定标准》(JTJ 221—98)表16.2.5的规定；

(5)验收，签发分项工程验收单，并监督承包人在验收后及时覆盖。

2. 监理要点

检查监控倒滤层材料规格及倒滤层施工质量符合设计要求和规范规定，如有破坏要重新补做。

二、土石方回填

1. 监理内容

(1)审查施工方案，应符合《重力式码头设计与施工规范》(JTJ 290—98)的规定；

(2)取样试验和观察检查回填料的质量，应符合设计要求和规范规定；

(3)检查监控回填顺序，沉箱扶壁圆筒和空心块体码头，应先在墙身内部填冲填料；前后采用陆上回填时，回填方向应自墙后往岸方向填筑，防止淤泥挤向码头墙后；

(4)检查施工记录和沉降观测记录并观察，监控码头后方和软弱地基上的回填程序和速率，应符合稳定要求；

(5)检查填方基底处理记录，其处理应符合设计要求和规范规定；

(6)墙后采用吹填时，检查监控承包人施工应执行《重力式码头设计与施工规范》(JTJ 290—98)的规定；

回填采用吹填施工，监理工作参见本篇第十三章；

(7)开山石回填时，检查开山石质量、细颗粒含量，应符合设计要求；

(8)验收、签发分项工程验收单。

验收检查土石方回填的允许偏差、检验数量和方法应符合《港口工程质量检验评定标准》(JTJ 221—98)表16.4.6的规定。

2. 监理要点

监理工程师应注意检查施工记录和沉降观测记录，监控软弱地基上的回填程序和速率，防止土坡失稳、墙体位移。

三、面层

码头道路堆场面层按使用的材料分有现浇混凝土面层、沥青混凝土面层、沥青碎(砾)石面层、泥结碎石面层、预制混凝土块铺砌面层和料石铺砌面层等。有关该分项工程监理内容参见本篇第十章。验收面层质量标准参见《港口工程质量检验评定标准》(JTJ 221—98)有关表的规定。

第四章　高桩码头施工质量监控

第一节　概　　述

高桩码头是码头最为常用的结构形式之一，高桩码头适用于软土地基，主要由上部结构、基桩、挡土结构、护坡和码头设备组成。

一、高桩码头分类

1. 按桩的建筑材料分类

木结构、钢结构和钢筋混凝土结构。

2. 按高桩码头上部的结构分类

高桩板梁式、无梁板式、桁架式、墩式以及柔性靠船桩等结构形式。

(1)板梁式高桩码头：上部结构由预制钢筋混凝土或预应力钢筋混凝土纵横梁、面板及靠船构件等构成。其特点是结构受力明确，跨度可以较大，能充分发挥基桩的承载力，适用于有门式起重机等连续集中荷载的高桩码头。

(2)无梁板式高桩码头：上部结构由预制大板及靠船构件等构成。其特点是结构简单，轮廓线少，不易腐蚀，施工速度快，但对连续性集中荷载的适应性较差，适用于以均布荷载为主的高桩码头。

(3)桁架式高桩码头：上部结构为框架式结构。其特点是刚度大，但构造复杂，施工麻烦，目前实际工程中运用较少。

(4)高桩墩式码头：码头由靠船墩、系船墩、工作平台、引桥和和人行桥等组成。其特点是具有良好的弹性，透空率大，波浪反射小，易于施工，适用于外海开敞式码头。

(5)柔性靠船桩码头：其结构采用钢结构，平面布置上与码头装卸平台分离设置，单独承受传播撞击力。

二、高桩码头工程特点

(1)高桩码头由于是透空结构，结构自重轻，对波浪反射轻，泊稳条件好，易于船舶靠泊；

(2)工程量小，受风浪的影响小，施工进度快，上部结构多采用预制安装的形式；

(3)高桩码头的梁板预制，具有构件单价重量大、构件规格品种多、外观质量要求较高等特点，上述构架一般均固定预制场预制。

三、高桩码头分项、分部工程的划分

高桩码头分项、分部工程的划分见表 3-4-1，高桩码头施工程序图见图 3-4-1。

高桩码头分项、分部工程划分及名称　　表 3-4-1

序　号	分部工程名称	分项工程名称
1	基槽及岸坡开挖	基槽及岸坡开挖
2	△桩基	△制桩，△沉桩，灌注桩，桩帽等
3	△上部结构	预制构件（△预制梁、△预制板），△钢引桥制作，构件安装，现浇构件（△现浇梁、△现浇板）伸缩、沉降缝，混凝土面层等。
4	挡土结构及回填	砂垫层，排水砂井，抛石棱体，挡土墙，砌石挡土墙，倒滤层，土石方回填，护坡等
5	码头设施	轨道安装，系船柱制作与安装，系网环，铁梯，铁栏杆，护轮坎等

说明：①当采用以灌注桩为主的基桩结构时，灌注桩为主要分项工程；
②挡土结构如采用板桩结构时，其分项工程按《港口工程质量检验评定标准》(JTJ 221—98)表 2.0.1-3 划分；
③表中带"△"者，为主要分部、分项工程；
④本表引自《港口工程质量检验评定标准》(JTJ 221—98)表 2.0.1-2。

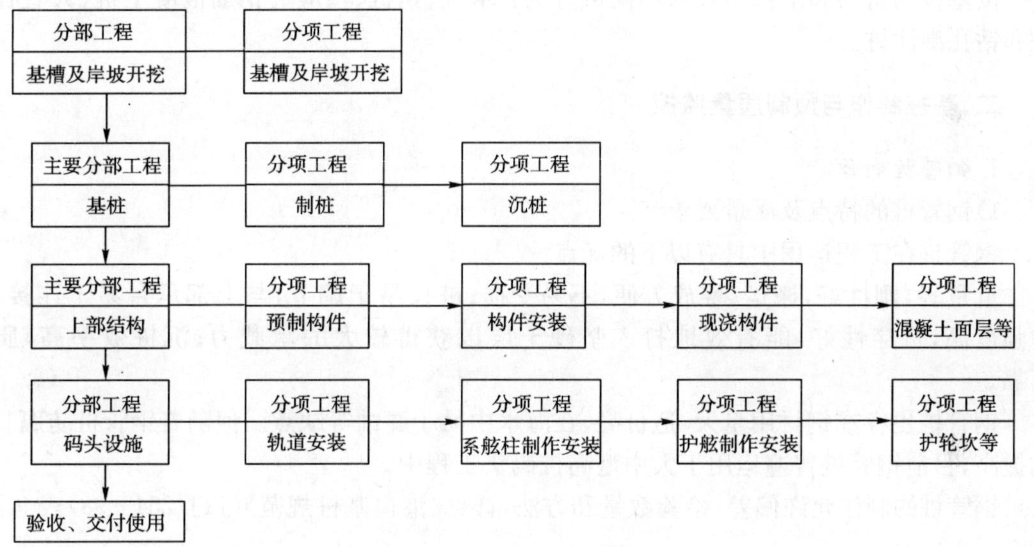

图 3-4-1　高桩码头施工程序图

第二节　基槽及岸坡开挖施工质量监控

一、监理程序

详见本篇第三章重力式码头施工质量监控部分。

二、监理内容

(1)岸坡开挖前应监督承包人进行断面测量，并布设断面控制标志。

(2)边坡坡度应满足设计要求。当地质情况与设计资料不符需修改边坡坡度时，应与设计人研究确定。

(3)岸坡开挖与削坡宜从上到下分层、分段依次进行；坡式护岸的边坡应平整，不得贴坡。

(4)岸坡护脚水下基槽的开挖,应按直立式护岸施工的有关规定执行。

三、监理要点

(1)当地质情况与设计资料不符,应与设计人研究确定。

(2)坡式护岸的边坡应平整,不得贴坡。

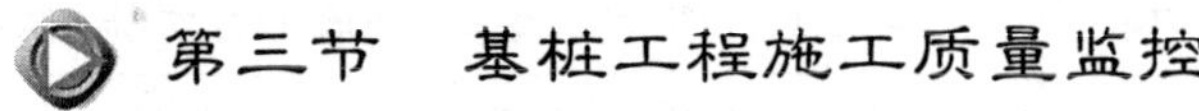

第三节 基桩工程施工质量监控

一、桩的分类

高桩码头的基桩,按桩的支承条件可分为摩擦桩和支承桩。

按基桩的材料和结构型式的不同可分为:木桩、钢桩、预应力钢筋混凝土桩、大直径管桩和钻孔灌注桩。

二、基桩制作与预制质量监控

1.钢管桩制作

1)钢管桩的特点及质量要求

钢管桩在工程运用中具有以下的优点:

重量轻,刚性好,搬运、堆放方便,不易受损;桩长易于调节,与上部承台易于连接;管材强度高,贯穿性好,能有效地打入坚硬土层以获得较大的承载力;沉桩效率高,质量可靠。

钢管桩也存在钢材用量大、造价高,在海水中易于腐蚀等缺点。但随着钢管桩防腐技术的提高,目前钢管桩普遍运用于大中型高桩码头工程中。

钢管桩的制作允许偏差、检验数量和方法,详见《港口基桩规范》(JTJ 254—98)表 9.1.5 和 9.1.12。

2)钢管桩制作及防腐监理程序(图 3-4-2)

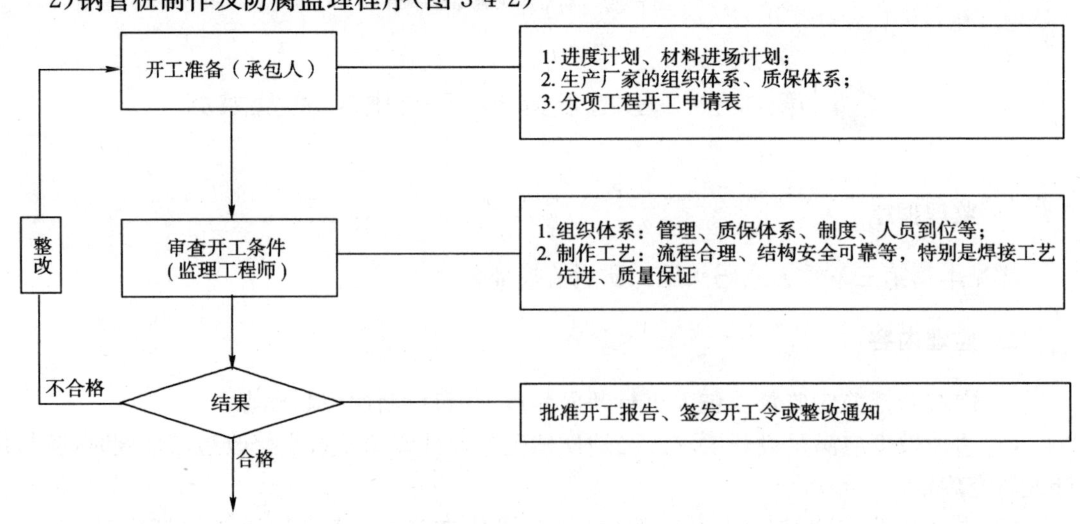

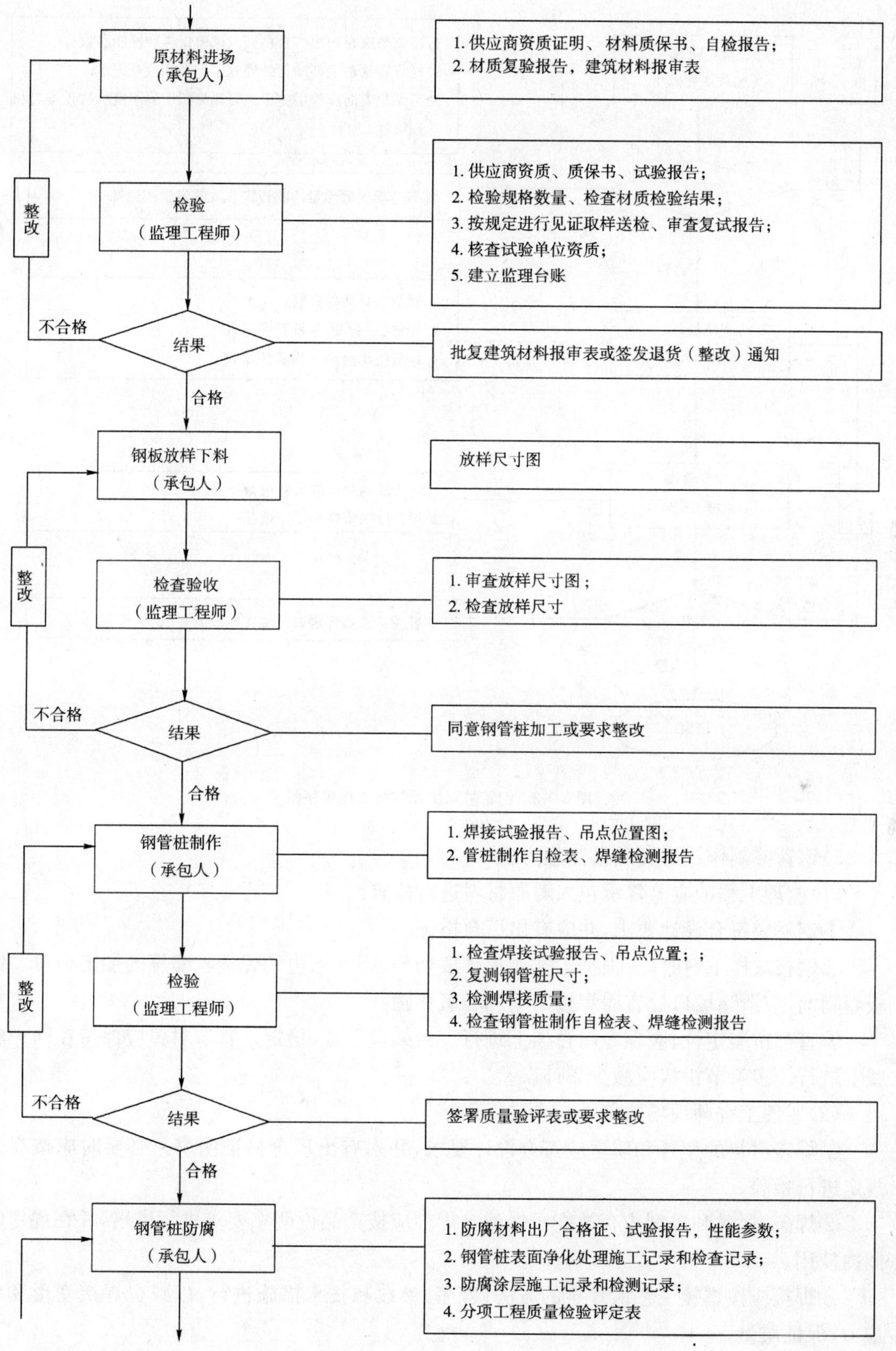
原材料进场
（承包人）
1. 供应商资质证明、材料质保书、自检报告；
2. 材质复验报告，建筑材料报审表
整改
检验
（监理工程师）
1. 供应商资质、质保书、试验报告；
2. 检验规格数量、检查材质检验结果；
3. 按规定进行见证取样送检、审查复试报告；
4. 核查试验单位资质；
5. 建立监理台账
不合格
结果
批复建筑材料报审表或签发退货（整改）通知
合格
钢板放样下料
（承包人）
放样尺寸图
整改
检查验收
（监理工程师）
1. 审查放样尺寸图；
2. 检查放样尺寸
不合格
结果
同意钢管桩加工或要求整改
合格
钢管桩制作
（承包人）
1. 焊接试验报告、吊点位置图；
2. 管桩制作自检表、焊缝检测报告
整改
检验
（监理工程师）
1. 检查焊接试验报告、吊点位置；；
2. 复测钢管桩尺寸；
3. 检测焊接质量；
4. 检查钢管桩制作自检表、焊缝检测报告
不合格
结果
签署质量验评表或要求整改
合格
钢管桩防腐
（承包人）
1. 防腐材料出厂合格证、试验报告，性能参数；
2. 钢管桩表面净化处理施工记录和检查记录；
3. 防腐涂层施工记录和检测记录；
4. 分项工程质量检验评定表

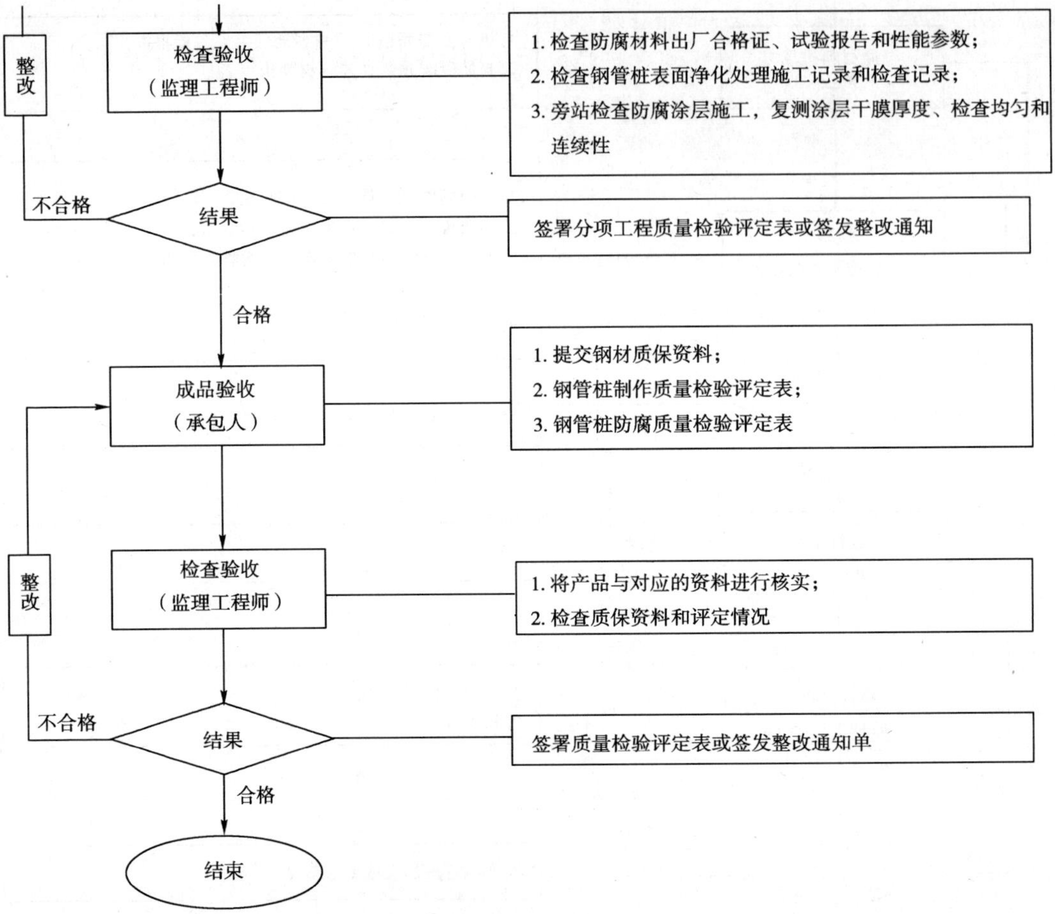

检查验收（监理工程师）

1. 检查防腐材料出厂合格证、试验报告和性能参数；
2. 检查钢管桩表面净化处理施工记录和检查记录；
3. 旁站检查防腐涂层施工，复测涂层干膜厚度、检查均匀和连续性

结果 —— 不合格 → 整改

签署分项工程质量检验评定表或签发整改通知

合格

成品验收（承包人）

1. 提交钢材质保资料；
2. 钢管桩制作质量检验评定表；
3. 钢管桩防腐质量检验评定表

检查验收（监理工程师）

1. 将产品与对应的资料进行核实；
2. 检查质保资料和评定情况

结果 —— 不合格 → 整改

签署质量检验评定表或签发整改通知单

合格

结束

图 3-4-2　钢管桩制作及防腐监理程序图

3)钢管桩制作及防腐质量监理内容

(1)监理工程师应监督承包人对原材料进行检查

①钢材应符合设计要求,并应有出厂合格证。

②钢板放样下料时,应根据工艺要求预放切割、磨削刨边和焊接收缩等的加工余量。钢板卷制前,应清除坡口处有碍焊接的毛刺和氧化物。

③管节拼装定位,应在专门台架上进行。台架应平整、稳定。管节对口应保持在同一轴线上进行。多管节拼接应减少累计误差。

(2)监理工程师现场监督承包人进行焊接

①焊接材料的型号和质量应符合设计要求,并附有出厂合格证明书。必要时应按有关规定进行检验。

②焊条、焊丝和焊剂应存放在干燥处。焊前应按产品说明书要求进行烘培,并在规定时间内使用。

③焊接应按焊接工艺所规定的方法、程序、参数和技术措施进行,以减少焊接变形和内应力,保证质量。

④管节对接宜采用多层焊。封底焊时宜用小直径的焊条或焊丝施焊。每层焊缝焊完

后，应清除熔渣并进行外观检查，如有缺陷应及时铲除，多层焊的接头应错开。

⑤焊接宜在室内进行。现场拼装焊接时应采取防晒、防雨、防风和防寒等措施。为减少变形和内应力，管节对口焊接时宜对称施焊。

⑥监理工程师对所有焊缝进行外观检查。焊缝金属应紧密，焊道应均匀，焊缝金属与母材的过度应平顺，不得有裂缝、未融合、未焊透、焊瘤和烧穿等缺陷，对焊缝进行无损伤检查。

(3)检查涂层

①钢管桩防护层所用涂料的品种和质量均应符合设计要求。

②涂底前应将钢管桩表面的铁锈、氧化层、油污、水汽及杂物清理干净，除锈应符合有关规范规定。

③各层涂料的厚度或涂刷层数，应符合设计规定，必要时应采取测厚仪检查。各涂层应厚薄均匀，并有足够的固化时间。各层涂刷的间隔时间可按产品说明书的要求或通过试验确定。

④在运输和吊运过程中，涂层有破损时应及时修补。修补时采用的涂料应与原涂料层材料相同。

⑤施工场地应干燥和具有良好的通风条件，并避免直接受烈日暴晒。在低温和阴雨条件下施工，应采取必要的措施，确保施工质量。当桩身表面潮湿时，不得进行喷涂。

⑥对已沉完的钢管桩进行涂层修补时，应考虑潮水的影响。修补前应做好除锈和干燥等工作，并铲除已松动的旧涂层。修补所用的涂料应具有厚浆及快干的特点。平均潮位以下的涂层修补，应采取有效措施，确保涂层固化及具有良好的附着力。

(4)检查堆存和运输

①钢管桩应按不同的规格分别堆存。堆存场地应平整、坚实、排水顺畅。堆放形式和层数应安全可靠，支垫符合规定，避免产生纵向变形和局部压曲变形。长期堆存时应采取防腐蚀等保护措施。

②钢管桩在起吊、运输和堆存过程中，应避免由于碰撞、摩擦等原因造成涂料破损、管端变形和损伤。

③钢管桩运到施工现场后，要认真核对其规格尺寸，特别是管壁厚度，防止差错。

4)钢管桩制作及防腐质量监理要点

(1)钢管桩的制作规格必须符合设计要求和规范规定。

(2)钢管桩制作的允许偏差，检验数量和方法见《港口工程质量检验评定标准》(JTJ 221—98)表19.3.5。

2.预应力钢筋混凝土桩预制

1)预应力钢筋混凝土桩的特点及制作质量要求

预应力钢筋混凝土桩具有制作方便、造价较低等优点，并且由于桩长和断面尺寸可根据实际需要进行确定，因此在我国高桩码头中使用得极为普遍。

空心桩空心对桩中心线的偏位允许值为20mm，每条生产线每一次生产抽查一根，在混凝土初凝前任意抽查一处，如不合格，逐根检查；抹面应平顺并二次压光。

2)预应力混凝土桩预制过程的监理程序(图3-4-3)

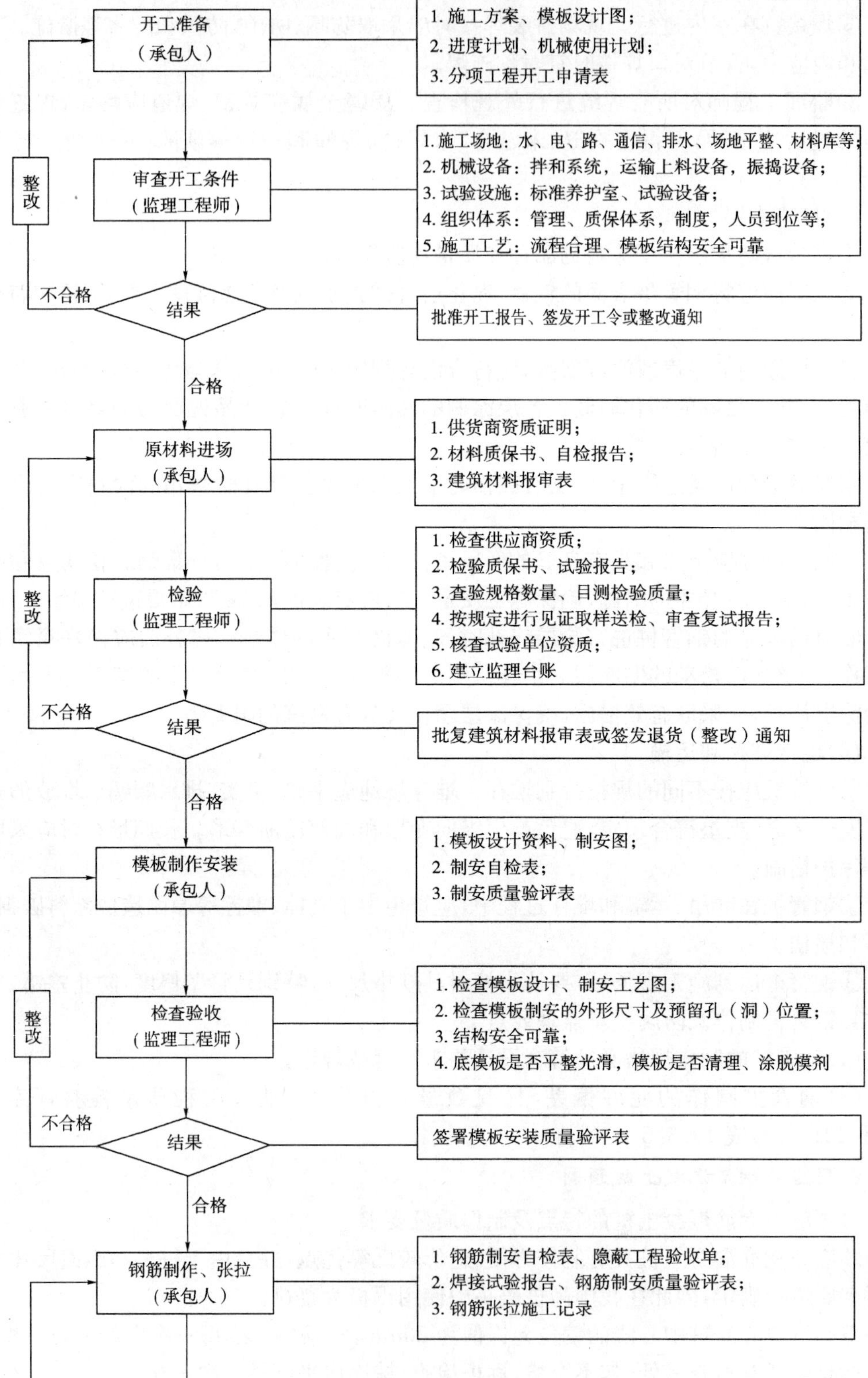
开工准备
（承包人）
1. 施工方案、模板设计图；
2. 进度计划、机械使用计划；
3. 分项工程开工申请表
整改
审查开工条件
（监理工程师）
1. 施工场地：水、电、路、通信、排水、场地平整、材料库等；
2. 机械设备：拌和系统，运输上料设备，振捣设备；
3. 试验设施：标准养护室、试验设备；
4. 组织体系：管理、质保体系，制度，人员到位等；
5. 施工工艺：流程合理、模板结构安全可靠
不合格
结果
批准开工报告、签发开工令或整改通知
合格
原材料进场
（承包人）
1. 供货商资质证明；
2. 材料质保书、自检报告；
3. 建筑材料报审表
整改
检验
（监理工程师）
1. 检查供应商资质；
2. 检验质保书、试验报告；
3. 查验规格数量、目测检验质量；
4. 按规定进行见证取样送检、审查复试报告；
5. 核查试验单位资质；
6. 建立监理台账
不合格
结果
批复建筑材料报审表或签发退货（整改）通知
合格
模板制作安装
（承包人）
1. 模板设计资料、制安图；
2. 制安自检表；
3. 制安质量验评表
整改
检查验收
（监理工程师）
1. 检查模板设计、制安工艺图；
2. 检查模板制安的外形尺寸及预留孔（洞）位置；
3. 结构安全可靠；
4. 底模板是否平整光滑，模板是否清理、涂脱模剂
不合格
结果
签署模板安装质量验评表
合格
钢筋制作、张拉
（承包人）
1. 钢筋制安自检表、隐蔽工程验收单；
2. 焊接试验报告、钢筋制安质量验评表；
3. 钢筋张拉施工记录

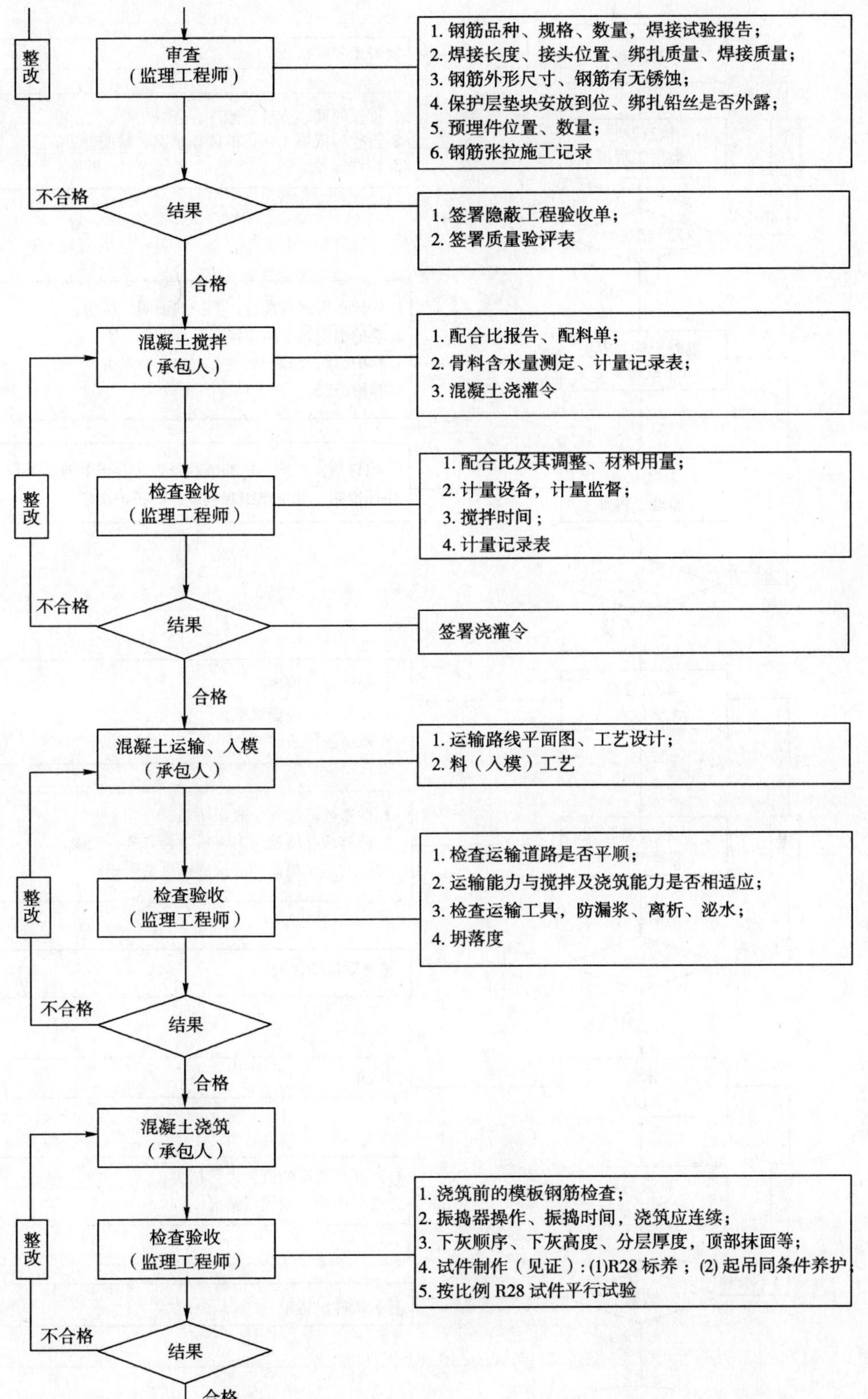

整改
审查
（监理工程师）
1. 钢筋品种、规格、数量，焊接试验报告；
2. 焊接长度、接头位置、绑扎质量、焊接质量；
3. 钢筋外形尺寸、钢筋有无锈蚀；
4. 保护层垫块安放到位、绑扎铅丝是否外露；
5. 预埋件位置、数量；
6. 钢筋张拉施工记录
不合格
结果
1. 签署隐蔽工程验收单；
2. 签署质量验评表
合格
混凝土搅拌
（承包人）
1. 配合比报告、配料单；
2. 骨料含水量测定、计量记录表；
3. 混凝土浇灌令
整改
检查验收
（监理工程师）
1. 配合比及其调整、材料用量；
2. 计量设备，计量监督；
3. 搅拌时间；
4. 计量记录表
不合格
结果
签署浇灌令
合格
混凝土运输、入模
（承包人）
1. 运输路线平面图、工艺设计；
2. 料（入模）工艺
整改
检查验收
（监理工程师）
1. 检查运输道路是否平顺；
2. 运输能力与搅拌及浇筑能力是否相适应；
3. 检查运输工具，防漏浆、离析、泌水；
4. 坍落度
不合格
结果
合格
混凝土浇筑
（承包人）
1. 浇筑前的模板钢筋检查；
2. 振捣器操作、振捣时间，浇筑应连续；
3. 下灰顺序、下灰高度、分层厚度，顶部抹面等；
4. 试件制作（见证）：(1)R28 标养；(2) 起吊同条件养护；
5. 按比例 R28 试件平行试验
整改
检查验收
（监理工程师）
不合格
结果
合格

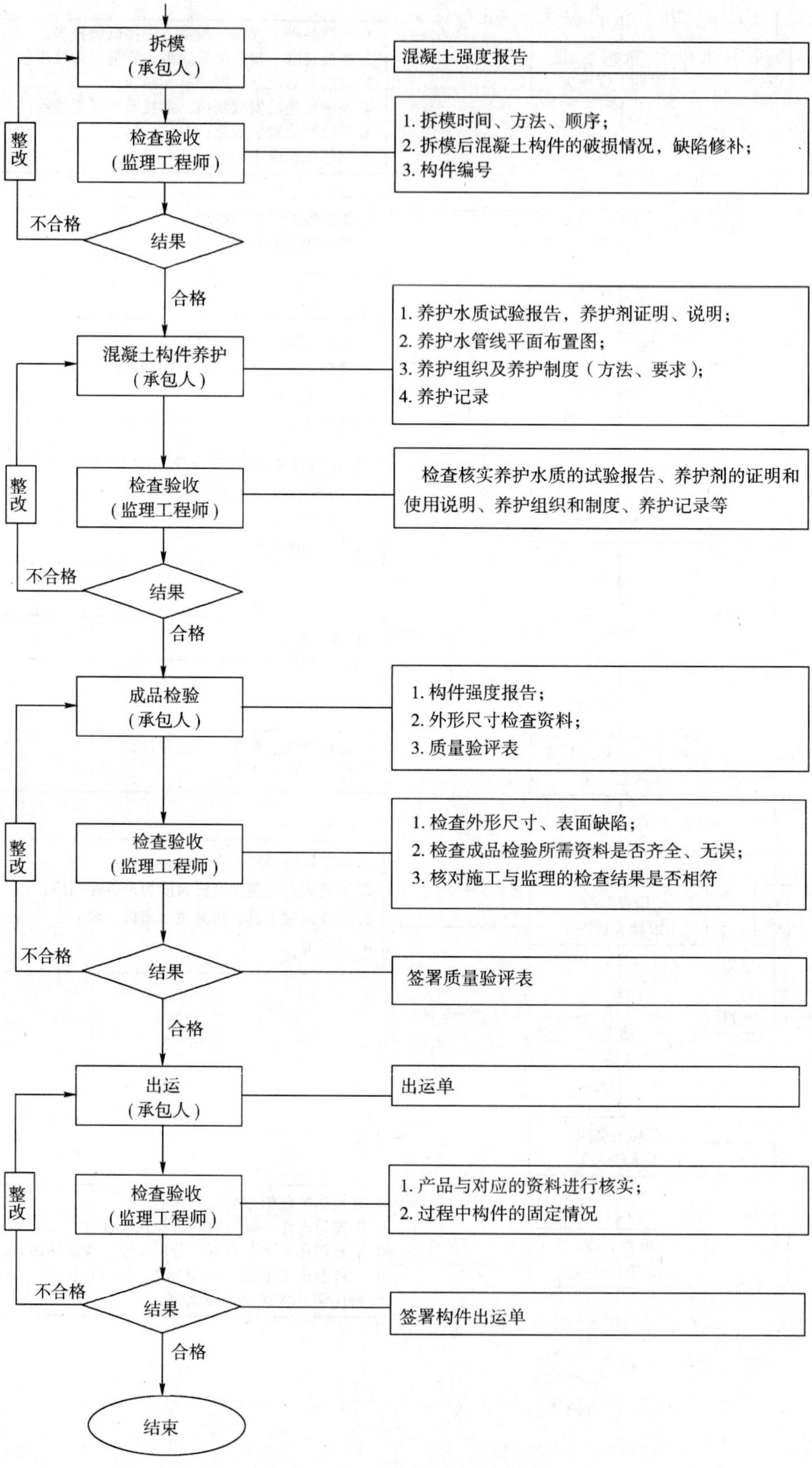

图 3-4-3　预应力混凝土桩预制过程的监理程序图

3)预应力混凝土桩预制的监理内容

(1)检查基地预制场建造

①张拉台长度、数量、工期和预制强度的安排能否满足生产要求。预制场布置、混凝土运输线路是否合理。

②混凝土拌和站的设备、工艺是否按批准的施工组织设计建造,计量器是否准确。

③底模是否有足够的强度和面积。出运轨道基础应做地基处理,其强度和刚度应满足要求。

④原材料堆放库、场是否满足规范要求。

⑤地面排水系统是否设计合理。

⑥供电、供水、通信及场内道路是否合理布置。

(2)原材料进场、储存检查

监理工程师必须按规定的材料检查程序进行检查,要严格控制进场的各种原材料质量,对不按规定程序进场或质量不合格的进场材料,以及不符合要求的原材料储存的条件、方式,监理工程师将发出材料停用通知。

(3)审查批准混凝土配合比设计

承包人必须在开工前规定时间内完成混凝土配合比的设计和试验(含有关外加剂、掺和料的使用),并报监理工程师审查,监理工程师审查后以书面批复,承包人在施工过程中严格执行。如施工过程中需调整配合比,承包人必须事先向监理工程师报告,经批准后方能更改。

(4)检查模板制作、安装施工

监理工程师将对模板的设计、制作、安装进行检查,重点检查模板是否有足够的强度、刚度、耐久性、稳定性,拆、装是否方便,确保混凝土振捣后不漏浆。

(5)检查钢筋和张拉质量

对用于构件的钢筋,监理工程师将按原材料控制程序控制进场和使用。钢筋加工件在绑扎前进行部分抽查,对形成的钢筋骨架,监理工程师除检查钢筋的规格、型号、间距外,重点检查绑扎的搭接长度、焊接质量和各面的保护层厚度。

钢筋进行张拉时,监理工程师将旁站张拉过程并记录张拉情况。

(6)施工检查

混凝土浇注时,监理工程师将旁站混凝土施工过程,检查的主要内容有:混凝土配合比设计通知单是否正确,配料单是否正确。混凝土原材料质量是否合格,后台计量称料是否准确,拌和时间是否充分,混凝土运输、入仓、振捣是否符合施工规程。

监理工程师还将监督承包人对混凝土粗、细骨料、水泥、混凝土坍落度、混凝土试件取样等的试验检测工作。

监理工程师将按规定数量、频次独立进行平行检测试验。

(7)预应力筋放松检查

预应力筋放松顺序需符合规范要求,放松预应力时,混凝土强度应达到设计规定的数值,即不低于设计强度的70%。

(8)混凝土拆模、养护的检查

监理工程师将检查混凝土拆模施工，杜绝野蛮拆模，防止拆模带来的混凝土损坏。拆模时间必须报经监理工程师同意，拆模在达到规定的养护时间后才能进行。

监理工程师检查混凝土的养护是否符合规范规定要求，如采用新技术养护，承包人必须事先报监理工程师批准。

(9)预制桩吊运、存放检查

预制桩场内水平吊运时，强度须达到设计标高的70%或以上。吊运位置准确，并按规范要求进行存放。

(10)签署《分项工程质量检验评定表》和签发《产品合格证》

承包人必须对每件构件进行编号并按验收标准进行检查，如实填写《分项工程质量检验评定表》，并附原材料检验单和试件试验单，报送监理工程师，审核后签署《分项工程质量检验评定表》并签发《产品合格证》。

无监理工程师签发产品合格证的构件不能出运使用。

4)预应力混凝土桩预制过程监理要点

(1)预应力混凝土桩预制的规格和质量必须符合设计要求和规范规定；

(2)预应力混凝土桩预制的允许偏差，检验数量和方法见《港口工程质量检验评定标准》(JTJ 221—98)表10.2.6，见表3-4-2。

预制方桩允许偏差、检验数量和方法

表3-4-2

序号	项　　目	允许偏差(mm)	检验单元和数量	单元测点	检 验 方 法
1	长度	±50	每个构件（逐件检查）	1	用钢尺量
2	横截面边长	±5		6	用钢尺量两端和中部三个断面宽、厚各一点
3	抹面平整度	8		3	用2m靠尺和楔形塞尺量两端和中部
4	桩尖对桩纵轴线偏斜	≤15		1	用靠尺、直角尺和钢尺量垂直两方向，取大值
5	桩顶面倾斜	≤b/100		1	用直角尺和钢尺量垂直两方向，取大值
6	外伸钢筋长度	±20		2	用钢尺量最长和最短钢筋

注：b为桩的边长，单位mm。

3. 预应力混凝土大直径管桩预制

1)预应力混凝土大直径管桩的特点和制作要求

预应力混凝土大直径管桩，其管节采用坍落度为零的混凝土并经离心、振动、碾压复合工艺制作而成。混凝土标号C60，管节长度为4m，采用后张法预应力混凝土拼接成要求桩长。

预应力混凝土大直径管桩钢管桩在工程运用中具有以下的优点：强度高、混凝土密度好、耐腐蚀能力强等。

2)预应力混凝土大直径管桩制作监理程序(图 3-4-4)

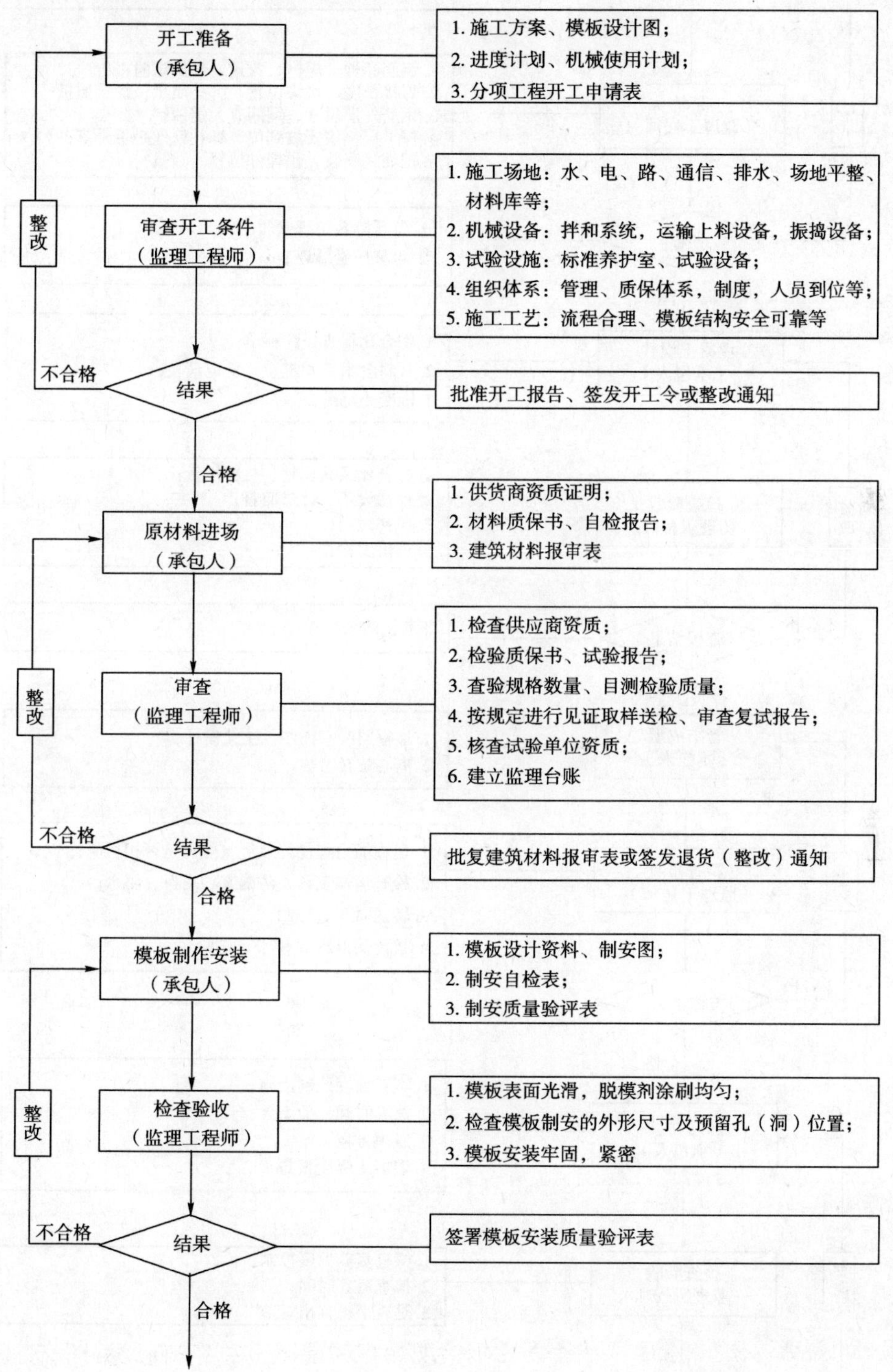

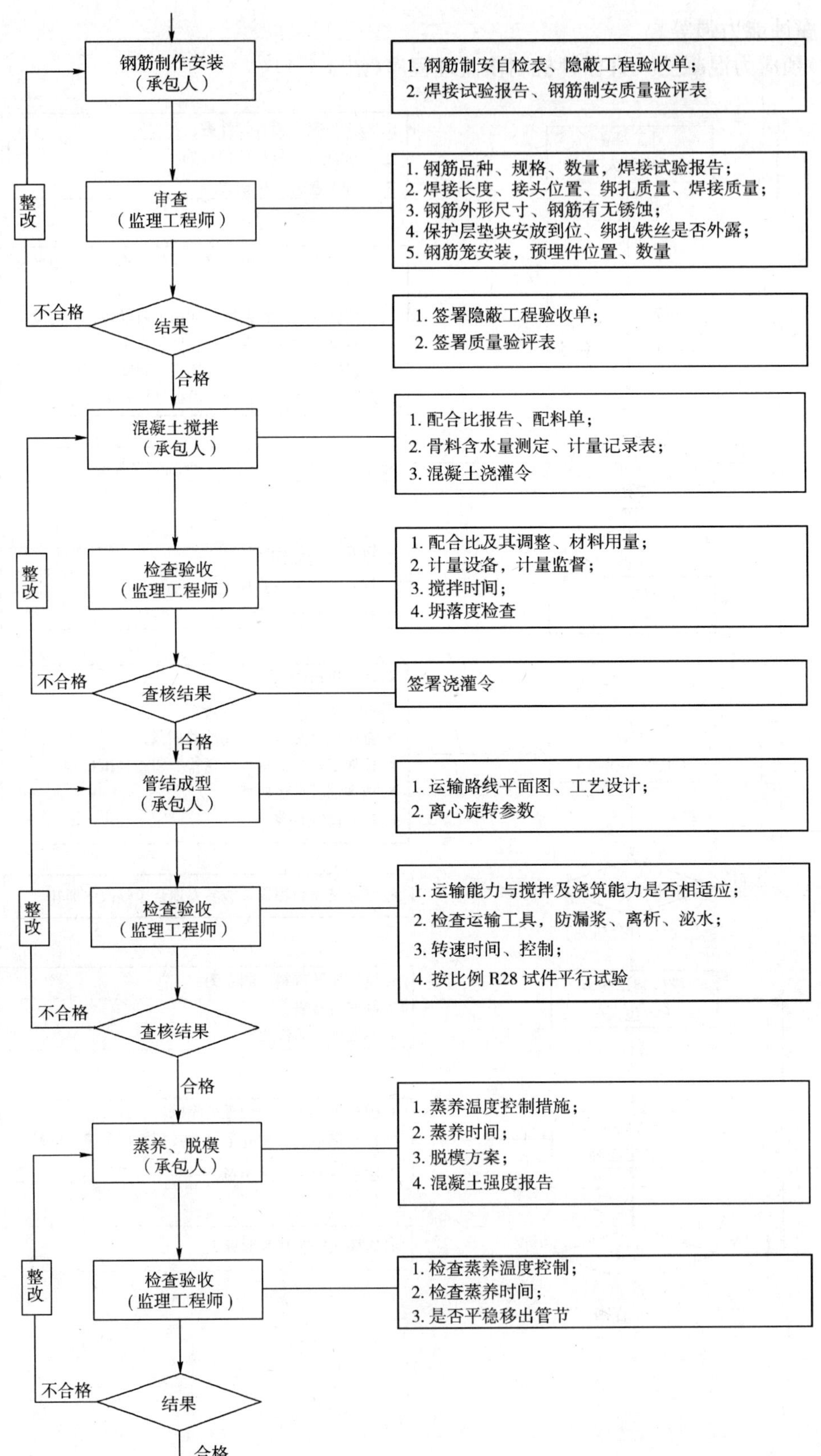
钢筋制作安装
（承包人）
1. 钢筋制安自检表、隐蔽工程验收单；
2. 焊接试验报告、钢筋制安质量验评表
审查
（监理工程师）
1. 钢筋品种、规格、数量，焊接试验报告；
2. 焊接长度、接头位置、绑扎质量、焊接质量；
3. 钢筋外形尺寸、钢筋有无锈蚀；
4. 保护层垫块安放到位、绑扎铁丝是否外露；
5. 钢筋笼安装，预埋件位置、数量
整改
不合格
结果
1. 签署隐蔽工程验收单；
2. 签署质量验评表
合格
混凝土搅拌
（承包人）
1. 配合比报告、配料单；
2. 骨料含水量测定、计量记录表；
3. 混凝土浇灌令
检查验收
（监理工程师）
1. 配合比及其调整、材料用量；
2. 计量设备，计量监督；
3. 搅拌时间；
4. 坍落度检查
整改
不合格
查核结果
签署浇灌令
合格
管结成型
（承包人）
1. 运输路线平面图、工艺设计；
2. 离心旋转参数
检查验收
（监理工程师）
1. 运输能力与搅拌及浇筑能力是否相适应；
2. 检查运输工具，防漏浆、离析、泌水；
3. 转速时间、控制；
4. 按比例 R28 试件平行试验
整改
不合格
查核结果
合格
蒸养、脱模
（承包人）
1. 蒸养温度控制措施；
2. 蒸养时间；
3. 脱模方案；
4. 混凝土强度报告
检查验收
（监理工程师）
1. 检查蒸养温度控制；
2. 检查蒸养时间；
3. 是否平稳移出管节
整改
不合格
结果
合格

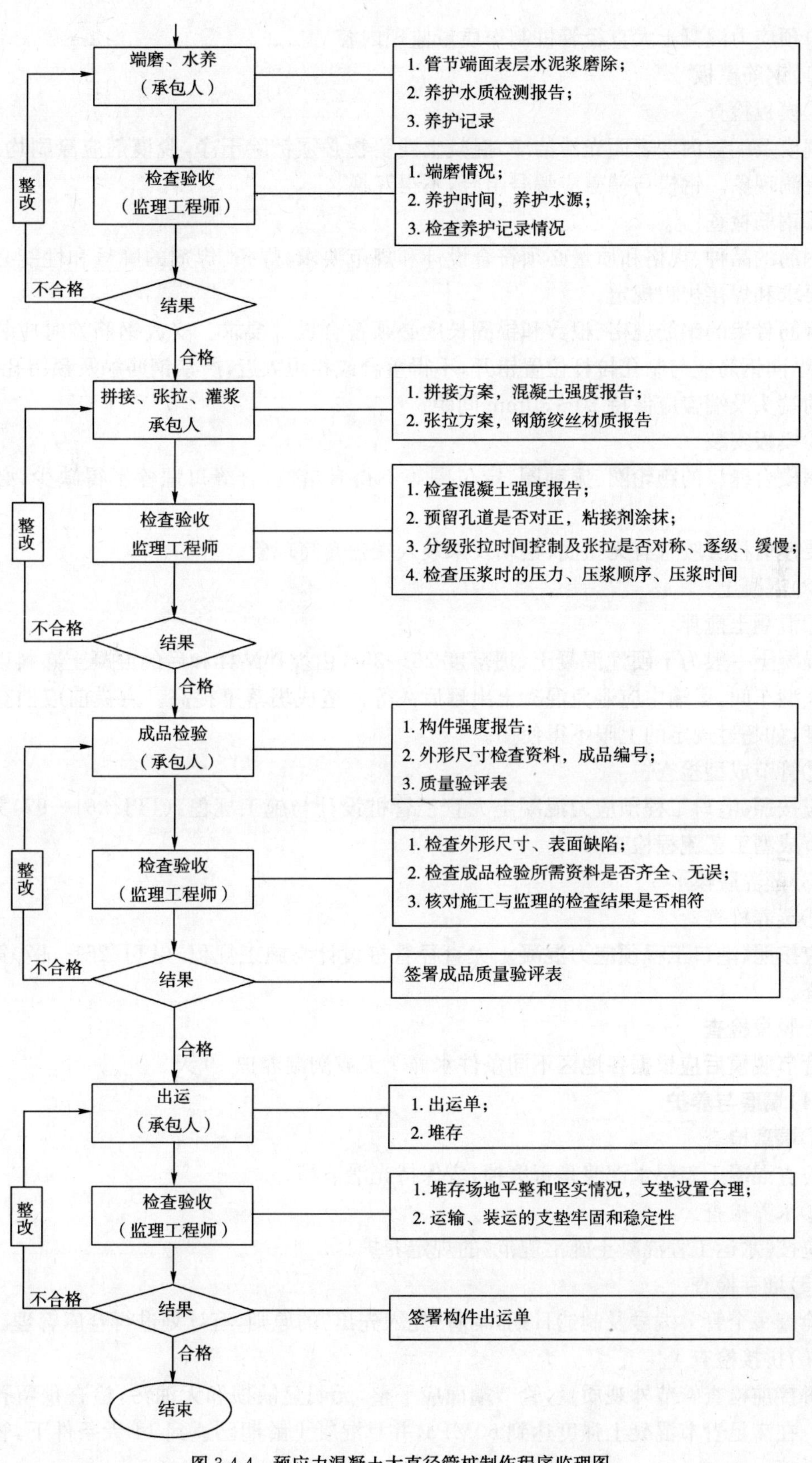

图 3-4-4　预应力混凝土大直径管桩制作程序监理图

3)预应力混凝土大直径管桩制作质量监理内容

(1)钢筋模板

①模板检查

钢模及端盖内壁表面光滑洁净，混凝土残留物必须铲除干净，脱模剂应涂刷均匀，不得出现流淌现象。钢模与端盖应编号组合，不得互换。

②钢筋检查

钢筋的品种、规格和质量必须符合设计和规范要求，焊条、焊剂的牌号和性能必须符合设计要求和焊接规程规定。

钢筋骨架的钢筋规格、根数和锚固长度必须符合设计要求。安放钢筋笼时应装上塑料垫块，纵向钢筋应与制孔拉杆位置错开，不得重合或相距太近，严禁钢筋触及预留孔胶管，钢筋笼的端头及端盖应保持 20～30mm 间距。

③模板安装

钢模合缝口的跑轮圈、振动圈、定位圈等不得有错位，合缝口螺栓不得缺少，必须均匀上紧。

装模后检查胶管有无扭曲、松动及未装入端盖套筒现象。

(2)混凝土

①混凝土搅拌

混凝土一般为干硬性混凝土，坍落度 25～35s，由搅拌站拌和后的混凝土熟料以运灰车运至成型车间，运输中应避免混凝土出罐后久等而造成坍落度提高。入模前应抽查混凝土坍落度，如超过规定的上限不得使用。

②管节成型检查

应按照《港口工程预应力混凝土大直径管桩设计与施工规程》(JTJ 261—97)第 4.4.7 条管节成型工艺流程检查。

(3)蒸养脱模

①蒸养检查

应按照《港口工程预应力混凝土大直径管桩设计与施工规程》(JTJ 261—97)第 4.5.3 条检查。

②脱模检查

管节脱模后应根据各地区不同条件水养 7 天或潮湿养护 10 天。

(4)端磨与养护

①端磨检查

检查混凝土表层水泥浆是否磨掉，应保持光滑洁净。

②水养检查

应按《水运工程混凝土施工规范》的规定养护。

(5)堆存检查

检查每个管节编号及制造日期，本着“先入先出”的原则，有计划进行仓库管理。

(6)拼接检查

拼接前检查管节外观质量，管节端面应平整，无明显缺损和无油污，检查预留孔道是否畅通。在满足管节混凝土强度达到 60MPa，并且混凝土龄期已达到 14 天条件下，管桩方可用于拼接。

将合格管节吊上拼接小车就位，调整孔道位于同一轴线，管节的错位允许量应不大于4mm，用红外线探测孔道是否对正顺直。

检查打磨面：发现污垢要先清洗干净再涂以偶联剂，待干后涂抹粘结剂，涂层均匀一致，无流淌现象，不得堵塞预留孔。粘结剂涂抹完毕即将各管节对上，穿上钢绞线。

(7)张拉检查

应按《港口工程预应力混凝土大直径管桩设计与施工规程》(JTJ 261—97)第5.4.7、5.4.8、5.4.9和5.4.10条检查。

(8)灌浆检查

检查预留孔：用压浆泵对所有预留孔冲洗，并适当0.2MPa，检查接风是否漏水或渗水，予以修补，之后用压缩空气将管道内积水吹尽。

检查压浆顺序：应由底部孔道逐步压向顶部，整个灌浆过程不得中断。灰浆应随拌随灌，拌制好的灰浆应在40min内泵完，否则其膨胀率难于保证。

检查灌浆压力：压浆泵将灰浆由桩顶压向桩尖，待桩尖出浆口流出浓浆后关闭阀门，并继续保持0.4～0.6MPa，稳压2～3min，确保浆体密实。当气温低于5℃时应采取保温措施，否则不得灌浆。

检查水泥浆强度大于28MPa或浆体与钢绞线的粘结力大于2kN/cm时，才可用氧气切割钢绞线，取下锚具。在此期间不得以任何方式移动或吊运管桩。

(9)成品检查

当灰浆强度大于40MPa时，方可出运。每个大管桩都有编号及制造日期，须填写质量评定表，附产品合格证，按先后次序入库管理。

(10)装驳检查

由于管桩长度较长，装驳时需用木方驳甲板找平，确保支点在同一平面上，受力均匀，避免折桩；装驳时注意沉桩的顺序及桩型编号，便于现场打桩时取桩，同时装驳后需对桩进行特别加固，防止运输过程中管桩滚动。

4)预应力混凝土大直径管桩预制质量监理要点

(1)预应力混凝土大直径管桩规格和质量必须符合设计要求和规范规定；

(2)预应力混凝土大直径管桩节预制允许偏差，检验数量及方法应符合表3-4-3；

混凝土管节预制允许偏差、检验数量和方法 表3-4-3

序号	项目	允许偏差(mm)	检验单元和数量	单元测点	检验方法
1	管节外周长	±10	每个管节(逐件检查)	2	用钢尺量两端
2	管节长度	±3		2	用钢尺量
3	管节壁厚	+10 −0		2	用钢尺量两端
4	管节端面倾斜	$D/1\,000$		2	用钢尺量两端
5	管壁端面倾斜	$\delta/100$		2	用角尺量
6	预留孔直径	±3		2	用内卡尺量两端各两点，取大值

注：①δ为壁厚，D为管节直径，单位mm；

②本表引自《港口工程质量检验评定标准》(JTJ 221—98)表12.1.10。

(3) 预应力混凝土大直径管桩管节拼接(管桩制作)允许偏差,检验数量应符合表3-4-4。

混凝土管节拼装许偏差、检验数量和方法　　表 3-4-4

序号	项　目	允许偏差(mm)	检验单元和数量	单元测点	检 验 方 法
1	管桩长度	±100	每根桩(逐根检查)	1	用钢尺量
2	桩顶倾斜	$\leqslant 5D/1\,000$	每根桩(逐根检查)	1	吊线用钢尺量
3	拼缝处错牙	6	每条拼缝(抽查 50%)	1	用钢板尺和楔形塞尺量
4	拼缝处弯曲矢高	8	每条拼缝(抽查 50%)	1	拉线 8m(两节管节对称两侧面)一点

注:①δ为壁厚,D为管节直径,单位 mm;

②本表引自《港口工程质量检验评定标准》(JTJ 221—98)表 12.1.8。

三、水上沉桩施工

1. 水上沉桩质量监控的特点及要求

水上沉桩是高桩码头施工监理控制最为关键的环节,沉桩质量的好坏很大程度上影响到整体码头工程的质量。

高桩码头一般采用锤击法进行水上沉桩作业,施工用锤有自落锤、蒸汽锤、柴油锤和液压锤,实际工程运用中普遍采用柴油锤。选锤参考详见《港口工程预应力混凝土大直径管桩设计与施工规程》附录 C。

监理工程师的质量监控,要了解并掌握打桩船的选择、桩锤的选择、沉桩顺序的确定、作业船舶的锚系布置、测量定位的方法等方面的情况。

1)打桩船的选择

监理工程师除了要按常规审核打桩船船机设备的性能指标外,还应结合工程地点的特点和条件以及有关设计图纸,需要确定:

(1)打桩船的桩架高度是否足够,是否满足工程基桩的仰俯度要求和工程桩的吊重要求;

(2)打桩船对施工水域自然条件的适应情况,是否满足作业时的稳定性,尤其对于外海工程,要重点注意船舶抗御风浪和急流的能力。

(3)在近岸滩地泥面较高处进行沉桩,要按照打桩船的吃水深度采取乘潮作业或选用具有吊龙口的打桩船。

(4)选用打桩船的船型尺寸、船舶移位、转向及抛锚系统是否满足施工现场条件以及桩位平面布置。

2)锤型的选择

锤击沉桩,选择合适的锤型是确保顺利完成沉桩施工的主要因素。监理工程师应对所选用的锤型要确定,以保证基桩能顺利达到设计标高,同时要兼顾到施工效率以减少和防止基桩的断损。

3)沉桩顺序的确定

监理工程师需要确认:

(1)沉桩施工是否影响到岸坡的稳定,是否需要采取间隔、跳打的作法。

(2)当基桩数量较多时,宜采取分段阶梯形推进,以利于其他工序平行流水作业的开展。

(3)模拟施工确定施打有平面扭角的斜桩时,打桩船船身和锚缆不会碰及和绕拔已沉好的基桩。

4)作业船舶的锚系布置

一般打桩船抛锚的距离为 150～200m,方驳为 80～100m。打桩船对称部位的锚缆应保持对称，以保证船体处于平衡状态。并应注意：方驳及其他施工作业船舶下锚要避免与打桩船锚缆相互干扰，与已沉基桩保持一定的距离，不得碰桩；靠近主航道施工时，应严格按照规定的距离抛锚。

5)测量定位

施工前，监理工程师应对工程勘测阶段测量平面与高程控制网点，在现场进行踏勘交接点位，且应办理确认验收。

钢筋混凝土桩、钢管桩水上沉桩允许偏差、检验数量和方法，详见《港口工程质量检验评定标准》(JTJ 221—98)表14.1.4和14.1.5，见表3-4-5和表3-4-6。

钢筋混凝土桩水上沉桩允许偏差、检验数量和方法 表3-4-5

序号	项目		允许偏差(mm)		验单元和数量	单元测点	检验方法
			直桩	斜桩			
1	设计标高处桩顶平面位置	内河和有掩护近岸水域沉桩	100	150	每根桩(逐件检查)	1	用经纬仪和钢尺量纵横两方向，取大值
		无掩护近岸水域沉桩	150	200			
		无掩护离岸水域沉桩	200	250			
		滑道水下送桩(送入水下10m以内)	100	100			
2	桩身垂直度		1%	—	每根桩(抽查10%且不少于10根)	1	吊线用钢尺量或用测斜仪检查
3	滑道水下送桩桩顶标高		+0 −100	—	每根桩(逐件检查)	1	用水准仪检查

注：①表列序1、2项偏差应按夹桩铺底后所测数值为准，但严禁拉桩纠偏；
②长江、闽江和掩护条件较差的河口港沉桩，桩顶偏位可按“无掩护近岸”的标准执行；
③沉桩区土层中有柴排、木笼、抛石棱体、浅层风化岩，以及采用水冲桩或长替打送桩，其允许偏差可会同设计单位研究确定；
④桩偏位超过表列数值或合格率低于70%，应会同设计单位研究处理；
⑤墩台中间桩可按表放宽50mm；
⑥本表引自《港口工程质量检验评定标准》(JTJ 221—98)表14.1.4。

钢管桩水上沉桩允许偏差、检验数量和方法 表3-4-6

序号	项目		允许偏差(mm)		检验单元和数量	单元测点	检验方法
			直桩	斜桩			
1	设计标高处桩顶平面位置	内河和有掩护近岸水域沉桩	100	150	每根桩(逐件检查)	1	用经纬仪和钢尺量纵横两方向，取大值
		无掩护近岸水域沉桩	150	200			
		无掩护离岸水域沉桩	250	300			
2	桩身垂直度		1%	—	每根桩(抽查10%且不少于10根)	1	吊线用钢尺量或用测斜仪检查

注：①表列序1、2项偏差应按夹桩铺底后所测数值为准，但严禁拉桩纠偏；
②长江、闽江和掩护条件较差的河口港沉桩，桩顶偏位可按“无掩护近岸”的标准执行；
③沉桩区土层中有柴排、木笼、抛石棱体、浅层风化岩，以及采用水冲桩或长替打送桩，其允许偏差可会同设计单位研究确定；
④桩偏位超过表列数值或合格率低于70%，应会同设计单位研究处理；
⑤墩台中间桩可按表放宽50mm；
⑥本表引自《港口工程质量检验评定标准》(JTJ 221—98)表14.1.5。

2. 水上沉桩监理程序(图 3-4-5)

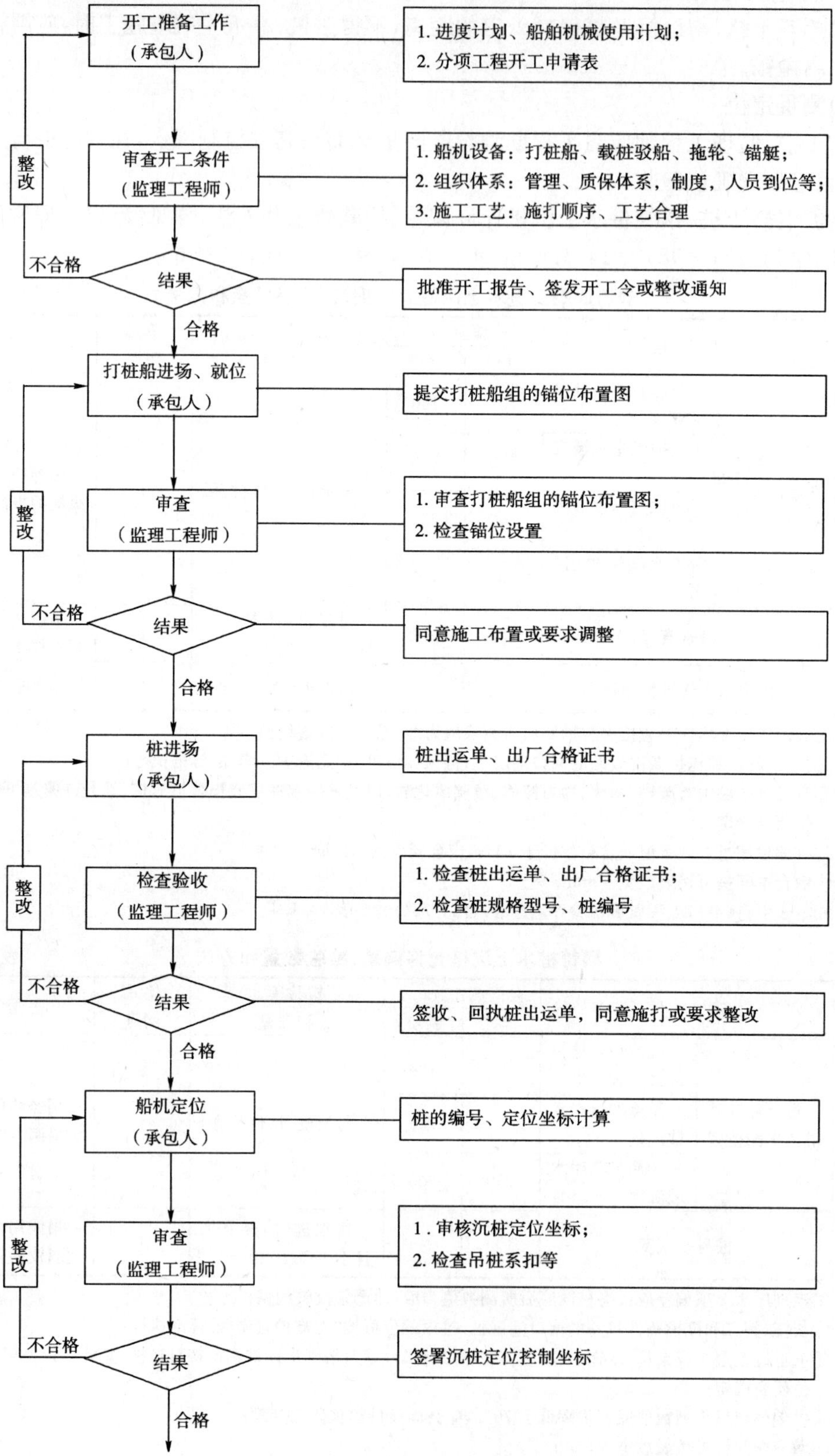

开工准备工作
（承包人）

1. 进度计划、船舶机械使用计划；
2. 分项工程开工申请表

审查开工条件
（监理工程师）

1. 船机设备：打桩船、载桩驳船、拖轮、锚艇；
2. 组织体系：管理、质保体系，制度，人员到位等；
3. 施工工艺：施打顺序、工艺合理

结果 — 不合格 → 整改；合格

批准开工报告、签发开工令或整改通知

打桩船进场、就位
（承包人）

提交打桩船组的锚位布置图

审查
（监理工程师）

1. 审查打桩船组的锚位布置图；
2. 检查锚位设置

结果 — 不合格 → 整改；合格

同意施工布置或要求调整

桩进场
（承包人）

桩出运单、出厂合格证书

检查验收
（监理工程师）

1. 检查桩出运单、出厂合格证书；
2. 检查桩规格型号、桩编号

结果 — 不合格 → 整改；合格

签收、回执桩出运单，同意施打或要求整改

船机定位
（承包人）

桩的编号、定位坐标计算

审查
（监理工程师）

1. 审核沉桩定位坐标；
2. 检查吊桩系扣等

结果 — 不合格 → 整改；合格

签署沉桩定位控制坐标

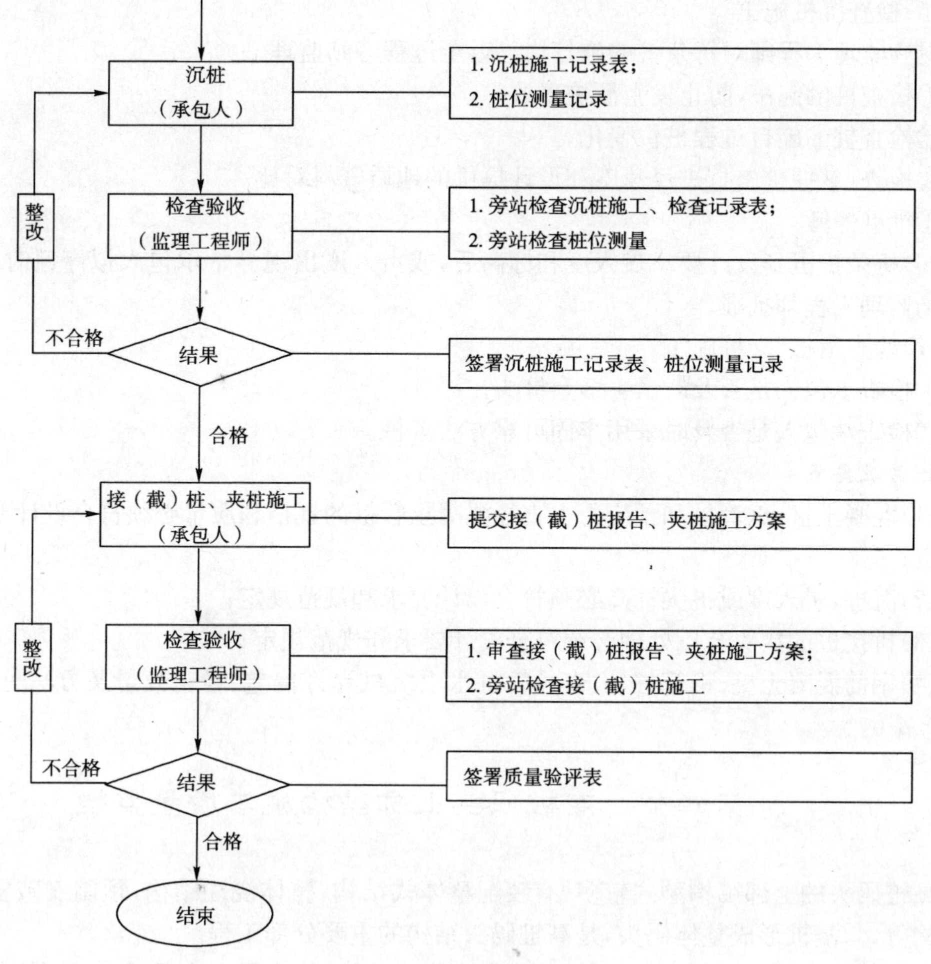

图 3-4-5　水上沉桩监理程序图

3. 水上沉桩质量监控内容

1)审查沉桩顺序设计

监理工程师应对沉桩顺序进行审查。

2)检查沉桩的各项准备工作

监理工程师要对打桩船、拖轮、驳船目前的工作状态，到位时间，测量控制点的布设，测量方法的确定工作进行检查。

3)检查桩的出运、核定桩的使用

(1)由于基桩长度较长，装驳时均需用木枋找平，检查各层支垫是否在同一平面上，避免折桩。装驳时注意沉桩顺序及编号，装驳后应进行加固。监理工程师将进行检查。

(2)每根桩的使用都必须具备监理工程师签认的《分项工程验收单》。

(3)在打桩船起吊前，监理工程师还将检查桩的外观，以避免桩在运输过程的损坏。

(4)检查沉桩测量定位控制

①审查测量定位控制的方法和桩位的测量计算。

②检查控制点布设的情况。

③旁站检查并和承包人一道进行沉桩测量控制。

④检查承包人的沉桩测量记录，并要求承包人提交一份该记录的原始资料复印件。

(5)检查沉桩施工

现场监理工程师对每条桩的施打均进行全过程旁站监理。

①检查桩的起吊，防止发生溜桩事故。

②检查桩的施打过程桩位变化。

③检查、掌握桩施打进尺速度和设计提供的地质资料对比。

④批准停锤

(6)每条桩沉到设计要求贯入度和标高后，或贯入度出现异常承包人拟停锤时，必须经过现场监理工程师批准。

(7)检查凿桩、夹桩施工

①检查承包人是否及时凿去多余桩头。

②检查承包人是否及时采用牢固可靠方法夹桩。

4. 监理要点

(1)混凝土桩、钢管桩和预应力大直径混凝土管桩的规格和质量必须符合设计要求和规范规定；

(2)沉桩，贯入度或桩尖标高必须符合设计要求和规范规定；

(3)拼接桩的接头节点处理必须符合设计要求和规范规定；

(4)钢筋混凝土桩、钢管桩、大直径管桩水上沉桩允许偏差、检验数量及方法见表3-4-5和表3-4-6。

 第四节 高桩码头上部结构施工质量监控

高桩码头的上部结构型式较多，有装配整体式结构、整体浇注结构、预制安装桁架或刚架结构等，与基桩形成整体码头，是高桩码头结构的重要分部工程。

上部结构主要有面板、纵梁、横梁、桩帽和靠船构件，均为预应力混凝土预制构件。

一、梁板预制

1. 梁板预制监理程序(图3-4-6)

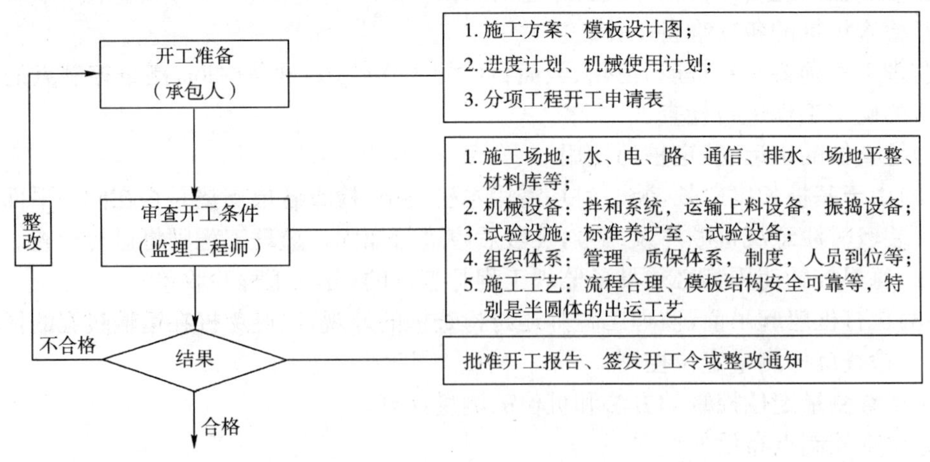

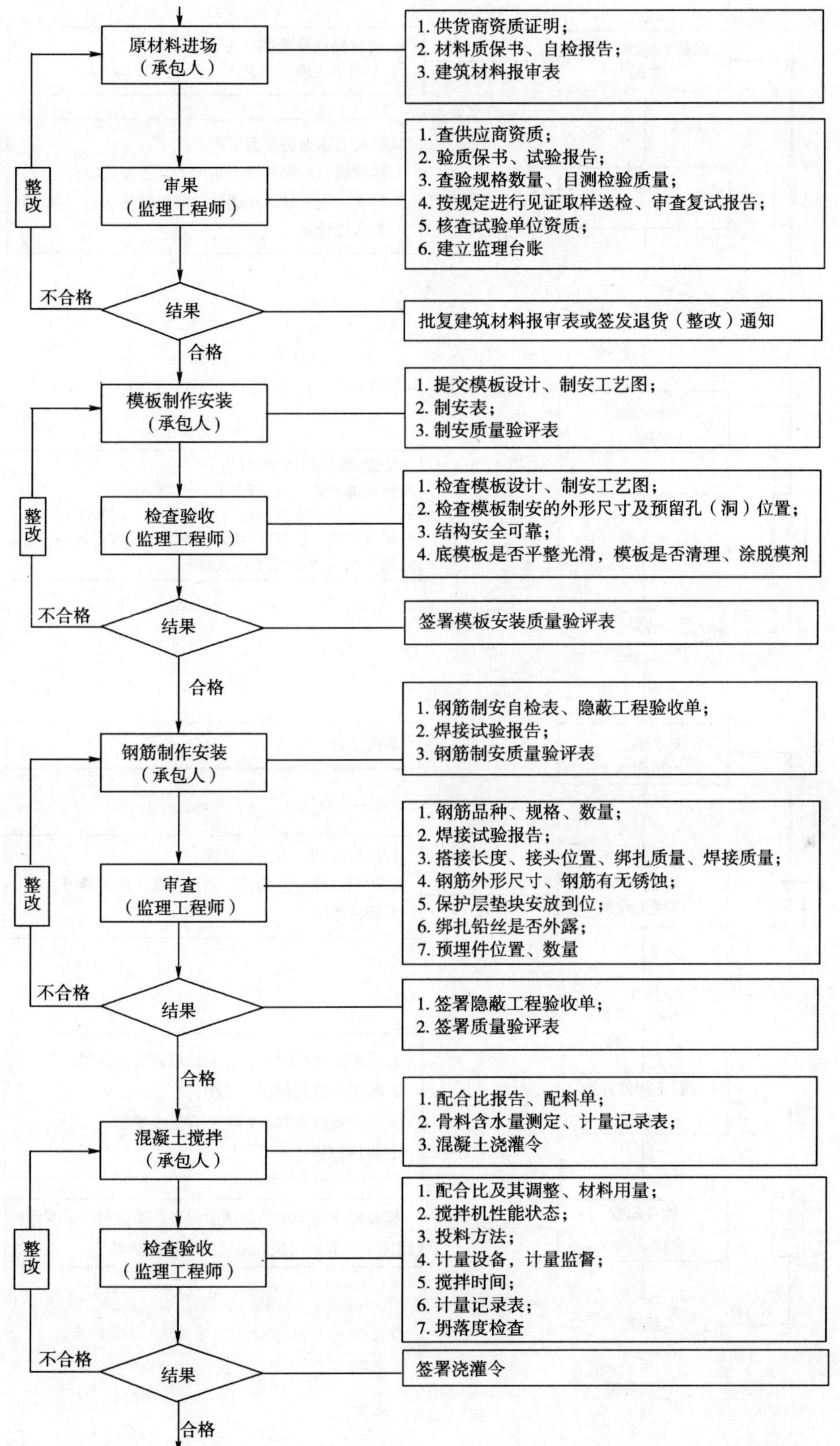

原材料进场
（承包人）
1. 供货商资质证明；
2. 材料质保书、自检报告；
3. 建筑材料报审表
审果
（监理工程师）
1. 查供应商资质；
2. 验质保书、试验报告；
3. 查验规格数量、目测检验质量；
4. 按规定进行见证取样送检、审查复试报告；
5. 核查试验单位资质；
6. 建立监理台账
整改
不合格
结果
批复建筑材料报审表或签发退货（整改）通知
合格
模板制作安装
（承包人）
1. 提交模板设计、制安工艺图；
2. 制安表；
3. 制安质量验评表
检查验收
（监理工程师）
1. 检查模板设计、制安工艺图；
2. 检查模板制安的外形尺寸及预留孔（洞）位置；
3. 结构安全可靠；
4. 底模板是否平整光滑，模板是否清理、涂脱模剂
整改
不合格
结果
签署模板安装质量验评表
合格
钢筋制作安装
（承包人）
1. 钢筋制安自检表、隐蔽工程验收单；
2. 焊接试验报告；
3. 钢筋制安质量验评表
审查
（监理工程师）
1. 钢筋品种、规格、数量；
2. 焊接试验报告；
3. 搭接长度、接头位置、绑扎质量、焊接质量；
4. 钢筋外形尺寸、钢筋有无锈蚀；
5. 保护层垫块安放到位；
6. 绑扎铅丝是否外露；
7. 预埋件位置、数量
整改
不合格
结果
1. 签署隐蔽工程验收单；
2. 签署质量验评表
合格
混凝土搅拌
（承包人）
1. 配合比报告、配料单；
2. 骨料含水量测定、计量记录表；
3. 混凝土浇灌令
检查验收
（监理工程师）
1. 配合比及其调整、材料用量；
2. 搅拌机性能状态；
3. 投料方法；
4. 计量设备，计量监督；
5. 搅拌时间；
6. 计量记录表；
7. 坍落度检查
整改
不合格
结果
签署浇灌令
合格

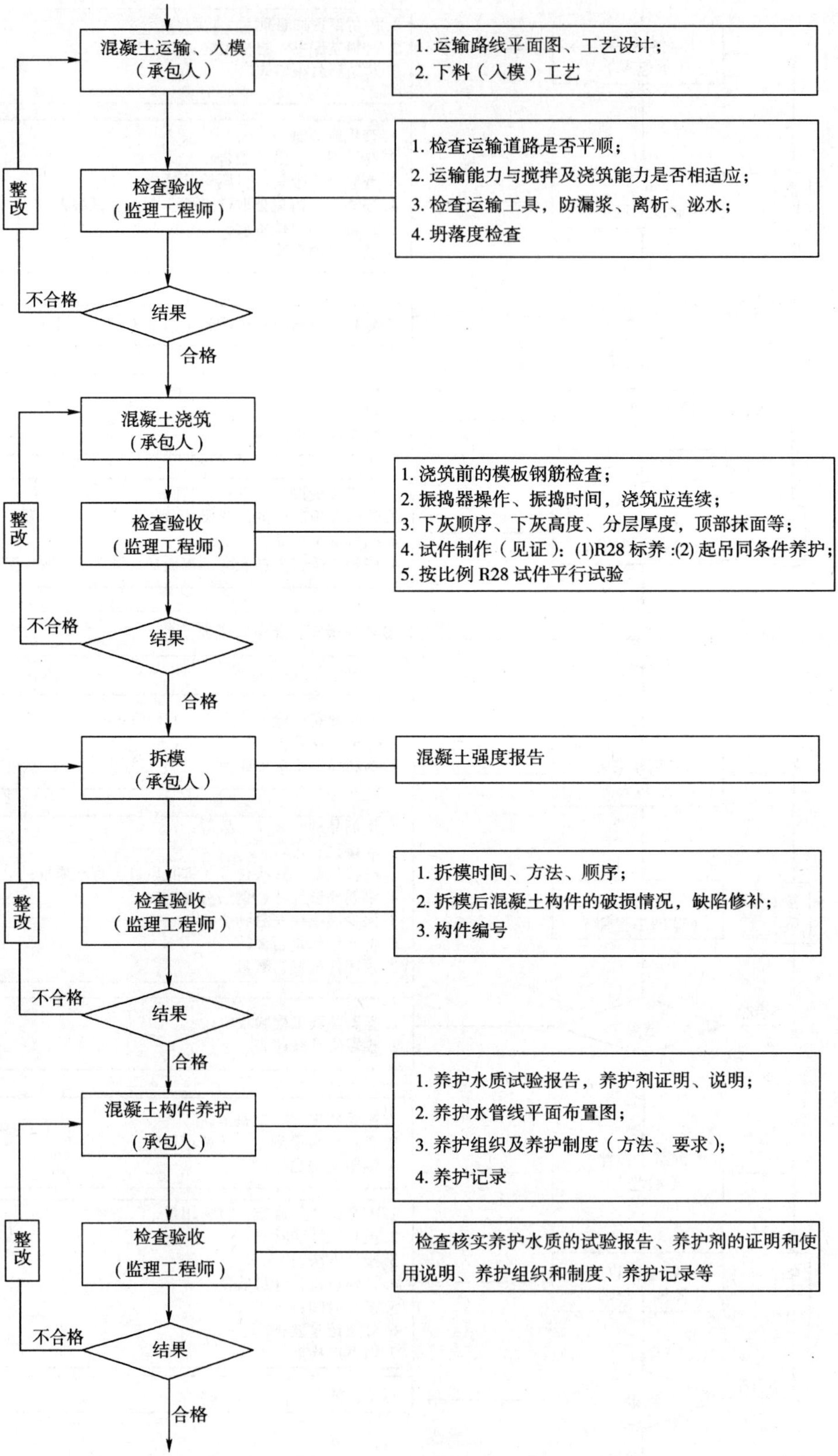

混凝土运输、入模
（承包人）

1. 运输路线平面图、工艺设计；
2. 下料（入模）工艺

检查验收
（监理工程师）

1. 检查运输道路是否平顺；
2. 运输能力与搅拌及浇筑能力是否相适应；
3. 检查运输工具，防漏浆、离析、泌水；
4. 坍落度检查

整改

结果

不合格

合格

混凝土浇筑
（承包人）

检查验收
（监理工程师）

1. 浇筑前的模板钢筋检查；
2. 振捣器操作、振捣时间，浇筑应连续；
3. 下灰顺序、下灰高度、分层厚度，顶部抹面等；
4. 试件制作（见证）：(1)R28 标养 :(2) 起吊同条件养护；
5. 按比例 R28 试件平行试验

整改

结果

不合格

合格

拆模
（承包人）

混凝土强度报告

检查验收
（监理工程师）

1. 拆模时间、方法、顺序；
2. 拆模后混凝土构件的破损情况，缺陷修补；
3. 构件编号

整改

结果

不合格

合格

混凝土构件养护
（承包人）

1. 养护水质试验报告，养护剂证明、说明；
2. 养护水管线平面布置图；
3. 养护组织及养护制度（方法、要求）；
4. 养护记录

检查验收
（监理工程师）

检查核实养护水质的试验报告、养护剂的证明和使用说明、养护组织和制度、养护记录等

整改

结果

不合格

合格

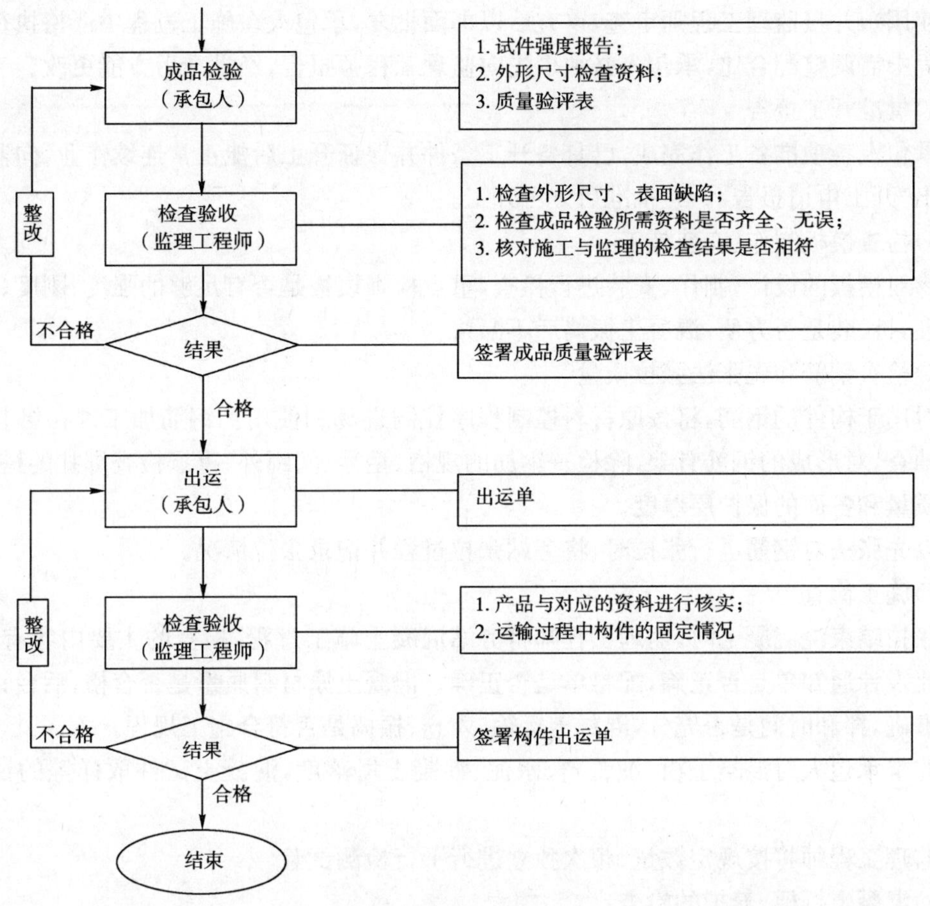

图 3-4-6　梁板预制监理程序图

2. 梁板预制监理内容

1)检查基地预制场建造

(1)预制场面积、工期和预制强度的安排能否满足生产要求。预制场布置、混凝土运输线路是否合理。

(2)混凝土拌和站的设备、工艺是否按批准的施工组织设计建造,计量器是否准确。

(3)底模是否有足够的强度和面积。出运轨道系统是否有强度和刚度。

(4)出运轨道基础应做地基处理,监理对其施工方案、工期和施工质量都必须严格把关。

(5)原材料堆放库、场是否满足规范要求。

(6)地面排水系统是否设计合理。

(7)供电、供水、通信及场内道路是否合理布置。

2)原材料进场、储存检查

承包人必须按监理工程师规定的材料检查程序进行检查,严格控制进场的各种原材料质量,对不按规定程序进场或质量不合格的进场材料以及不符合要求的原材料储存的条件、方式,监理工程师将发出材料停止使用通知。

3)审查批准混凝土配合比设计

承包人必须在开工前规定时间内完成混凝土配合比的设计和试验(含有关外加剂、掺和料的使用),并报监理工程师审查,审查后以书面批复,承包人在施工过程中严格执行。如施工过程中需调整配合比,承包人必须事先向监理工程师报告,经批准后方能更改。

4)批准开工报告

承包人各项准备工作完成,已具备开工条件并保证开工后能正常连续作业,向监理工程师提出《开工申请报告》。经批准后方可开工。

5)检查模板制作、安装施工

将对模板的设计、制作、安装进行检查,重点检查模板是否有足够的强度、刚度、耐久性、稳定性,拆、装是否方便,混凝土振捣后不漏浆。

6)检查钢筋和先张法张拉质量

对用于构件的钢筋,将按原材料控制程序控制进场和使用。钢筋加工件在绑扎前进行部分抽查,对形成的钢筋骨架,除检查钢筋的规格、型号、间距外,重点检查绑扎的搭接长度、焊接质量和各面的保护层厚度。

以先张法对钢筋进行张拉时,将旁站张拉过程并记录张拉情况。

7)施工检查

张拉结束浇混凝土时,监理工程师将旁站混凝土施工过程,检查的主要内容有:混凝土配合比设计通知单是否正确,配料单是否正确。混凝土原材料质量是否合格,后台计量称料是否准确,拌和时间是否充分,混凝土运输、入仓、振捣是否符合施工规程。

监督承包人对混凝土粗、细骨料、水泥、混凝土坍落度,混凝土试件取样等的试验检测工作。

监理工程师将按规定数量、频次独立进行平行检测试验。

8)混凝土拆模、养护的检查

检查混凝土拆模施工,杜绝野蛮拆模,防止拆模带来的混凝土损坏。拆模时间必须报经监理工程师同意,拆模在达到规定的养护时间后才能进行。

检查混凝土的养护是否符合规范规定要求,如采用新技术养护,承包人必须事先报监理工程师批准。

9)签署《分项工程质量检验评定表》和签发《产品合格证》

承包人必须对每件构件进行编号并按验收标准进行检查,如实填写《分项工程质量检验评定表》,并附原材料检验单和试件试验单,报送监理工程师,经审核后签署《分项工程质量检验评定表》并签发《产品合格证》。无监理工程师签发产品合格证的构件不能出运使用。

10)构件存放

检查构件存放场的排水系统,检查是否利于雨水和养护水的排泄;为提高地基承载力,构件堆放场地应经整平后重压碾实。

11)预制构件施工情况的报告

预制施工期间,监理工程师驻预制厂进行监理工作,监理机构和业主不在一处。因此预制监理工程师对预制施工情况将通过传真、电话等方式每天向监理机构报告,由监理机构汇总编制日报后送业主。监理机构采取每周由总监或副总监至少去预制场一次的方式进行检查,及时解决存在问题和监理工作中可能存在的失误。

3. **梁板预制监理要点**

施工基地预制生产区建设主要是梁板预制区，出运区，监理工程师将要对预制的布局、配备、建造进行认真检查，全过程监控。

梁板预制，其模板制作、模板安装、钢筋制作、钢筋焊接、钢筋骨架绑扎及安设的允许偏差、检查数量和方法详见表 3-4-7～表 3-4-16。

模板制作允许偏差、检验数量和方法 表 3-4-7

序号	项目				允许偏差（mm）	检验单元和数量	单元测点	检验方法
1	木模板	长度与宽度			±5	每块模板（逐件检查）	4	用钢尺量
		相邻两板表面错牙			1		1	用钢板尺和楔形塞尺量，取大值
		表面平整度			5		1	用 2m 靠尺和楔形塞尺量，取大值
2	钢模板	长度与宽度			±2	每块模板（逐件检查）	4	用钢尺量
		表面平整度			2		1	用 2m 靠尺和楔形塞尺量，取大值
		连接孔眼位置			1		3	用钢尺量，抽查三处
3	闸板式模板	工字钢	弯曲、扭曲		7	每根工字钢（逐件检查）	2	拉 10m 线用钢尺量
			螺栓孔眼位置		±2		3	用钢尺量，抽查三处
		木闸	全长		±3	每块闸板（抽查 30%）	1	用钢尺量
			截口净长		−2		1	
		钢闸板长度与宽度			±2		2	
	帽木螺栓孔眼位置				±2	每块帽木（逐件检查）	3	用钢尺量，抽查三处
4	混凝土底胎模	单个底胎模	长度与宽度		±3	每块底胎模（逐件检查）	6	用钢尺量两端和中部
			平整度	表面	5		2	用 2m 靠尺和楔形塞尺量，取大值
				侧面	3		2	
			四角相对高差		5		1	用水准仪检查四角，取大值
		长线底胎模	长度与宽度		±3	每处（每 5m 一处）	1	用钢尺量
			平整度	表面	5		1	用 2m 靠尺和楔形塞尺量
				侧面	3		2	
			每 5m 相对高差		5		1	用准仪检查
			边线平直		5		1	用经纬仪和钢尺量

注：①钢木混合板按设计要求检查；
②有特殊要求的模板按设计要求检查；
③组合定型钢模板按现行《组合定型钢模板技术标准》检查；
④模板维修标准可参照本表执行；
⑤钢框胶合板按钢模板执行；
⑥本表引自《港口工程质量检验评定标准》(JTJ 221—98)表 8.1.6。

预制构件模板安装允许偏差、检验数量和方法 表 3-4-8

序号	项目				允许偏差(mm)	检验单元和数量	单元测点	检验方法
1	模板接缝表面错牙				2	每缝(抽查 10%且不少于三条)	1	用钢尺量
2	长度	桩类构件			±30	每个构件(逐件检查)	2	用钢尺量
		梁、板类构件			±5		2	用钢尺量两边
		方块类	边长≤5m		+5，−10		2	
			边长>5m		±10			
		沉箱、沉井、扶壁	最小边长≤10m		±5		2	
			最小边长>10m		±1.5L/1 000			
3	截面尺寸	桩类	宽度	木模	+0，−5	每个构件(逐件检查)	3	用钢尺量两端及中部
				钢模	+2，−5			
			厚度	木模	±5		3	
				钢模	+2，−5			
		梁、板类	宽度		+0，−5		3	
			高(厚)度		+0，−5		6	
		方块类	宽度		+5 −10		3	
			高度				4	
		沉箱、沉井、扶壁	宽度		±15		3	
			高度		±10		4	
			壁(板)厚度		±5		4	
4	侧向弯曲矢高	桩类			L/1 000 且不大于 20	每个构件(逐件检查)	1	拉线用钢尺量
		梁、板类			L/1 000 且不大于 15		1	
5	全高竖向倾斜	高度≤5m			10	每个构件(逐件检查)	1	用经纬仪或吊线用钢尺量
		高度>10m			15			
6	顶面两对角线差	板、方块	短边≤5m		15		1	用钢尺量
			短边>10m		30			
		沉箱			30			
7	桩顶倾斜				7B/1 000		1	用直角尺、钢尺量，取大值
8	桩尖对桩纵轴线偏斜				10		1	用直角尺和钢尺或拉线检查，取大值
9	板桩榫槽中心线位置				5		2	拉线用钢尺量，取大值
10	预埋件、预留孔位置				10	每个预埋件(抽查水少于 2 个)	1	用钢尺量纵横两方向，取大值
11	空心胶囊位置	高度方向			+0 −10	每处(每 5m 一处)	1	用钢尺量
		水平方向			±10		1	

注：①L 为构件长度，B 为构件截面长度，单位：mm；

②空心块体、工字形方块壁厚按沉箱壁厚允许偏差执行；

③预埋件和预留孔的位置偏差，在设计上有特殊要求时，应按设计要求检查。重要预埋件、预留孔的位置，应逐件检查；

④表中未列项目按本标准第 10 章第 2 节预制构件的允许偏差执行；

⑤本表引自《港口工程质量检验评定标准》(JTJ 221—98)表 8.1.7。

钢筋制作允许偏差、检验数量和方法 表 3-4-9

序号	项目		允许偏差(mm)	检验单元和数量	单元测点	检验方法
1	长度		+5 −10	每根钢筋或每片网片(按类别各抽查10%,且不少于10片)	1	用钢尺量
2	弯起钢筋弯折点位置		±20		1	
3	箍筋边长	d≤10m	±4		2	
		d>10m	±10			
4	点焊钢筋网片尺寸	长、宽	±10		2	用钢尺量
		网眼尺寸	±10		2	
		对角线差	15		1	
		翘曲	10		1	放在水平面上用钢尺量

注:①d 为钢筋直径,单位:mm;

②本表引自《港口工程质量检验评定标准》(JTJ 221—98)表 9.3.3。

钢筋焊接接头允许偏差、检验数量和方法 表 3-4-10

序号	项目	允许偏差(mm)				检验单元和数量	单元测点	检验方法
1	接头处钢筋轴线偏移	0.1d 且不大于 2mm	0.1d 且不大于 3mm	0.1d 且不大于 2mm	0.15d 且不大于 4mm	每个接头(按不同类型各抽5%且不少于10个接头)	1	用刻槽直尺量
2	接头处弯折	4°	4°	4°	4°		1	
3	帮条沿接头中心线偏移	—	0.5d	—	—		1	用钢尺量
4	焊缝长度	—	−0.5d	—	—		2	
5	焊缝厚度	—	−0.05d	—	—		2	用焊缝量规
6	焊缝宽度	—	−0.1d	—	—		2	
7	镦粗直径	—	—	—	$\not>1.4d$		1	用卡尺量

注:①d 为钢筋直径,单位:mm;

②本表引自《港口工程质量检验评定标准》(JTJ 221—98)表 9.1.4。

钢筋骨架绑扎与装设允许偏差、检验数量和方法 表 3-4-11

序号	项目		允许偏差(mm)	检验单元和数量	单元测点	检验方法
1	钢筋骨架外轮廓尺寸	长度	+5 −15	每个构件(一次施工的梁、板、桩等小型构件抽查10%且不少于3件;沉箱、扶壁等大型构件逐件检查;现场绑扎胸墙、帽梁、船台钢筋等逐段检查)	2	用钢尺量骨架主筋长度
		宽度	+5 −10		3	用钢尺量两端和中部
		高度	+5 −10		3	
2	受力钢筋层(排)距		±10		3	用钢尺量两端和中部三个断面,取大值
3	受力钢筋间距		±15		3	
4	弯起钢筋弯起点位置		±20		2	用钢尺量
5	箍筋、构造筋间距	桩	±20		3	用钢尺量两端和中部连续三档,取大值
		梁	±10		3	
		板	±20		3	
6	固定胶囊套箍位置	垂直向	+0 −10		4	用钢尺量中部,连续三档
		水平向	±10		4	

注:①预制构件外伸环形钢筋的间距或倾斜允许偏差为±20mm;

②构件接缝钢筋绑扎和焊接的质量应符合本节有关检验项目的规定,其允许偏差可参照本表执行;

③本表引自《港口工程质量检验评定标准》(JTJ 221—98)表 9.4.9。

预制梁允许偏差、检验数量和方法 表 3-4-12

序号	项目		允许偏差(mm)	检验单元和数量	单元测点	检验方法
1	长度	$L\leqslant10$m	±10	每个构件(逐件检查)	2	用钢尺量梁顶和底部
		$L>10$m	±15			
2	宽度	$H\leqslant1.5$m	±5		5	用钢尺量两端及中部、梁顶三点,梁底二点
		$H>1.5$m	±10			
3	高度	$H\leqslant1.5$m	±8		2	用钢尺量两端
		$H>1.5$m	±10			
4	侧面弯曲矢高	$L\leqslant10$m	8		1	拉线用钢尺量
		$L>10$m	13			

注:①L 为梁长度;H 为梁高度,单位:mm;

②本表引自《港口工程质量检验评定标准》(JTJ 221—98)表 10.2.8。

预制"手枪型"横梁允许偏差、检验数量和方法 表 3-4-13

序号	项目		允许偏差(mm)	检验单元和数量	单元测点	检验方法
1	长度	梁长≤10m	±10	每个构件(逐件检查)	2	用钢尺量横梁顶部和底部
		梁长>10m	±15			
2	宽度		±5		5	用钢尺量横梁梁顶两端及中部、横梁底端和靠件下端
3	高度		±8		3	用钢尺量横梁部分两端和靠件全高
4	表面平整度		5		4	用 2m 靠尺和楔形塞尺量靠件迎水面和横梁顶面和侧面
5	靠件侧面竖向倾斜		5B/1 000		1	吊线用钢尺量
6	靠件与横梁的垂直偏差		3L/1 000		1	用直角量或用勾股定理计量
7	靠件立面弯曲矢高		8		1	拉线用钢尺量
8	预埋铁件	与混凝土表面错牙	5	每个预留埋件(孔)(抽查 50%)	1	用钢尺量
		位置	20		1	用钢尺量纵横两个方向,取大值
9	预埋螺栓	中心位置	10			用钢尺量纵横两个方向,取大值
		外露长度	+10 −5			用钢尺量

注:①B 为靠件迎水板宽度,L 为迎水板长度,单位:mm;

②本表引自《港口工程质量检验评定标准》(JTJ 221—98)表 10.2.9。

预制靠船构件允许偏差、检验数量和方法 表 3-4-14

序号	项目			允许偏差(mm)	检验单元和数量	单元测点	检验方法
1	板类靠船构件	立板长度		±15	每个构件(逐件检查)	2	用钢尺量两边(端)上下沿
		立板高度		±10		2	
		立板厚度		+10,−5		2(4)	
		水平板宽度		±10		2	
		水平板厚度		±5		2	
		立板、水平板垂直偏差		5B/1 000		2	吊线或用大直角尺量两端
		立板迎水面平整度		5		2	用 2m 靠尺和楔形塞尺量底模
		外伸钢筋位置		20		2	用钢尺量每端,各取一最大值
		预埋护舷螺栓孔位置		10	每个预埋件、孔(抽查 50%)	1	用钢尺量纵横两方向,取大值
		预埋铁件	位置	20		1	
			与混凝土表面错牙	5		1	用钢尺量

续上表

序号	项目			允许偏差（mm）	检验单元和数量	单元测点	检验方法
2	梁类靠船构件	高度	全高	±10	每个构件（逐件检查）	2	用钢尺量两边
			牛腿处高度	±5		2	
		横截面尺寸		±5		4	用钢尺量两端
		立梁侧面弯曲矢高		8		2	拉线用尺量
		搁置面平整度		5		2	用靠尺和楔形塞尺量
		外伸钢筋	位置	20		1	用钢尺量，取大值
			长度	±20		1	
		预埋护舷螺栓孔位置		5	每个预埋件、孔（抽查50%）	1	用钢尺量纵横两方向，取大值
		预埋铁件	位置	5		1	
			与混凝土表面错牙	5		1	用钢尺量

注：①B为水平板宽度，单位：mm；

②本表引自《港口工程质量检验评定标准》(JTJ 221—98)表10.2.13。

预制水平撑、联系梁允许偏差、检验数量和方法 表3-4-15

序号	项目		允许偏差（mm）	检验单元和数量	单元测点	检验方法
1	长度		±10	每个构件（逐件检查）	2	用钢尺量两边
2	截面尺寸	宽度	±5		2	用钢尺量两端和中部
		高度	±5		3	
3	侧面倾斜	截面高度≤0.5m	h/100		1	吊线用直角尺和钢尺量
		截面高度>0.5m	5h/100			
4	侧面弯曲矢高		8		1	拉线用钢尺量
5	抹面平整度		8		2	用2m靠尺和楔形塞尺量三分点处
6	外伸钢筋	位置	20		1	用钢尺量，取大值
		长度	±20		1	
7	预埋铁件	位置	10	每个预埋件（抽查50%）	1	用钢尺量纵横两方向，取大值
		与混凝土表面错牙	5		1	用钢尺量

注：①h为撑杆截面高度，单位：mm；

②剪刀撑按表检查，其中序1～5单元测点相应增加一倍；

③本表引自《港口工程质量检验评定标准》(JTJ 221—98)表10.2.14。

预制面板允许偏差、检验数量和方法 表3-4-16

序号	项目		允许偏差（mm）	检验单元和数量	单元测点	检验方法
1	长度	端头凿毛	±15	每个构件（逐件检查）	2	用钢尺量两边
		端头无凿毛	±10			
2	宽度	侧面凿毛	+10 −15		3	用钢尺量两端及中部
		侧面无凿毛	±10			
3	厚度	光面	±5		4	用钢尺量四角
		粗面、凹凸面	±10			

续上表

序号	项目		允许偏差(mm)	检验单元和数量	单元测点	检验方法
4	顶面平整度	光面	5	每个构件(逐件检查)	2	用2m靠尺和楔形塞尺量板中部两对角线方向
		粗面	10			
5	顶面对角线差	短边≤3m	20		1	用钢尺量
		短边>3m	30			
6	侧面弯曲矢高	边板外沿	5	每个构件(逐件检查)	1	用钢尺量两边
		其他	8			
7	预留孔	位置	20	每个预埋件、孔(抽查50%)	1	用钢尺量纵横两方向,取大值
		直径偏差	+10		1	用钢尺量
8	预埋件	位置	20		1	用钢尺量纵横两方向,取大值
		与混凝土表面错牙	5		1	用钢尺量
9	预埋螺栓	位置	10		1	用钢尺量纵横两方向,取大值
		外露长度	+10 −5		1	用钢尺量

注:①面板外伸钢筋应整齐、平顺。环形钢筋的倾斜不应大于钢筋直径的两倍;

②光面面板抹面应平顺,并二次压光;

③凹凸板凹槽浓度应均匀,并满足设计要求;

④本表引自《港口工程质量检验评定标准》(JTJ 221—98)表10.2.11。

二、现浇桩帽施工

1.质量监控的特点

根据基桩布置情况,桩帽的形式通常有单桩桩帽和叉桩桩帽,也可采用双桩桩帽或簇桩桩帽,平面形状有方形,圆形等型式。

高桩码头桩帽支承系统,按传力方式的不同可分为夹桩式、悬吊底模式和悬吊侧、底模式。对于多桩桩帽,支承系统需要有一定的刚度,防止桩与桩之间发生的相对变位使桩帽混凝土开裂。

2.现浇桩帽监理程序(图3-4-7)

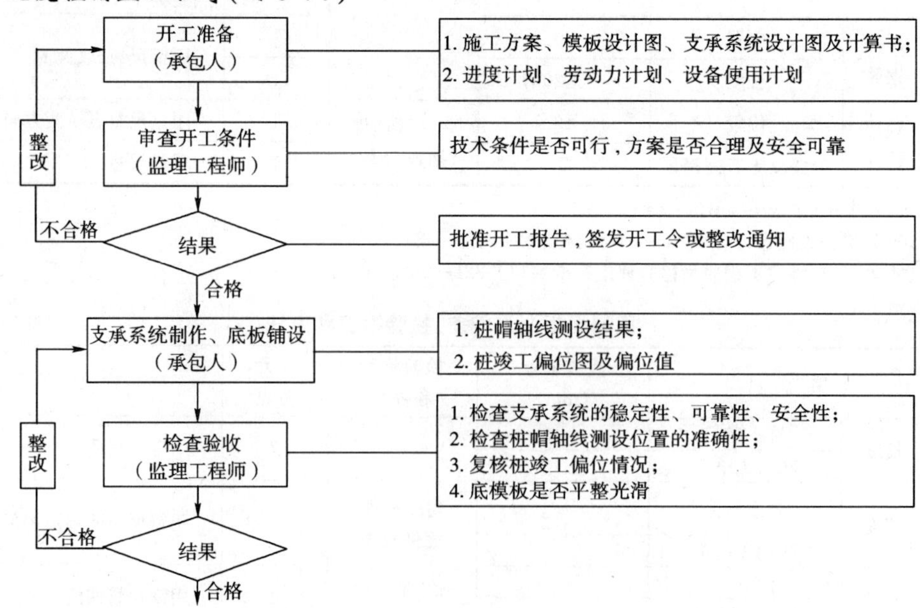

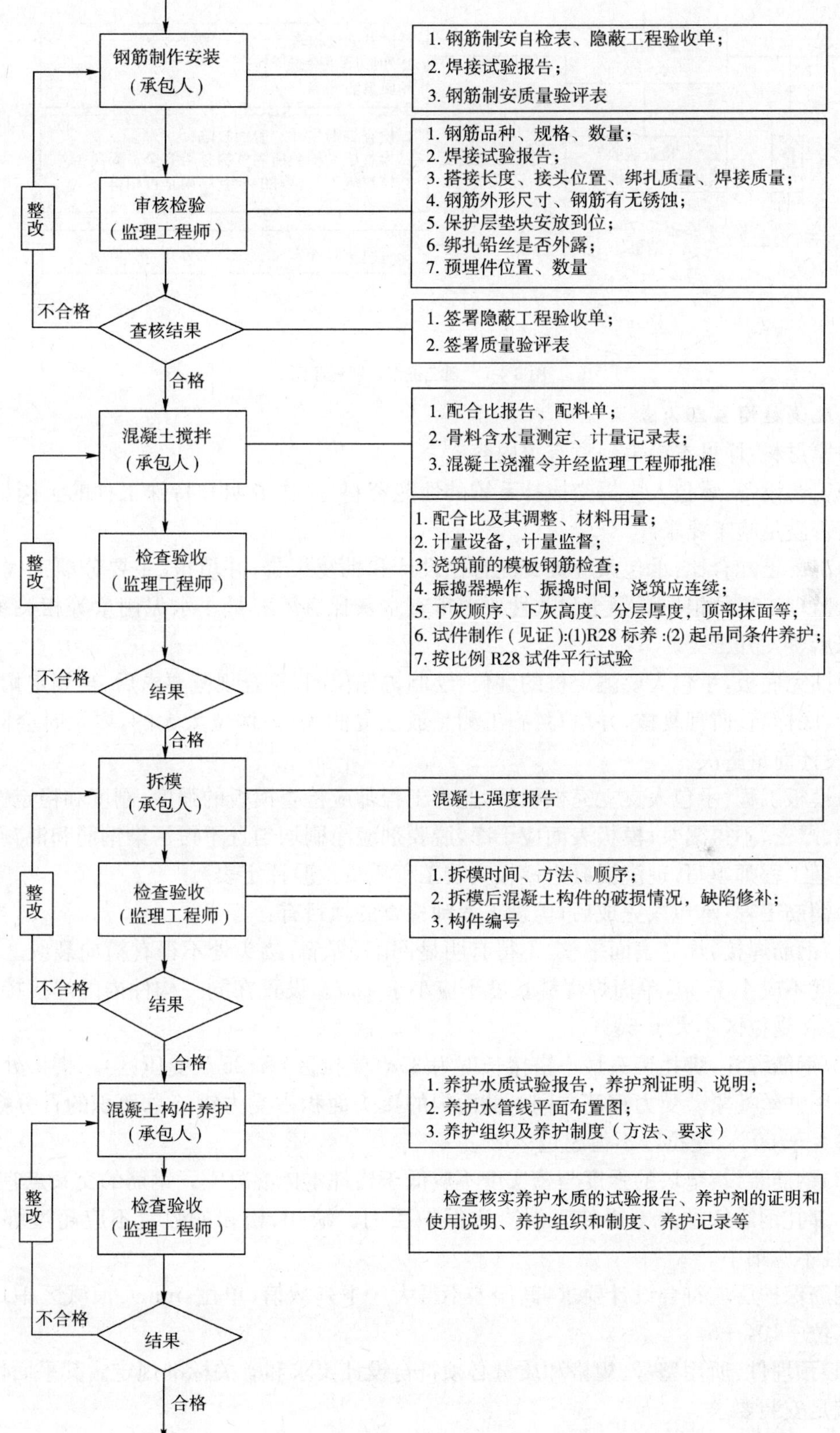
钢筋制作安装
（承包人）
1. 钢筋制安自检表、隐蔽工程验收单；
2. 焊接试验报告；
3. 钢筋制安质量验评表
审核检验
（监理工程师）
1. 钢筋品种、规格、数量；
2. 焊接试验报告；
3. 搭接长度、接头位置、绑扎质量、焊接质量；
4. 钢筋外形尺寸、钢筋有无锈蚀；
5. 保护层垫块安放到位；
6. 绑扎铅丝是否外露；
7. 预埋件位置、数量
整改
不合格
查核结果
1. 签署隐蔽工程验收单；
2. 签署质量验评表
合格
混凝土搅拌
（承包人）
1. 配合比报告、配料单；
2. 骨料含水量测定、计量记录表；
3. 混凝土浇灌令并经监理工程师批准
检查验收
（监理工程师）
1. 配合比及其调整、材料用量；
2. 计量设备，计量监督；
3. 浇筑前的模板钢筋检查；
4. 振捣器操作、振捣时间，浇筑应连续；
5. 下灰顺序、下灰高度、分层厚度，顶部抹面等；
6. 试件制作（见证）:(1)R28 标养 :(2) 起吊同条件养护；
7. 按比例 R28 试件平行试验
整改
不合格
结果
合格
拆模
（承包人）
混凝土强度报告
检查验收
（监理工程师）
1. 拆模时间、方法、顺序；
2. 拆模后混凝土构件的破损情况，缺陷修补；
3. 构件编号
整改
不合格
结果
合格
混凝土构件养护
（承包人）
1. 养护水质试验报告，养护剂证明、说明；
2. 养护水管线平面布置图；
3. 养护组织及养护制度（方法、要求）
检查验收
（监理工程师）
检查核实养护水质的试验报告、养护剂的证明和使用说明、养护组织和制度、养护记录等
整改
不合格
结果
合格

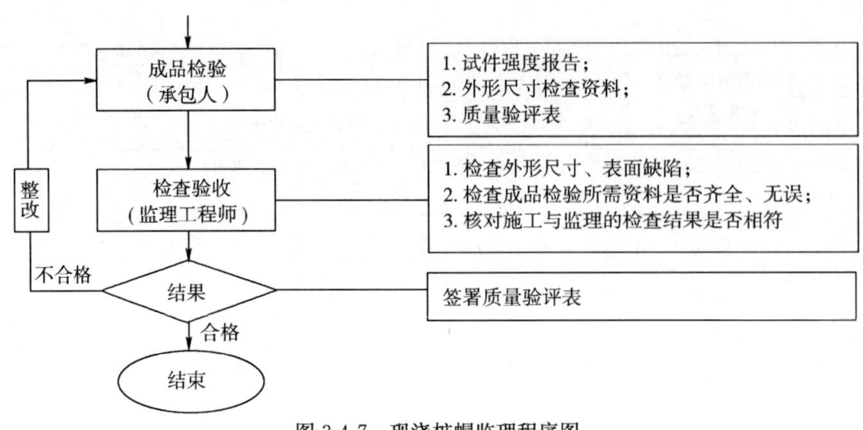

图 3-4-7　现浇桩帽监理程序图

3. 现浇桩帽监理内容

1)原材料：详见本篇第一章有关内容。

2)工艺设备：承包人应提交搅拌系统的性能资料、操作说明和特殊工种的上岗证，监理审查是否满足施工要求。

3)混凝土配合比：承包人应提交配合比设计和批复报告，并填报《主要分项工程开工申请表》，监理工程师根据混凝土耐久性要求审查水灰比、砂率、最小水泥用量等相关参数，符合要求后签发开工令。

4)铺完底板，承包人要测定桩的偏位，绘制桩偏位图，符合规范要求后，再划定帽梁的平面位置、底标高，监理复核，并填写《施工测量放线复测表》。偏位太大的，要及时会同监理、业主、设计商量解决。

5)模板工程：承包人支立完模板后，监理工程师应检查模板的强度、刚度和稳定性；拼缝应平顺、严密，不得漏浆；模板表面应干净，脱膜剂应涂刷均匀且不得污染钢筋和混凝土接茬处。监理工程师填写《现浇混凝土模板安装工程质量检验评定表》。

6)钢筋工程：承包人完成后，监理工程师检查的项目有：

(1)钢筋焊接：焊缝表面平整，不得有明显凹陷、焊瘤；接头处不得有横向裂纹。双面焊焊缝长度不应小于 $5d$，单面焊焊缝长度不应小于 $10d$。设置在同一构件内的焊接接头应相互错开，在受拉区不大于 50％。

(2)钢筋绑扎：绑扎接头最小搭接长度为 $35d$(受拉区)和 $25d$(受压区)。搭接处中心及两端应用铁丝扎紧。受力钢筋在同一截面内的接头面积占受力钢筋总面积的百分数，受压区不得大于 50％，受拉区不得超过 25％。

(3)钢筋装设：垫块的强度与密实度不应低于构件本体混凝土。钢筋的交叉点宜用铁丝扎牢。绑扎钢筋铁丝头不得伸入混凝土保护层内。缺扣、松扣的数量不应超过绑扎数的 10％，且不应集中。

钢筋保护层应符合设计要求，其偏差不得大于下列数值(单位：mm)：浪溅区＋10，－0；其他部位＋10，－5。

(4)预埋件：所用型号、规格和质量必须符合设计要求和有关标准规定。其平面位置、标高应满足安装要求。

(5)监理工程师填写《钢筋绑扎与装设隐蔽工程质量检验评定表》和《隐蔽工程验收汇总表》。

7)混凝土工程：模板、钢筋工程验收合格后，承包人在浇混凝土前，应向监理工程师提交混凝土浇注报审表，批准后方可施工。

(1)监理工程师应检查混凝土连续搅拌的时间；在运输过程中有无离析、漏浆、泌水和坍落度损失较大等现象；模板内的木屑、泥水和钢筋预埋件上灰浆、油污是否清除干净。乘低潮位浇注混凝土时，应采取措施保证混凝土在水位以上进行振捣。

(2)振捣器应垂直插入混凝土中，并快插慢拔，上下抽动，以利均匀振实，保证上、下层结合成整体。振捣顺序宜从近模板处开始，先外后内，移动间距不应大于振捣器有效半径的1.5倍。每一振点的振动持续时间应能保证混凝土获得足够的捣实程度(以混凝土表面呈现水泥浆和不再沉落为度)。

(3)分层浇筑时，接合面应进行凿毛。浇筑前应在接合面铺设10～20mm厚水泥砂浆或涂刷水泥浆。混凝土浇注至顶部时，宜采用二次振捣及二次抹面，如有泌水现象，应予排除。

(4)监理工程师应现场旁站，并填写《混凝土现场旁站记录表》和《现浇混凝土完成进度表》。

(5)养护：应及时用土工布、麻袋等覆盖，潮湿养护时间不少于10天。

8)混凝土试件：连续浇注大体积混凝土时，每100m³取一组，不足100m³者也应取一组；现场浇注混凝土时，每30m³取一组，每工作班不足30m³也应取一组。监理工程师见证取样和平行检测，并填写《见证取样统计表》和《平行检测统计表》。

4.现浇桩帽监理要点

审查支承系统的可靠性和安全性；在桩帽底板铺设完毕后，复核桩帽轴线以及边线的准确性；现场测定桩的竣工偏位值。现浇桩帽允许偏差，检验数量和方法见《港口工程质量检验评定标准》(JTJ 221—98)表10.3.5。

三、梁板安装

1.质量监控的特点

高桩码头构件安装，一般采用水上安装的方式进行，也可采用陆上安装或陆上安装与水上安装相结合的方式。选择不同的安装方式，主要应根据承台的宽度、基桩和桩帽施工的流水作业、构件的规格尺寸以及重量综合考虑。

2.梁板安装监理程序(图3-4-8)

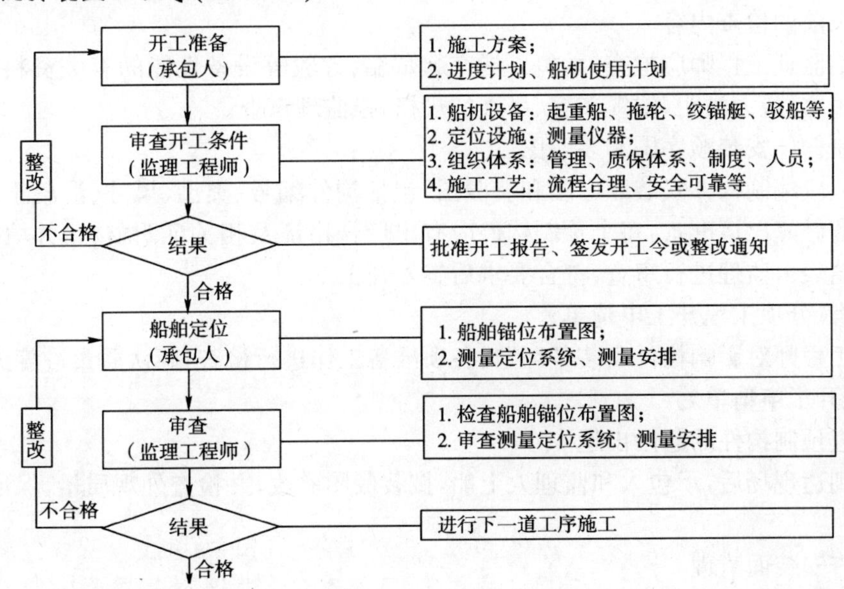

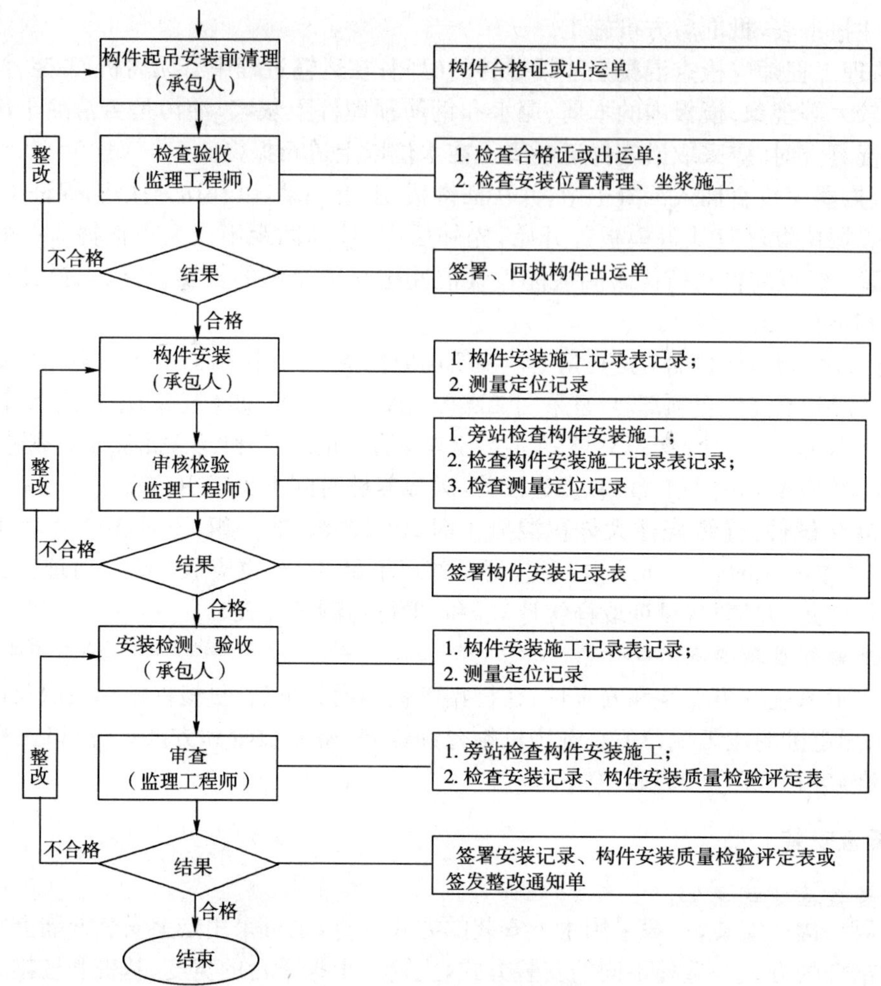

图 3-4-8　梁板安装监理程序图

3. 梁板安装监理内容

1)安装前的检查内容

安装前监理工程师应检查，承包人提交起重船、方驳等设备性能的有关资料和水深图，包括最大吊重、最大吊距、锚缆布置、吊索的规格，报监理审查。

2)编制构件安装顺序图和装驳图

承包人应编制构件安装顺序图和装驳图，包括构件编号、类型、尺寸、混凝土浇筑日期，通知分包商做好出运准备，每个预制构件应有出厂合格证及相关证明材料，并填报《分项工程开工申请表》，监理进行审查，符合要求后签发开工令。

3)审查《分项工程开工申请单》

监理工程师对影响构件安装各环节、各项准备工作进行检查，确认质量进度无误后签发《分项工程开工申请单》。

4)检查预制构件的起吊出运

方驳到达现场后，承包人和监理人上船，按装驳图验收，并检查外观质量，保证无变形或损坏。

5)检查安装面清理

承包人划定安装位置线和标高(偏差宜控制在 0～－10mm 范围内),并根据混凝土试块强度报告,确认桩帽的混凝土强度大于 80％后再安装,监理复核。标高偏差太大的,要采取措施进行修正,保证搁置面平整。

用水泥砂浆找平搁置面,厚度 10mm,在砂浆硬化前安装构件,做到随铺随安,安装后略有余浆挤出缝口为准,缝口处不得有空隙,并在接缝处用砂浆嵌塞密实,在下一道工序施工前完成勾缝。监理现场检查。

6)检查构件的定位安装

(1)检查每个安装构件是否具有预制场监理工程师签发的《分项工程验收单》,否则不得使用。

(2)安装完毕,承包人和监理应核对构件编号,检查安装位置(尤其是外边线)、标高、搁置面接触情况,如有异常,及时报告监理。

(3)对安装后不易稳定及可能遭受风浪、水流和船舶碰撞等影响的构件,应在安装后及时采取加固措施,防止构件倾倒或坠落。

4. 监理要点

安装施工前,监理工程师应作好以下准备工作:

(1)认真核准构件的型号、数量、外露钢筋、预埋铁件、预留孔、强度、几何尺寸、凿毛和缺陷。质量问题严重的应及时通知报废并重新预制。

(2)安装后,构件与支承面(点)应接触严密,铺垫的砂浆应饱满,并及时勾缝。

(3)伸缩缝应上下贯通并顺直。

(4)根据基桩和桩帽的施工流水,在充分考虑到起重设备的安装臂长度覆盖范围,提高起重作业设备安装效率的情况下,审定施工单位安排的构件安装顺序。同时要考虑到构件吊安后,码头上部结构易于分段形成整体,增加其稳定性。

梁类构件安装允许偏差、检验数量和方法详见表 3-4-17;

板类构件安装允许偏差、检验数量和方法详见表 3-4-18;

靠船构件安装允许偏差、检验数量和方法详见表 3-4-19。

梁类构件安装允许偏差、检验数量和方法 表 3-4-17

序号	项目		允许偏差(mm)			检验单元和数量	单元测点	检验方法
1	轴线位置		10	10	20	每根梁(逐件检查)	2	用经纬仪和钢尺量底部两端
2	搁置长度	$L \leqslant 200$m	±15	±15	—		2	用钢尺量两端
		$L>200$m	±1/10	—	—			
3	竖向倾斜	$H \leqslant 1\,000$m	5	5	10		1	吊线用钢尺量
		$H>1\,000$m	H/100 且不大于 15					
4	顶面标高		±15				2	用水准仪检查两端支承面
5	结构前沿线位置		10				1	用经纬仪、拉线和钢尺量

注:①L 为梁设计搁置长度,H 为梁高度,单位:mm;

②本表中的“允许偏差”和“检验数量和方法”引自《港口工程质量检验评定标准》(JTJ 221—98)表 15.2.6。

板类构件安装允许偏差、检验数量和方法 表 3-4-18

序号	项目		允许偏差（mm）			检验单元和数量	单元测点	检验方法
1	搁置长度	$L\leqslant 200$m	±15	±15	±15	每块板（逐件检查）	4	用钢尺量四角
		$L>200$m	±l/10	—	—			
2	顶面标高	一层安装	±15		±20		4	用水准仪检查四角（盖板每5m检查一处）
		二层安装	±20					
3	边沿线平直		10	10	15		2	用经纬仪和钢尺量两端（盖板拉10m线用钢尺量）
4	相邻板顶面高差		—	—	5	每块板（每5m检查一块）	1	用钢尺量，每块取大值
5	相邻板缝宽		—	—	5		1	用钢尺量

注：①L为梁设计搁置长度，H为梁高度，单位：mm；

②本表中的"允许偏差"和"检验数量和方法"引自《港口工程质量检验评定标准》(JTJ 221—98)表15.2.7。

靠船构件安装允许偏差、检验数量和方法 表 3-4-19

序号	项目	允许偏差（mm）		检验单元和数量	单元测点	检验方法
		靠船构件	防浪板			
1	轴线位置	15	30	每块构件（逐件检查）	2	用经纬仪和钢尺量
2	迎水面和侧面竖向倾斜	H/100且不大于20	H/100且不大于30		1	吊线用钢尺量或用测斜仪量，取大值
3	前沿线	10	20		2	用经纬仪和钢尺量
4	顶面标高	±15	±15		2	用水准检查两端

注：①H为靠船构件高度，单位：mm；

②本表中的"允许偏差"和"检验数量和方法"引自《港口工程质量检验评定标准》(JTJ 221—98)表15.2.8。

第五章　板桩码头施工质量监控

第一节　概　　述

一、板桩码头分类

1)按板桩墙采用的材料分:木板桩、钢板桩、钢筋混凝土板桩、预应力钢筋混凝土板桩等。

2)按锚碇分:无锚板桩、单锚板桩、双锚板桩及斜拉板桩。

3)按板桩墙结构分:

(1)普通板桩墙:由断面和长度相同的板桩所组成。

(2)长短板桩结合:在地基土质较差时,为保证岸壁的整体滑动稳定性,且又为降低造价,板桩可以隔几根加长一根,而构成长短板桩结合的形式。

(3)主桩、板桩相结合:为充分发挥长板桩的作用,可将长桩的断面加大,成为主桩,将短板桩的断面减小,而构成主板桩结构形式。

(4)主桩、挡板(或套板)结构:与主桩板桩所不同的是,以水平放置在主桩后面的挡板或插放在主桩之间的套板来代替板桩挡土,这种形式只适用于墙不太高的护岸和码头,并且要求先挖港池,否则挡板(或套板)不能安放。

二、板桩码头工程特点

主要是将板桩打入地基形成的连续挡土墙,其上端一般多用锚碇结构锚碇,板桩码头是依靠板桩入土部分的横向土抗力和安设在上部的锚碇结构来保持其整体稳定性。

板桩码头主要由板桩墙、拉杆、锚碇结构、胸墙(或帽梁和导梁)及码头附属设施组成。

1. 板桩码头的结构特点

(1)板桩码头适用于所有板桩可沉入的地基,对复杂的地质条件适应性强;由于板桩码头的全部构件几乎都采用铰接,对变形的适应性强。

(2)结构简单,材料用量少,造价便宜;主要构件都在预制厂预制,施工方便、速度快;可先打板桩后挖港池,以减少挖填土方。

(3)板桩码头的缺点是耐久性不如重力式码头结构。码头板桩采用钢板桩时,一般在施工水位以上采用钢筋混凝土胸墙结构,以防锈蚀,延长码头的使用年限。

2. 板桩码头的施工特点

普通板桩码头的施工,因码头前沿线在水域中或在陆域内的不同,其施工特点也不尽相同。

(1)码头前沿线在水域中时,板桩墙需用打桩船施打。

(2)码头前沿线在陆域内时,先陆上施工码头主体,后挖泥。

三、板桩码头分项、分部工程的划分

板桩码头分项、分部划分及名称详见《港口工程质量检验评定标准》(JTJ 221—98)中表 2.0.1-3,见表 3-5-1,板桩码头的施工程序见图 3-5-1。

板桩码头分项、分部工程划分及名称　　表 3-5-1

序　号	分部工程名称	分项工程名称
1	岸坡开挖	岸坡开挖
2	△板桩墙与上部结构	△预制板桩，异型钢板桩加工，△沉桩，△地连墙，现浇胸墙，帽梁等
3	△锚碇结构	锚碇桩、板，锚碇板安理，地连墙，现浇锚碇帽梁，锚碇棱体，△拉杆制作与安装等
4	回填和面层	抛石棱体，△倒滤层，土石方回填，垫层与基层（碎石、灰土），面层（混凝土、铺砌块、泥结碎石、沥青混凝土）等
5	码头设施	预制桩、沉桩，轨道梁混凝土，火车轨道安装，系船柱制作与安装，护舷制作与安装，系网环，铁梯、护轮坎等

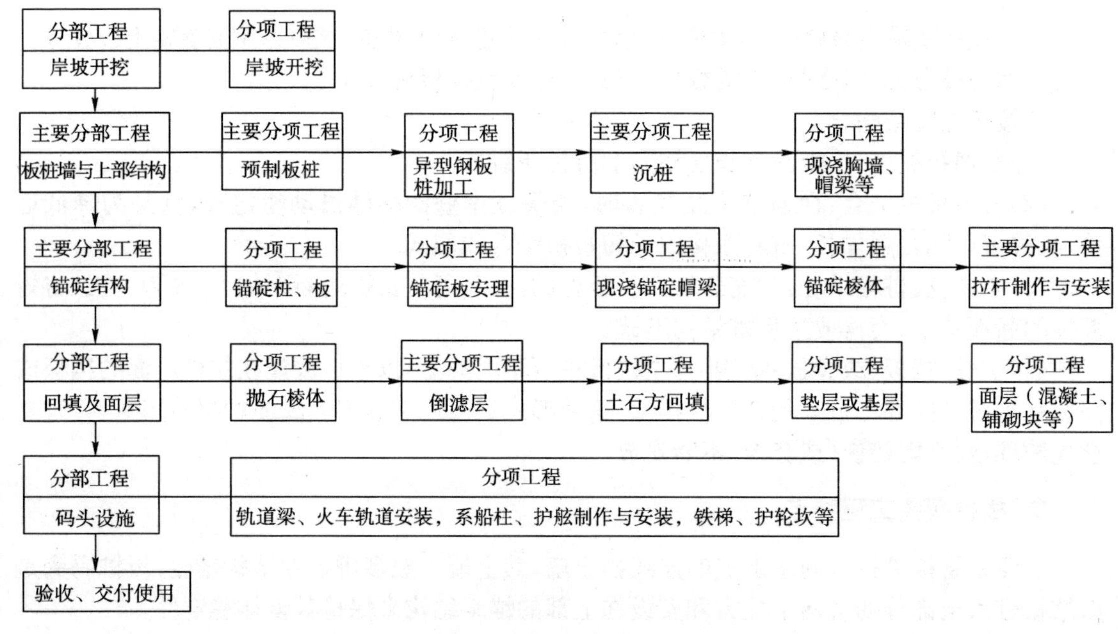

图 3-5-1　板桩码头施工程序图

第二节　岸坡开挖施工质量监控

一、监理程序

详见本篇第七章第四节。

二、监理内容

(1)对施工准备情况进行检查，验收施工基线，检查挖泥船性能，审查挖泥船方案；

(2)加强挖泥过程的检查，核对土质是否与设计一致，否则应与设计人协商处理；

(3)根据水位情况，如水深较大，能满足打桩船吃水要求，应先施工码头主体(形成整体)后挖泥；如水深小且挖泥厚度较大，宜选择适当的挖泥船分两次挖泥；

(4)岸坡开挖护脚水下基槽的开挖，应按直立式护岸施工的有关规定执行。

三、监理要点

(1)当地质情况与设计资料不符时,应与设计人研究确定。

(2)严格按设计图纸的要求监控。

第三节　板桩及锚碇系统预制、制作的质量监控

一、钢筋混凝土板桩预制质量监控

1. 监理程序

与本篇第四章有关内容基本相同。

2. 监理内容

详见本篇第四章第三节。

3. 钢筋混凝土板桩预制监理要点

(1)阴、阳榫的直度和平整度(模板接头处);

(2)桩尖的轴线偏差,桩尖压抹成型斜面的平整度;

(3)根据打桩起始端的选定和桩阳榫须朝着打桩起始点的要求,检查桩在预制时与底模相接触的侧面(混凝土密实度高、耐久性好)是否恰为临水面,如不是,则需改变打桩的起始端;

(4)板桩桩身混凝土应一次浇注,不得留施工缝;

预制板桩质量监理表见表 3-5-2。

板桩预制质量监理表　　表 3-5-2

序号	项　目		允许偏差(mm)	检验要求				
				检验单元和数量	单元测点	检验方法	检验程序	认可程序
1	长度		±50	每个构件(逐件检查)	1	用钢尺量	(1)承包人自检合格,报验;(2)监理在场,承包人抽检;(3)承包人填写报表	(1)监理工程师书面签认质量评定表;(2)必要时监理进行抽检,其表式用承包人所用表改为监理用表
2	横截面边长	宽度	+10　−5		3	用钢尺量两端和中部		
		厚度	+10　−5		3			
3	榫槽中心对桩轴线偏移		7		4	用钢尺量桩长三分点处的榫槽上下壁最,取其差的 1/2		
4	榫槽表面错牙		3		2	用钢尺量,每侧取大值		
5	抹面平整度		10		2	用 2m 靠尺和楔形塞尺量桩长的三分点处		
6	桩身侧向弯曲矢高		L/1 000 且不大于 20		1	拉线用钢尺量		
7	桩顶面倾斜		≤5		1	用直角尺和钢尺量的垂直两个方面,取大值		
8	桩尖对桩纵轴线偏移		≤10		1	用靠尺、直角尺和钢尺量		

注:①表中 L 为板桩长度(mm);

②抹面应平顺,并二次压光;

③本表中的"允许偏差"与"检验数量"详见《板桩码头设计与施工规范》表 5.2.1。

二、钢板桩制作质量监控

1. 钢板桩的特点及质量要求

在工程运用中具有以下优点：重量轻、强度高、锁口紧密止水好，由工厂生产，没有现场预制问题，施工方便，并可打入较硬的地基，可用它建造水深较大的码头，特别适用于要求不透水的船坞坞墙、船闸闸墙、施工围堰和防渗围幕等工程。

钢管桩也存在造价高，易锈蚀，耐久性较差等缺点，但随着防腐技术的提高，应用会越来越广。

2. 钢板桩制作及防腐监理程序

与本篇第四章有关内容基本相同。

3. 钢板桩制作及防腐监理内容

详见本篇第四章高桩码头施工质量监控第四节中钢管桩制作及防腐监理内容。钢板桩接长的焊接和异型钢板桩制作以《港口工程桩基规范》有关规定执行，其允许偏差应符合表 3-5-3。

钢板桩接长和异型钢板桩制作质量监控监理表 表 3-5-3

序号	项目	允许偏差(mm)	检验及要求				
			检验单元和数量	单元测点	检验方法	检验程序	认可程序
1	钢板桩长度	±100	每根桩（逐件检查）	1	用钢尺量	（1）承包人自检合格，报验；（2）监理在场，承包人抽检；（3）承包人填写报表	（1）监理工程师书面签认质量评定表；（2）必要时监理进行抽检，其表式用承包人所用表改为监理用表
2	异型钢板桩宽度	±10		3	用钢尺量两端和中部		
3	钢板桩正向弯曲矢高	$\leqslant 3L/1\,000$		1	拉线用钢尺量		
4	钢板桩侧向弯曲矢高	$\leqslant 2L/1\,000$		2	拉线用钢尺量		
5	接头错牙	$\delta \leqslant /10$		1	用钢尺量		

注：①L 为板桩总长(mm)，δ 为板桩厚度(mm)；

②本表中的“允许偏差”与“检验数量”详见《板桩码头设计与施工规范》表 5.3.2。

4. 钢板桩制作监理要点

(1)钢板桩的材质、规模、焊接质量和防腐处理必须符合设计要求和有关标准规定；

(2)沉桩后钢板桩严禁出现不联锁现象；

三、钢筋混凝土锚碇墙(板)预制监控

1. 监理程序

与本篇第四章第三节有关内容基本相同。

2. 监理内容

与本篇第四章第三节有关内容基本相同。

3. 监理要点

(1)预制的锚碇墙(板)起吊时的混凝土强度应符合规范和要求;

(2)运输要按安装顺序进行吊运,要将支垫用木楔垫实,并采取适当的系绑措施;

(3)预制构件的堆存,采取多支垫均匀铺设,多层堆放的每层支垫均在同一垂直线上,堆垛高度不宜超过5层;锚碇结构的施工质量允许偏差,检验数量及方法见表3-5-4。

预制锚碇结构构件质量监控监理表 表3-5-4

序号	项目	允许偏差(mm)		检验及要求				
		锚碇板	锚碇桩	检验单元和数量	单元测点	检验方法	检验程序	认可程序
1	构件长度	±10	±50	每个构件(逐件检查)	2	用钢尺量两边	(1)承包人自检合格,报验;(2)监理在场,承包人抽检;(3)承包人填写报表	(1)监理工程师书面签认质量评定表;(2)必要时监理进行抽检,其表式用承包人所用表改为监理用表
2	横截面边长	±10	±5		3	用钢尺量两端及中部		
3	预留孔位置	20	/	每个孔(检查50%)	1	用钢尺量纵横两方向,取大值		
4	预留孔直径	+10 −0	/		1	同上		
5	板面对角线	30	/	每个构件(逐件检查)	1	用钢尺量		
6	侧面弯曲矢高	10	10		2	拉线用钢尺量		
7	桩尖对纵轴线偏差	/	≤15		1	用靠尺、直角尺和钢尺量垂直两方向,取大值		
8	桩顶面倾斜	/	≤b/100		1	用直角尺和钢尺量垂直两方向,取大值		

注:①b为桩的边长(mm);

②本表中的"允许偏差"与"检验数量"详见《板桩码头设计与施工规范》表5.6.1。

四、钢拉杆制作监控

1. 钢拉杆制作监理程序(图 3-5-2)

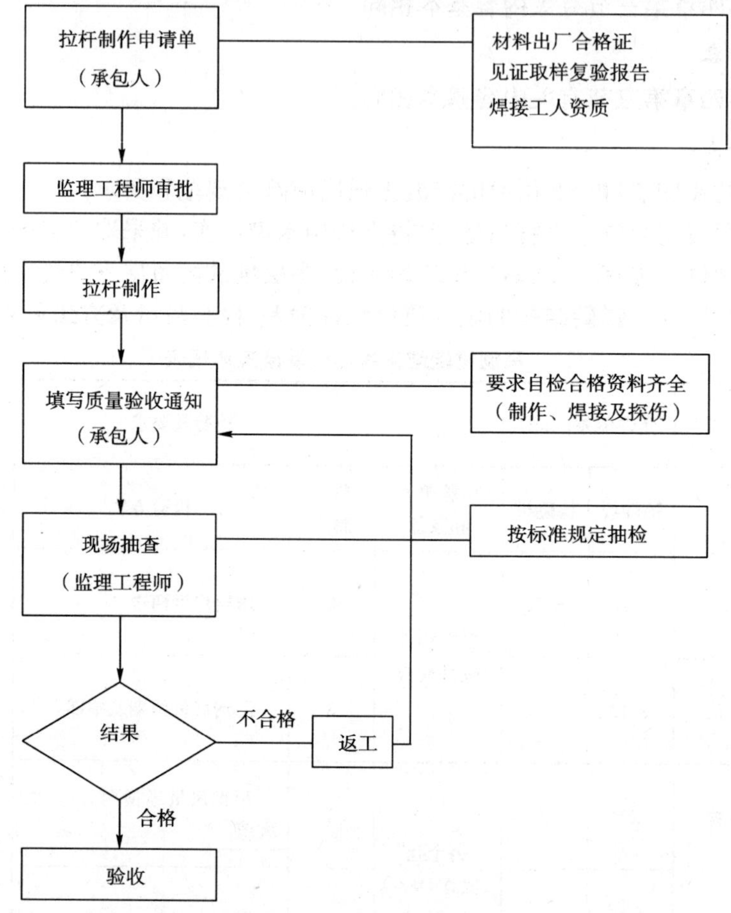

图 3-5-2　钢拉杆制作监理程序图

2. 监理内容

(1)拉杆材料进场后,承包人在监理工程师见证下,到现场按有关规定进行取样送试验站复检(表 3-5-5)。

(2)承包人将拉杆及其配件材料出厂合格证和复验报告以及制作拉杆的电焊工等特种工种资质证件报监理工程师审批,方可开始制作拉杆。

(3)监理工程师根据设计要求按国家标准《手工电弧焊接接头的基本形式与尺寸》(GB 985)与《钢结构工程施工和验收规范》(GBJ 205)的有关规定对拉杆制作进行质量监控:

①拉杆的对接焊缝必须饱满,严禁有裂缝、咬边和凹陷,拉杆的长度、螺母的高度必须符合设计要求。

②对焊接的质量按有关的规定做无损探伤检测(可采用超声波),不允许有大于 1mm 的内部气孔,一次合格率不低于 90%(低于 90%时需 100%检查),需返工的焊缝只准一次修补,返工后合格率应为 100%。

③每根拉杆接头不允许超过 1 个,接头间距不小于 1m。拉杆需接长时采用坡口焊。必

要时每种直径焊接接头取一组(3 根)做抗拉试验。

(4)对拉杆的防护层要逐根进行检查。拉杆防护层的包敷涂料的品种和质量应符合设计要求。拉杆在做防护涂料前必须彻底除锈。

(5)必须加强对拉杆成品的保护,防止拉杆在堆存和吊运过程中产生永久变形和防护层及丝扣等遭受损伤。

(6)监理工程师签认承包人报送的拉杆制作自检报告。

钢拉杆制作质量监理表 表 3-5-5

序号	项目	允许偏差(mm)	检验要求				
			检验单元和数量	单元测点	检验方法	检验程序	认可程序
1	单节拉杆长度	+20 −10	每根拉杆(抽查10%,且不少于3根)	1	用钢尺量	(1)承包人自检合格,报验;(2)监理在场,承包人抽检;(3)承包人填写报表	(1)监理工程师书面签认质量检验评定资料;(2)必要时监理进行抽检,其表式用承包人所用表改为监理用表
2	接头处拉杆轴线偏移	$5d/100$ 且不大于 3		1	用焊口量测器检查		

注:①d 为拉杆直径(mm);

②本表中的"允许偏差"与"检验数量"详见《港口工程质量检验评定标准》(JTJ 221—98)表 19.4.6。

3. 监理要点

(1)拉杆的钢种,直径和质量必须符合设计要求;

(2)拉杆螺杆的长度、螺母的高度必须符合设计要求。

第四节 板桩墙施工质量监控

一、沉桩质量技术要求

1. 导向梁施打要点

在施打板桩墙时,为了控制墙的轴线位置,保证桩的垂直度,减小桩的平面扭曲和提高打桩的效率,需设置导向梁或导向架。如板桩墙比较宽,为使锤的中心能达到所施打桩的形心,可设置导向架。其要点是:

(1)按导向梁和导向架移动的难易程度、夹持要打桩的所需长度和打桩效率的高低,选择适宜的长度。

(2)保证导向梁和导向架有足够的刚度,要适当选择导向梁的材料和断面,以及导桩的材料、间距和入土深度。

(3)导向梁距板桩墙顶的距离应大于替打套入桩头的长度。

2. 打桩方式

成排打方式和单独打方式。

3. 板桩施打要点

(1)当钢板桩的锁口为环型、套型或阴阳型，打桩时为防止泥土进入阴榫内口，宜在阴榫口的下端堵以木塞。

(2)板桩墙是连续的，每根桩的正位程度对后续桩的正常施打有很大影响。

(3)当土层变化较大，需分区定桩长时，为避免在现场接桩，影响施工进度，钢筋混凝土板桩宜长勿短，即宁截勿接。

二、板桩沉桩质量监理程序(图 3-5-3)

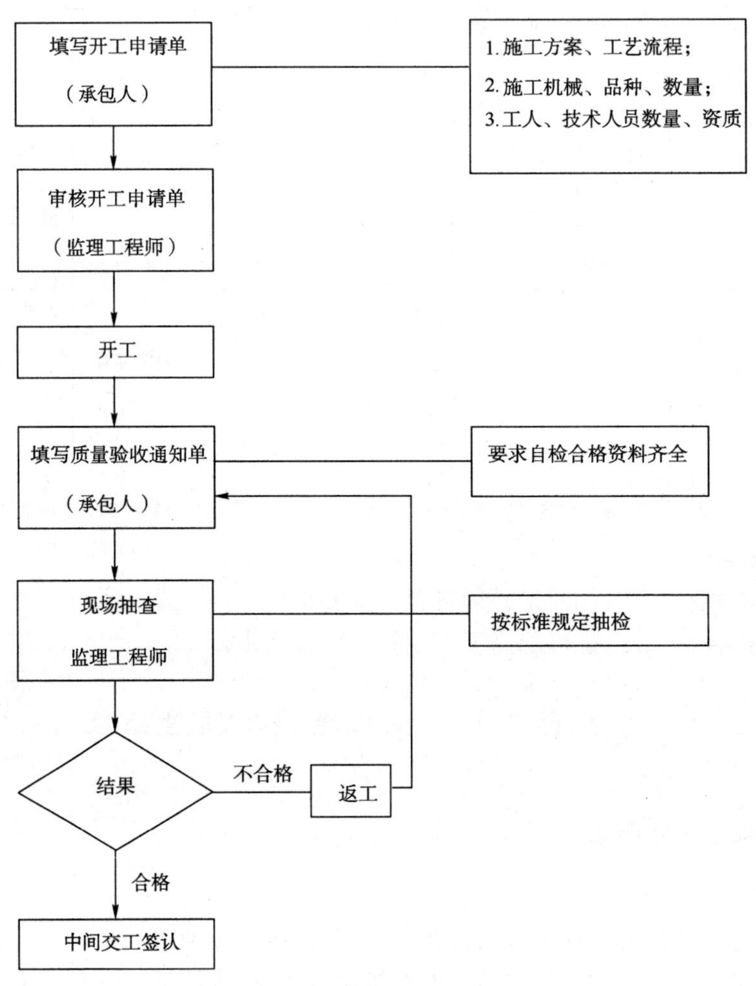

图 3-5-3 板桩沉桩质量监理程序图

三、监理内容

(1)监理工程师检查沉桩前的各项准备工作，如：打桩船、拖船、驳船目前的工作状态，到位时间，测量控制点的布设和方法等；

(2)检查板桩的出运，核定和使用，装驳时注意其顺序编号，装驳后应进行加固；

(3)在打桩船起吊前，监理工程师还要检查板桩外观，以避免在运输过程的损坏；

(4)检查沉桩定位控制；

(5)检查沉桩施工,现场监控工程师对每件板桩的施打均进行全过程旁站监理;

(6)沉桩打到设计要求贯入度和标高后,或贯入度出现异常,承包人拟停锤时,必须经过现场监理工程师批准;

(7)检查凿桩,夹桩施工。

四、监理要点

(1)沉桩偏位控制,监理工程师应经常检查控制点和施工基线,沉桩时严禁边锤击,边纠正桩位,以免造成断桩;

(2)沉桩后,钢筋混凝土桩不脱榫,钢板桩要联锁;

(3)对于预应力钢筋混凝土板桩,沉桩结束不允许出现裂缝,非预应力钢筋混凝土应尽量避免产生裂缝。沉桩过程中,控制桩锤、替打和板桩三者在同一轴线上,注意观察贯入度是否有异常情况,桩头是否有碎裂等(表 3-5-6)。

板桩沉桩质量监理表 表 3-5-6

<table>
<tr><th rowspan="2">序号</th><th rowspan="2" colspan="2">项　目</th><th colspan="2">允许偏差(mm)</th><th colspan="5">检 验 要 求</th></tr>
<tr><th>钢筋混凝土板桩</th><th>钢板桩</th><th>检验单元和数量</th><th>单元测点</th><th>检验方法</th><th>检验程序</th><th>认可程序</th></tr>
<tr><td rowspan="2">1</td><td rowspan="2">桩顶平面位置</td><td>陆上沉桩</td><td>100</td><td>100</td><td rowspan="2">每根桩(逐件检查)</td><td rowspan="2">1</td><td rowspan="2">用经纬仪和钢尺量,取大值</td><td rowspan="5">(1)承包人自检合格,报验;
(2)监理在场,承包人抽检;
(3)承包人填写报表</td><td rowspan="5">(1)监理工程师书面签认质量评定表;
(2)必要时监理进行抽检,其表式用承包人所用表改为监理用表</td></tr>
<tr><td>水上沉桩</td><td>100</td><td>200</td></tr>
<tr><td>2</td><td colspan="2">垂直板桩墙纵轴线方向的垂直度</td><td>1.0%</td><td>1.0%</td><td>每根桩(每隔10根检查1根)</td><td>1</td><td>吊线用钢尺量或用测斜仪检查</td></tr>
<tr><td>3</td><td colspan="2">沿板桩墙轴线方向的垂直度</td><td>1.5%</td><td>1.5%</td><td>每根桩(每隔10根检查1根)</td><td>1</td><td>吊线用钢尺量或用测斜仪检查</td></tr>
<tr><td>4</td><td colspan="2">钢筋混凝土板桩间的缝宽</td><td><25</td><td>—</td><td>每缝(逐件检查)</td><td>1</td><td>用钢尺量顶部</td></tr>
</table>

注:本表中的"允许偏差"与"检验数量"详见《板桩码头设计与施工规范》表 5.4.5。

第五节　锚碇系统施工质量监控

一、锚碇系统类型与技术要求

1. 结构类型

锚碇结构根据码头后方场地条件和拉杆力大小等因素选定。常用的锚碇结构有锚碇墙(板)、锚碇叉桩(包括斜拉桩)和锚碇桩(锚板桩)等三种形式。

(1)当码头后方场地宽敞,拉杆力不大时,宜采用锚碇墙或锚碇板。

(2)当码头后方场地狭窄,拉杆力较大时,宜采用锚碇叉桩。

(3)当码头后方场地宽敞,且地下水位较高或利用原土层时,宜采用锚碇板桩或锚碇桩。

2. 技术要求

1)锚碇板或锚碇墙

锚碇板可分为连续式和间隔式,当为连续式时,则称为锚碇墙,间隔式称为锚碇板。

2)锚碇桩或锚碇板桩

(1)锚碇桩可采用钢筋混凝土桩,钢板桩码头,也可采用钢桩,一根拉杆可用一根或数根桩(一般 2～3 根)锚碇,采用数根桩锚碇应设导梁。

(2)锚碇板桩则为沿码头线连续的板桩墙,可采用钢筋混凝土板桩或钢板桩。

3)锚碇叉桩

锚碇叉桩一般适用于地震裂度为 8 度以上。

4)锚碇墙和锚碇板桩的分段长度和变形缝的位置与板桩墙一致。

二、锚碇系统施工质量监控

1. 锚碇墙(板)施工

1)现浇钢筋混凝土锚碇墙(板)

(1)监理程序(图 3-5-4)

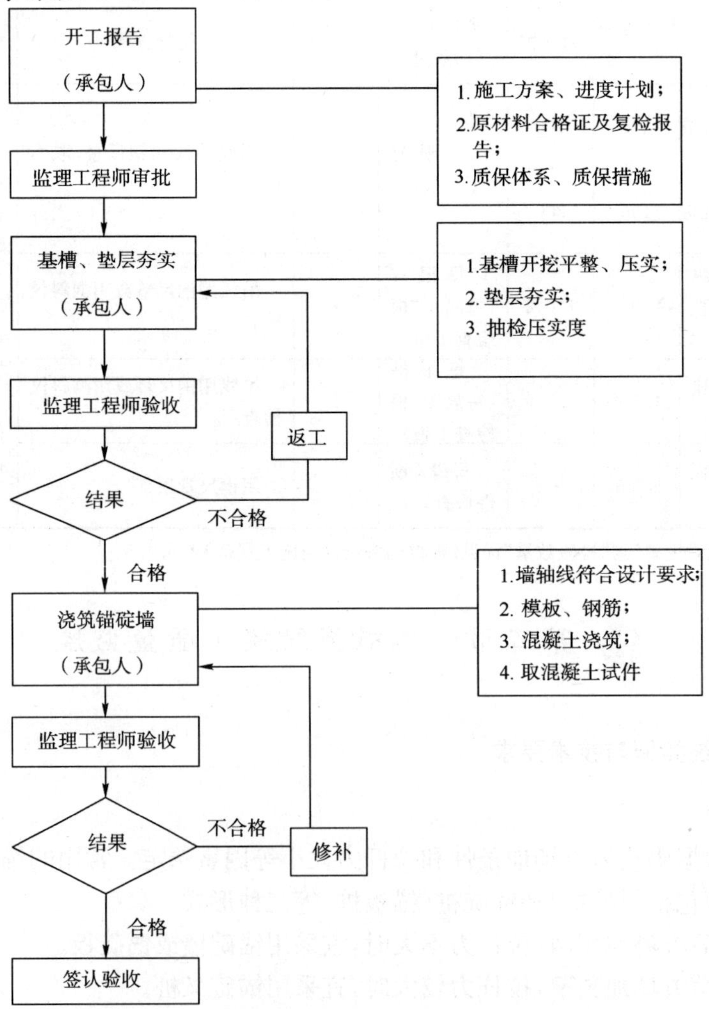

图 3-5-4 现浇钢筋混凝土锚碇墙(板)施工监理程序图

(2)监理内容

①监理工程师审查承包人申报的施工方案、施工工艺、原材料合格证及材料复验资料、混凝土的配合比,审批开工申请。

②锚碇墙基槽开挖后,基槽标高应符合设计要求,并监理与承包人双方选择位置,随机抽检压实度。符合设计要求则进入垫层铺设工序。

③垫层铺设应符合设计和《港口工程地基规范》(JTJ 250—98)的要求,监理与承包人双方选择位置,随机抽检压实度。符合设计要求后进入混凝土浇筑工序。

(3)监理要点

①锚碇墙模板轴线的位置应符合设计要求。检查模板的尺寸、平整度、脱模剂的涂刷。

②钢筋绑扎应符合设计图纸,定位要牢固,保证混凝土保护层的厚度,防止脱模剂污染钢筋。

③检查混凝土配合比、坍落度,留置混凝土抗压强度的试块制作。

④督促施工人员做好施工记录,做好质量自检工作(表 3-5-7)。

现浇钢筋混凝土锚碇墙质量监理表 表 3-5-7

序号	项　目	允许偏差(mm)	检验要求				
			检验单元和数量	单元测点	检验方法	检验程序	认可程序
1	轴线位置	20	每段构件(逐件检查)	2	用经纬仪和钢尺量两段和中部	(1)承包人自检合格,报验;(2)监理在场,承包人抽检;(3)承包人填写报表	(1)监理工程师书面签认质量评定表;(2)必要时监理进行抽检,其表式用承包人所用表改为监理用表
2	宽(厚)度	±10		3	用钢尺量两段和中部		
3	顶面标高	±20		3	用水准仪检查两段和中部		
4	相邻段表面错牙	10		1	用钢尺量,取大值		
5	预埋件、预留孔位置	20	每个预埋件、预留孔(抽查20%)	1	用钢尺量纵横两方面,取大值		
6	预留孔直径	+10 0		1			

注:本表中的"允许偏差"与"检验数量"详见《板桩码头设计与施工规范》表 5.6.5。

2)安装锚碇墙(板)

(1)监理程序(图 3-5-5)

(2)监理内容

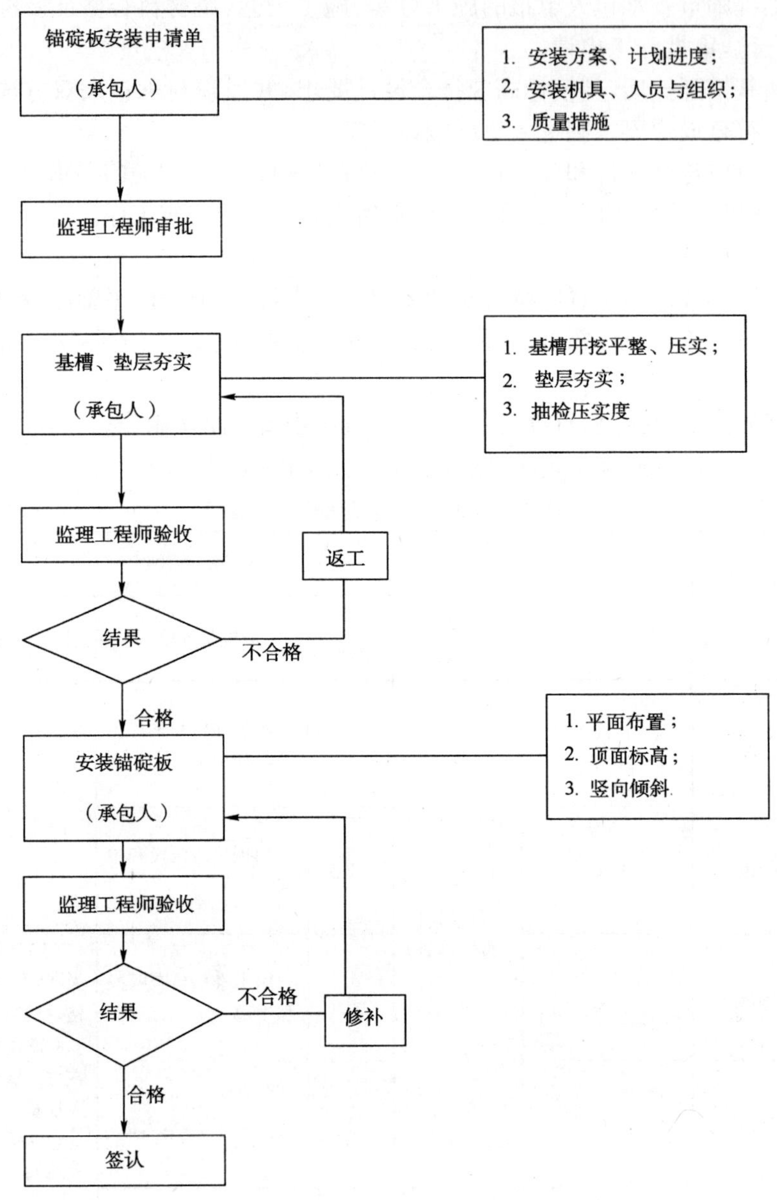

图 3-5-5　安装锚碇墙(板)质量监理程序图

①构件的型号和质量必须符合设计要求且无变形或损坏；

②安装后，构件与支承面应接触严密，铺设的砂浆应饱满，并及时勾缝；

③伸缩应上下贯通并顺直。

(3)监理要点

①锚碇板的质量必须符合设计要求和《港口工程质量检验评定标准》(JTJ 221—98)第十章有关规定(表 3-5-8)；

②基槽处理应符合设计要求，抛填基础应整平，抛石基床按《港口工程质量检验评定标准》(JTJ 221—98)第六章细平的标准检查；灰土基床标准按第二十章检查。

锚碇板、拉杆安装质量监理表 表 3-5-8

<table>
<tr><th rowspan="2">序号</th><th rowspan="2">项</th><th rowspan="2" colspan="2">项 目</th><th rowspan="2">允许偏差(mm)</th><th colspan="5">检 验 要 求</th></tr>
<tr><th>检验单元和数量</th><th>单元测点</th><th>检验方法</th><th>检验程序</th><th>认可程序</th></tr>
<tr><td rowspan="2">1</td><td rowspan="5">锚碇板安装</td><td rowspan="2">平面位置</td><td>沿轴线方向</td><td>100</td><td rowspan="7">每块板、每根杆(逐件检查)</td><td>2</td><td rowspan="2">用经纬仪和钢尺量两端</td><td rowspan="7">(1)承包人自检合格,报验;
(2)监理在场,承包人抽检;
(3)承包人填写报表</td><td rowspan="7">(1)监理工程师书面签认质量评定表;
(2)必要时监理进行抽检,其表式用承包人所用表改为监理用表</td></tr>
<tr><td>垂直轴线方向</td><td>50</td><td>2</td></tr>
<tr><td>2</td><td colspan="2">顶面标高</td><td>±50</td><td>2</td><td>用水准仪检查两端</td></tr>
<tr><td rowspan="2">3</td><td rowspan="2">竖向倾斜</td><td>前倾</td><td>0</td><td>1</td><td rowspan="2">吊线用钢尺量</td></tr>
<tr><td>后倾</td><td>1.5H/100</td><td>1</td></tr>
<tr><td>4</td><td rowspan="2">拉杆安装</td><td colspan="2">拉杆间距</td><td>±100</td><td>2</td><td>用钢尺量两端</td></tr>
<tr><td>5</td><td colspan="2">拉杆标高</td><td>±50</td><td>3</td><td>用水准仪检查两端和中部</td></tr>
</table>

注:①H 为锚碇板高度(mm);

②本表中的“允许偏差”与“检验数量”详见《板桩码头设计与施工规范》表 5.6.4、表 5.5.6 及《港口工程质量检验评定标准》(JTJ 221—98)表 15.5.5。

2. 拉杆安装

1)监理程序(图 3-5-6)

2)监理内容

(1)监理工程师审查承包人的拉杆安装方案,并到场对拉杆的质量情况进行检查。

(2)拉杆安装中检查有无用垫块,按设计要求对安装的拉杆进行支垫,如设计无具体规定,则可将拉杆搁置在垫平垫块上,垫块的间距取 5m 左右。

(3)穿拉杆时,要防止碰坏丝杆的丝扣。

(4)安两端设铰的拉杆时,要使铰的转动方向处于垂直平面内。

(5)拉杆的张紧,应在锚碇结构前回填完成和锚碇结构及板桩墙导梁或胸墙的现浇混凝土达到设计强度之后。

(6)拉杆张紧的张力要均匀,螺母和紧张器应拧紧,第一根拉杆安装前,要用拉力表、扭力扳手做初拉试验,以后每次安装时用扭力扳手紧紧张器,扭力扳手读数以初拉试验指定的读数进行控制。监理工程师需旁站。

(7)拉杆安装后,应对防护层进行检查,发现有涂料缺漏和损伤之处,应加以修补。检查拉杆的螺母应全部旋进,并应有不少于 2～3 个丝扣外露。

(8)监理工程师签认承包人报送的拉杆安装自检报告。

3)监理要点

(1)如设计对拉杆安装支垫无具体规定时,可将拉杆搁置在垫平的块体上,其间距取 5m 左右。

(2)拉杆连接铰的转动轴线位于水平面上。

(3)张紧拉杆时,使拉杆具有设计要求的初始拉力。

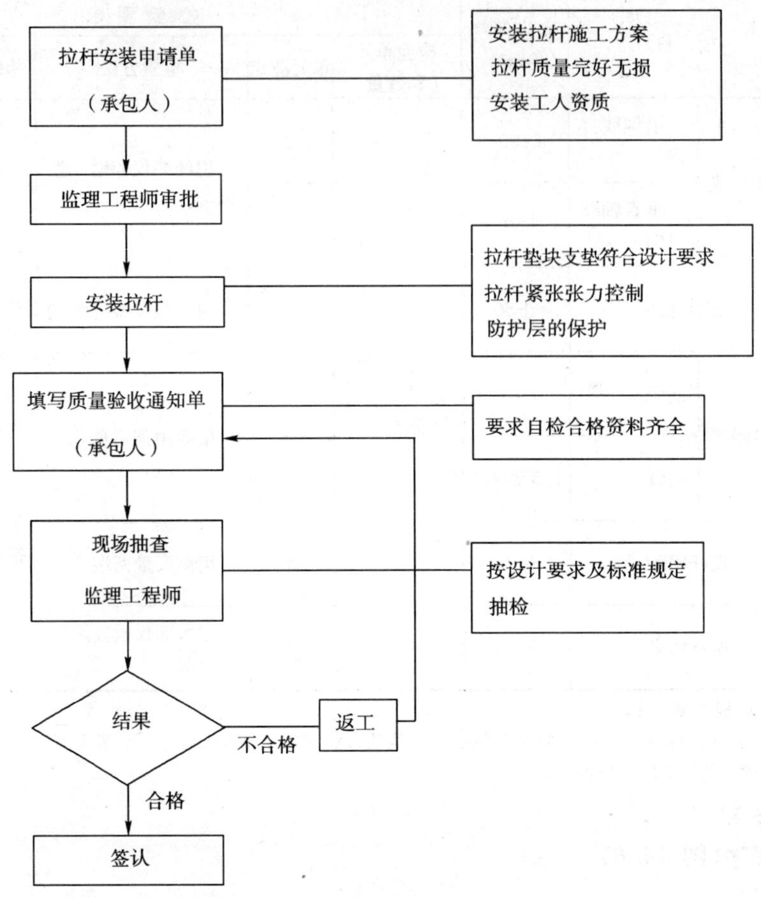

图 3-5-6　拉杆安装质量监控监理程序图

三、板桩墙后回填施工质量监控

1. 监理程序(图 3-5-7)

2. 监理内容

(1)监理工程师一定要坚持按回填顺序进行回填,回填先应回填锚碇结构前的区域,且分层夯实。板桩墙后区域应待拉杆拉紧后再回填。

回填土铺土、夯实均应沿与拉杆平行方向进行,只有当拉杆上覆土达一定厚度后,方可沿与拉杆垂直方向进行,以免拉杆压弯下沉;回填土时应沿墙纵向均匀地进行。

(2)回填材料,水下部分宜填砂、粒石、块石等透水性好的无粘性土料,对地震裂度在 6 级以上地区,不宜填易液化地粉砂、细砂及亚砂土;在钢板桩墙后及拉杆周围严禁填有腐蚀性地土料。

(3)锚碇装置前的老土应避免扰动,填土应由水域向岸从低到高分层进行填筑,并分层碾压或夯实,减少板装墙的土压力,保证锚碇装置受力可靠。

3. 监理要点

(1)拉杆上部回填顺序应符合设计要求,分层进行,并使其密实;

(2)回填过程中应对板桩墙的沉降和位移进行监测。

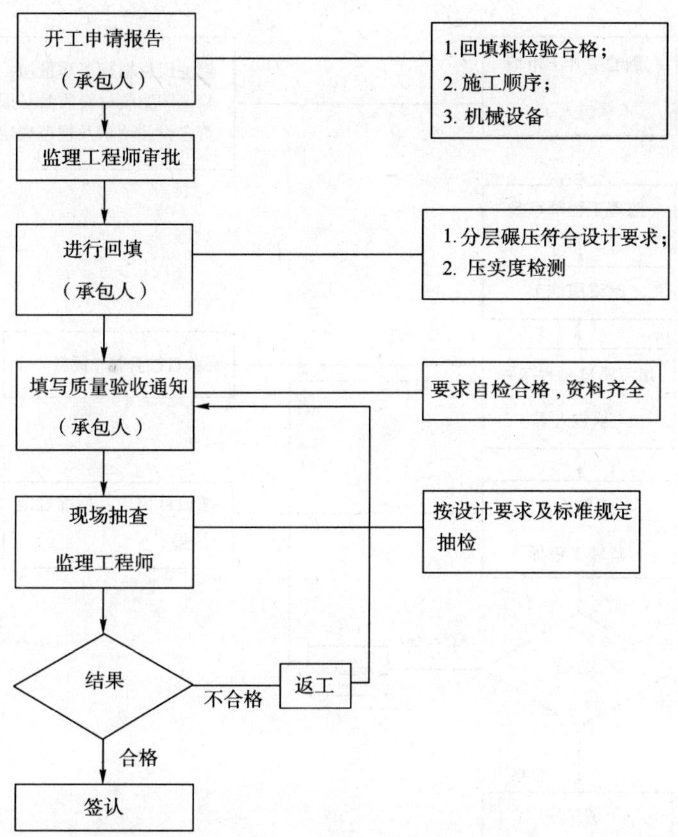

图 3-5-7　板桩墙后回填施工质量监理程序图

四、倒滤层施工质量监控

1. 监理程序(图 3-5-8)

2. 监理内容

(1)为减少或消除作用在板桩后的剩余水压力，在板桩墙上留有排水孔，并设置排水棱体和倒滤层，排水孔的间距和大小根据水位差的大小、板桩透水情况及回填料的渗透性而定，排水孔直径一般为 5～10cm，间距 3～5m；

(2)倒滤层所用材料的规格和质量进行检验，必须符合设计要求和《重力式码头设计与施工规范》(JTJ 290—98)的规定；

(3)倒滤层做好后要及时验收，并及时回填覆盖，以防倒滤层受破坏；

(4)倒滤层的分段(层)施工的接茬处理，应符合规范规定。

3. 监理要点

(1)倒滤层材料的规格和质量必须符合设计要求和规范规定；

(2)棱体倒滤层施工验收后，应及时回填覆盖。如有破坏，应重新补做；

(3)倒滤层的允许偏差，检验数量和方法应符合《港口工程质量检验评定标准》(JTJ 221—98)表 16.2.5。

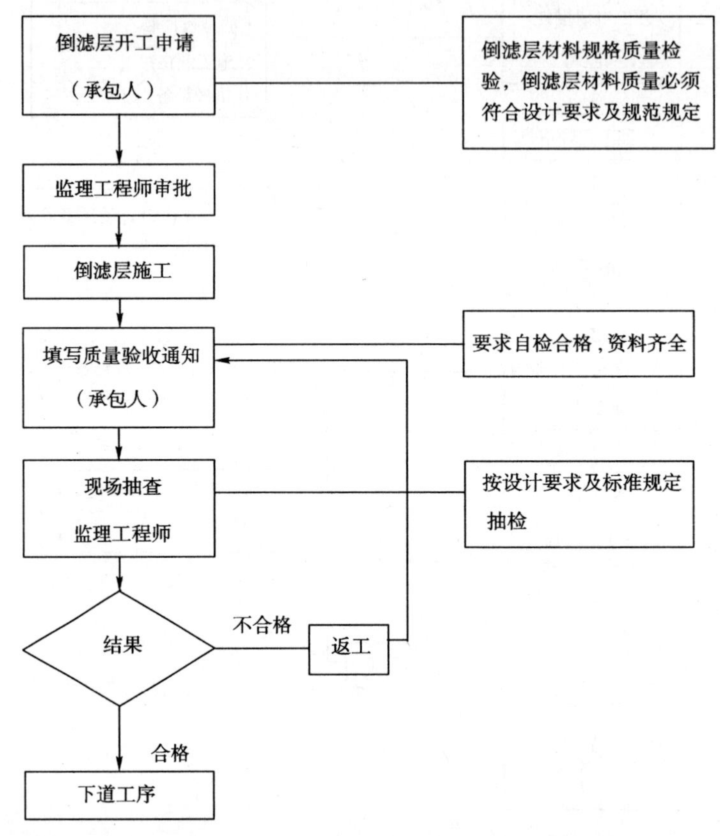

图 3-5-8　倒滤层施工质量监理程序图

第六节　上部结构施工质量监控

一、帽梁、导梁及胸墙的技术要求

(1)导梁是板桩和锚杆间的主要传力构件。钢板桩导梁一般采用槽钢或工字钢制作，安设在板桩墙的前面或后面；钢筋混凝土板桩的导梁一般采用钢筋混凝土结构。

(2)当拉杆位置较高时，为简化结构，减少工序，便于安装护木，常使导梁和帽梁合二为一，即为胸墙。胸墙的截面可采用矩形、梯形、L 形或 I 形。

(3)帽梁和导梁或胸墙的变形缝间距，应根据当地气温变化情况，板桩墙的结构形式和地基情况等因素确定，可采用 15～30m。在结构形式和水深变化处、地基土质差别较大处及新旧结构的衔接处，必须设置变形缝。变形缝的宽度宜采用 20～30mm，变形缝应用弹性材料填充。

(4)板桩码头的系船柱块体，宜与帽梁或胸墙整体浇注，其尺寸宜由系缆力和系船柱构造要求确定。

二、帽梁、导梁及胸墙施工质量监理程序(图 3-5-9)

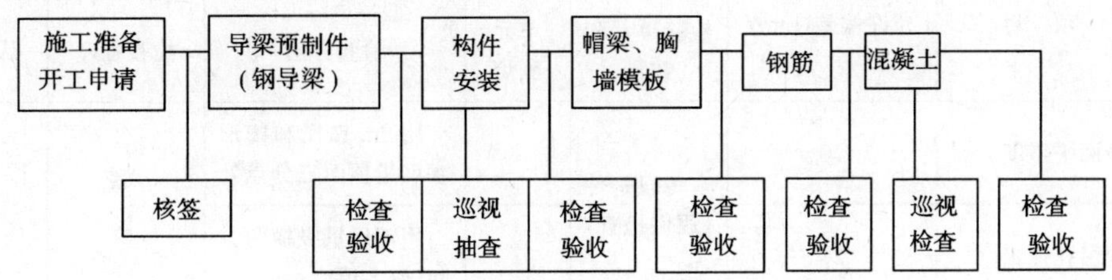

图 3-5-9 帽梁、道梁及胸墙施工质量监理程序图

三、帽梁、导梁及胸墙施工质量监控监理内容

(1)导梁安装前,监理工程师首先要检查构件出厂合格证,核对构件型号、尺寸、材质等。检查运输过程中有否损坏;

(2)导梁必须在板桩受力前安装完毕。导梁安装完毕应进行验收检查;

(3)帽梁式胸墙的浇筑应在板桩间凹槽空腔中的混凝土或砂浆强度达到 C15 后进行,浇筑前应先凿除板桩顶部的混凝土;

(4)钢导梁上的拉杆孔,连接螺栓和连接板的位置应符合设计要求,连接螺栓应拧紧,并应有不少于 2～3 个丝扣外露,钢导梁与钢板桩之间的缝隙应钢板填塞。

四、帽梁、导梁及胸墙施工质量监控监理要点

(1)现浇帽梁、导梁或胸墙的混凝土强度未达到 C10 之前,在其 30m 范围内不得进行打桩;

(2)钢导梁上的拉杆孔,连接螺栓和连接板的位置应符合设计要求(表 3-5-9)。

现浇钢筋混凝土帽梁或胸墙质量监理表 表 3-5-9

序号	项　目	允许偏差(mm)	检验要求				
			检验单元和数量	单元测点	检验方法	检验程序	认可程序
1	前沿线位置	20	每段构件(逐件检查)	3	用经纬仪和钢尺量两端和中部	(1)承包人自检合格,报验;(2)监理在场,承包人抽检;(3)承包人填写报表。	(1)监理工程师书面签认质量评定表;(2)必要时监理进行抽检,其表式用承包人所用表改为监理用表
2	顶面标高	±15		3	用水准仪量两端和中部		
3	顶面宽度	±10		3	用钢尺量两端和中部		
4	相邻错牙	10		2	用钢尺量迎水面和顶面,各取大值		
5	迎水面竖向倾斜	5H/100		2	吊线、用经纬仪和钢尺量两端		
6	迎水面平整度	10		2	用 2m 靠尺和楔形塞尺量中部垂直两方向		

续上表

序号	项目		允许偏差(mm)	检验要求				
				检验单元和数量	单元测点	检验方法	检验程序	认可程序
7	顶面平整度		10	每段构件（逐件检查）	2	用2m靠尺和楔形塞尺量顶面三分点处		
8	预留孔位置		20		1	用钢尺量纵横两方向，取大值		
9	预埋铁件	位置	20	每个预埋件孔（抽查50%）	1	用钢尺量纵横两方向，取大值		
		与混凝土表面错牙	5		1	用钢尺量		

注：①表列1、2两项偏差系指混凝土浇筑后墙前沿线顶标高相对于施工准线的偏差；
②预制胸墙块与上部接高胸墙的错牙不应大于30mm；
③板桩帽梁按胸墙标准检查；
④H为胸墙高度(mm)；
⑤本表中的“允许偏差”与“检验数量”详见《板桩码头设计与施工规范》表5.7.3。

第七节 地连墙施工质量监控

一、现浇地连墙施工质量监控监理程序（图3-5-10）

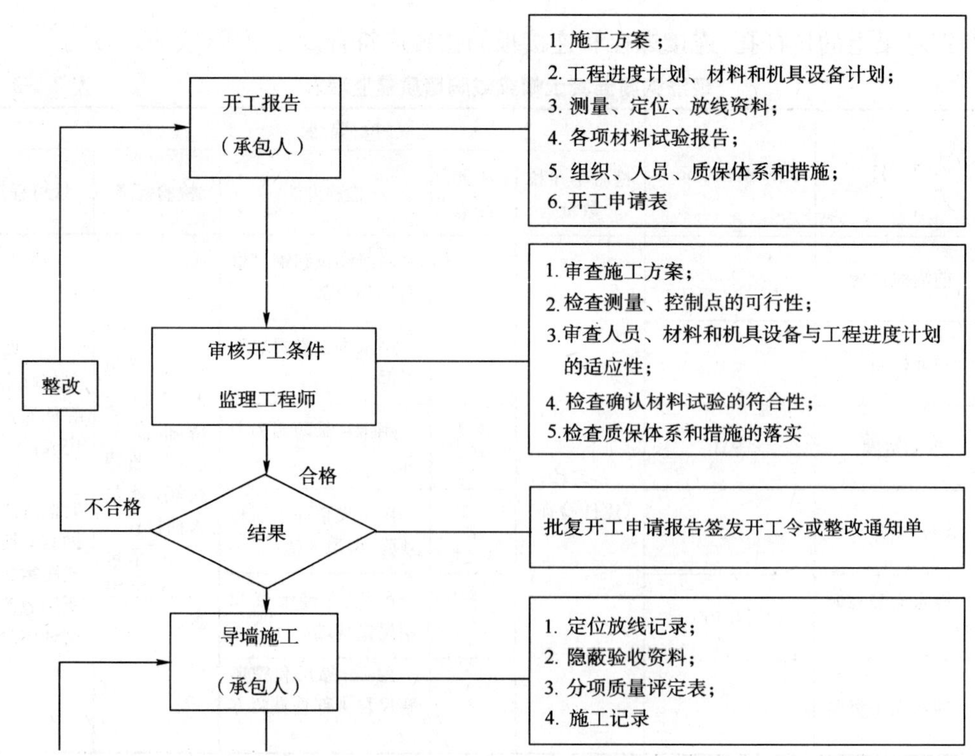

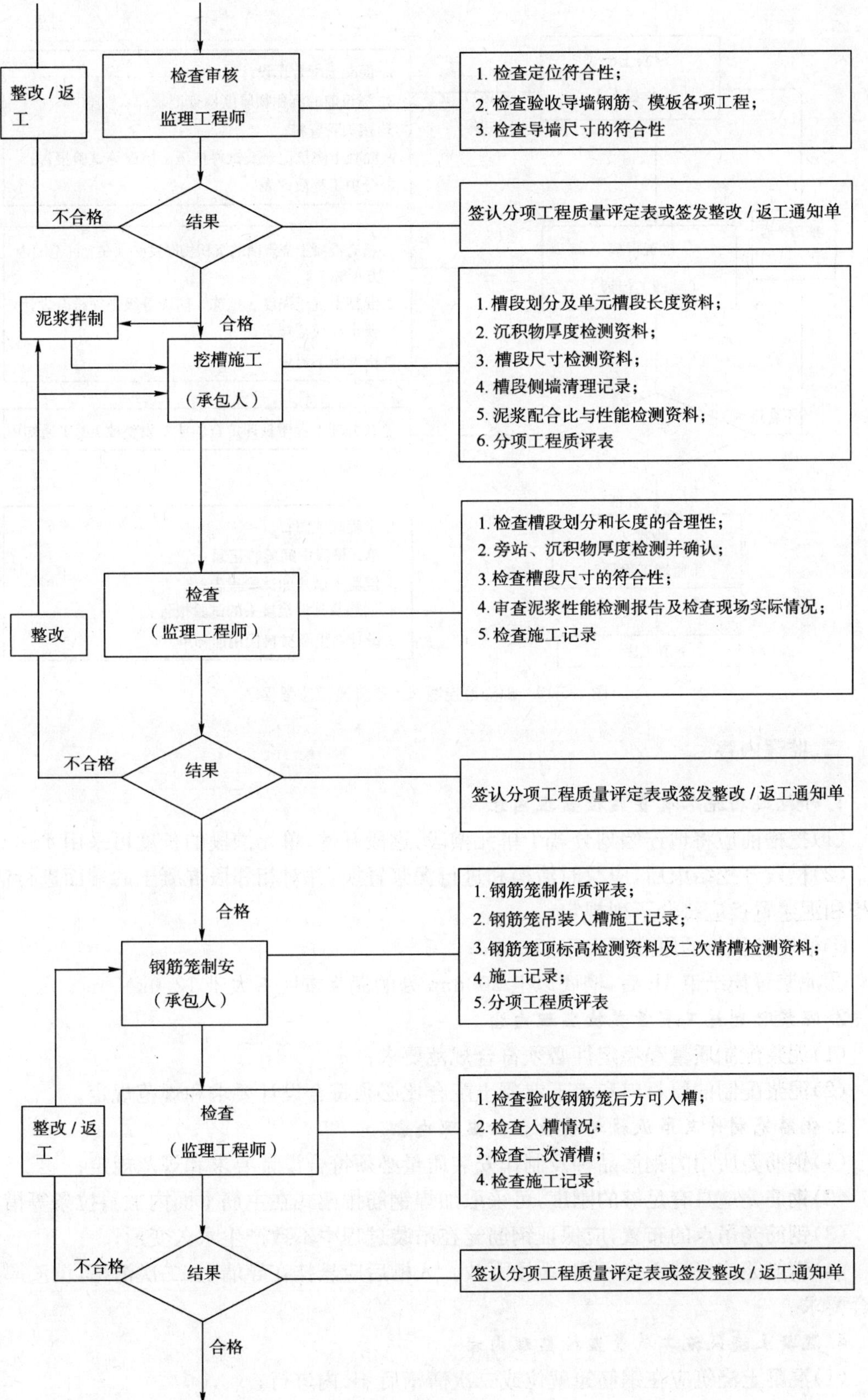
整改/返工
检查审核
监理工程师
1. 检查定位符合性；
2. 检查验收导墙钢筋、模板各项工程；
3. 检查导墙尺寸的符合性
不合格
结果
签认分项工程质量评定表或签发整改/返工通知单
泥浆拌制
合格
挖槽施工
（承包人）
1. 槽段划分及单元槽段长度资料；
2. 沉积物厚度检测资料；
3. 槽段尺寸检测资料；
4. 槽段侧墙清理记录；
5. 泥浆配合比与性能检测资料；
6. 分项工程质评表
1. 检查槽段划分和长度的合理性；
2. 旁站、沉积物厚度检测并确认；
3. 检查槽段尺寸的符合性；
4. 审查泥浆性能检测报告及检查现场实际情况；
5. 检查施工记录
检查
（监理工程师）
整改
不合格
结果
签认分项工程质量评定表或签发整改/返工通知单
合格
1. 钢筋笼制作质评表；
2. 钢筋笼吊装入槽施工记录；
3. 钢筋笼顶标高检测资料及二次清槽检测资料；
4. 施工记录；
5. 分项工程质评表
钢筋笼制安
（承包人）
1. 检查验收钢筋笼后方可入槽；
2. 检查入槽情况；
3. 检查二次清槽；
4. 检查施工记录
检查
（监理工程师）
整改/返工
不合格
结果
签认分项工程质量评定表或签发整改/返工通知单
合格

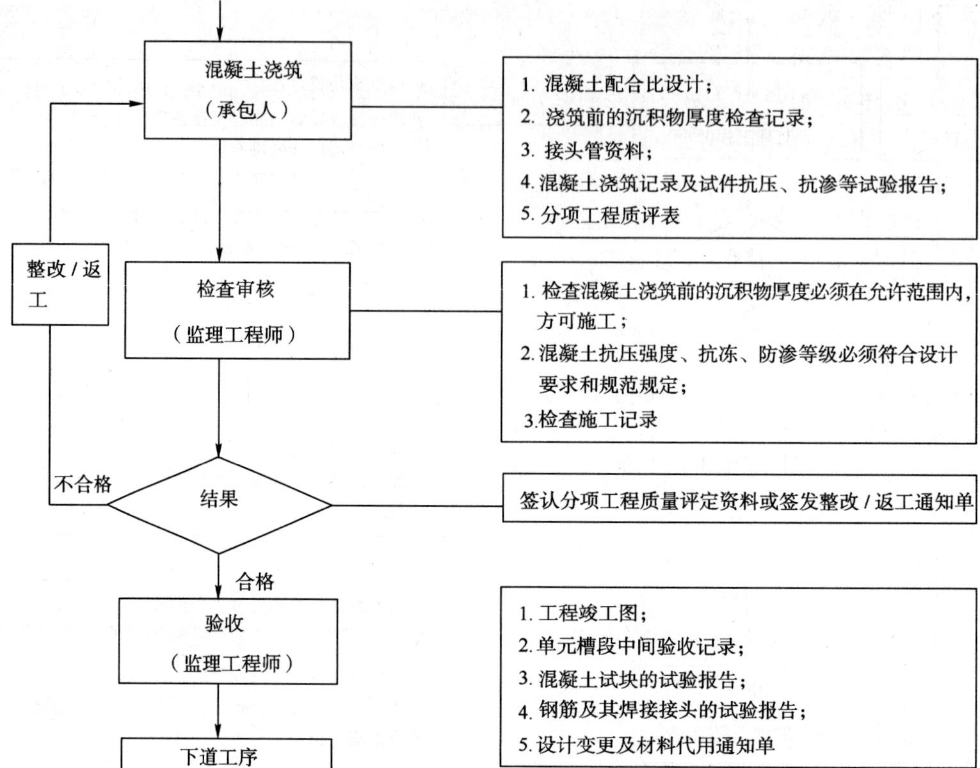

图 3-5-10　现浇地连墙施工质量监控监理程序

二、监理内容

1. 开挖成槽施工质量监控监理内容

(1)挖槽前应将地连墙划分若干单元槽段，逐段开挖，单元槽段的长度可采用4～8m；

(2)槽段开挖结束后，应及时清槽和进行泥浆置换，并对相邻段混凝土的端面进行清刷，清槽和泥浆置换应符合下列规定：

①槽底沉积物的厚度不大于200mm；

②泥浆置换结束1h后，槽底以上200mm处的泥浆重度不大于12.0kN/m^2。

2. 泥浆配制施工质量监控监理内容

(1)泥浆配制质量和稳定性必须符合规范要求；

(2)泥浆配制的原材料和水下混凝土配合比必须符合设计要求和规范规定。

3. 钢筋笼制作及吊放施工质量监控监理内容

(1)钢筋笼所用的钢筋品种及制作安装质量必须符合设计要求和规范规定；

(2)钢筋笼应具有足够的刚度，可采取加焊钢筋排架式在主筋平面内加斜拉条等措施；

(3)钢筋笼吊点的布置，应保证钢筋笼在吊装过程中不致产生永久变形；

(4)钢筋笼应保持垂直入槽，缓慢下放。入槽后应悬挂在导墙上，二次清槽，沉渣厚度应符合要求。

4. 混凝土浇筑施工质量监控监理内容

(1)混凝土浇筑应在钢筋笼就位或二次清槽后4h内进行；

(2)单元槽段同必须连续浇筑，在浇筑过程中应随时检查混凝土的浇筑量，上升高度和导管下口埋入混凝土的深度，防止发生导管内进水。

5.槽段接头施工质量监控监理内容

(1)各单元槽段间的接头应能阻止混凝土接头下端和接头与槽壁之间的空隙流出，且不得妨碍下一单元槽段的成槽；

(2)接头应具有足够的强度和刚度，在混凝土的侧压力作用下不得产生较大变形；

(3)接头管的吊装应垂直缓慢下放，在混凝土初凝宜适度旋转或提拔接头管，吊出接头管时，应垂直起吊并不得损坏接头处混凝土。

三、监理要点

1.开挖成槽施工质量监控监理要点

槽底沉渣必须清理，清理后的沉渣厚度不大于200mm，清理槽底和置换泥浆结束1h后，槽底(设计标高)以上200mm处的泥浆重度不大于12.0kN/m²。监理工程师要检查施工记录，并取样检查。

槽段开挖的允许偏差见表3-5-10。

槽段开挖的允许偏差　　表3-5-10

序　号	项　目	允许偏差(mm)
1	深度	＋200　－0
2	宽度	－0
3	顶面中心	30
4	壁面垂直度	1/150
5	相邻槽段的挖槽中心线在任一深度上的偏差	≤δ/3，且不影响码头前沿线

注：①δ为地下墙厚度(mm)；

②本表中"允许偏差"引自《港口工程地下连续墙结构设计与施工规程》表5.2.4。

2.泥浆配制施工质量监控监理要点

(1)泥浆配制质量和稳定性必须符合规范规定，监理工程师要检查泥浆记录。

(2)成槽应采用泥浆护壁，并应符合《港口工程地下连续墙结构设计与施工规程》第5.2.3条规定。

(3)在软土中或成槽时，泥浆的性能指标见表3-5-11。

泥浆性能指标　　表3-5-11

序　号	项　目	指　标
1	重度	1.05～1.20kN/m³
2	粘度	18～25s
3	失水量	＜30mg/30min
4	泥皮厚度	1～3mm/30min
5	稳定性	≤0.02g/cm³
6	pH值	7～9

注：本表中"性能指标"引自《港口工程地下连续墙结构设计与施工规程》表5.2.3-1。

3. 钢筋笼制作及吊运施工质量监控监理要点

(1)钢筋笼所用的钢筋品种及制作安装质量必须符合设计要求和规范规定,监理工程师要检查试验资料,并观察检查。

(2)钢筋笼应在清槽换浆后立即入槽,入槽时不得用冲击法强行灌入,钢筋保护层应符合设计要求,检查施工记录,并观察检查。

(3)钢筋笼的制作与吊装允许偏差应符合《港口工程地下连续墙结构设计与施工规程》表5.2.5的规定。

4. 混凝土浇筑施工质量监控监理要点

(1)混凝土浇筑除应符合现行行业标准《水运工程混凝土施工规范》的有关规定外,尚应符合《港口工程地下连续墙结构设计与施工规程》第5.2.6条规定。

(2)水下混凝土必须连续浇注,严禁发生中断或导管进水现象。每槽段实际灌注混凝土数量,严禁小于计算体积。监理工程师要检查施工记录,必要时进行无破损法检测或钻芯取样。

5. 槽段接头施工质量监控监理要点

(1)槽段接头处理和质量应符合设计要求和规范规定:灌注混凝土过程中应及时旋动接头管,拔接头管时,不得损坏接头处的混凝土;

(2)接头管应具有足够的强度和刚度,应按设计位置垂直下放入槽。

6. 现浇地连墙允许偏差见

(1)现浇地连墙允许偏差应符合《港口工程地下连续墙结构设计与施工规程》表5.2.8的规定。

(2)地连墙允许偏差,检验数量和方法应符合《港口工程质量检验评定标准》(JTJ 221—98)表14.4.9的规定。

第六章　防波堤及护岸工程施工质量监控

第一节　防波堤分类及特点

一、防波堤的分类

(1)防波堤按平面布置形式可分为突堤和岛堤两种。

(2)防波堤按结构型式分,主要有斜坡堤和直立堤两种。此外还有其他型式防波堤。

二、防波堤的结构型式及特点

防波堤的结构形式主要有斜坡式防波堤、直立式防波堤和其他形式的防波堤。一般是根据工程所在地的水文条件、地基条件、当地材料和其他特殊需要确定。常用的防波堤的结构形式及其主要特点如下:

1.斜坡堤的结构型式

斜坡式防波堤的主要结构型式有:人工块体护面斜坡堤、砌石护面斜坡堤、抛填方块斜坡堤、堤顶设胸墙的斜坡堤、宽肩台斜坡堤。

防波堤必须具备抵抗风浪破坏的能力,根据当地的水文条件,在斜坡式防波堤堤心石外侧,需加设护面层使其不被风浪破坏,发挥防波堤的作用。护面层的种类有大块石护面层和人工块体护面层。

当施工期间波浪较大、石料缺乏,且有足够起重能力时,可采用抛填块体的断面型式。当堤顶作通道或堤内兼作码头时,宜在堤顶设置胸墙。

2.直立堤的结构型式

一般水深较深、地基较好和当地石料较少的情况下采用直立式防波堤,其主要结构型式有:沉箱式直立堤、削角方块直立堤、正砌方块直立堤和水平混合式直立堤等。上部结构可采用现浇或装配整体式混凝土胸墙结构。

3.其他型式防波堤

目前也有一些其他型式的防波堤,如透空沉箱式、圆筒式、桩式、透空式等。开孔消浪沉箱直立式防波堤适用于为减少墙前反射波和冲击波压力作用以及越浪引起的传递波等情况;桩式直立式防波堤适用于水深不大,地基较差和砂石料来源缺乏的情况,透空式防波堤适用于水深较大、波高较小而波陡较大,且水流和泥砂对港内水域影响不大的情况。

三、防波堤的分项分部工程

防波堤的分项分部工程划分及名称摘自《检评标准》表2.0.1-7和表2.0.1-8,见表3-6-1 a)和b)

斜坡式防波堤分项、分部工程划分及名称 表 3-6-1a)

序 号	分部工程名称	分项工程名称
1	基础	基础开挖、砂垫层(基础换砂)等
2	堤身	堤心石抛石与理坡,垫层石抛石与理坡,压脚棱体抛石与理坡,护坦抛石等
3	△护面	预制护面块、护面块体安装,护面块石安抛,砌石护面等

直立式防波堤分项、分部工程划分及名称 表 3-6-1b)

序 号	分部工程名称	分项工程名称
1	基础	基础开挖、砂垫层(基础换砂)等
2	△堤身	预制构件,构件安装等
3	△上部结构	△预制挡浪墙块,挡浪墙块安装,△现浇挡浪墙,接缝混凝土等
4	△基床护面	预制护面块、护面块体安装,护面块石安抛,砌石护面等

注:表中带“△”者,为主要分部、分项工程。

防波堤的施工程序详见图 3-6-1 和图 3-6-2。

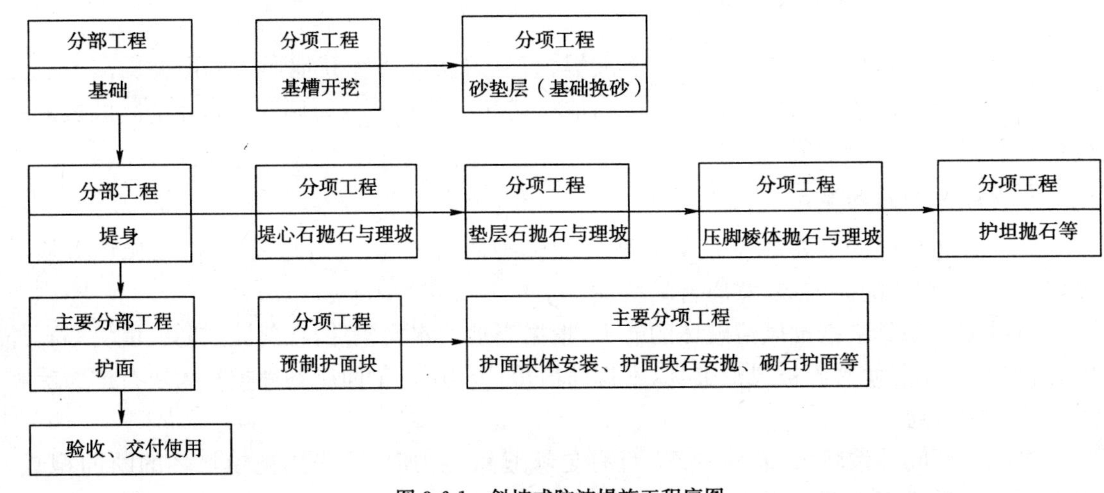

图 3-6-1 斜坡式防波堤施工程序图

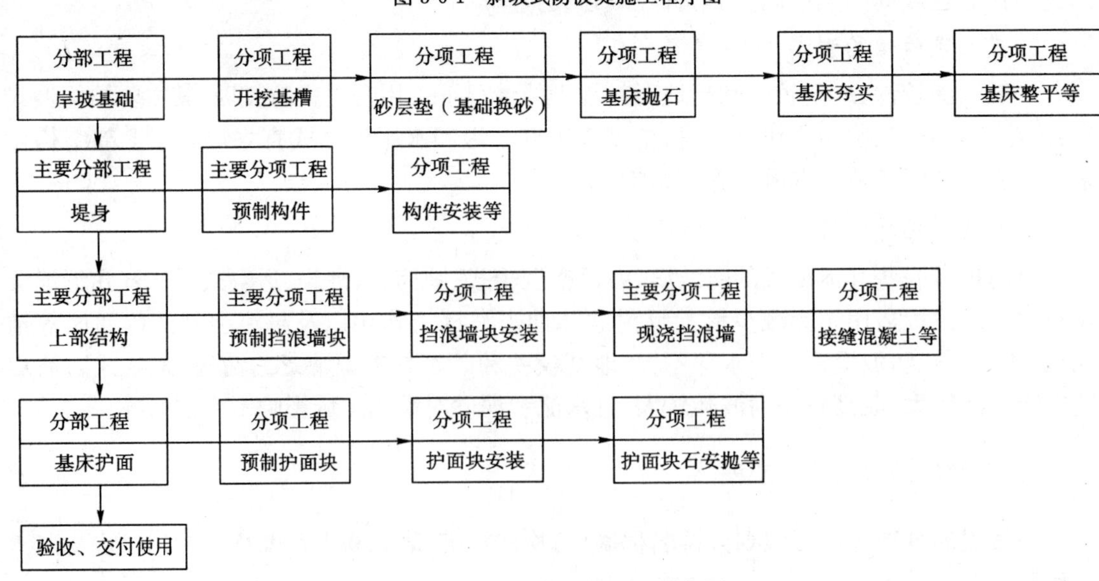

图 3-6-2 直立式防波堤分项分部图

第二节 斜坡堤施工质量监控

一、基础施工

1. 砂垫层施工监理程序(图 3-6-3)

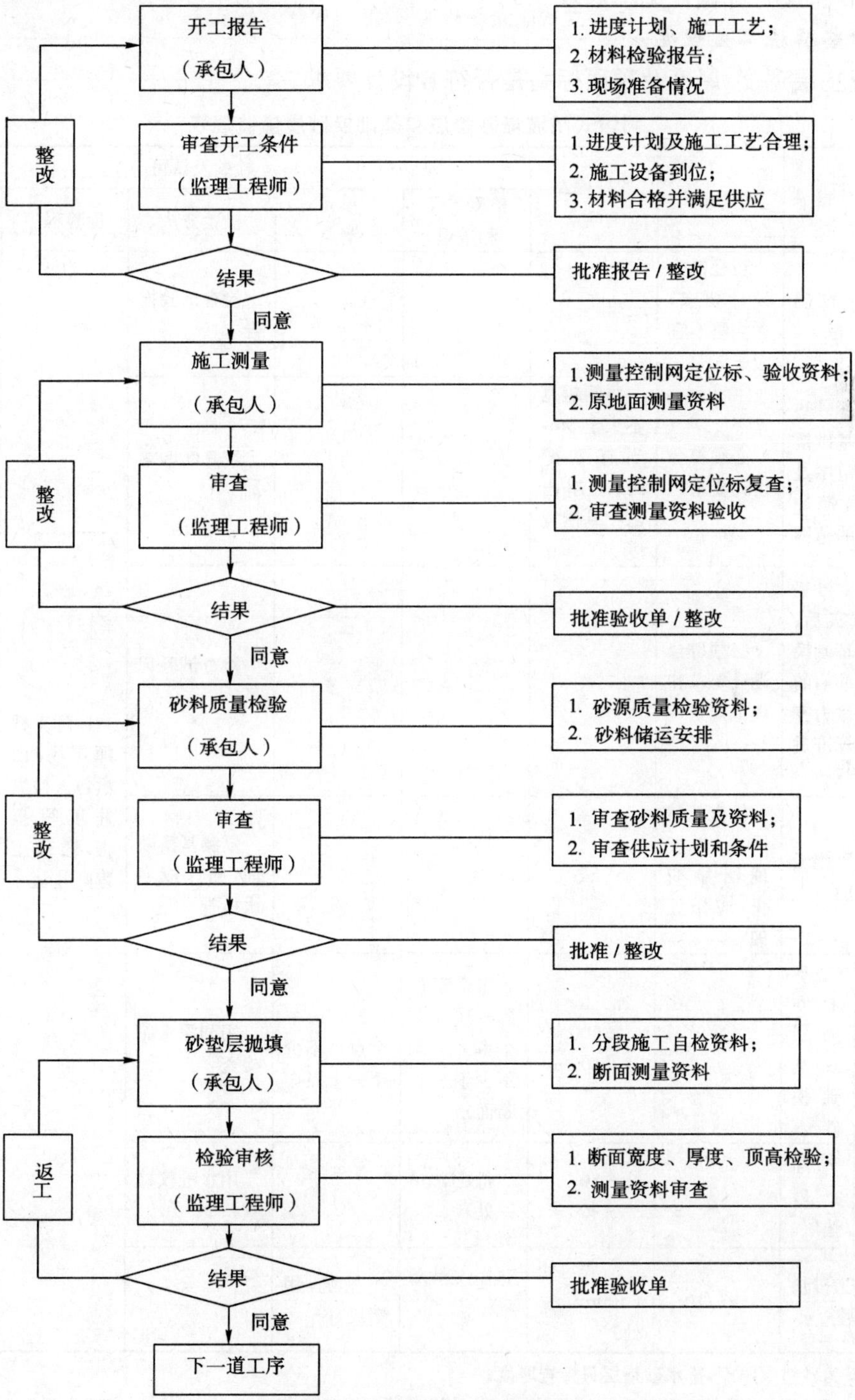

图 3-6-3 砂垫层施工监理程序图

2. 砂垫层施工监理内容

(1)砂的质量及规格符合设计要求,含泥量不宜大于5%;

(2)水下砂垫层应分段施工,砂垫层的厚度与宽度不小于设计要求,顶面高程不高于设计标高0.5m;

(3)砂垫层抛填后应及时用块石覆盖;

(4)砂垫层允许偏差见本章表3-6-2。

3. 砂垫层施工监理要点

检查垫层宽度、厚度及顶面标高是否符合设计要求。

斜坡式防波堤砂垫层和基础换砂质量监理表　　表3-6-2

<table>
<tr><th rowspan="2">序号</th><th rowspan="2" colspan="2">项　目</th><th rowspan="2">质量标准</th><th rowspan="2">允许偏差(mm)</th><th colspan="5">检验及认可</th></tr>
<tr><th>检测单元和数量</th><th>单元测点</th><th>检验方法</th><th>检验程序</th><th>认可程序</th></tr>
<tr><td>1</td><td colspan="2">砂的规格、质量</td><td>粒径符合设计要求,含泥量不宜大于5%</td><td></td><td></td><td></td><td>检查试验报告</td><td rowspan="7">监理工程师在场,由承包人检测并填写报告,监理工程师签认</td><td rowspan="7">(1)监理工程师书面签认质量评定表;
(2)必要时监理进行抽检,其表式用承包人所用表改为监理用表</td></tr>
<tr><td rowspan="2">2</td><td colspan="2">水下砂垫层或基础换砂的范围及厚度,振冲密实的范围</td><td>必须符合设计要求</td><td>每侧超宽不大于3m,当有基槽时,不超出已挖基槽宽度</td><td></td><td></td><td>检查断面测量</td></tr>
<tr><td colspan="2">陆上砂垫层压实后、水下基础换砂振冲后的干土重力密度或标准贯入击数</td><td>必须符合设计要求和规范规定</td><td></td><td></td><td></td><td>检查试验记录</td></tr>
<tr><td>3</td><td colspan="2">水下施工抛砂前</td><td>检查基槽尺寸,如发现明显变化,应作处理</td><td></td><td></td><td></td><td>复测基槽断面,插深或潜水检查</td></tr>
<tr><td rowspan="2">4</td><td rowspan="2">顶面标高</td><td>水下砂垫层或基础换砂</td><td></td><td>+500
−300</td><td>每个断面(5～10m一个断面,且不少于三个断面)</td><td>2～4m一个点且不少于三个点</td><td>用测深水砣检查</td></tr>
<tr><td>陆上砂垫层</td><td></td><td>+30
−20</td><td>每处(20m²一处)</td><td>1</td><td>用水准仪检查</td></tr>
<tr><td>5</td><td colspan="2">陆上砂垫层厚度</td><td>±h/10</td><td>每处(100m²一处)</td><td>1</td><td>挖坑,用钢尺量</td><td></td></tr>
</table>

注:①h为砂垫层厚度,排水砂垫层只检查厚度;

②本表中的"质量标准"和"允许偏差"详见《防波堤设计与施工规范》7.1条和《检评标准》表7.1.5。

二、堤身施工

1. 提心石抛填与理坡监理程序(图 3-6-4)

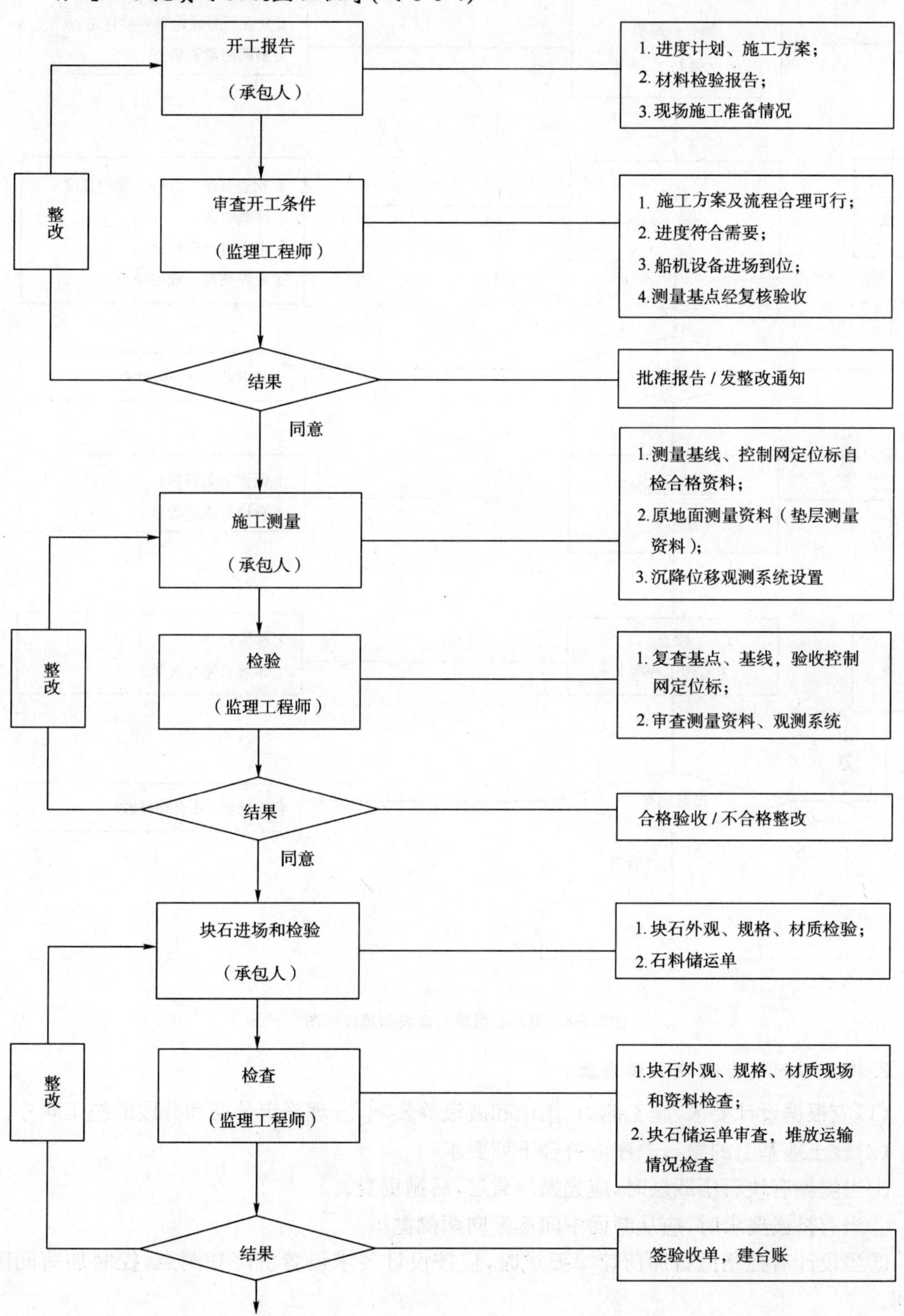

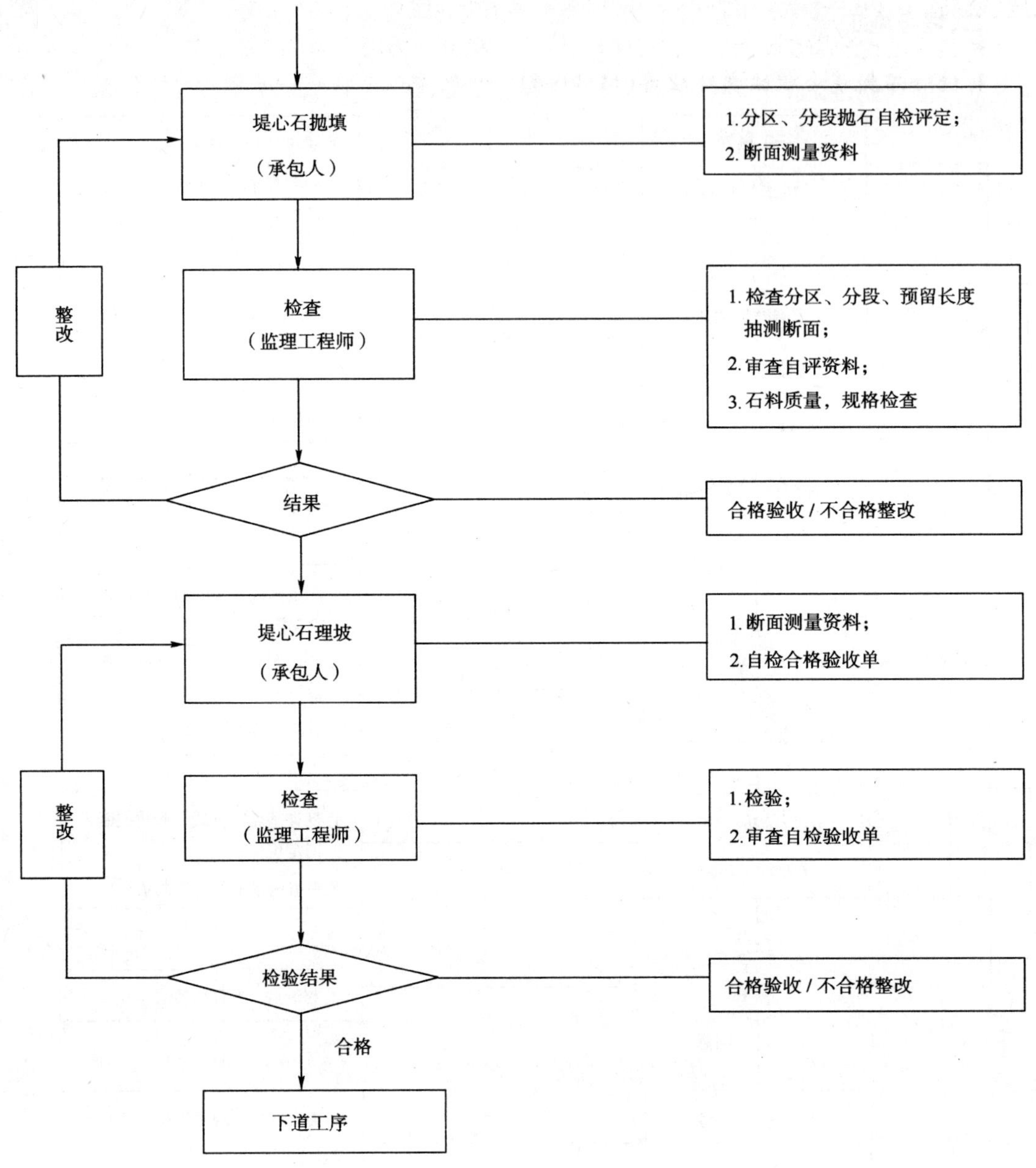

图 3-6-4　堤心石抛填与理坡监理程序图

2. 堤心石抛填与理坡监理内容

(1)应根据设计要求、施工能力、潮位和波浪等影响,合理确定分层和分段的施工顺序。

(2)软土地基上的抛石顺序应符合下列要求:

①当堤侧有块石压载层时,应先抛压载层,后抛堤身。

②当有挤淤要求时,应从断面中间逐渐向两侧抛填。

③当设计有控制抛石加荷速率要求时,应按设计要求设置沉降观测点,控制加荷间隙时间。

(3)每段堤心石抛填完成后,应及时理坡并覆盖垫层块石及护面层。堤心石抛石的暴露长度宜控制在 30～50m。压脚棱体，护坦抛石要相应进行。

(4)堤身抛石理坡质量允许偏差，应符合《防波堤设计与施工规范》表 7.2.8 和表 7.2.9。

(5)采用爆炸排淤法处理软基时应符合《爆炸法处理水下软基技术规程》的规定。

3. 堤心石抛填与理坡监理要点

(1)抛填石料规格与质量应符合设计要求，抛填顺序、分层分段、暴露段按施工工艺要求进行。

(2)分区、分段及暴露长度要保持堤身施工期稳定安全。

4. 垫层石抛石施工质量监控

详见本篇第三章。

三、护面施工质量监控

有关护面人工块体的预制和安装参见本章第五节，安抛块石和砌石护面层的质量监控参见本章第四节。

四、上部结构质量监控

(1)现浇混凝土胸墙监理程序，详见本篇第三章。

(2)现浇混凝土胸墙监理内容，详见本篇第三章。

(3)现浇混凝土胸墙监理要点：

①斜坡堤的胸墙，应在抛石堤身和地基沉降基本完成后施工；

②对现浇混凝土胸墙的模板，应考虑施工期波浪作用时的强度和稳定性。胸墙与抛石堤身接触处应防止漏浆；

③对掺块石胸墙应符合《混凝土施工规范》的有关规定。

第三节　直立式防波堤施工质量监控

主要结构型式有沉箱直立堤、正砌方块直立堤、混合式直立堤等。

一、基础施工

1. 基槽开挖施工质量监控程序

详见本篇第三章。

2. 基槽开挖施工质量监控内容

详见本篇第三章。

3. 基槽开挖施工质量监控要点

(1)基床开挖中地质与设计不符，要及时与设计研究解决；

(2)基床抛石前要验槽，回淤超过规定应清淤；

(3)抛石基床夯实验夯，复打一次沉降不大于 50mm；

(4)抛石基床整平允许偏差应符合《防波堤设计与施工规范》表 8.1.6。

二、堤身施工

1. 方块沉箱的预制、出运、安装及施工监理程序

详见本篇第三章。

2. 方块沉箱的预制、出运、安装及施工监理内容

详见本篇第三章。

3. 方块和沉箱预制施工质量监理要点

(1)预制方块和沉箱，其底模上的隔离剂或隔离层，不得使用油毛毡。

(2)沉箱分层浇筑时，施工缝不宜设在水位变动区和底板与主墙的连接处。

(3)方块和沉箱安装：

①预制方块和沉箱起吊时，混凝土强度应符合设计要求；

②沉箱的溜放及浮运，应符合《重力式码头设计与施工规范》的有关规定；

③吊点附近的混凝土应用钢筋加强，预留洞与吊具接触面应用钢套管保护。吊点实际位置与设计位置的允许偏差为±30mm；

④沉箱的贮存场地、沉箱安放时的沉放要求等应符合《防波堤设计与施工规范》的有关规定。

(4)方块与沉箱预制和安装的允许偏差，见《防波堤设计与施工规范》表 8.2.4、表 8.3.6 和表 8.3.10，《检评标准》表 10.2.1、表 10.2.3、表 15.1.5 和表 15.1.6。

4. 沉箱安装后，箱内应及时回填

抛填块石时应采取措施保护沉箱顶沿混凝土，抓紧上部结构施工。

三、上部结构施工

1. 上部结构浇注胸墙混凝土施工监理程序

见本篇第三章。

2. 上部结构浇注胸墙混凝土施工监理内容

见本篇第三章。

3. 上部结构浇注胸墙混凝土施工监理要点

(1)上部结构模板应考虑施工期波浪的作用时强度和稳定，模板与堤身的接触部位应防止漏浆及发生淘刷；

(2)上部结构需分层浇筑时，应减少水平施工缝；

(3)赶潮施工浇筑混凝土时，应始终保持浇筑层在水面以上。

四、基床护面施工

1. 基床护面块体的预制安装、施工监理程序

见本章第五节。

2. 基床护面块体的预制安装、施工监理内容

见本章第五节。

3. 基床护面块体预制安装监理要点

堤前护底人工块体安装应在堤身结构安装后及时安放。

 第四节　护岸施工质量监控

一、护岸的分类及其结构型式

1. 护岸分类

护岸工程按其结构型式可分为斜坡式和直立式两种。

2. 斜坡式护岸结构型式

有堤式护岸；坡式护岸，其结构组成有堤身、岸坡、护肩、护面、护脚和护底等。

3. 直立式护岸结构型式

(1)现浇混凝土和浆砌块石结构直立式护岸，其结构组成主要有墙体、压顶、护脚、护底和基床等；

(2)混凝土方块结构直立墙护岸，其结构组成主要有墙体、胸墙、护底、基床、抛石棱体等；

(3)板桩结构直立式护岸，其结构组成主要有板桩、胸墙或帽梁、导梁、钢拉杆、锚碇结构等；

(4)加筋土结构直立墙，其结构组成主要有加筋体、胸墙或帽梁、墙面板和基础等；

(5)沉箱结构直立式护岸，其结构组成主要有沉箱、胸墙、护底、基床、抛石棱体等；

(6)扶壁结构直立式护岸，其结构组成主要有护壁、胸墙、抛石棱体、基床等。

二、护岸分项分部工程

表 3-6-3 摘自《检评标准》表 2.0.1-9，护岸工程施工程序见图 3-6-5。

护岸分项、分部工程划分及名称　　表 3-6-3

序　号	分部工程名称	分 项 工 程 名 称
1	基槽及岸坡开挖	基槽及岸坡开挖
2	堤身	压脚棱体抛石与理坡，堤心石抛石与理坡，垫层石抛石与理坡，倒滤层，护坦抛石等
3	△护面	预制护面块、护面块体安装，护面块石安抛，砌石护面等
4	△上部结构	△预制挡浪墙块、△预制防汛墙、构件安装、△现浇挡浪墙、△现浇防汛墙、浆砌石挡浪墙、防汛墙，沉降缝，止水等
5	回填及面层	土石方回填，垫层与基层（碎石、灰土等），面层（混凝土，沥青混凝土，铺砌块、泥结碎石）等
6	附属设施	踏步，边沟，栏杆，灯柱等

注：表中带“△”者，为主要分部、分项工程。

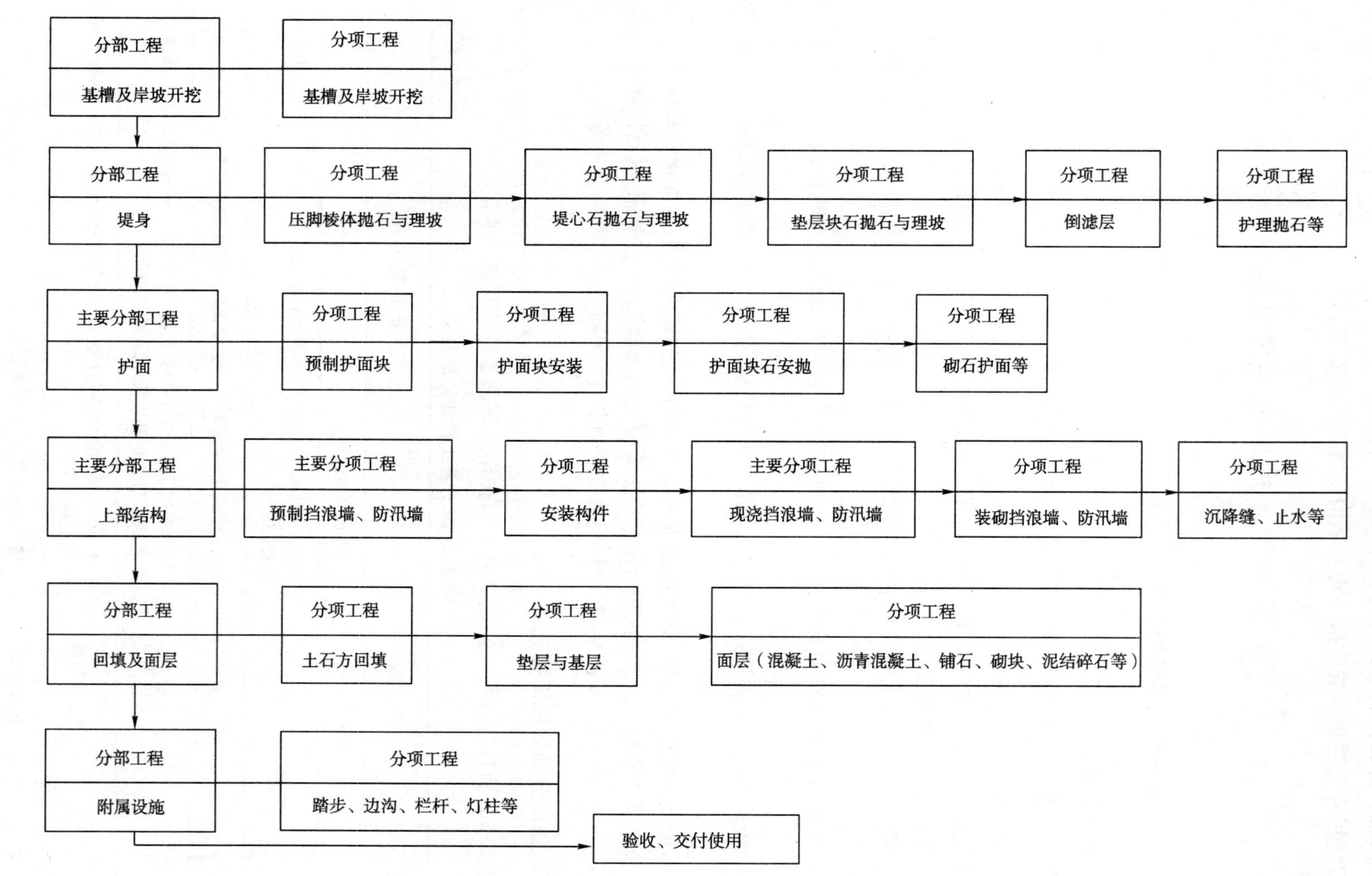

图3-6-5　护岸施工工程序图

三、护岸施工质量监理程序(图 3-6-6)

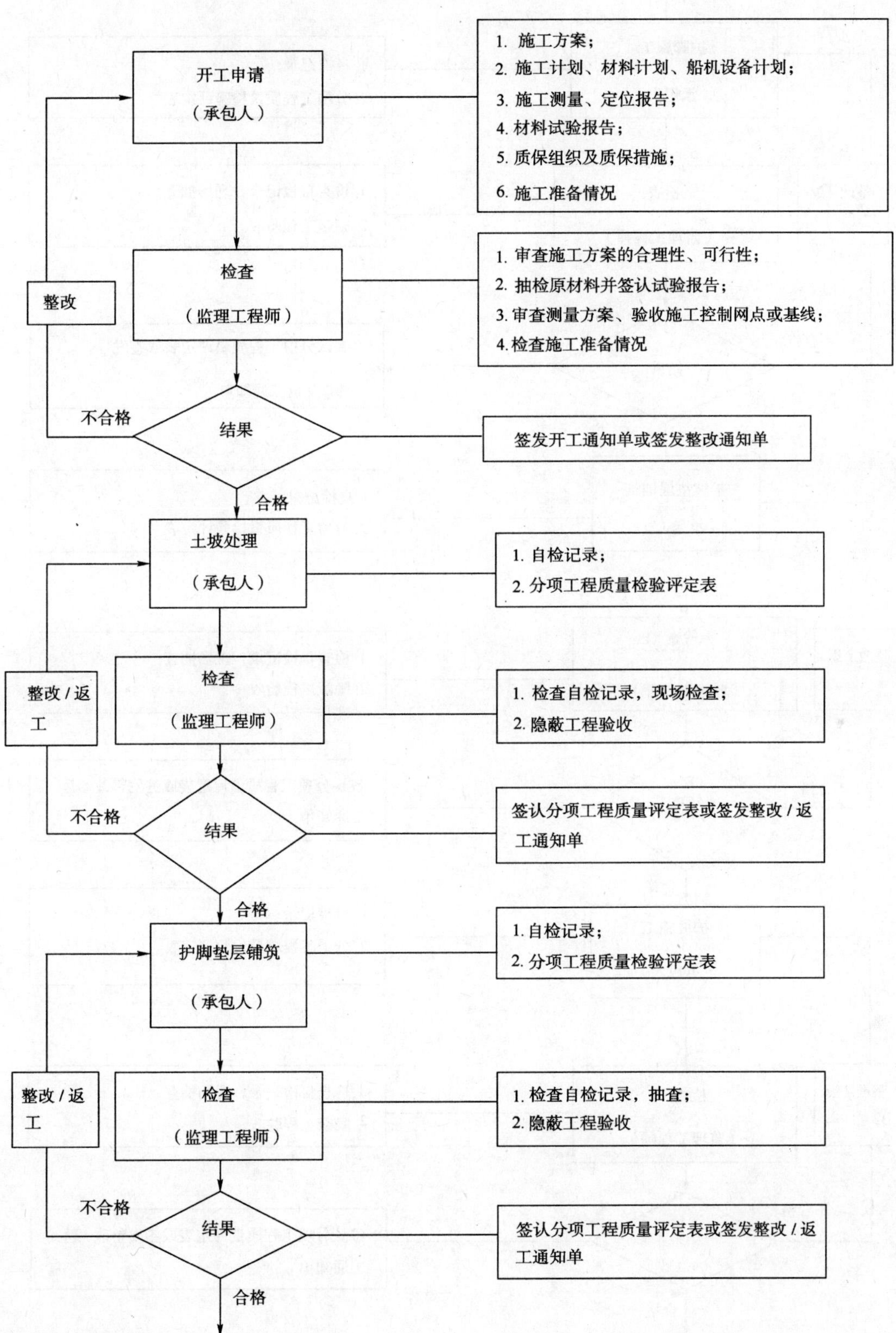

合格

护脚施工
（承包人）

1. 自检记录；
2. 分项工程质量检验评定表

检查
（监理工程师）

1. 检查自检记录，现场抽查；
2. 隐蔽工程验收

结果

不合格 → 整改 / 返工

签认分项工程质量评定表或签发整改 / 返工通知单

合格

护坡垫层铺筑
（承包人）

1. 自检记录；
2. 分项工程质量检验评定表

检查
（监理工程师）

1. 检查自检记录，现场抽查；
2. 隐蔽工程验收

结果

不合格 → 整改 / 返工

签认分项工程质量评定表或签发整改 / 返工通知单

合格

护坡施工
（承包人）

1. 自检记录；
2. 分项工程质量检验评定表

检查
（监理工程师）

1. 检查自检记录，现场抽查；
2. 隐蔽工程验收

结果

不合格 → 整改 / 返工

签认分项工程质量评定表或签发整改 / 返工通知单

合格

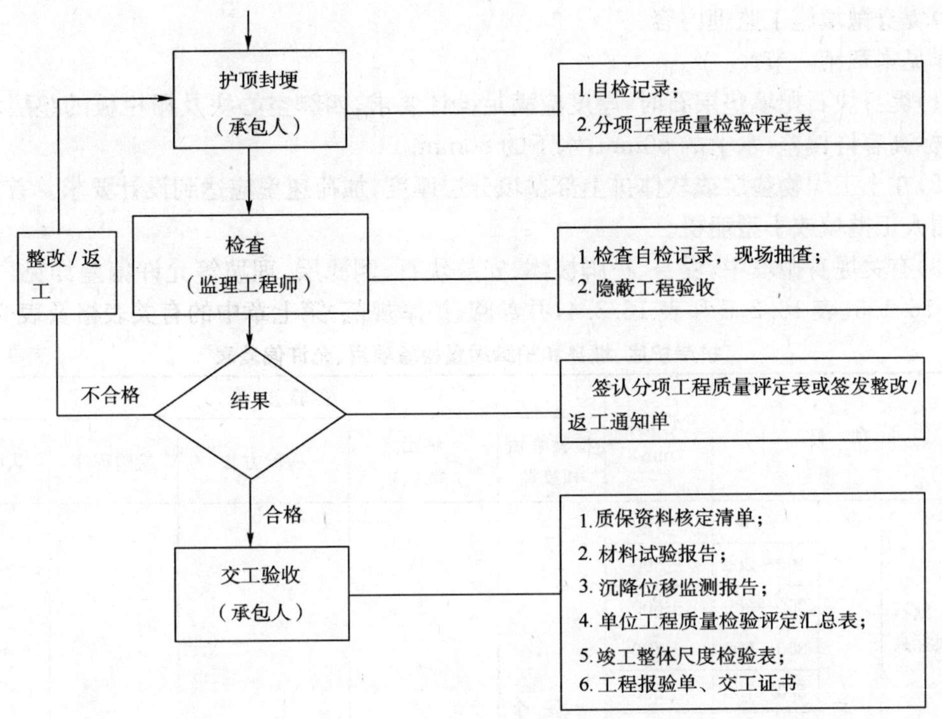

图 3-6-6 护岸施工质量监理程序图

四、护岸施工质量监控

1.基槽和岸坡开挖

1)基槽和岸坡开挖监理程序

详见本篇第三章

2)基槽和岸坡开挖施工监理内容。

(1)基槽和岸坡开挖前应进行断面测量、布置控制标志；

(2)检查开挖范围及标高，核对地质情况；

(3)开挖范围内，基槽尺度、岸坡坡度应符合设计要求；

(4)边坡开挖应平整稳定，不得松土回填超挖部分；

(5)陆上土质基槽开挖，基底预留100～200mm，基础施工前人工挖除，岩石基槽应清除风化层，岩面倾斜时，应凿开或成阶梯型；

(6)基槽开挖后应及时抛石或铺面层；

(7)基槽和岸坡开挖允许偏差应符合《港口及航道护岸工程设计施工规范》(JTJ 300—2000)(以后简称《护岸规范》)表7.27。

3)基槽开挖和岸坡开挖施工监理要点

(1)开挖范围、标高，岸坡坡度应符合设计要求；

(2)边坡开挖平整稳定，不得有贴坡现象。

2.堤身抛填

1)堤身抛填施工监理程序

详见本章第一节。

2)堤身抛填施工监理内容

详见本章第一节。

(1)堤身块石抛填垫层石时,厚度应满足设计要求,四脚空心块及栅栏板的垫层块石宜铺砌,标高容许偏差:水上的50mm,水下的80mm。

(2)在土工织物垫层或软体排上部抛填分层厚度,加荷速率应达到设计要求。首层抛填宜采用人工抛填或小型船机。

(3)有关堤身抛填中,堤身、护脚棱体、安放块石、倒滤层、理坡等允许偏差详见《检评标准》表16.1.5、表16.2.5和表16.3.4,并参阅《护岸规范》第七章中的有关表格及表3-6-4。

护岸护底、堤身和护脚质量检验项目、允许偏差表 表3-6-4

序号	项目			允许偏差(mm)	检验要求				
					检验单元和数量	单元测点	检验方法	检验程序	认可程序
1	抛石顶标高	块石重量(kg)	10~100	±400	每一个断面(5~10m一个断面)	1~2m一个点	拉线尺量或用测深水砣检查	监理在场,由承包人检测并填表,监理签认	(1)监理工程师书面签认质量评定表;(2)必要时监理进行抽检,其表式用承包人所用表改为监理用表
			100~200	±500					
			200~300	±600					
			300~500	±700					
			500~700	±800					
			700~1000	±900					
2	理坡标高		10~100	±200					
			100~200	±300					
3	安放块石标高		200~300	±400					
			300~500	±500					
			500~700	±600					
			700~100	±700					
4	护脚棱体	顶宽		+200 0	同上	1~2	用经纬仪和钢尺量		
		顶面标高		+200 0	同上	2m一个点且不少于3点	用水准仪检查		
5	软体排铺设	排体轴线位置		±500					
		排体设置长度		+1000 0					
		搭接长度	陆上	$\pm L/10$					
			水下	$\pm L/5$					

注:①L为设计搭接长度(mm);

②本表中的"允许偏差"和"检验数量"详见《检评标准》表16.3.4和表16.5.6。

3)堤身抛填施工监理要点

(1)抛填石料的质量及规格达到设计要求;

(2)分层、分段控制要符合设计和施工工艺要求。

3. 倒滤层

1)倒滤层施工质量监理程序

详见本篇第三章。

2)倒滤层施工质量监理内容

详见本篇第三章。

(1)倒滤层材料的质量及规格应满足设计要求;

(2)倒滤层宜分段、分层由坡脚向坡顶施工,每段、每层推进面应错开足够距离;

(3)受风浪影响的地区,倒滤层施工后,应及时进行回填覆盖;

(4)倒滤层厚度的质量检验项目、允许偏差见《护岸规范》表 7.5.1。

3)土工织物滤层施工的规定

(1)所用土工织物的品种、规格和技术性能应满足设计要求;

(2)铺设前应对基层进行清淤、整平,表面不得有尖角;

(3)土工织物的拼幅与接长,宜采用"包缝"或"丁缝",尼龙线的强度不得小于 150N。

(4)土工织物铺设应平顺,松紧适度,其坡顶锚固及坡底压稳应满足设计要求;

(5)基层平整度及相邻两块土工织物搭接长度允许偏差应符合《护岸规范》表 7.5.1 和表 7.5.2;

(6)土工织物铺设后,应及时覆盖保护层或进行上部施工,回填顺序宜由坡底向坡顶方向进行。

4. 护面层

1)护面施工质量监理程序

详见本章第五节。

2)护面施工质量监理内容详见本章第五节,并增加以下内容:

(1)干砌块石护面应自下而上错缝立砌,块石应相互镶紧,不得由坡外侧填塞。块石护面铺砌的允许偏差应符合表 3-6-5 和表 3-6-6 及《护岸规范》表 7.6.3 的规定。

(2)干砌条石护面施工应符合下列规定:

①干砌条石护面的厚度不得小于设计值;

②干砌条石应相互错缝,坐紧挤实,不得松动和叠砌;

③干砌条石护面的允许偏差应符合表 3-6-5 和表 3-6-6 及《护岸规范》表 7.6.3 的规定。

(3)浆砌块石护面应坐浆铺砌,块石间组砌合理,砌缝砂浆饱满并勾缝。浆砌块石护面的允许偏差应符合表 3-6-5 和表 3-6-6 及《护岸规范》表 7.6.3 的规定。

(4)模袋混凝土护面应符合下列规定:

①模袋种类及性能应满足设计要求;

②模袋铺设前应对其基层表面进行清理,整平。

③模袋应自上而下垂直坡向铺设,随铺随压砂袋或碎石袋,并应及时充灌混凝土或砂浆。

④模袋混凝土的原材料、配合比及拌和物除应符合《水运工程混凝土施工规范》(JTJ 268—96)的有关规定,并应符合下列规定:

a. 粗骨料的最大粒径符合以下规定:

模袋混凝土厚度:150 ~250mm　　骨料最大粒径:20mm

　　　　　　　　≥250mm　　骨料最大粒径:40mm

b. 混凝土坍落度不宜小于 200mm。

⑤模袋混凝土的充灌应采用泵灌,充灌量的偏差应控制在设计值的 5%以内。

⑥模袋混凝土护面施工允许偏差应符合《护岸规范》表 6.6.2 的规定。

斜坡式护岸块石护面铺砌质量检验项目及允许偏差表　　表 3-6-5

序号	项　目	允许偏差(mm)			检验要求				
		干砌块石	浆砌块石	干砌条石	检验单元和数量	单元测点	检验方法	检验程序	认可程序
1	砌缝最大宽度	30	40	35	每处(每10延米一处,但每设计段不少于二处)	1	用钢尺量,取大值	监理在场,由承包人检测并填表,监理签认	(1)监理工程师书面签认质量评定表;(2)必要时监理进行抽检,其表式用承包人所用表改为监理用表
2	三角缝最大宽度	70	80	/		1			
3	通缝长度	1 000	1 000	1 000		1			
4	表面平整度	40	40	30		2	用2m靠尺和楔形塞尺量垂直两方向(干、浆砌块石);拉2m线量垂直两方向,量缝处(干砌条石)		
5	相邻块顶面高差	30	30	30		1			

注:①干砌条石的通缝是指错缝小于80mm的连续砌缝;当设计有特殊要求时,砌缝最大宽度以设计值为准;

②允许偏差见《护岸规范》表7.6.3和《检评标准》表17.1.7。

斜坡式护岸模袋混凝土质量检验项目、允许偏差表　　表 3-6-6

序号	项　目	允许偏差(mm)	检验要求				
			检验单元和数量	单元测点	检验方法	检验程序	认可程序
1	厚度	$+0.08h$ $-0.05h$	每块(逐件检查)	3	探针插入上、中、下部	监理在场,由承包人检测并填表,监理签认	(1)监理工程师书面签认质量评定表;(2)必要时监理进行抽检,其表式用承包人所用表改为监理用表
2	相邻块最大缝宽	30		3	用尺量上、中、下三处		
3	表面平整度	100		2	用2m靠尺和钢尺量		

注:①h为模袋混凝土的设计厚度(mm);

②本表中的"允许偏差"、"检验数量"详见《护岸规范》表7.6.3、表7.6.6-2和《检评标准》表12.2.10。

3)护岸、护面施工监理要点

(1)护面块体安装数量符合设计要求,安装完成后要检查补漏;

(2)浆砌块石应坐浆平砌,上下错缝,内外搭接,砌缝砂浆饱满,勾缝平顺;

(3)模袋混凝土护面施工前,基层要清理整平,模袋铺设后,固定牢固及时充模,充填量符合设计要求。

5. 上部结构

1)浆砌石挡墙

(1)浆砌块石挡墙施工质量监理程序

见本篇第七章有关内容。

(2)浆砌块石挡墙施工质量监理内容

①石料应符合下列规定：

a. 石料应质地坚实、无风化和裂纹；

b. 块石应呈块状，宽度和厚度不应小于 200mm，长度不宜大于厚度的 4 倍；

c. 石料各面的加工应满足设计要求。当设计无要求时，其外露面、叠砌面和接触面的表面凹入深度不应大于 25mm。

②砂浆质量应符合《水运工程混凝土施工规范》(JTJ 268—96)的有关规定，砂浆的稠度宜为 30～50mm。

③浆砌石挡墙应分段、分层砌筑，但两工作段的砌筑高差不宜超过 1000mm。

④块石应坐浆平砌，上下错缝，内外搭砌。上下层错缝的距离不宜小于 30mm，块石砌体的拉结石应均匀分布、相互错开。

⑤料石砌筑挡墙时，砌筑前应先计算层数，选好料石。砌筑时，应控制料石的砌筑高度和砌缝的横平竖直，宜采用丁顺相间的砌筑形式。砌缝砂浆应饱满，灰缝宽度不宜大于 20mm。

⑥浆砌体应在砂浆初凝后养护 7～14 天，养护期间应避免碰撞、振动或承重。

⑦浆砌石挡墙的质量检验项目、允许偏差符合表《护岸规范》表 8.8.10。

2)现浇混凝土挡墙

(1)现浇混凝土挡墙施工监理程序

详见本篇第三章。

(2)现浇混凝土挡墙施工监理内容

①挡墙的基础、基槽底为砂性土、粘性土或抛石基床时，应夯实整平。特殊地基按设计要求进行处理。

②挡墙的钢筋混凝土施工除应符合《水运工程混凝土施工规范》(JTJ 268—96)的规定：

a. 梯形断面宜整体连续浇筑，当墙高较大需分层浇筑时，分层高度宜取 1.5～3.0m；

b. 倒 T 型、L 型断面可先浇筑底板，再浇筑立墙，其施工缝宜留在其交界线以上 500～1000mm 处。

c. 现浇混凝土挡墙的质量检验项目、允许偏差见表 3-6-7～表 3-6-9。应符合《护岸施工规范》表 8.10.3 的规定。

(3)现浇混凝土挡墙施工质量监理要点

①现浇混凝土挡墙基础是岩石地基要按规定清理和处理，是土质地基或抛石基床时，要夯实整平；

②现浇混凝土挡墙宜整体连续浇注，当墙高较大时，分层浇注，作好接缝处理。

6. 后方回填

1)后方陆上回填和吹填施工质量监理程序

见本篇第三章。

2)后方回填施工质量监理内容

(1)回填料品种、质量，回填的分层、顺序和回填速率应满足设计要求，当需要挤淤时，应按有利于挤淤的方向进行。

(2)陆上填料应分层压实，或夯实。

(3)吹填。

直立式护岸混凝土胸墙和挡浪墙质量检验项目、允许偏差及检验要求 表 3-6-7

序号	项目		允许偏差(mm)	检验要求				
				检验单元和数量	单元测点	检验方法	检验程序	认可程序
1	前沿线位置		30	每段构件(逐件检查)	3	用经纬仪和钢尺量两端和中部	监理在场,由承包人检测并填表,监理签认	(1)监理工程师书面签认质量评定表;(2)必要时监理进行抽检,其表式用承包人所用表改为监理用表
2	顶面标高		±30		3	用水准仪量两端和中间		
3	顶面宽度		±10		3	用钢尺量两端和中部		
4	相邻段错牙		20		2	用钢尺量迎水面和顶面,各取大值		
5	迎水面暴露面平整度		20		2	用 2m 靠尺和楔形塞尺量中部垂直两方向		
6	迎水面暴露面竖向倾斜		$H/200$		2	吊线、用经纬仪和钢尺量两端		
7	顶面平整度		10		2	用 2m 靠尺和楔形塞尺量顶面三分点处		
8	预留孔(洞)位置		20	每个预埋件、预留孔(抽查 50%)	1	用钢尺量纵横两方向,取大值		
9	预埋铁件	位置	20		1			
		与混凝土表面错牙	20			用钢尺量		

注:①前沿线位置偏差是指混凝土浇注后相对施工准线的偏差;

②顶面标高偏差是指混凝土浇注后相对施工控制标高的偏差;

③H 为胸墙高度;

④本表中的"允许偏差"和"检验数量"详见《护岸规范》表 8.7.4,《检评标准》表 10.3.1。

护岸浆砌石挡墙质量检验项目、允许偏差及检验要求 表 3-6-8

序号	项目		允许偏差(mm)		检验要求				
			浆砌块石	浆砌料石	检验单元和数量	单元测点	检验方法	检验程序	认可程序
1	前沿线位置		30	30	每段(逐段检查)	2	用经纬仪和钢尺量两端	监理在场,由承包人检测并填表,监理签认	(1)监理工程师书面签认质量评定表;(2)必要时监理进行抽检,其表式用承包人所用表改为监理用表
2	截面厚度		不小于设计厚度				用钢尺量		
3	顶面高程		±40	±20		3	用水准仪量两端和中部		
4	正面倾斜	前倾	0	0		2	吊线用钢尺量		
		后倾	$H/100$	$H/100$					
5	正面平整度		40	20		2	用 2m 靠尺和楔形塞尺量竖向和水平向		
6	正面相邻块石错牙		/	10		1	用钢尺量,取大值		

注:①H 为墙高(mm);

②允许偏差见《护岸规范》表 8.8.10 和《检评标准》表 17.1.6。

直立式护岸现浇混凝土质量检验项目、允许偏差及检验要求　　表3-6-9

序号	项　目	允许偏差(mm)	检验要求				
			检验单元和数量	单元测点	检验方法	检验程序	认可程序
1	前沿线位置	20	每段构件(逐件检查)	3	用经纬仪和钢尺量两端和中部	监理在场，由承包人检测并填表，监理签认	(1)监理工程师书面签认质量评定表；(2)必要时监理进行抽检，其表式用承包人所用表改为监理用表
2	顶面标高	±20		3	用水准仪量两端和中部		
3	顶面宽度	+20 −10		3	用钢尺量两端和中部		
4	相邻段错牙	10		2	用钢尺量迎水面和顶面，各取大值		
5	迎水面平整度	20		2	用2m靠尺和楔形塞尺量中部垂直两方向		
6	竖向倾斜	$H/200$		2	吊线，用经纬仪和钢尺量两端		
7	顶面平整度	10		2	用2m靠尺和楔形塞尺量顶面三分点处		
8	预留孔位置	20	每个预留孔(抽查50%)	1	用钢尺量纵横两方向，取大值		

注：①H为挡墙高度(mm)；

②本表中的“允许偏差”和“检验数量”详见《护岸规范》表8.10.3，《检评标准》表10.3.1。

第五节　护面块体施工质量监控

一、概述

人工块体护面是斜坡式防波堤，护岸护面的重要构件，常用的有扭工字块、扭王字块、四角锥、空心四脚块、栅栏板等。护面块体的工作条件差，对人工块体预制安装的要求严格。

二、预制护面块体质量监控

1. 预制人工块体施工监理程序(图3-6-7)

2. 监理内容

(1)块体预制场应满足施工工艺要求，生产能力、面积场地、承载力、出运的水深、工作条件符合要求；

(2)预制块体的模板质量和数量符合要求，浇筑前涂好脱模剂；

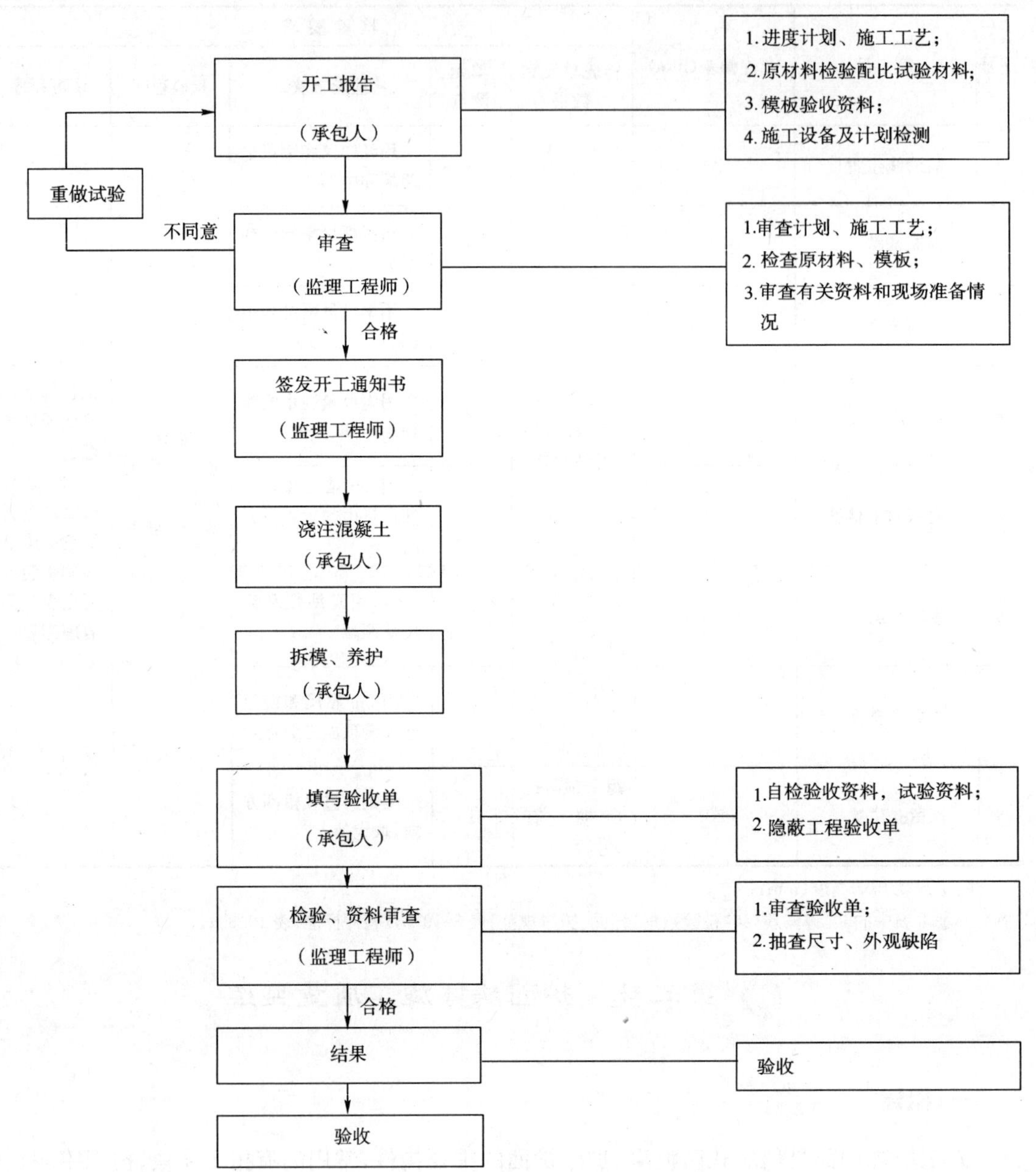

图 3-6-7　预制混凝土护面块体监理程序图

(3)块体预制混凝土浇注，养护应符合《水运工程混凝土施工规范》的要求，混凝土初凝前要完成顶面原浆压光；

(4)预制块体允许偏差和表面缺陷见表 3-6-10 和《检评标准》表 10.2-16、表 10.2-17及表 10.2-18 的规定。

3. 预制护面块体监理要点

人工块体质量检验项目、允许偏差及检验要求 表 3-6-10

序号	项目		允许偏差(mm)	检验要求				
				检验单元和数量	单元测点	检验方法	检验程序	认可程序
1	扭工字块体、扭王字块体、四脚锥体	各部位尺寸	±10	每个构件(抽查1%)	7~8	用钢尺量块体肢杆长度和各肢端头截面	监理在场，由承包人检测并填表，监理签认	(1)监理工程师书面签认质量评定表；(2)必要时监理进行抽检，其表式用承包人所用表改为监理用表
		表面错牙	15		4	用钢尺量每肢杆，各取一大值		
2	四脚空心块	各部位尺寸	±10	每个构件(抽查1%)	8	用钢尺量外轮廓边长和四角高度，各四处		
		板厚度	±10		4	用钢尺量各侧面，取大值		
		孔心位置	20		2	用钢尺量纵、横两方向		
3	栅栏板	长、宽度	±10	每个构件(逐件检查)	8	用钢尺量各边		
		厚度	±10		4	用钢尺量各边中部		
		顶面对角线差	20		1	用钢尺量		
		顶面平整度	10		2	用2m靠尺和楔形塞尺量对角线方向		
		孔格间距	±10		3	用钢尺量中部连续三格		

注：①抹面应平顺，并二次压光；
②块体重量允许偏差为−5%(栅栏板无此项规定)；
③边棱残缺不大于 $50cm^2$；
④模板安装处滑牙不大于15mm；
⑤本表中的“允许偏差”和“检验数量”详见《护岸规范》表8.10.3，《检评标准》表10.2.16~18。

(1)块体拆模后要及时养护，并达到养护的规定时间；

(2)块体出运、储存要防止损伤、断肢。

三、护面块体安装

1. 护面块体施工质量监理程序(图 3-6-8)

2. 护面块体施工质量监理内容

(1)安放块体前要检查块石垫层块石重量、坡度表面平整度；

(2)块体混凝土强度达到要求，方可进行吊装；

(3)块体安放时，要自下而上安放，底部块体应与棱体紧密接触；

(4)扭工字块体随机安放时可先按设计数的95%控制或按计算网点安放，完成后应进行检查补漏，按规则安放时应使垂直杆安放在下面，横杆置于坡面上，垂直杆压在前排横杆上；

(5)四角空心块，栅栏板的安放，块体间应相互靠紧，使其稳固，不宜用二片石支垫；

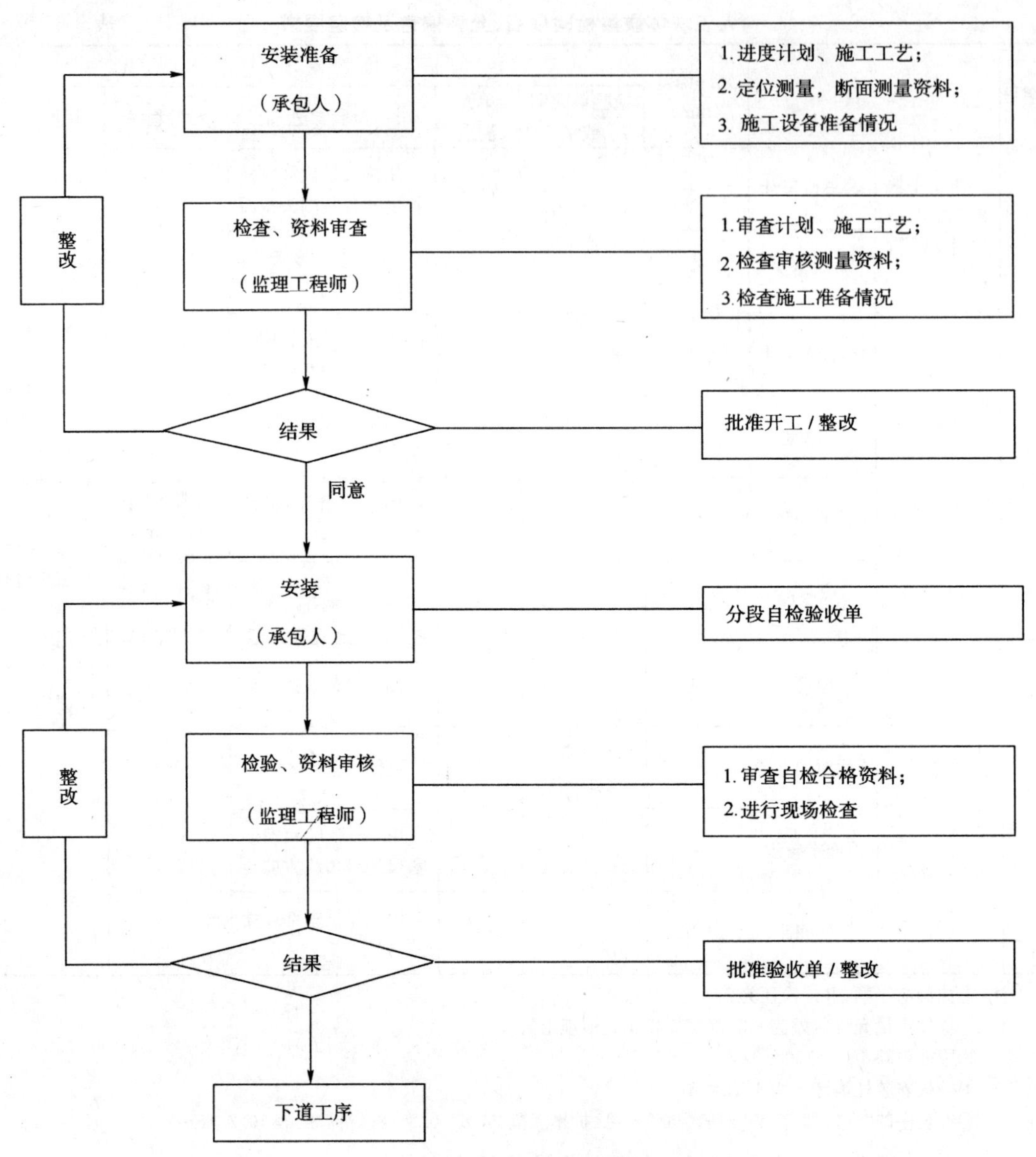

图 3-6-8　护面块体安装监理程序图

（6）块体安装允许偏差应符合《防波堤设计与施工规范》的要求。

（7）对扭工字块体和四脚锥体，其安放的数量与设计数量的偏差为±5%。对扭王字块体，其安放的数量不宜低于设计要求。自下而上安装，并注意控制疏密程度和断肢，进行补漏；护面块体应与棱体抛石靠紧。

（8）对四脚空心方块和栅栏板的安放，其相邻块体的高差不应大于150mm，砌缝的最大宽度不应大于100mm。

3. 护面块体安装施工质量监理要点

（1）护面块体安装数量要达到设计要求；

（2）底部护面块体应与棱体抛石靠紧；

（3）护面块体安装完成后应进行检查补漏。

第七章　斜坡码头与浮码头施工质量监控

第一节　概　　述

一、斜坡码头与浮码头的特点与分类

1.斜坡码头

斜坡码头是在岸坡上建造的以供货物装卸运输、旅客或车辆上下的水工建筑物。其特点是船舶停靠的平面位置随水位变化而变化。

斜坡码头按上下坡运输作业的方式可分为缆车码头、皮带机码头和车渡码头等。应用最多而且具有代表性的是缆车码头。

斜坡码头的主要组成部分是斜坡道。斜坡道结构主要有实体式和架空式两类，也有采用实体和架空相结合的混合式斜坡道。

2.浮码头

浮码头是以趸船或浮式起重机与引桥组成的供货物装卸运输、旅客和车辆上下的水工建筑物。其特点是码头随水位变化作垂直升降，码头面(趸船甲板面)与水面的高差、船舶停靠码头的平面位置都基本不变。

浮码头根据水位变化，水深和引桥允许坡度可采用单跨活动引桥或多跨活动引桥等型式。由趸船、趸船的锚系和支撑设备、引桥、护岸四部分组成。钢引桥有固定钢引桥、活动钢引桥、固定和活动二者皆备的混合式等结构型式。

钢引桥采用活动与固定的混合结构，活动与固定部分之间，一般设有升降架、支承墩结构，下与趸船连接，上与固定钢引桥连接。固定钢引桥下端与支承墩连接，上端与岸桥台连接。固定引桥的墩台及基础和柱，一般为钢筋混凝土结构。

护岸有直立式、半直立式和斜坡式三种，一般采用斜坡式护岸，其结构由倒滤层和护面石组成。

斜坡码头与浮码头适用于水库、湖泊以及掩护较好的海域建造。

二、斜坡码头与浮码头分项分部工程划分与名称

斜坡码头与浮码头的分项分部工程划分及名称见表3-7-1。在斜坡码头与浮码头的分项分部工程中，有不少分项工程与重力式码头、高桩码头等相同，本节主要叙述在重力式码头、高桩码头分部工程的中不尽相同的或尚未叙述过的分项工程质量监控程序、内容与要点。

斜坡码头与浮码头的分项分部划分及名称　　表3-7-1

序号	分部工程名称	分项工程名称
1	基槽及岸坡开挖	基槽及岸坡开挖
2	△基础	基床抛石，基床整平，基床夯实，倒滤层，预制方块，安装方块，预制桩，△沉桩，△灌注桩，现浇桩帽，砌石墩，现浇墩(承)台等

续上表

序号	分部工程名称	分项工程名称
3	△斜坡道或引桥	预制构件(△预制梁、预制排架),构件安装,现浇构件(△现浇刚、排架,△现浇梁),混凝土面层,砌石面层,踏步,△轨道安装,干砌(浆砌)块石护坡等
4	趸船及钢引桥	预制锚块,锚块安装,△钢引桥制作,钢引桥安装,混凝土系船块体,钢撑杆制作与安装,趸船安装等
5	挡土墙及面层	混凝土挡土墙,浆砌石墙,土石方回填,抛石棱体,倒滤层,垫层,面层等
6	码头设施	系船柱制作与安装,护舷制作与安装,系网环,铁栏杆等

注:①表中带"△"者,为主要分部、分项工程;

②凡预制或现浇混凝土构件,均包括模板、钢筋、混凝土三个分部工程;

③本表录自《港口工程质量检验评定标准》(JTJ 221—98)表2.0.1-6。

三、斜坡码头与浮码头的施工程序

斜坡码头与浮码头的施工程序见图3-7-1。

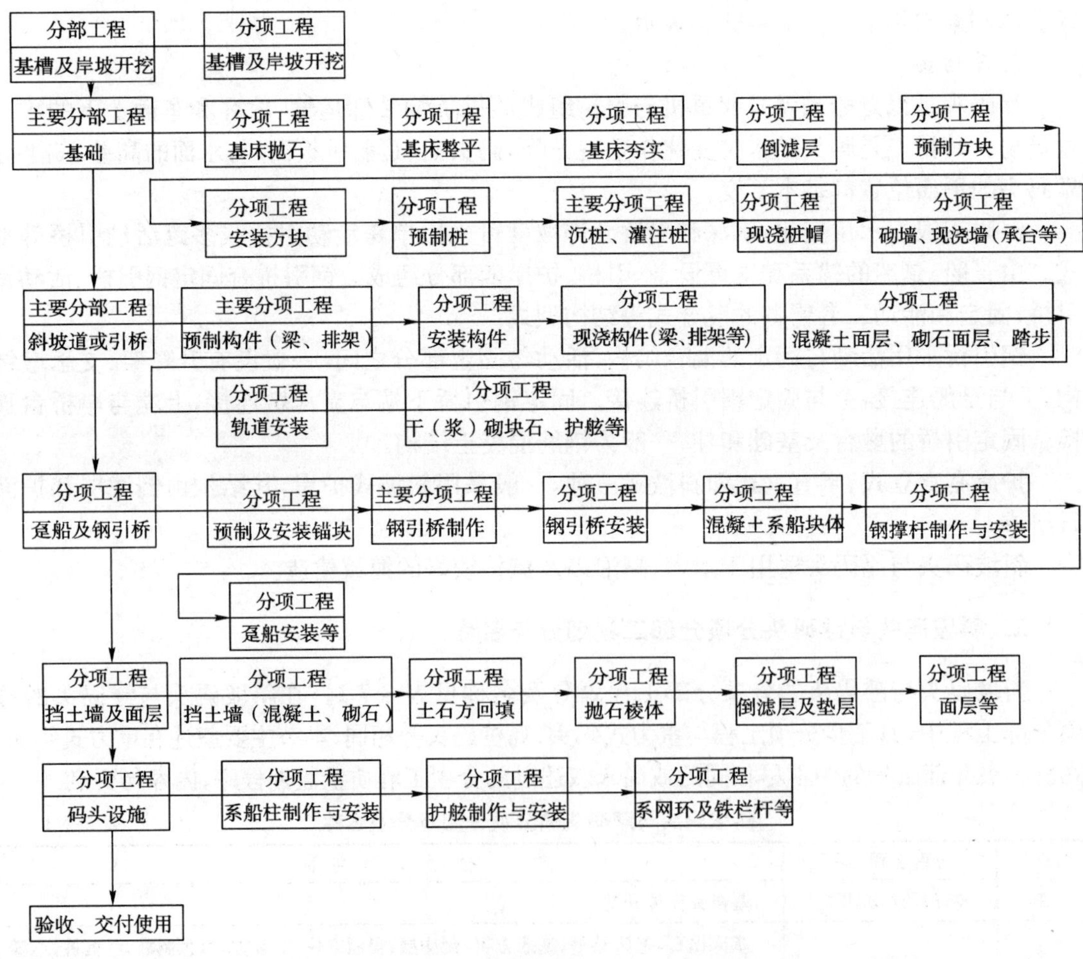

图3-7-1 斜坡码头和浮码头施工程序图

四、斜坡码头与浮码头的分部工程施工通用监理程序(图 3-7-2)

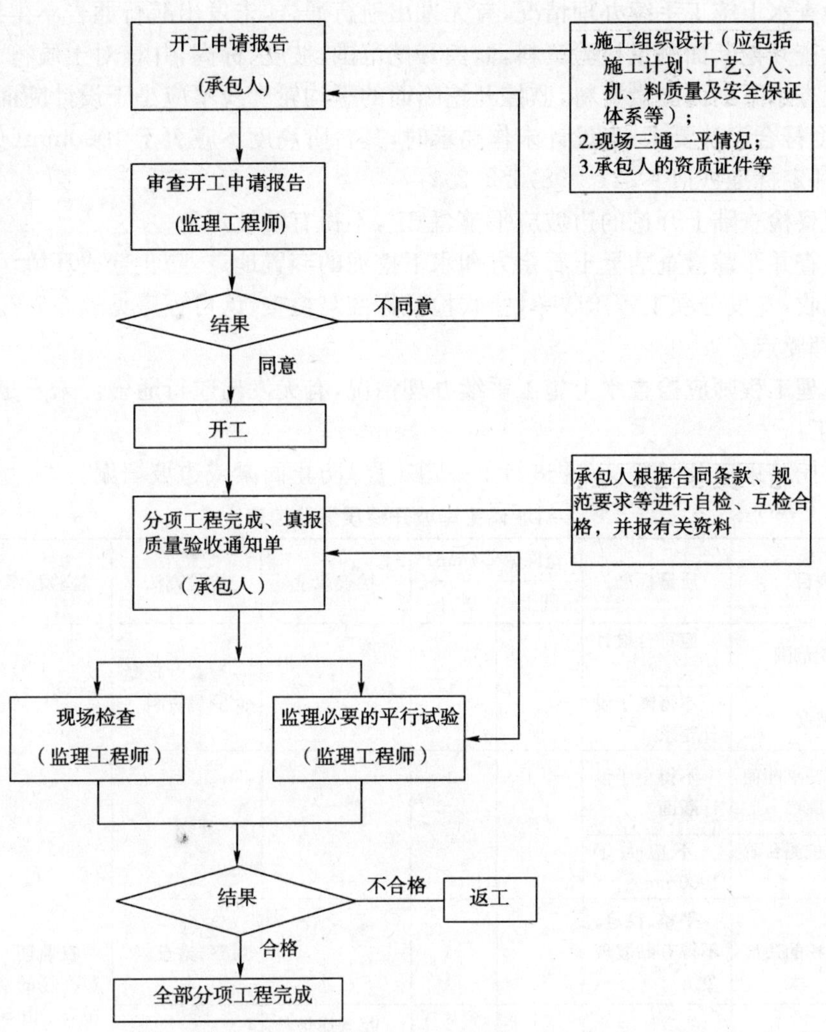

图 3-7-2　斜坡码头与浮码头的分部工程施工通用监理程序图

第二节　基槽与岸坡开挖施工质量监控

一、基槽

详见本篇第三章。

二、岸坡开挖

1. 非岩石地基

1)监理内容

(1)审查施工方案和进度计划;

(2)检查施工前施工测量的控制网点复核结果,其控制点已经加固,能保持至工程竣工验收;

(3)检查施工前根据核准测量控制网系统,在岸坡及附近的建筑物设置的沉降、位移观测点位置;检查施工过程中岸坡及附近建筑物观测记录;

(4)检查水上施工手续办理情况,有无发出航行通告,未发出航行通告不得批准开工;

(5)检查开挖断面测量检验资料,监控开挖范围、坡度、标高,并核对土质符合设计;

(6)检查水下断面测量资料,监控开挖断面的平均轮廓线不应小于设计断面。分层开挖的台阶高度符合设计要求;当设计未作要求时,其台阶高度不应大于1000mm(见《港口工程质量检验评定标准》(JTJ 221—98)5.3.2);

(7)观察检查陆上开挖的边坡应平整、稳定,不得有贴坡现象;

(8)审查并跟踪检查陆上土石余方和水下挖泥的弃置地点,防止造成环境污染;

(9)验收,签发分项工程验收单,验收检验标准与检查、认可程序见表3-7-2。

2)监理要点

(1)监理工程师应检查水上施工手续办理情况,有无发出航行通告。未发出航行通告不得批准开工;

(2)开挖结束应及时验交,并进行下一道工序,防止回淤或边坡坍塌。

斜坡码头岸坡开挖质量监控表 表3-7-2

序号	项目	质量标准	允许偏差(mm)		检查数量	检验方法	检验程序	认可程序
			陆上	水下				
1	开挖范围	应符合设计要求				检查开挖断面测量资料	在监理人员在场的情况下,由承包人检测并填写报表	(1)监理工程师书面签认质量评定表; (2)必要时监理进行抽检,其表式用承包人所用表改为监理用表
	坡度	不得陡于设计要求						
2	水下开挖断面平均轮廓线	不得小于设计断面				同上		
	分层挖泥台阶高度	不应大于1000mm						
3	陆上开挖的边坡	平整、稳定、不得有贴坡现象				观察、检查		
4	岸坡沿线长度		+2000 −0	−0	每条岸坡检测1点(逐条检查)	检查两端断面测量资料		
5	边线和肩线偏移(距断面桩的距离)		+50 −100	±1000	每5~10m一个断面,每个断面检测1点	检查断面测量资料		
6	平台部分标高		+50 −100	+0 −500	每5~10m一个断面,每个断面横向2m检测1点	用回声测深仪或测深水砣检查		
7	坡面线标高		+50 −200	+200 −1000				

注:本表有关允许偏差、检查数量和方法的数据与内容摘引自《港口工程质量检验评定标准》(JTJ 221—98)表5.3.4。

2. 岩石地基水下爆破开挖

以水下钻孔爆破开挖为例。

1)监理程序(图3-7-3)

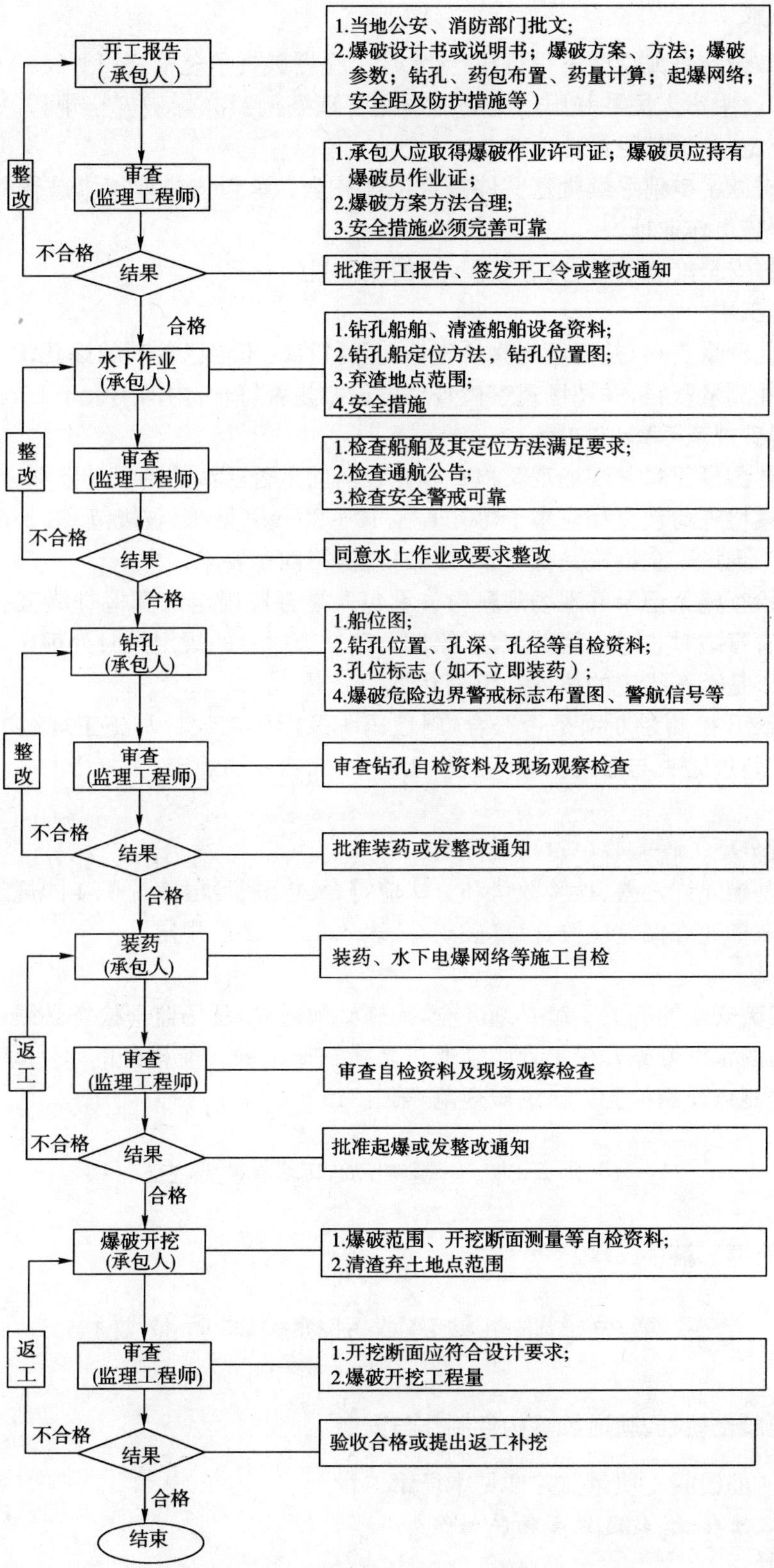

开工报告
（承包人）

1.当地公安、消防部门批文;
2.爆破设计书或说明书；爆破方案、方法；爆破参数；钻孔、药包布置、药量计算；起爆网络；安全距及防护措施等）

审查
(监理工程师)

1.承包人应取得爆破作业许可证；爆破员应持有爆破员作业证;
2.爆破方案方法合理;
3.安全措施必须完善可靠

结果

批准开工报告、签发开工令或整改通知

不合格

整改

合格

水下作业
(承包人)

1.钻孔船舶、清渣船舶设备资料;
2.钻孔船定位方法，钻孔位置图;
3.弃渣地点范围;
4.安全措施

审查
(监理工程师)

1.检查船舶及其定位方法满足要求;
2.检查通航公告;
3.检查安全警戒可靠

结果

同意水上作业或要求整改

不合格

整改

合格

钻孔
(承包人)

1.船位图;
2.钻孔位置、孔深、孔径等自检资料;
3.孔位标志（如不立即装药）;
4.爆破危险边界警戒标志布置图、警航信号等

审查
(监理工程师)

审查钻孔自检资料及现场观察检查

结果

批准装药或发整改通知

不合格

整改

合格

装药
(承包人)

装药、水下电爆网络等施工自检

审查
(监理工程师)

审查自检资料及现场观察检查

结果

批准起爆或发整改通知

不合格

返工

合格

爆破开挖
(承包人)

1.爆破范围、开挖断面测量等自检资料;
2.清渣弃土地点范围

审查
(监理工程师)

1.开挖断面应符合设计要求;
2.爆破开挖工程量

结果

验收合格或提出返工补挖

不合格

返工

合格

结束

图 3-7-3　岩石地基水下爆破开挖监理程序图

2)监理内容

(1)爆破准备

①审查爆破设计书或说明书是否执行《水运工程爆破技术规范》(JTJ 286—90)(以下简称《爆破规范》)、《中华人民共和国民用爆炸物品管理条例》和《爆破安全规程》(GB 6722—2003)等有关规定;是否满足设计要求;

②审查爆破施工申请手续批复文件是否正规齐全。承包人应取得爆破作业许可证,爆破员应持有《爆破员作业证》;

③审查爆破安全措施应符合《爆破规范》的安全规定;

(2)爆破施工中

①检查钻孔测量资料,并现场观察检查钻孔船位移时不得已装药的爆孔;

②检查钻孔测量资料,并现场观察检查位置偏差是否符合:内河不大于 20cm;沿海不大于 40cm(见《爆破规范》第 3.3.1 条);

③检查钻孔测量资料并现场观察检查爆孔装药前是否已清除到设计孔深;

④现场观察检查药包直径应小于爆孔直径 10～20mm(见《爆破规范》第 3.3.4 条);

⑤检查施工现场安全措施是否符合《爆破规范》第四章要求;

⑥爆破后检查施工记录并现场观察检查承包人是否按规定认真检查爆区有无盲炮,发现盲炮或怀疑有盲炮时,应按《爆破规范》第四章第二节(Ⅲ)的规定及时处理;

⑦检查清渣是否按指定的位置和范围弃土;

⑧检查爆破开挖测量断面是否符合《斜坡码头及浮码头设计与施工规范》(JTJ 294—98)(以下简称《斜坡码头与浮码头规范》)中 3.2.6～3.2.8 的规定。

(3)验收

验收,签发分项工程验收单;检查标准:

爆破开挖基槽允许偏差、检验数量和方法应符合《检测标准》表 5.1.4 的规定;

爆破开挖航槽允许偏差应符合《爆破规范》表 5.1.3—2 的规定。

3)监理要点

(1)涉及爆破安全的有关手续必须齐全,措施必须稳妥,现场监理检查必须认真;

(2)航槽内的水下爆破开挖工程必须通过硬式扫床检验。航槽外的水下爆破开挖无法扫床时,应加密测点详测检验(见《爆破规范》第五章)。

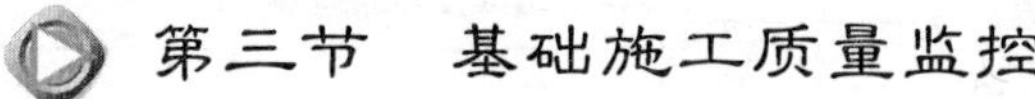

第三节　基础施工质量监控

详见本手册第三篇第三章。

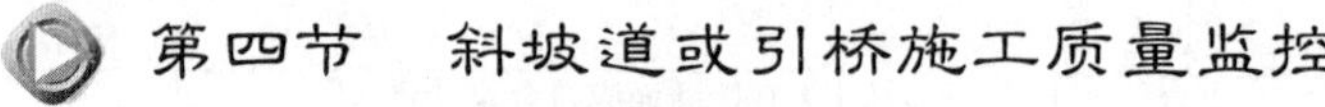

第四节　斜坡道或引桥施工质量监控

一、钢筋混凝土轨枕、轨道梁等构件制作与安装

有关浇注时的混凝土质量监控详见本篇第二章。

1. 钢筋混凝土轨枕、轨道梁等构件制作

1)监理内容

(1)质量监控执行《港口工程质量检验评定标准》(JTJ 221—98)10.1～10.3 的有关规

定和《水运工程混凝土施工规范》(JTJ 268—96)的有关规定；

(2)钢筋混凝土轨枕、轨道梁为预制时，检查预制纵轨枕、轨道梁的外形尺寸允许偏差符合《斜坡码头及浮码头设计与施工规范》(JTJ 294—98)(以下简称《斜坡码头及浮码头规范》)表 3.6.3 的规定；

(3)现浇钢筋混凝土轨枕、滑道梁允许偏差、检验数量和方法符合《港口工程质量检验评定标准》(JTJ 221—98)表 10.3.4 的规定；

(4)检查钢轨安装允许偏差应符合符合表 3-7-5 的规定；

(5)检验与认可程序见表 3-7-3～表 3-7-5；

斜坡码头预制纵轨枕、轨道梁施工质量监控表 表 3-7-3

序号	项目		质量标准	允许偏差(mm)	检验及认可			
					检验单元和数量	检验方法	检验程序	认可程序
1	长度		符合设计规范要求	±10	每个构件均检查	用钢尺量	自检合格，监理在场，由承包人抽检并填写报表，监理签认	(1)监理工程师书面签认质量评定表；(2)必要时监理进行抽检，其表式用承包人所用表改为监理用表
2	高度			±5		用钢尺量		
3	侧向弯曲			10		拉线用钢尺量		
4	顶表面局部凹凸			±5		用钢尺量		
5	纵轨枕底表面局部凹凸			±10		用钢尺量		
6	两纵轨枕轨道梁连成整体时	每端的两个支承面高低		±5		水准仪检查		
		两对角线长度		±15				
		轨道中心线间距		±5		先放两轨中心线，然后用钢尺量		

注：本表有关允许偏差摘引《斜坡码头及浮码头规范》表 3.6.3。

斜坡码头轨枕、滑道梁预埋螺栓及预留孔施工质量监控表 表 3-7-4

序号	项目		质量标准	允许偏差(mm)	检验及认可			
					检验单元和数量	检验方法	检验程序	认可程序
1	预埋螺栓	垂直轴线方向位置	符合设计及规范要求	5	每个构件均检查	放线后用钢尺量	自检合格，监理在场，由承包人抽检并填写报表，监理签认	(1)监理工程师书面签认质量评定表；(2)必要时监理进行抽检，其表式用承包人所用表改为监理用表
		顺轴线方向位置		10				
		外伸长度		+10−5				
2	预留螺栓孔	中心位置		10				
		深度		±10				

注：本表摘引自《港口工程质量检验评定标准》(JTJ 221—98)续表 10.3.4。

斜坡码头钢轨安装施工质量监控表 表 3-7-5

序号	项目	允许偏差(mm)		检验及认可			
		陆上	水下	检验单元和数量	检验方法	检验程序	认可程序
1	横轨枕间距	±30	—	每 10m 一处，每处检测 1 点	用尺量		
2	轨道中心线	5	10		用经纬仪和钢尺量		
3	每组轨道轨距	+5 −0	+10 −0		用轨距尺检查		

续上表

序号	项目		允许偏差(mm)		检验及认可			
			陆上	水下	检验单元和数量	检验方法	检验程序	认可程序
4	轨顶标高	同一条轨	±5	±10	每 10m 一处,每处检测1点	用水准仪检查	承包人自检合格,监理在场、承包人抽检,并填写报表。由监理签认	(1)监理工程师书面签认质量评定表;(2)必要时监理进行抽检,其表式用承包人所用表改为监理用表
		同断面多轨轨顶最大高差	5	10				
5	轨道接头错牙		1	2	每个接头检测1点	用钢板尺和塞尺量		
6	伸缩缝间隙		1	1	(抽查10%)			

注:本表钢轨安装允许偏差摘引自《斜坡码头及浮码头规范》表3.7.6。

(6)验收,签发分项工程验收单。

2)监理要点

(1)现浇轨枕、轨道梁中心线位置和顶面高程定位必须准确无误;

(2)预埋件数量位置必须准确无误。

2. 钢筋混凝轨枕、轨道梁等构件安装

详见本篇第十二章。

二、倒滤层

详见本章第六节。

三、砌石面层

斜坡码头的斜坡道砌石面层分项工程与倒滤层铺砌分项工程是随铺随砌、紧密相随、相配合的两个分项工程。倒滤层施工质量监控详见本篇第三章和本章第六节。

1. 监理程序(图3-7-4)

2. 监理内容

1)开工准备

(1)如倒滤层与砌石面层施工安排为随铺随砌,需检查前一回填分项工程验收资料;

(2)检查倒滤层与砌石面层交叉作业施工进度安排;

(3)检查资料并观察检查所采用的料石或块石的质量与规格,其质量应符设计要求和规范规定。

2)铺砌施工

(1)倒滤层质量已经检查合格;

(2)检查砌石顺序,应符合规范规定:从坡脚或戗道处开始,自下而上进行;

(3)现场观察检查,分段砌筑应互相照应接好,不得出现通缝;

(4)现场观察检查砌石面层是否发生松动、叠砌和浮塞质量问题;

(5)如为浆砌块石，应检查灰浆、灰缝应符合设计要求和规范规定。

3)验收，签发分项工程验收单

检查砌石面层、干砌条石面层铺砌的允许偏差、检验数量和方法应符合表 3-7-6 的规定；检查与认可程序见表 3-7-6。

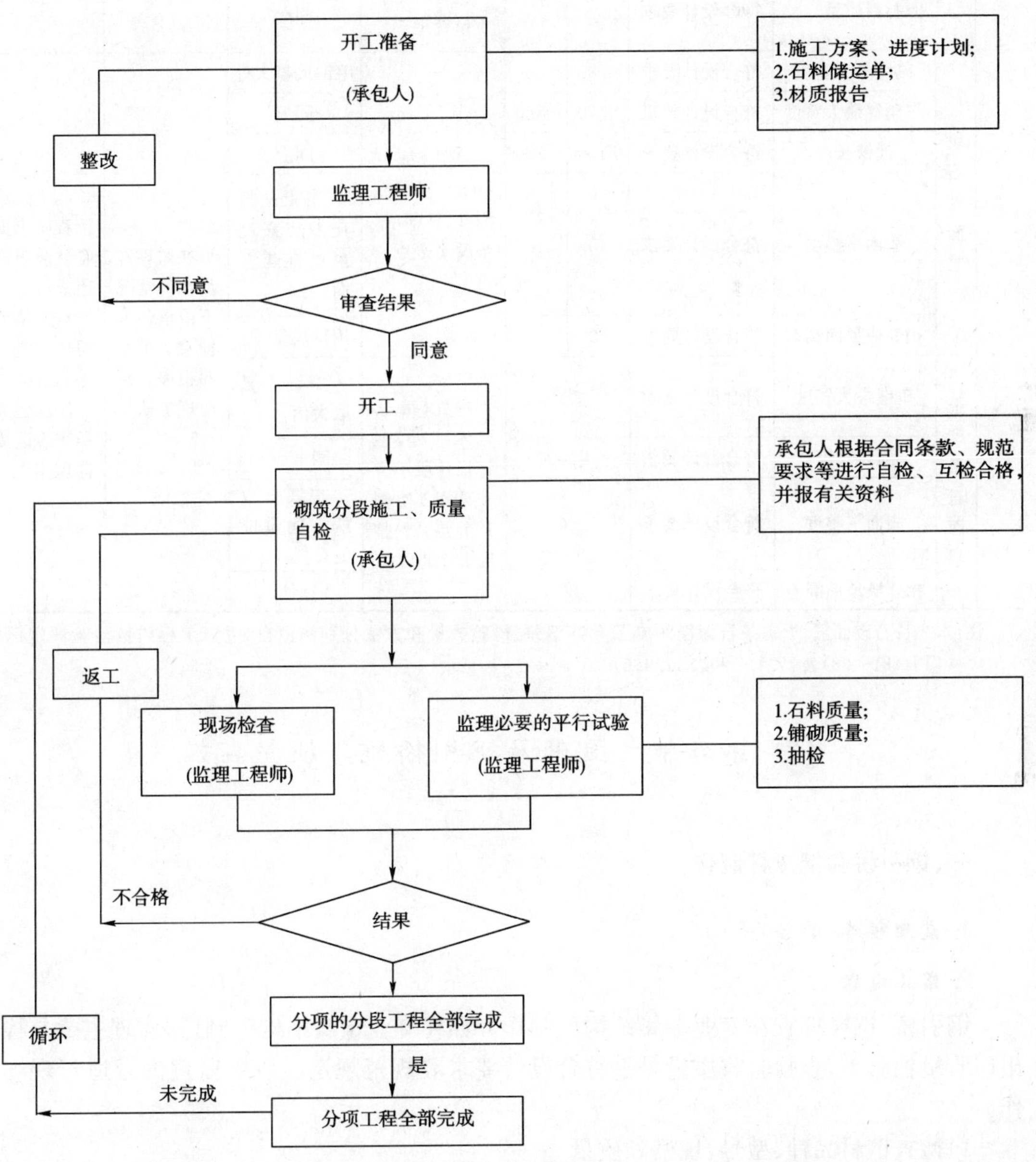

图 3-7-4　斜坡道砌石面层监理程序图

3. 监理要点

(1)监控料石、块石的质量与规格符合设计要求和规范规定；

(2)重点监控有可能使面层产生不均匀沉降的施工因素。

斜坡码头砌石面层施工质量监控 表 3-7-6

序号	项目		质量标准	允许偏差(mm)		检验及认可			
				干砌	浆砌	检验单元和数量	检验方法	检验程序	认可程序
1	原材料质量		符合设计要求			见材料试验质量管理	同左		
2	块石砌面层	砌缝最大宽度	符合设计要求	≤30	40	每处(每10延m一处)检测1个点,平整度2个点	用钢尺量大处	在监理人员在场情况下由承包人检测,并填写报表。由监理签认	(1)监理工程师书面签认质量评定表;(2)必要时监理进行抽检,其表式用承包人所用表改为监理用表
		三角缝最大宽度	符合设计要求	≤70	≤80		同上		
		通缝长度	符合设计要求	≤1000	≤1000		同上		
		表面平整度	符合设计要求	40			用2m靠尺楔形塞尺量垂直两方向		
		相邻块顶面高差	符合设计要求	30			用钢尺量		
3	干砌条石面层	砌缝最大宽度	符合设计要求	≤35		每处(每10延米一处,但每设计段不少于两处)检测1个点,平整度2个点	用钢尺量取大值		
		通缝长度	符合设计要求	≤1000			同上		
		表面平整度	符合设计要求	30			拉线垂直两方向量缝处		
		相邻块顶面高差	符合设计要求	30			用钢尺		

注:本表块石砌面层、干砌条石面层的施工允许偏差、检验数量和方法分别摘引自《港口工程质量检验评定标准》(JTJ 221—98)表17.1.7和表17.4.6。

第五节 趸船及钢引桥施工质量监控

一、钢引桥和钢撑杆制作

1. 监理程序(图3-7-5)

2. 监理内容

钢引桥、钢撑杆宜在专业金属结构厂制作。如在专业金属结构厂制作,监理主要是检查出厂质量检验单,查验验收质量是否符合设计要求和规范规定。以下监理内容适于现场制作。

1)检查钢材品种、型号、规格和质量

检查出厂合格证和复试检验报告。

2)监控焊接质量

(1)焊工必须经考试合格,并取得相应工艺和施焊条件的合格证,焊接接头力学性能必须符合设计要求和规范规定;

(2)检查焊焊条、焊剂、焊丝和施焊用的保护气体等质量规格是否符合有关设计要求和有关钢结构焊接规范规程的规定。检查出厂合格证、烘焙记录;

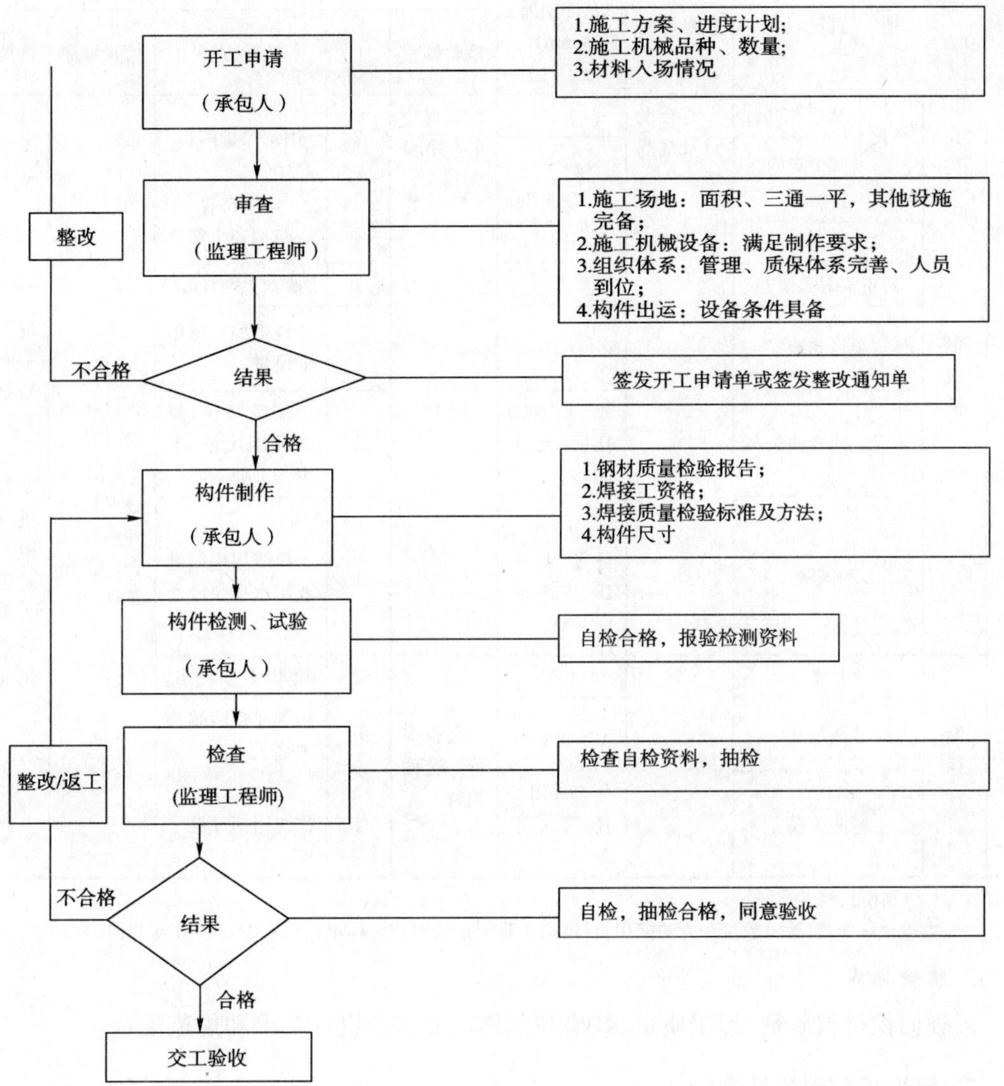

图 3-7-5 钢引桥和钢撑杆制作监理程序图

(3)检查焊缝气孔、咬边质量，其质量应符合《港口工程质量检验评定标准》(JTJ 221—98)表 19.1.2.5 规定；

(4)检查钢结构焊接焊缝尺寸，其质量应符合《港口工程质量检验评定标准》(JTJ 221—98)表 19.1.2.6 规定；

3)检查钢引桥、钢撑杆制作尺寸

制作质量允许偏差、检验数量和方法应符合《港口工程质量检验评定标准》(JTJ 221—98)表 19.1.12 规定；

4)验收，签发分项工程验收单

检验程序与认可程序见表 3-7-7。

钢引桥、钢撑杆制作质量监控表　　表 3-7-7

序号	项目			质量标准	允许偏差(mm)	检验及认可				
						检验频率	单元测点	检验方法	检验程序	认可程序
1	钢引桥	桥长	跨度＜40m	符合设计及规范标准	±10	每榀桥(逐件检查)	2	用钢尺量两边	在监理人员在场的情况下,由承包人检测并填写报表,监理签认	(1)监理工程师书面签认质量评定表;(2)必要时监理进行抽检,其表式用承包人所用表改为监理用表
			≥40m		±20					
		桥宽			±5		3	用钢尺量两端和中部		
		桥高			±5		3			
		两主梁对角线差			5		2	用钢尺量两对角线		
		主杆间距			±10		2	每边抽一跨用钢尺量		
		主梁侧向弯曲矢高			$L/1000$ 且不大于 20		2	用经纬仪、拉线和钢尺量,不少于2处		
		起拱度			$L/2000$ 且不大于 15 并不允许下挠		1	拉线用钢尺量或用水准仪检查		
2	钢撑杆	长度			±20	每根撑杆(逐件检查)	2	用钢尺量上下两边		
		截面尺寸			±10		6	用钢尺量两端及中部		
		弯曲矢高			$2L/1000$ 且不大于 20		1	拉线用钢尺量		

注:①L 分别桥长和钢撑杆长;

②本表允许偏差、检验数量和方法摘引自《港口工程质量检验评定标准》(JTJ 221—98)表 19.1.12。

3. 监理要点

检查监控材料质量、焊接质量、规格和制作尺寸符合设计要求和规范规定。

二、钢引桥和钢撑杆安装

1. 监理内容

(1)审查安装施工方案;

(2)检查钢引桥、钢撑杆的装运是否符合《斜坡码头及浮码头设计施工规范》有关规定;

(3)钢引桥、钢撑杆的装运吊点布置,防止构件变形;

(4)检查吊装时水位是否合适;

(5)检查钢引桥的支座处理是否符合设计要求;

(6)验收,签发分项工程验收单。

钢引桥、钢撑杆安装允许偏差、检验数量和方法、检验程序与认可程序见表 3-7-8。

钢引桥、钢撑杆安装质量监控表　　表 3-7-8

<table>
<tr><th rowspan="2">序号</th><th rowspan="2" colspan="3">项　目</th><th rowspan="2">质量标准</th><th rowspan="2">允许偏差(mm)</th><th colspan="5">检验及认可</th></tr>
<tr><th>检验单元和数量</th><th>单元测点</th><th>检验方法</th><th>检验程序</th><th>认可程序</th></tr>
<tr><td rowspan="3">1</td><td rowspan="3">支座安装</td><td colspan="2">平面中心线位置</td><td rowspan="7">符合设计及规范标准</td><td>10</td><td rowspan="7">每座桥(逐件检查)</td><td>2</td><td>用经纬仪和钢尺量纵横两个方向</td><td rowspan="7">在监理人员在场的情况下，由承包人检测并填写报表，监理签认</td><td rowspan="7">(1)监理工程师书面签认质量评定表；(2)必要时监理进行抽检，其表式用承包人所用表改为监理用表</td></tr>
<tr><td rowspan="2">标高</td><td>与设计偏差</td><td>±10</td><td>4</td><td rowspan="2">用水准仪检查</td></tr>
<tr><td>同端相对偏差</td><td>15</td><td>2</td></tr>
<tr><td rowspan="2">2</td><td rowspan="2">引桥安装</td><td colspan="2">主梁中心线对设计中心线</td><td>10</td><td>2</td><td>用经纬仪检查</td></tr>
<tr><td colspan="2">搁置长度</td><td>±20</td><td>2</td><td>用经纬仪和钢尺量两头</td></tr>
<tr><td rowspan="2">3</td><td rowspan="2">钢撑杆安装</td><td colspan="2">间距</td><td>±100</td><td>2</td><td>用钢尺量两端</td></tr>
<tr><td colspan="2">标高</td><td>±20</td><td>2</td><td>用水准仪检查两端</td></tr>
</table>

注：本表支座安装与引桥安装允许偏差、检验数量和方法摘引自《港口工程质量检验评定标准》(JTJ 221—98)表19.2.8；钢撑杆安装摘引自《港口工程质量检验评定标准》(JTJ 221—98)表19.2.9。

2. 监理要点

安装前检查构件质量有无变形。安装质量是否符合设计要求和规范规定。

三、趸船安装

趸船有钢板趸船和钢筋混凝土趸船，一般由专业厂家制造，趸船上的设备有护木、系船柱(带缆桩)、导缆钳、锚链筒、绞盘、环扣、舱口、通风箱、引桥的支撑等。

趸船的固定方式主要有锚链固定、带链固定和撑杆固定三种。浮码头采用一只趸船时，一般用缆桩、锚链等连接。采用两只以上趸船时，多用撑杆和副链等与岸连接。

1. 监理内容

(1)查验船舶检验部门检验和认可的检验合格证书；

(2)检查趸船的规格、质量和性能是否符合码头设计要求和规范规定；

(3)审查安装方案；

(4)检查出厂合格证和试验报告，检查锚碇件的规格、质量、数量是否符合设计要求；

(5)检查锚碇方式是否符合设计要求；

(6)检查施工记录并观察趸船的平面位置、倾角、扭角是否符合设计及使用要求；

(7)检查趸船定位是否准确、稳固；

(8)检查吊装撑杆吊装允许偏差、检验数量和方法应符合《港口工程质量检验评定标准》(JTJ 221—98)表19.2.9；

(9)检查锚块安装允许偏差、检验数量和方法、检查与认定程序应符合表3-7-9的规定；

(10)验收，签发分项工程验收单。

2. 监理要点

检查出厂检验合格证和试验报告。执行质量监控标准《港口工程质量检验评定标准》(JTJ 221—98)。

浮码头趸船安装工程质量监控表 表 3-7-9

<table>
<tr><th colspan="2" rowspan="2">项　目</th><th rowspan="2">质 量 标 准</th><th rowspan="2">允许偏差（mm）</th><th colspan="5">检 验 及 认 可</th></tr>
<tr><th>检查单元和数量</th><th>单元测点</th><th>检 验 方 法</th><th>检验程序</th><th>认可程序</th></tr>
<tr><td colspan="2">趸船规格质量和性能</td><td>符合设计及规范、船舶检验规程要求</td><td></td><td rowspan="4"></td><td rowspan="4"></td><td>检查船舶检验合格证书和船舶检验部门检验认可书</td><td rowspan="6">承包人自检，并报资料，监理复检</td><td rowspan="6">（1）监理工程师书面签认质量评定表；
（2）必要时监理进行抽检，其表式用承包人所用表改为监理用表</td></tr>
<tr><td colspan="2">趸船的锚链方式</td><td>符合设计要求</td><td></td><td>检查施工记录并观察检查</td></tr>
<tr><td colspan="2">趸船的平面位置、倾角、扭角</td><td>符合设计及使用要求</td><td></td><td>检查施工记录并观察检查</td></tr>
<tr><td colspan="2">锚碇件规格数量质量</td><td>符合设计要求</td><td></td><td>检查出厂合格证，试验报告，并观察检查</td></tr>
<tr><td rowspan="2">锚块安装位置</td><td>陆上</td><td rowspan="2">符合设计及规范要求</td><td>100</td><td rowspan="2">每块（逐件检查）</td><td>2</td><td>用经纬仪和钢尺量纵横两方向</td></tr>
<tr><td>水上</td><td>1000</td><td>1</td><td>用经纬仪检查</td></tr>
</table>

注：锚块安装允许偏差、检验数量和方法摘引自《港口工程质量检验评定标准》(JTJ 221—98)表 19.5.5。

第六节　挡土墙及面层施工质量监控

一、回填

1. 陆上回填

1)监理内容

(1)审查回填方案；

(2)检查回填的填料质量规格等应符合设计要求；

(3)检查码头后方和软弱地基上的回填程序和速率应符合设计要求和规范规定；

(4)检查分层厚度与所采用的压实设备是否相适应；

(5)检查现场试验确定的压实遍数；

(6)检查压实度应符合现行行业标准《土方与爆破工程施工及验收规范》(GBJ 201—83)和《公路路基路面现场测试规程》(JTJ 059—95)的有关规定；

(7)检查回填的允许偏差、检验数量和方法应符合《港口工程质量检验评定标准》(JTJ 221—98)表 16.4.6 的规定。

(8)验收，签发分项工程验收单。

2)监理要点

回填密实度是陆上质量监控的重要指标之一。其检查结果应符合现行行业标准《土方与爆破工程施工及验收规范》(GBJ 201—83)和《公路路基路面现场测试规程》(JTJ 059—95)的有关规定。

2. 水下抛石

1)监理内容

(1)审查水下抛石方案；

(2)检查检验记录和观察检查石料的规格质量是否符合规范规定和设计要求；

(3)检查基槽尺寸、标高和回淤沉积物量检测方法与检测记录。执行《港口工程质量检验评定标准》(JTJ 221—98)6.1.1～6.1.3的规定；

(4)检查基床抛石允许偏差、检验数量和方法应符合表3-7-10的规定；检查与认定程序见表3-7-10；

斜坡码头水下基床抛石工程施工质量监控表 表3-7-10

序号	项目		质量标准	允许偏差(mm)	检验及认可			
					检验单元和数量	检验方法	检验程序	认可程序
1	石料		(1)块石重量符合设计要求； (2)块石强度(在水下浸泡后)不小于50kPa； (3)未风化，不成片状，无严重裂纹			检查检验记录并观察检查，必要时做强度试验	监承双方共同检查，由承包人填写报表	(1)监理工程师书面签认质量评定表； (2)必要时监理进行抽检，其表式用承包人所用表改为监理用表
2	基槽	尺寸	符合设计要求			用测深水砣、回声测深仪检查或潜水员取样试验	在监理人员在场的情况下，由承包人检测并填写报表	同上
		标高	同上					同上
		回淤沉积物	厚度不大于300mm					若厚度超过，不合格则监理人员应立即通知承包人
3	顶面标高(相当于施工预留夯沉的标高)		符合设计要求	0 —500	每5～10m一个断面(且不少于三个断面)每个断面横向1～2m检测1个点(且不少于3点)	回声测深仪或测深水砣检查	由监理人员选择检测位置承包人检测并填写报表	同上
4	边线		符合设计要求	＋400 —0	每5～10m一个断面每个断面检测2点		同上	同上

注：本表3、4栏中基床抛石允许偏差、检验数量和方法摘引自《港口工程质量检验评定标准》(JTJ 221—98)表6.1.3。

(5)验收，签发分项工程验收单。

2)监理要点

(1)石料目测级配是否合适；

(2)抛石前基槽尺寸、沉积物的检测数据是否符合设计要求和规范规定。

二、基床夯实与整平

详见本篇第三章。

三、倒滤层

1.监理内容

(1)检查地基的长、宽和斜坡尺寸是否符合设计要求，地基的地质应符合设计或规范要

求(双控);

(2)检查倒滤层材料是否符合设计要求和规范规定。

(3)检查倒滤层抛筑施工顺序是否合理。倒滤材料不得从坡顶向下倾倒,以保持其良好级配;

(4)检查倒滤层的施工厚度是否符合设计要求;

(5)倒滤层采用土工织物时,铺设质量应执行《水运工程土工织物应用技术规程》(JTJ/T 239)有关规定;

(6)检查倒滤层施工允许偏差、检查数量和方法应符合《港口工程质量检验评定标准》(JTJ 221—98)表16.2.5的规定;检验及认可程序见表3-7-11;

(7)验收,签发分项工程验收单。

斜坡码头倒滤层施工质量监控表 表3-7-11

序号	项目	质量标准	允许偏差(mm)		检验及认可		
			水上	水下	检验方法	检验程序	认可程序
1	材料规格、质量	符合设计要求和规范规定			检查检验记录并观察检查	在监理人员在场情况下由承包人检测,并填写报表。由监理签认	(1)监理工程师书面签认质量评定表; (2)必要时监理进行抽检,其表式用承包人所用表改为监理用表
2	分段施工的接茬处理	同上			同上		
5	倒滤层厚度	同上	+50 −0	+100 −0	水准仪和测深水砣检查		

注:本表中的允许偏差、检验数量和方法摘引自《港口工程质量检验评定标准》(JTJ 221—98)表16.2.5。

2. 监理要点

检查倒滤层石料级配与其抛石棱体面的二片石垫层石料尺寸、厚度是否符合设计要求和规范规定是防止后期漏砂的关键分项工程。

四、面层

详见本章第四节。

五、浆砌石挡土墙

1. 监理内容

1)开工准备

(1)基床分项工程验收资料;

(2)施工分段是否符合设计分段;

(3)检查资料并观察检查所采用的料石或块石的质量与规格,其质量应符设计要求和规范规定。

2)砌石施工

(1)检查检验资料并现场观察检查砌筑砂浆的品种是否符合设计要求;

(2)检查检验资料并现场观察检查砌筑砂浆强度是否符合《港口工程质量检验评定标准》(JTJ 221—98)17.1.2的规定;

(3)抽检、观察检查料石或块石的组砌型式，错缝和灰缝应符合设计要求和规范规定。砌筑砂浆应饱满应饱满，勾缝密实牢固，表面清晰洁静；

(4)检查排水孔位置尺寸是否符合设计要求；

(5)检查分段沉降缝是否符合设计要求和规范规定；

(6)浆砌石挡土墙的允许偏差、检验数量和方法应符合表 3-7-12 的规定。

3)验收，签发分项工程验收单

斜坡码头挡土墙、防浪(汛)墙砌石工程施工质量监控表 表 3-7-12

序号	项目		质量标准	允许偏差(mm)		检验及认可				
				浆砌块石	浆砌料石	检验单元和数量	单元测点	检验方法	检验程序	认可程序
1	原材料质量		符合设计要求						自检合格，监理在场，由承包人抽检并填写报表，监理签认	(1)监理工程师书面签认质量评定表；(2)必要时监理进行抽检，其表式用承包人所用表改为监理用表
2	前沿线对施工准线偏移		符合设计及规范要求	30	30	每段或逐件检查	2	用经纬仪和钢尺量两端		
3	外形尺寸		符合设计及规范要求	±50	±40		8	用钢尺量两端		
4	正面竖向倾斜	前倾	符合设计及规范要求	0	0		1	吊线用钢尺		
		后倾	符合设计及规范要求	$H/100$	$H/1005$					
5	顶面标高		符合设计及规范要求	±40	±20		3	用水准仪检查两端和中部		
6	正面平整度		符合设计及规范要求	40	20		2	用 2m 靠尺和楔形塞尺量竖向和水平方向		
7	正面相邻块石错牙		符合设计及规范要求		10		1	用钢尺量，取大值		

注：①H 为墙全高，单位：mm；

②本表的允许偏差、检验数量和方法摘引自《港口工程质量检验评定标准》(JTJ 221—98)表 17.1.6。

2. 监理要点

(1)检验监控：料石、块石的质量与规格符合设计要求和规范规定；

(2)现场监控：砌筑砂浆饱满，勾缝密实牢固。

第八章　陆域形成(吹填)工程施工质量监控

第一节　概　　述

一、陆域形成(吹填)工程分类及特点

城市、港口和工业园等发展建设中往往需要大量连片的土地，在当地土地规划不能满足使用要求时，一般会选择在合适的滩涂、近海水域进行造陆工程。

造陆的方式大致包括：

(1)使用邻近腹地的开山土、建筑垃圾等陆地资源，用车运方式填筑；

(2)使用邻近水域的水下砂土资源，或者是港口、航道工程中的疏浚土料，用挖泥船水力泵送(专业表述为吹填)的方式填筑；

(3)同时采用上述两种资源、两种方式进行组合填筑。

本章仅论述使用吹填方式进行陆域形成工程的施工质量监控。

陆域形成(吹填)工程形式上较为单一，即在一个具备围护条件的低洼区域内，利用水力泵送原理将土料分层、分块进行填充，形成达到使用标高要求的陆地。因此，陆域形成(吹填)工程总体上可以不分类，但其围埝结构、施工船机设备、填充土料、地基处理方式等方面可以分为不同类型，以下是几种常见类型及其特点：

(1)围埝结构：从材料上可分为土围埝、土工织物袋装砂土围埝、抛石斜坡围埝、混凝土板桩围埝(少用)等；从功能上可分为吹填施工期临时围埝、结合后期营运使用的永久围埝，特别是临海围埝，不仅要满足吹填施工期围护功能，更多的是要满足外侧防风浪和水流要求的功能，其结构形式与防波堤类似。

(2)吹填设备：绞吸式、吸扬式挖泥船是常用的吹填设备；具备艏吹功能的耙吸式挖泥船也可进行吹填，但使用成本较高，一般在环保要求较高或特殊条件下选用；架设在小船上吸泥泵也可进行近岸的小规模吹填工程。

(3)填充土料：砂性土料是较佳的填筑材料，形成陆域快、吹填料流失少、后期处理简单等；粘性土料及淤泥也能作为吹填料，但根据其土料的颗粒成分不同，在形成陆域的快慢、吹填料流失量以及后期处理方法上差异很大；水下岩石料一般不能使用吹填方式进行填筑。

(4)处理方式：包括两方面，一是对原地面以下的地基处理，二是对吹填土料的处理。砂性地基和吹填砂在一般土地使用要求下可不进行后期处理，在有高承载、小变形要求时，一般使用振冲、振动碾压等方式处理；软土地基和吹填淤泥质土，由于其含水量较高，则要进行排水固结处理，目前大多采用插竖向塑料排水板建立排水通道、顶部采用堆载或真空加压等方式进行处理。

二、分部分项工程

陆域形成(吹填)工程可按不同使用功能、不同设计要求或不同的区域划分单位工程或分部工程。一般划分为：

(1)围埝工程：包括埝基基础处理、埝体结构建造等分项。

(2)吹填工程：包括泄水口、吹(排)泥管线敷设、吹填等分项。

(3)软土处理工程：吹填区域内包括原地基软土和吹填土层的处理，一般采用塑料排水板或砂桩、真空预压、振冲密实、振动碾压等工艺。

第二节　陆域形成(吹填)工程施工质量监控

一、监理程序(图3-8-1)

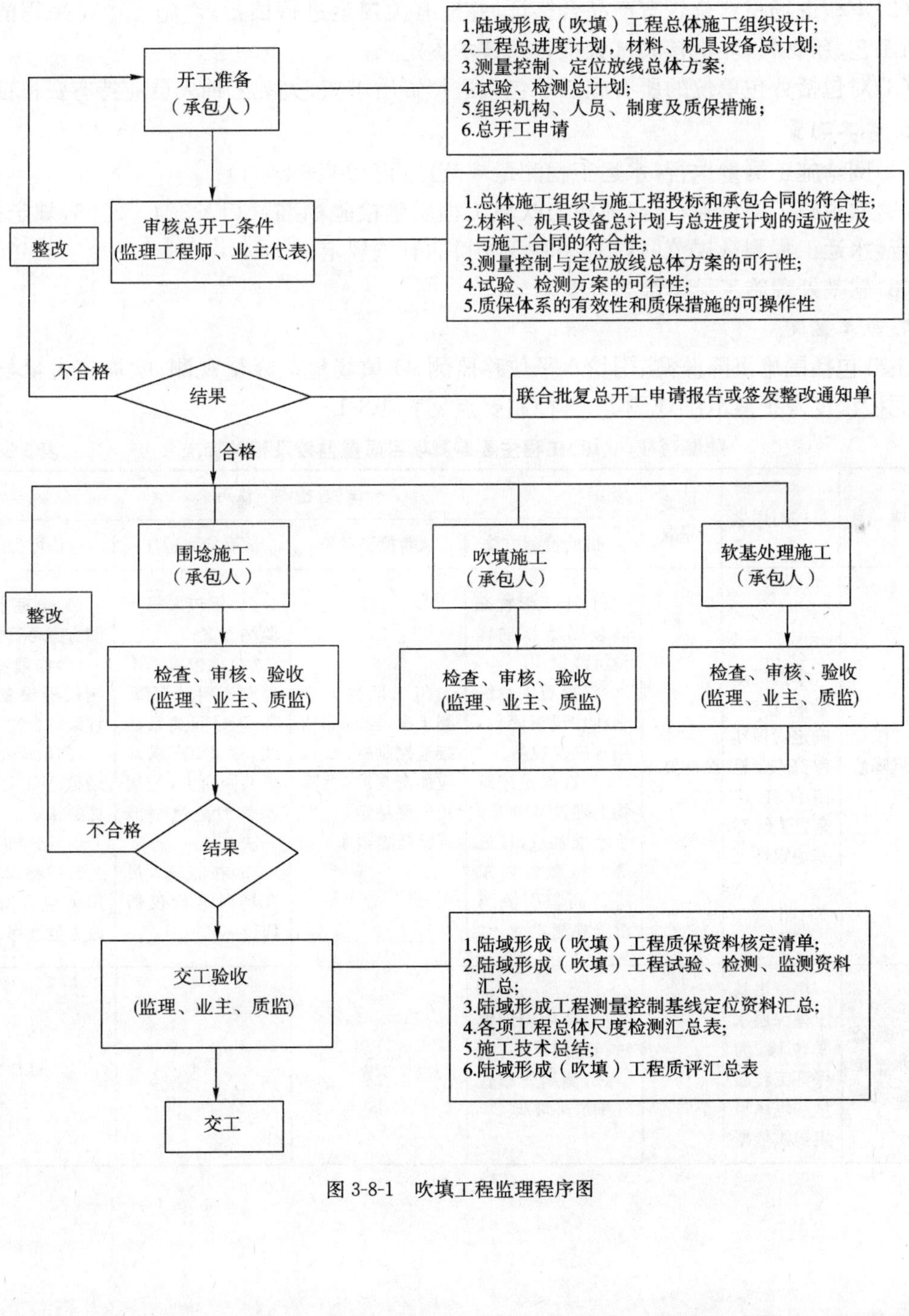

开工准备（承包人）
→ 1.陆域形成（吹填）工程总体施工组织设计；2.工程总进度计划，材料、机具设备总计划；3.测量控制、定位放线总体方案；4.试验、检测总计划；5.组织机构、人员、制度及质保措施；6.总开工申请

审核总开工条件(监理工程师、业主代表)
→ 1.总体施工组织与施工招投标和承包合同的符合性；2.材料、机具设备总计划与总进度计划的适应性及与施工合同的符合性；3.测量控制与定位放线总体方案的可行性；4.试验、检测方案的可行性；5.质保体系的有效性和质保措施的可操作性

结果 → 联合批复总开工申请报告或签发整改通知单
不合格 → 整改 → 开工准备
合格 →

围埝施工（承包人） → 检查、审核、验收(监理、业主、质监)
吹填施工（承包人） → 检查、审核、验收(监理、业主、质监)
软基处理施工（承包人） → 检查、审核、验收(监理、业主、质监)

结果
不合格 → 整改
合格 →

交工验收(监理、业主、质监)
→ 1.陆域形成（吹填）工程质保资料核定清单；2.陆域形成（吹填）工程试验、检测、监测资料汇总；3.陆域形成工程测量控制基线定位资料汇总；4.各项工程总体尺度检测汇总表；5.施工技术总结；6.陆域形成（吹填）工程质评汇总表

交工

图3-8-1　吹填工程监理程序图

二、监控内容

1. 陆域形成(吹填)工程施工质量监控过程

包括开工准备、施工测量、围埝施工、吹填施工、软基处理施工、施工监测等几个方面和环节。

2. 开工准备

(1)审核主要文件:包括陆域形成(吹填)工程总体施工组织设计、材料、机具设备总计划、测量控制与定位放线总体方案、试验和检测方案、质保体系和质保措施等,与施工招投标和承包合同的符合性和可行性;

(2)审核进场材料是否有产品合格证,并按有关规定进行抽检;对施工中将采用的新技术、新工艺、新材料,应审核其试验报告及技术鉴定书;

(3)对包括分包单位的所有施工承包人进行资质审核,关键工种人员应持有资格证。

3. 施工测量

(1)围埝施工测量执行《水运工程测量规范》(JTJ 203—2001);

(2)吹填施工测量除符合《疏浚与吹填工程质量检验标准》(JTJ 324—2006)规定外,尚应符合《水运工程测量规范》(JTJ 203—2001)的有关规定;

(3)软基处理施工见本篇第九章。

4. 施工监测

主要包括围埝沉降监测、围埝水平位移监测、吹填场地沉降量观测、吹填流失量与泄水口含泥沙浓度及扩散范围观测等,其控制要点见表 3-8-1。

陆域形成(吹填)工程主要监测项目质量监控及相关标准　　表 3-8-1

序号	项　目	目的与用途	相关标准	试验、检测与认可			
				试验检测方法	试验检测频率	试验检测程序	认可程序
1	围埝沉降监测	掌握沉降量和速率,确定堤顶预留高度,控制施工速率,判断堤基稳定性	设计要求	(1)土工织物充砂袋围埝纵轴埋设沉降仪; (2)抛石围埝纵轴线埋设沉降标,用水准仪观测; (3)在固定建筑物上埋设不少于2个水准基点,按三等水准测量要求进行高程引测与沉降观测	施工期每天观测1次,当观测值接近控制标准时,应加密观测,沉降及位移稳定后,可调整观测频率	(1)承包人提出监测方案; (2)承包人提出监测资料及沉降-荷载-时间关系曲线,据此,监承双方共同研究,控制调整加荷速率或方法; (3)在监理人员在场时进行仪器埋设	(1)监理审查检测方案可行性; (2)监理检查检测仪器设备及其埋设符合性; (3)沉降结果需经监理工程师书面签认; (4)必要时监理进行抽检,其表式用承包人所用表改为监理用表
2	围埝水平位移监测	测试堤基土体深层水平位移,为保证工程质量和堤体稳定提供依据	设计要求	(1)使用测斜仪进行监测; (2)测斜管布置在围埝外坡脚		同上	同上

续上表

序号	项　目	目的与用途	相关标准	试验、检测与认可			
				试验检测方法	试验检测频率	试验检测程序	认可程序
3	吹填场地沉降量观测	掌握预留沉降量，控制地面高程。	设计要求	设置沉降杆，观测点宜采用 50～100m 的格网	3 个月内每周观测 1～2 次；3 个月后每月观测 1 次。	同上	同上
4	吹填流失量与泄水口含泥沙浓度及扩散范围观测	（1）掌握吹填流失量；（2）达到环保排水标准	当地环保要求	取水样检测排放余水的含砂量变化。在吹填泄水口及附近一定范围内布置观测点，测取细粘土扩散和混浊度与原有本底值对比	不定期	承包人提交观测记录和试验资料，填写报表	监理工程师观察现场，检查记录和签认资料

第三节　围埝施工质量监控

一、监理程序

如前所述，陆域形成（吹填）工程中的围埝，大多采用土石材料为主的斜坡堤结构，一般包括堤底软基处理、堤身构筑、内外坡防护层、顶部胸墙等工序，其典型监理程序见图 3-8-2。

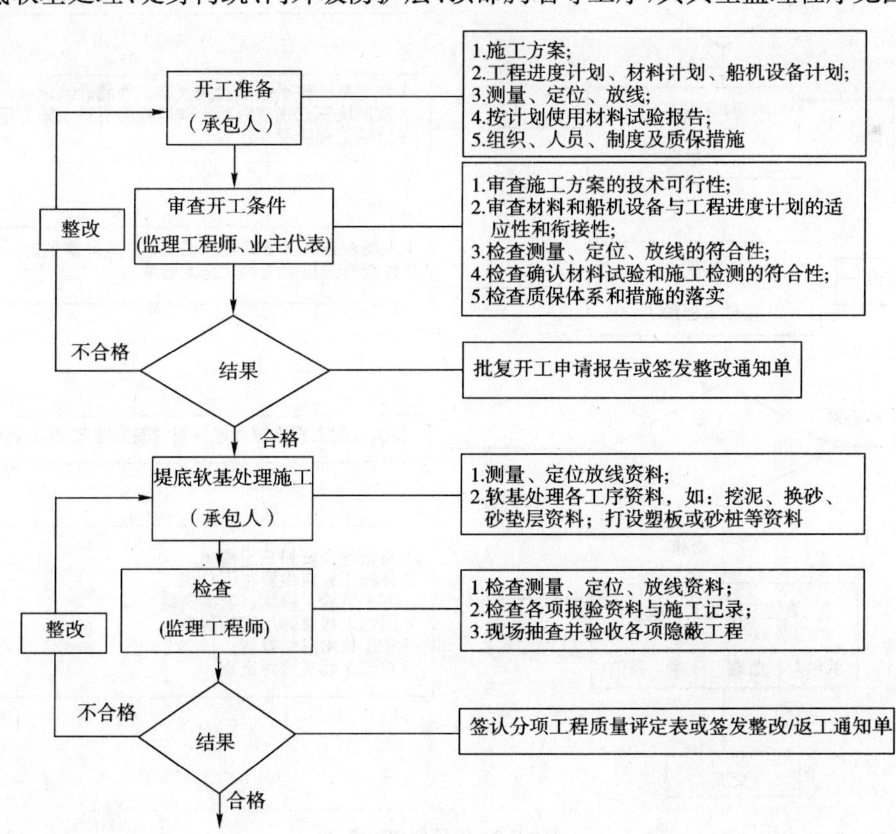

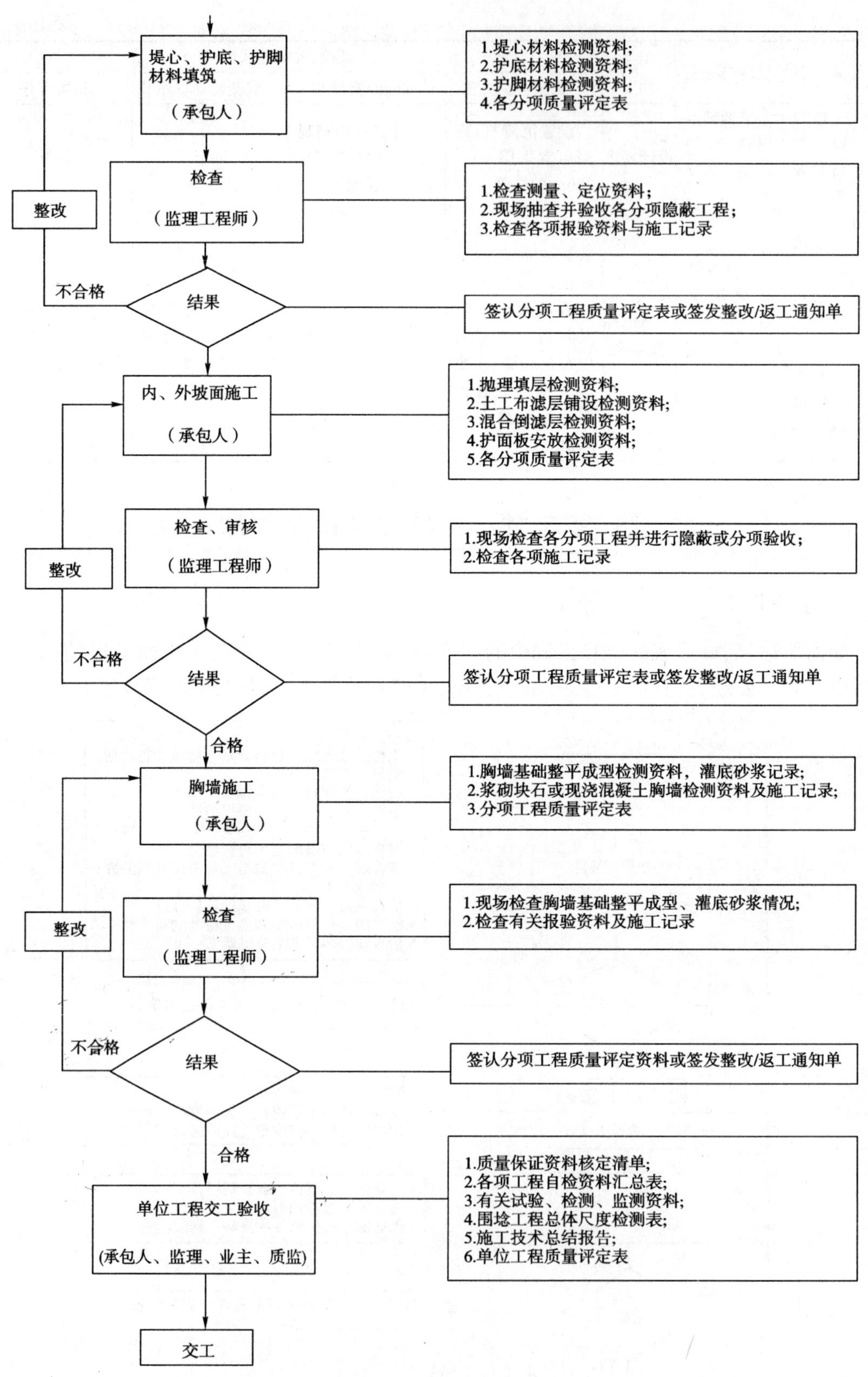

图 3-8-2　围埝监理程序图

若采用混凝土板桩等结构，可参照《港口工程质量检验评定标准》(JTJ 221—2005)中的相关施工规定组织监理程序。

二、监理内容

(1)审查承包人提供的围埝施工方案的技术可行性。

(2)审查材料和船机设备与工程进度计划的适应性和衔接性。

(3)检查测量、定位、放线的符合性。

(4)检查确认材料试验和施工检测的符合性，包括：

①砂土：基础换砂、垫层砂、填土；

②石：堤心石、护面块石、护底/护脚块石、倒滤层碎石等；

③土工材料：塑料排水板、充填砂袋、土工布、土工隔栅；

④混凝土：胸墙混凝土、浆砌石砂浆。

(5)检查各项报验资料与施工记录，现场抽查并验收各项隐蔽工程，包括：

①堤基：基础换砂、砂垫层铺设与平整、土工布铺设、打设塑板或砂桩等；

②堤身：堤心石抛填、内外侧理坡、护面层安放、混合倒滤层铺设、土工布滤层铺设等；

③堤顶：胸墙基础整平成型、浆砌块石或混凝土胸墙施工。

(6)检查质保体系和措施的落实，包括：

①质量保证资料核定清单；

②各项工程自检资料汇总表；

③有关试验、检测、监测资料；

④围埝工程总体尺度检测表；

⑤单位工程质量评定表。

三、监理要点

1. 土围埝

(1)堤基应进行处理，在清除树根、杂草、淤泥及腐殖土等后方可回填；如原地基为坚硬土或旧埝时，应将表面土翻松再填新土；堤基为软弱地基时，应先进行软土固结处理。

(2)土围埝填筑应分层进行，层层夯实，每层铺土厚度不大于 0.3～0.5m。

2. 抛石围埝

(1)可参照本篇第六章防波堤施工有关规定执行。

(2)抛石围埝砂垫层和基础换砂，堤心石、压脚棱体、垫层石、护面石、抛石及理坡施工质量监控，见表 3-8-2 和表 3-8-3。

(3)抛石围埝的堤心石、压脚棱体、垫层石、护面石、抛石及理坡工程的质量检验评定标准按《港口工程质量检验评定标准》(JTJ 221—98)第十六章有关规定执行。

3. 土工织物袋充填围埝

(1)土工织物充砂袋、土工织物加筋垫层和土工织物滤层的施工质量检验和验收细则见《水运工程土工织物应用技术规程》(JTJ/T 239—2005)。

(2)土工织物加筋垫层、滤层和充砂袋堤心施工质量监控见表 3-8-4。

砂垫层和基础换砂施工质量监控表 表 3-8-2

序号	项目		质量标准	允许偏差（mm）	检验及认可			
					检验频率	检验方法	检验程序	认可程序
1	砂的规格质量		必须符合设计要求和规范规定			检查试验报告	在监理人员见证情况下，由承包人取样、检测并填写有关表式	（1）检验报告需经监理工程师书面认可；（2）必要时监理进行抽检，其表式用承包人所用表改为监理用表
2	水下砂垫层或基础换砂的范围、厚度		必须符合设计要求			检查断面测量记录和试验资料		
	陆上砂垫层压实后的干土重力密度或贯入度		必须符合设计要求和规范规定					
3	水下施工抛砂前		检查基槽尺寸，如发现明显变化应处理			复测基槽断面，插深或潜水检查		
4	顶面标高	水下砂垫层或基础换砂	必须符合设计要求	+500 −300	每 5～10m 一个断面（且不少于 3 个），断面横向 2～4m 一个检测点（且不少于 3 个）	用测深水砣		
		陆上砂垫层	同上	+30 −20	每 $20m^2$ 一处，每处检测一点	用水准仪		
5	陆上砂垫层厚度		同上	±h/20	每 $100m^2$ 一处。每处检测一点	挖坑用钢尺量		

注：h 为砂垫层厚度；排水砂垫层只检测其厚度。

堤心石、压脚棱体、垫层石、护面石、抛石及理坡施工质量监控表 表 3-8-3

序号	项目		质量标准	允许偏差（mm）	检验及认可			
					检验频率	检验方法	检验程序	认可程序
1	石料规格、质量		应符合设计要求和规范规定			检查检验资料并观察检查	（1）承包人先行自检；（2）监理人员在场，由承包人抽检并填写有关报表	（1）需监理工程师书面认可。（2）必要时监理进行抽检，其表式用承包人所用表改为监理用表
2	抛石断面平均轮廓线		应不小于设计断面			检查断面测量记录		
	抛石坡度		应符合设计要求					
3	垫层的最小厚度		不应小于设计断面的 70%			检查断面并观察、检查		
4	抛石（块石重 kg）	10～100		±400				
		100～200		±500				
		200～300		±600				

续上表

序号	项目		质量标准	允许偏差(mm)	检验及认可			
					检验频率	检验方法	检验程序	认可程序
4	抛石(块石重kg)	300～500		±700		每5～10m一个断面，每个断面横向1～2m检测一点	(1)承包人先行自检；(2)监理人员在场，由承包人抽检并填写有关报表	(1)需监理工程师书面认可；(2)必要时监理进行抽检，其表式用承包人所用表改为监理用表
		500～700		±800				
		700～1000		±900				
5	理坡(块石重kg)	10～100		±200				
		100～200		±300				
6	安放(块石重kg)	200～300		±400				
		300～500		±500				
		500～700		±600				
		700～1000		±700				

注：本表中的“质量标准”和“允许偏差”等详见《港口工程质量检验评定标准》(JTJ 221—98)第16章。

土工织物加筋垫层、滤层和充砂袋堤心施工质量监控表 表3-8-4

序号	项目				质量标准	允许偏差(mm)	检验及认可				备注
							检验频率	检验方法	检验程序	认可程序	
1	土工织物质量与规格				必须符合设计要求和JTJ/T 239—2005的规定。		同一厂家，每批进货10 000m^{2}为检测单元，每批不少于1次	按有关检测规范进行	(1)承包人申报；(2)监理人员见证取样送检(3)承包人填写报表	(1)按JTJ/T 216—2000要求进行监理平行试验；其表式用承包人所用表改为监理用表。(2)承包人试验报告经监理工程师签认	
2	土工布加筋垫层	土工布搭接长度		水下	同上	±$L/5$	每块土工布，每20m一个测点	用尺量	(1)承包人先行自检；(2)监理人员在场情况下进行抽查；(3)承包人填写报表。	(1)检验报告需经监理工程师书面签认；(2)每完成50m宜进行一次质量验收；(3)必要时监理进行抽检，其表式用承包人所用表改为监理用表	允许偏差中的L为设计搭接长度
				陆上		±100					
		土工布轴线偏移		水下		1500	每块土工布测2点	用尺量两端			
				陆上		500					
3	土工织物滤层	平整度	抛石面	水下	同上	200	每个断面(每10m一个断面)每2m一个点	检查基层理坡或整平记录			
				水上		100					
			抛砂砾石面	水下		150					
				水上		100					
		搭接长度	陆上施工			±$L/10$	每块织物(抽查30%)3个测点	用尺量上、中、下三处			
			水下施工			±$L/5$					

续上表

<table>
<tr><th rowspan="2">序号</th><th rowspan="2" colspan="2">项　　目</th><th rowspan="2">质量标准</th><th rowspan="2">允许偏差(mm)</th><th colspan="4">检 验 及 认 可</th><th rowspan="2">备注</th></tr>
<tr><th>检验频率</th><th>检验方法</th><th>检验程序</th><th>认可程序</th></tr>
<tr><td rowspan="6">4</td><td rowspan="6">土工织物充砂袋堤心</td><td>充填料土</td><td>土质、颗粒级配和干土重度必须符合设计要求</td><td></td><td>每 100m³ 取一个试样</td><td>土工试验</td><td rowspan="6">同上</td><td rowspan="6">(1)检验报告需经监理工程师书面签认；
(2)每完成 50m 堤长宜进行一次质量验收
(3)必要时监理进行抽检，其表式用承包人所用表改为监理用表</td><td rowspan="6"></td></tr>
<tr><td>充砂袋体长度</td><td rowspan="5">必须符合设计要求和 JTJ/T 239—2005 的规定</td><td>±500</td><td rowspan="2">每袋 2 个测点</td><td>用尺量</td></tr>
<tr><td>相邻袋间局部最大缝宽</td><td>≤20</td><td>用尺量</td></tr>
<tr><td>堤顶高程</td><td>±100</td><td rowspan="3">每 20m 一个测点</td><td>用水准仪测</td></tr>
<tr><td rowspan="2">堤顶轴线偏移</td><td>水上<500</td><td rowspan="2">用经纬仪和钢尺量</td></tr>
<tr><td>水下<1500</td></tr>
</table>

注：本表中的“质量标准”和“允许偏差”等详见《水运工程土工织物应用技术规程》(JTJ 239—2005)。

第四节　吹填施工质量监控

一、监理程序(图 3-8-3)

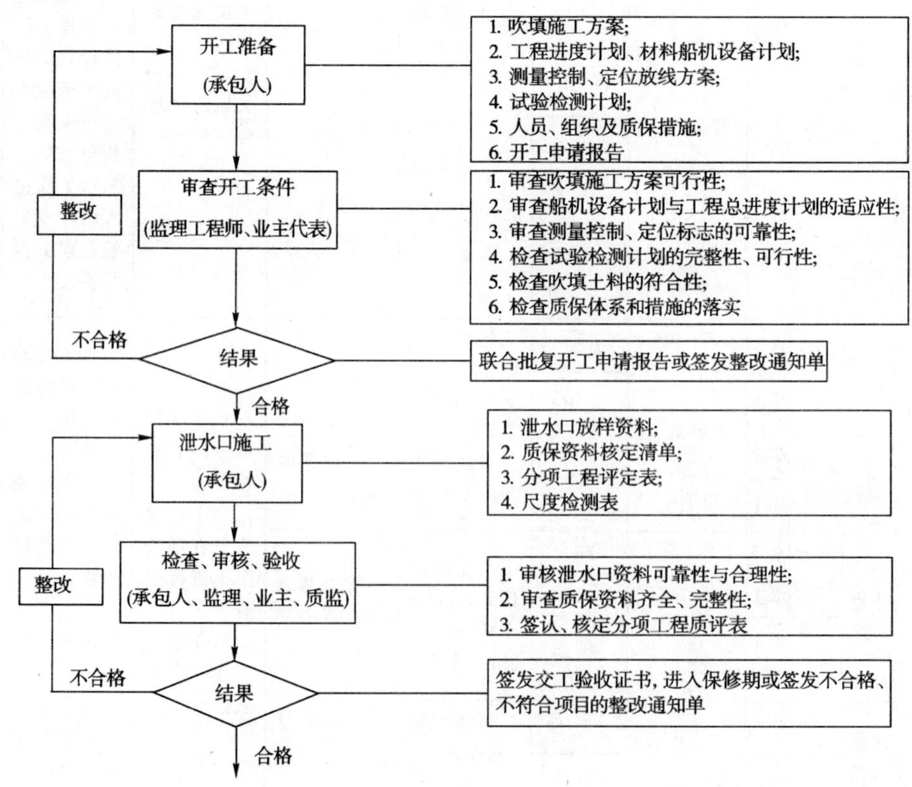

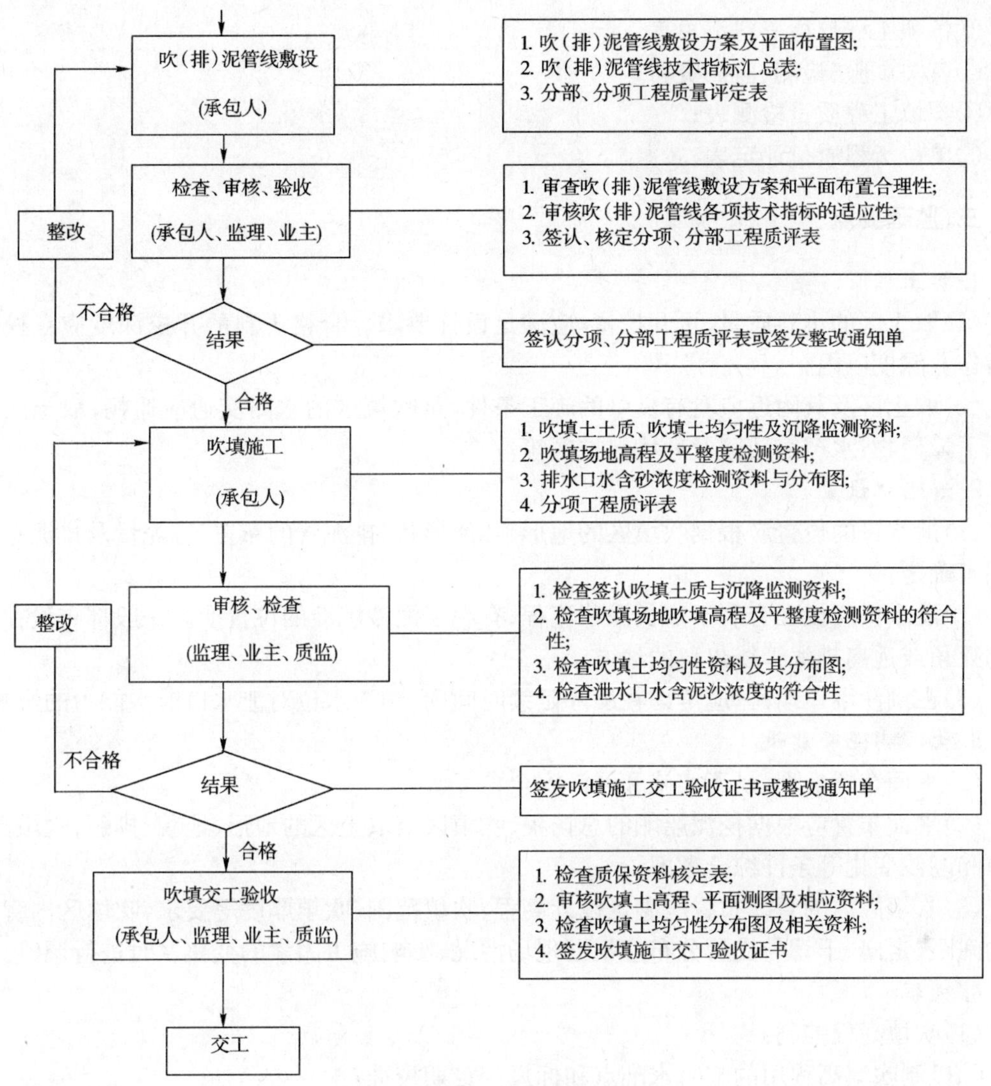

图 3-8-3　吹填施工质量监理程序图

二、监理内容

(1)审查吹填施工方案的技术可行性。

(2)审查材料和船机设备与工程进度计划的适应性和衔接性。

(3)检查测量、定位、放线的符合性。

(4)检查试验检测计划的完整性、可行性。

(5)检查取土区、围埝、泄水口、管线敷设验收报告。

(6)检查签认吹填土质与沉降监测资料吹填土料的符合性。

(7)检查吹填场地吹填高程及平整度检测资料的符合性。

(8)检查吹填土的颗粒分布均匀性资料。

(9)检查泄水口处的排水含泥沙浓度的符合性。

(10)检查质保体系和措施的落实：

①质量保证资料核定清单；

②各项工程自检资料汇总表；

③有关试验、检测、监测资料；

④吹填工程质量检测表；

⑤单位工程质量评定表。

三、监理要点

1. 取土区

(1)取土区的土料质量、可开挖量，应满足设计要求。合格土料的开挖深度应在挖泥船正常作业深度以内；

(2)取土区及其附近应具有良好的施工条件，至吹填区的水路交通应通畅；取土区应避开水下障碍物、水产养殖区及环境保护区等；

2. 泄水口设置

(1)泄水口的位置应根据吹填区的地形、几何形状、排泥管的布置、容泥量及排泥总流量等因素确定；

(2)泄水口应设在有利于加长泥浆流程、有利于泥沙沉淀的位置上。一般都布设在吹填区的死角或远离排泥管线出口的地方；

(3)在潮汐港口地区，应考虑在涨潮延续时间内，潮汐水位对泄水口泄水能力的影响。

3. 吹(排)泥管敷设

(1)平面布置合理，易于实施和经济安全；

(2)平面布置应根据挖泥船舶的总扬程、吹填区至取土区的地形、地貌、排距、吹填高程、水位和潮汐变化等条件综合考虑；

(3)吹填区内的管线布置应满足设计高程、吹填范围、吹填厚度等要求，吹填区内管线布设的间距、走向、干管与支管分布应根据现场情况、影响施工因素的变化及时进行调整。

4. 吹填

(1)吹填高程控制：

①控制吹填高程用的临时水准点和标尺应定期校准；

②在吹填过程中，应经常利用高程控制标尺观测吹填土的标高，并进行吹填区的高程测量。及时延长排泥管线、调整管线的间距、管口的位置和方向及泄水口的高度，以达到吹填高程和平整度的要求；

③对平整度要求较高的吹填砂工程，在吹填施工期间宜在排泥管出口配备推土机，粗平到吹填要求高度后，再延长排泥管线，以减少工程后期的整平工程量；

④吹填期间应定期进行沉降观测，并根据观测的地基沉降量和固结量，及时调整预留的厚度。

(2)吹填土质控制：

①应根据钻探和土质调查的资料，选择符合设计要求粒径的土源进行吹填，对不适合要求的细颗粒土，应通过疏浚分离出去，排至其他场地；

②管线的布置应使从排泥管口排出的水流充分扩散，或在管口加消能装置降低出口流速，使细颗粒土能有效沉淀，并使用三通管、转向阀或转向闸板等排泥管上的装置，分散细颗粒土的分布，防止淤泥聚集；

③应定期在吹填区内采取土样进行颗粒分析试验，对填土质量进行检查，取样点按

100m×100m 格网布设，必要时可加密；

④在软基上吹填时，为防止下层淤泥土被挤出、隆起，应采取分层吹填的方法。

(3)排放余水中的含泥沙量应符合当地环保、海洋等部门的规定。

四、吹填施工质量监控标准

吹填工程质量检验的内容包括吹填土质、吹填区的尺度和吹填程序。

吹填土质应满足设计要求。检验方法为抽样检验与观察相结合，抽样数量满足设计要求。

吹填允许偏差、检验数量和方法应符合《疏浚与吹填工程质量检验标准》(JTJ 324—2006)的表 6.2.3 规定。

五、吹填工程质量检验评定标准

1. 质量检验

(1)平均吹填高程符合表 3-8-5 的规定。

吹填工程质量标准　　表 3-8-5

质量标准／质量等级／项目内容			合　格	优　良
平均超填高度(m)			≤0.2	0.15
吹填高程偏差△h(m)	未经机械整平	淤泥、细砂类土	±1.0	±0.8
		中、粗砂类土	±1.4	±1.1
	经机械整平		±0.4	±0.3
吹填土质			符合设计要求	

(2)吹填高程偏差的确定，以设计吹填高程为准，超填为正值，欠填为负值，其值应符合表 3-8-5 的规定。

(3)吹填土质应符合吹填土工程设计文件和土工试验报告的要求。

2. 质量评定

(1)吹填工程质量等级应根据平均超填高度、吹填高程偏差和吹填土质三项指标按表 3-8-5 的规定进行综合评定，相应等级的三项指标必须同时满足。

(2)根据表 3-8-5 的质量标准评定吹填工程质量等级时，在吹填土质符合设计要求和土工试验要求的前提下，若平均超填高度和吹填高程偏差两个指标同时达到优良，则该吹填工程可评为优良工程。若该吹填工程中仅有一个指标达到优良，而另一个指标为合格，则该吹填工程可评为合格工程。若表 3-8-5 中三个指标中有一个为不合格，则该吹填工程即为不合格工程。

(3)吹填工程质量检验评定表的格式见表 3-8-6。

吹填工程质量检验评定表　　表 3-8-6

工程名称		施工依据文件	
工程性质		计划施工工期	
高程基准面		实际施工工期	
吹填面积(m²)		计划工程量	

续上表

<table>
<tr><td>吹填平均厚度(m)</td><td></td><td>实际工程量</td><td></td></tr>
<tr><td>施工船名</td><td></td><td>概预算价(元)</td><td></td></tr>
<tr><td colspan="2">工程质量检验评定项目</td><td>合同价(元)</td><td></td></tr>
<tr><td>吹填设计高程</td><td></td><td>工程质量达到等级</td><td></td></tr>
<tr><td>吹填高程偏差</td><td></td><td colspan="2" rowspan="4">工程质量分析

主管技术人员　　　　　　(公章)
单位负责人:(签章)　　承包人代表:　　年　月　日</td></tr>
<tr><td>平均超填高度</td><td></td></tr>
<tr><td>合同要求平整度</td><td></td></tr>
<tr><td>吹填土质</td><td></td></tr>
<tr><td>总测点数</td><td></td><td colspan="2" rowspan="5">工程质量评定:

主管技术人员　　　　　　(公章)
单位负责人:(签章)　　业主代表:　　年　月　日</td></tr>
<tr><td>附图、附表</td><td></td></tr>
<tr><td>验收测量方法</td><td></td></tr>
<tr><td>验收测量日期</td><td></td></tr>
<tr><td>参加验收测量人员代表</td><td>业主(签章)承包人(签章)</td></tr>
</table>

第九章　软基加固工程施工质量监控

第一节　概　述

一、软基加固方法分类

软土地基是指含水量高、孔隙比大、含有有机物的软粘土层。

软土地基加固的目的是提高地基承载力、减少不均匀沉降、增加稳定性，满足工程建筑要求。

软土地基处理的方法名目繁多，但按地基处理的作用机理来分，其基本方法归纳起来主要有夯实、挤密、排水、化学胶结、加筋等几类。

港口工程码头、护岸、堆场、防波堤工程软土地基加固方法常用的基加固方法有：换填砂垫层法、堆载预压法、真空预压法、真空预压联合堆载预压法、轻型真空井点法、强夯法、振冲置换法、振冲密实法、水上深层搅拌法等方法。这些方法都积累有成熟的施工经验，已经纳入了《港口工程地基规范》(JTJ 250—98)(以下简称《地基规范》)。

二、软基加固方法的特点和适应条件

1. 换填砂垫层法

换填砂垫层法是以挖除软弱土，换填砂以提高地基承载力、减少地基沉降量为其特点的。该方法适应于软土地基的浅层处理。一般以软土层不超过4m为宜。

2. 堆载预压法、真空预压法、真空预压联合堆载预压法和轻型真空井点法

这些加固方法的共同特点是排水固结，即采用不同方式的预压、通过软土层上或层中的水平和竖向排水体通道排水以降低软基的含水量、加速固结来密实地基，提高地基承载力和降低沉降量。

这些方法适应于淤泥质土、淤泥、冲填土、粉质粘土等饱和性软基加固。

3. 强夯法

强夯法是用重锤夯击达到增加土的密实度的加固方法，也叫作动力固结法。该法适用于素填土、杂填土、砂土、低饱和粘性土、粉土等软基加固。

4. 振冲置换法

振冲置换法是在软土中采用振冲能量制成碎石桩体与原软土地基形成复合地基的加固方法。该法适用于不排水抗剪强度大于20kPa的粘性土、粉土、砂土和填土等软基加固。

5. 振冲密实法

振冲密实法的特点是：利用震动和压力强迫砂土液化、颗粒重新排列、孔隙减少，从而提高砂土的承载能力和抗液化能力。当加填料时就与振冲置换法类似，形成复合地基。该法适应于粘粒含量小于10%的松散砂土或粉土等软基加固。

6. 水下深层水泥搅拌法

水下深层水泥搅拌法属于化学加固法，其特点是用水泥作为固化剂与软土硬结成加固柱体形成复合土，达到加固目的。这种方法适用于淤泥质土、淤泥、黏性土、粉土、杂填土等软基加固。

7. 水下抛石爆炸挤淤法

水下抛石爆炸挤淤加固法是利用爆破力，以石料置换出淤泥来加固密实抛石基床的方法。这种方法适应于防波堤、重力式码头和护岸软基处理。

软基加固施工是港口工程基础施工中的一个重要分项工程。水运工程监理工程师应该熟悉常用软土加固方法的加固机理和使用条件，掌握质量监控的重点，在施工监理中发挥应有的作用(表 3-9-1)。

港口工程软基加固的主要方法与适用条件 表 3-9-1

序 号	方 法	适用地基条件
1	换填砂垫层	软土不大于 4m 的浅层处理。
2	堆载预压	淤泥质土、淤泥、冲填土、粉质黏土等饱和性地基。
3	真空预压	同上。但必须具备能形成(包括采取密封措施)稳定负压的边界条件。
4	强夯	松软的碎石土、砂土、低饱和度的粉土和粘性土，杂填土和素填土等地基。
5	振冲置换	不排水抗剪强度大于 20kPa 的粘性土、粉土、砂土和填土等地基。
6	振冲密实	粘粒含量小于 10%的松散砂土或粉土等地基。
7	水下深层水泥搅拌	淤泥质软土地基，置换的软基厚度宜取 4～12m。淤泥、淤泥质土和含水量较高且地基承载力不大于 120kPa 的粘性土地基。
8	水下抛石爆炸挤淤	水下地基和基础应为块石或砾石，分层厚度不宜大于 12m，最大不得超过 15m。当石层过厚时，应分层抛填、分层爆破。

 第二节 换填砂垫层施工质量监控

换填砂垫层法是换土垫层法的一种。适用于码头和防波堤等浅层软弱地基处理。该法施工较为简单，一是清除抗剪能力低的软土，二是换上强度较大的砂料。因此，其质量控制重点归结起来也就是：清得干净，填得密实。

换填砂垫层法的施工程序如图 3-9-1 所示。

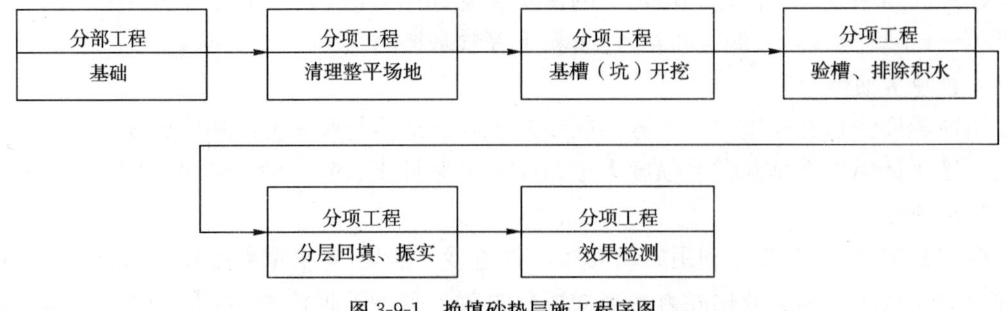

图 3-9-1 换填砂垫层施工程序图

一、监理程序（图 3-9-2）

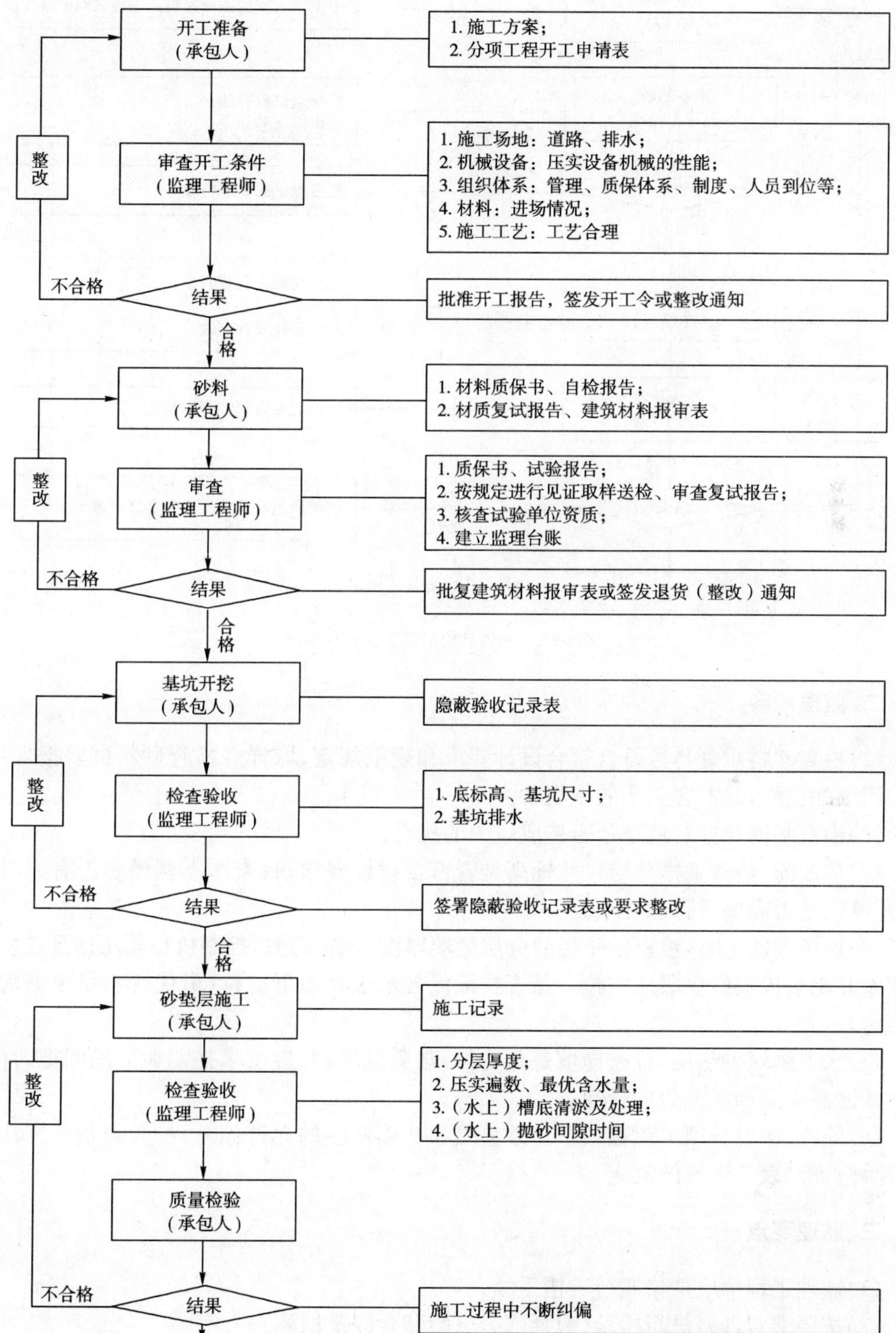

开工准备
（承包人）
1. 施工方案；
2. 分项工程开工申请表
审查开工条件
（监理工程师）
1. 施工场地：道路、排水；
2. 机械设备：压实设备机械的性能；
3. 组织体系：管理、质保体系、制度、人员到位等；
4. 材料：进场情况；
5. 施工工艺：工艺合理
整改
不合格
结果
批准开工报告，签发开工令或整改通知
合格
砂料
（承包人）
1. 材料质保书、自检报告；
2. 材质复试报告、建筑材料报审表
审查
（监理工程师）
1. 质保书、试验报告；
2. 按规定进行见证取样送检、审查复试报告；
3. 核查试验单位资质；
4. 建立监理台账
整改
不合格
结果
批复建筑材料报审表或签发退货（整改）通知
合格
基坑开挖
（承包人）
隐蔽验收记录表
检查验收
（监理工程师）
1. 底标高、基坑尺寸；
2. 基坑排水
整改
不合格
结果
签署隐蔽验收记录表或要求整改
合格
砂垫层施工
（承包人）
施工记录
检查验收
（监理工程师）
1. 分层厚度；
2. 压实遍数、最优含水量；
3.（水上）槽底清淤及处理；
4.（水上）抛砂间隙时间
整改
质量检验
（承包人）
不合格
结果
施工过程中不断纠偏

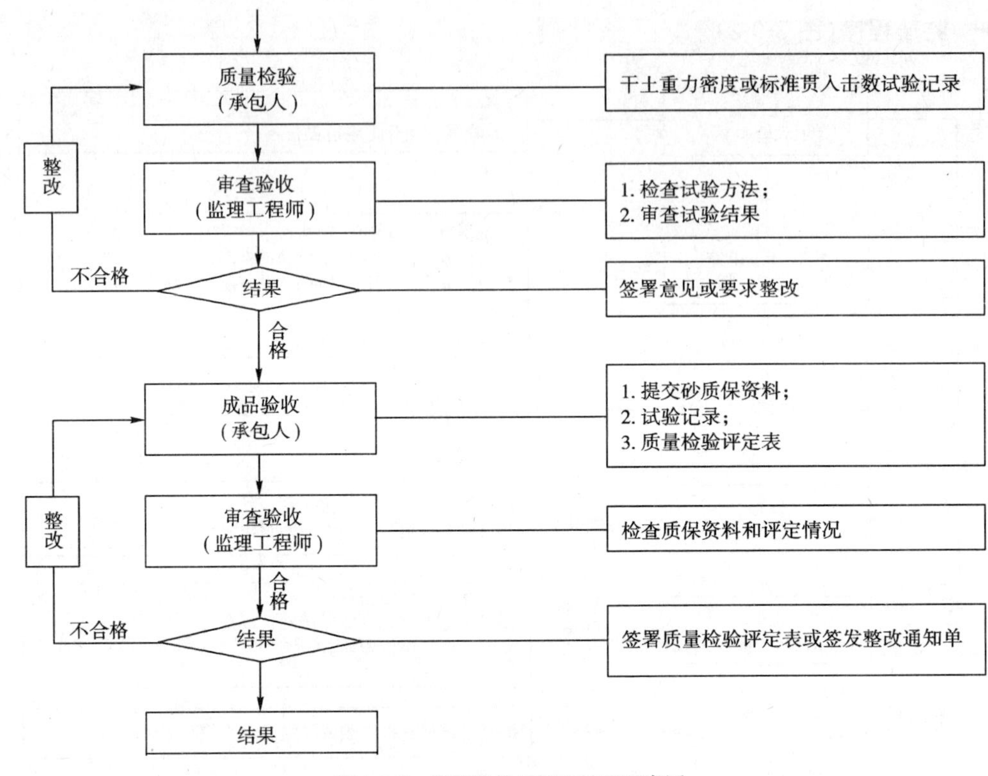

图 3-9-2 换填砂垫层施工监理程序图

二、监理内容

(1)检查砂料质量是否符合符合设计要求和规范规定;取样并检查砂料试验报告,砂料宜采用级配良好,并不含杂质的中粗砂。

(2)检查基槽开挖对地基是否造成较大的扰动。

(3)填砂前,检查基槽开挖尺寸标高是否符合设计要求;检查水下基槽是否有回淤沉积物,其厚度是否需要清除和处理。

(4)换填砂施工时,检查砂垫层的分层铺填厚度、压实遍数;控制机械碾压速度。检查施工记录并观察检查砂垫层压实施工是否在最优含水量状态下进行(最优含水量根据现场试验确定)。

(5)水上抛填砂垫层,检查抛填是否均匀,避免成堆;并应要求控制抛砂的间隙时间,避免出现淤泥夹层和淤泥包的隆起。

(6)验收,签发分项工程验收单。砂垫层和基础换砂的允许偏差、检验数量和方法应符合《检评标准》表 7.1.5 的规定。

三、监理要点

(1)监理工程师应严格履行验槽手续;

(2)按要求对砂料进行检验(包括筛分试验和含泥量检测);

(3)现场检查密实效果,采用标准贯如入试验法。

第三节 堆载预压(排水砂井)施工质量监控

软基的突出特征就是含水量高、孔隙比大。堆载预压加固通俗地说就是在地基上预先采用堆载对软基施加压力来压密软土、减少孔隙、排出水分,从而达到提高地基承载力和降低地基沉降的效果。因此堆载预压加固通常总是与设置排水体相结合的。软基加固中通常采用的竖向排水体有砂井(砂井桩、袋装砂井)、塑料排水板。本节以袋装砂井为排水体,叙述堆载预压施工监理程序、内容和要点。

堆载预压施工程序如图 3-9-3 所示。

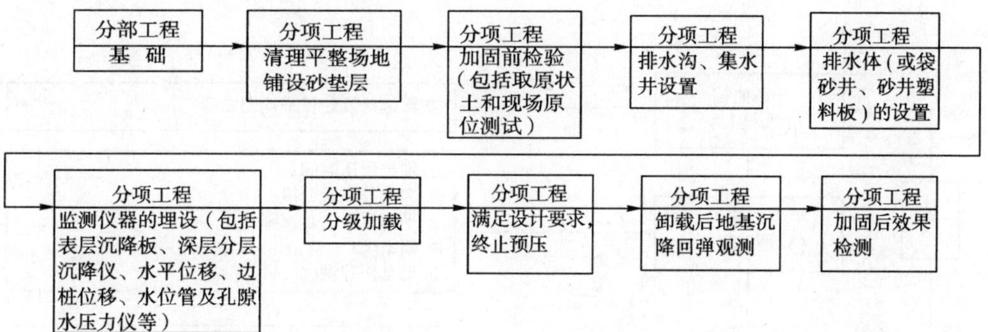

图 3-9-3 堆载预压施工程序图

一、监理程序(图 3-9-4)

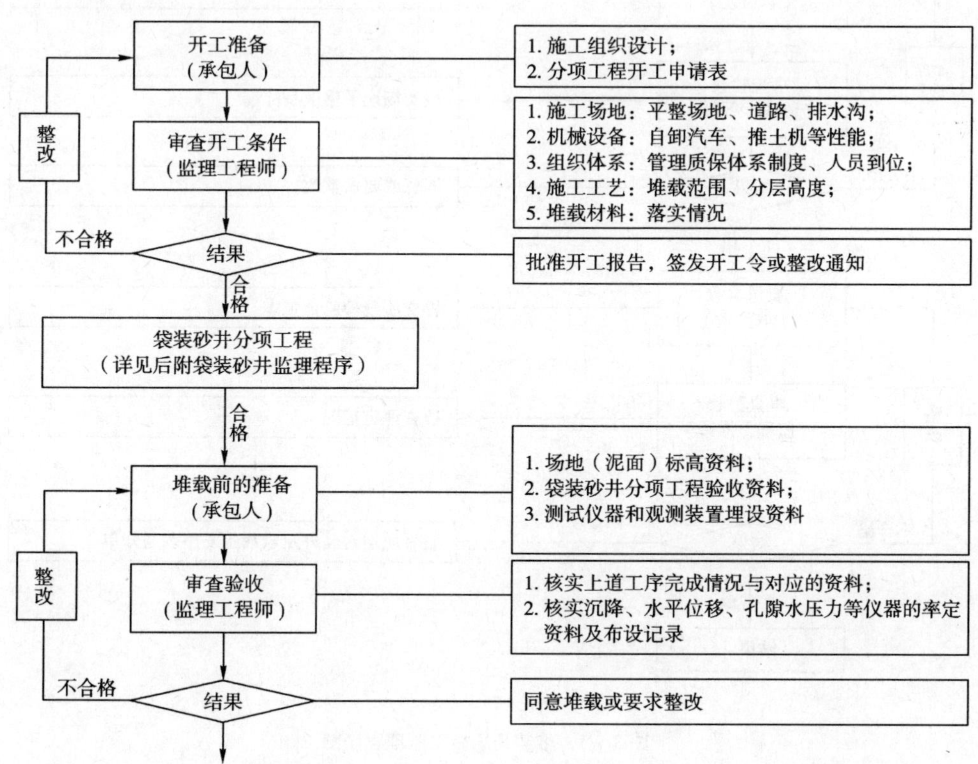

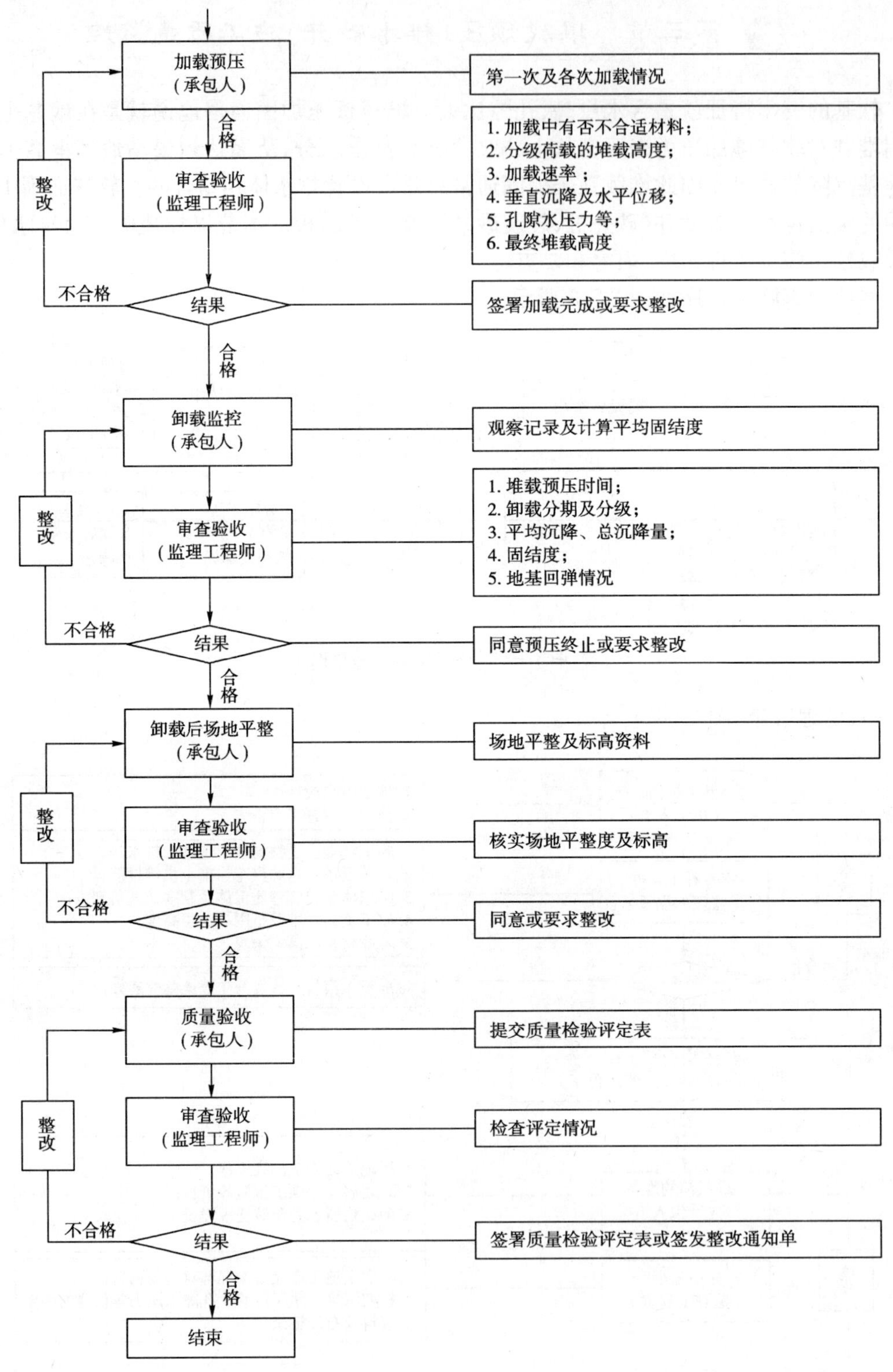

图 3-9-4 堆载预压施工监理程序图

袋装砂井分项工程监理程序见图 3-9-5。

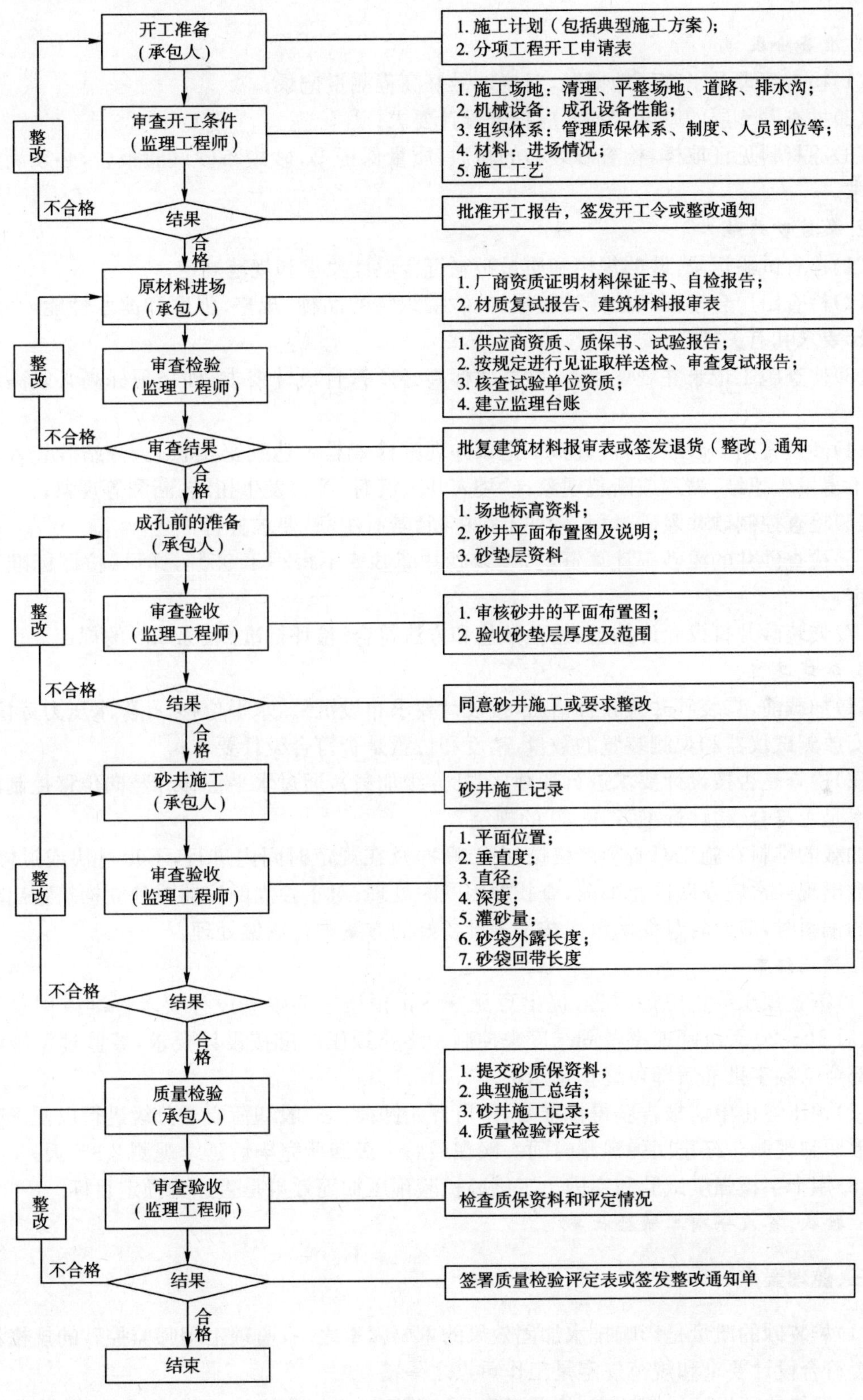

图 3-9-5　袋装砂井施工监理程序图

二、监理内容

1. 准备阶段

(1)检查清理及平整场地情况,对场地做好高程测量记录;

(2)抽查砂垫层的厚度、范围,应符合设计要求;

(3)原材料见证取样,检查砂袋布的材质、质量保证书,砂袋布砂试验报告,必须满足设计要求。

2. 袋装砂井施工

(1)检查试验记录,砂的规格和质量必须符合设计要求和规范规定;

(2)检查出厂合格证和抽样试验报告,砂袋织物的品种、规格、强度和滤水性能,必须符合设计要求和有关规定;

(3)检查施工记录并观察检查,砂井底标高必须符合设计要求;砂袋顶标高必须高出砂垫层;

(4)砂袋宜用干砂灌制,检查施工记录并观察检查是否达到密实状态,旁站砂袋入井下沉时不得发生扭结、缩颈或断裂现象;砂袋入井下沉时,严禁发生扭结、断裂等现象;

(5)检查控制砂井灌砂过程,砂柱不得中断,若有中断,要求补打;

(6)检查砂井的灌砂率计算资料,袋装砂井灌砂率不得小于 95%,详见《检评标准》7.3 的规定;

(7)袋装砂井打设允许偏差、检验数量和方法符合《检评标准》表 7.3.6 的规定。

3. 加载过程

(1)加载前,袋装砂井验收合格后,按设计要求布设沉降、水平位移、孔隙水压力等仪器;检查安放测试仪器和观测装置的数量、精度和位置是否符合设计要求;

(2)检查是否按设计要求进行加载(包括分级加载),通过水平位移和竖向位移控制的加荷速率是否符合《检评标准》7.3.20 的规定。

加载的堆料在施工时必须严格按加载、顺序及在规定时间内进行,不得过快或过慢,观测参数出现异常应立即停止加荷,查找原因及时处理;对于独立的容器或独立构筑物出现不允许的偏斜时,应及时督促承包人按事先准备好的方案进行纠偏处理。

4. 预压结束

(1)审查预压终止申请报告,提出意见。终止预压主要根据设计要求标准或用总沉降量、最后 10~20 天沉降速率及固结度来控制。终止预压标准按设计要求,经监理工程师审查全部合格签字批准后即可终止预压;

(2)预压终止申请报告获得批准后,即可开始卸荷。一般卸荷要求分级进行以便进行地基变形回弹观测。终止回弹观测时间一般在最后一级卸荷完毕后延续观测 2~7 天;

(3)用十字板强度试验和室内土工试验检验预压加固效果是否达到预定目标。

5. 验收,签发分项工程验收单

三、监理要点

(1)袋装砂的质量是影响排水加固效果的重要因素之一,监理工程师监控砂的规格和质量是否符合设计要求和规范规定是工作重点之一;

(2)严格执行设计加载速率,加载过程中以监测数据指导施工,严禁野蛮施工,将水平向位移和垂直向位移控制在规范规定的范围之内；

(3)监控卸载时间符合设计要求。

 第四节　真空预压(排水纸板)施工质量监控

真空预压法是利用真空负压原理对地基进行预压，并通过排水体排水加速软土固结的方法。其施工简要过程就是：在需要加固的软土地基表面先铺设砂垫层，在软土中设置竖向排水体。然后用不透气的封闭膜覆盖，薄膜四周埋入不透水层或渗透系数相对较小的土层中，使膜内外空气阻隔。通过埋设在砂垫层内的管道，用真空装置进行抽气，使膜下形成一定的真空度。

真空预压土体的固结过程，是在总应力基本保持不变的情况下，孔隙水压力逐渐降低，有效应力逐渐增长的过程。

真空预压法加固地基必须设置竖向排水体，适用土质同堆载预压法，但需具备可以形成(包括采取密封措施)稳定负压的边界条件。由于真空预压法不增加剪应力，地基不会产生剪切破坏，所以除了适用与堆载预压法相同的建筑物情况外，尤其适用于超软土地基加固。

本节以塑料排水板为例，叙述真空预压施工监理程序、内容和要点。

空预压施工程序如图 3-9-6 所示。

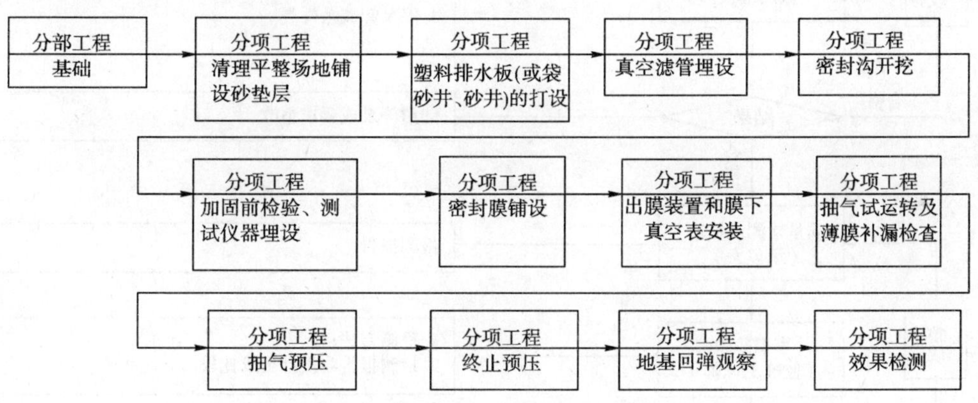

图 3-9-6　真空预压施工程序图

一、监理程序(图 3-9-7)

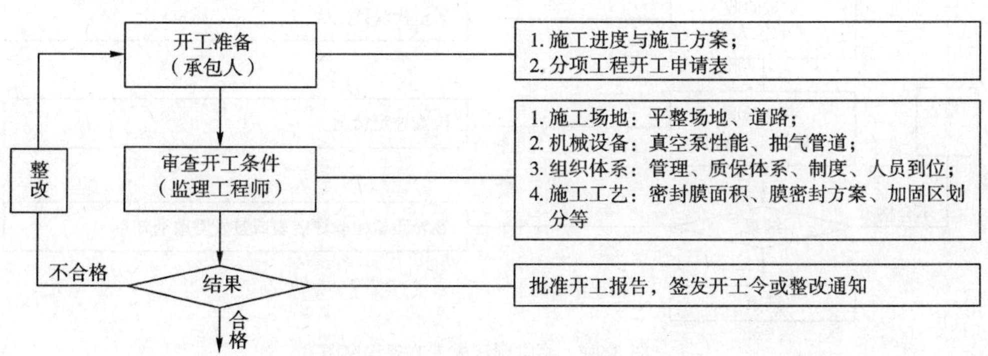

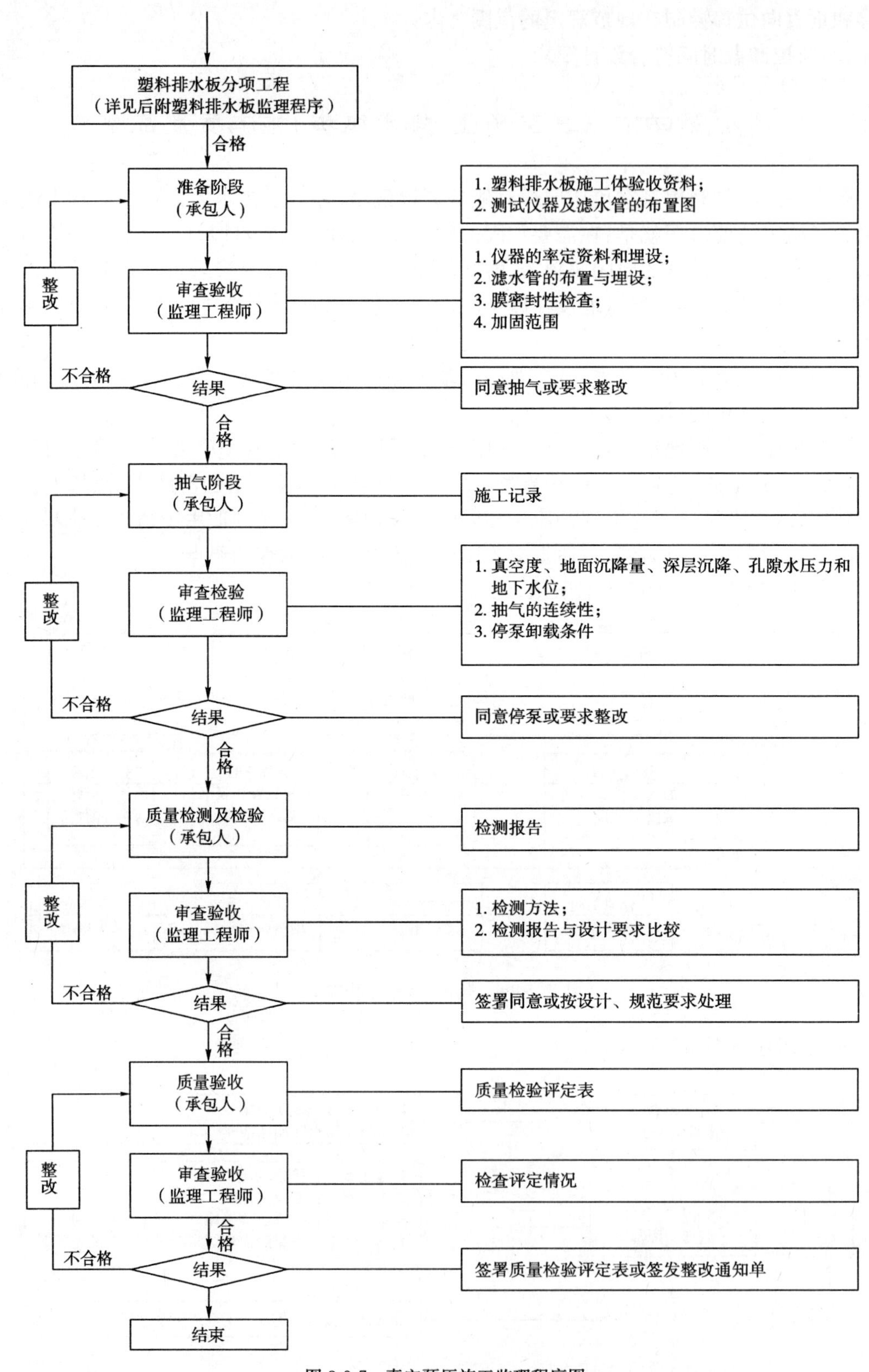

图 3-9-7　真空预压施工监理程序图

塑料排水板施工分项工程监理程序见图 3-9-8。

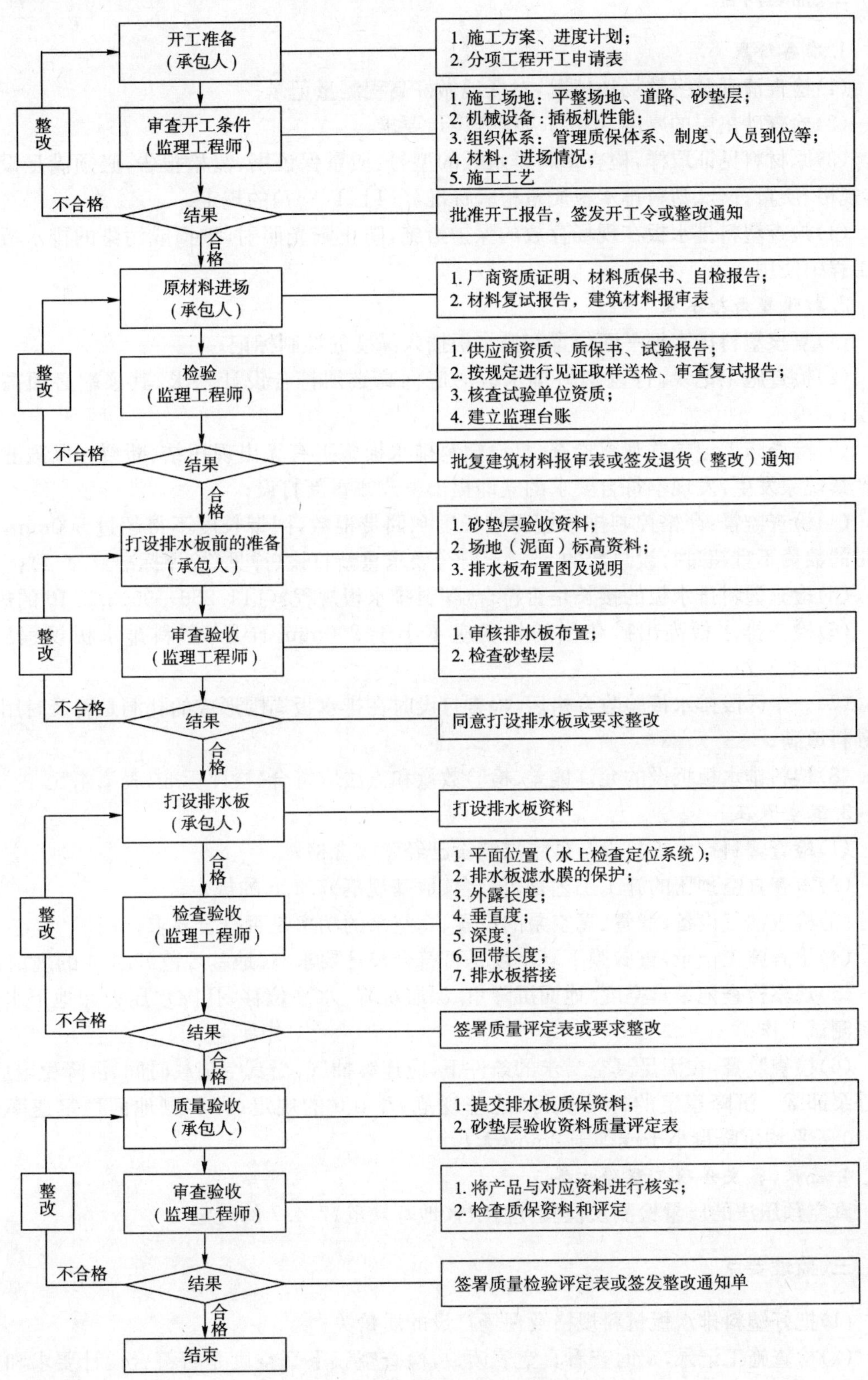

图 3-9-8　塑料排水板施工监理程序图

二、监理内容

1. 准备阶段

(1)检查清理及平整场地情况,对场地做好高程测量记录;

(2)检查砂垫层的厚度、范围,应符合设计要求;

(3)原材料见证取样,检查塑料排水板的型号、质量保证书、复检报告,必须满足设计要求,规格、质量符合《塑料排水板质量检验标准》(JTJ/T 257)的规定;

(4)检查塑料排水板在现场存放的保护措施,防止阳光照射,破损或污染的排水板不得在工程中使用。

2. 打设塑料排水板

(1)复核塑料排水板平面位置和排水板插入深度的控制标记;

(2)检查施工记录,打设塑料排水板的底标高必须符合设计要求,其顶端必须高出砂垫层;

(3)检查施工记录并观察检查,打设塑料排水板施工有无出现扭结、断裂和撕破滤水膜等严禁现象发生,发现不符合要求的立即提出整改或重新打设;

(4)检查监督:严格控制排水板回带长度和回带根数,回带长度不得超过 500mm,发生回带的数量不宜超过打设总数的 5%,不符合要求重新打设(详见《检评标准》7.4.4);

(5)检查塑料排水板的接长是否符合《塑料排水板规程》(JTJ 256—96)3.3.10 的规定;

(6)检查排水板高出砂垫层的长度应不小于 200mm,详见《塑料排水板规程》(JTJ 256—96)3.3.7;

(7)一个区段排水板验收合格后,检查打设时在排水板周围形成的孔洞是否及时用砂垫层砂料填满;

(8)塑料排水板沉设的允许偏差、检验数量和方法应符合《检评标准》表 7.4.5。

3. 真空预压

(1)检查塑料排水板打设与砂垫层铺设已经验收合格;

(2)审查真空预压的施工工艺是否符合《地基规范》7.4.5 的规定;

(3)检查抽气设备、滤管、真空泵的设置、真空泵的功率是否符合要求;

(4)检查施工记录,查验膜下真空度是否符合设计要求与《地基规范》7.4.4 的规定;

(5)观察检查记录真空度、地面沉降量、深层沉降、水平位移、孔隙水压力和地下水位的现场测试工作;

(6)检查监督:在满足真空要求的条件下,应连续抽气,当真空满载时间、沉降稳定后,方可停泵卸载。沉降稳定的标准执行《地基规范》7.4.6 的规定(即实测地面稳定速率连续 5～10 天平均沉降量小于或等于 2mm/天)。

4. 验收,签发分项工程验收单

真空预压法的质量检测及检验,应执行《地基规范》7.4.7 的规定。

三、监理要点

(1)把好塑料排水板材料规格及现场打设的质量关;

(2)检查施工记录,定时查看真空表读数,检查空膜下真空度是否符合设计要求和规范规定。

第五节　强夯加固施工质量监控

强夯法是以重锤夯击给地基以强大冲击波和动应力使一定深度的土液化、固结而密实软土为其特点的，也叫作动力固结法。

强夯法施工程序如图 3-9-9 所示。

分部工程
基础
分项工程
清理平整场地铺设垫层
分项工程
设置排水沟，必要时降低水位
分项工程
试夯
分项工程
正式夯实
分项工程
整平场地
分项工程
效果检测

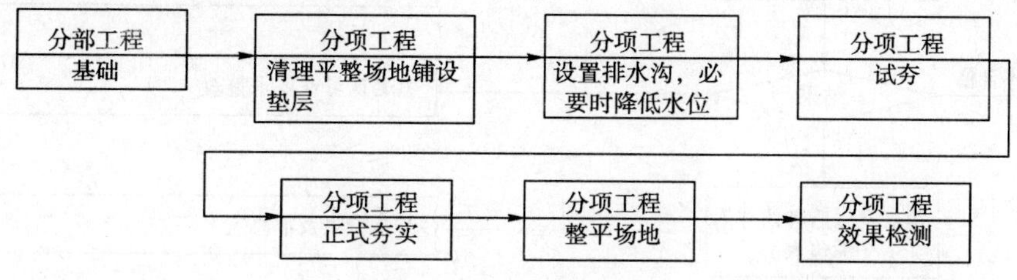

图 3-9-9　强夯加固施工程序图

一、监理程序（图 3-9-10）

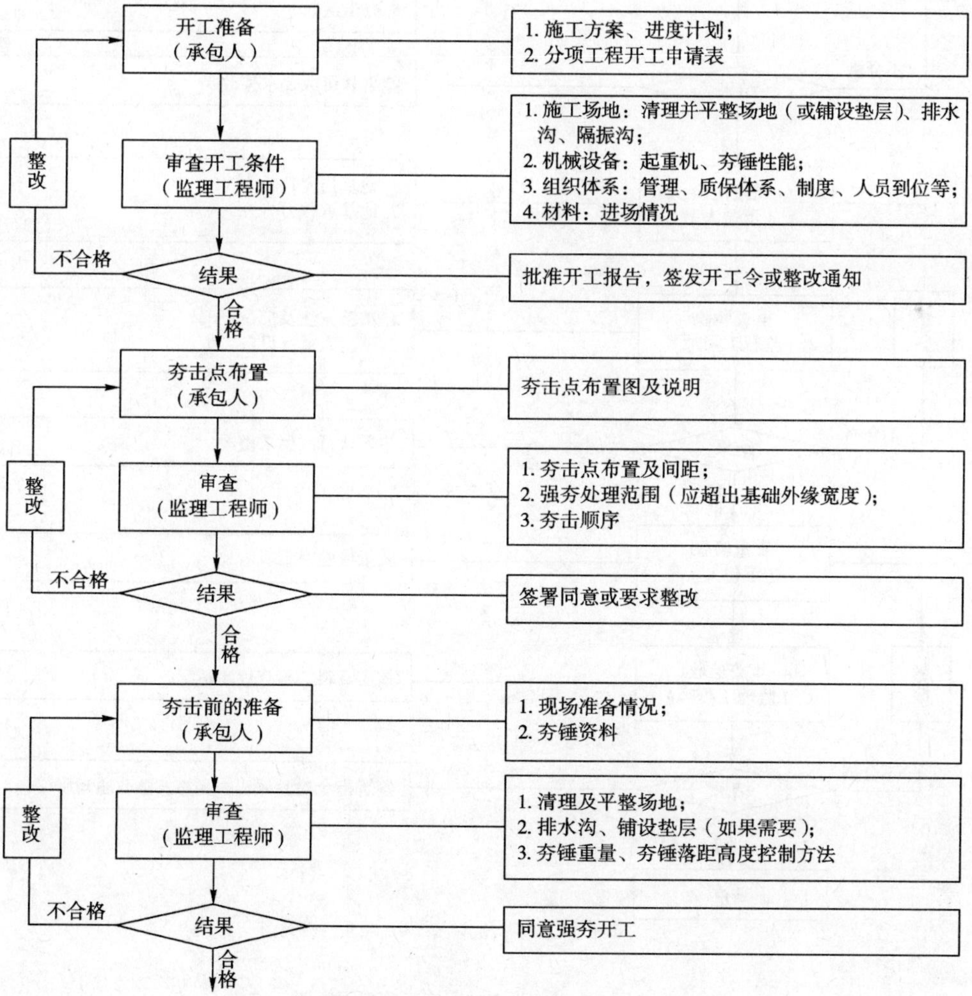

开工准备
（承包人）
1. 施工方案、进度计划；
2. 分项工程开工申请表
审查开工条件
（监理工程师）
1. 施工场地：清理并平整场地（或铺设垫层）、排水沟、隔振沟；
2. 机械设备：起重机、夯锤性能；
3. 组织体系：管理、质保体系、制度、人员到位等；
4. 材料：进场情况
整改
不合格
结果
批准开工报告，签发开工令或整改通知
合格
夯击点布置
（承包人）
夯击点布置图及说明
审查
（监理工程师）
1. 夯击点布置及间距；
2. 强夯处理范围（应超出基础外缘宽度）；
3. 夯击顺序
整改
不合格
结果
签署同意或要求整改
合格
夯击前的准备
（承包人）
1. 现场准备情况；
2. 夯锤资料
审查
（监理工程师）
1. 清理及平整场地；
2. 排水沟、铺设垫层（如果需要）；
3. 夯锤重量、夯锤落距高度控制方法
整改
不合格
结果
同意强夯开工
合格

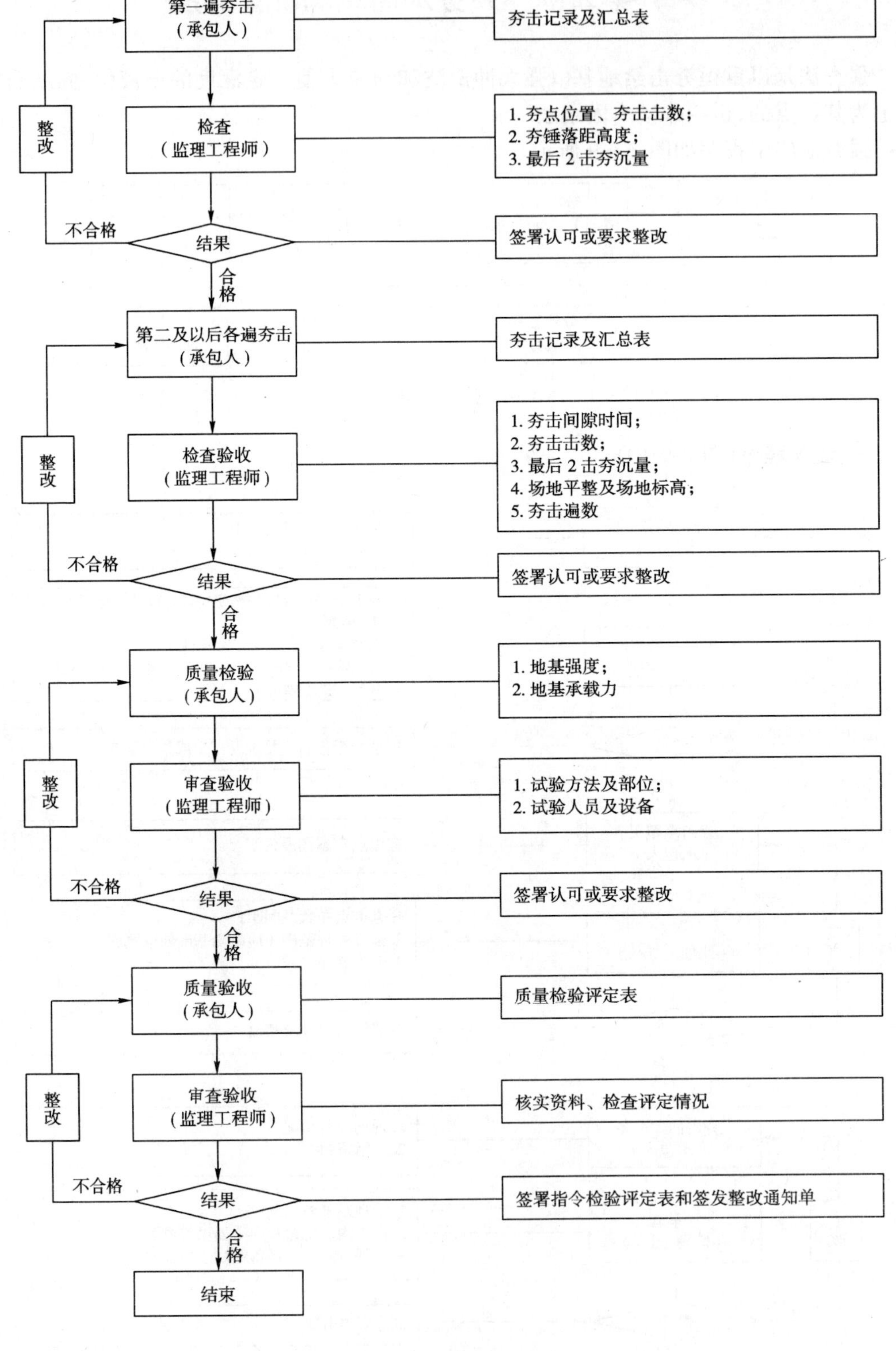

图 3-9-10 强夯加固施工监理程序图

二、监理内容

1. 准备阶段

(1)检查清理及平整场地情况,检查场地高程测量记录;

(2)检查强夯施工方案是否符合《地基规范》7.7 的规定;强夯施工各项参数是否是通过现场试验确定的并符合设计要求和规范规定。

2. 强夯施工中

(1)开夯前应检查夯锤重和落距,以确保单击能量符合设计要求。

(2)检查强夯施工是否按强夯试验确定的施工参数进行。

(3)检查强夯施工所产生的振动对临近建筑物或设备产生的影响。当产生有害影响时,应令承包人采取适当的防震或隔振措施。

(4)检查施工记录并观察检查夯击施工,承包人在每遍夯击前,应对夯点放线进行复核,夯完后检查夯坑位置,发现偏位或漏夯应及时补夯。

(5)检查施工记录并观察检查,按设计要求检查每个夯点的夯击次数和每击的夯沉量。

(6)观察检查,当坑底倾斜而造成夯锤歪斜时,应及时将坑底整平。

(7)检查施工记录并观察检查,每夯完一遍应将夯坑填平,普测场地的平均高程以计算夯沉量。

(8)检查两遍之间的间歇时间是否在规定的间隙时间后进行。

(9)检查夯击遍数应符合设计要求。

(10)检查强夯处理的范围是否符合《地基规范》7.7.8 的规定(即强夯处理的范围应大于建筑物基础范围,每边超出基础外缘宽度应为设计处理深度的 1/2～2/3,并不宜小于 3m)。

3. 验收

(1)按《地基规范》7.7.16 要求,在施工结束间隔一定时间后对强夯效果进行检验;

(2)强夯地基的允许偏差、检验数量和方法应符合《检评标准》表 7.6.3 的规定;

(3)验收,签发分项工程验收单。

三、监理要点

(1)监理应及时检查施工记录和强夯施工过程中的各项测试数据,及时发现问题,当不符合设计要求时,应令承包人补夯或者采取其他措施补救;

(2)旁站夯击全过程,并做好旁站记录。

第六节 振冲置换施工质量监控

振冲置换法是指以压力和振冲器振动的联合作用在软土地基中制孔,在孔中加入含泥量不大的碎石或卵石、角砾、圆砾等硬质材料制成桩体与原地基形成复合土的加固方法。

振冲置换法施工程序如图 3-9-11 所示。

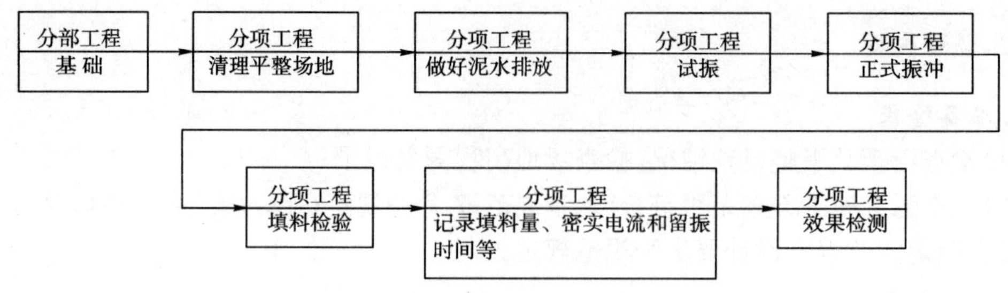

图 3-9-11 振冲法施工程序图

一、监理程序(图 3-9-12)

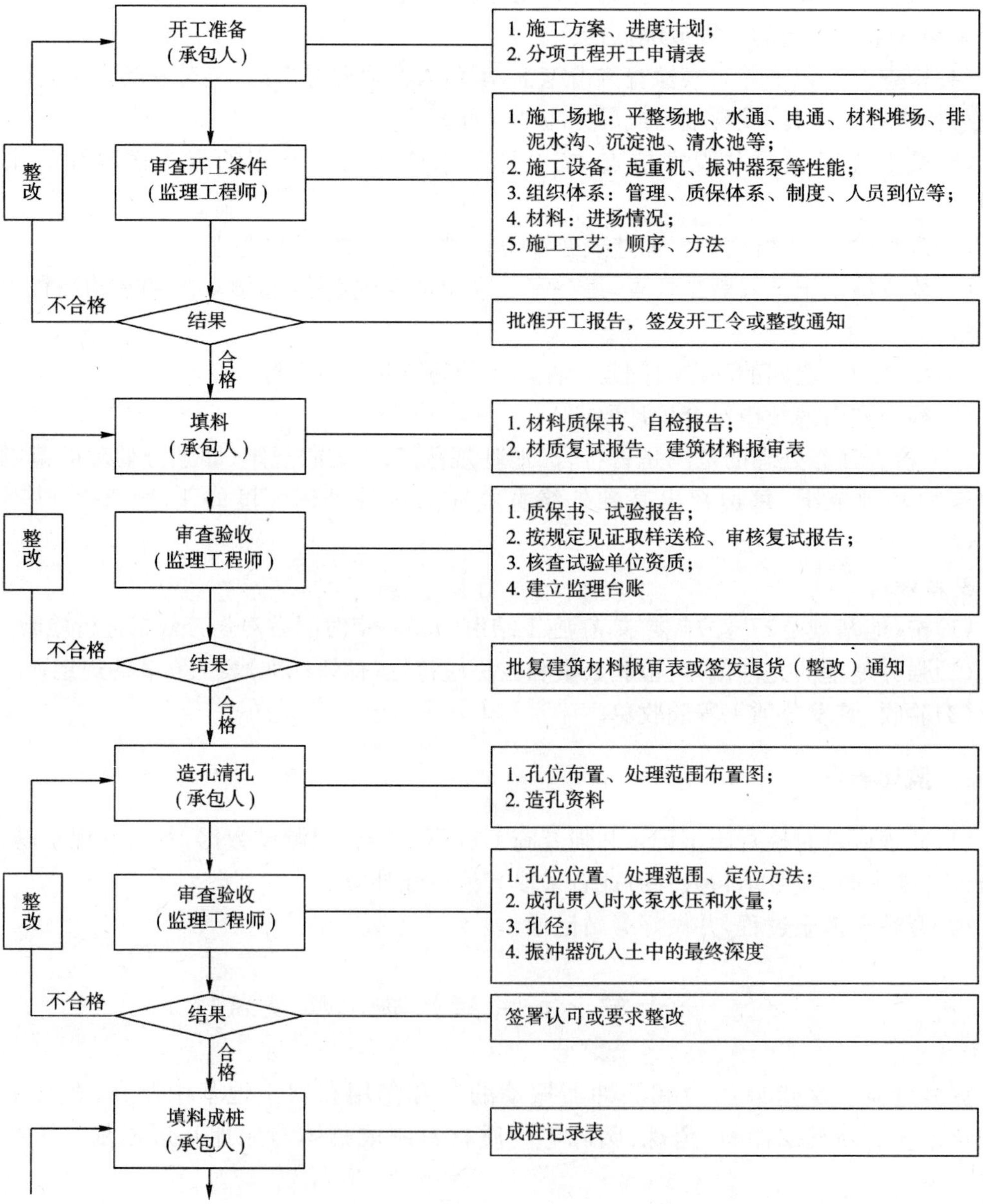

开工准备(承包人)	1. 施工方案、进度计划; 2. 分项工程开工申请表
审查开工条件(监理工程师)	1. 施工场地:平整场地、水通、电通、材料堆场、排泥水沟、沉淀池、清水池等; 2. 施工设备:起重机、振冲器泵等性能; 3. 组织体系:管理、质保体系、制度、人员到位等; 4. 材料:进场情况; 5. 施工工艺:顺序、方法
结果(不合格→整改;合格→下一步)	批准开工报告,签发开工令或整改通知
填料(承包人)	1. 材料质保书、自检报告; 2. 材质复试报告、建筑材料报审表
审查验收(监理工程师)	1. 质保书、试验报告; 2. 按规定见证取样送检、审核复试报告; 3. 核查试验单位资质; 4. 建立监理台账
结果(不合格→整改;合格→下一步)	批复建筑材料报审表或签发退货(整改)通知
造孔清孔(承包人)	1. 孔位布置、处理范围布置图; 2. 造孔资料
审查验收(监理工程师)	1. 孔位位置、处理范围、定位方法; 2. 成孔贯入时水泵水压和水量; 3. 孔径; 4. 振冲器沉入土中的最终深度
结果(不合格→整改;合格→下一步)	签署认可或要求整改
填料成桩(承包人)	成桩记录表

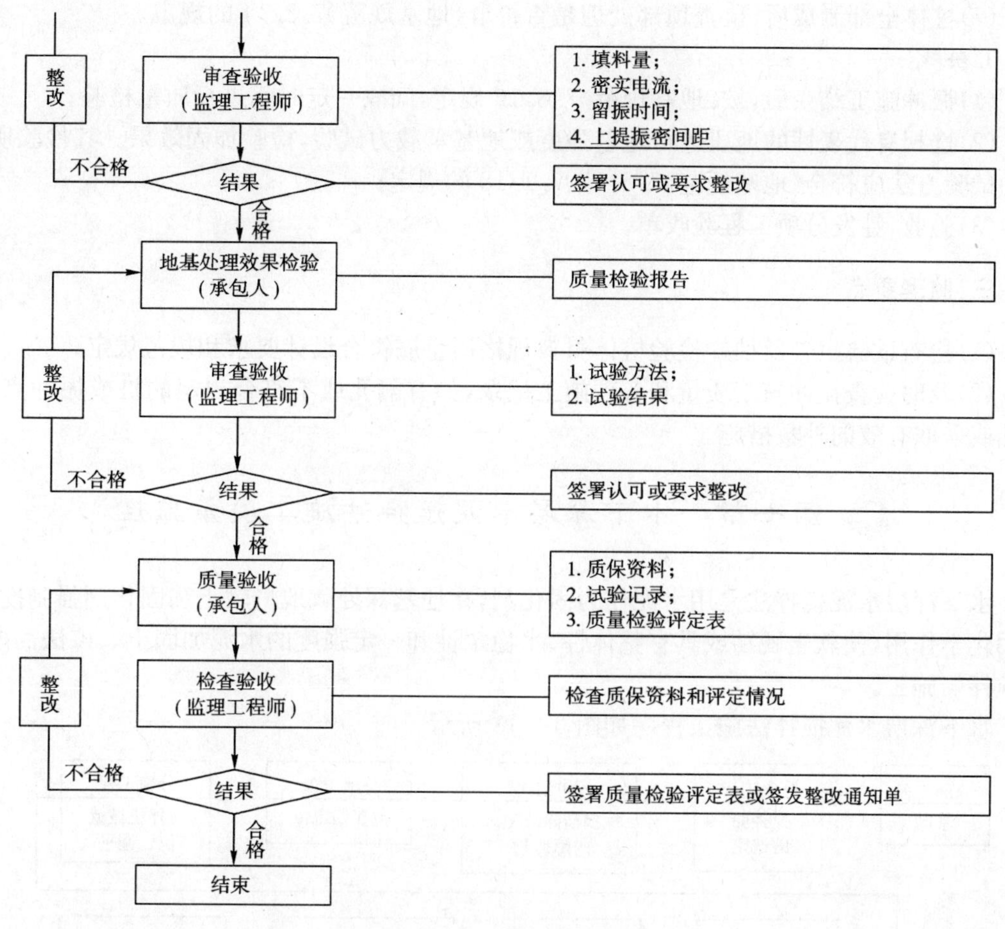

图 3-9-12 振冲法施工监理程序图

二、监理内容

1. 准备阶段

(1)审查施工方案是否符合设计要求和《地基规范》7.8 的规定;

(2)检查开工准备情况:清除地基中废下水道、大石块、混凝土块、大木板等障碍物,清理及平整场地,测量地面高程并做好记录;

(3)检查施工记录并观察检查桩体材料规格、质量、含泥量是否符合设计要求和《地基规范》7.8.5 的规定。

2. 施工过程中

(1)复核桩位是否符合设计;

(2)检查桩长是否穿过软土层进入设计要求相对硬土层;

(3)检查施工记录并观察检查桩体材料规格质量是否符合《地基规范》7.8.5 的规定;

(4)检查振冲器选择是否符合《地基规范》7.8.9 的规定;

(5)水上制桩检查定位测量方法是否合理;

(6)检查施工记录并观察记录各段桩体的密实电流,填料量和留振时间均应符合设计规定;这些规定应通过现场成桩试验确定;

(7)桩体全部制成后,检查顶部处理是否符合《地基规范》7.8.14 的规定。

3. 验收

(1)振冲施工结束后,按《地基规范》7.8.16 规定,间隔一定时间进行质量检验;

(2)选择有代表性的地段进行地基强度或地基承载力试验,检验加固效果。其检验所采用的试验方法应符合《地基规范》7.8.17、7.1.18 的规定;

(3)验收,签发分项工程验收单。

三、监理要点

(1)检查试验报告及抽样检验桩体材料规格质量应符合设计要求和规范规定;

(2)及时检查振冲施工质量和各项施工记录,如有漏孔或不符合规定的桩或振冲点,应补孔或采取有效的补救措施。

第七节　水下深层水泥搅拌法施工质量监控

水下深层水泥搅拌法是用水泥作为固化剂,在地基深处就地将软土和固化剂强制搅拌,利用化学作用,使软土硬结或具有整体性、水稳定性和一定强度的水泥加固土。该法需要专用搅拌船施工。

水下深层水泥搅拌法施工程序如图 3-9-13 所示。

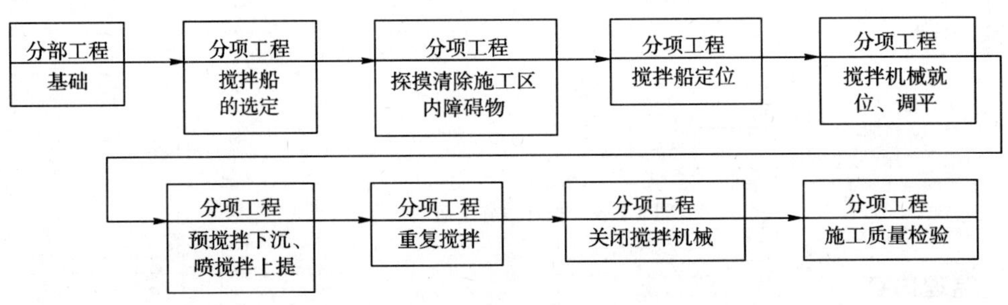

图 3-9-13　水下深层水泥搅拌法施工程序图

一、监理程序(图 3-9-14)

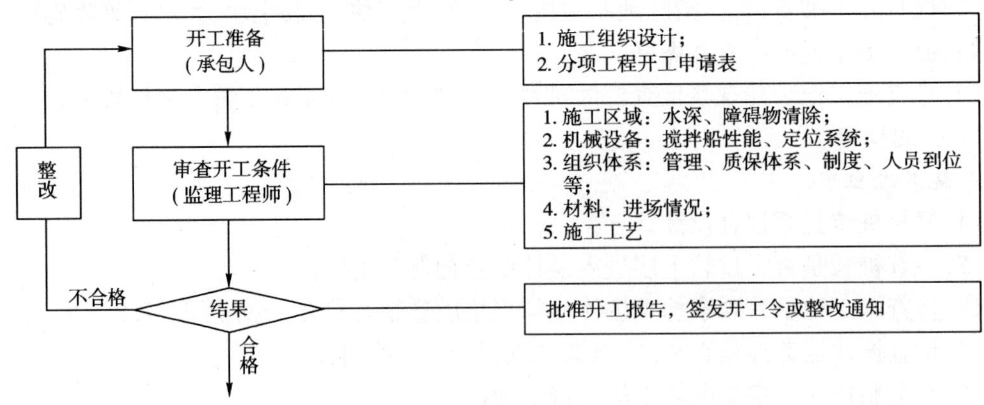

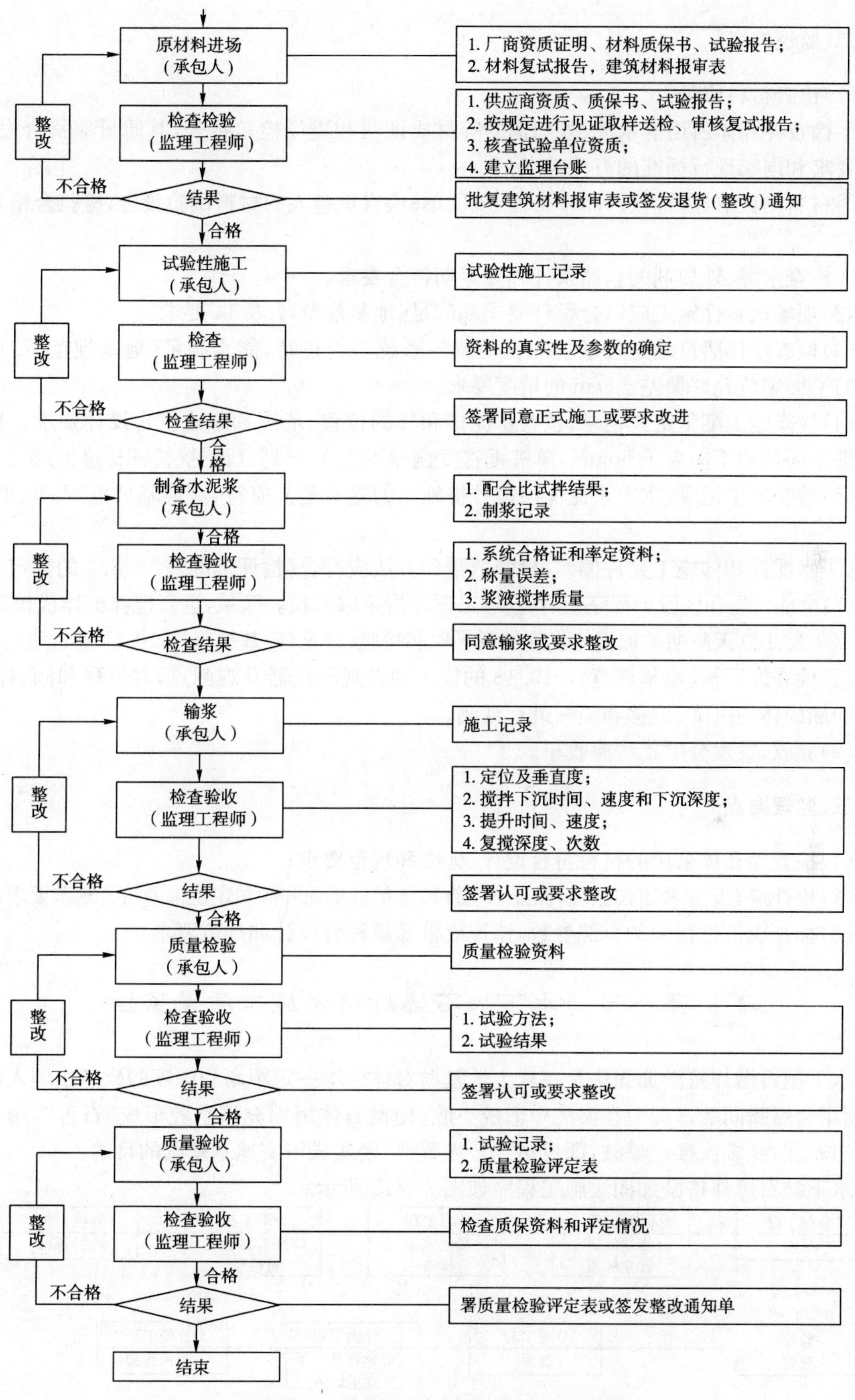

图 3-9-14　水下深层水泥搅拌法施工监理程序图

二、监理内容

(1)检查材料质量：

①检查拌和体所用的水泥、外加剂的等材质证明和进场检验报告，其质量应符合设计、合同要求和国家现行标准的有关规定；

②材料见证取样；检查产品合格证、质保单；检查承包人的材料试验报告，检验合格才能使用；

③检查水泥、外加剂的仓储条件和储存期符合要求。

(2)现场试验性施工应符合设计要求和满足《地基规范》7.8.14 要求。

(3)检查搅拌船自动定位系统和自动调控系统是否正常，能否满足《地基规范》7.10.9 规定的平面定位允许偏差±5cm 的精度要求。

(4)检查施工测量定位记录，核查水泥拌和体的位置、范围和形式符合设计要求。拌和体单桩平面偏差不应大于 50mm，单桩垂直度偏差不应大于 1%(详见《检评标准》7.8.2)。

(5)检查施工记录，水上水泥深层搅拌桩施工的输浆工艺应符合《地基规范》7.10.14 的规定。

(6)水泥拌和体施工允许偏差、检验数量和方法应符合《检评标准》表 7.8.6 的规定。

(7)全部工程和区段工程完工后，监理工程师指定取芯检验区域，进行搅拌桩体成桩后 90 天或 120 天、180 天龄期的加固体强度的现场取芯检验(详见《地基规范》7.10.17 的规定)。

(8)检查加固按《地基规范》7.10.18 的规定埋设观测仪器及观测点，对位移和倾斜的建筑物和加固体的沉降、位移和倾斜进行观测。

(9)验收，签发分项工程验收单。

三、监理要点

(1)检查拌和体采用的材料符合设计、标准和规范要求；

(2)检查施工记录和定位系统，保证水上拌桩体单桩平面和倾斜定位偏差符合规范要求；

(3)抽查成桩过程中的全部参数，监控成桩质量符合设计和规范要求。

 第八节 水下抛石爆炸挤淤施工质量监控

水下抛石爆炸挤淤加固法是在软土地基抛石体外缘一定距离和深度的软基中埋入药包群，利用起爆瞬间的爆破力在淤泥中形成空腔，使抛石体坍塌充填空腔形成“石舌”，用石料置换出淤泥，经多次推进爆破，即可达到最终置换、密实成密实地基基础的目的。

水下抛石爆炸挤淤加固法施工程序如图 3-9-15 所示。

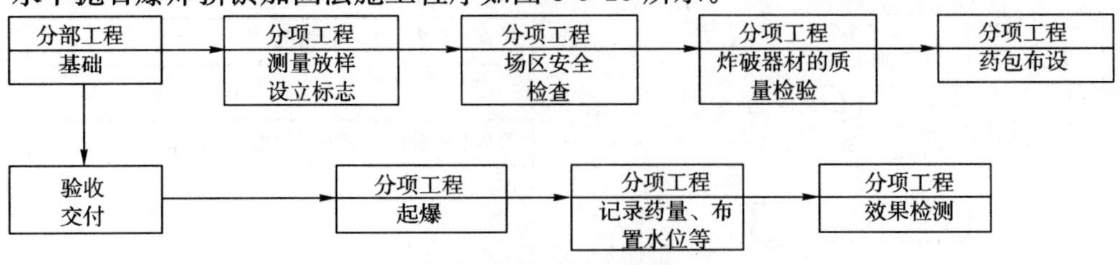

图 3-9-15 水下抛石爆炸挤淤加固施工程序图

一、监理程序（图 3-9-16）

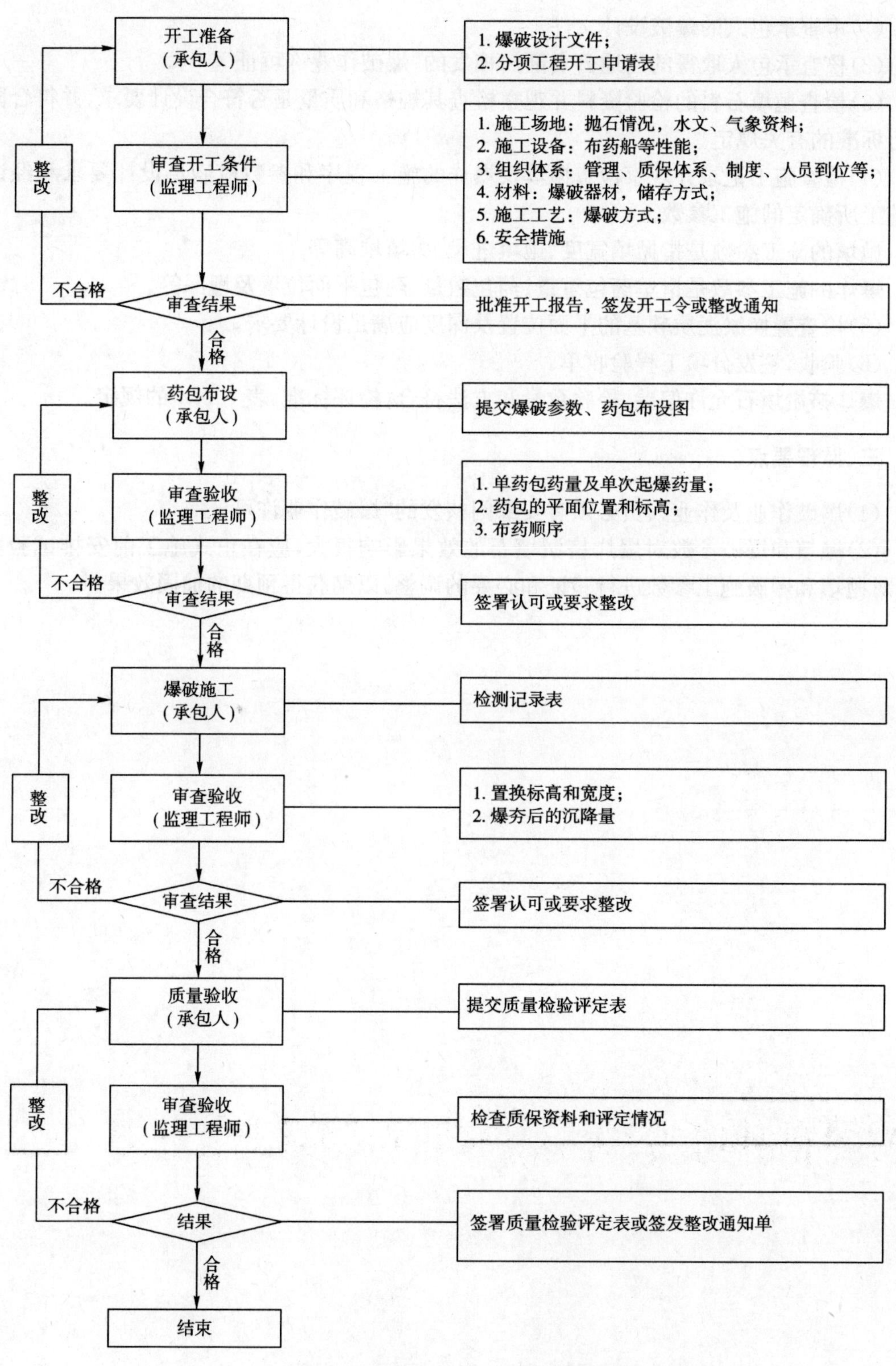

图 3-9-16　水下抛石爆炸挤淤施工监理程序图

二、监理内容

(1)审查承包人的爆破设计文件。

(2)核查承包人取得的当地公安部门核发的“爆破作业许可证”。

(3)检查抛填石料的检验资料并观察检查其规格和质量是否符合设计要求,并符合国家现行标准的有关规定。

(4)检查施工记录并观察检查抛填及爆炸的施工程序和参数应满足设计要求和经试验段施工所确定的施工参数。

抛填的施工参数是指抛填宽度、抛填进尺、抛填堆高等。

爆炸的施工参数是指单药包重量、药包数量、药包平面位置及埋深等。

(5)检查置换淤泥质软基的平面位置及深度应满足设计要求。

(6)验收,签发分项工程验收单。

爆炸挤淤填石允许偏差、检验数量和方法符合《检评标准》表 7.9.4 的规定。

三、监理要点

(1)爆破作业及作业人员必须有安部门核发的“爆破作业许可证”;

(2)抛填和爆破参数对爆炸挤淤填石的效果影响很大,应在正式施工前安排试验段施工,对抛填和爆破施工参数进行验证和必要的调整,以期获得预期的加固效果。

第十章　道路堆场施工质量监控

第一节　概　述

一、港口路场的分类及特点

港口道路供各类车辆进出港口使用，其结构和普通道路基本相同。港口堆场供货物进出、转运时存储，一般由装卸机、运输车辆的走行道与货物堆场组成，走行道一般为在垫层上现浇钢筋混凝土，堆场为在垫层上铺设预制混凝土小方块、联锁块或现浇混凝土面层。

二、分项分部工程（表3-10-1和表3-10-2）

港区道路分项、分部工程划分及名称　　表3-10-1

序　号	分部工程名称	分项工程名称
1	路基	挖、填方土，砂垫层，排水砂井，塑料排水板，强夯，地基预压等
2	△垫层及基层	水泥稳定土，水泥稳定粒料，石灰粉煤灰土，石灰稳定土，石灰稳定粒料，石灰、粉煤灰粒料，级配碎（砾）石，填缝碎石（矿渣），拳石等
3	△面层	△现浇水泥混凝土面层，沥青混凝土和沥青碎（砾）石面层，泥结碎石面层，△铺砌面层，伸缩缝，预制混凝土块等
4	附属设施	缘石（侧缘石、平缘石，路缘石），人行道块，雨水井，检查井，排水管沟，管沟盖板制作与安装等

注：①表中带"△"者，为主要分部、分项工程；
②铺砌面层包括四角块、六角块、天然条石、机制联锁块等；
③本表引自《港口工程质量检验评定标准》（JTJ 221—98）表2.0.1-10。

港区堆场分项、分部工程划分及名称　　表3-10-2

序　号	分部工程名称	分项工程名称
1	基础	挖、填方土，砂垫层，排水砂井，塑料排水板，强夯，地基预压等
2	△垫层及基层	水泥稳定土，水泥稳定粒料，石灰粉煤灰土，石灰稳定土，石灰稳定粒料，石灰、粉煤灰粒料，级配碎（砾）石，填缝碎石（矿渣），拳石等
3	△面层	△现浇水泥混凝土面层，沥青混凝土和沥青碎（砾）石面层，泥结碎石面层，△铺砌面层，伸缩缝，集装箱轮胎门吊通道等
4	附属设施	集装箱箱脚块，垛脚墙，雨水井，检查井，排水管沟，管沟盖板制作与安装等

注：①表中带"△"者，为主要分部、分项工程；
②铺砌面层包括四六块、六角块、天然条石、机制联锁块等；
③煤堆场增列轨道梁分部工程，其分项工程按设计图纸确定；
④本表引自《港口工程质量检验评定标准》（JTJ 221—98）表2.0.1-11。

第二节 港口道路质量监控

一、路基工程施工质量监控

路基虽然是分部工程,但其中 6 项工程连续性较强,故一并叙述。

港口道路的路基,一般均为填方,路基由路床和路堤组成。港区道路按《港口工程质量检验评定标准》(JTJ 221—98)共有 4 项分部工程,在“路基”分部工程中,共有 6 项分项工程,其中挖填方、砂垫层、排水砂井、强夯等 5 项分项工程,已在其他章节作了介绍,本节只对路基分部工程中的“地基预压”(处理)分项工程进行介绍。

1.路基工程处理监理程序(图 3-10-1)

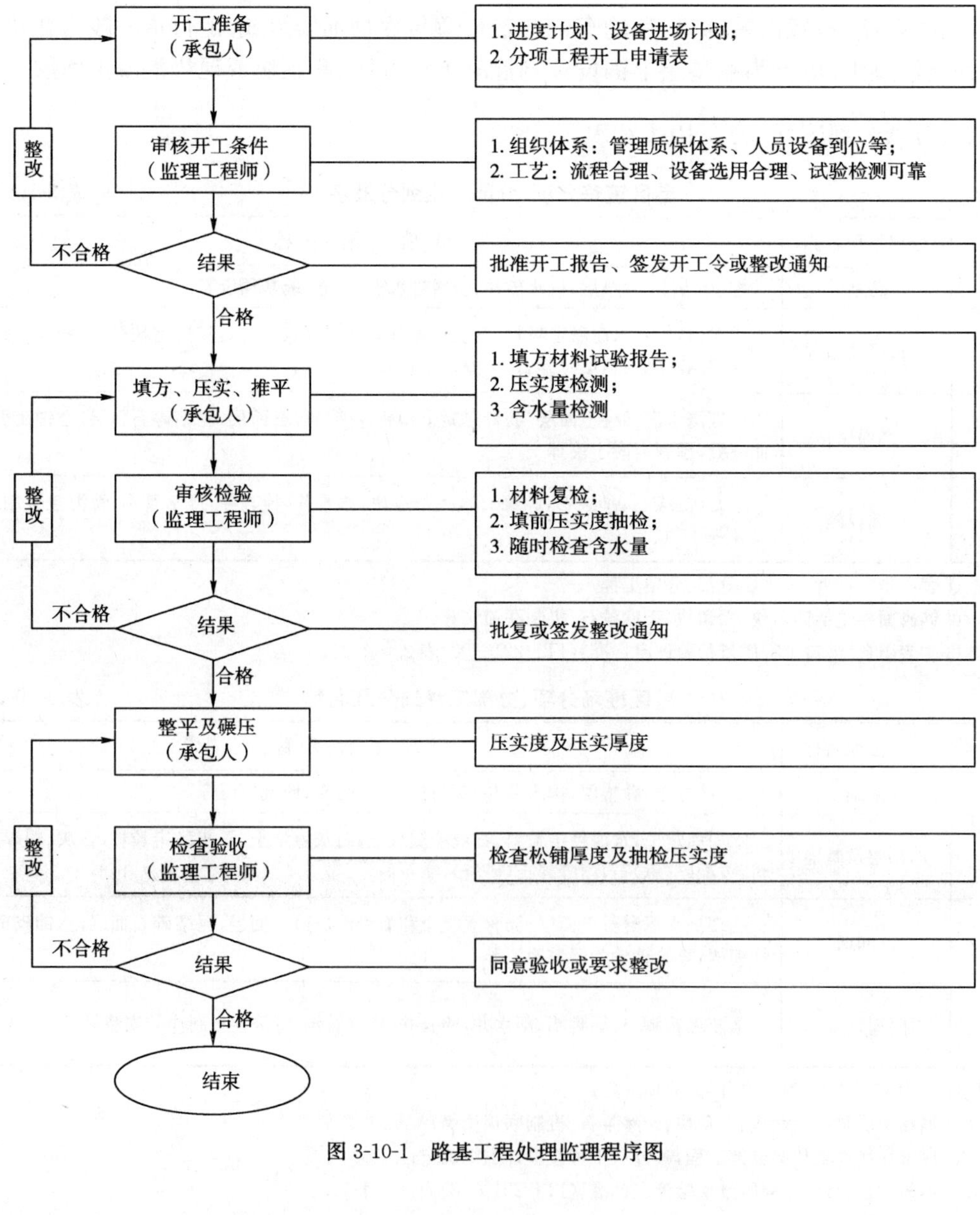

开工准备(承包人) —— 1. 进度计划、设备进场计划;2. 分项工程开工申请表

审核开工条件(监理工程师) —— 1. 组织体系:管理质保体系、人员设备到位等;2. 工艺:流程合理、设备选用合理、试验检测可靠

结果 —— 批准开工报告、签发开工令或整改通知

不合格 → 整改 → 开工准备;合格 ↓

填方、压实、推平(承包人) —— 1. 填方材料试验报告;2. 压实度检测;3. 含水量检测

审核检验(监理工程师) —— 1. 材料复检;2. 填前压实度抽检;3. 随时检查含水量

结果 —— 批复或签发整改通知

不合格 → 整改 → 填方、压实、推平;合格 ↓

整平及碾压(承包人) —— 压实度及压实厚度

检查验收(监理工程师) —— 检查松铺厚度及抽检压实度

结果 —— 同意验收或要求整改

不合格 → 整改 → 整平及碾压;合格 ↓

结束

图 3-10-1 路基工程处理监理程序图

2. 监理内容

审查承包人的质量自检系统，重点审查承包人自检人员配置的数量素质、试验室功能以及试验设施的配置、各类自检计量系统的可靠性以及认证情况等。

1)施工测量

(1)导线复测

承包人必须根据设计的要求选用符合精度要求的仪器进行的导线测量，结果报监理工程师复测，复测时，必须和相邻施工段或构筑物的导线闭合。当原有导线不满足施工要求时，要求承包人进行加密，保证施工全过程导线点间的相互通视。

(2)中线复测和固定

路基施工前，承包人应进行道路的中线测设并固定陆线的主要监控桩，并及时报监理工程师进行复测。

(3)水准点的复测、增设和路线高程复测

承包人在复测路线水准点，应与业主提供的高程监控点或临近国家级水准点闭合，如果复测结果超出允许误差范围，及时报监理复测和处理。

2)施工机械的审查与审批

路基开工前，承包人对已进场的路基工程施工机械的品种、规格、型号、配置数量以及运行质量等进行详细检查后，填报施工设备进场报验单向监理报验。

监理工程师对承包人所报验的设备及施工机械进行逐一审批后，方可在工程中使用。

3)进场材料的抽检与审批

承包人必须按监理工程师规定的材料检查程序进行检查，严格监控进场的各种原材料质量，对不按规定程序进场或质量不合格的进场材料以及不符合要求的原材料储存的条件、方式，监理工程师将发出材料停止使用通知。

4)批准开工申请

报验手续齐全后，由承包人填写“开工申请报验单”经监理审核通过后，监理下达开工令批准开工。

5)现场监控

(1)严格监控松铺厚度

监理工程师应现场检查每一松铺土层的厚度，松铺土层的厚度应满足设计要求。若设计为进行松铺厚度的确定，可根据压路机吨位情况、地基条件、土质、土层干密度情况进行现场试验确定。

每一层填土铺松土后，监理工程师应检查土层的每一层填土铺松土后，监理工程师应检查土层的含水量，若含水量超过最佳含水量过多责令承包人进行翻松、晾晒。

(2)碾压、检查压实厚度及压实度

路基必须在整个清场宽度范围内水平分层填筑，在最佳含水量条件下分层碾压。压实遍数根据地基强度、土质、压实机具类型而定。碾压结束后承包人应检查压实度并检测压实厚度，并将结果向监理工程师报验，经监理工程师抽检合格后方可进行下一层填土。

3. 监理要点

(1)检查承包人的人员与设备配置，确保各项测量的准确性；

(2)路基土施工资料监控现场检测项目要求承包人必须检测，特别是压实度，承包人自检合格后向监理工程师报验与确定后，方可进行下道工序的施工；

(3)完工的路基施工，承包人应按《港口工程质量检验评定标准》进行检测和质量评定，报监理抽检与审查。

二、基层施工质量监控

垫层与基层分部工程中共有9项"分项工程"，对监理工程师而言，监理工程大同小异，所以仅就"基层"进行介绍。

路面基层的强度与稳定性，对路面的整体强度，特别是沥青路面的强度，使用质量和寿命都有重要的影响。

基层质量要求如下：要具有足够的强度和刚度；具有足够的水稳性和冰冻稳定性；具有足够的抗冲刷(抗腐蚀)能力；收缩性要小；具有足够的平整度；与面层结合良好。

基层所用的原材料包括：土、石灰、水泥、粉煤灰、煤渣或矿渣、碎石、砾石、石屑等。根据所用原材料的不同，基层分为稳定类和级配碎(砾)石两类。

稳定类基层主要有：水泥稳定土、水泥稳定沙砾、石灰土、石灰土沙砾、二灰土、二灰集料、石灰煤渣土、三渣等。

各类基层混合料的配合比设计必须依据设计要求进行配合比试验，制作标准试件，在规定的标准养生条件下养护，并进行饱水抗压强度试验。承包人根据试验结果提出基层混合料施工用配合比，并报监理审批。

1. 监理程序(图3-10-2)

下面以集中拌和法二灰碎石为例进行流程的描述，其他类型基层与此基本相同。

2. 监理内容

(1)原材料试验与审批：开工前，要求承包人在所选定的料场，取代表性样品进行各项试验，并将试验结果报监理工程师审批。经监理工程师审查质量合格的原材料方可批准使用。此外，详见本篇第一章。

(2)混合料配合比的审查：承包人在开工前，应根据经监理工程师批准使用的原材料进行混合料的配合比试验，确定满足强度要求的施工配合比。监理工程师对承包人报检的混合料配合比经审核计算后批复，必要时应通过试验予以验证。

(3)审查承包人主要机械设备的配置：开工前，承包人应自行检查为本工程施工所配置的机械设备的品种、数量及运行质量。并将检查、调试结果报监理工程师审查。

(4)施工技术方案的审批或试验路段的方案审查：开工前，承包人宜将本项目的施工技术方案报监理工程师审批，必要是拟定试验路段的试验研究。施工技术方案应包含以下内容：施工工艺及施工方法；施工机械配置；主要施工技术人员分工及劳动力安排；施工中的施工技术难点及相应的质量保证措施；施工进度安排。

(5)施工放样的数据审查与核实：开工前，承包人应将恢复中线后测设的基层宽度、基层的顶面高程、路肩宽度等施工放样数据报监理工程师审查。经监理工程师审查批复后方可开工。

(6)监理工程师应督促承包人严格按照配合比配料，随时检查混合料的各种集料级配以及配料比例。级配碎(砾)石基层，碎(砾)石的颗粒组成应符合规定的级配要求。

(7)混合料摊铺，应避免粗、细料离析。在施工作业段内，摊铺机摊铺混合料不宜中间中断，如因故中断应要求承包人设置施工缝。

(8)用平地机将混合料按松铺厚度整平达到要求的平整度，应按要求保持路拱、横坡，监理工程师检查松铺厚度。

(9)混合料整平后达到最佳含水量时，方可进行碾压，碾压完成后监理工程师应按设计要求检查压实情况。

(10)对于完工的路基施工，承包人应按相关的《港口工程质量检验评定标准》(JTJ 221—98)(表20.1.7和表20.2.6)进行检测和质量评定，报监理抽检与审查。

监理审查合格后，承包人填报《分项工程验收单》报监理工程师批复。

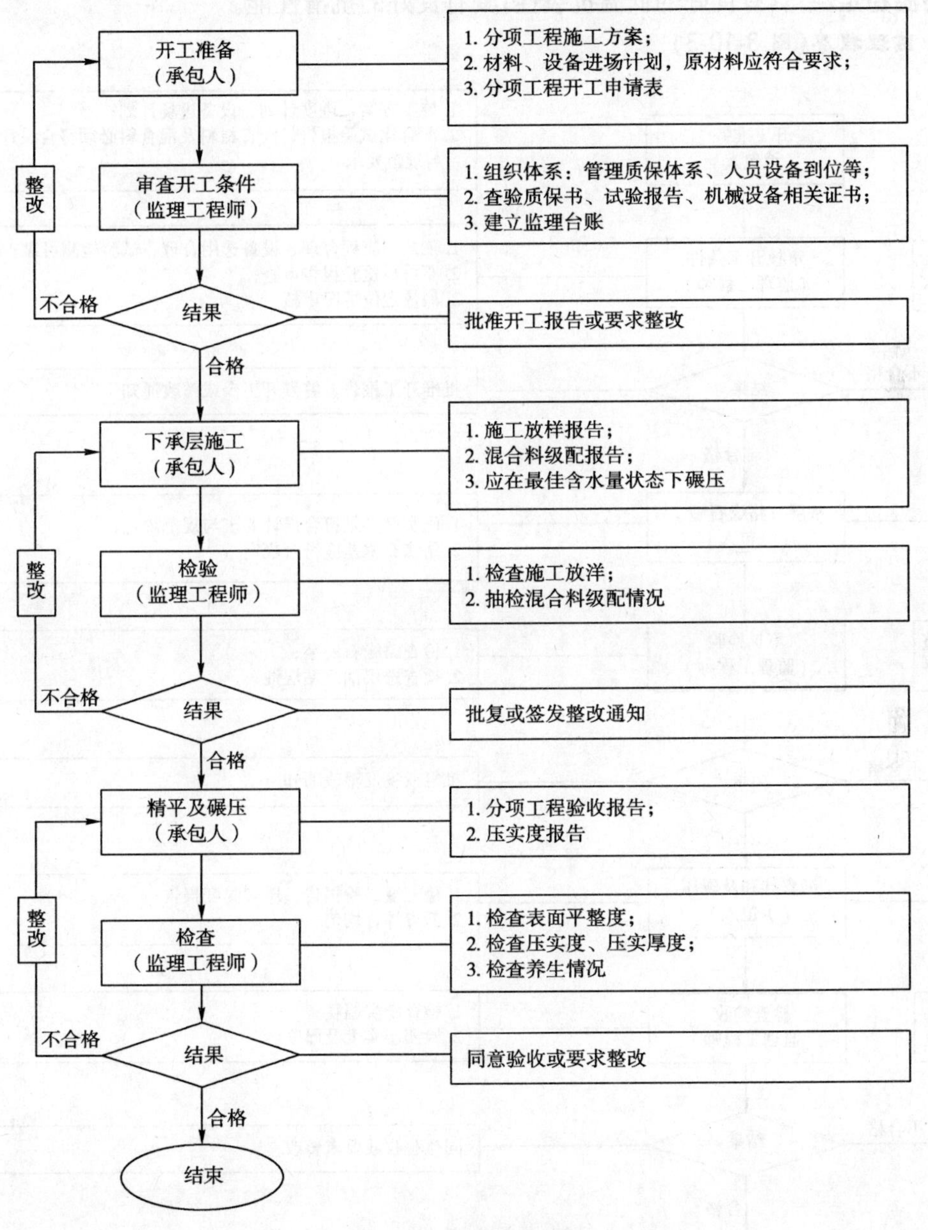

图3-10-2　基层监理程序图

3. 监理要点

(1)基层碾压必须在最佳含水量状态下进行，必须满足设计要求；

(2)把好原材料质量关，必须符合设计要求与规范规定。

三、沥青路面施工质量监控

沥青路面属于“面层”分部工程中的分项工程。

港口道路中，常用的沥青路面主要有：沥青混凝土路面、沥青碎石路面、改性沥青混凝土路面。

沥青路面的质量要求：应具有足够的路面抗力（路面承载力）；具有良好的抗疲劳特性；具有高温稳定性；具有良好的低温抗裂性；具有良好的抗滑性能。

1. 监理程序（图 3-10-3）

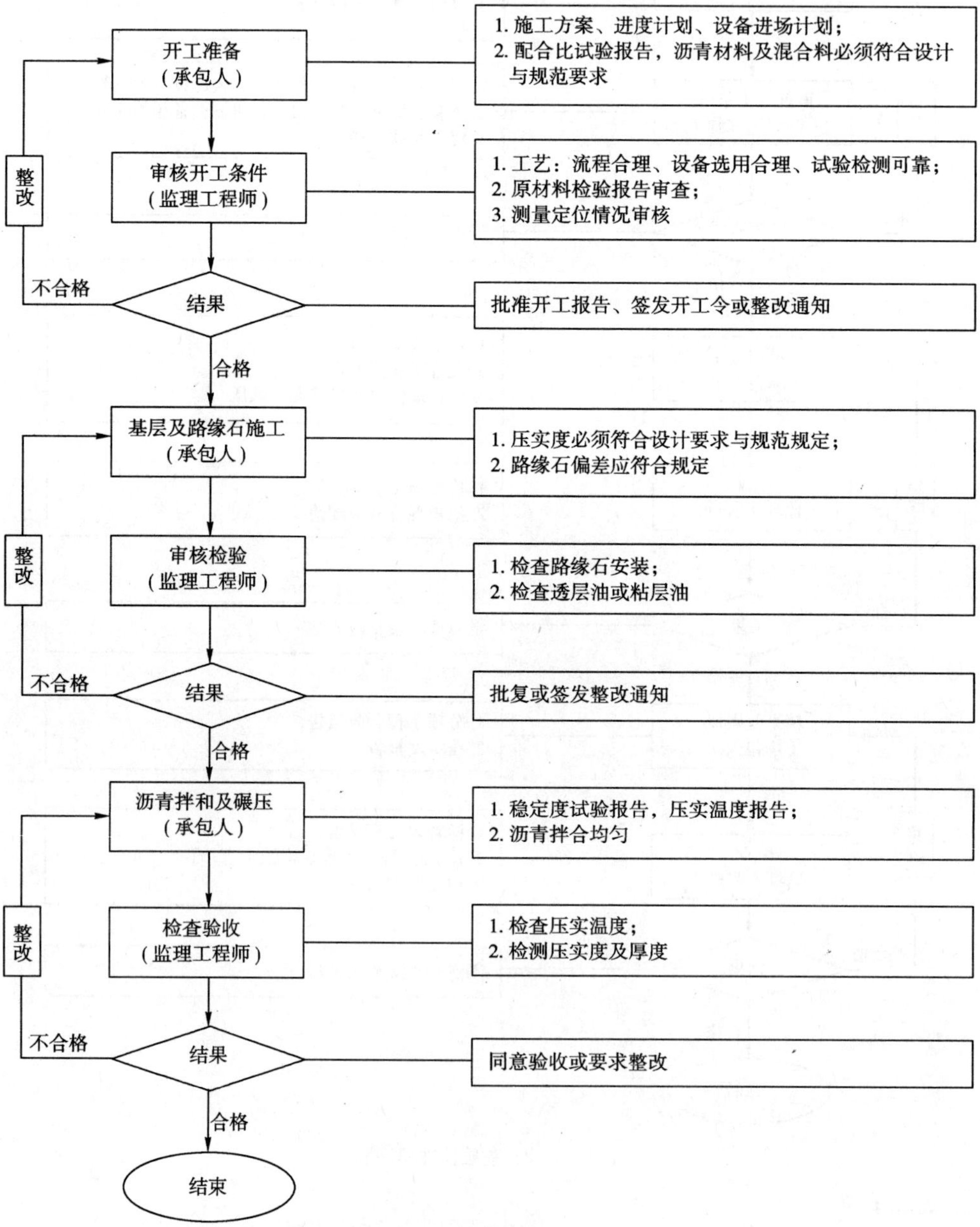

开工准备（承包人）	1. 施工方案、进度计划、设备进场计划； 2. 配合比试验报告，沥青材料及混合料必须符合设计与规范要求
审核开工条件（监理工程师）	1. 工艺：流程合理、设备选用合理、试验检测可靠； 2. 原材料检验报告审查； 3. 测量定位情况审核
结果（不合格→整改→开工准备；合格→下一步）	批准开工报告、签发开工令或整改通知
基层及路缘石施工（承包人）	1. 压实度必须符合设计要求与规范规定； 2. 路缘石偏差应符合规定
审核检验（监理工程师）	1. 检查路缘石安装； 2. 检查透层油或粘层油
结果（不合格→整改→基层及路缘石施工；合格→下一步）	批复或签发整改通知
沥青拌和及碾压（承包人）	1. 稳定度试验报告，压实温度报告； 2. 沥青拌合均匀
检查验收（监理工程师）	1. 检查压实温度； 2. 检测压实度及厚度
结果（不合格→整改→沥青拌和及碾压；合格→结束）	同意验收或要求整改
结束	

图 3-10-3 沥青路面监理程序图

2. 监理内容

1)原材料试验与审批:开工前,要求承包人对沥青路面所选用的原材料,如沥青和各种规格矿料的物理性质、级配等,进行试验后报监理审核。只有经过监理工程师审核、确定质量合格的原材料,才能在工程中使用。此外,请参阅本篇第一章。

2)沥青混合料配合比审批:沥青路面开工前,要求承包人应对沥青混合料配合比进行试验,报监理审批。监理审批通过后,方可进行施工拌和。

3)施工机械、设备检查。

4)施工放样及下承层检查:施工放样包括标高测量及平面监控两项内容。开工前,监理工程师应对承包人的施工放样自检报告进行复核、审批。

(1)表面应清洁、干燥、坚实,无任何松散的石料、尘土与杂质,不允许有油污。

(2)下承层表面应平整。

(3)当下承层为基层时,应喷洒透层沥青。

5)试验段施工:

(1)审查试验段试验方案内容是否全面,目标是否明确。通过该方案试验能否为大面积连续施工提供各种数据:如工艺模式、机械选型和性能搭配、人员组织、材料选择等。

(2)督促承包人认真、细致地逐条实施试验段试验方案内容,详细记录试验结果,确保试验目标的完满完成。

(3)督促、检查承包人检测、评定和总结试验段的情况:

①合适的混合物配合比;合适的虚铺厚度(虚铺系数);摊铺的最小面积;合适的拌和温度、运输温度、摊铺温度和碾压温度;合适的拌和时间。

②碾压工序中初压、复压、终压合适的碾压速度与合适的碾压遍数,复压中振动碾压激振力的大小等。

(4)检查承包人是否根据试验段施工所取得的经验与数据,对施工准备工作作了合理调整。

6)正常施工中要经常检查承包人对原材料的检验是否符合规范要求,配合比是否准确,拌和物的拌和温度、运输温度、摊铺温度和碾压温度及遍数是否符合规范要求,摊铺厚度、路拱、平整度是否符合要求,终压路面高程、平整度、路拱、路宽及密实度是否符合设计要求。

7)检查承包人在施工过程中的防雨、防潮、防风保温措施是否符合规范规定。

8)当沥青面层分上层下层时,要检查上、下层的混合物的集料规格、级配是否符合设计及规范要求,上、下层的铺设是否在同一天完成,上、下层错缝形式及距离是否符合规范规定。

9)沥青混合料碾压成型后,应按照规定的检查项目和检查频率要求承包人检查沥青面层的压实度和压实厚度。

10)完工的沥青路面,承包人应按《港口工程质量检验评定标准》(JTJ 221—98)表21.2.7进行检测和质量评定,报监理抽检与审查。

监理审查合格后,承包人填报《分项工程验收单》报监理工程师批复。

3. 监理要点

(1)检查材料:沥青材料与混合料的各项指标必须符合设计要求与规范规定;

(2)监控温度:加热温度必须符合规范规定;

(3)压实度:必须符合设计要求与规范规定。

四、混凝土面层施工质量监控

混凝土面层亦属于“面层”分部工程中的分项工程。混凝土面的质量监控，同各种形式码头的面层混凝土的质量监控基本一致，在此不作详细介绍，可参考本书其他章节进行质量监控。分项工程检验与质量评定按《港口工程质量检验评定标准》(JTJ 221—98)表 21.1.7 和表 21.1.8 进行。

第三节 堆场工程施工质量监控

堆场工程按《港口工程质量检验评定标准》(JTJ 221—98)划分为 4 项分部工程，近 30 项分项工程，多数分项工程已在其他章节中作了介绍，所以本节只对“混凝土联锁块”和“混凝土大板”进行介绍。

堆场工程的垫层和道路工程的基层在结构形式和质量监控方面是一样的，在此不作详细论述。本节重点论述块体面层的质量监控。

一、混凝土联锁块面层施工质量监控

混凝土联锁块是一种强度高，铺砌后咬合好的面层块体，其外形较为复杂，一般用专用成型设备在厂内生产。

混凝土联锁块的质量标准按《港口工程质量检验评定标准》(JTJ 221—98)表 21.4.2 和表 21.4.6 检验。

1. 联锁块面层监理程序(图 3-10-4)

2. 监理内容

(1)监理工程师将对联锁块铺设施工工艺、流水作业组织进行审查、全过程监理。现场铺设前，承包人必须向监理工程师提交进度计划，监理工程师将重点审查监控点设置和标高放样、砂垫层虚铺和联锁块铺设试验、铺设顺序和流水作业组织等。

(2)承包人应按监理工程师规定的材料检查程序进行检查，严格监控进场的联锁块质量，对质量不合格的禁止使用。承包人必须提交砂质试验报告、联锁块质量测试报告。监理工程师将按规定的频率随机抽样进行独立试验。

(3)承包人各项准备工作完成，已具备开工条件，向监理工程师提出《开工申请报告》。监理工程师批准后方可开工。

(4)检查标高监控点布设：监理工程师将旁站检查标高监控点布设，并独立进行主要监控点的复测。确保路、场地面的设计排水坡度。只有经监理工程师检查同意后才能进行铺设施工。

(5)铺设施工：

①联锁块试铺试验。通过试铺施工，确定砂垫层的密实处理方式：一是采用松砂提高铺设厚度(虚铺厚度)，铺设联锁块、密实后达到设计标高；二是先对砂垫进行密实(水密实)，再铺设联锁块。采用第一种虚铺厚度时，砂垫层相对容易施工。

②联锁块铺设时，需做好分区监控、分区调整，不得累积轴线偏移。

③监理工程师将全过程旁站检查铺设施工，发现问题及时纠正。

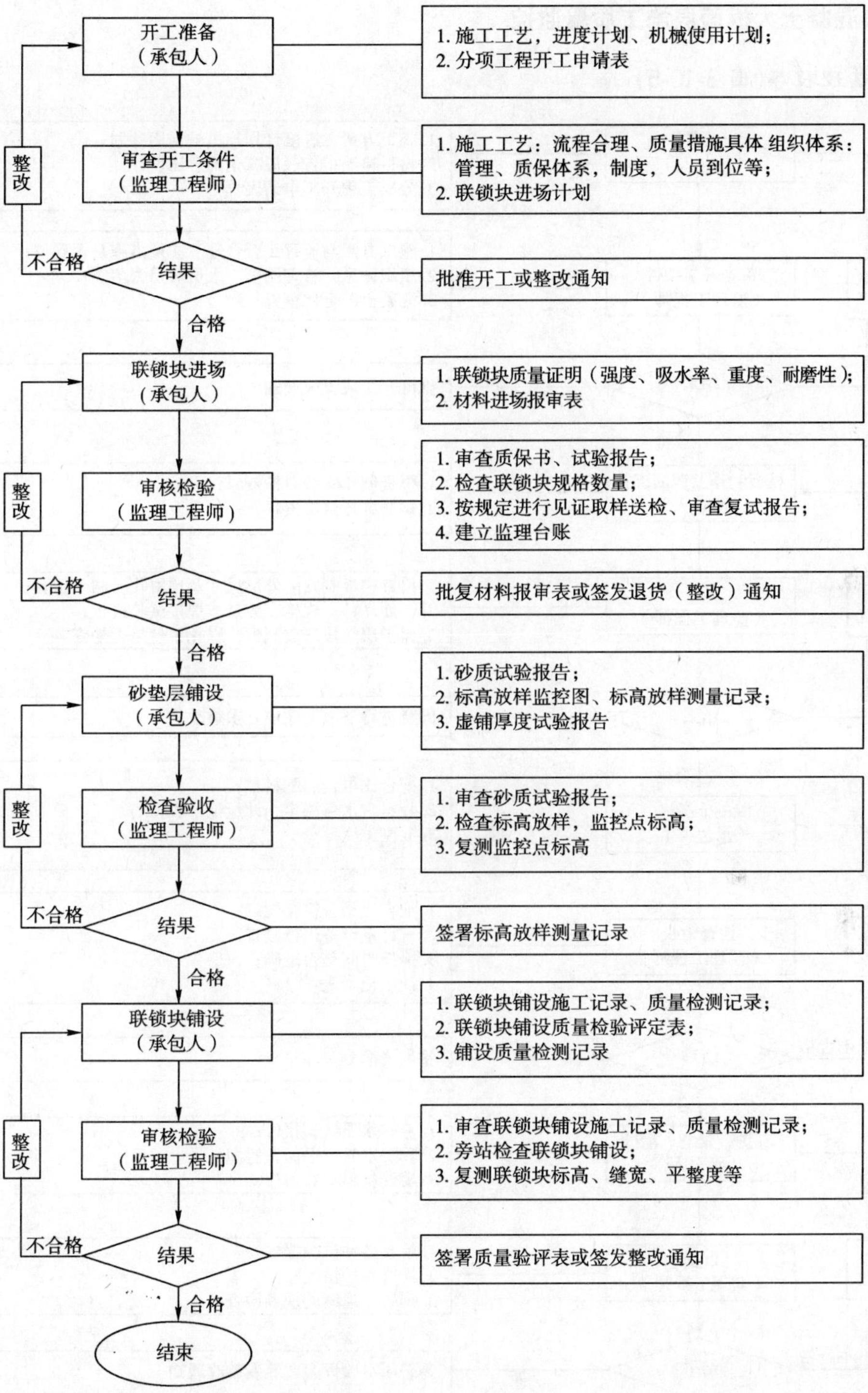

图 3-10-4 路基工程处理监理程序图

3. 监理要点

(1)联锁块预制质量检查；

(2)块体组砌、缝宽和灌缝应符合设计要求。

二、混凝土大板面层施工质量监控

1. 监理程序(图 3-10-5)

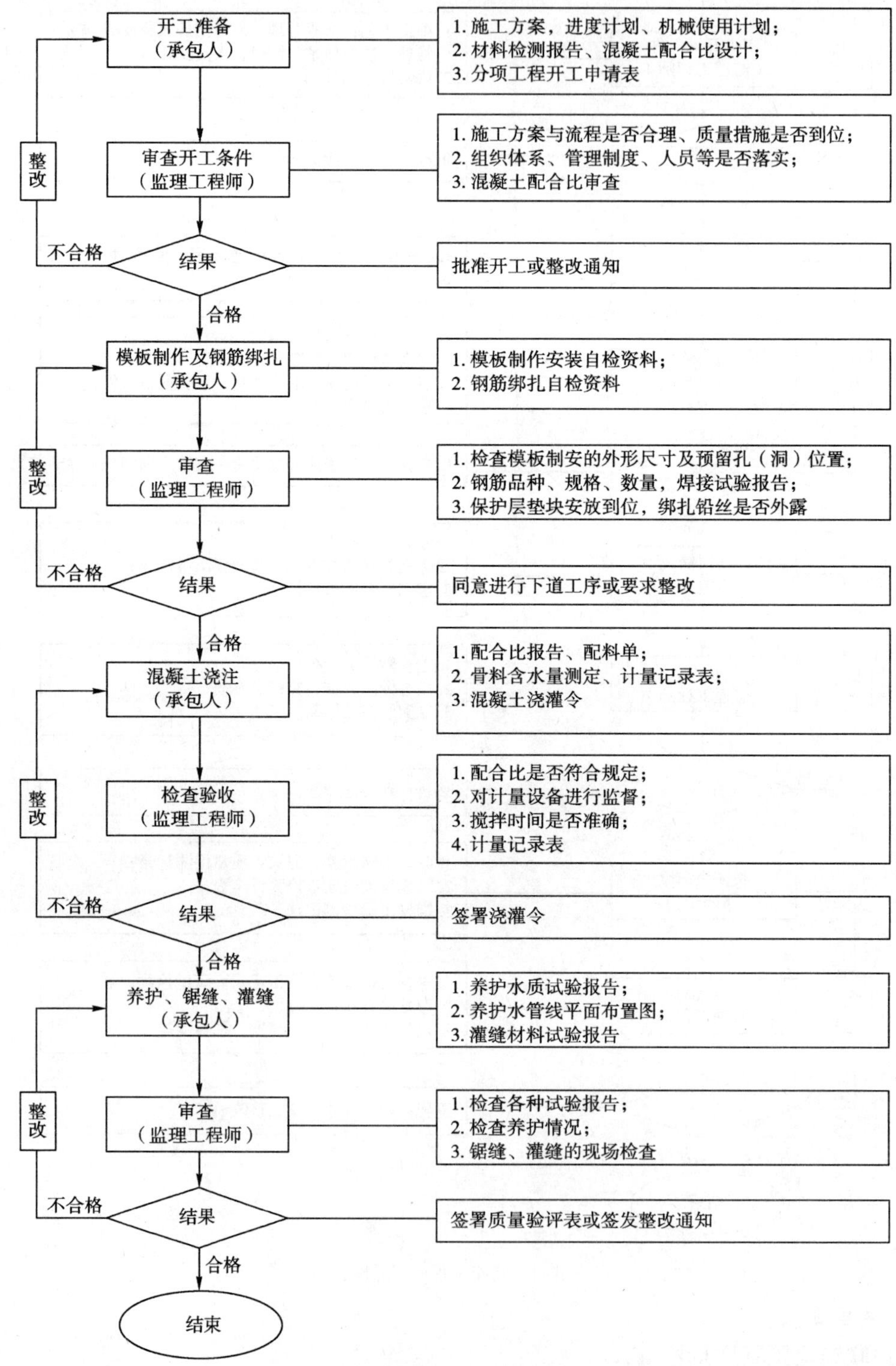

图 3-10-5　混凝土大板面层监理程序图

2. 监理内容

(1)审查施工进度计划

混凝土浇筑前，必须认真审查堆场道路面层工程施工进度计划的内容是否齐全，施工技术方案是否先合理、可靠，人员组织、机械配备是否合理等；

(2)检查原材料质量和数量是否符合要求；

(3)检查基层的压实度、平整度(或坡度)、标高是否符合设计及规范要求，若不符合要求；

(4)检查模板的用料质量、几何尺寸和支撑后的强度、刚度及稳定性是否符合设计及规范要求；

(5)检查面层混凝土标高监控桩(或标记)是否准确且利于施工监控；

(6)检查钢筋、传力杆、预埋件、预埋管的规格、品种、质量、数量及安放位置是否准确；

(7)检查混凝土配合比及计量是否正确，混凝土搅拌是否充分，浇捣是否密实，表面处理是否符合要求，混凝土养生是否按规定进行。浇筑混凝土的技术间歇时间是否合理，对先期浇筑的混凝土的保护是否可靠；

(8)检查锯缝是否平直，深度及间距是否符合设计要求。灌缝是否均匀美观。要督促承包人通过试验确定在各种不同温度下混凝土浇捣后开始锯缝的最佳时间，以供大面积施工时应用。

3. 监理要点

(1)联锁块预制质量必须符合设计要求；

(2)检查铺砌面层，表面应整洁、格缝清晰。

第十一章　港口附属建筑物工程施工质量监控

第一节　概　述

一、港口附属建筑物的分类

港口附属建筑物是除了生产和辅助生产建筑物以外，为生产服务的附属建筑物，主要是水电设施，包括：雨水井、雨水管沟、检查井、水池、消化水池、供电照明、通信管道等等。

二、港口附属建筑物与特点

从上述设施可以看出，这些设施具有品种单一、布局分散、单体结构小、涉及多专业多部门管理和施工的特点。本手册是以码头工程为主体的施工监理工具书，所以只能选取与码头关系较密切的几种附属建筑物进行介绍。

第二节　港口附属建筑物施工质量监控

一、一般要求

由于港口附属建筑物往往都需要安装各类构件及机械、电气等设备，因此一般与附属建筑物有关的构件和设备安装工程都有必要同时考虑。监理将分别进行质量监控，其中最重要的是保证附属建筑物的整体稳定。若附属建筑物沉降量超过允许值或产生不均匀沉降，将影响附属建筑物的耐久性，甚至不能正常使用。

二、监理内容

(1)审查承包人的资格，认真检查各施工人员的资质证书，严格控制不合格的单位和个人参与施工。

(2)施工用原材料、焊接件、紧固件等必须符合第三篇第一章有关规定。

(3)审查承包人施工工艺。

(4)在预制、现浇、制作、拼装施工过程中，监理人员必须到现场巡视，关键部位要进行旁站；产品应逐个(件)检验或做承压等各种类型的试验。

(5)审查生产厂家资格和以往生产的产品质量资料。考察生产厂家的设备和程序，并应调查生产厂家是否有能力在合同期内完成。

(6)考察生产厂家材料的进货渠道，能否满足加工要求和材料品质，能否符合规范要求。如不符合要求，应向生产厂家提出改进或建议业主调换分包人。

(7)定期或不定期对生产厂家进行检查。主要检查生产工艺、工序交接等是否达到质量标准要求。

(8)产品进入工地应有生产厂家的出厂合格证,并由承包人的质检工程师检查其是否有缺件、掉角、扭曲、擦伤等缺陷。

三、港口附属建筑物施工质量监控

1. 一般建筑物监理程序(图 3-11-1)

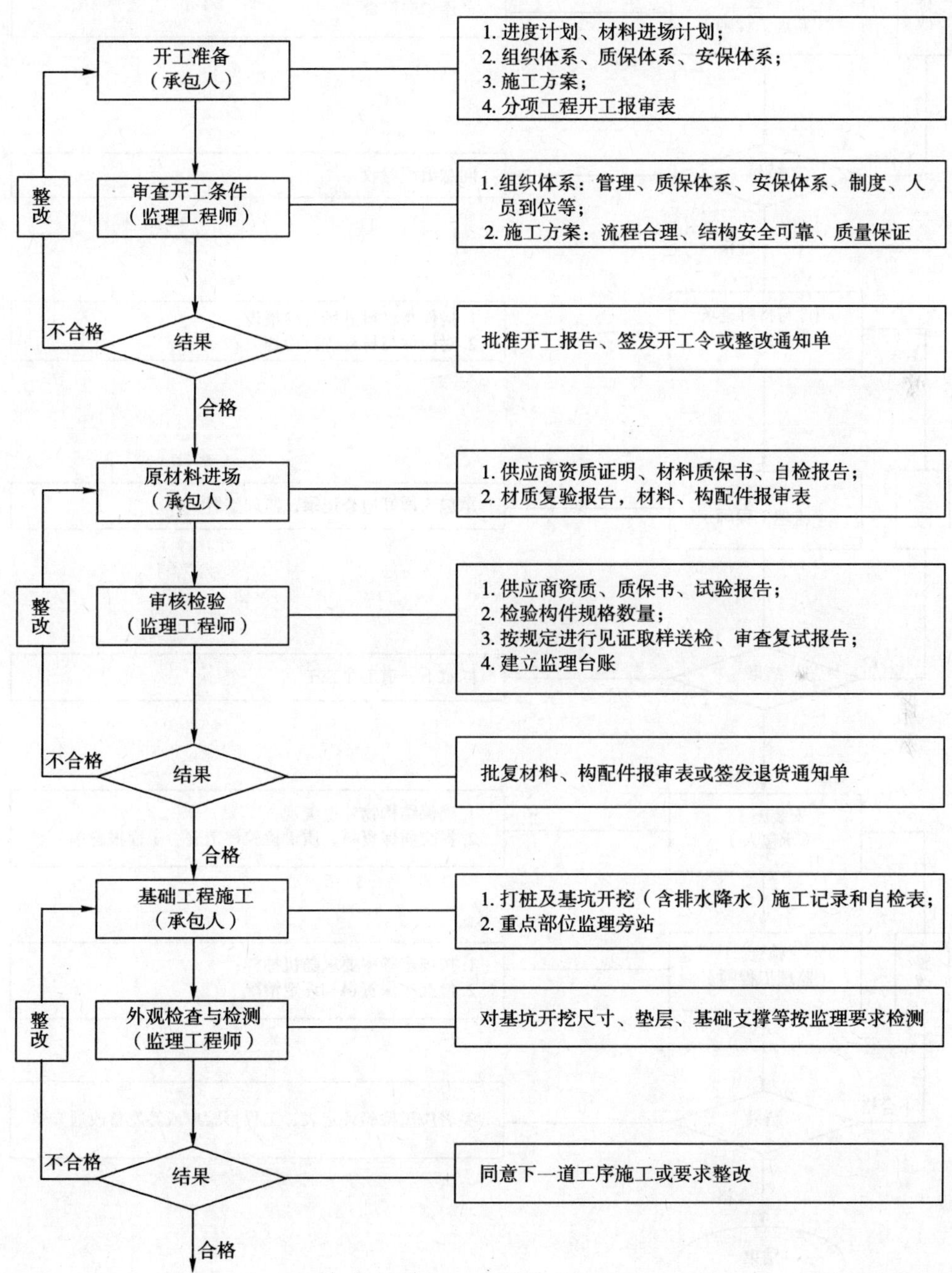

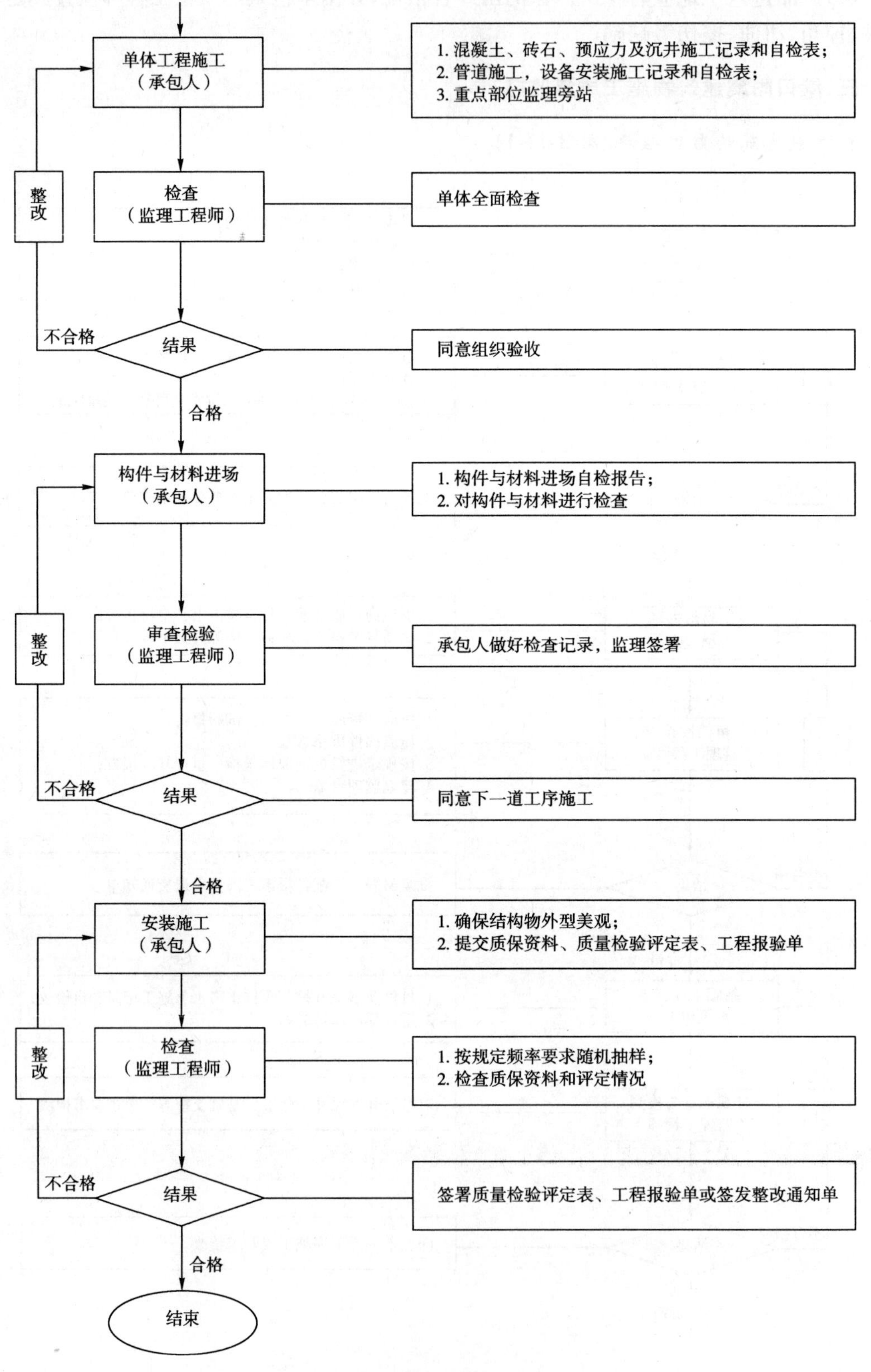

图 3-11-1　港口附属建筑物结构施工质量监理一般程序图

2. 安装工程施工监理程序(图 3-11-2)

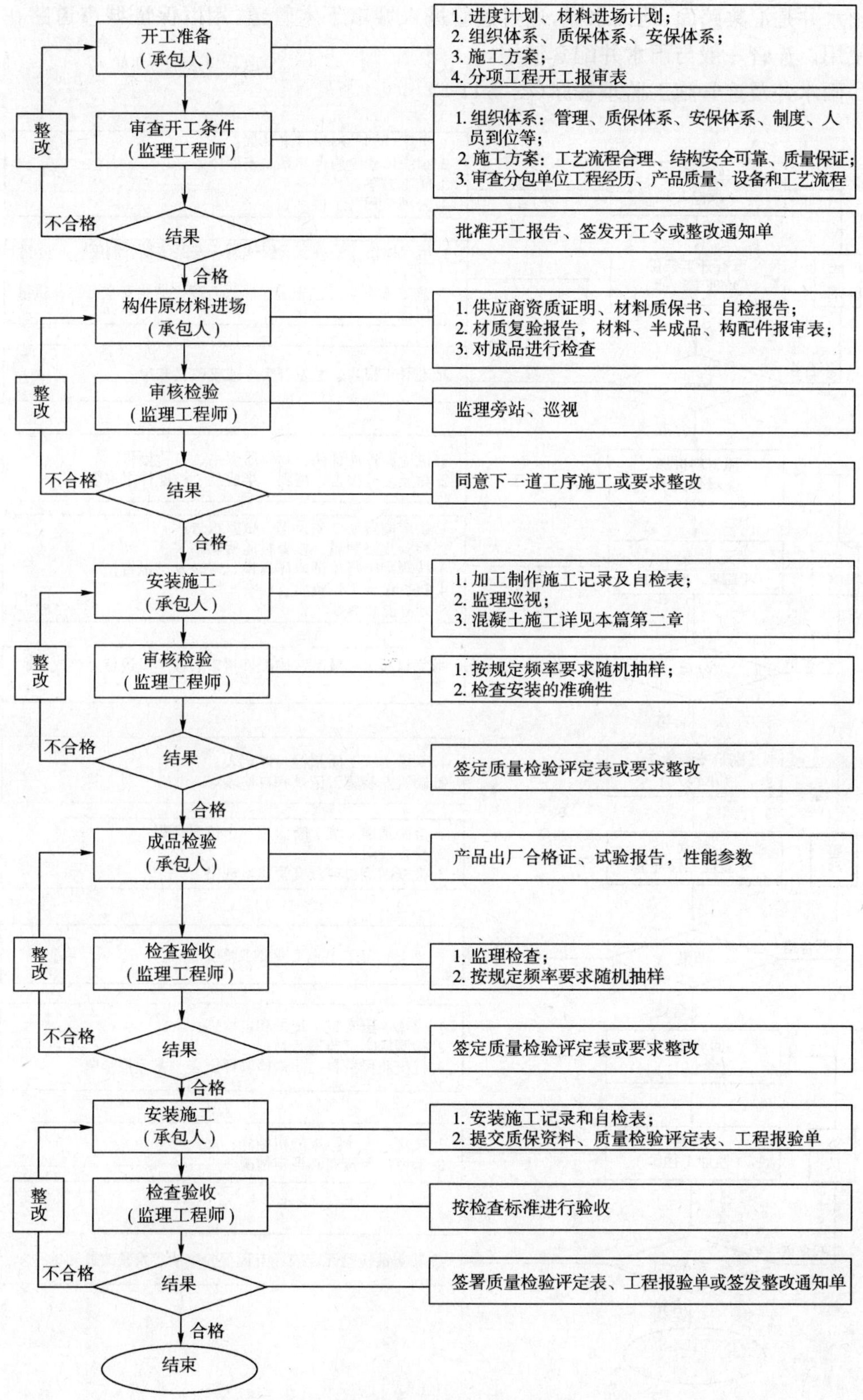

图 3-11-2　港口附属建筑物安装施工质量监理程序

3. 雨水井及其管线工程施工监理

雨水井是汇集路面、地面水流，通过连管进入城市下水管道，用以保证城市道路在雨天正常使用。连管一般与雨水井配套使用。

1)雨水井及连管施工监理程序(图 3-11-3)

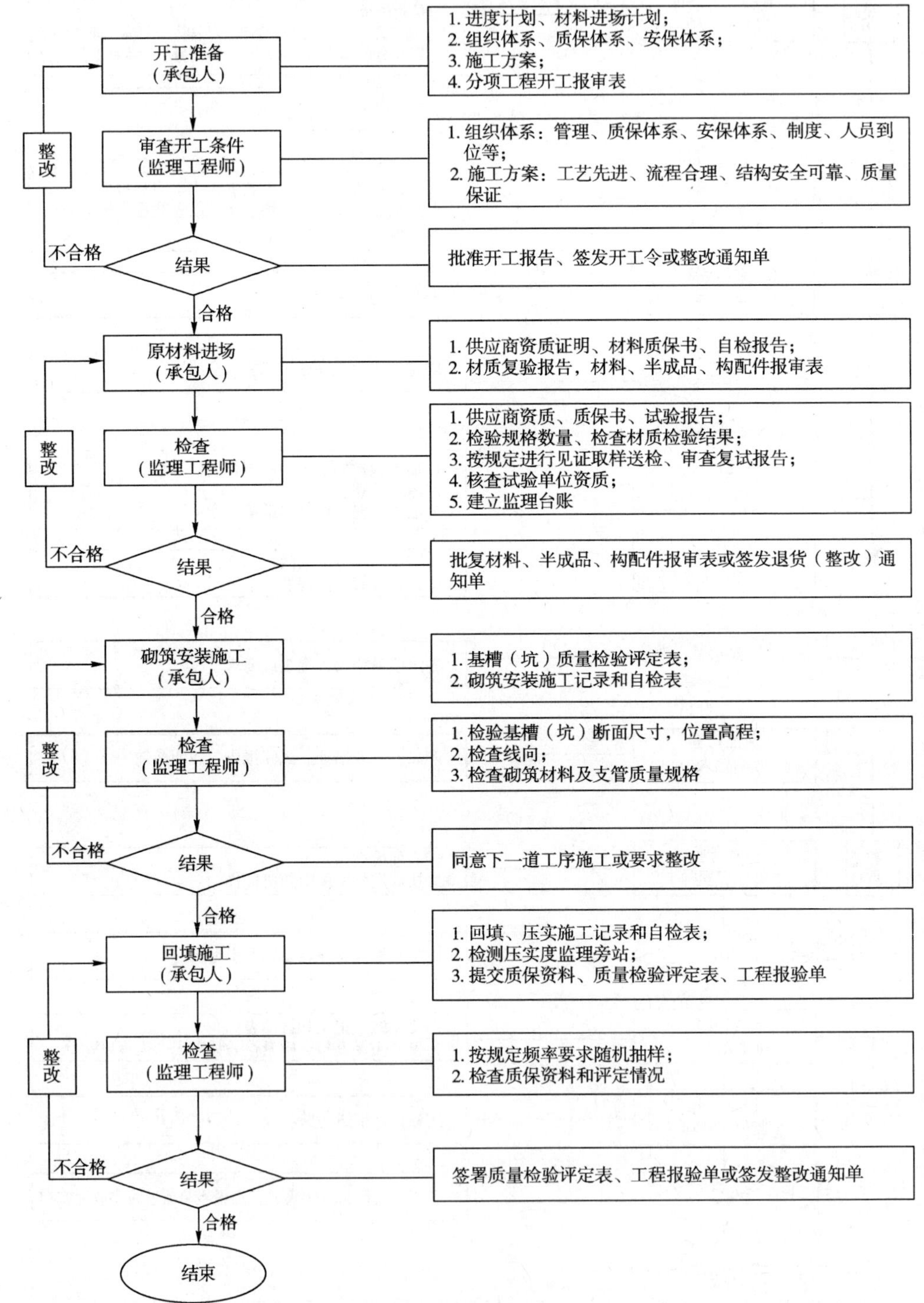

图 3-11-3　雨水井及连管质量监理控制程序

2)监理内容

(1)检查所使用的井框、井铁篦子及连管的出厂质量,是否符合要求,合格监理工程师书面认可。

(2)随时抽查水泥砂浆、砖的抗压强度。

(3)检测雨水井的内外砌筑尺寸及连管接口质量等。

(4)检验井周、连管回填压实质量。

(5)全道工序完成后,应及时检测井口高程,与路边线吻合等情况,并对外观进行检查。如合格应签字认可。有缺陷部分应指示承包人修整合格后,再签字认可。

4.检查井工程施工质量监控

1)监理程序

砂、料石、砂浆检测→基础与流槽→预留口、踏步接入支管→井身→井框→井盖。

检查井质量监理控制程序与雨水井及连管质量监理控制程序相类似,可参见图 3-11-3。

2)监理内容

监理工程师根据设计规定和承包人申报开工的检查井施工工艺、施工方法与措施,以及不同结构检查井的不同要求,审批承包人的开工申请;当完工后,在承包人自检合格基础上,再由监理工程师复核抽查合格时,签认交工证书。

监理员在施工前应验看承包人自检材质结果,复核检验砂浆配合比、抗压强度等是否符合设计规定;施工过程中,监理人员监控地基处理,随时抽检检查井的井身尺寸、井底高程、勾缝规定、井盖安装和各部分结构的施工连接等工程质量是否控制在允许偏差范围之内,要使检查井内无漏水、渗水,发现问题随即令承包人返工重做直至合格为止。具体要求承包人做好如下工作:

(1)检查井一般为砖石砌筑或混凝土预制装配,要求结构和构件各部分形状尺寸和相互间位置准确;具有足够的稳定性、刚度和强度;预留管应封口抹平,对接入的连管应随砌随安。圆井掌握直径尺寸和收口规定,井盖安装按设计高程找平或与路面平齐。

(2)砖墙勾缝。勾缝前检查砌体灰缝的搂接深度应符合要求,如有瞎缝,应予凿开清除杂物,洒水湿润墙面;检查勾缝质量和凹缝是否符合规定;检查灰缝有无搭茬、毛刺、舌头灰等现象。

(3)块石检查井

①浆砌块石。检查石料表面是否清洗干净,且湿润;用铺浆砌筑时,检查是否分层卧砌,上下错缝,内外搭砌;砌筑第一皮块石时,应大面向下;砌筑间断处,应留阶梯形斜茬,砌筑中断时,用砂浆填满石层空隙;块石砌体每天砌筑高度是否不超过 1.2cm。

②浆砌块石勾缝。检查勾缝形式及砂浆标号应按设计规定;凸缝质量是否符合要求。

③干砌块石。检查干砌块石是否大面朝下,互相间错咬搭,不得有通缝,底部是否垫稳,大缝用小石块嵌严,小缝用碎石全部灌满捣实;所有边口是否用较大石块整齐坚固封边。

④雨、冬季施工措施是否符合设计规定和操作要求。

3)质量标准、检测频率与方法

(1)井壁必须互相垂直,不得有通缝,必须保证灰缝饱满、平整,抹面压光,不得有空鼓、裂缝等现象;井内流槽应平顺,踏步安装牢固,位置准确,不得有建筑垃圾等杂物;井框、井盖必须完整无损，安装平稳，位置准确。

(2)井身尺寸。长、宽、直径均不得超过允许偏差±20mm；检验频率为长宽各取1点、每座井均取2点；检验方法均用尺量。

(3)检查井的井身尺寸、井盖高程、井底高程等具体要求。

5. 供电通信管道施工监理

供电通信管道一般是埋设在道路中央分隔带或路肩的位置上，建成后供电通信光缆将从管孔中通过。

1)监理程序

供电通信管道工程的施工程序和质量监理控制程序与雨水井及连管工程相类似，可参见图3-11-3。

2)监理内容

(1)供电通信管道由人(手)孔井、管块组成，但人(手)孔井及管块必须砌筑或铺设在经工程师检验过的坚实地面上。

(2)人(手)孔井及管块基础开挖到设计标高时，应由承包人申报监理工程师检验基槽地基，纵断面高程和横向位置，如有超过误差应令承包人改正。

(3)预制管块的混凝土强度，必须达到设计要求，管块运到工地不应有掉角、裂缝和变形等现象。如发现有此类情况，应立即退回制造工厂，不能用于工程。

(4)现场浇筑的混凝土和砌筑砂浆的强度，必须达到设计要求。管块混凝土包封必须密实，应无空隙，无蜂窝麻面且不漏水。

3)质量标准、检测频率与方法

(1)管块用混凝土包封后，必须立即用8号铁丝拉，略小于管块孔径的圆形木球通过管孔，清除管道内残留的土块或砂浆残渣。

(2)管块及人(手)孔回填压实度，必须满足设计要求或达到90%。

(3)供电通信管道质量监理检验标准。

6. 水池及消化池施工监理

在构造上必须具有高度的不透水性、抗渗性和强度，以保持其几何外形的正确性。

1)监理程序

由于水池及消化池工程一般既包括结构施工，也包括安装施工，内容较复杂，涉及面较广，监理程序可参见图3-11-1及图3-11-2。

2)监理内容

(1)各种结构型式的制作工序应符合相应的施工技术规范。

(2)对灰土分段施工接茬位置和留置方法应遵照规范要求，逐步分层夯实。灰土要严格控制配合比；均匀夯实后表面应平整无松散、裂纹等现象。

(3)在水池防水层、防腐层施工及回填土之前应进行满水试验。承包人在水池施工完毕后应加强养护工作，确保池身湿润，满水前先浸泡72h，观察池壁有无渗水现象。承包人应认真做好满水试验记录。水池渗水量按池壁和池底的浸湿总面积计算。

(4)在满水试验合格后进行气密性试验，试验前应加强对池体防腐防漏工艺操作，确保无遗漏空白；试气前必须对所有管道堵头进行严密检验，确保无漏气；气密性试验压力应为消化池工作压力的1.5倍。试验过程监理人员旁站，试验记录，报专业工程师认可。

(5)承包人按设计要求做到底脚螺栓必须埋设牢固，丝扣露出部分不得锈蚀；泵座应接

触严密，多台水泵并列时各种高程必须符合设计规定；水泵轴不得有弯曲，电机应与水泵轴相一致。

(6)管及管件的水压、气压严密性和真空度试验必须符合设计或规范要求；支吊托架位置应正确，埋设平正、牢固，砂浆饱满不突出墙面与管道接触紧密；闸门安装应紧固、严密与管道中心线应垂直，操作机构应灵活准确等。

(7)密封口必须严密，表面要平整光滑；填料配比要准确。

3)质量标准、检测频率与方法

对于现浇和预制构件，砌体断面尺寸、顶面高程、垂直度、平整度、坡度等，见本节有关内容。

7. 照明工程施工监理

1)监理控制程序

照明工程一般仅与安装施工有关，监理控制程序可参见图3-11-2。

2)监理内容

(1)所有10kV及以下架空线路，施工及验收须有相应级别的供电部门认可；直埋电缆的埋设深度应大于700mm；电缆上部和下部均需铺盖100mm厚过筛的细砂；细砂上部加盖预制混凝土盖板后再用回填土；电缆每个端部需留2m长的备用长度。

(2)高杆照明设备应包括：地脚螺栓预埋法兰盘、灯杆、灯伞、电光源、自动挂钩、防断绳装置、升降卷扬机、避雷装置、电缆系统及配电、保护、控制等设施在内的整套高杆照明设备。

①灯杆的钢材应符合设计或规范要求，其锥形拨梢杆锥度≥1∶100；灯杆不直度误差为1/1000，任一断面灯杆不圆度误差为$D_{max}-D_{min}\leqslant 6mm$，整体长度误差≤+30mm；灯杆焊缝表面平整光滑，无夹渣、无气泡、无明显凹凸不平；焊接与母材、母材对口两边不平度≤1mm。

②圆形灯伞的直径误差≤±10mm；多边形灯伞的边长误差≤±5mm，对角线误差≤±10mm；要求灯伞的底盘与灯伞外边沿及各平面之间的水平误差≤10mm，圆心对中误差≤10mm。

③灯伞与灯杆之间必须设置运转可靠的三组以上定位装置，以保证灯伞在升降过程中始终与灯杆的对中距离；灯伞中需设置可靠的防止钢丝绳在操作时发生意外断绳的安全制动机构。

④高杆灯必须设有独立的避雷保护系统；监理工程师应对运到工地的设备进行检查，不得出现有漏喷及返锈或任何部位有超误差情况出现，如有不符合者，应令承包人负责返修，以达到合格标准。

(3)分散灯一般指12m以下照明工具，其成品质量要求如下：

①各种杆形要求表面光洁顺直，无明显电焊疤痕；线杆不直度不大于10mm，任何一断面各方向最大误差不大于5mm。

②双壁灯的双臂除有特殊要求外，两臂必须在同一平面上，误差应不大于1°。

③灯杆下面小门应有锁定装置，内设挂板，以备安装熔断丝、镇流器、启动器、补偿电容器等电器元件。

(4)安装要求：

①高杆灯地脚螺栓的预埋垂直度误差≤1%；预埋法兰盘的水平误差≤1%。

②安装调试要求自动挂钩、安全索紧装置及升降机构均需运转灵活、动作准确，无卡死或迟滞现象，上下限位器动作可靠。

③灯具俯角方位调整准确，能充分发挥泛光及聚光灯的照度功能，达到相应灯型的照度要求。监理工程师应检查各部位照度是否符合提供的数据要求。

④分散照明路灯一般均固定在混凝土基座上，基座高出周围地面最小 50mm。路灯杆的安装垂直误差≤1‰。

⑤分散照明灯头必须符合国家(部)定点厂生产的具有国内先进水平的产品。配光曲线的光强度角≥60°，并有良好的密封性。

第十二章　码头附属设施施工质量监控

第一节　概　　述

1. 码头附属设施的类型和特点

码头附属设施是保障船舶安全停靠、系泊和进行装卸作业的重要设备，码头附属设施主要包括系船柱、护舷、装卸机械轨道、系网环、护轮坎、爬梯、栏杆等。附属设施施工的特点是在安装前有的需要订货，有的需要加工制作，并在结构浇筑时埋设相关预埋件。监理工程师除了要对预埋件、构配件进行常规的检查外，还要对预埋件、构配件产品的加工制作质量进行监理。

2. 码头附属设施制作质量监理程序(图 3-12-1)

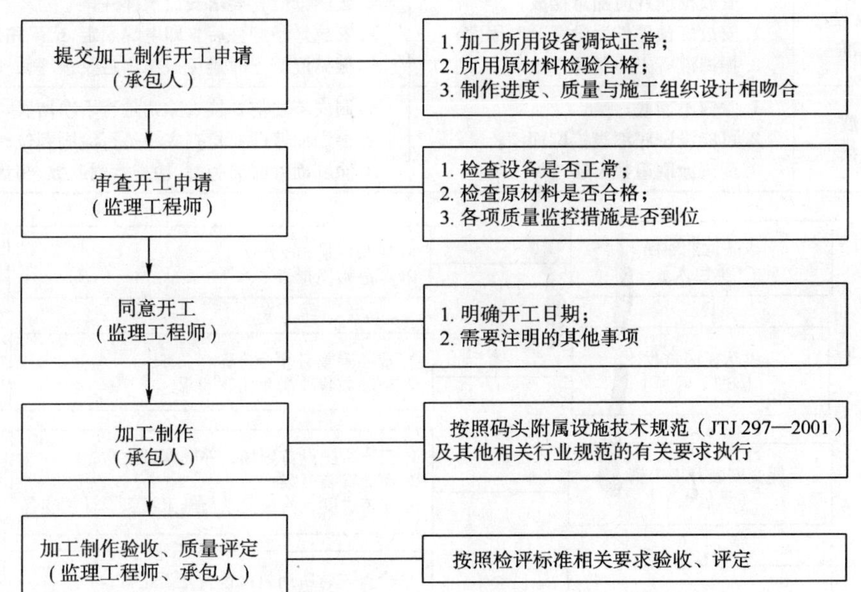

图 3-12-1　制作质量监理程序

3. 码头附属设施安装质量监理程序(图 3-12-2)

4. 码头附属设施制作和安装常见问题及防治措施(表 3-12-1)

表 3-12-1

质量通病	原因分析	防治措施
轨道槽内积水	1. 泄水孔不通或间距太大； 2. 轨道槽内沉积杂物； 3. 槽底面不平整、不光洁	1. 轨道梁制作时审查预留泄水孔间距，轨道槽浇筑时检查泄水孔是否畅通； 2. 轨道槽浇筑后及时清理槽内杂物，保持泄水孔畅通； 3. 轨道槽浇筑时，槽底要抹光
轨道沉降、弯曲	1. 轨枕道碴地基不密实； 2. 轨枕下及四周没有用细石填塞密实	1. 道碴摊铺后碾压密实； 2. 轨枕安放后要用细石将底部及四周填充密实； 3. 机械调试期间经常在轨道上移动，使用一段时间后重新调整

续上表

质量通病	原因分析	防治措施
系船柱角度不准	1. 预埋螺栓时没考虑系船柱安装角度； 2. 安装时系船柱底盘套错螺栓孔	1. 预埋螺栓时要仔细阅读图纸和安装要求，根据使用时系船柱方向，埋设预埋螺栓； 2. 先确定系船柱的安装方向（如果有）后，再安装系船柱底盘
橡胶护舷松动、与靠船构件接触不严密	1. 固定橡胶护舷的螺栓松动或螺母没有拧到位； 2. 个别固定螺栓因水位高没有拧上；	1. 检查所有锚固螺栓，拧紧螺母； 2. 因水位高暂时不能安装的螺栓要逐个记录，低水位时及时安装并拧紧； 3. 预埋螺栓时复核位置和间距，偏差控制在允许范围内
护轮坎不顺直，弧形护角钢板翘曲	1. 模板支设不连续、顺直； 2. 弧形钢板埋设时固定不牢	1. 模板顺线放样，支撑牢靠； 2. 弧形钢板埋设时，电焊固定； 3. 浇捣混凝土石，振捣密实
立柱不竖直、栏杆横杆不顺直	1. 立柱与基础连接不牢固； 2. 立柱预埋件不平整或预留孔不竖直	1. 预埋立柱预埋件或设置立柱预留孔时做到水平、竖直； 2. 立柱与基础连接牢固，必要时作强度检验； 3. 采用预留孔栽插立柱时，保持立柱竖直、孔周空隙用砂浆或填充剂填充密实
预埋件位置、方向不准	1. 安放预埋件时随意摆放； 2. 安放好预埋件后没有及时固定； 3. 振捣混凝土时预埋件松动	1. 按图纸位置要求安放预埋件； 2. 安放好预埋件后立即电焊固定，或采用定位板安放； 3. 振捣混凝土时避免振捣棒触及预埋件
铁件防腐涂层脱落	1. 除锈不彻底； 2. 可能没刷底漆直接刷面漆； 3. 面漆涂刷遍数不够	1. 刷底漆之前要检查除锈是否干净彻底； 2. 涂刷面漆前要检查底漆是否涂刷到位； 3. 涂刷面漆时要旁站，检查涂刷遍数，测量面漆厚度

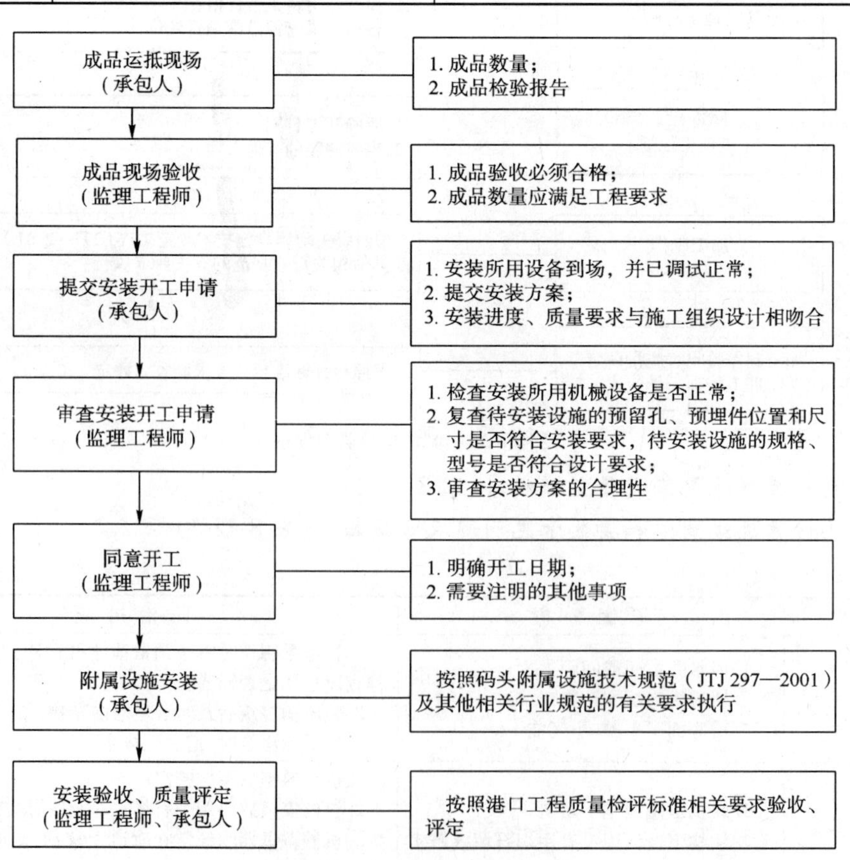

图 3-12-2　安装质量监理程序

第二节　轨道工程施工质量监控

码头面轨道包括集装箱装卸桥轨道、门座起重机轨道、码头上火车轨道及斜坡码头轨道等，轨道结构包括钢轨、轨道基础、轨道扣件以及车挡、锚锭、顶升等配套设施。码头上轨道铺设有两种情形：一种是直接铺在码头结构上，如高桩码头的门机轨道直接铺设在轨道梁上，重力式码头的前轨道有时直接铺设在胸墙上；另一种是铺设在单独的轨道基础上，单独的轨道基础又可分为轨枕道碴基础和钢筋混凝土基础梁两种。

一、基础梁钢轨安装质量监控

(1)轨道及配件进入现场，要对轨道和配件的型号、规格、数量等进行验收(检查出厂合格证或有关的检验资料)，符合设计要求和规范规定方可使用；

(2)钢轨和钢垫板进入现场后，堆放采用多支点堆放，避免钢轨和钢垫板弯曲变形。其他物料存储在安全和有遮蔽的地方，避免物料受损及锈蚀；

(3)检查所有预埋螺栓，保证预埋螺栓牢固无松动；

(4)安装钢垫板前，对轨道槽内的松动混凝土、浮浆、积水等予以清除，用调校螺栓准确地控制钢垫板标高，水平调整后方能初紧螺母，垫板应平正，与钢轨底面接触应紧密，局部间隙不应大于 1mm；

(5)钢轨安装应控制好轨道轴线，无缝钢轨的焊接时，对钢轨接头须进行修磨至与钢轨起平，每个焊接接头应连续施工，及时清理熔渣，以防夹渣。同时，对焊接工艺进行审查确认，对焊接材料的型号、规格必须符合设计要求，并有出厂合格证及试验报告；

(6)有缝钢轨接头处伸缩缝间隙，在冬天取 5～6mm，夏天取 1～2mm，相邻两轨的高差必须严格控制，不能超过 1mm；

(7)胶泥浇注：胶泥材料通过配比试验确定，并有试验报告。胶泥灌注前清除钢垫板与轨道间残留的各种垃圾，用水充分湿润将与胶泥接触的混凝土表面，并不得留有积水；胶泥的灌注顺序应从一面到另一面，一端到另一端，排除气泡；胶泥层在钢垫板下面的厚度不小于 20mm、在钢垫板两侧宽度 30mm；胶泥灌注后，须保持湿润；胶泥灌注结束后必须保持湿润至少 3 天以上。当温度低于 5℃时，应避开胶泥的灌注作业，每连续浇筑一次采用砂浆试模制作一组(3 块)试块；

(8)车挡、锚锭装置是轨道的重要附属设施，为保证其使用功能，在检验评定轨道安装质量时应对其质量作相应检查；

(9)轨道的安装的偏差应符合《港口工程质量检验评定标准》(JTJ 221—98)表 22.0.6～8 的规定。

二、道碴轨枕钢轨安装质量监控

(1)道床道碴选用碎石粒径 20～70mm，压碎指标小于 15％，抗压强度不低于 80MPa。

(2)碎石道床、块石或石碴垫层要用推土机配合人工分层摊铺，分层碾压，分层厚度 30cm，块石之间空隙用碎石或细石渣嵌实。

(3)选用振动压路机振动碾压(振动力 200～250kN)，碾压行驶速度不超过为 10m/min，先静后振，自基础边向基础中逐次有序地碾压，碾压时轮迹要重叠，重叠宽度不小于 30cm，碾压遍数以无明显轮迹为准，但不应少于 4 遍。

(4)对铺好的路基进行验收，标高、平整度及道碴厚度要达到设计要求。

(5)钢轨及配件的规格和质量必须符合设计和规范要求，混凝土轨枕必须采用验收合格的产品。

(6)钢轨分段铺设，先将一定长度的钢轨安装在混凝土枕木上，并用螺栓固定拧紧，然后用起重机将安装好的钢轨铺设于碎石道床路基上。

(7)钢轨安装时，垫板要平正，与钢轨底面接触要紧密，局部间歇不要大于1mm。

第三节　系船柱制作与安装质量监控

系船柱是系船设备中最通用的型式，根据使用条件的不同，分为普通系船和风暴系船柱。系船柱由柱壳、定位板、锚板、螺栓、垫圈和螺母等组成。码头上大多为金属系船柱，用生铁或铸钢铸成外壳，壳内灌满混凝土并布有插筋。

一、系船柱的制作质量监控

(1)系船柱的铸铁(或铸钢)品种、型号和质量必须符合设计要求，制作厂家应提供材质试验报告和出厂合格证。

(2)焊接的系船柱，焊缝应符合设计要求，须全部进行探伤检查。

(3)系船柱表面应平滑，不得有裂缝，不得有严重节瘤、铁豆、结疤和缺角。飞边和毛刺应铲平、磨顺。

(4)系船柱底盘应平整，无明显翘曲和节瘤、浮渣。螺孔应清理干净，要求机加工的，其加工精度应符合设计要求。

(5)系船柱制作的质量应符合《港口工程质量检验评定标准》(JTJ 221—98)表23.1.4的规定。

二、系船柱的安装质量监控

(1)系船柱规格和安装所用材料包括螺母、定位板，以及螺杆的埋深、柱体插筋、充填混凝土等必须符合设计要求。

(2)系船柱安装前必须检查预埋螺栓的位置是否正确，对锈蚀或弯曲的预埋螺栓进行除锈和调直处理。

(3)羊角型和挡檐型等具有方向性的系船柱方向不能出错，固定螺母应拧紧，并使螺栓外露2～3扣，但不应高出底盘，底盘螺母孔的空隙最后用沥青砂填满。

(4)防锈处理和油漆颜色应符合设计要求。

(5)系船柱安装的偏差应符合《港口工程质量检验评定标准》(JTJ 221—98)表23.2.4的规定。

第四节　护舷制作与安装质量监控

护舷是缓冲船舶停靠码头时挤靠力的设施，根据所用材质的不同主要有三种：木护舷、橡胶护舷和钢护舷，木护舷主要在一些简易的小码头采用，钢护舷主要在一些中、小型码头采用，目前我国使用最普遍的是橡胶护舷。

一、橡胶护舷安装质量监控

橡胶护舷有压缩型和冲气型两种，目前大多采用压缩型，常用的压缩型橡胶护舷有 V 型、改良 D 型、圆筒型和鼓型等四种。

(1)橡胶护舷及配件进入现场，要对其进行验收，橡胶护舷及螺栓、链索卡具和铁件等配件的规格、质量及防腐处理必须符合设计要求和有关规定，厂家必须提供产品合格证书和有关试验资料，对于有气密要求的橡胶护舷应进行气密性试验，监理人员旁站试验全过程。

(2)橡胶护舷安装过程中，监理人员应现场察看和检查固定橡胶护舷的构造必须符合设计要求，并做好检查记录。

(3)固定式护舷底盘与码头的接触应紧密。螺母应满扣拧紧并使螺栓外露 2～3 个丝扣，螺栓顶端应缩进护舷内，深度应符合设计要求。

(4)悬挂式护舷安装后，监理要对连接卡具的锁紧构造进行检查。

(5)橡胶护舷安装的偏差应符合《港口工程质量检验评定标准》(JTJ 221—98)表 23.4.5 的规定。

二、钢护舷制作与安装质量监控

(1)钢护舷的焊接质量应符合钢结构焊接的有关规定，固定结构应符合设计要求，钢护舷和配件的除锈、油漆应符合设计要求和钢结构防腐的有关规定。

(2)对钢护舷的焊接，应严格按照钢结构焊接标准检查验收，对钢护舷除锈及油漆工序质量，严格按照有关标准验收，防止交工不久就出现锈蚀。

(3)钢护舷制作的偏差应符合《港口工程质量检验评定标准》(JTJ 221—98)表 23.5.1 的规定。

(4)钢护舷安装过程中，监理人员旁站检查钢护舷的固定构造和质量是否符合设计要求，需特别注意的是，钢护舷螺栓穿到护轮槛里面用螺母拧紧，护轮槛内侧是个斜面，应在预留螺栓孔的同时，预留垫圈和螺母的位置。

(5)按 JTJ 230—89 的规定检查钢护舷和配件的除锈、油漆是否符合设计要求。

(6)钢护舷安装的偏差应符合《港口工程质量检验评定标准》(JTJ 221—98)表 23.5.4 的规定。

第五节　护轮坎施工质量监控

护轮坎主要是对车辆、工作人员起安全防护作用，对于集装箱等大型专业化码头，采取不连续布置的形式，护轮坎的高度一般为 150～250mm。为防止护轮坎磨损缆绳，一般将护轮坎的边角修圆。目前，码头上一般采用黑和黄、红和黄、红和白等颜色油漆相间搭配标识护轮坎。常见的护轮坎有混凝土护轮坎和钢护轮坎两种。

一、监理要点

(1)混凝土护轮坎的构造筋易忽视，预留和现场绑扎钢筋的质量较差，对护轮坎耐久性不利，为提高护轮坎的内在质量，对构造筋应进行检查。

(2)钢护轮坎的材质、焊接工艺、防腐等其耐久性影响很大，制作时要加强检验检测。

(3)护轮坎的外观质量对整个工程的观感质量影响较大，故规定除保证其内在质量外，还应注意提高护轮坎的外观质量，同时还应注意保护，以防碰损。

(4)施工中应注意孔的定位措施，以保证孔口底标高正确，泄水畅通。

二、混凝土护轮坎施工监理方法

(1)检查混凝土强度是否符合设计要求。

(2)观察检查构造钢筋、锚固钢筋是否顺直、均匀，保护层是否符合设计要求。

(3)观察并检查混凝土是否密实，表面是否平整，其一般表面缺陷是否在允许范围之内。

(4)观察检查排水孔是否与面层接顺，确保无堵塞，泄水畅通。

(5)混凝土护轮坎施工允许偏差应符合《港口工程质量检验评定标准》(JTJ 221—98)表23.7.5的规定。

三、钢护轮坎施工质量监控方法

(1)钢护轮坎加工制作应符合钢结构制作规范要求。

(2)钢护轮坎的固定构造和焊接质量应符合设计要求。

(3)内填充混凝土或砂浆应振捣密实。外露面修抹平顺、光滑。

(4)除锈和油漆应符合钢结构防腐的有关规定。

(5)钢护轮坎施工允许偏差应符合《港口工程质量检验评定标准》(JTJ 221—98)19.1节的规定。

第六节 爬梯、系网环、栏杆制作与安装质量监控

一般码头前沿每隔一定距离设置有爬梯，以供人临时上下船或检修码头之用。目前码头上的爬梯有两种：铁爬梯和橡胶爬梯。

散杂货或多用途码头，船舶停靠码头装卸作业时，在船外舷和码头前沿线之间有空档，为防止人或散物坠落水中，在船舶与码头之间系挂网兜或挂设安全作业网，系网环就是为系挂网而设置在码头上的铁环，系网环沿码头纵向的距离一般为1.5～3.0m，系网环可以设在护轮坎内侧的立面上。

码头引桥、连接桥两侧一般都设有栏杆，主要起防护作用，有的还起到隔离、分界和警戒作用。

一、监理要点

(1)制作爬梯、系网环、铁栏杆所用材料必须有出厂合格证或试验报告，并应符合设计和规范要求。

(2)构件的外形尺寸必须符合设计要求、外观必须光滑、整洁，表面的除锈和油漆应符合有关规定。

二、爬梯、系网环、铁栏杆制作与安装质量监控

(1)检查制作爬梯、系网环、铁栏杆及其配件所用材料的种类、规格是否符合设计要求和有关标准规定。

(2)铁爬梯、系网环、铁栏杆及其配件的加工制作应符合钢结构制作和防腐规范的有关规定。

(3)安装前应复核其外形尺寸、预埋件规格和位置是否符合设计要求,检查配件是否齐全。

(4)安装时应检查安装位置、方向是否符合设计要求,点是否固定、线条是否整齐、大面是否顺直,有无明显弯折和偏扭。

(5)当采用螺栓连接时,应检查垫圈是否平正,拧试螺母是否满扣拧紧,量测螺栓外露长度不应大于螺栓直径的1/2。

(6)安装后应进行补漆刷新,并涂上醒目标志。

(7)爬梯、系网环和栏杆的安装偏差应符合《港口工程质量检验评定标准》(JTJ 221—98)表23.10.4,表23.6.3和表23.9.5的规定。

第七节 码头预埋件工程施工质量监控

码头预埋件主要包括轨道、护舷、系船柱预埋螺栓,门机车挡、锚碇、拉环、顶升和限位器等,管道、电线电缆支架预埋件,廊道、设备基础预埋件,接地预埋铁等。

一、监理要点

由于港口工程中预埋铁件种类多、数量大、其作用也大不相同,在检验中对重要预埋件和重要焊缝必须严格检查。预埋铁件工程不是单独分项工程,同时在混凝土工程中,对预埋件安装的偏差已作规定,故预埋件工程验收不参加分项工程质量评定。

二、预埋件制作与安装质量监控

(1)制作预埋件所用材料的规格、型号和质量必须符合设计要求和有关标准规定。

(2)铁件对接焊缝的质量、铁件锚筋的焊接质量等应符合有关规定。

(3)铁件加工后如有影响使用的变形,应进行调直找平。

(4)外购成品预埋件必须有出厂合格证或材质试验资料。

(5)铁件表面的除锈和油漆质量应符合设计要求和有关标准规定。

(6)预埋件的加工制作允许偏差应符合《港口工程质量检验评定标准》(JTJ 221—98)表23.11.5的规定。

(7)预埋件安装时必须复核其位置,安装的方向、标高和间距。

(8)预埋件的埋设允许偏差应符合《港口工程质量检验评定标准》(JTJ 221—98)表23.11.6的规定。

第十三章　疏浚工程施工质量监控

第一节　概　　述

一、疏浚工程分类及特点

1. 疏浚工程的定义

疏浚工程是采用人力、水力或机械方法为拓宽、加深水域而进行的水下土石方工程。通常,疏浚工程是港口建设中的重要组成部分,航道、港池、掉头区、锚地等水域的水深都需要采用疏浚方法去实现。另外,也有独立存在的单项疏浚工程,如:海底天然气管道沟、过江隧道箱涵基坑等工程。

2. 疏浚工程的分类及其特点

(1)基建性疏浚工程:新建、改建、扩建的港口、航道及改善靠泊、航行条件的疏浚工程。该类工程主要特点是疏浚物为原状土壤或岩石。

(2)维护性疏浚工程:维护或恢复某一指定水域原定尺度的疏浚工程。该类工程主要是清除水域内的回淤泥土,疏浚物一般比原状土壤松散。

(3)一次性维护疏浚工程:恢复某一指定水域原定尺度的一次性疏浚工程。设置这种工程,主要是反映合同约定方式引起的疏浚工程质量检验工作上的差别,如某航道采取一次性维护合同,主要是检验水深、浅点数量等,而采取常年维护合同,一般要增加通航保证率的考核指标。

疏浚工程已由原始的人力方法开始,发展到了现在的机械作业阶段。常用疏浚设备包括耙吸式挖泥船、绞吸式挖泥船、抓斗式挖泥船、链斗式挖泥船等,还有一些特殊的吸扬式挖泥船、铲斗式挖泥船、吸砂船、炸礁船等。

二、分项分部工程

《疏浚与吹填工程质量检验标准》(JTJ 324—2006)(以后简称《疏浚检验标准》)中没有明确规定疏浚工程的单位工程、分项分部工程划分办法。实际上,疏浚工程招标一般根据工程量大小、施工工艺、工期要求等划分为多个标段,同一标段内可以包含港池、航道、锚地等不同使用功能的区域,甚至包含将疏浚土吹填至邻近陆域的内容。

因施工工艺上的明显差别,水下爆破与清渣应作为一个分项工程,或者是单独为一标段。

综上所述,疏浚工程施工质量主要按设计和招标要求进行分部分项或分标段检验。

第二节　疏浚工程施工质量监控

本节主要介绍使用自航耙吸式挖泥船、绞吸式挖泥船、抓斗式挖泥船、链斗式挖泥船等主要类型船舶实施疏浚工程施工作业时的质量监控与检验。

一、监理程序(图 3-13-1)

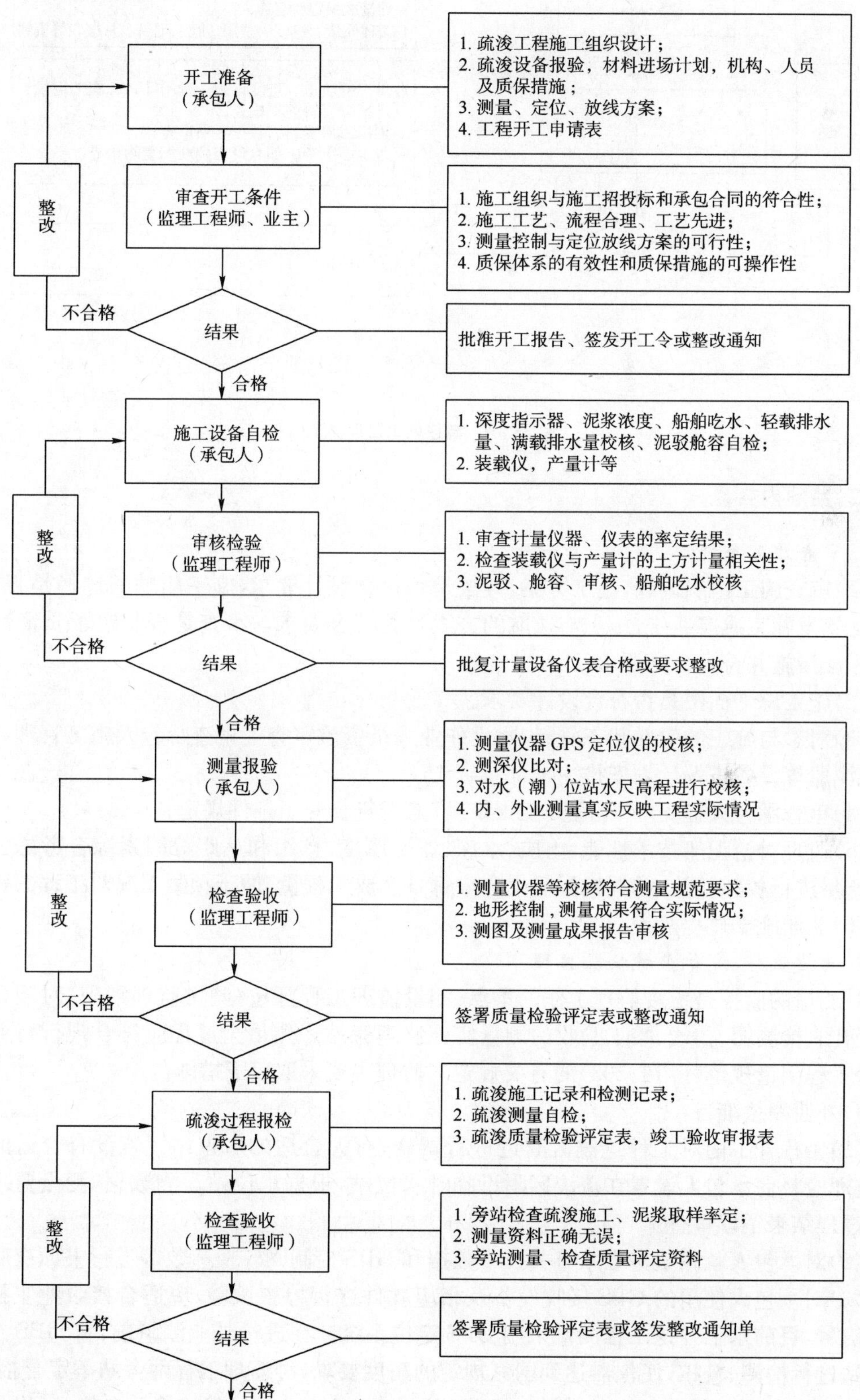

开工准备
（承包人）
1. 疏浚工程施工组织设计；
2. 疏浚设备报验，材料进场计划，机构、人员及质保措施；
3. 测量、定位、放线方案；
4. 工程开工申请表
审查开工条件
（监理工程师、业主）
1. 施工组织与施工招投标和承包合同的符合性；
2. 施工工艺、流程合理、工艺先进；
3. 测量控制与定位放线方案的可行性；
4. 质保体系的有效性和质保措施的可操作性
整改
不合格
结果
批准开工报告、签发开工令或整改通知
合格
施工设备自检
（承包人）
1. 深度指示器、泥浆浓度、船舶吃水、轻载排水量、满载排水量校核、泥驳舱容自检；
2. 装载仪，产量计等
审核检验
（监理工程师）
1. 审查计量仪器、仪表的率定结果；
2. 检查装载仪与产量计的土方计量相关性；
3. 泥驳、舱容、审核、船舶吃水校核
整改
不合格
结果
批复计量设备仪表合格或要求整改
合格
测量报验
（承包人）
1. 测量仪器 GPS 定位仪的校核；
2. 测深仪比对；
3. 对水（潮）位站水尺高程进行校核；
4. 内、外业测量真实反映工程实际情况
检查验收
（监理工程师）
1. 测量仪器等校核符合测量规范要求；
2. 地形控制，测量成果符合实际情况；
3. 测图及测量成果报告审核
整改
不合格
结果
签署质量检验评定表或整改通知
合格
疏浚过程报检
（承包人）
1. 疏浚施工记录和检测记录；
2. 疏浚测量自检；
3. 疏浚质量检验评定表，竣工验收审报表
检查验收
（监理工程师）
1. 旁站检查疏浚施工、泥浆取样率定；
2. 测量资料正确无误；
3. 旁站测量、检查质量评定资料
整改
不合格
结果
签署质量检验评定表或签发整改通知单
合格

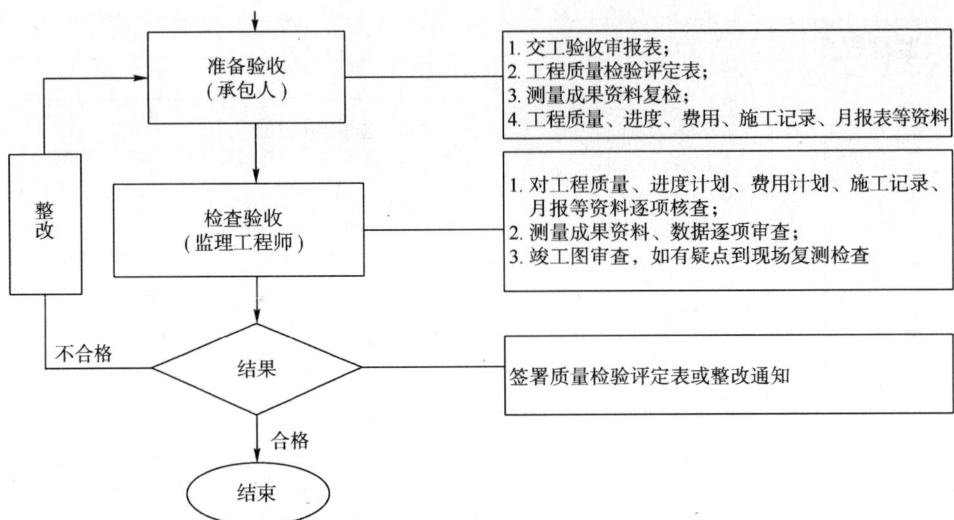

图 3-13-1　疏浚施工监理程序

二、监理内容

1. 审查开工条件

(1)审查施工组织设计，施工方案、方法是否符合设计要求，施工船舶的选择是否合理，港监已签发施工通航通告，施工与通航的方案是否符合要求。审查是否制定了质量标准及质量保证措施并符合合同要求。

(2)施工总平面图是否符合设计要求。

(3)对参与施工的船舶状态资料，水上作业人员资质审查。审查承包人施工管理人员到位，挖泥船等设备进场计划安排。

(4)审查承包人提交的"工程开工报审表"是否符合开工条件规定。

(5)监理对挖泥船技术性能，土质、水深、泥层厚度，排距和运距等因素综合考虑。对每日生产量进行校核签认，掌握挖泥船生产率每日完成工程量，便于预测工况对工程的影响。

(6)船舶施工过程监控。

2. 测量放样、定位系统检验监理

对测量的监控是疏浚监理工作的重点，测量监理工程师按《测量监理细则》对项目工程的浚前图、检测图、扫浅、竣工验收的测量实施监理旁站。测量全过程应符合现行行业标准《水运工程测量规范》(JTJ 203)的有关规定。监理主要采取以下措施：

1)外业测量准备：

(1)工程开工前对工程疏浚区附近进行调查，有无合适的水位站。若没有合适的水位站，监理应督促承包人设置在疏浚区附近临时水位站，根据水位站观测数据，测量监理应对测量过程结果予以审查。

(2)对承包人就测量基准站有关技术数据和 GPS 控制网转换参数等进行书面交底。

(3)对承包人使用的 GPS 接收设备及相应软件进行检查试验，应适合接收业主提供的差分信号，目前水下开挖工程测量采用 GPS 定位系统。在进行外业测量前，将 GPS 在陆上基准站进行检测、校核，使仪器达到国家规定的精度要求，经监理工程师旁站率定合格后，方可投入使用。GPS 接收机以外的其他测量仪器均需经技术监督部门检验合格，每次测量前

需对平面定位和水深测量仪器进行率定，所采用的坐标系、控制点正确无误；

(4)外业测量前，必须对测深仪与测深板进行不同水深的比对测试，修正测深仪误差，密切注意 GPS 上显示的卫星接收数量。差分信号的变化，要求达到规定要求，确保测量精度。

2)测量过程承包人水下地形测量选用的测量船只和测深仪应符合本工程水深及其他自然条件的技术要求，测量监理工程师应对全部施工测量、测量成果进行复查，如有必要，可要求承包人复测或进行监理的对比观测。

(1)GPS 测得的水深测点坐标值和测深仪测得的水深值必须同步，GPS 天线与测深仪换能器位置应在同一垂线上。

(2)测量船轨迹是否按照预先设定好的测量断面线进行水深测量，不允许漏断面，漏测点(除避让外)。并对测区进行检查线测量，最后对航次测量报告进行认真审核、签认。

(3)GPS 测得的水深测点坐标值和测深仪测得的水深值必须同步，GPS 天线与测深仪换能器位置应在同一垂线上，严格控制潮位，波浪的取舍，清除假水深，波浪较大时，征得监理工程师的同意后，方可进行水深测量，监理工程师审核水深测量报告后，进行抽查。

3)测量结果

(1)监理对内业资料整理过程予以核查，认真审查测图成果，发现与实际不符或有出入的数据和水深点，要立即查询并协调督促测量单位按测量规范要求复检。

(2)通过全过程跟踪监理，保证测图资料和测量数据的真实性，真实反映工程的浚前、浚后变化情况，为工程的计量和验收提供基础的资料。

3. 船舶施工过程监控

1)自航耙吸挖泥船

自航耙吸式挖泥船都装配了 GPS 等高科技施工控制设备，提高了疏浚工程的质量和进度。在自航耙吸船进入工地前，应对船载 GPS 定位系统进行率定，监理旁站，并对率定成果进行审核，在率定表上签认，要求 GPS 达到规定；同时，对船载 DGPS(电子图)进行卫星信号个数、差分的精度校核，以正确指导施工。对船载电脑装载仪与船舶重轻载时外观吃水进行比对校核，根据船舶水力曲线和装载曲线校准装载吃水误差，有效地控制船载土方量。

(1)在施工过程中通过定期地进行泥浆浓度取样，测定实测泥浆浓度，并与船载浓度计进行比对校核，准确测算舱内船载土方量。

(2)深度控制：自航耙吸挖泥船采用定深挖泥法以提高浓度质量监控。耙头下放深度是根据船型、耙头类型和土质而定的，下耙深度可由船载电脑耙头深度指示器直接操作控制，该指示器的准确性必须通过与外部耙头下放深度比对确认，即耙头下放深度率定，率定时监理必须旁站，并对率定成果校核签认。

(3)宽度控制：耙吸挖泥船用 DGPS 定位，控制挖槽边线，使施工船舶控制在编制的电子海图边线内，按照一定的边坡尺度和允许超宽，控制挖槽宽度。

2)绞吸式挖泥船质量监控

(1)挖槽深度控制：绞吸式挖泥船由于开挖土质不同，吸口的吸距不同，挖泥船水尺的零点位置也相同，施工中必须掌握挖泥船前后的吃水的变化，并进行试挖验测，决定水尺的修正值，以防止超深过多或发生浅点，根据土质控制横移速度，对于较松散土质，挖到设计深度时，横移速度过慢会造成超深过多，对于较硬、密实的土质，横移速度过快会造成设计深度以上泥层吸不完而产生浅点。一般通过试挖掌握适当的横移速度；正确使用正反挖泥，消除浅点。挖边线应以土质情况掌握换边和横移速度，沙质场塌方，换边宜慢，挖淤泥，换边宜快，防止吸土过多而超深。及时校核水深，用测深绳检测已挖区域内水深，控制超挖漏挖现象。

(2)挖槽宽度控制：绞吸挖泥船水下开挖的宽度控制，传统方法有：视线标志法、边线标志法、电线竿法及罗经控制法，目前大部分绞吸船已装配 GPS 定位和 DGPS 电子海图，通过 DGPS 可直接控制开挖宽度，精度较高。但 GPS 和 DGPS 必须由航测部门和电脑软件设计部门共同调试审定，审定时监理必须旁站，做好旁站记录，使施工区坐标(电子海图)与设计坐标相吻合，监理签认。

(3)挖槽前移距离控制：前移距控制的传统方法有：盲桩角法、目估法、台车定位法和绳扣法，现行利用罗经方位角或 DGPS 确定换桩摆动角以控制前移距。每一根钢桩前移2/2步，挖泥船就有相应的一个回转摆动角，操作者只要掌握这个角度，将钢桩摆到设的方位上，下桩即可，施工时监理旁站，做好施工记录。

(4)挖槽边坡控制：采用台阶式挖泥，台阶分得越多，越接近设计边坡。若开挖阶梯较多，则可先开挖非边坡部分泥层，然后集中力量开挖分层的边坡阶梯，以确保工程质量。

3)抓斗挖泥船

抓斗挖泥船的开挖非连续性，无固定的挖泥轨迹，质量监控比较困难，尤其在土质极软、泥层较薄或水深、流急，流向多变的情况下，抓斗的挖深和排斗位置更不容易掌握。为了提高挖泥船施工质量，必须强化施工的深度控制和平面控制，加强定位和水深检测。

(1)平面控制：抓斗水下开挖的平面控制，除用各种定位器外，在施工中应注意收紧里档横缆，要求与挖槽基本平行，挖泥船一侧始终在分条交界处堑口的边线，因此，必须经常摸准堑口，以防漏挖。

(2)前移距控制：抓斗挖泥船前移距控制，利用头锚缆上做尺度标记来掌握。为防止在前进方向漏挖，造成开挖深度不足，一般取抓斗张开宽度的 0.6～0.7 倍作为前移距。在前移(进关)之前必须检测实挖部位水深，当深度达到设计要求时，方可前移。

4)链斗挖泥船

通过监控斗桥下放深度，即掌握了挖深，斗桥下放深度通常应考虑施工区的土质、水流、水深的影响及挖泥斗链松紧程度和下垂度，挖槽回淤大小等因素。监理定时抽查斗桥下放深度标尺，确保挖深在挖泥过程中根据水位的变化随时调整，达到本层的深度要求。

(1)前移距的控制：前移距是挖泥横移轨迹的前移量，俗称“进关”。前移距对工效和挖槽平整度有直接的影响，监理从挖泥船的轨迹结合泥斗充泥量予以检查判断，发现异常情况要求承包人进行调整。

(2)横移速度控制：横移速度的控制应根据泥斗充泥情况而定，若泥斗充泥不满就得加快横移速度，横移速度过快会造成后方挖槽回淤不平整，横移速度过慢会造成充泥不足影响效率。若泥斗充泥太满有溢泥现象就应放慢横移速度，一般情况下横移速度以控制在 6～8m/min 为宜。

(3)挖槽边线控制：链斗式挖泥船是横挖式挖泥，一般以边线寻标或横移缆控制边线，有些船上已用了 GPS 和 DGPS 电子海图直接控制挖泥边线，挖足边线，防止超宽或不足。

(4)挖槽边坡控制：在泥层较薄作一层开挖时，边坡可取“一刀切”方法，即 1/2 坡距作为放坡距离，一次完成挖坡，然后让其坍塌自然坡度。若泥层厚，分几层开挖时，或开挖基槽边坡，必须逐级放坡，即挖成阶梯形，然后让其坍塌自然边坡。监理对边坡区域要加强控制，重点在掌握开挖方式和开挖边线的位置控制。

4. 抛泥监控

根据设计要求,监控疏浚物的水抛(即在指定的水域卸泥)或陆填过程。

(1)审查选择的抛泥区是否符合设计要求,满足海事、环保部门的要求;

(2)海事、环保部门已颁发废弃物抛弃证;

(3)要求承包人按规定的线路将弃土运至海事、环保部门指定的抛泥区内(按平面坐标控制);

(4)控制抛泥区的容积和高程,应先抛深水区后再抛入浅水区。避免因浅水区抛得过多,导致船舶因吃水不足,不能将弃土抛至深水区,而影响抛泥区容积。

三、监理要点

(1)审查施工方案和计划文件:施工方案和计划文件与合同、设计的符合性,以及满足《疏浚工程施工技术规范》(JTJ 248)、《水运工程测量规范》(JTJ 203)及《水运工程施工监理规范》(JTJ 216)规定的条款,要针对工程特点对承包人的每道施工工序实施全过程监理,以巡视、旁站监理的办法控制工程质量。

(2)测量基准、GPS控制:工程项目的水准、高程控制网建设与精度满足设计与《水运工程测量规范》(JTJ 203)的要求;船舶使用的定位系统(现在一般采用自建的DGPS或沿用国家的信标站GPS网)精度查验。

(3)挖泥船的相关设备检验:挖泥机具位置显示系统(耙吸船的耙臂显示系统、绞吸船的绞刀头位置显示系统、抓斗船的抓斗位置显示系统等)、产量计、装载仪等。其中:位置显示仪器对挖泥质量很关键,通过装载仪可以观察耙吸船的泥舱是否漏泥。

(4)查阅水深测量图,对工程的中部水域、边缘水域和边坡分别进行质量检测,对疏浚施工过程出现的漏挖,边坡不足等质量问题,应及时采取措施予以处理。

四、疏浚工程施工质量检验标准

1. 质量检验

(1)浚前图是计算工程量的主要依据,监理将对业主委托的第三方测量进行全过程跟踪监理。

(2)中间检测是确保工程质量,检查挖槽回淤量、边坡形成情况、掌握工程进度的主要手段。水深地形图比例一般按进港外1∶5 000、港池及连接水域1∶2 000、泊位1∶1 000,1∶10 000,检测范围按设计要求。通常对疏浚工程中间检测为5～7天检测一次,测量监理工程师旁站中间检测过程,对控制测图质量进行控制。测量监理工程师应督促落实中间检测工作,从中掌握工程的进度和工程的质量,对发现的问题及时向承包人提出,督促改进。

(3)在整个单位工程完工后或整个工程项目完成后,施工承包单位应进行竣工自验,自验合格后,向监理工程师提出竣工验收申请,监理工程师即应协助业主组织竣工验收。

2. 检验标准

疏浚工程质量检验主要是浅点和超深、超宽等数据。

只允许在相对次要的水域可以有少量浅点,而邻近码头等水工建筑物的水域则有严格的超深超宽控制要求,防止破坏建筑物的基础稳定。

疏浚工程质量检验执行《疏浚检验标准》。

 第三节 水下爆破与清渣质量监控

一、水下爆破工程分类

水下爆破工程是指在水面以下进行的爆破，是爆破工程的一个重要分支。水下爆破除具有同陆上爆破工程相同的共性外还有水下工程的特点，水下爆破按施工方法分可为水下钻孔爆破和水下裸露爆破两类：

（1）钻孔爆破：水下钻孔爆破方法具有爆破效率高，定位易于控制，能适用于流速较大的地区，对环境影响小的特点，水下钻孔和装药，通常在水上专用作业的钻爆船（台）上进行，先钻孔，后装药，再实施爆破。

（2）裸露爆破：水下裸露爆破方法是将炸药包放在水下被炸物体的表面进行爆破。它具有施工简便，操作容易和机动灵活的特点，适用于水下孤礁或深槽岩基、碍航障碍物（如沉船、砂卵石、块石等）以及航道不足水深的浅点爆破清除。

二、监理程序（图 3-13-2）

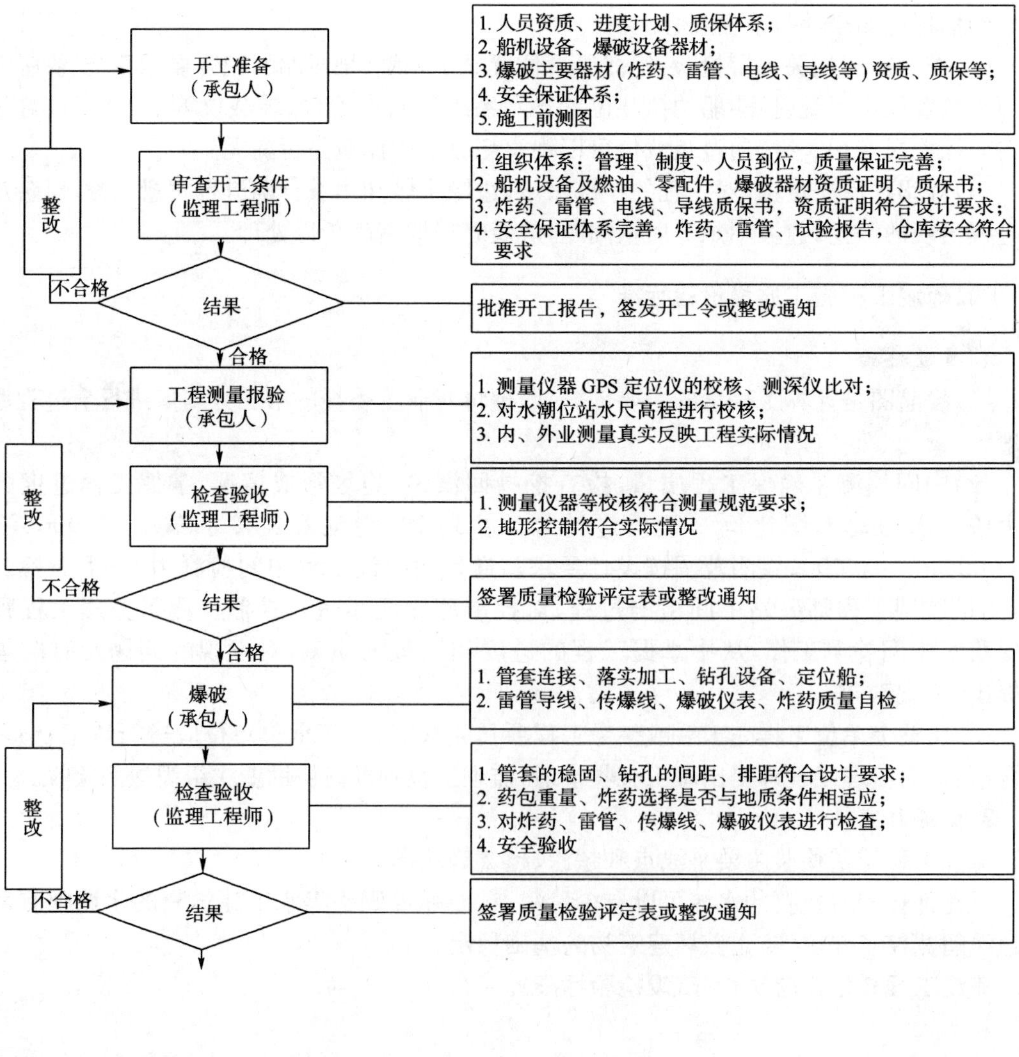

开工准备（承包人）
1. 人员资质、进度计划、质保体系；
2. 船机设备、爆破设备器材；
3. 爆破主要器材（炸药、雷管、电线、导线等）资质、质保等；
4. 安全保证体系；
5. 施工前测图

审查开工条件（监理工程师）
1. 组织体系：管理、制度、人员到位，质量保证完善；
2. 船机设备及燃油、零配件，爆破器材资质证明、质保书；
3. 炸药、雷管、电线、导线质保书，资质证明符合设计要求；
4. 安全保证体系完善，炸药、雷管、试验报告，仓库安全符合要求

结果：批准开工报告，签发开工令或整改通知
不合格 → 整改 → 开工准备
合格 ↓

工程测量报验（承包人）
1. 测量仪器 GPS 定位仪的校核、测深仪比对；
2. 对水潮位站水尺高程进行校核；
3. 内、外业测量真实反映工程实际情况

检查验收（监理工程师）
1. 测量仪器等校核符合测量规范要求；
2. 地形控制符合实际情况

结果：签署质量检验评定表或整改通知
不合格 → 整改 → 工程测量报验
合格 ↓

爆破（承包人）
1. 管套连接、落实加工、钻孔设备、定位船；
2. 雷管导线、传爆线、爆破仪表、炸药质量自检

检查验收（监理工程师）
1. 管套的稳固、钻孔的间距、排距符合设计要求；
2. 药包重量、炸药选择是否与地质条件相适应；
3. 对炸药、雷管、传爆线、爆破仪表进行检查；
4. 安全验收

结果：签署质量检验评定表或整改通知
不合格 → 整改 → 爆破
↓

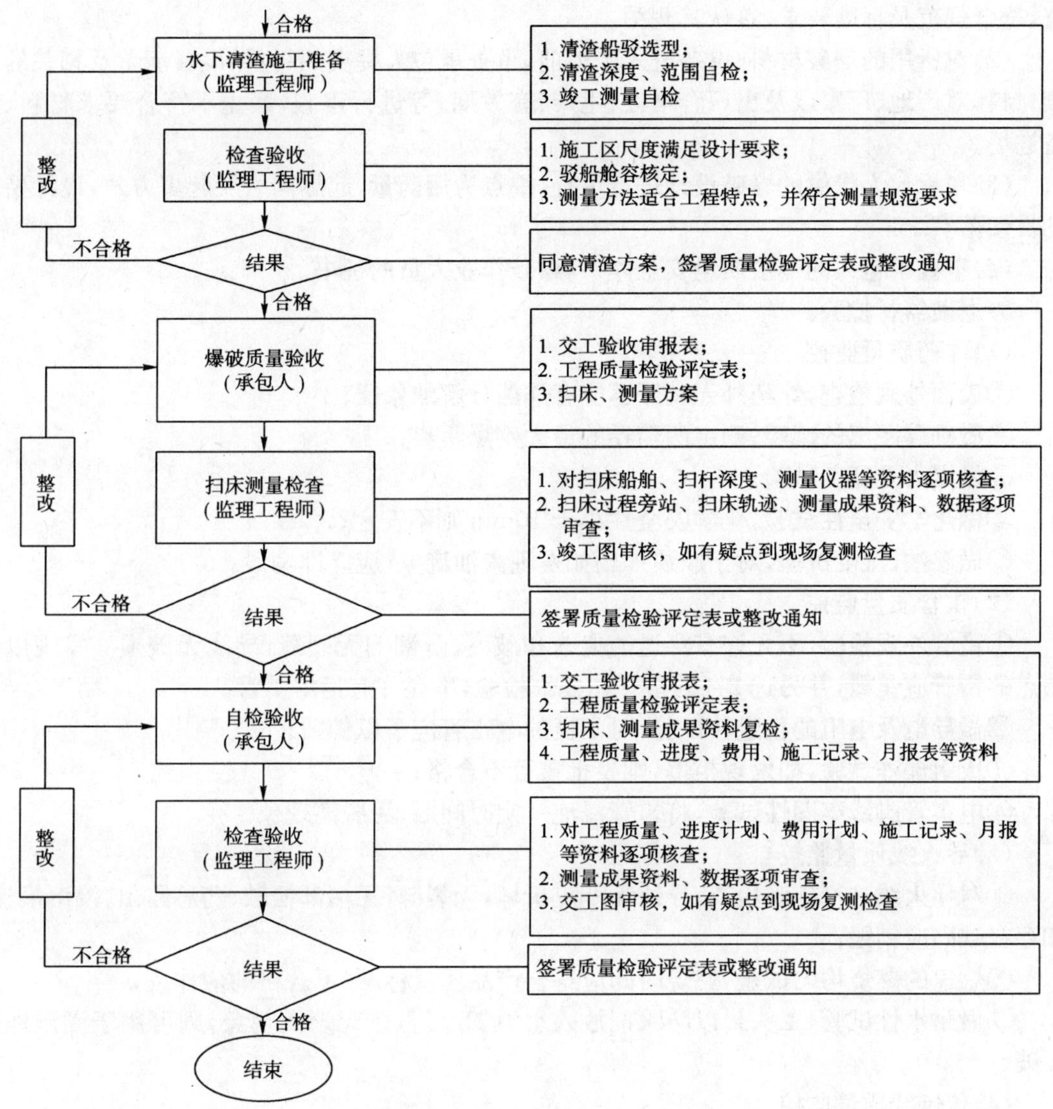

图 3-13-2　水下爆破与清渣监理程序

三、监理内容

1. 准备阶段

1)现场调查及资料收集

(1)当地的地质情况、气象(气候、气温、风向风量或台风等)条件，受潮及影响的地区，重点收集有关潮汐变化及台风影响的资料。

(2)设计的具体要求及注意事项。

(3)施工区域的航行条件，爆破区域及周边的环境条件。

(4)承包人拟投入工程项目的工程船舶的相关资料，如船舶外形尺寸、舱容、船机设备条件、生产能力等。

2)工程开工材料审核

(1)施工前对承包人的施工区域测量时，监理应进行旁站检查，并查验测量精度成果核查，符合规范及标准要求，签认其测图。

(2)对所用的爆破材料、设备进入工地前，审查承包人提交的材料、设备清单及相关的手续材料，对产地、厂家以及出厂合格证、生产(有效期)等进行审查，禁止不符合要求材料、设备进场。

(3)对承包人提供的爆破设计进行审查，重点为用药量，起爆网络及起爆方式，设计要求的贯彻落实。

(4)审查承包人的爆破质量安全体系，爆破作业人员的证书。

3)爆破器材检验

(1)炸药质量监控

①表面外观检查，炸药外壳剥开不应有炸药分解的象征；

②做殉爆距离的试验，测定两药卷的最大殉爆距离；

③做爆力及猛度试验；

④做化学安全性试验，化学安全性小于 10min 则不安定；

⑤做渗油、湿度试验，对于胶质炸药如发现渗油迹象，应立即销毁。

(2)雷管质量监控

①雷管外观检验，不允许有穿透的裂缝和破痕，防潮剂无裂缝，导线无破损。发现以上缺点的雷管应销毁，并另选 2%的雷管作爆炸检验，不允许有拒爆雷管。

②做导电及电阻的稳定性试验，对不良的电雷管应予以销毁；

③成组爆炸试验，如发现拒爆，则整批雷管不合格；

④电雷管脚线牢固性试验，将雷管浸泡一定时间后，无脱离现象。

(3)导火线质量监控

①对导火线进行外观检查，导线无外皮折坏，无裂缝，无端部松散、药芯露出、浸湿痕迹，如存在缺陷应销毁；

②燃速的燃烧均匀试验，燃烧时间应符合产品质量标准，不合格的应作废；

③做耐水性试验，二头封以防水剂放入水中 1h 后点燃无熄火现象，则可用于潮湿地带爆破。

(4)传爆线质量监控

①对传爆线进行外观检查，应保证外壳完整，无端部松散，无药芯漏出，无折伤，无过细或过粗，如缺陷的数目超过总数 10%，则整批作废；

②传爆线连接不拒爆试验，如有拒爆则应作废；

③传爆线防水性试验，以确定传爆线使用场合；

④用高温对传爆线作影响试验，以确定温度对传爆线的影响。

(5)爆破仪表质量检测

①电爆网路检测仪应能满足测量雷管和网路的电阻与铭牌电阻和计算电阻相符，检测网路内电流电压，使雷管和网路在规范的技术质量范围内，使爆破符合设计要求；

②用安全专用仪表对散杂电流、静电的监测和测定雷管的最大安全电流和最小准爆电流，保证作业安全；

③起爆器的转柄应灵活，严禁线头与机壳接触，以防止短路；

④用爆破材料性能测试仪准确检查、测量炸药、导爆索的爆炸速度，各种延期电雷管和继爆管的延时，塑料导爆管的爆速等，要求其性能达到技术质量规范。

2. 水下钻孔爆破

1)施工流程

稳船定位——下套管——钻孔——装药——接线检查——起爆。

2)钻孔船定位

钻孔船定位依据设计文件(施工图设计)中爆破钻孔方位坐标,用测量仪器或 GPS 定位仪将钻孔船舶固定在设计位置上。现场监理在船舶定位时必须对测量仪器、GPS 定位仪的校核实施旁站监理,使定位仪器达到测量规范的精度标准,符合测量定位要求后,方能进驻现场进行船舶定位。

3)钻孔质量监控

为确保钻孔质量满足设计要求,钻孔时要注意套管稳定,防止滑移,检查套管固定平板,钢丝绳是否就位。复核钻孔平面布置、钻孔的间距和排距应符合设计要求,钻孔超深值要求合理,在同一钻区一致,使一次爆破达到设计标高,不留残坎,一般超深 1.0~1.5m 较为适合,以确保获得必要的爆破效果。

4)装药质量监控

(1)首先是装药量的控制,水下钻孔爆破单孔装药量和一次总起爆量,通常应根据施工现场环境、不同的爆破要求综合确定。

(2)检查装药的程序,对遇装药困难或堵塞时严禁用金属质通杆。

(3)对每次装药数量的核认统计。

(4)接线质量监控:在装药安放后不得有药包、电爆线路损坏,仔细检查药包吊缆及电爆线。如有损坏应立即通知进行相应的处理。

3. 水下裸露爆破

1)施工流程

爆破点定位——药包加工——药包投放——接线检查——起爆。

2)药包加工质量监控

根据被爆物的地形、地质条件、水深条件,选择适合的炸药(考虑爆速、猛度),根据不同的爆破物体进行药量计算,药包必须做好防水、防擦撞的包装,将药包加工成扁形药包,并根据投药点流速捆扎能使药包下沉至岩石的坠石,使药包较好的贴近岩石,以获得较好的爆破效果。

(1)炸大面积平坦礁石,其药包炸药量要满足爆后岩石层破碎,爆破后水深条件能使清渣船舶至爆破点进行清渣。这种情况的爆破,其药包量应与破碎深度的三次方成正比。

(2)炸孤礁不需清渣,一般按礁石体积,计算总炸药量,均分成多个单药包。因此,除正确掌握岩石性质外,还必须根据工程地形图,准确测算孤礁体积,用以计算总炸药量。

(3)炸突嘴石梁,一般流速较大,采取抛掷爆破方法,将破碎岩石抛掷至深槽,不需挖泥船清渣。这种情况爆破,除正确掌握岩石性质外,还须考虑岩层顶部水深,确定水深影响附加药量和单位耗药量。

3)投药船定位质量监控

投药船的定位采用测量仪器或 GPS 定位。仪器精度必须达到测量规范要求。投药船的定位符合设计文件的坐标方位,方可将投药船舶固定后投放药包。

4)药包投放质量监控

在投放药包前应对爆破点位置的水深进行探摸,并探明其地质性质。药包投放后不得有药包、电爆线路损坏，仔细检查药包吊缆及电爆线，不允许挂在投药船上。如有损坏应立即通知爆破指挥，并换新药包或电爆线重新投放。

4. 水下清渣

清渣工程的质量监控重点在施工期的质量监控，即：清渣船驳选型、清渣的倾倒位置选点、设置清渣标志、清渣深度控制、清渣范围控制、测量验收。

(1)核查清渣施工是否按设计要求，将松动岩石或障碍物清挖到设计深度。

(2)清渣范围是否达到设计要求。

(3)对分层爆破的工程，也要进行分层清渣，以提高二次钻孔、爆破的效果。

(4)测量验收是否符合《疏浚工程技术规范》(JTJ 319—99)、《水运工程测量规范》(JTJ 201—2003)的规定。

(5)监理应对清渣完后的扫床验收实施全过程旁站监理。

四、监理要点

1. 水下钻孔爆破

1)钻孔船的定位

钻孔船的位置必须按批准的爆破施工设计钻孔位置坐标定位，定位钢缆收紧后，在水流作用下，船舶位置摆动偏差值应小于 10cm。

2)下套管与钻孔的质量监控

(1)钻孔前应对套管连接方式长度实施检查，要求按水深和设计文件设计的钻孔深度连接，套管的上部和下部必须按规定固定，确保套管的稳固以防滑动移位。

(2)根据抵抗线和爆破要求确定的钻孔间距、排距进行检查，确保数量位置准确。

3)装药的质量监控

(1)药包加工是否按炸药性质和钻孔直径、长度加工成一定尺寸，且有一定防水性能，均符合设计文件要求。

(2)装药检查是否按批准的爆破设计及规范要求。

(3)炸药外观测定，不得有炸药分解和渗油现象，如发现应立即销毁。雷管应通过外观检验，不允许有穿透的裂缝和破痕，导线应无破损。如有缺陷，雷管应销毁。对导火索、传爆线进行外观检验，不允许有外皮折坏、裂缝、端部松散药芯漏出现象。

(4)装药长度按设计钻孔深度确定，长度以大于 3/4 孔深为宜，对需要堵塞的药孔，严禁用钢钎代替炮棍。

4)起爆的质量监控

(1)用电爆网路检测仪检测雷管和网路是否导通；测量雷管和网路的电阻是否相符；检测网路电流电压，使雷管和网路在规定的技术质量范围内，使爆破符合设计要求。

(2)起爆前必须对潜伏的散杂电流、静电进行监测，防止早爆事故，确保作业安全。

(3)爆破器材必须在规定期限内进行检验，使用前由专业爆破员和安全员检验，现场监理检查。

2. 水下裸露爆破

(1)药包加工质量监控：监理对承包人根据岩石性质选择爆速、猛度性能适合的炸药和经过试验或经验确定的药包重量进行审查。应防止用药不当和起爆药量过量，对周边环境造成影响。

(2)药包投放时，现场监理必须注意，投药船定位是否准确，并考虑水流对药包投放的影响。用定位测量仪器或 GPS 定位进行校核，使仪器精度符合测量规范标准。

(3)监理现场督促检查：爆破安全员应仔细检查药包、电爆线缆是否完好，测定电爆网络是否通路，电阻值是否在正常范围内，待投药船驶离危险区后再起爆。

(4)安全验收：主要检查爆破点盲炮是否已处理，检查盲炮记录，不合格的爆破材料是否已销毁并登记，多余器材是否已处理。

3. 水下清渣

(1)对清渣船进行检查：要求设备完好；对计量仪表进行复核，测定驳船舱容，倾倒清渣物的位置选择是否合理，是否设在不碍航，并有一定容量的深水区；倾倒区是否设置范围标志。

(2)清渣后的水深应符合设计的要求，达到设计水深；分层爆破作业的清渣，清渣要求无浅点；清渣范围控制在设计要求内，以防超挖工程量和遗漏浅点；航道的炸礁必须进行硬式的扫床。

(3)根据设计要求、工程特点，竣工测量选择的不同的测量方法，都必须符合《水运工程测量规范》要求。采用测深仪测深，控制方法与航道疏浚工程测量的控制方法内容一样，如采用扫测，则要求拖鱼与床面高度满足扫描对信号强度的要求，扫测前应对扫测设备进行检验，要求扫测船航速、施放拖鱼电缆长度、离水底高度、发射脉冲宽度、走纸速度满足设计要求。

五、检验标准

水下爆破与清渣工程施工质量检验主要是对开挖范围、高程偏差的检验。

1)《疏浚检验标准》规定：

(1)挖岩与炸礁清礁应满足设计要求，开挖区内不得出现浅点，平均超深不得大于 1m，平均超宽不得大于 4m，边坡不得陡于设计边坡。

(2)炸礁工程的质量检验应符合《航道整治工程质量检验评定标准》(JTJ 314)和《水运工程爆破技术规范》(JTJ 286)的要求。

2)《航道整治工程质量检验评定标准》(JTJ 314—2004)对水下爆破及清渣的质量检验见该标准的第 4.3 节。其中规定了允许偏差、检验数量和方法。

第十四章　航道整治工程施工质量监控

第一节　概　　述

一、航道整治工程分类及特点

航道整治工程是改善通航水流条件，提高和稳定航道尺度，扩大通过能力，保证船舶与船队顺利，安全通航的重要工程手段。航道整治工程的目的是为消除航行障碍，以获得设计通航水位时船舶等所需要的航行条件，形成一定等级标准的航道。

航道整治工程通常采取修建整治建筑物或疏浚、炸礁等一系列的工程措施。其中，炸礁和疏浚工程质量监控详见本篇第十三章。

1. 整治建筑物的常见型式

(1)丁坝：是最常用的整治建筑物，丁坝坝根与河岸相联，坝头伸向河心。

(2)顺坝：坝根与河岸(或洲滩)相接，坝身与整治线基本重合或平行。

(3)锁坝：两端分别与两侧岸坡或江心洲相连接，坝顶高程低于设计最低通航水位称潜锁坝；在顺坝与河岸(或洲滩)之间加筑的类似锁坝的建筑物称为格坝。

(4)护岸：分平顺式和短丁坝(矶头)护岸。平顺护岸的除运河和水网航道外，天然河流的平顺护岸建筑物基本上都采用斜坡式平顺护岸。

(5)导堤：在潮汐河口沿整治线修筑的堤坝。

(6)鱼嘴：是在江心洲滩头建分水堤，分水堤前端伸入水下，后部逐渐升高，与洲滩首部的平顺护岸或固滩工程连成一体的整治建筑物。用于航道整治工程的鱼嘴，可分为护洲鱼嘴、固滩鱼嘴和分流鱼嘴。

(7)溪口导石、拦石建筑物：按位置又可分为建在溪沟内的拦石坝和建在溪沟口的导石坝。

2. 整治建筑物的结构

1)丁顺、顺坝及锁坝

丁坝、顺坝由护底、坝体、坝面、坝头、坝根组成；锁坝两端接岸或江心洲，没有坝头，有两处坝根。

(1)护底是坝的基础，要求能紧贴河床底部，防止基础冲刷。一般采用柴排、土工织物软体排或抛块石结构。在不易冲刷的河床上筑丁坝或顺坝，也可以不护底。

(2)坝体是坝的主要结构，除了采用抛填块石外，近年来土工织物填心坝、模袋混凝土及混凝土构件也得到不同程度的推广应用。

(3)坝面在整治水位上、下最容易受流木、流冰及其他漂浮物的撞击而损坏。因此，在流速较大的河流及有流木、流冰的河流，坝面都应采取特别的防护措施。

(4)坝头是丁坝、顺坝伸入江中的最前沿，受水流冲击力最大的部位。特别是丁坝坝头，根据《航道整治工程技术规范》(JTJ 312—2003)的规定，在坝头一定范围内，坝体应加宽，并且在坝头部位不宜采用砂袋填心坝结构。

(5)坝根是指坝体与河岸或洲滩的连接部位，当水位淹过坝顶以后，在坝根的上、下游会形成回流及螺旋流。如果河岸或洲滩不具备很强的抗冲刷性，在连接处容易被水流淘刷，使得坝体与岸坡分离，不仅使整治建筑物失去作用，而且可能使岸坡大面积垮塌，农田冲毁，造成严重后果。因此，对坝根的处理要特别重视。

2)平顺护岸

平顺护岸由护底、护脚和护坡三部分组成。

(1)护底是指岸坡坡脚以外直至深槽处的河床保护设施。

(2)护脚是指岸坡坡脚直至枯水平台(或脚槽)处的抛填、砌筑体，这两部分基本上都长年淹没在水下，易受水流淘根冲刷。

(3)护坡是指枯水平台(或脚槽)以上的砌筑部分，它受中、洪水流的直接冲刷和波浪的冲击，枯水期又受岸坡渗透水的侵蚀，因此，除了建筑物自身的稳定外，还应有可靠的排水措施。

3)潮汐河口导堤

潮汐河口导堤的组成与顺坝相似，由护底、坝体、坝面、坝头、坝根和导堤两侧的抛石棱体组成。有的导堤两端不接岸，没有坝根而有两处坝头；有的导堤一端接岸；有的导堤两端接岸，没有坝头而有两处坝根。为了防止沿堤流的冲刷，在导堤两侧建有抛石棱体。

4)鱼嘴的结构

(1)护洲鱼嘴建在较高江心洲头，其结构型式与斜坡式平顺护岸类同。

(2)固滩鱼嘴建在心滩头部或其附近，在平面上呈半圆形或半椭圆形，结构类似于顺坝。

(3)分流鱼嘴可与心滩连接，也可与潜洲(暗沙)连接，在平面上呈尖嘴朝上游的“V”字形或“Y”字形，如为后者，其前端部分应逐步倾斜直至贴近河底。分流鱼嘴的结构类似于顺坝或导堤。

二、分部分项工程

根据《航道整治工程质量检验评定标准》(JTJ 314—2004)，航道整治工程的单位工程、分部工程和分项工程的划分应符合该标准的表 2.1.2-1 和表 2.1.2-2 的规定。其摘录如表 3-14-1 和表 3-14-2 所示。

单位工程和分部工程划分 表 3-14-1

序 号	单 位 工 程	分 部 工 程
1	筑坝	基槽、△护底、坝体、△坝面、△护坡、附属工程
2	护岸	基槽、△护底、护脚、△护坡、△岸壁、附属工程
3	固滩	△护底、△护滩、△护坡、附属工程
4	炸礁	△爆破及清渣、弃渣

注：带“△”者为主要分部工程。

分部工程和分项工程划分 表 3-14-2

序号	分部工程	分 项 工 程
1	基础	基槽开挖、抛石挤淤、填砂挤淤、△现浇混凝土基础、砂石垫层、△土工织物垫层、△换砂基础、△浆砌石基础、水下抛石基础、水下抛石基础垫层等
2	△护底	△散抛石压载软体排护底、△系结压载软体排护底、△散抛物护底、基槽开挖、土工织物垫层、砂石垫层等

续上表

序号	分部工程	分项工程
3	坝体	△混凝土预制构件制作、△混凝土预制构件安装、充填袋坝体、块石抛筑坝体、石笼抛筑坝体等
4	△坝面	土工织物垫层、抛石面层、铺石面层、△砌石面层、预制混凝土块体制作、预制混凝土铺砌块制作、△预制混凝土块体安装、△预制混凝土铺砌块铺砌、△现浇混凝土面层、模袋混凝土面层等
5	护脚	水下抛充填袋护脚、水下抛石护脚、水下抛石笼护脚、抛石面层等
6	△护坡	岸坡开挖、土石方回填、削坡及整平、基槽开挖、砂石垫层、土工织物垫层、砂石倒滤层、土工织物倒滤层、盲沟、明沟、抛石面层、铺石面层、△砌石面层、△模袋混凝土面层、△现浇混凝土面层、预制混凝土铺砌块制作、△预制混凝土铺砌块铺砌、砌石拱圈、砌石齿墙等
7	△岸壁	岸坡开挖、基槽开挖、砂石垫层、土工织物垫层、砂石倒滤层、土工织物倒滤层、△现浇混凝土挡墙、△加筋土挡墙、△砌石挡墙、土石方回填等
8	△护滩	△铺石压载软体排护滩、△系结压载软体排护滩等
9	△爆破及清渣	△陆上爆破及开挖、△水下爆破及清渣等
10	弃渣	弃渣
11	附属工程	基槽开挖、现浇混凝土基础、浆砌石基础、灯柱制作与安装、标志牌制作与安装、△栏杆制作与安装、踏步等

注:带"△"者为主要分部工程或主要分项工程。

第二节 航道整治工程施工质量监控

一、航道整治工程施工监理程序(图 3-14-1)

二、航道整治工程施工监理内容

1.准备阶段

1)现场调查及资料收集

(1)施工当地的地质情况、气象(天气状况、气温、降雨、风向风量等)条件,水流、潮流等的资料。

(2)承包人拟投入工程施工的设备相关资料,如船舶外形尺寸、吃水、船机设备条件等。

2)施工方案审查

(1)监理工程师要求承包人在总体施工组织设计的基础上,编制相应的分项工程施工方案、材料供应计划、设备人员进退场计划、质量保证措施等。

(2)监理工程师对承包人提供的方案进行认真审查,对其中的问题要求承包人做出进一步回答,最后以书面形式做出批准或不批准的答复。

3)施工测量控制

(1)施工前应核查测量控制点、水尺位置、水尺零点高程。

(2)在易变滩段施工,必要时还应复测施工区地形,校核工程量。

(3)水下基础施工前应进行水下地形测量并探明河床底质情况。

(4)提醒业主和承包人制订施工期间的观测计划,观测内容可根据需要对水面线、河床冲淤变化、分流分沙比、工程建筑物沉降与变形等进行观测。

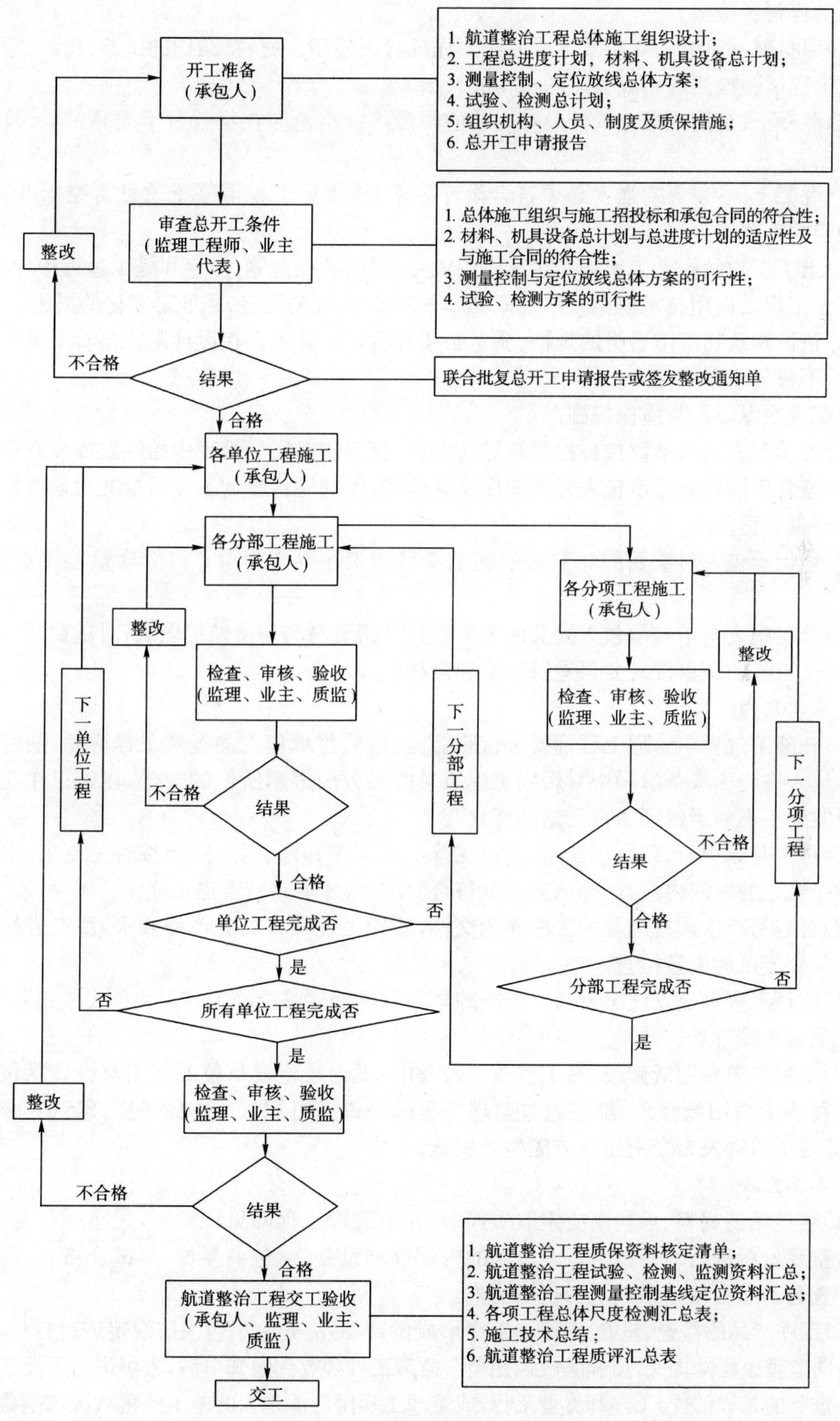

图 3-14-1　航道整治工程施工监理程序

4)工程材料检测

(1)原材料、外加剂、成品及半成品必须先抽验再使用。材料、结构的试验、检测,应由具有水运工程试验检测的相应资质的机构进行。

(2)混凝土、钢筋混凝土构件及其安装的质量等级结论应在材料及半成品试验、检测合格后做出。

(3)混凝土、砂浆等的强度必须符合设计要求及《水运工程混凝土质量监控标准》(JTJ 269—96)的有关规定。

(4)土工织物及由土工织物为主形成的成品、半成品在运输、保存和施工过程中应按《水运工程土工织物应用技术规范》(JTJ/T 239—2005)的有关规定,采取防老化的措施。

(5)整治建筑物所用石材的规格、质量必须符合设计要求。在设计未提出石质风化控制要求时,不得劣于弱风化。

5)审查质保体系与质保措施

(1)对承包人的质量监控自检系统进行监督,使其能在质量管理中始终发挥良好作用。

(2)监督应协助施工承包人完善工序质量监控,使其能将影响工序质量的因素自始至终都纳入质量管理范围。

(3)督促承包人对重要的和复杂的施工项目或工序要作为重点设立质量监控点,加强控制。

(4)及时检查与审核承包人提交的质量汇总分析资料和质量监控图表;对重要的工程部位或专业工程,监理单位还要再进行试验和复核。

2. 施工期间

(1)在施工过程中监理工程师要进行跟踪监控,监督承包人的各项工程活动,随时密切注意承包人在施工准备阶段中对影响工程质量的各方面因素所做的安排,在施工作业过程中是否发生了不利于保证工程质量的变化。

(2)对于基床抛石、砂袋坝充填、倒滤层等主要工序和隐蔽作业,要按有关要求,由监理工程师在规定的时间内检查、确认其质量符合要求后,才能进行下道工序。

(3)对容易产生质量问题的工序间的交换,监理工程师将对此严格要求,重点进行工序间的相关交接点的质量检查。

(4)监理工程师建立施工材料生产跟踪档案和整治建筑物施工或预构件安装跟踪档案。对施工质量跟踪管理。

(5)工程变更和图纸修改:在工程施工过程中,无论是建设单位或施工及设计承包人提出的工程变更或图纸修改,都应通过监理工程师审查并组织有关方面研究,确认其必要性后,由监理工程师发布变更指令方能生效实施。

3. 各类交验

(1)对进场的材料、承包商应索取质保书,并由监理工程师见证取样,送检进行复检,监理要对重要材料进行平行试验。对进场的构配件和设备、承包商复检、测试合格后,由监理工程师查验产品合格证书并进行现场检查。

(2)工序产品的检查、验收:对于各工序形成的产品,应先由承包人按规定进行自检,自检合格后向监理工程师提交"质量验收通知单",监理工程师收到通知单后,方可进行下道工序的施工。重要的工程部位、工序和专业工程,或监理工程师对承包人的施工质量状况未能确信者以及重要的材料、半成品的使用等等,还需要由监理工程师亲自进行试验或技术复核。

(3)对承包商自行检测的材料和测量，监理视其重要性按承包商检测数量的10%进行平行试验。

(4)确认典型施工：对整治建筑物施工中的护底沉排、坝体砂袋的冲灌等重要分项工程，监理工程师应要求承包商在全面实施前进行典型施工，通过典型施工观测检查其施工能力及对周围的影响，在典型施工工艺、质量和安全得到检查确认后，监理工程师方可允许进行全面施工。

(5)检查施工记录和有关资料：对承包商的施工记录和有关资料进行检查，根据本工程的特点拟派专业监理工程师按区段抽取石样、砂样及土工织物样。按《施工合同》、《监理规范》及《质量检验评定标准》、质监站及业主的要求，进行工程预验、复验、中间检查。

(6)隐蔽工程验收：

①在隐蔽工程结束后，承包人应按有关规范和标准进行自检，合格后填报隐蔽工程报验单(附有关资料)，交给监理对其审核，监理工程师将在正式接到报验单的24h内，约定验收时间。

②监理工程师对验收合格的隐蔽工程，签认隐蔽工程报验单；对不合格的隐蔽工程，由承包商进行整改。

(7)施工过程中所形成产品的质量监控：对施工过程中所形成的产品的质量监控，主要是围绕分项、分部工程验收和工程质量评定为中心进行的。监理人员应严格监督承包商按照技术规定的各项工程的技术要求，并按照质量验收程序对工程质量严格控制，每一分项工程的完成后都必须有：

①分部(分项)工程开工申请单；

②中间检验申请单；

③工程报验单；

④工程检验认可证书

具有上述四个程序，才具有分期工程最后计量与支付的基本条件。对完成的分部、分项工程在根据合同要求进行的同时，还应当根据工程性质，按各有关行业的工程质量检验评定的国家标准或部颁标准，要求承包人进行分部、分项工程质量等级的评定，提供核查。

三、航道整治工程施工监理要点

1. 准备阶段

(1)审查承包人提交的施工组织设计和质量管理体系，核验测量控制网点和基线，检查开工前水下地形图，查验进场原材料，检查人员配备、机械设备到位情况，认为符合合同规范要求时，监理工程师即可签发工程开工申请报告；

(2)质量监控应以预控为主，在施工准备阶段，监理工程师应全面熟悉合同文件、设计图纸、相关地理条件，在对工程设计的特点、施工方案和承包人有充分了解的基础上，设置质量监控点；

(3)该阶段质量监控的重点是原材料的检查，所有工程原材料、构配件和设备应由承包人填写“材料/构配件/设备报验单”，并经监理工程师审核、签认后才能进场或用于本工程。

2. 施工期间

(1)承包人在得到监理工程师的正式开工令后，即可按设计图纸进行施工。监理工程师检查、监督承包人是否按审查批准的施工组织设计进行施工，监理手段以巡视、旁站和平行试验相结合，对关键工序的施工，监理工程师必须全过程旁站；

(2)这个阶段最重要的是工序检查，对上道工序质量不合格或未填写验收报告，一律不得进行下道工序施工，监理工程师在工序管理过程中，应及时发现工程缺陷和质量、事故隐患，采取相应处理和补救措施；

(3)对施工过程中所形成产品的质量监控，主要是核对设计标准，进行分项、分部工程验收和工程质量评定，只有通过质量评定认可产品材料才能在工程上使用。

3. 交工验收和保修阶段

(1)工程完工后，监理工程师会同业主、质监、设计人、承包人和其他相关单位对整个工程进行现场检查、验收和质量评定，签认交工验收证书；

(2)保修期内，监理工程师应定期检查工程质量情况，对工程缺陷发生的原因进行调查，对承包人原因造成的工程质量缺陷，责成承包人进行修复，对非承包人原因造成的工程质量缺陷，协助业主进行修复。

第三节 筑坝工程质量监控

一、主要工程施工程序(图 3-14-2)

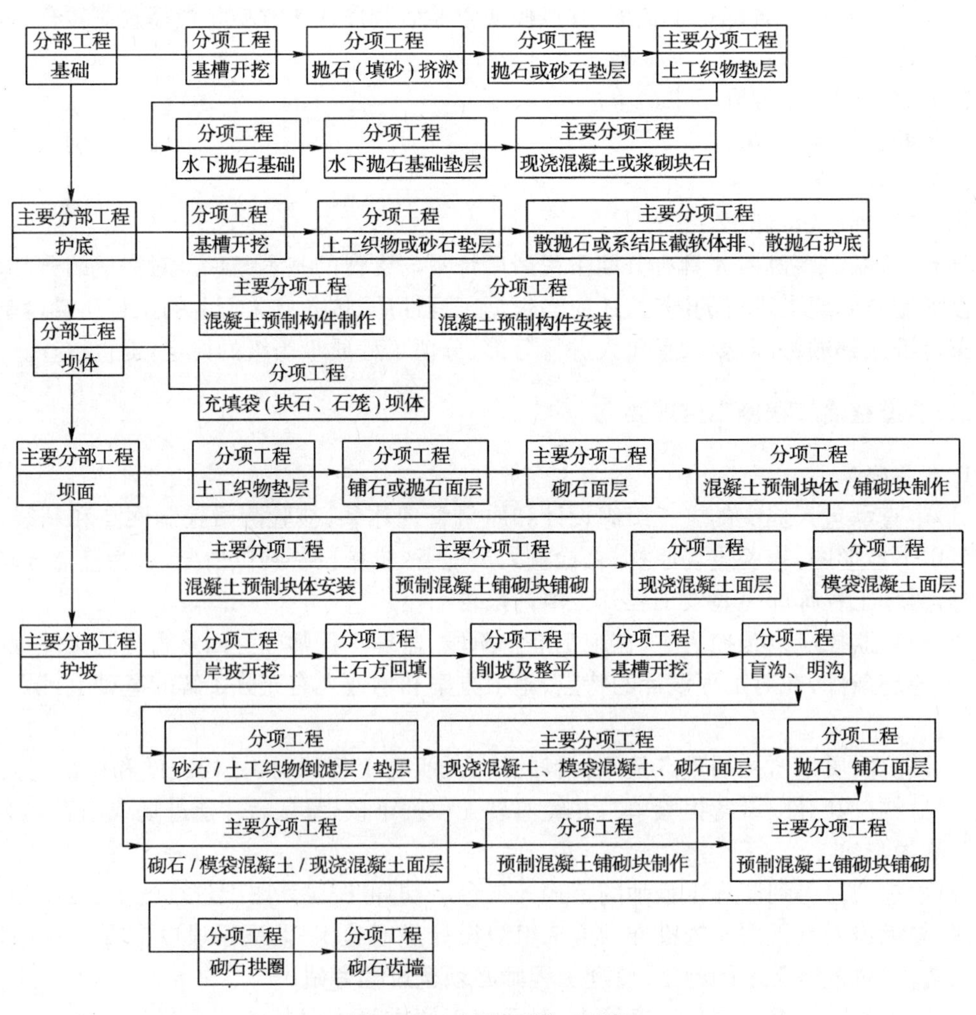

图 3-14-2 主要工程施工程序

二、基础工程施工质量监控

1. 监理程序(图 3-14-3)

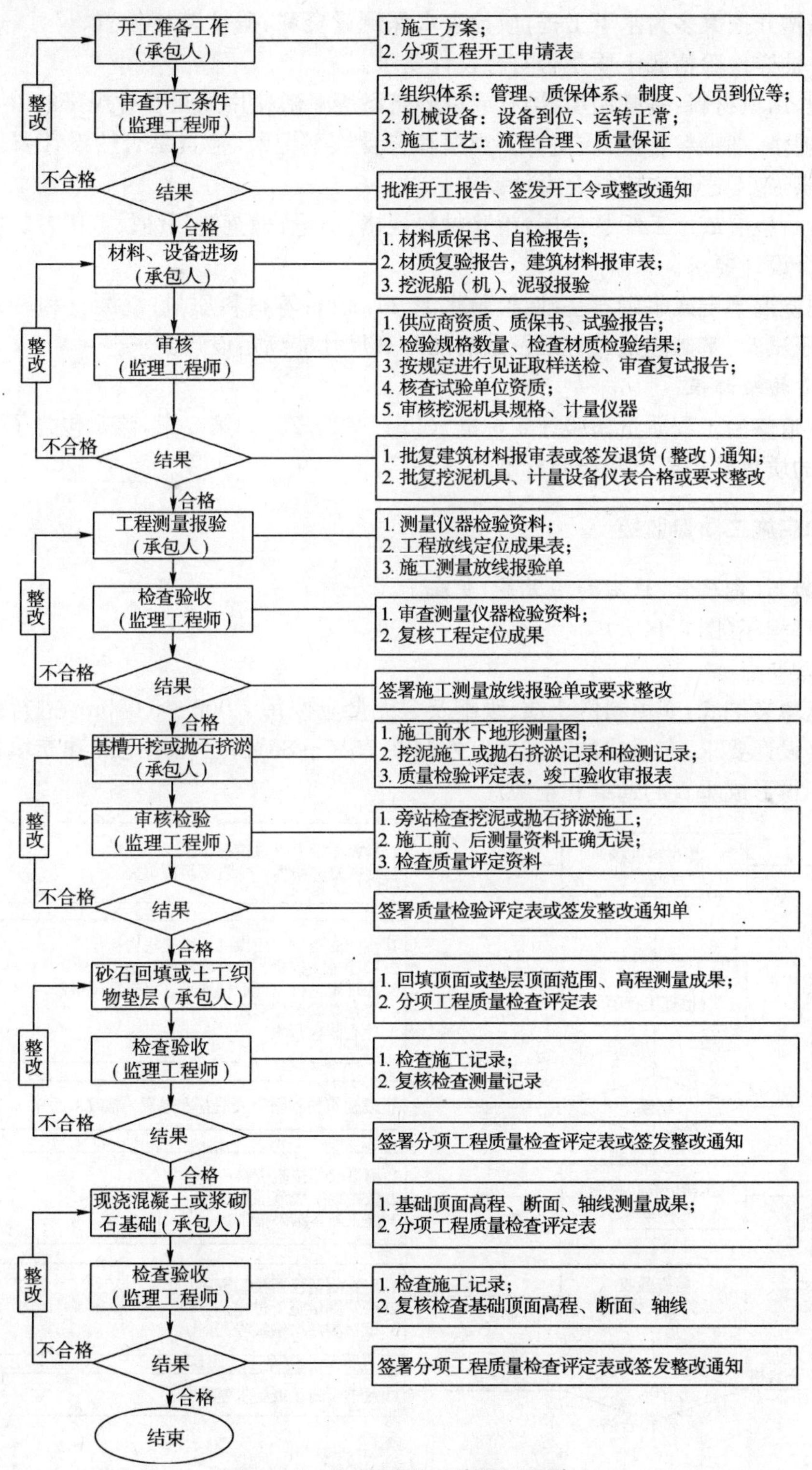

图 3-14-3　基础工程施工质量监理程序

2. 监理要点

(1)审核施工方案与合同约定条件的符合性。

(2)测量基准、放样的准确性检验。

(3)基槽开挖大多为水下工程,应检查水深测量资料,确认基槽位置、尺寸、边坡符合设计要求,并抽样检验槽底土质是否符合设计要求。

(4)抛、回填材料:基槽回填、抛石或填砂挤淤等一般使用的是各种规格的砂、石料,主要检验材料规格、细颗粒含量、质量等。观察和查看施工记录,检查是否按设计要求进行分层抛填并密实,施工速率也应符合设计要求。

(5)砂石垫层或土工织物垫层:检验材料规格、质量,检查垫层铺设范围、尺寸、搭接宽度等是否符合设计要求。

(6)现浇混凝土或浆砌石基础:检验水泥、砂、块石等材料质量;混凝土和砂浆应制作试块进行抗压试验;基础建筑过程以及最后的外观尺寸应满足设计要求。

3. 质量检验标准

见《航道整治工程质量检验评定标准》(JTJ 314—2004)第 3 章,该章包含了基础施工各分项工程的质量监控要点和检验标准。

三、护底施工质量监控

1. 散抛物(充填袋、块石和石笼等)护底

1)监理程序(图 3-14-4)

2)监理要点

(1)充填袋护底:充填料的土质、级配及含泥量应按每 1 000~5 000m^3 进行一组抽样检查,应符合设计要求;充填袋的饱满度宜控制在 75%~85%;层与层之间和充填袋之间应交错嵌紧,不得形成垂直的通缝和空隙。

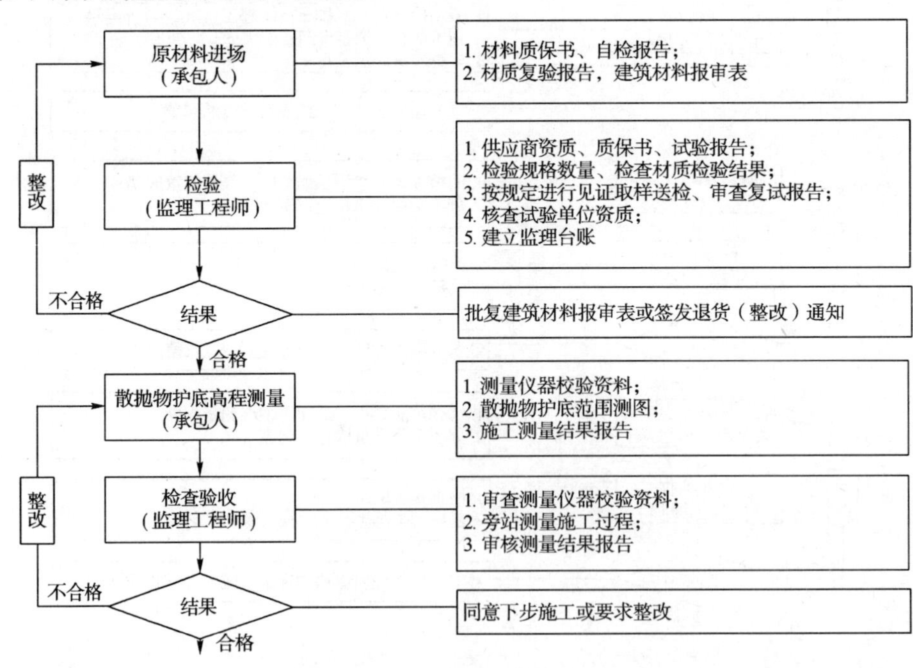

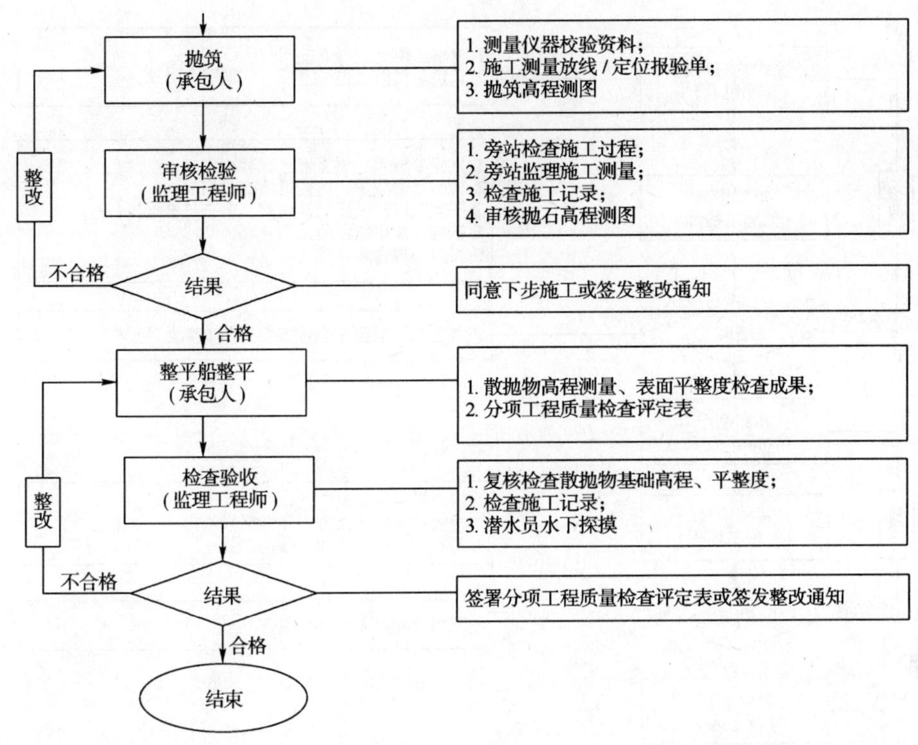

图 3-14-4　护底监理程序图

(2)块石护底：石料的规格和质量应满足设计要求；抛石体平均断面尺寸不得小于设计值，平均坡度不得陡于设计坡度；抛石体应紧密，整体外观平整。

(3)石笼护底：石笼采用的材料规格和质量及石笼的制作应满足设计要求，石笼的抛筑体断面尺寸不小于设计值；每个石笼的总重及直径不得小于设计值，抛筑体的密实度不得小于80%。

3)质量检验标准

见《航道整治工程质量检验评定标准》(JTJ 314—2004)的3.22、3.23、3.24、3.27节。

2. 软体排护底

1)监理程序

(1)软体排制作监理程序(图3-14-5)

(2)软体排沉放监理程序(图3-14-6)

2)监理要点

(1)软体排制作施工监理要点

①检查用于制作软体排的聚丙烯编织布规格是否符合设计要求。

②随机抽查加工制作好的软体排排布的几何尺寸。

③随机抽查加工制作好的护滩系混凝土块软体排排布有无破损。

④随机抽查加工制作好的软体排布缝制质量，有无"漏缝"、"跳针"理象。

⑤加筋条、系结条的质量规格能否符合设计要求。

⑥加筋条的缝制位置、间隔距离及数量是否正确和足够(排体有一边不用加筋，剩余排布作为横向搭接预留)。

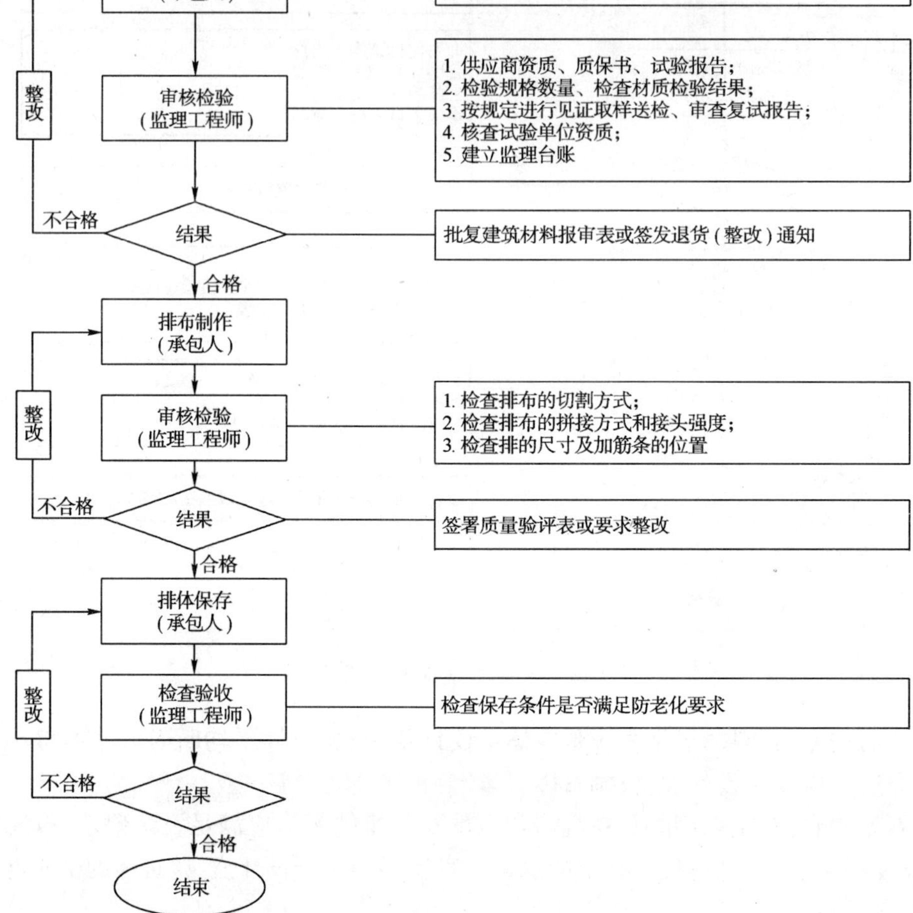

图 3-14-5 软体排制作监理程序图

(2)软体排沉放施工监理要点

①审查护底工程的施工组织计划,能否满足工程施工进度、工程质量的要求。

②校核施工放样的资料并实地旁站施工放样,设置护底工程施工导标。

③采用专用沉排船施工,检查沉排船的性能是否能满足施工作业的各项技术要求。

④检查所用排的类型、质量是否相符和达到设计要求。

⑤要求进行施工前的河床地形测量,并根据测图进行护底沉排的理论轨迹布设。

⑥在岸上设置测量轨迹定位的仪器。

⑦设置临时水尺,观读水位。

⑧要求"排体"垂直于水流方向铺设,铺排顺序为自下游向上游方向逐块铺设。

⑨护底守护范围必须符合设计要求。

⑩排体的横向搭接宽度及沉排顺序:搭接宽度满足设计要求,沉排顺序为自下游方起向上游方向逐块沉放。

⑪从脚槽到水面之间未入水的排布外露段,要求采取覆盖措施,避免太阳直晒,影响排布质量。

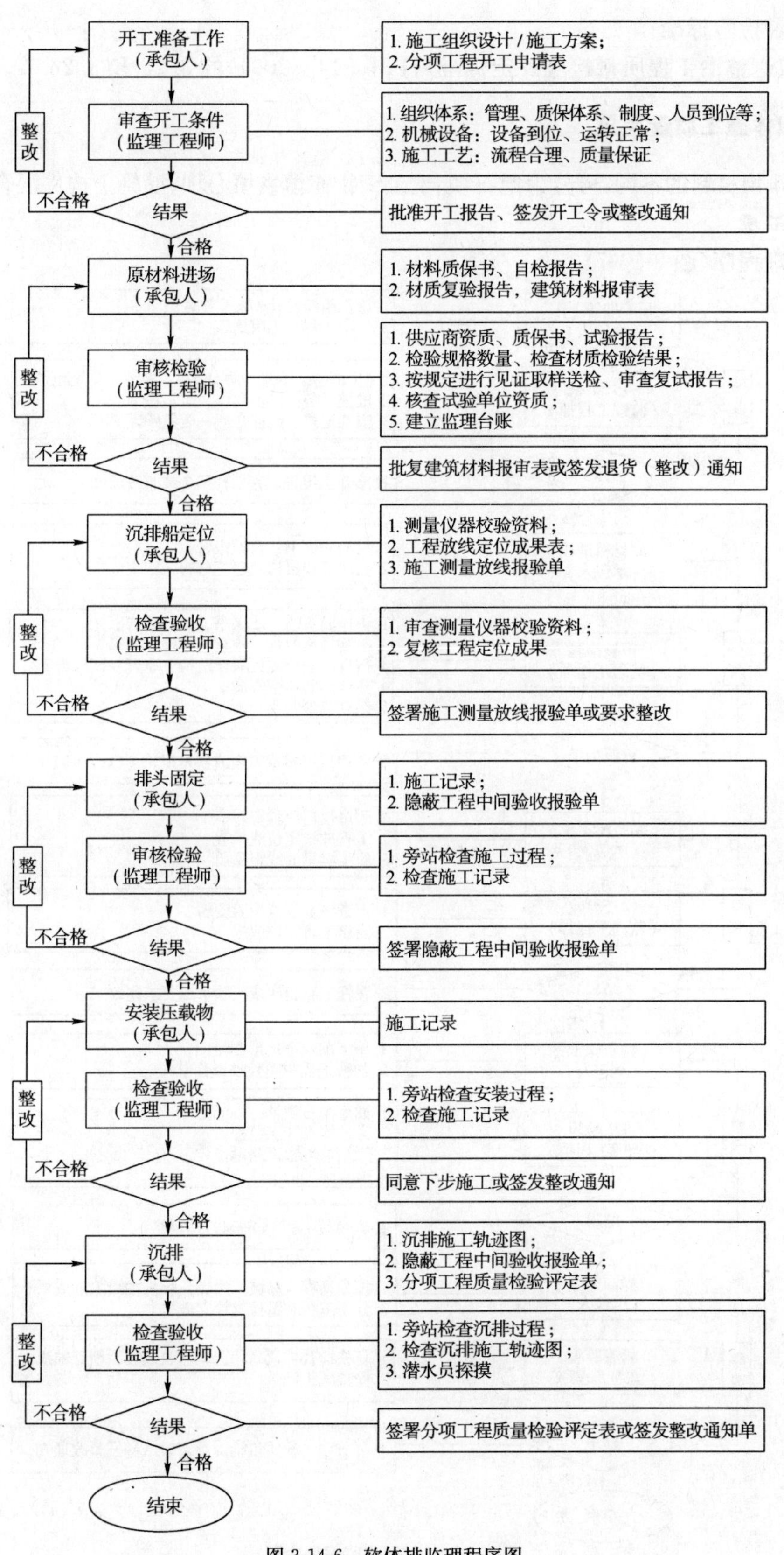

图 3-14-6　软体排监理程序图

3)质量检验标准

见《航道整治工程质量检验评定标准》(JTJ 314—2004)的 3.25 和 3.26 节。

四、坝体施工质量监控

根据筑坝材料的不同,可分为抛石坝、土工织物充填袋填心坝、混凝土构件混合坝等类别。

1. 抛石坝

1)监理程序(图 3-14-7)

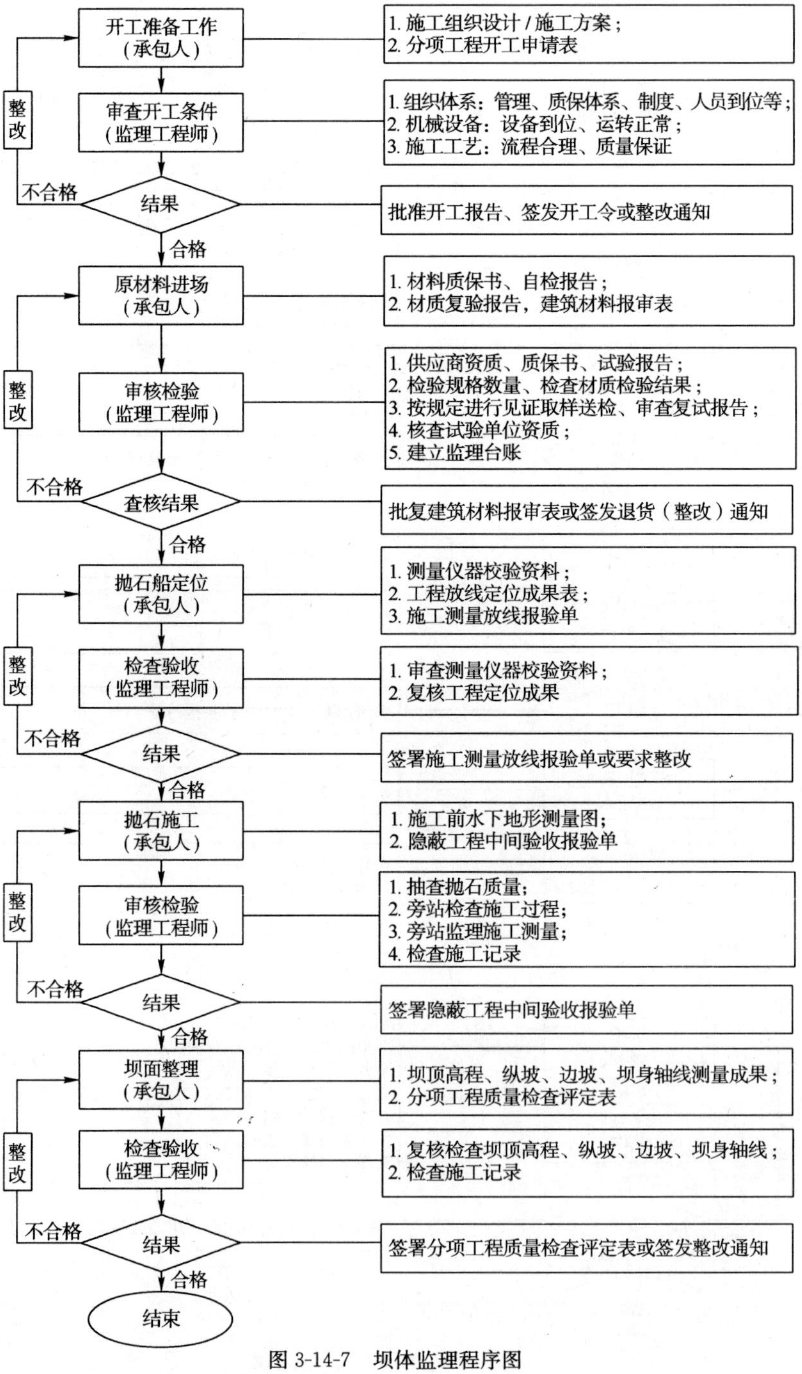

开工准备工作(承包人)	1. 施工组织设计/施工方案; 2. 分项工程开工申请表
审查开工条件(监理工程师)	1. 组织体系:管理、质保体系、制度、人员到位等; 2. 机械设备:设备到位、运转正常; 3. 施工工艺:流程合理、质量保证
结果(不合格→整改;合格→下一步)	批准开工报告、签发开工令或整改通知
原材料进场(承包人)	1. 材料质保书、自检报告; 2. 材质复验报告,建筑材料报审表
审核检验(监理工程师)	1. 供应商资质、质保书、试验报告; 2. 检验规格数量、检查材质检验结果; 3. 按规定进行见证取样送检、审查复试报告; 4. 核查试验单位资质; 5. 建立监理台账
查核结果(不合格→整改;合格→下一步)	批复建筑材料报审表或签发退货(整改)通知
抛石船定位(承包人)	1. 测量仪器校验资料; 2. 工程放线定位成果表; 3. 施工测量放线报验单
检查验收(监理工程师)	1. 审查测量仪器校验资料; 2. 复核工程定位成果
结果(不合格→整改;合格→下一步)	签署施工测量放线报验单或要求整改
抛石施工(承包人)	1. 施工前水下地形测量图; 2. 隐蔽工程中间验收报验单
审核检验(监理工程师)	1. 抽查抛石质量; 2. 旁站检查施工过程; 3. 旁站监理施工测量; 4. 检查施工记录
结果(不合格→整改;合格→下一步)	签署隐蔽工程中间验收报验单
坝面整理(承包人)	1. 坝顶高程、纵坡、边坡、坝身轴线测量成果; 2. 分项工程质量检查评定表
检查验收(监理工程师)	1. 复核检查坝顶高程、纵坡、边坡、坝身轴线; 2. 检查施工记录
结果(不合格→整改;合格→结束)	签署分项工程质量检查评定表或签发整改通知
结束	

图 3-14-7　坝体监理程序图

2)监理要点

(1)审查坝身分部(项)工程的施工组织设计,除审查常规的内容外,还要着重审查对坝身结构、几何尺寸的理解、衔接和施工布置,各分项工程的施工工艺、顺序及安排是否合理可行,具有可操作性。

(2)施工放线。对施工放线的控制资料、计算程序100%的校核,旁站施工导标设置的全过程。

(3)为准确抛筑,要求先在施工现场进行石料抛填试验,分别对不同重量的块石在不同水深、流速条件下的漂距提出试验成果,确定合理的漂距参数。

(4)现场生产性试验结束后,由承包单位将全部试验成果整理编写成正式报告(包括提出建议采用的方法和施工参数),递交监理工程师审定后进行正式施工。

(5)块石抛筑前应严格按照要求设置定位船,控制抛石船置的位置,按设计断面定位时,按所断面的实测水深、流速,根据漂距试验资料,计算漂距(需考虑抛入距离的提前量),并作好详细记录。

(6)抛石质量要求

①块石要石质坚硬,遇水不易破碎或水解,湿抗压强度大于50MPa,软化系数大于0.7,密度不小于2.65t/m³。

②不允许使用薄片、条状尖角等形状的块石。风化石、泥岩等到亦不得用作抛填石料。

③抛筑石料要有一定的粒径级配,一般采用粒径0.25～0.5m,单块重量不得小于30kg。

(7)抛石量的控制方法:实行"单船量化"控制法,即对运抵抛石区内的块石,实行单船准确计量,然后按抛石厚度计算出应抛筑的范围(面积),抛筑后实测,认定抛筑范围,控制进场的块石数量与实际抛筑面积相符合。

3)质量检验标准

见《航道整治工程质量检验评定标准》(JTJ 314—2004)的3.23、3.24节。

2.土工织物充填袋填心坝

1)监理程序(图3-14-8)

2)监理要点

(1)土工织物充填袋的制作

①检查用于制作沙袋的聚丙烯编织布规格是否符合设计要求。

②沙袋的几何尺寸(长度、直径)是否符合设计要求。

③纵向加筋条数量、纵筋间距是否符合设计要求。

④横向箍筋数量、间距是否符合设计要求。

⑤充灌袖口个数、袖口间距、直径及袖筒长度是否符合设计要求。

⑥袋的缝制方法为丁缝或包缝法,筋条之间错开连接,缝制强度不低于原强度的80%。

(2)水上抛筑充填袋的监理要点

①检查专用铺袋船设备及性能。

②充填抛筑前应严格按照要求设置定位船,控制铺袋船的位置,控制铺袋船的导标要根据施工部位的河床高程和设计边坡精确设立,两对边线控制导标应根据坡度及抛筑高程逐层缩窄。施工时可放出坝体在抛筑高程时的上下游控制边线,并分别用两对导标标示,结合坝轴线导标来对铺袋船定位。

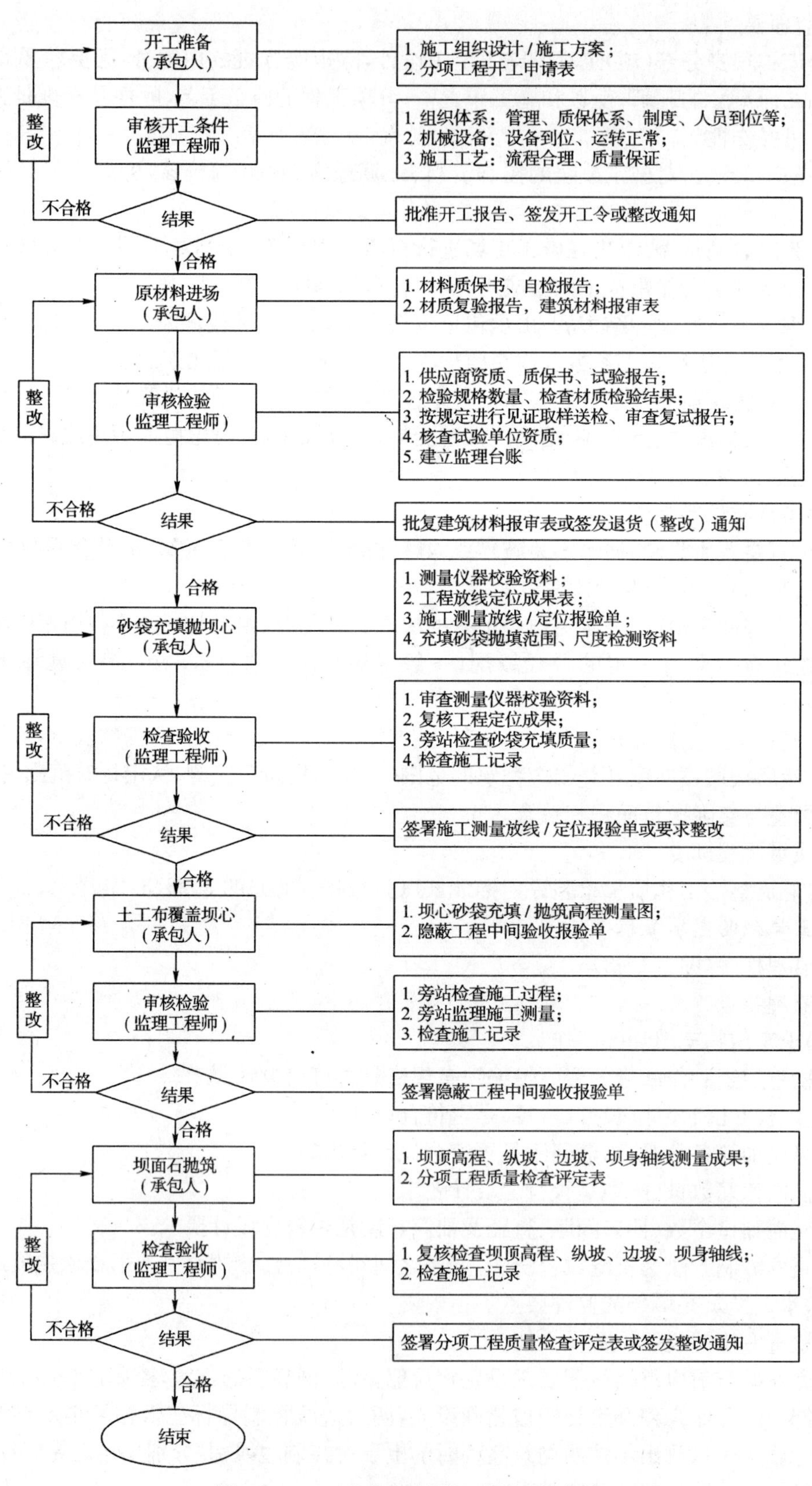

图 3-14-8　土工织物充填袋填心坝监理程序图

③全过程监理沙袋充灌试验，掌握依据不同情况的充灌压力，充灌压力与土工织物袋尺度、泥浆浓度关系，压力控制以泥浆充灌饱满，又不造成破袋或增大流失量为宜。现场巡视检查充填砂质量、输沙管线、泥浆浓度等。

④为准确抛筑，要求先在施工现场进行抛填试验，分别对不同重量的充填袋体在不同水深、流速条件下的漂距提出试验成果，确定合理的漂距参数。

⑤现场生产性试验结束后，由承包单位将全部试验成果整理编写成正式报告（包括提出建议采用的方法和施工参数），递交监理工程师审定后进行正式施工。

⑥沉放抛筑后，实测坝心形成的坝体轮廓线，认定抛筑范围。

⑦对露出水面充填袋体，应按设计要求及时做好覆盖保护，不得长时间暴露日照，以防老化。

(3)陆上充填袋筑坝的监理要点

①土工织物袋充填筑坝前对基层进行铺沙处理检查。直接铺放土工织物袋的，应将基层有损织物的凸出物、杂物清除干净。

②土工织物袋应垂直于堤轴线铺设，上、下层袋体应错缝铺设。

③同层相邻袋体接缝处土工织物袋铺设时应预留收缩量，确保充填后两袋相互挤紧。充填后的两袋间不得有贯通缝隙，如有应作相应处理。

④沙袋充填施工应水平层层平抛。一般在下层沙袋基本固结后，方可铺设上层沙袋。

⑤要严格控制充填厚度，一般控制在0.4～0.6m，沙袋太薄要增加袋布用量，不经济；太厚了会造成布袋受力过大产生局部挤裂破损，影响坝体质量。袋体充填饱满度一般控制在60％～85％。

⑥沙袋充填时，可采用人工踩袋赶沙的办法，使充填料均匀向袋体四周分布，使袋体之间紧靠，减少缝隙，堆叠整齐，保证坝体密实和整体稳定。

⑦充填袋层间台阶用碎石或袋装碎石等补齐。

⑧在有风浪作用情况下，尽快进行隐蔽验收，督促袋体覆盖保护层施工应与袋体充填筑堤坝施工按平行流水作业法进行，在保证两个作业面互不干扰的情况下，流水作业步距尽可能小。

3)质量检验标准

见《航道整治工程质量检验评定标准》(JTJ 314—2004)的3.22节。

3.混凝土构件混合坝

1)坝体预制监理程序(图3-14-9)

2)坝体预制件安放监理程序(图3-14-10)

3)监理要点

(1)坝体混凝土构件预制监理

①审核施工组织设计中预制场总平面图布置、预制及出运设施能力，测算施工生产及出运能力，对承包商的能力提出要求。

②熟悉并掌握本工程中各种原材料的规格、设计品质要求、规范及验收标准中标明的各种控制指标要求。

③对预制构件所用的每一批次钢筋、砂、石、水泥及外加剂等材料检查出厂合格证，按规范规定的比例，对抽样材料规格性能进行见证取样送检，同时进行监理工程师平行抽检。

④对预制场地的状况，构件的钢筋数量及位置，混凝土振捣质量、模板状况及构件养护等进行监控，重点旁站监理现场混凝土配合比的实际操作执行情况。

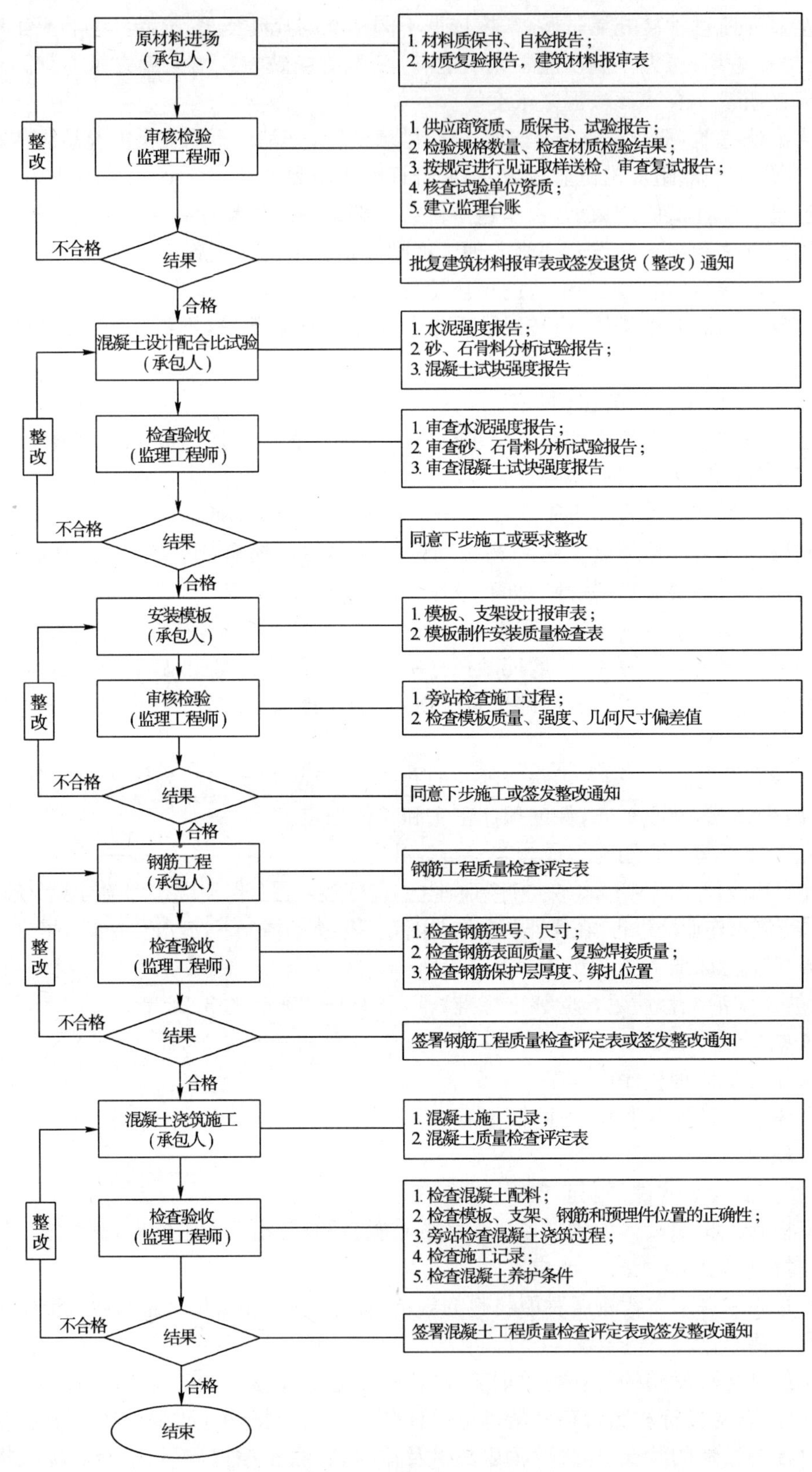

图 3-14-9 坝体预制监理程序图

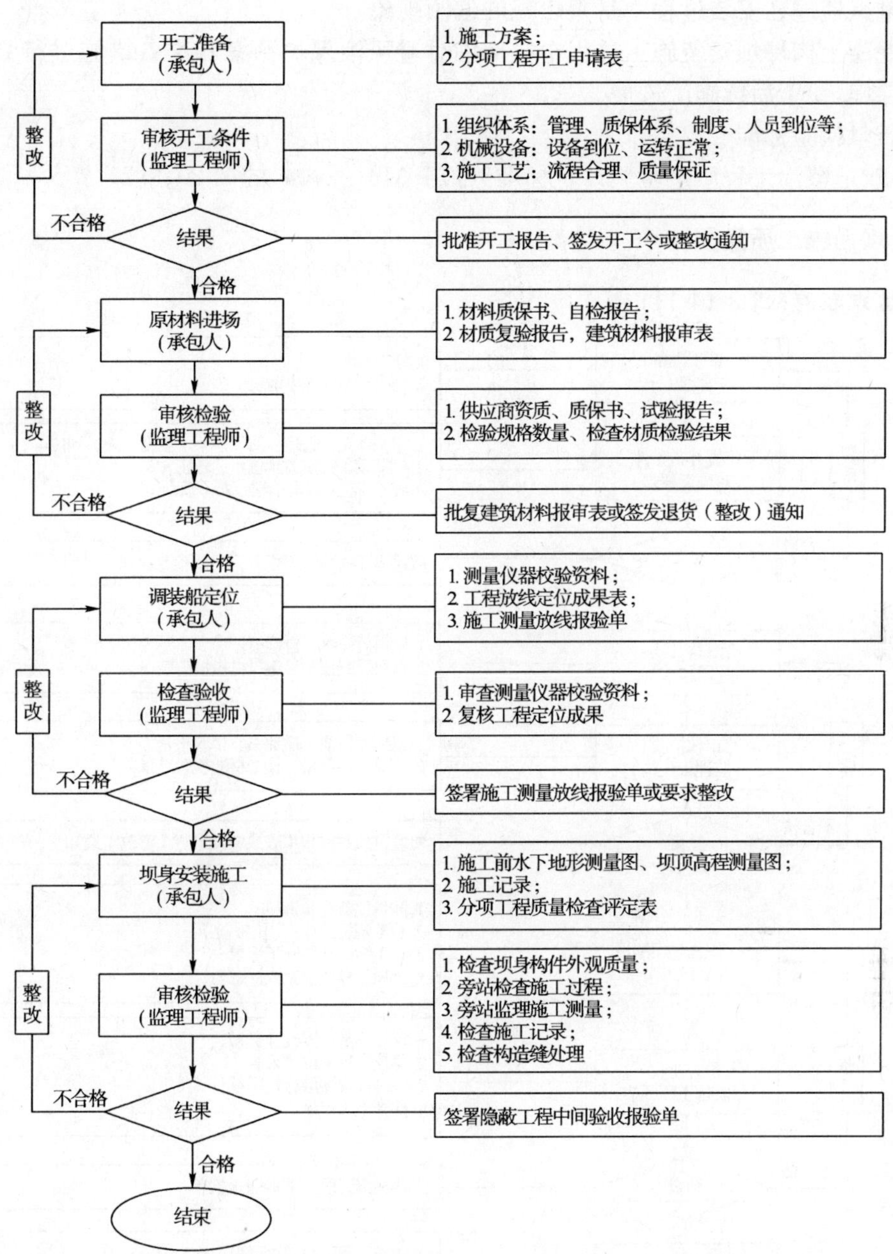

图 3-14-10　坝体预制件安放监理程序图

⑤及时统计混凝土试块检测资料，对施工质量进行判定。发现问题和质量趋势督促提醒承包商进行整改。

(2)坝体混凝土构件坝安装监理

①预制混凝土构件进场施工前对其外观和尺寸进行检验，验收混凝土构件出厂合格证，检查混凝土构件是否损坏。检查吊装船设备能力、吊具各项技术指标是否满足要求。

②混凝土构件沉箱运到工地后，应安放在定好位的定位船边，进入设计的定位点。

③利用 GPS 控制混凝土构件、轴线和标高(埋设固定点后，可用全站仪或水准仪、经纬仪安装混凝土构件，控制轴线、偏差和标高)。

④重点监理在安装过程中是否出现的偏倾现象。

⑤混凝土构件坝安装施工过程中端部临时避风浪保护预案和准备措施进行督促检查，以保护导堤，便于后续施工进展。

4)质量检验标准

见《航道整治工程质量检验评定标准》(JTJ 314—2004)的 3.20、3.21 节。

五、坝面施工质量监控

1. 监理程序(图 3-14-11)

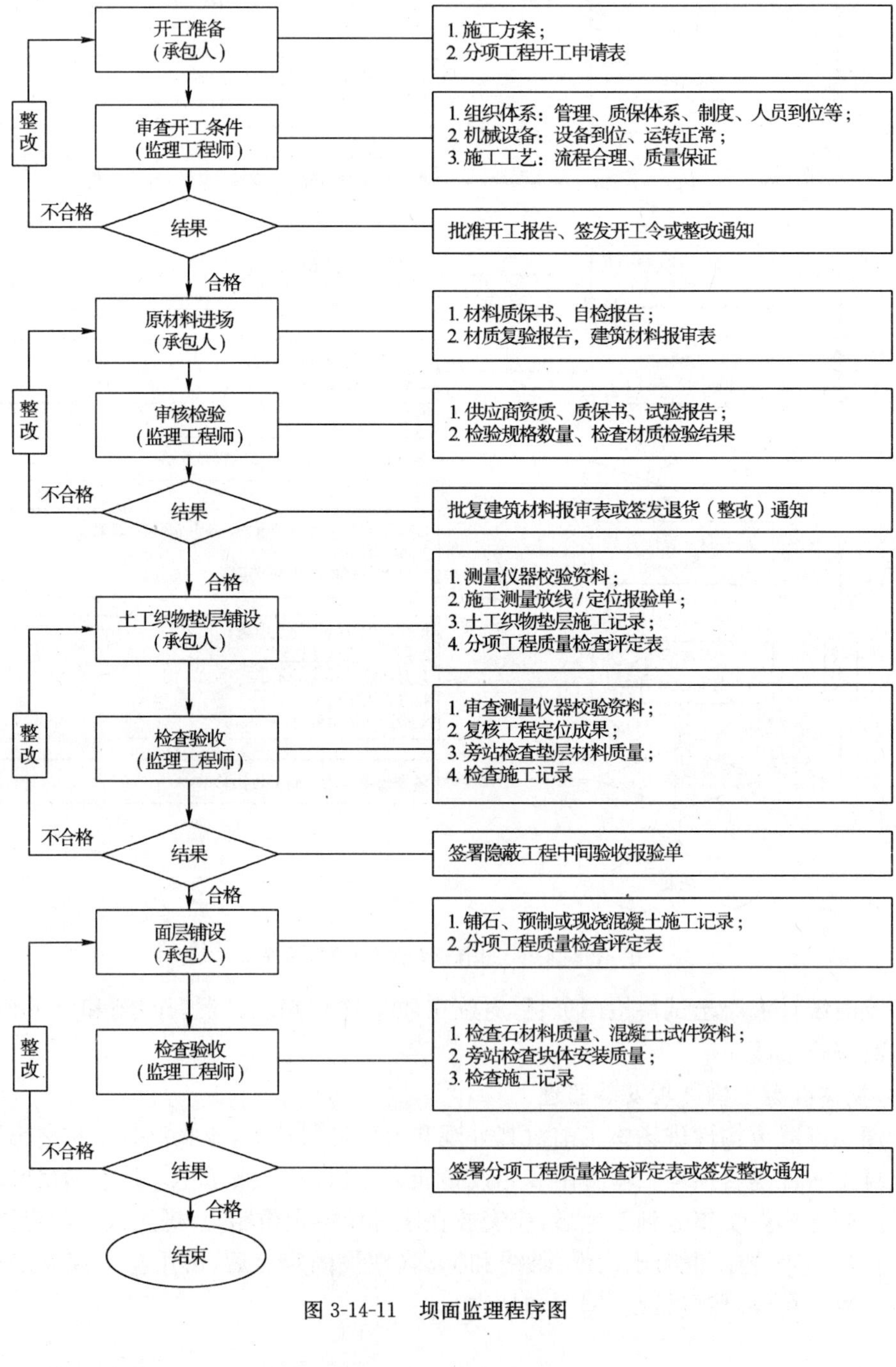

开工准备（承包人）—— 1. 施工方案；2. 分项工程开工申请表

审查开工条件（监理工程师）—— 1. 组织体系：管理、质保体系、制度、人员到位等；2. 机械设备：设备到位、运转正常；3. 施工工艺：流程合理、质量保证

结果 —— 批准开工报告、签发开工令或整改通知（不合格：整改；合格：继续）

原材料进场（承包人）—— 1. 材料质保书、自检报告；2. 材质复验报告，建筑材料报审表

审核检验（监理工程师）—— 1. 供应商资质、质保书、试验报告；2. 检验规格数量、检查材质检验结果

结果 —— 批复建筑材料报审表或签发退货（整改）通知（不合格：整改；合格：继续）

土工织物垫层铺设（承包人）—— 1. 测量仪器校验资料；2. 施工测量放线 / 定位报验单；3. 土工织物垫层施工记录；4. 分项工程质量检查评定表

检查验收（监理工程师）—— 1. 审查测量仪器校验资料；2. 复核工程定位成果；3. 旁站检查垫层材料质量；4. 检查施工记录

结果 —— 签署隐蔽工程中间验收报验单（不合格：整改；合格：继续）

面层铺设（承包人）—— 1. 铺石、预制或现浇混凝土施工记录；2. 分项工程质量检查评定表

检查验收（监理工程师）—— 1. 检查石材料质量、混凝土试件资料；2. 旁站检查块体安装质量；3. 检查施工记录

结果 —— 签署分项工程质量检查评定表或签发整改通知（不合格：整改；合格：继续）

结束

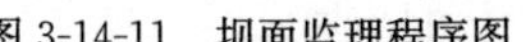

图 3-14-11　坝面监理程序图

2. 监理要点

(1)土工织物的铺设底面严禁有尖锐物,应观察检查。检查垫层铺设范围、尺寸、搭接宽度等是否符合设计要求。

(2)石料的规格和质量应满足设计要求。

(3)铺石前应对垫层进行复查,铺石的平均断面不得小于设计断面,坡面的坡度不应陡于设计坡度。

(4)浆砌石的砂浆强度应满足设计要求,并符合《水运工程混凝土质量监控标准》(JTJ 269)的有关规定;组砌形式、错缝和灰缝应符合《港口与航道护岸工程设计与施工规范》(JTJ 300)的有关规定。

(5)预制、现浇混凝土:检验水泥、砂、块石等材料质量;混凝土和砂浆应制作试块进行抗压试验;面层块体铺设或现浇外观尺寸应满足设计要求。

3. 质量检验标准

见《航道整治工程质量检验评定标准》(JTJ 314—2004)的第3节内容。

六、护坡施工质量监控

1. 监理程序(图3-14-12)

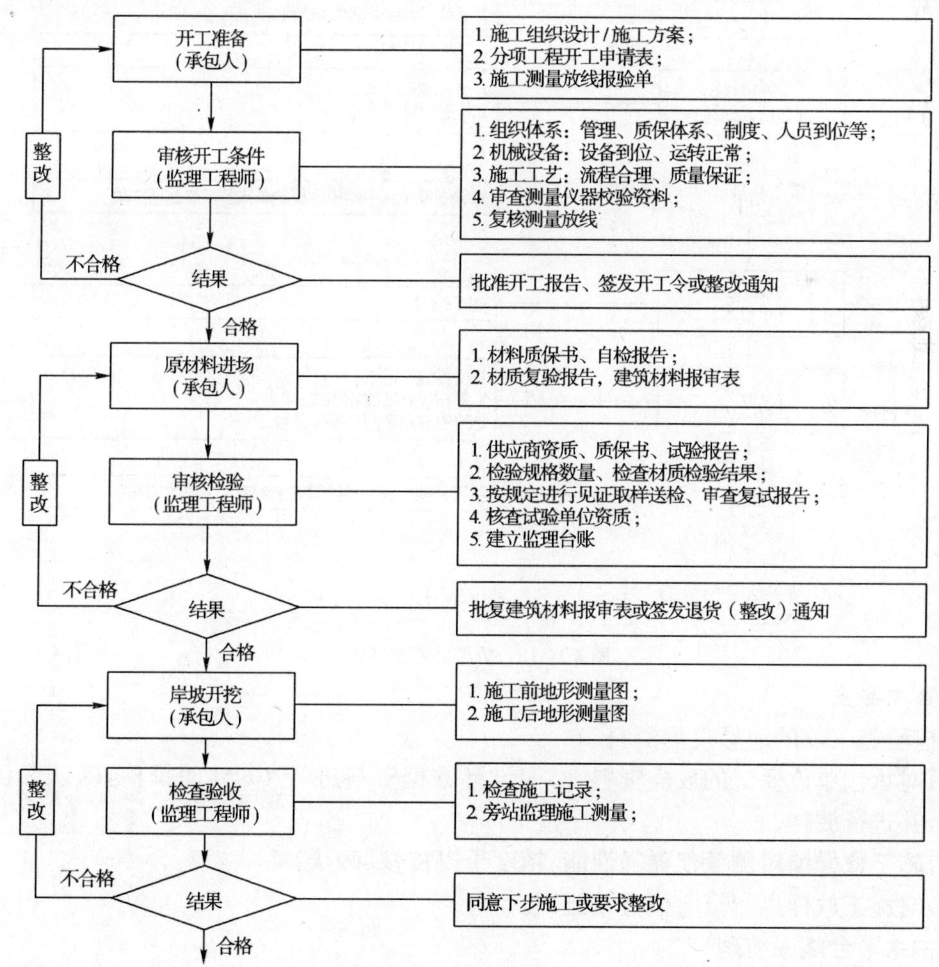

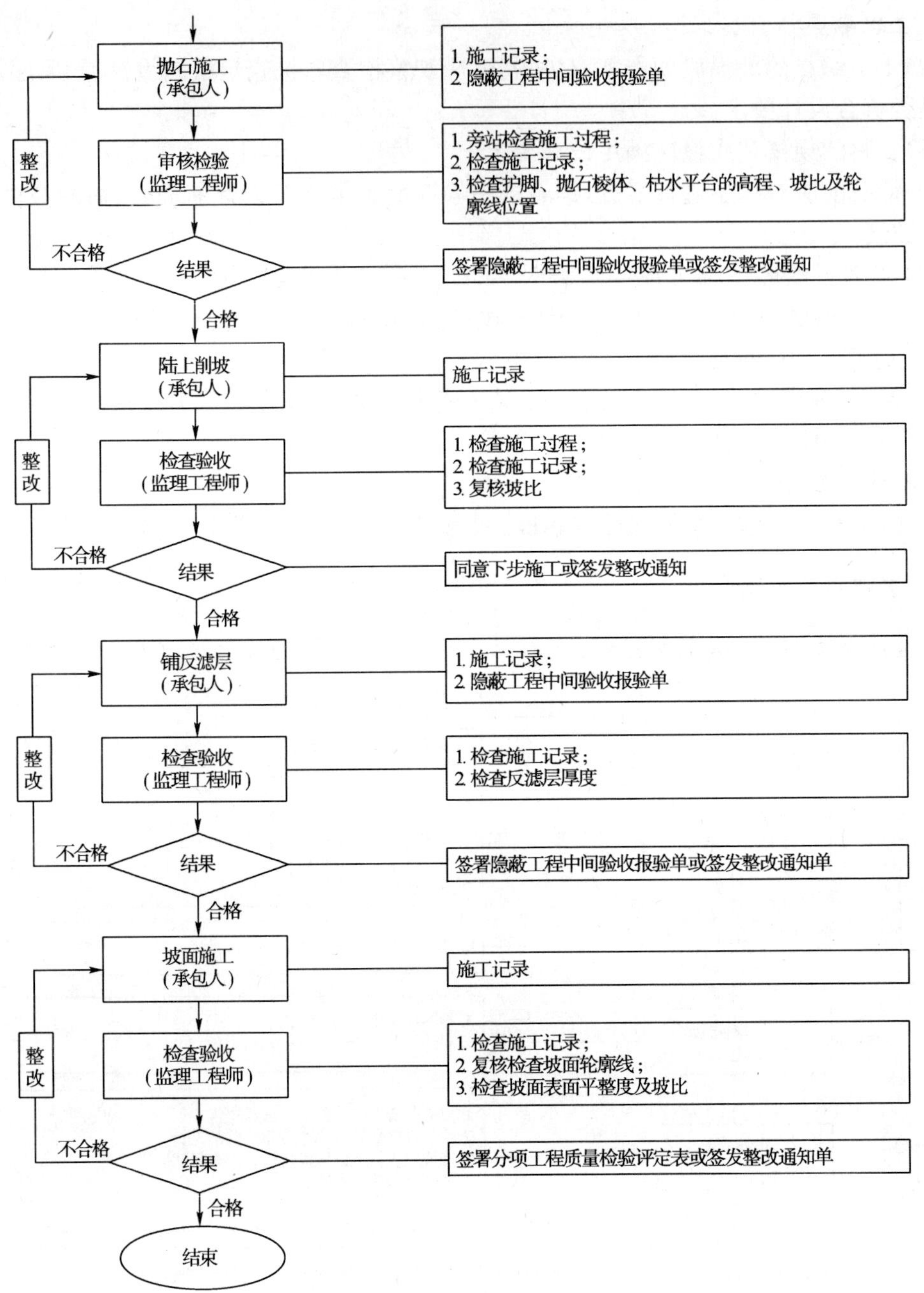

图 3-14-12　护坡监理程序图

2. 监理要点

1)核验施工前的地形复测资料

(1)对承包单位提交的放样资料，对照设计数据资料进行 100％的校核，确认无误后予以签认，并进行放样。

(2)施工放样前对测量仪器的性能、精度予以校核、确认。

(3)对施工放样进行全方位旁站监理。

2)枯水平台施工监理

(1)块石要求嵌紧，无松动，表面平整。用仪器检查平台高程，以钢尺检查宽度。枯水平台以上至坡顶按设计的坡度进行开挖。

(2)设置于枯水平台下的脚槽,监理要点是检查是否满足几何尺寸,槽内清理干净、平整与否。

3)边坡开挖

(1)植被清理:清理的范围为施工图设计确定的范围,清理的内容为:施工区域内的树木、树桩、树根、杂草、垃圾以及监理工程师指认的障碍物。成材、成林的树木的砍伐要有专门的指示后才能实施。

(2)表土的清除、堆放和处理:表土指含有细根须、草本植物腐殖树质等的表层有机质的土壤。承包单位应根据设计或监理工程师指示的开挖深度开挖表土,并运至指定地点堆放。严禁在邻近边坡开口线附近堆土。表土的堆积体不宜过高,以免将土壤压实,并防止冲刷流失。

4)削坡开挖

(1)削坡开挖必须符合施工图设计和文件的要求。

(2)对施工中的地下水和施工用水要采取有效的截、排水措施予以排除。

(3)削坡开挖的弃土、杂物应运至指定地点堆放。

(4)削坡开挖的轮廓线必须符合施工图设计所示的开挖线、水平尺寸和高程的要求。

(5)削坡开挖过程中及开挖后,承包单位均应按施工图设计要求进行测量、放样。检查开挖轮廓的准确性。

(6)检查施工区削坡开挖中的排水措施。

5)坡面护面监理

(1)干砌块石护坡

①检查块石质量。块石要石质坚硬,级配合理,不可采用山皮土、风化石或其他夯质石材,块石重量为30～90kg。

②干砌块石前,应先进行选料加工,不允许使用薄片、条状尖角等形状的块石。施工时,先在削好的坡面上打好样桩,按照设计厚度在桩上系好样线,作为铺砌的准绳。

③施工时,需分段施工,并应先匀铺碎石垫层,后砌块石,且应铺一段砌一段。砌石施工程序,应从下往上,平衡上升。要求达到砌紧、砌稳、错缝、砌平,严禁架空和叠砌。块石砌好后应严格按设计作好封顶、封边。块石表面除砌石缝隙可用小块石嵌缝塞紧外,不准在块石表面层撒铺碎(卵)石。

(2)倒滤层铺设

①监理工程师在倒滤层铺设前应对开挖后的岸坡断面尺寸及标高进行检查,经检查合格后方可进行倒滤层的施工。

②监理工程师对所有进场的建筑材料进行抽检,确认其符合设计要求的技术规格,否则将不允许进场。对建筑材料的理化性能进行检验,由监理工程师按规定的比例随机抽样,送至具有国家认可资质的检测单位复查,合格后才批准使用。当采用无纺布时,其单位面积质量要求达到300～500g/m^2,抗拉强度不宜小于6kN/m。碎石应选用质坚、干净,一般为0.01～0.03m的混合料。

③督促承包商进场后材料的堆放保存进行检查,确认承包商按规定的要求进行了必要的防护措施。

④土工织物铺设时由坡底向坡顶展铺,为防止老化,宜随铺随盖,并检查相邻两块土工

织物之间的搭接不小于 50mm。铺设时应松紧适度，对变形较大的坡面处，应留有一定的富余量。

⑤碎石铺设的厚度应不小于 100mm。检查方法是用钢尺测量。

3. 质量检验标准

见《航道整治工程质量检验评定标准》(JTJ 314—2004)相关章节。

第四节　护岸工程的质量监控

一、主要工程施工程序(图 3-14-13)

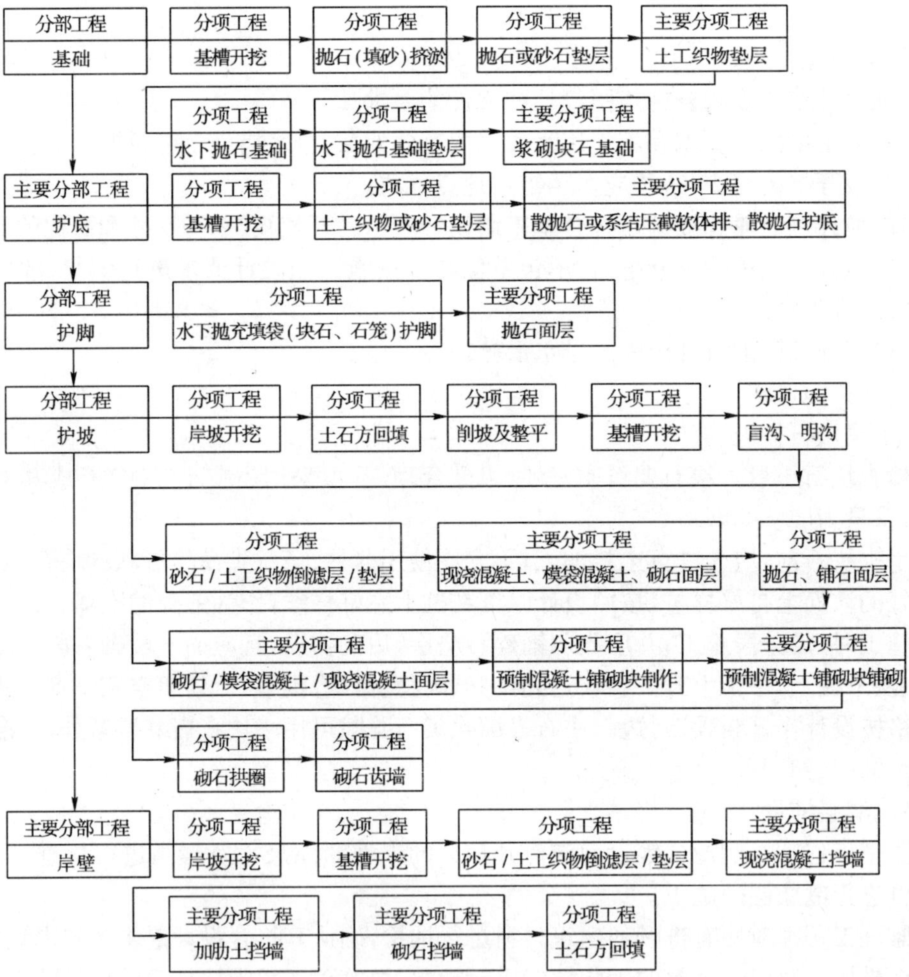

分部工程 基础 → 分项工程 基槽开挖 → 分项工程 抛石(填砂)挤淤 → 分项工程 抛石或砂石垫层 → 主要分项工程 土工织物垫层 → 分项工程 水下抛石基础 → 分项工程 水下抛石基础垫层 → 主要分项工程 浆砌块石基础

主要分部工程 护底 → 分项工程 基槽开挖 → 分项工程 土工织物或砂石垫层 → 主要分项工程 散抛石或系结压截软体排、散抛石护底

分部工程 护脚 → 分项工程 水下抛充填袋(块石、石笼)护脚 → 主要分项工程 抛石面层

分部工程 护坡 → 分项工程 岸坡开挖 → 分项工程 土石方回填 → 分项工程 削坡及整平 → 分项工程 基槽开挖 → 分项工程 盲沟、明沟 → 分项工程 砂石/土工织物倒滤层/垫层 → 主要分项工程 现浇混凝土、模袋混凝土、砌石面层 → 分项工程 抛石、铺石面层 → 主要分项工程 砌石/模袋混凝土/现浇混凝土面层 → 分项工程 预制混凝土铺砌块制作 → 主要分项工程 预制混凝土铺砌块铺砌 → 分项工程 砌石拱圈 → 分项工程 砌石齿墙

主要分部工程 岸壁 → 分项工程 岸坡开挖 → 分项工程 基槽开挖 → 分项工程 砂石/土工织物倒滤层/垫层 → 主要分项工程 现浇混凝土挡墙 → 主要分项工程 加肋土挡墙 → 主要分项工程 砌石挡墙 → 分项工程 土石方回填

图 3-14-13　护岸主要工程施工程序

其中，基础、护底、护坡与本章第三节筑坝工程中的相关分项工程施工质量监控相同。

二、护脚施工质量监控

护脚抛筑材料一般分充填袋、块石、石笼等类别，施工和监理程序基本一致。

1. 监理程序(图 3-14-14)

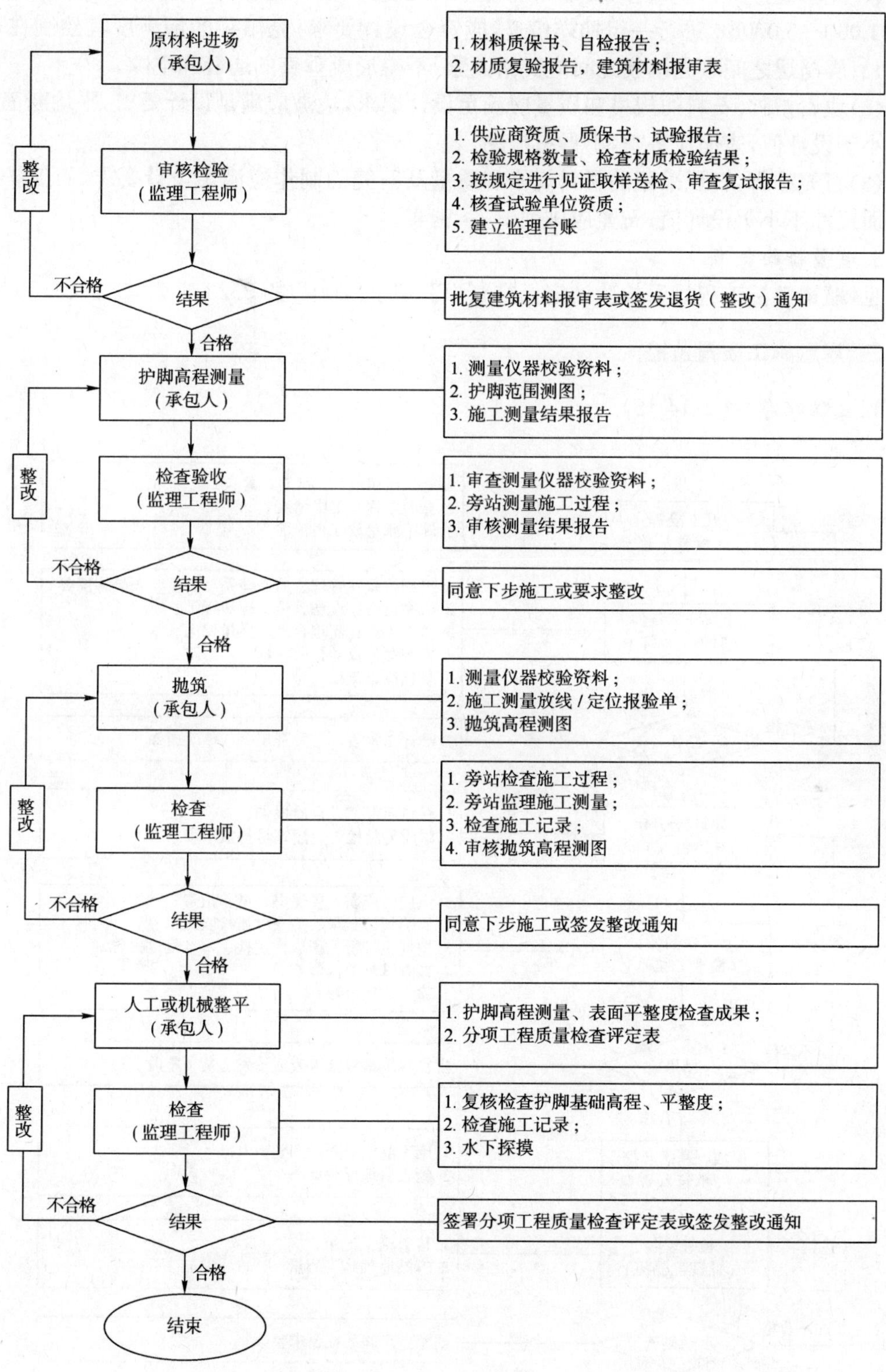

图 3-14-14　护脚施工质量监理程序

2. 监理要点

(1)充填袋护脚：充填袋的质量和规格应满足设计要求，充填料的土质、级配及含泥量应按每 1 000～5 000m^3 进行一组抽样检查，应符合设计要求；充填袋的饱满度宜控制在 75%～85%；层与层之间和充填袋之间应交错嵌紧，不得形成垂直的通缝和空隙。

(2)块石护脚：石料的规格和质量应满足设计要求，边坡应满足设计要求，平均断面尺寸不得小于设计值，表面应平整，不得有松动。

(3)石笼护脚：石笼采用的材料规格和质量及石笼的制作应满足设计要求，石笼护脚平均断面尺寸不小于设计值；石笼应排列整齐、密实。

3. 质量检验标准

见《航道整治工程质量检验评定标准》(JTJ 314—2004)的 3.22、3.28、3.29、3.30 节。

三、岸壁施工质量监控

1. 监理程序(图 3-14-15)

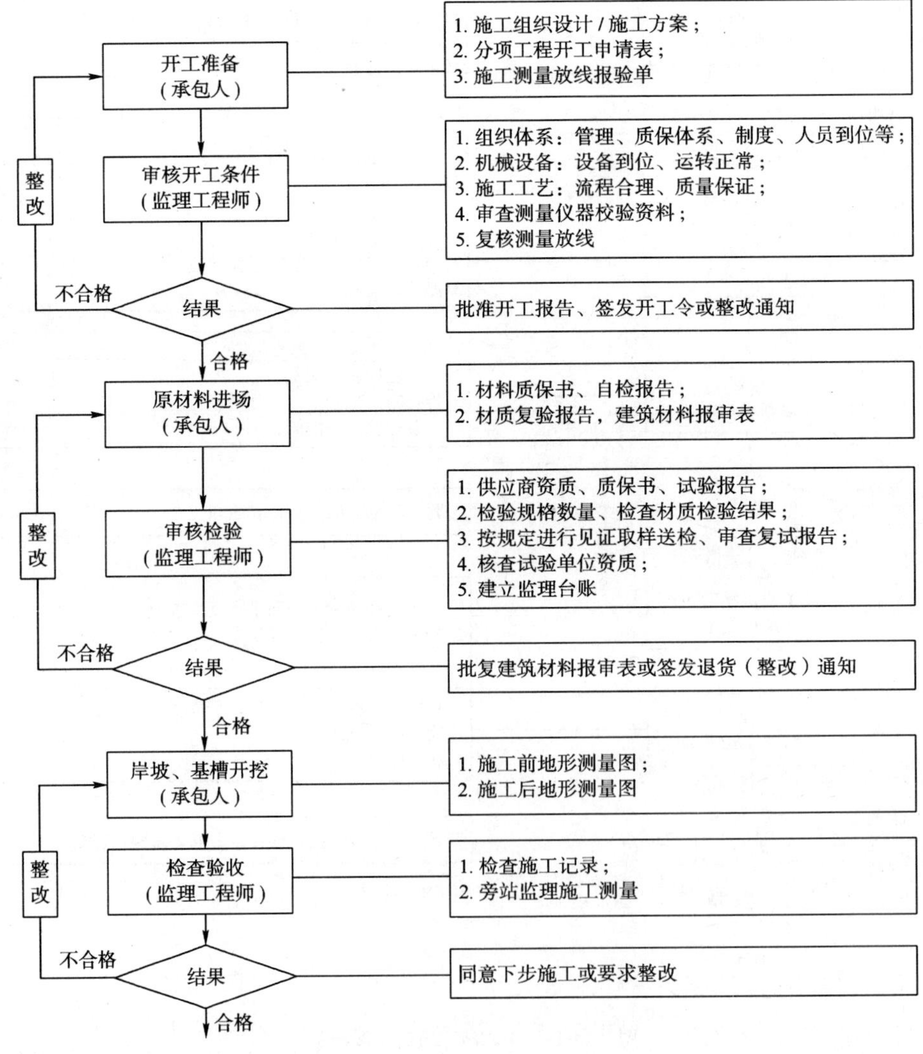

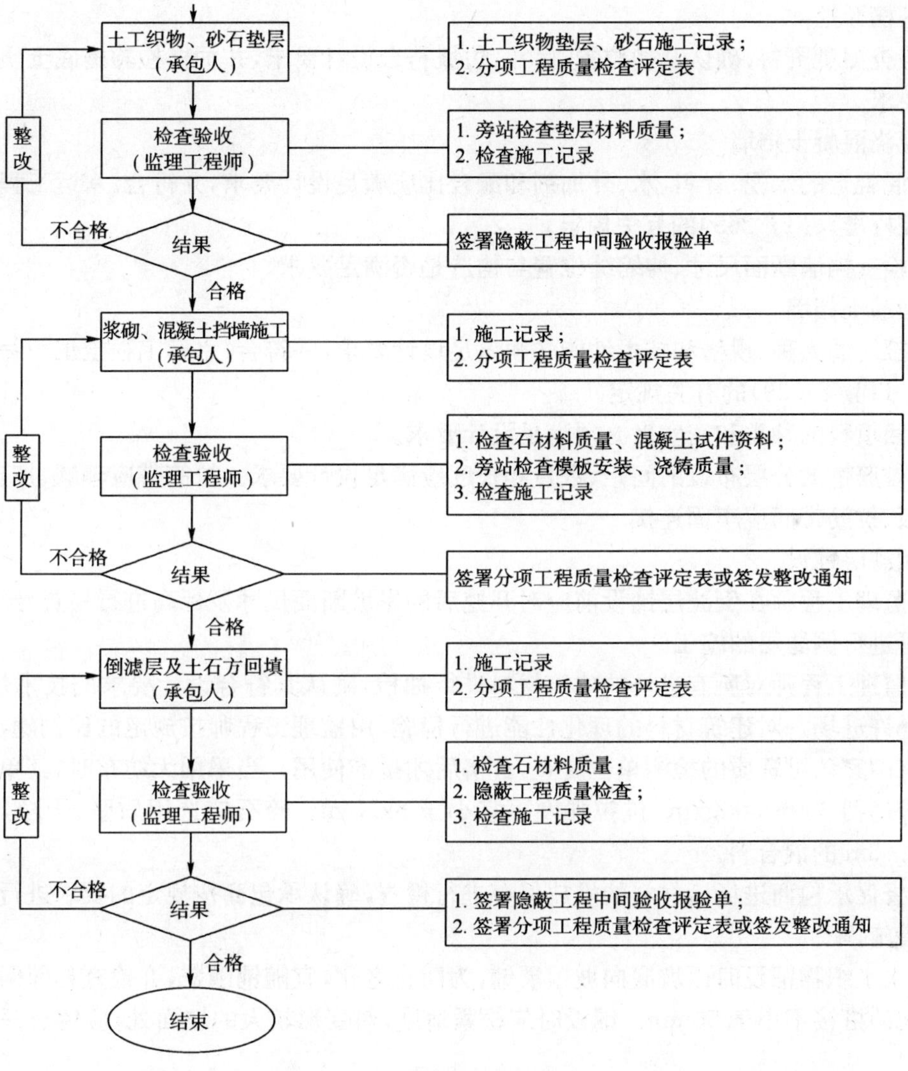

土工织物、砂石垫层（承包人）

1. 土工织物垫层、砂石施工记录；
2. 分项工程质量检查评定表

检查验收（监理工程师）

1. 旁站检查垫层材料质量；
2. 检查施工记录

结果 — 不合格 → 整改

签署隐蔽工程中间验收报验单

合格

浆砌、混凝土挡墙施工（承包人）

1. 施工记录；
2. 分项工程质量检查评定表

检查验收（监理工程师）

1. 检查石材料质量、混凝土试件资料；
2. 旁站检查模板安装、浇铸质量；
3. 检查施工记录

结果 — 不合格 → 整改

签署分项工程质量检查评定表或签发整改通知

合格

倒滤层及土石方回填（承包人）

1. 施工记录
2. 分项工程质量检查评定表

检查验收（监理工程师）

1. 检查石材料质量；
2. 隐蔽工程质量检查；
3. 检查施工记录

结果 — 不合格 → 整改

1. 签署隐蔽工程中间验收报验单；
2. 签署分项工程质量检查评定表或签发整改通知

合格

结束

图 3-14-15　岸壁施工质量监理程序

2. 监理要点

1)核验施工前的地形复测资料

(1)对承包单位提交的放样资料,对照设计数据资料进行 100%的校核,确认无误后予以签认,并进行放样。

(2)施工放样前对测量仪器的性能、精度予以校核、确认。

(3)对施工放样进行全方位旁站监理。

2)岸坡开挖

(1)植被清理:清理的范围为施工图设计确定的范围,清理的内容为:施工区域内的树木、树桩、树根、杂草、垃圾以及监理工程师指认的障碍物。成材、成林的树木的砍伐要有专门的指示后才能实施。

(2)表土的清除、堆放和处理:表土指含有细根须、草本植物腐植树质等的表层有机质的土壤。承包人应根据设计或监理工程师指示的开挖深度开挖表土,并运至指定地点堆放。严禁在邻近边坡开口线附近堆土。表土的堆积体不宜过高,以免将土壤压实,并防止冲刷流失。

3)基槽开挖

应检查测量资料，确认基槽位置、尺寸、边坡符合设计要求，并抽样检验槽底土质是否符合设计要求。

4)现浇混凝土挡墙

(1)混凝土的水泥、骨料、水、外加剂和配合比应满足设计要求，并符合《水运工程混凝土质量监控标准》(JTJ 269)的有关规定。

(2)检查挡墙断面尺寸、伸缩缝位置与构造是否满足要求。

5)加筋土挡墙

(1)拉筋的品种、规格和技术性能必须满足设计要求，并符合《水运工程土工织物应用技术规程》(JTJ/T 239)的有关规定。

(2)回填料的种类和密实度必须满足设计要求。

(3)拉筋带的分层布设的间距、数量和长度应满足设计要求。拉筋带应理顺、拉直，拉筋带与面板、拉筋带间应牢固连接。

6)倒滤层铺设

(1)监理工程师在倒滤层铺设前应对开挖后的岸坡断面尺寸及标高进行检查，经检查合格后方可进行倒滤层的施工。

(2)监理工程师对所有进场的建筑材料进行抽检，确认其符合设计要求的技术规格，否则将不允许进场。对建筑材料的理化性能进行检验，由监理工程师按规定的比例随机抽样，送至具有国家认可资质的检测单位复查，合格后才批准使用。当采用无纺布时，其单位面积质量要求达到 300～500g/m^2 抗拉强度不宜小于 6kN/m。碎石应选用质坚、干净，一般为 0.01～0.03m 的混合料。

(3)督促承包商进场后材料的堆放保存进行检查，确认承包商按规定的要求进行了必要的防护措施。

(4)土工织物铺设时由坡底向坡顶展铺，为防止老化，宜随铺随盖，并检查相邻两块土工织物之间的搭接不小于 50mm。铺设时应松紧适度，对变形较大的坡面处，应留有一定的富余量。

(5)碎石铺设的厚度应不小于 100mm。检查方法是用钢尺测量。

3. 质量检验标准

见《航道整治工程质量检验评定标准》(JTJ 314—2004)的 3.2、3.3、3.29、3.40、3.41 节。

 第五节　固滩工程的质量监控

一、主要施工程序(图 3-14-16)

其中，护底见本章第三节内容、护坡见第四节内容。

二、护滩工程施工质量监控

与本章第三节中的护底监理程序基本一致，质量检验标准见《航道整治工程质量检验评定标准》(JTJ 314—2004)中的 3.33、3.26 节。

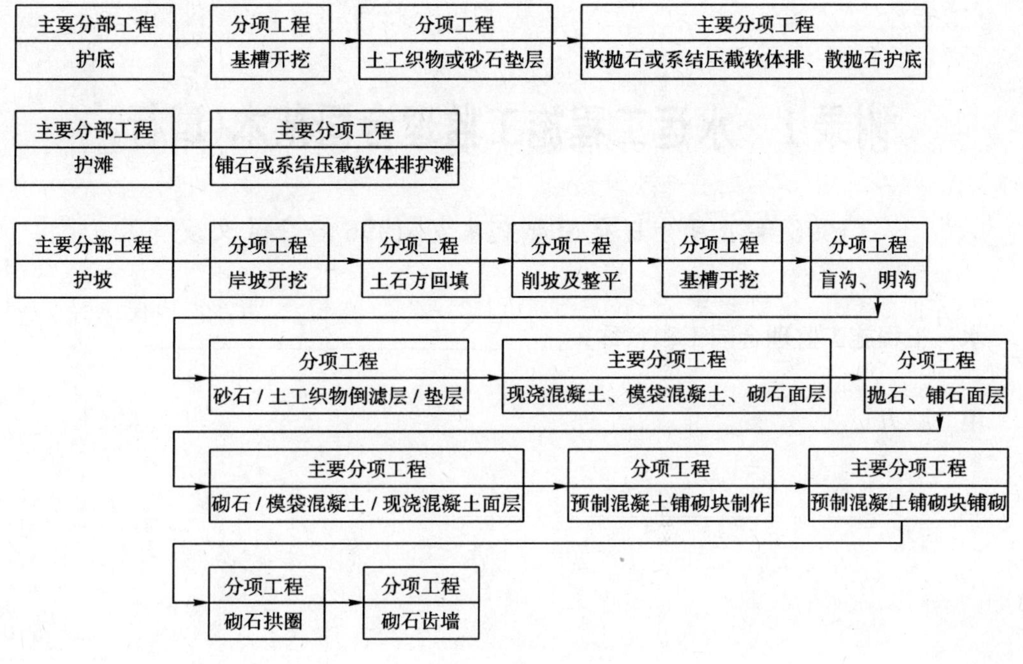

图 3-14-16

附录1　水运工程施工监理合同范本(试行)

(1996年7月8日交通部交基发[1996]662号文发布)

水运工程施工监理合同工程名称:________________________

甲　　方:________________________

乙　　方:________________________

________年____月____日

一、合同协议书

甲方委托乙方对工程的施工进行约定范围内的监理。为明确双方的职责、权利与义务,经双方协商签订如下协议:

1.本协议书中的名词和用语与下文提到的合同条款中规定的含义相同。

2.下列文件构成全部监理合同文件(以下称"本合同")不可分割的整体,各文件相互补充,若有不明确或不一致之处,以下列文件次序在先者为准:

(1)在本合同履行中双方签署的补充协议与修正文件;

(2)本合同协议书;

(3)合同专用条款;

(4)合同通用条款;

(5)施工监理委托书或监理中标通知书;

(6)与本合同有关的其他文件。

3.甲乙双方同意按照本合同的约定,承担和履行各自的全部职责和义务。

4.双方同意本合同约定监理范围内和监理期内的监理酬金总额为　　人民币万元。

5.本合同施工监理期为　个月(天),即从　　年　月　日至　　年　月　日。

6.本合同经双方法定代表人或授权的代理人在协议书上签字和加盖公章后生效,至监理合同期满并结清监理酬金终止。

7.本合同正本一式两份,双方各执一份,具有同等法律效力。副本份,双方各执份。当正本与副本不一致时,以正本为准。

甲方:(盖章)　　　　　　　　　　乙方:(盖章)

（单位全称）	（单位全称）
法定代表人：	法定代表人：
或	或
其授权的代理人：（签字）	其授权的代理人：（签字）
签约日期：	签约日期：
签约地点：	签约地点：
单位地址：	单位地址：
邮　　编：	邮　　编：
电　　话：	电　　话：
传　　真：	传　　真：
开户银行：	开户银行：
账　　号：	账　　号：

二、合同通用条款

第1条　词语定义

下列名词和用语，除合同专用条款另有约定外，应具有如下含义。

1.监理：指乙方受甲方的委托，依据国家有关法律、法规和施工监理合同以及有关工程文件、合同，在甲方授权范围内对工程施工的质量、进度、投资实施监督与管理。

2.工程：指甲方委托进行监理的本合同范围内的工程。

3.甲方：指承担直接投资责任的、委托监理任务的一方以及其合法继承人。

4.甲方代表：指经甲方授权，代表甲方负责履行本合同和作出决定的代表人。

5.乙方：指承担本合同监理任务和监理责任的一方以及其合法继承人。乙方应具有交通行政主管部门所批准的相应的监理资质。

6.监理机构：指乙方派驻本工程现场，负责履行本合同约定义务的组织。

7.总监理工程师：指经乙方授权，代表乙方全面履行合同义务，并被甲方认可的监理机构负责人。本合同中简称"总监"。

8. 监理酬金：指甲方按本合同约定的监理期限、监理范围支付给乙方的劳务费用。

9. 第三方：指除甲乙双方外与本工程建设有关的当事人。

10. 天：是指日历天，即从任何一个午夜至下一个午夜间的时间段。年、月、日均以公历计算。

11. 书面形式：指对各种通知、信函、纪要和委托等采用手写、打字或印刷的表达方式。包括电报、电传和传真。

第 2 条　法规、语言和联系方式

1. 监理合同适用的法规是中华人民共和国的法律、条例和行政法规，以及交通部颁布的有关规章和合同专用条款中约定的法规。

2. 在本合同履行过程中，若因合同所依据的法规发生变化而引起甲乙双方权利、义务发生变更时，应按新的法规进行调整并在合同专用条款中明确约定。

3. 监理合同的书写或解释，以汉语为主导语言。若需使用其他语言作为辅助语言，应在合同专用条款中约定，当不同语言文本发生异议时，以汉语文本为准。

4. 本合同实施过程中，工程有关各方的一切联系以书面形式为准，在紧急的情况下，可先以口头陈述，但应在事后 48 小时内以书面形式予以确认。

第 3 条　双方关系与监理依据

1. 甲乙双方是委托与被委托的合同关系，乙方在甲方委托监理的范围内，独立行使甲方授予的职权，并接受甲方的监督。

2. 监理依据：

(1)国家有关的政策、法律和法规；

(2)交通部及有关部门的规章；

(3)国家、交通部及有关部门颁发的工程技术规范、标准和规程；

(4)依法签订的监理合同及施工合同；

(5)工程设计文件。

第 4 条　监理范围

在合同专用条款中具体列出乙方实施监理的工程规模、监理范围、工程界限、工程投资、总工期和监理工作阶段及内容等。

第 5 条　甲方的职责与义务

1. 在合同专用条款约定的期限内任命其代表，负责在合同履行期间与乙方进行联系，并负责工程施工所有外部关系的协调，为监理工作提供外部条件。

2. 在与第三方所签的工程合同中，应明确第三方必须接受乙方在甲方授权范围内的监督与管理。工程开工前，甲方应当将乙方的工作范围、监理工程师的职权、联系办法、监理机构组成与总监姓名以书面形式通知第三方。

3. 应在合同专用条款约定的期限内，免费向监理机构提供施工监理所需的工程技术资料。包括本工程招标文件、施工合同、设计文件、勘察资料及有关的批准文件等。

4. 免费向监理机构提供合同专用条款约定的现场设施，对乙方自备的设施给予合理的经济补偿。

5. 如果双方约定，由甲方向监理机构免费提供职员和服务人员，则应在合同专用条款中增加相应的条款。

6. 在履约过程中，对于乙方按约定的监理工作程序提交的技术报告、工程变更、进度报

表、总结报告及其他请示报告，甲方则应按合同专用条款中约定的期限及时审批，若因未及时批复而给工程带来损失，由甲方承担责任。

7. 按本合同的约定，向乙方支付监理酬金。

第6条　乙方的职责与义务

1. 按合同专用条款中约定的期限，将监理机构组成、总监简历及主要监理人员名单提交甲方。总监应在工程开工前，向甲方提交监理工作规划和监理工作实施细则。

2. 审查施工单位提交的施工组织设计，提出审查意见；检查施工人员、船机、材料的进场情况，移交测量控制点并核验测量基线的准确性；审查施工单位的开工申请报告，签发开工通知书。

3. 严格控制施工质量，检查与检验建筑材料和构件是否合格，监督第三方不得使用不合格材料，对于不符合质量标准和不安全的作业应责令第三方返工或停工。对隐蔽工程按施工合同中的时限要求及时组织验收，参与质量事故调查，提出处理意见，检查处理结果。

4. 检查施工进度与施工计划的执行情况，当施工进度滞后于计划时，应要求第三方或提请甲方及时采取措施，确保计划工期。

5. 核查第三方提出的工程变更，报请甲方同意后，签发工程变更通知。

6. 控制工程费用，核实第三方提交的工程进度报表和工程量清单，签发付款凭证。

7. 参与施工合同管理，审核索赔报告，协调各方关系，公正地维护各方的合法权益。

8. 在履约过程中，对于甲方和第三方提交的有关工程的通知和各种报告，需要乙方审核、核对或确认后转交的，乙方应按合同专用条款中约定的期限及时审查和转交，若因超过时限给工程带来损失，应由乙方承担违约责任。

9. 应接受交通行政主管部门及其授权的水运工程质量监督机构以及甲方对监理工作的监督和检查，按合同专用条款所约定的期限向甲方提交监理工作报告。

10. 审核施工单位提出的竣工验收申请报告和竣工资料，协助甲方组织工程验收。

11. 审核保修期内工程保修与缺陷处理方案，检查实施情况。

12. 不得泄露本工程需要保密的技术与经济资料，不得与第三方发生直接或间接的经济关系。

13. 乙方完成本合同约定的监理任务后，应将甲方提供的设施和剩余物品移交甲方。

第7条　甲方的权利

1. 对乙方派出的监理机构与监理人员进行审查，并对其工作进行检查和监督，对不称职的监理人员有权要求乙方更换。

2. 对工程规模、设计标准、施工工艺进行认定，对工程变更进行审批。

3. 审批由第三方提交、经乙方审核同意的工程进度报表、工程量清单与工程价款。

4. 有权要求监理机构提交监理工作月度报告和监理业务范围内的专项报告。

第8条　乙方权利

甲方在委托的监理范围内，授予乙方以下权利：

1. 对履约能力差的分包单位，乙方有权要求其整改，整改无效时有权建议甲方清退；对工作不力的现场施工人员，有权要求施工单位予以调换。

2. 有权查阅本工程的全部设计文件、技术经济资料与批文，主持或参加本工程的有关业务会议。

3. 根据工程的实际情况和现场条件，在报经甲方同意后，可向第三方发出开工通知、停工通知与复工通知。

4. 根据实际需要，在甲方授权的范围内，可对设计内容作局部修改，具体条款，可在合同专用条款中约定。

第 9 条　监理合同期

1. 监理合同期一般包括施工招投标阶段、施工准备阶段、施工阶段及工程保修阶段。本监理合同期起止日期应在合同专用条款中约定。

2. 由于非乙方的原因导致监理合同期延长，甲乙双方应按约定签定补充协议。

第 10 条　合同的变更和解除

1. 若实际监理范围或监理工作量或监理合同期因故发生变化，双方均可提出合同变更请求并应签订补充协议。

2. 一方要求变更合同，应提前 28 天以书面形式通知对方并说明理由，另一方在接到通知后应在 14 天内予以答复。若同意变更要求，双方应协商签订补充协议；若不同意变更要求，双方仍应履行本合同约定的义务。如果一方在接到对方变更要求后 14 天内不予答复，则视为变更要求已被接受，否则视为违约。

3. 若一方在合同期内无正当理由而不履行合同中的义务，另一方有权通知违约方中止或解除合同。因合同终止或解除所遭受的损失，除依法可以免除的责任外，应由违约方赔偿。

4. 一方要求解除合同，应提前 28 天以书面形式通知对方并说明理由，另一方应在接到通知后 14 天内作出答复；若不同意解除要求，在协商统一前，双方仍应履行本合同。若在 14 天内不予答复，则视为同意解除合同，一方可在发出第一次通知的 28 天后，发出解除合同的通知，合同即行解除。

5. 本合同签订之后，不因法定代表人或授权的代理人的变动而变更或解除。

第 11 条　监理酬金与支付

1. 甲方应按国家的监理收费规定，确认乙方的监理酬金，并按合同专用条款约定的时间、方式予以支付。

2. 监理酬金的支付按监理合同期进行，不受工程施工实际进度的影响。（除乙方原因造成的工程延误外）。监理合同协议书签订后 7 天内，甲方应按总监理酬金 20%～30%的数额，向乙方预付监理酬金；工程保修阶段的监理酬金一般可为监理酬金总额的 5%。

3. 若因甲方原因使工程规模、监理范围或监理期限发生的变化超过双方的约定时，甲方应按合同专用条款约定的办法调整监理费。合同执行期间，若因国家或地方工程造价管理部门公布的价格和费率调整等原因使工程费用增加，乙方的监理酬金也应相应调整，具体调整办法可在合同专用条款中约定。

4. 若因非乙方原因造成工程延误，甲方应按合同专用条款约定的办法支付延期监理酬金。

5. 乙方人员受甲方指派出外考察的费用，由甲方承担。

6. 若甲方在规定的支付期限内未支付监理酬金，自规定支付之日起，应向乙方补偿应支付的酬金利息。利息额按规定支付期限最后一日的银行贷款利率乘以拖欠的酬金时间计算。

第 12 条　人员的更换

1. 若乙方确需更换总监和主要监理人员时，应提前 14 天以书面形式通知甲方，并征得甲方的同意后由甲方通知第三方，其他监理人员的调换也应提前 7 天通知甲方并通知第三方。

2. 若因乙方人员不称职，甲方有权提出调换人员，若情况属实，乙方应当予以调换。

3. 若甲方需更换其代表，应提前 14 天以书面形式通知乙方。

第 13 条　奖励与赔偿

1. 奖励：

(1)乙方及其派出人员，在监理工作中表现突出，贡献较大时，甲方应给予表扬和奖励。

(2)乙方人员在监理工作中提出合理化建议，节省工程投资使甲方得到了经济效益，甲方应将节约部分的 10%～30%奖励给乙方，具体标准和办法应在合同专用条款中约定。

2. 赔偿：若因乙方人员工作过失造成工程事故或甲方经济损失，应向甲方进行赔偿。赔偿额计算方法为：该单项直接损失×监理费率(扣除税金)。累计赔偿总金额不应超过监理酬金总额(扣除税金)。

第 14 条　转让与分包

1. 本合同一经签署，不得转让。

2. 除受监的主体工程外，乙方可将合同部分任务分包给有资质的监理单位(分包部分不能超过总监理任务的 50%)，但应事先以书面形式将分包单位的名称、分包范围与分包内容报告甲方，甲方对此分包有确认和否决权。

3. 乙方对本合同所承担的全部责任和义务，不受分包的影响，在经济上甲方只与乙方发生关系，但甲方对乙方分包单位的工作有权监督，分包人的任何违约，均视为乙方的违约。

4. 乙方对外单位人员的聘任不视为分包。

第 15 条　违约、争议与仲裁

1. 任何一方不执行本合同的规定，不履行合同中约定的义务，均视为违约。违约方应承担违约责任并赔偿因违约给对方造成的直接经济损失。

2. 在执行合同过程中，双方因合同发生争议时，应当协商解决或者提请双方的上级行政主管部门进行调解，若协商或调解无效，可选择以下方式之一进行处理：

(1)向双方认可的或约定的合同仲裁机构申请仲裁；

(2)向有管辖权的人民法院起诉。

争议发生后，除双方均同意终止合同外，双方均应继续履行合同，否则视为违约。

三、合同专用条款

合同专用条款是对合同通用条款的补充、完善或具体化。应对照合同通用条款中同一条款一起阅读和理解。如果合同通用条款与合同专用条款之间有不一致之处，以合同专用条款为准。

第 2 条　法规、语言和联系方式

1. 本合同约定的适用的法规：

2. 双方的权利、义务若因适用的法规变更而引起变化时，则双方的权利、义务需再约定的内容为：

3. 辅助语言：

第 4 条　监理范围

监理工程范围包括：

(1)工程名称：

(2)工程地点：

(3)工程规模：

(4)工程界限：

(5)工程投资：

(6)施工期：

(7)监理工作阶段及内容：

第5条　甲方的职责与义务

1.甲方应在　　年　月　日任命其代表，并向乙方提供所约定的外部条件包括：

2.甲方向第三方通知乙方监理工作范围、职权和人员的具体办法和日期：

3.双方约定的甲方应提供的技术资料及提供的时间：

4.甲方免费向监理机构提供如下现场设施：

乙方自备的，甲方给予经济补偿的设施如下：

5.在监理期间，甲方免费向监理机构提供名职员，由总监安排其工作，并免费提供名服务人员。

6.监理工作程序的约定：

甲方应在　天内审批乙方提交并要求作出决定的各类报告、报表的办法、期限和责任：

7.甲方未按约定支付监理费用的违约责任的约定：

第6条　乙方的职责与义务

1.乙方应在　　年　月　日向甲方提交监理机构的组成、监理人员名单、监理工作规划及监理工作实施细则；

8.乙方应在　天内审查(或核实)各类报告、报表的程序、责任；

9.乙方应在　天内向甲方提交监理工作月报内容及有关专项报告的约定；

12.本工程需要保密的内容约定：

13.监理工程师现场设施返还甲方的办法：

第8条　乙方权利

4.对设计内容进行局部修改的具体标准和条件的约定：

第9条　监理合同期

1.本监理合同期从　　年　月　日至　　年　月　日，共计　月(或天)；

2.本监理合同期延长条件的约定：

第11条　监理酬金与支付

2.甲方同意按以下的计算方式，支付时间与金额，支付乙方的监理酬金(含预付款，进度款等)：

3.甲方同意按以下的计算方式，支付时间与金额，对乙方的监理酬金进行调整：

监理酬金调整的条件约定：

4.甲方同意按以下的计算方式，支付时间与金额，支付延期监理酬金：

第13条　奖励与赔偿

1.奖励条件、标准和方法：

第15条　违约、争议与仲裁

1.违约处理方式的约定：

2.争议的具体解决办法的约定：

3.在合同履行过程中发生争议时，甲乙双方应及时协商解决。协商不成时，双方同意由仲裁委员会，仲裁或直接向有管辖权的人民法院起诉。

附加协议条款：

附　录

范本使用说明

《水运工程施工监理合同范本》主要适用于全国水运工程（含合资或外资在国内建设的水运工程）的施工监理，包括港口、航道、船厂、防波堤、修造船建筑物、船闸、渠化及其配套工程。

《水运工程施工监理合同范本》包括《合同协议书》，《合同通用条款》和《合同专用条款》三部分。

(1)"合同协议书"是整个监理合同概括性的总汇，它以简练、概括性语言，将合同的要点写入协议书中，双方一旦达成协议，只要书写很少的文字即可签署合同。

(2)"合同通用条款"主要是依据交通部"水运工程施工监理规定（试行）"的精神，参照"菲迪克"(FIDIC)条款并结合我国水运工程施工的实际情况而提出的施工监理合同标准条件，合同双方原则上应当遵守，签约和履约过程中，一般不作改动。

(3)"合同专用条款"是甲乙双方根据不同工程项目的特点和所处的自然和社会环境，对合同条款的一种完善与补充，如：工程中的具体内容，如工程规模，监理项目、工程造价、监理合同期、监理费用、特殊检测项目及费用、奖励条件等都应在专用条款中写明，由甲乙双方协商一致后填写，双方若认为需要，可在其中增加约定的补充条款和修正条款，以及附加条款。

"合同专用条款"应当对应"合同通用条款"的顺序进行填写，例如：

"第2条"，要根据工程的具体情况填写所适用的部门和地方的法规与规章。

"第4条"，写明"监理范围"时，一般要具体写出工程项目和它包括的总概算，单位工程概算所涵盖的工程范围应与总承包合同相一致。在写明监理内容时，首先要具体写明是哪个阶段或哪几个阶段的监理任务；其次要写明委托阶段内每项具体监理工作，以免遗漏。如果甲方还要求乙方承担一些咨询业务和事务性工作，也应当在本条款中详细列出。如，建设项目可行性研究，编制概预算，编制标底，提供临时设施的设计等。

"第5条"，在填写甲方向乙方提供或乙方自备的设施时，一般是指下列设备：(1)检测设备，(2)测量设备，(3)通信设备，(4)交通设备，(5)照相录像设备，(6)电算设备，(7)打字复印设备，(8)办公用房及设备，(9)生活用房及设备。

若甲方对乙方自备的设备进行补偿时，一般应写明补偿金额，其计算方法是：

补偿金额＝设备使用期占折旧期的比率×设备原值＋管理费。

在监理期间，若有特殊的检测项目，双方应增加有关此方面的约定，并写明检测费用的计算方式、支付时间和金额。

补偿金额＝设备使用期占折旧期的比率×设备原值＋管理费。

在监理期间，若有特殊的检测项目，双方应增加有关此方面的约定，并写明检测费用的计算方式、支付时间和金额。

附录2　水运工程施工监理规范

（交水发[2000]648号，JTJ 216—2000，2001年4月1日起施行）

1　总　　则

1.0.1　为加强水运工程建设质量管理，规范水运工程施工监理行为，提高综合经济效益和工程管理水平，有效控制工程工期和费用，制定本规范。

1.0.2　本规范适用于国家规定必须进行监理的水运工程项目，其他水运工程项目可参照执行。

1.0.3　承担水运工程施工监理的单位，应具有水运工程监理资质，具有法人资格，并应按批准的相应资质等级承担监理业务。

1.0.4　业主与监理单位应为委托与被委托的合同关系，双方应严格履行合同条款，监理单位代表业主应对工程项目进行监督管理。

1.0.5　监理单位与承包人应为监理与被监理的关系，承包人应按国家有关规定和合同文件接受监理。

1.0.6　监理单位与设计单位的协调应通过业主进行。

1.0.7　水运工程的施工监理，除应执行本规范外，尚应符合国家现行有关标准和法律、法规的规定。

2　术　　语

2.0.1　水运工程施工监理

监理单位根据国家法律、法规和监理合同的要求，依据工程技术标准、设计文件和合同文件等，遵照一定的准则，并采取相应的措施，从施工招标期到交工验收及保修期的整个施工阶段，对水运工程建设的质量、进度、费用进行控制，对合同和信息进行管理并协调有关参建各方关系。

2.0.2　监理机构

由具有监理资质和法人资格的监理单位派驻现场履行监理合同的组织。

2.0.3　监理工程师

取得监理工程师或专业监理工程师资格并承担工程项目监理工作的工程师。

2.0.4　总监理工程师

获得监理工程师资格，由监理单位任命并经业主认可，负责大、中型工程项目全部监理工作的高级工程师和小型工程项目全部监理工作的工程师。

2.0.5 总监理工程师代表

由总监理工程师授权，代表其对工程项目实施监理的监理工程师。

2.0.6 专业监理工程师

负责工程项目中某个专业监理工作的监理工程师。

2.0.7 监理员

经过监理业务培训，辅助施工现场监理并具备相应专业技能的人员。

2.0.8 旁站

监理人员对工程的重要环节或关键部位，实施全过程的现场监察。

2.0.9 巡视

监理工程师对施工现场或关键工序进行的经常性的检查活动。

2.0.10 合同文件

指施工合同、图纸、技术规格书、招投标书、中标通知书及其他有关文件。

2.0.11 监理合同

由业主与监理单位签署的明确双方在工程项目施工监理工作中责任、权力、义务等的协议和条款。

2.0.12 工程计量

按合同文件规定的计算方式与方法，对承包人完成的质量合格的工程或工作进行审核，确认其工程量或工作量。

2.0.13 支付

根据确认的工程量或工作量，按合同文件规定的价款及方法付款给承包人，包括预付款、中期支付和最终支付。

2.0.14 预付款

在工程开工前，根据合同文件规定预先支付给承包人的材料、设备和动员费用。

2.0.15 中期支付

在工程施工过程中，根据被批准的承包人的申请，按合同文件的有关条款，对承包人已完成的工程进行付款。

2.0.16 最终支付

签发“工程保修终止证书”后，根据承包人的申请，按照合同文件的有关规定，付清全部工程款。

2.0.17 交工验收及保修期

自承包人提出预验收申请及交工申请至签发“工程保修终止证书”的时期。

2.0.18 分包

经监理工程师和业主批准，承包人将其所承担的部分工程发包给其他承包人。

2.0.19 指定分包

按合同文件规定对某些专业性较强的工程施工或材料、机械设备的供应等，分包给由业主指定的其他承包人。

2.0.20 工地会议

监理工程师为有效地进行工程监理，在工程实施过程中围绕工程质量、进度、费用、合同管理等事宜召开的会议。

2.0.21 中间验收证书

当工程项目合同范围内的部分工程施工完成并满足业主和使用要求，经业主组织验收合格后签发的证明文件。

2.0.22 交工验收证书

当工程项目合同范围内的全部工程施工完成，经业主组织验收合格后签发的证明文件。

2.0.23 工程保修终止证书

工程保修期满，满足合同文件的规定，由业主组织复验后签发的终止承包人保修工作的证明文件。

3 一般规定

3.0.1 监理工程师应依据下列文件和资料进行施工监理：

(1)相关的法律、法规及有关工程技术标准等；

(2)经批准的工程设计文件；

(3)依法签订的监理合同与合同文件；

(4)经业主和监理工程师审查批准的施工组织设计及其他技术文件；

(5)业主、设计单位、监理机构和承包人在工程实施过程中有关的会议纪要和经确认的其他文字记载。

3.0.2 施工监理阶段应包括施工招标期、准备期、施工期、交工验收及保修期。

3.0.3 监理组织和人员应符合下列规定。

3.0.3.1 监理单位应按监理合同要求并根据工程的规模、特点、工期、环境条件等因素，组建工程项目监理机构。

3.0.3.2 监理机构应根据监理合同的规定，在现场设置相应资质的检测试验室或委托当地具有相应资质的检测试验室进行必要的检测和平行试验。

3.0.3.3 监理机构应设置总监理工程师，并配备相应监理人员和设备，监理工作应实行总监理工程师负责制。

3.0.3.4 在监理机构中从事监理工作的人员，应根据监理工作的需要，配备总监理工程师代表、专业监理工程师、监理员、测量和试验专业人员等。

3.0.4 监理机构应具有下列主要职责：

(1)协助业主进行施工招标；

(2)编写《监理规划》和《监理实施细则》；

(3)审查承包人编制的施工组织设计及施工总进度计划；

(4)向承包人移交工程控制点并核验承包人设置的测量控制网点或基线；

(5)组织或参加施工图纸会审，参加设计交底；

(6)检查施工人员、机械、材料的进场情况，审查承包人的开工申请，签署工程的开工令；

(7)主持或参加工地会议，并进行有关协调；

(8)控制施工质量，检查或检验建筑材料和构配件质量，检查施工原始记录及报告；

(9)对隐蔽、分项和分部工程在规定时间内进行检查验收并签认，对分项工程质量进行评定；

(10)组织或参加工程质量事故调查，协助审查质量事故的处理方案及其补救措施；

(11)检查工程进度和计划执行情况；

(12)审查工程变更引起的工程量变化；

(13)进行工程计量，审核支付申请；

(14)审核承包人提出的交工申请，组织初验合格后及时向业主转报；

(15)参与合同管理，审核索赔报告，协调各方关系；

(16)提交相应的施工质量评价意见和监理工作报告；

(17)协助业主审查竣工结算；

(18)审核承包人在保修期内对工程出现质量问题的处理方案和实施情况。

3.0.5 监理机构应具有下列主要权利：

(1)在监理合同规定的范围内，对受监工程独立进行监理；

(2)查阅受监工程的有关文件；

(3)参加业主和承包人召开的受监工程的有关会议；

(4)制止各种质量与性能不合格的建筑材料、构配件和设备进场；

(5)对质量不合格的工程和未进行验收的隐蔽工程拒绝计量；

(6)当工程进度滞后于计划时，要求承包人限期整改；

(7)对不符合要求的施工有权要求承包人改正，情况严重时，报告业主同意后可部分暂停施工、调整不称职的人员，直至建议业主更换承包人。

3.0.6 监理机构应具有下列主要义务：

(1)设置或更换总监理工程师应经业主认可；

(2)按监理合同的规定配备足够的监理人员常驻现场；

(3)定期向业主书面报告工程质量、进度和费用等情况；

(4)及时向承包人转达业主指令和修改设计；

(5)及时转达承包人对业主的要求、建议与意见等；

(6)按合同文件规定及时办理工程验收、工程计量和支付等签认手续。

3.0.7 监理人员应具有下列职责。

3.0.7.1 总监理工程师应具有下列职责：

(1)对监理合同的实施负全面责任，并定期向监理单位报告工作；

(2)明确监理机构职能分工和监理人员的岗位责任；

(3)主持编写《监理规划》，审批《监理实施细则》；

(4)审核承包人的施工组织设计；

(5)组织监理工作会议，签发监理机构有关文件，下达有关指令；

(6)参加招标和评标工作；

(7)审批承包人申报的有关申请报告和报审表；

(8)组织编制并签发监理月报；

(9)组织审查承包人的交工申请和交工预验收；

(10)组织实施工程项目保修期的监理工作；

(11)组织整理工程竣工监理档案资料，对工程项目的质量、进度和费用控制等进行全面总结，并编写监理工作总结报告。

3.0.7.2 专业监理工程师应具有下列职责：

(1)编制《监理实施细则》；

(2)组织并指导监理员的工作；

(3)审核承包人的施工方案；

(4)检查承包人的测量控制网点或测量基线；

(5)核实工程材料、设备的采购情况，检查进场材料、构配件和设备的质量；

(6)组织或参加隐蔽工程和分项、分部工程验收；

(7)检查工程情况，及时发现和处理工程问题；

(8)进行工程计量；

(9)检查承包人的施工资料；

(10)做好监理日记并定期向总监理工程师提交监理月报和监理工作总结。

3.0.7.3 监理员应具有下列职责：

(1)掌握工程施工情况，旁站监察承包人施工；

(2)记录工程进度的详细情况及有关情况；

(3)及时发现和纠正施工中出现的问题；

(4)做好详细准确的监理日记，及时向专业监理工程师汇报现场的异常情况。

3.0.8 监理工程师应按规定认真填写监理用表，并督促承包人按规定认真填写承包人用表。常用施工监理表见附录 A 。

3.0.9 监理工作应遵守下列规定。

3.0.9.1 监理单位和监理人员应依据“科学、公正、独立”的原则，全面履行施工监理的职责、权利与义务。

3.0.9.2 监理单位不得转让监理业务，不得超越等级承担监理业务。

3.0.9.3 监理单位不得与承包人及材料、构配件和设备供应等单位有利害关系。

3.0.9.4 监理人员不得在影响公正执行监理业务的单位兼职。

3.0.9.5 监理人员不得泄漏获悉的工程有关的商业秘密。

4 施工招标期监理

4.0.1 施工招标期，监理机构可根据监理合同的约定，承担下列主要工作：

(1)协助业主核定工程量；

(2)协助业主编写施工招标文件；

(3)协助业主审查投标人的资格；

(4)参加开标和评标工作；

(5)协助业主签订施工承包合同。

5 施工准备期监理

5.1 监理准备

5.1.1 监理单位应按监理合同要求，在规定时间内派出能满足工作需要的监理人员进驻现场，组建监理机构。

5.1.2 依据监理合同规定，监理单位应在所承担的工程项目现场，配备必要的监理设施与设备。

5.1.3 监理人员应全面熟悉合同文件、设计图纸，并掌握有关标准及测试方法。

5.1.4 总监理工程师应在监理合同签订后，主持制定《监理规划》，经监理单位技术负责人审定后，按时报送业主。

5.1.5 专业监理工程师应根据《监理规划》编制相应专业的《监理实施细则》，并经总监理工程师审定批准后施行。

5.1.6 《监理规划》应包括下列主要内容：

(1)工程项目概述，包括项目名称、地点、建设单位、建设规模、项目组成、结构型式等；

(2)监理工作依据；

(3)监理范围和目标，包括工作范围、工作内容和质量等级、进度、费用控制等；

(4)监理机构的组织形式、人员构成、职责分工和进场计划安排等；

(5)监理工作管理制度，包括信息资料管理制度、工地会议制度、工作报告制度和其他监理工作制度；

(6)工程质量控制，包括质量控制目标分解、质量控制程序、质量控制要点和质量风险控制措施等；

(7)工程进度控制，包括进度控制目标分解、进度控制程序、进度控制要点和进度风险控制措施等；

(8)工程费用控制，包括费用控制目标分解、费用控制程序和费用风险控制措施等；

(9)合同管理，包括工程变更、分包和索赔的管理及协调方法等。

5.1.7 《监理实施细则》应包括下列主要内容：

(1)工程概况；

(2)控制目标；

(3)施工工序的控制点及控制措施；

(4)采用的质量控制标准；

(5)隐蔽工程和分项工程的验收方法和程序

(6)文件处理程序。

5.1.8 监理机构应建立质量监控、图纸会审、材料检验、隐蔽、分项工程验收、工程质量整改、巡视和旁站、见证取样、送检和工地会议等制度。

5.1.9 监理工程师应根据合同文件的要求并结合工程项目的实际，制定质量、进度、费用控制和合同管理、信息管理的各种记录、报表、图式。

5.2 施工准备期监理

5.2.1 施工准备期监理应包括下列主要内容：

(1)召开第一次工地会议；

(2)施工监理交底；

(3)组织或参加图纸会审，参加设计交底会；

(4)审查承包人的施工组织设计；

(5)审查承包人的质量管理体系；

(6)向承包人移交工程控制点；

(7)核验承包人的测量控制网点或基线；

(8)审查承包人的工地实验室；

(9)审查承包人开工条件，签署开工令；

(10)审核签认承包人提交的“材料/构配件/设备报验单”。

5.2.2 施工组织设计的审查应符合下列规定。

5.2.2.1 施工组织设计的审查应包括下列主要内容：

(1)施工组织设计的签认手续；

(2)施工总平面布置；

(3)施工方法、质量标准及质量保证措施等；

(4)施工进度计划安排，包括人员、材料、设备的配备和施工用款计划；

(5)冬季、雨季施工措施和专项施工方案；

(6)安全、环保和文明施工措施。

5.2.2.2 承包人的项目经理部编制的施工组织设计应经承包人的技术负责人审查签认，并在规定的时间内填报“施工组织设计(方案)报审表”报监理机构审批。

5.2.2.3 施工组织设计应经总监理工程师组织审查批准后实施，当需要承包人修改时，应由总监理工程师签发书面意见，退回承包人修改，修改后重新报审。

5.2.2.4 对规模较大、施工工艺复杂的工程，经总监理工程师批准，其施工组织设计可分阶段报批施工方案，必要时应经业主审批。

5.2.3 承包人质量管理体系的审查应符合下列规定。

5.2.3.1 质量管理体系的审查应包括质量管理机构的设置、人员配备和管理制度的落实情况等。

5.2.3.2 质量管理体系应设置质量负责人和专职质量员，质量负责人应由项目经理或项目总工担任。

5.2.3.3 质量管理体系中各级管理人员及专业操作人员应持证上岗。

5.2.3.4 质量管理体系应以承包人自检为主，对每道工序应进行现场自检，签字后报验，以保证施工过程中的材料及工艺符合有关标准及设计要求。

5.2.4 承包人工地试验室的审查应符合下列规定。

5.2.4.1 监理机构应对试验室的资质、试验人员的专业、资历和资格等进行审查。当条件不具备时，应委托具有相应资质的试验室进行试验。

5.2.4.2 工地试验室试验设备的规格、性能、数量应满足现场试验的需要，计量设备应由计量部门定期检定。

5.2.5 监理机构应对承包人填报的“施工测量放线报验单”及时组织检查、核验。

5.2.6 开工条件的审查应符合下列规定。

5.2.6.1 监理机构应对承包人提交的“工程开工报审表”进行审查。

5.2.6.2 监理机构对开工条件的核查应包括下列内容：

(1)施工组织设计已经监理机构审批；

(2)测量控制网点和基线已核验合格；

(3)承包人施工和管理人员到位，施工设备已按需进场，主要材料已落实；

(4)现场水、电、路、通信已达到开工条件。

6　施工期监理

6.1　工程质量控制

6.1.1　工程质量控制应包括下列主要内容：

(1)“材料/构配件/设备报验单”的签认；

(2)巡视和旁站；

(3)典型施工的确认；

(4)实验成果和检测结果的审查；

(5)施工记录和有关资料的检查；

(6)组织召开必要的现场会议；

(7)组织隐蔽工程、分项和分部工程的验收。

6.1.2　工程质量控制应遵守下列原则。

6.1.2.1　工程质量控制应以预防为主，监督承包人按审查批准的施工组织设计进行施工。

6.1.2.2　应以合同文件和有关标准为依据，督促承包人全面实现承包合同约定的质量目标。

6.1.2.3　应对工程项目的人、机、料、方法、环境等因素进行全面检查，督促承包人落实质量管理体系。

6.1.2.4　对上道工序质量不合格或未进行验收，不得进行下道工序施工。

6.1.3　工程质量控制应遵循下列基本程序。

6.1.3.1　工程材料、构配件和设备应在承包人填写“材料/构配件/设备报验单”经监理工程师审核合格后进场。

6.1.3.2　隐蔽工程和分项工程应在收到承包人自检合格填写的“隐蔽工程/分项工程报验单”，进行现场检测、抽样试验、验收合格后，方可进行隐蔽工程掩盖或下道工序施工。对现场验收不合格的工程，应责成承包人限期纠正并重新报验。

6.1.4　“材料/构配件/设备报验单”的签认应符合下列规定：

(1)材料、构配件和设备定货前，应由承包人向监理机构提供生产厂家的生产许可证和相应资质等材料，必要时应进行考察；对新材料、新产品应核查鉴定证明和有关确认文件；

(2)对进场的材料，承包人应取得材料质保书，进行复检，并由监理工程师见证取样、送检，对重要材料应由监理机构进行平行试验；

(3)对进场的构配件和设备，经承包人复检、测试合格后，应由监理工程师进行现场检查并查验产品合格证书。

6.1.5　对承包人自行检测的材料和混凝土试件，监理机构应按承包人检测数量的10%进行平行试验。

6.1.6　巡视和旁站应按下列要求进行：

(1)监理工程师应采用目视、测量或抽检试验等手段，对工程进行巡视检查；

(2)监理工程师应对关键部位的混凝土浇注和倒滤层、沉桩、灌注桩、强夯、排水板、主要

构件及设备安装等施工过程进行旁站；

(3)对巡视和旁站所发现的质量问题，视程度可采用口头通知、监理例会纪要或监理通知单等形式，要求承包人予以改正，承包人应将整改结果书面报告监理工程师。

6.1.7 对重要工程部位的施工方案应进行审查确认；对重要分项工程，监理工程师应在开工前要求承包人进行典型施工，并在典型施工工艺和质量检查确认后，进行大面积施工。

6.1.8 监理工程师应对承包人的施工记录和有关资料进行检查，并进行工程的预验、复验、中间检查等工作。

6.1.9 对大型工程，监理机构应组织召开现场会，由各相关承包人对各施工项目进行互检。

6.1.10 隐蔽工程的验收应符合下列规定。

6.1.10.1 监理工程师应对经承包人自检合格报送的“隐蔽/分项工程报验单”在约定的时间内进行验收。

6.1.10.2 监理工程师对验收合格的隐蔽工程，应签认“隐蔽/分项工程报验单”；对不合格的隐蔽工程，应由承包人进行整改。

6.1.11 分项工程验收应符合下列规定。

6.1.11.1 监理工程师应对承包人自检合格报送的分项工程“隐蔽/分项工程报验单”在约定的时间内进行验收。

6.1.11.2 对验收合格的分项工程由监理工程师确认；对不合格的分项工程，应由承包人进行整改。

6.1.12 工程质量问题的处理应符合下列规定。

6.1.12.1 对施工过程中可以弥补的质量问题，应要求承包人立即改正，必要时应进行返工。

6.1.12.2 对需要加固补强的质量缺陷，应责成承包人写出质量问题报告，并报告业主，由承包人按设计单位的意见进行修补和加固。

6.1.12.3 对施工期间发生的质量事故，监理工程师应立即要求承包人暂停该项工程的施工，并要求承包人采取有效的技术处理措施。当提交的技术处理措施得到批准后，应恢复施工。

6.2 工程进度控制

6.2.1 工程进度控制应包括下列主要内容：

(1)检查各施工项目之间的合理搭接和进度安排的合理性；

(2)审查承包人的人员、船机、材料、设备的供应计划；

(3)检查进度安排与施工程序的协调；

(4)检查进度与其他计划的协调；

(5)审查进度安排的合理性。

6.2.2 工程进度控制应遵守下列原则：

(1)应保证合同文件约定的工期目标；

(2)应保证工程质量和施工安全；

(3)应采用动态的控制方法，对关键路线进行控制。

6.2.3 工程进度控制应遵循下列基本程序：

(1)对承包人报送的总进度计划、年进度和季进度计划，依据施工组织设计进行审查；

(2)对承包人报送的月进度计划进行审查签认；

(3)对月进度计划实施情况进行检查、分析；

(4)当工程进度严重偏离工期目标时应签发“监理业务联系(通知)单”，要求承包人采取调整措施，直至实现计划目标。

6.2.4 应对工程进度计划进行动态控制，做到日掌握、周检查、月总结，并应符合下列规定：

(1)应收集有关进度报表资料；

(2)应检查工程进度的执行情况，核实承包人提交的进度报表、资料，每半月或一个月进行一次工程进度统计，报送业主；

(3)应定期主持或参加有关工程进度协调会议；

(4)应采用反映工程实际进度与计划进度差异的进度控制图、表，对工程实际进度进行分析和评价。

6.2.5 施工进度计划的调整应符合下列规定：

(1)根据对实际工程进度的分析，当关键路线的工期滞后时，应及时要求承包人对施工进度进行调整，加大施工力度，其调整措施应经监理机构批准；

(2)因业主、设计或不可抗力因素导致的工期延误，监理工程师应审查签认并经业主批准后由承包人重新调整施工进度计划；

(3)对承包人造成的工期延误，承包人拒绝接受监理机构提出的进度调整要求时，监理工程师应对承包人发出书面警告，并及时向业主报告。

6.3 工程费用控制

6.3.1 工程费用控制应包括下列主要内容：

(1)审核工程费用年度使用计划；

(2)签认预付款申请；

(3)工程计量，签认中期支付申请；

(4)签认变更支付申请；

(5)定期进行工程费用分析；

(6)制定索赔防范措施，签认索赔文件。

6.3.2 工程费用控制应遵守下列原则。

6.3.2.1 应依据国家法规、技术标准和合同文件等有效控制工程费用。

6.3.2.2 对报验资料不全、与合同文件约定不符或质量不合格的工程，不应进行工程计量。

6.3.2.3 监理工程师应在规定的期限内签认工程款申请。

6.3.2.4 对工程费用的索赔应合理、公正。

6.3.3 工程预付款申请应在承包人出示履约保函后依据合同文件签认。

6.3.4 工程计量应符合下列规定。

6.3.4.1 对单价合同，应根据合同文件规定，核实和确认工程实际发生的工程量。

6.3.4.2 对总价合同，应根据承包人中标价，按项目进行分解，并将管理费等其他费用分摊在各项中，形成调整单价，报业主批准后执行。

6.3.4.3 工程计量按合同文件规定的方法，可每月计量一次，也可按工程部位计量。

6.3.4.4 工程量的核查应以施工图为依据。

6.3.4.5　监理工程师对承包人填报的工程量有异议时，应会同承包人对工程量进行核实，总监理工程师应对核实的工程量进行签认，并通知承包人。

6.3.4.6　监理机构应按合同文件规定核实已完工程的费用。

6.3.5　中期支付申请应以核实的工程量和工程费用为准，由总监理工程师签认。中期支付应依据合同文件的规定扣除工程预付款。

6.3.6　因工程变更、物价和费率调整等原因引起工程费用的变化，应按合同文件规定，与业主和承包人协商确定新的工程费用，并签认变更支付申请。

6.3.7　监理机构应依据合同文件的规定对承包人提出的索赔报告进行核查，或对承包人造成的工程损失进行测算，并经业主和承包人协商一致后签认索赔文件。

6.4　合同管理

6.4.1　合同管理应包括下列主要内容：

(1)分包工程管理；

(2)工程变更管理；

(3)索赔管理；

(4)工程保险管理；

(5)争端调解。

6.4.2　合同管理应遵守下列原则。

6.4.2.1　监理工程师应科学公正地对施工合同进行监督管理。当发生合同争端时，应进行调解或为仲裁机构提供材料。

6.4.2.2　监理工程师应对合同进行动态管理，及时发现和纠正合同违约行为。

6.4.3　分包工程的管理应符合下列规定。

6.4.3.1　分包工程的审查应包括下列内容：

(1)分包人的营业执照和资质等级证书、专业施工许可证、分包工程管理人员的资质及施工机械状况等；

(2)分包工程的类别与数量；

(3)分包工程采用的技术标准与验收标准；

(4)分包工程的工期。

6.4.3.2　监理工程师应通过承包人对分包工程进行管理。监理工程师应对分包工程进行监督检查，发现问题应要求承包人负责处理。对指定分包工程发现的问题应由指定分包人负责。

6.4.4　工程变更的管理应符合下列规定。

6.4.4.1　业主和设计单位提出的工程变更，监理工程师应根据合同文件规定办理有关手续。

6.4.4.2　承包人提出施工工艺变更，监理工程师应进行审查。

6.4.4.3　承包人提出工程设计变更，监理工程师应进行审查，并取得业主同意，由业主委托设计单位修改设计。

6.4.4.4　监理工程师应对承包人提交的“延长工期报审表”进行审查，报业主批准。

6.4.5　对承包人提出的费用索赔报告，监理工程师应就其中申述的理由进行调查，并根据有关程序报业主批准。

6.4.6　监理工程师应进行工程保险情况的检查。工程保险应满足合同保险金额和合同工期的要求。

6.4.7 当业主和承包人因合同争端要求调解时，监理工程师应对争端事件进行调查，并按合同文件规定进行调解。当需由仲裁机构仲裁时，监理工程师应为仲裁机构提供准确真实的材料。

6.5 工地会议

6.5.1 监理工程师应根据合同文件规定和工程具体特点，主持或参加工地会议，其形式宜为第一次工地会议、周例会、月度生产协调例会和专题会议等。

6.5.2 第一次工地会议应符合下列规定。

6.5.2.1 第一次工地会议应在下达工程开工令前进行。

6.5.2.2 第一次工地会议应由业主或总监理工程师主持，业主代表及有关职能人员、设计代表、承包人项目经理及有关职能人员、分包人负责人、监理机构总监理工程师代表、专业监理工程师及有关人员应参加会议。

6.5.2.3 第一次工地会议应包括下列主要内容：

(1)人员介绍；

(2)承包人施工准备情况介绍；

(3)业主职能部门和办事程序说明；

(4)总监理工程师施工监理程序介绍和协调方式确定。

6.5.3 周例会和月度生产协调例会应符合下列规定。

6.5.3.1 业主、承包人和监理机构应通过周例会和月度生产协调例会进行信息交流和沟通协调解决存在的问题。

6.5.3.2 周例会和月度生产协调例会应在施工期内定期召开，周例会每周召开一次，月度生产协调例会每月召开一次。

6.5.3.3 周例会应由总监理工程师、总监理工程师代表或专业监理工程师主持，承包人负责人、分包人负责人及其他有关人员应参加会议，业主代表可视情况参加会议。

6.5.3.4 月度生产协调例会应由总监理工程师或业主主持，承包人负责人、分包人负责人、业主代表及其他有关人员应参加会议。

6.5.3.5 周例会和月度生产协调例会应包括下列主要内容：

(1)检查上次例会纪要落实情况，分析未落实的原因；

(2)检查工程进度情况，确定下一阶段进度目标；

(3)检查现场材料、构配件和设备供应情况，分析存在的质量问题；

(4)分析工程质量和工程技术方面的有关问题，明确主要改进措施；

(5)讨论工程费用核定及工程款支付中的有关问题；

(6)讨论工程变更、存在的主要问题；

(7)检查施工环境和施工安全等情况；

(8)讨论索赔问题；

(9)协调分包工程的管理；

(10)明确对进度计划和工程质量的要求等。

6.5.3.6 周例会和月度生产协调例会应由专人记录，并形成会议纪要，其内容应真实、简明扼要。会议纪要应由会议主持人签发，并应附有参加会议人员签字表。纪要中提出的问题应在规定时间内予以解决。

6.5.4 专题会议应符合下列规定。

6.5.4.1 对施工专项问题，监理机构应及时组织召开专题会议。

6.5.4.2 专题会议应对发现的质量问题及时予以纠正，并对其他重大问题进行讨论。

6.5.4.3 专题会议应由总监理工程师或专业监理工程师主持，业主代表、承包人负责人、分包人负责人及其他有关人员应参加会议，必要时也可聘请有关专家参加会议。

6.5.4.4 专题会议应由监理人员作好记录，并形成会议纪要，由总监理工程师签发。

6.6 施工监理交底

6.6.1 监理机构应在第一次工地会议后、下达工程开工令前向承包人进行施工监理交底，其中心内容是贯彻《监理规划》和《监理实施细则》。

6.6.2 施工监理交底应由总监理工程师或专业监理工程师主持。

6.6.3 施工监理交底应包括下列主要内容：

(1)有关法律、法规和技术标准等；

(2)《监理规划》和《监理实施细则》；

(3)监理工作内容和有关报表的填报要求；

(4)监理工作的基本程序和方法等。

7 交工验收及保修期监理

7.1 交工验收

7.1.1 交工验收应包括下列主要内容：

(1)审查承包人的预验收申请报告；

(2)对全部完成或部分完成的工程进行预验收；

(3)审查承包人的交工验收报告或中间验收报告及其他有关交工资料；

(4)对申请交工工程提出质量等级评价建议；

(5)审查承包人工程保修期的质量保证计划；

(6)审查交工结算；

(7)参加交工验收会议，并签认“交工验收证书”或“中间验收证书”；

(8)提交监理工作总结报告。

7.1.2 交工资料应真实、完整，并符合档案管理要求。

7.1.3 工程预验收应满足下列要求：

(1)施工合同范围内的全部工程已完成或根据业主要求部分工程已完成；

(2)施工中出现的质量缺陷已得到弥补；

(3)申请交工工程的整体尺寸、外观和质量满足有关要求。

7.1.4 申请交工工程的质量等级评价应符合现行有关行业标准的规定。

7.1.5 交工验收合格后，监理机构应签认“交工验收证书”或“中间验收证书”。

7.1.6 监理机构应对交工结算进行审查，协调处理工程费用的遗留问题，依据合同文件的规定扣留工程保修金。

7.1.7 因特殊原因，部分单位工程和部分须甩项交工时，双方订立甩项交工协议，明确各方责任。

7.2 保修期监理

7.2.1 保修期监理应包括下列主要内容：

(1)检查工程质量情况；

(2)审查或估算修复费用；

(3)审查承包人的补充资料；

(4)审查承包人的工程保修终止报告；

(5)签认“工程保修终止证书”。

7.2.2 监理单位应配备必要的监理人员，定期检查工程质量。

7.2.3 监理工程师应对工程缺陷发生的原因进行调查。对承包人原因造成的工程质量缺陷应责成承包人进行修复；对非承包人原因造成的工程质量缺陷，监理工程师应协助业主对修复工作进行费用估算。

7.2.4 “工程保修终止证书”的签认应满足下列条件：

(1)保修期满，承包人已完成全部工程保修工作，工程质量符合规定并满足使用要求；

(2)工程已通过监理机构、业主、质监部门的联合检查和确认。

8 信息与资料管理

8.1 信息管理

8.1.1 监理机构应对信息的收集、分类、处理、储存、传递和发布进行管理，可根据工程建设需要运用人工与计算机辅助管理相结合的手段建立信息管理系统。

8.1.2 信息可按监理目标划分为质量控制信息、进度控制信息、费用控制信息和合同管理信息等。

8.1.3 信息管理应建立信息收集、鉴别、整理和保存等管理制度，并对工程质量、进度、费用和合同等信息进行整理归类。

8.2 资料管理

8.2.1 监理资料主要应包括监理记录、监理月报和监理工作总结报告等。

8.2.2 监理记录资料应包括下列主要内容：

(1)各分项工程批准开工、质量检验和材料试验结果记录；

(2)重要部位或隐蔽工程的检验记录、照片、录像等；

(3)监理业务联系(通知)单；

(4)监理日记；

(5)旁站监理记录；

(6)平行试验资料；

(7)工地会议纪要等。

8.2.3 监理月报资料应包括下列主要内容：

(1)工程概述；

(2)工程质量情况；

(3)工程进度分析；

(4)工程款支付统计表；

(5)监理工作执行情况；

(6)对承包人要求；

(7)下月监理工作要点。

8.2.4 监理工作总结报告应包括下列主要内容：

(1)工程概况；

(2)监理单位及监理工作起、止时间；

(3)关于工程质量、进度、费用控制及合同管理的执行情况；

(4)分项、分部、单位工程质量评估；

(5)工程费用分析；

(6)对工程建设中存在问题的处理意见和建议；

(7)对工程的使用要求；

(8)照片或录像。

8.2.5 监理单位的监理资料归档应包括下列资料：

(1)监理合同和施工合同；

(2)《监理规划》和《监理实施细则》；

(3)与业主、设计单位和承包人的往来文件；

(4)会议纪要、监理业务联系(通知)单；

(5)质量控制资料及质量事故处理报告；

(6)“隐蔽/分项工程质量报验单”和“单位工程质量评定表”；

(7)专题报告；

(8)工程费用控制资料；

(9)监理月报；

(10)工程质量评价建议；

(11)监理工作总结报告；

(12)工程交工验收资料及“交工验收证书”或“中间验收证书”等。

8.2.6 监理机构应向业主提供下列主要资料：

(1)《监理规划》和《监理实施细则》；

(2)与业主、设计单位和承包人的往来文件；

(3)会议纪要、监理业务联系(通知)单；

(4)专题报告；

(5)监理月报；

(6)工程质量评价建议；

(7)监理工作总结报告等。

附录 A　常用施工监理表

A.0.1　承包人用表

表 A.0.1-1　施工组织设计(方案)报审表　(监 A-01)
表 A.0.1-2　分包单位资格报审表　(监 A-02)
表 A.0.1-3　施工测量放线报验单　(监 A-03)
表 A.0.1-4　工程开工报审表　(监 A-04)
表 A.0.1-5　材料/构配件/设备报验单　(监 A-05)
表 A.0.1-6　工程材料(试验)送检见证单　(监 A-06)
表 A.0.1-7　隐蔽/分项工程报验单　(监 A-07)
表 A.0.1-8　整改复查报审表　(监 A-08)
表 A.0.1-9　工程质量问题(事故)报告单　(监 A-09)
表 A.0.1-10　工程质量事故处理方案报审表　(监 A-10)
表 A.0.1-11　技术核定报审表　(监 A-11)
表 A.0.1-12　工程施工计划(调整)报审表　(监 A-12)
表 A.0.1-13　延长工期报审表　(监 A-13)
表 A.0.1-14　复工报审表　(监 A-14)
表 A.0.1-15　预付款申请表　(监 A-15)
表 A.0.1-16-1　工程(月)付款申请表　(监 A-16-1)
表 A.0.1-16-2　工程(月)付款报审表　(监 A-16-2)
表 A.0.1-17　工程变更费用申请表　(监 A-17)
表 A.0.1-18　索赔报审表　(监 A-18)
表 A.0.1-19　工程业务联系单　(监 A-19)
表 A.0.1-20　单位工程质量核验申请表　(监 A-20)
表 A.0.1-21　单位工程质量评定表　(监 A-21)
表 A.0.1-22　交工申请报告单　(监 A-22)
表 A.0.1-23　中间验收证书　(监 A-23)
表 A.0.1-24　交工验收证书　(监 A-24)
表 A.0.1-25　工程保修终止证书　(监 A-25)

施工组织设计(方案)报审表

表 A.0.1-1

监 A-01

工程名称：________________ 编号：______

监理机构：________________

现报上________《施工组织设计(方案)》(全套、部分),已经我单位上级技术部门审查批准,请予审查和批准。

附件：

1.

2.

3.

承包单位：________________

技术负责人：________ 报审日期：________

监理机构审查意见：

并于______月______日前报来

总监理工程师：________ 日 期：________

业 主 代 表：________ 日 期：________

分包单位资格报审表

表 A.0.1-2

监 A-02

工程名称：________________ 编号：________

监理机构：____________

经审查分包人______能胜任下述工程，可以保证工程按全部合同文件的规定执行。分包后，我们负责总包责任，请予审查批准。

附件：

1. 企业介绍
2. 历年承包主要工程介绍
3. 营业执照复印件
4. 企业资质证书
5. 有关许可证
6. 本项目负责人履历表
7. 企业主要人员履历表

承 包 人：____________

负 责 人：______ 日 期：______

分包工程名称	工程量	单 位	分包总价	占总价的 %
合 计				

监理机构审查意见：

总监理工程师：______ 日 期：______

业 主 代 表：________ 日 期：______

本表由承包人填报，一式三份，经监理审批后，业主、监理、承包人各一份。

施工测量放线报验单

表 A. 0. 1-3

监 A-03

工程名称：______________________　　编号：________

监理机构：________

根据合同文件要求，我们已完成________ 工程的施工控制网、点(基线)布设，请予查验。

附件：

1. 测量控制网、点布设资料。

2. 水准点布设资料。

承 包 人：______________

负 责 人：______　日 期：______

工程或部位名称	放 样 内 容	备 注

监理工程师核验意见：

1. 查验合格 □

2. 纠正差错后合格 □

3. 纠正差错后再报 □

监理工程师：________　日 期：________

本表由承包人填报，一式三份，经监理审批后，业主、监理、承包人各一份。

工程开工报审表 表 A.0.1-4

监 A-04

工程名称：______________ 编号：________

监理机构：____________

我单位承担________准备工作已完成。

1.施工组织设计(方案)已审批□

2.劳动力按计划已进场□

3.机械设备已进场□

4.管理人员全部到位 □

5.施工材料已备齐□

6.开工前的各种手续已办妥(见附件)□

7.其他 □

特此申报开工，请批准。

承 包 人：____________

负 责 人：________ 日 期：________

监理机构审查意见：

总监理工程师：________ 日 期：________

业主审查意见：

业主负责人：________ 日 期：________

工程项目开工由业主审批，单位工程由监理机构审批。

本表由承包人填报，一式三份，经监理、业主审批后，业主、监理、承包人各一份。

材料/构配件/设备报验单

表 A.0.1-5

监 A-05

工程名称：________________　　　　编号：________

监理机构：________________

清单所列工程材料/构配件/设备经检验，符合设计及有关规范要求，请批准使用。

名称	规格	单位	数量	生产厂家	复试单/检验单

附件：

1. 出厂合格证______份　　2. 复试/检验报告______份

3. 准用证______份　　4. 商检证______份

5. ______份

承包人：________________

技术负责人：__________ 日 期：__________

监理工程师审查意见：

1. 同意　　2. 补充材料　　3. 不同意

监理工程师：__________ 日 期：__________

本表由承包人填报，一式三份，经监理审批后，业主、监理、承包人各一份。

工程材料(试验)送检见证单

表 A. 0. 1-6

监 A-06

工程名称：________________________ 编号：________

监理机构：______________________

下列材料准备送检或试验：

材料或试验名称：__________

送 检 日 期：________

检测试验室名称：________

请派员见证。

送检单位：______________________

送检人：________ 日 期：________

见证监理工程师：________ 日 期：________

本表由承包人填报，一式三份，经监理审批后，业主、监理、承包人各一份。

隐蔽/分项工程报验单

表 A.0.1-7

监 A-07

工程名称：______________________ 编号：________

监理单位：______________________

按合同文件和规范要求，已完成__________隐蔽、分项工程，并经自检合格，报请查验。

附件：自检资料(隐蔽工程验收记录，分项工程质量检验评定表)

承 包 人：______________

负 责 人：________ 日 期：________

监理工程师验收意见：

经检查质量等级：

1. 优良

2. 合格

3. 不合格

监理工程师：________ 日 期：________

本表由承包人填报，一式三份，经监理审批后，业主、监理、承包人各一份。

整改复查报审表

监 A-08

工程名称：______________　　编号：______

监理机构：______________

根据第______号监理通知单或监理要求，我们已于______年______月______日整改完成，情况如下：

请予复查

承包人：______________

负责人：______ 日期：______

监理工程师复查意见：

监理工程师：______ 日期：______

本表由承包人填报，一式三份，经监理审批后，业主、监理、承包人各一份。

工程质量问题(事故)报告单

表 A. 0. 1-9

监 A-09

工程名称：________________　　　　编号______

监理机构：________________

______年_____月_____日_____时在__________部位(详见设计图纸__________)，发生工程质量问题(事故)，报告如下：

1. 问题(事故)经过及原因的初步分析：

2. 造成损失及人员伤亡：

3. 补救措施及初步处理意见：

待进一步调查后，再另作详细报告，并提出处理方案上报审查。

承 包 人：____________

负 责 人：________ 日 期：________

监理机构意见：

监理工程师：________ 日 期：________

总监理工程师：________ 日 期：________

业主意见：

业主负责人：________ 日 期：________

抄 报：

本表由承包人填写，一式四份，监理、业主、设计、承包人各一份，重大质量事故报质监站。

工程质量事故处理方案报审表

表 A.0.1-10

监 A-10

工程名称：________________　　编号：________

监理机构：________________

________年________月______日________时，在____________部位（详见设计图纸__________），发生的____________工程质量事故，已于______月______日提出《工程质量问题（事故）报告单》。现提出处理方案，请予审查。

附件：

1. 工程质量事故详细报告

2. 工程质量事故处理方案

承 包 人：________________

负 责 人：__________　日 期：__________

监理机构审查意见：

监理工程师：__________　日 期：__________

总监理工程师：__________　日 期：__________

业主审查意见：

业主负责人：__________　日 期：__________

抄报：

本表由承包人填写，一式四份，监理、业主、设计、承包人各一份，重大质量事故报质监站。

技术核定报审表

表 A. 0. 1-11

监 A-11

工程名称：________________ 编号：________

监理机构：________________

因________的原因，提出第______号技术核定单，请予审批。

附件：

承 包 人：________________

负 责 人：________ 日 期：________

监理机构审查意见：

监理工程师：________ 日 期：________

总监理工程师：________ 日 期：________

本表由承包人填报，一式三份，经监理审批后，业主、监理、承包人各一份。

工程施工计划(调整)报审表

监 A-12　　　　　　　　　　　　　　　　　　　　　　　　　　　　　　　表 A. 0. 1-12

工程名称:______________________　　　　　　　　　　　　　　　　编号:________

监理机构:____________________

兹报上__________工程施工计划(调整),请审核批准。

编制说明:

附件:

施工计划(调整)表

承 包 人:____________________

编 制 人:__________ 日 期:__________

监理机构审查意见:

1. 同意

2. 不同意

3. 应补充

监理工程师:__________ 日 期:__________

总监理工程师:__________ 日 期:__________

本表由承包人填报,一式三份,经监理审批后,业主、监理、承包人各一份。

延长工期报审表

监 A-13　　　　　　　　　　　　　　　　　　　　　　　　　　表 A. 0. 1-13

工程名称：____________________　　　　　　　　　　　　　　编号：________

监理机构：____________________

________________工程，根据合同文件条款的规定，由于________的原因，我方要求工期从原来的______年______月______日延长到______年______月______日，延长工期______天，请予核准。

延长工期计算：

附件：

承 包 人：____________________

负 责 人：__________ 日 期：__________

监理机构审查意见：

监理工程师：__________ 日 期：__________

总监理工程师：__________ 日 期：__________

业主审定意见：

业主代表：__________ 日 期：__________

业主负责人：__________ 日 期：__________

本表由承包人填报，一式三份，经监理、业主审批后，业主、监理、承包人各一份。

复工报审表

表 A. 0. 1-14

监 A-14

工程名称：____________________　　编号：________

监理机构：____________________

鉴于________工程的停工因素(见停工通知单第______号)已经消除，特请批准复工。

附件：具备复工条件的情况说明

承包人：____________________

负责人：__________ 日期：__________

监理机构审定意见：

监理工程师：__________ 日期：__________

总监理工程师：__________ 日期：__________

本表由承包人填报，一式三份，经监理审批后，业主、监理、承包人各一份。

预付款申请表

表 A.0.1-15

监 A-15

工程名称：________________________编号：__________

监理机构：____________________________

根据合同的约定，建设单位应于________年________月________日前支付我单位工程预付款(大写)__________元。

承 包 人：_________________________

负 责 人：_________日 期：__________

监理机构审核意见：

经审核，承包人的申请符合合同条件规定，应支付工程预付款为(大写)_________元，请业主核定支付。

说明：

监理工程师：_________日 期：_________

总监理工程师：_________日 期：_________

本表由承包人填报，一式三份，经监理审批后，业主、监理、承包人各一份。

工程(月)付款申请表

表 A.0.1-16-1

监 A-16-1

工程名称：______________________ 编号：________

监理单位：____________________

兹申报______年______月完成合同项目总计________元,请予核验量测。

附件：

1.工程检验认可证明

2.承包单位工程量完成统计报表

承 包 人：____________________

负 责 人：__________ 日 期：__________

监理机构审核意见：

附件：工程(月)付款报审表

监理工程师：__________ 日 期：__________

总监理工程师：__________ 日 期：__________

本表由承包人填报，一式三份，经监理审批后，业主、监理、承包人各一份。

工程(月)付款报审表

表 A.0.1-16-2

监 A-16-2

工程名称:________________ 编号:________

监理机构:________________

兹申报______年______月完成合同项目总计______元,请予核验量测,你计量的结果将作为我本期申请该工程进度款的依据。

附:

承包人______年______月份工程进度统计月报表。

承 包 人:________________

负 责 人:________ 日 期:________

监理机构核验量测与承包人统计月报表有差别项目:

统计报表序号	项目名称	单位	承包人申报			监理机构核定		
			数量	单价	合价	数量	单价	合价
合计								

经核验量测本期应付合同项目的工程款为:

$$\frac{(\qquad\qquad)}{\text{施工单位申报额}}-\frac{(\qquad\qquad)}{\text{监理量测有差别项}}=\frac{(\qquad\qquad)}{\text{本期应付工程款}}$$

监理工程师:________ 日 期:________

总监理工程师:________ 日 期:________

本表一式四份,经监理核定后,业主、监理各一份,承包人二份。

工程变更费用申请表

表 A. 0. 1-17

监 A-17

工程名称：______________　　　　编号：______

变更项目	

监理机构：______________

依据______年______月______日第______号工程业务联系单，申请变更费用如下。请审核。

项目名称	原设计数量				变更后数量				工程款增(+)减(−)
	工程量	单位	单价	合计	工程量	单位	单价	合计	

变更情况及理由：

承 包 人：______________

负 责 人：________ 日 期：________

监理机构审查意见：

监理工程师：________ 日 期：________

总监理工程师：________ 日 期：________

业主审定意见：

业主代表：________ 日 期：________

业主负责人：________ 日 期：________

本表由承包人填报，一式三份，经监理、业主审批后，业主、监理、承包人各一份。

索赔报审表 表 A.0.1-18

监 A-18

工程名称：________________ 编号：________

监理机构：________________

________________工程，根据合同条款的规定，由于________________的原因，要求索赔金额（人民币）________元，请予核准。

索赔金额计算：

附件：证明材料

承包人：________________

负责人：________ 日期：________

监理机构审查意见：

监理工程师：________ 日期：________

总监理工程师：________ 日期：________

本表由承包人填报，一式三份，经监理审批后，业主、监理、承包人各一份。

工程业务联系单

表 A. 0. 1-19

监 A-19

工程名称：＿＿＿＿＿＿＿＿＿＿ 编号：＿＿＿＿

监理机构：＿＿＿＿＿＿＿＿＿＿

事由：

内容：

承 包 人：＿＿＿＿＿＿＿＿

负 责 人：＿＿＿＿ 日 期：＿＿＿＿

监理机构意见：

监理工程师：＿＿＿＿ 日 期：＿＿＿＿

总监理工程师：＿＿＿＿ 日 期：＿＿＿＿

单位工程质量核验申请表

表 A. 0. 1-20

监 A-20

申请单位：　　　　　　　　　　　　　　　　　　　　编号：________

单位工程名称	
业　主	
承 包 人	
监理机构	
工程造价	
开、竣工日期	
申请核验时间	

承包人验收意见及自评等级：

技术负责人：________ 日　期：________

项目经理：________ 日　期：________

监理机构验收意见：

监理工程师：________ 日　期：________

总监理工程师：________ 日　期：________

业主单位验收意见：

业主负责人：________ 日　期：________

设计单位验收意见：

项目负责人：________ 日　期：________

单位工程质量评定表

表 A.0.1-21

监 A-21

工程名称：____________________ 编号：__________

单位工程			分部工程			分项工程		
名称	分部工程优良率（%）	评定等级	名称	分项工程优良率（%）	评定等级	名称	符合偏差要求率（%）	评定等级

本表由施工单位填报，本表一式四份，业主、监理、质监站、承包人各一份。

交工申请报告单

表 A. 0. 1-22

监 A-22

编号：____________

年　　月　　日

<table>
<tr><td rowspan="2">工程编号</td><td>建设单位：</td><td rowspan="2">工程名称</td><td rowspan="2"></td></tr>
<tr><td>施工单位：</td></tr>
<tr><td>实际开工
日 期</td><td></td><td>合同规定
开工日期</td><td></td></tr>
<tr><td>实际交工
日 期</td><td></td><td>合同规定
交工日期</td><td></td></tr>
<tr><td>工程总价</td><td></td><td>交 工 部
分价值</td><td></td></tr>
<tr><td>使用单位</td><td></td><td>施工单位</td><td></td></tr>
<tr><td>交工部分工
程简要内容</td><td colspan="3"></td></tr>
</table>

交工准备说明：

1. 质量自检情况说明

2. 内业归档资料情况说明

承包人：__________ 日期：________

项目经理：__________ 日期：________

监理机构审查意见：

总监理工程师：________ 日 期：________

业主审查意见：

业主负责人：________ 日 期：________

本表由承包人填报，一式三份，经监理、业主审批后，业主、监理、承包人各一份。

中间验收证书　　表 A. 0. 1-23

监 A-23

编号：________　　年　　月　　日

<table>
<tr><td rowspan="2">工程编号</td><td>建设单位：</td><td rowspan="2">工程名称</td><td rowspan="2"></td></tr>
<tr><td>施工单位：</td></tr>
<tr><td>工程总价</td><td></td><td>交工项目</td><td></td></tr>
<tr><td>开工日期</td><td></td><td>交工工程价值</td><td></td></tr>
<tr><td>竣工日期</td><td></td><td>验收日期</td><td></td></tr>
<tr><td>使用单位</td><td colspan="3"></td></tr>
<tr><td>工程内容</td><td colspan="3"></td></tr>
<tr><td>质量鉴定</td><td colspan="3"></td></tr>
<tr><td>试车记录</td><td colspan="3"></td></tr>
<tr><td>验收鉴定意见</td><td colspan="3"></td></tr>
<tr><td rowspan="2">建设单位</td><td>主管</td><td>代表</td><td rowspan="2">建设单位公章</td></tr>
<tr><td></td><td></td></tr>
<tr><td rowspan="2">设计单位</td><td>主管</td><td>设计负责人</td><td rowspan="2">设计单位公章</td></tr>
<tr><td></td><td></td></tr>
<tr><td rowspan="2">施工单位</td><td>主管</td><td>施工负责人</td><td rowspan="2">施工单位公章</td></tr>
<tr><td></td><td></td></tr>
<tr><td rowspan="2">监理单位</td><td>总监</td><td>监理工程师</td><td rowspan="2">监理单位公章</td></tr>
<tr><td></td><td></td></tr>
<tr><td rowspan="2">监督单位</td><td>主管</td><td>监督负责人</td><td rowspan="2">监督单位公章</td></tr>
<tr><td></td><td></td></tr>
</table>

交工验收证书

表 A.0.1-24

监 A-24

编号：__________　　　　年　　月　　日

<table>
<tr><td rowspan="2">工程编号</td><td>建设单位：</td><td rowspan="2">工程名称</td><td rowspan="2"></td></tr>
<tr><td>施工单位：</td></tr>
<tr><td>工程地点</td><td colspan="3"></td></tr>
<tr><td>合同开工日期</td><td></td><td>实际开工日期</td><td></td></tr>
<tr><td>合同竣工日期</td><td></td><td>实际交工日期</td><td></td></tr>
<tr><td>合同总价</td><td></td><td>实际总价</td><td></td></tr>
<tr><td>工程内容</td><td colspan="3"></td></tr>
<tr><td>质量鉴定</td><td colspan="3"></td></tr>
<tr><td>试车记录</td><td colspan="3"></td></tr>
<tr><td>验收鉴定意见</td><td colspan="3"></td></tr>
<tr><td rowspan="2">建设单位</td><td>主 管</td><td>代 表</td><td rowspan="2">建设单位公章</td></tr>
<tr><td></td><td></td></tr>
<tr><td rowspan="2">设计单位</td><td>主 管</td><td>设计负责人</td><td rowspan="2">设计单位公章</td></tr>
<tr><td></td><td></td></tr>
<tr><td rowspan="2">施工单位</td><td>主 管</td><td>施工负责人</td><td rowspan="2">施工单位公章</td></tr>
<tr><td></td><td></td></tr>
<tr><td rowspan="2">监理单位</td><td>总 监</td><td>监理工程师</td><td rowspan="2">监理单位公章</td></tr>
<tr><td></td><td></td></tr>
<tr><td rowspan="2">监督单位</td><td>主 管</td><td>监督负责人</td><td rowspan="2">监督单位公章</td></tr>
<tr><td></td><td></td></tr>
</table>

工程保修终止证书

表 A. 0. 1-25

监 A-25

编号：________　　　　　　　　　　　　　　　　　　年　　月　　日

<table>
<tr><td rowspan="2">工程编号</td><td>建设单位：</td><td rowspan="2">工程名称</td><td rowspan="2"></td></tr>
<tr><td>施工单位：</td></tr>
<tr><td>工程地点</td><td colspan="3"></td></tr>
<tr><td>合 同
交工日期</td><td></td><td>实 际
交工日期</td><td></td></tr>
<tr><td>合同保修
终止日期</td><td></td><td>实际保修
终止日期</td><td></td></tr>
<tr><td>合同保修价款</td><td></td><td>实际保修价款</td><td></td></tr>
<tr><td>保修期
工程内容</td><td colspan="3"></td></tr>
<tr><td>质量缺陷
修复鉴定</td><td colspan="3"></td></tr>
<tr><td>试车记录</td><td colspan="3"></td></tr>
<tr><td>保修终止
验收鉴定
意 见</td><td colspan="3"></td></tr>
<tr><td rowspan="2">施工单位</td><td>主 管</td><td>施工负责人</td><td rowspan="2">施工单位公章</td></tr>
<tr><td></td><td></td></tr>
<tr><td rowspan="2">监理单位</td><td>总监</td><td>监理工程师</td><td rowspan="2">监理单位公章</td></tr>
<tr><td></td><td></td></tr>
<tr><td rowspan="2">建设单位</td><td>主 管</td><td>代表</td><td rowspan="2">建设单位公章</td></tr>
<tr><td></td><td></td></tr>
</table>

A. 0. 2 监理用表

表 A. 0. 2-1 工程停工通知单 (监 B-01)

表 A. 0. 2-2 监理业务联系(通知)单 (监 B-02)

表 A. 0. 2-3 会议记录 (监 B-03)

表 A. 0. 2-4 专题报告 (监 B-04)

表 A. 0. 2-5 备忘录 (监 B-05)

表 A. 0. 2-6 施工监理工作月报 (监 B-06)

工程停工通知单

表 A.0.2-1

监 B-01

工程名称：________________________　　　　编号：________

承包人：____________________

__________工程，______部位，由于______原因，现通知你截止于______年______月______日______时，对______暂时停工。

总监理工程师：______ 日期：______

签收意见：

签收单位：____________

项目负责人：______ 日期：______

抄报：

抄送：

本表由监理机构填写，一式三份，业主、承包人和监理各一份。

监理业务联系(通知)单

表 A.0.2-2

监 B-02　　　　　　　　　　　　　　　　　　　　　　年　　月　　日

工程名称		编号		附文	
联系事由		主报(送)单位		监理签名	
		抄送(报)单位		总监签名	

内容:

主受文单位签署意见:

____________会议记录　　表 A.0.2-3

监 B-03

工程名称：____________　　编号：______

分部工程		主持人	
会议地点		会议日期	

会议主要议题：

签到者	工作单位	职务	联系地址	电话

本表一式多份，参加会议单位各一份，表后附会议记录内容。

______专题报告 表 A.0.2-4

监 B-04

工程名称：______ 编号：______

事宜：

______

致______：

就以上事宜向贵方提出专题报告。

附件：

总监理工程师：______ 日 期：______

签收意见：

签收单位：______

负 责 人：______ 日 期：______

抄 报

抄 送：

备　忘　录　　表 A. 0. 2-5

监 B-05

工程名称：________________　　编号：________

事由	

致________________

监理工程师：________ 日　期：________

总监理工程师：________ 日　期：________

抄报：

抄送：

监 B-06　　________工程　　编号：

施工监理工作

月报　（第______期）

（______年______月）

内容提要：

本月工程形象进度完成情况

工程签证情况

本月工程情况评述

本月监理工作小结

下月监理工作要点

监理机构：________________

______年______月______日

总监理工程师：__________

附录B 本规范用词用语说明

B.0.1 为便于在执行本规范条文时区别对待，对要求严格程度不同的用词用语说明如下：

(1)表示很严格，非这样不可的：

正面词采用“必须”；

反面词采用“严禁”。

(2)表示严格，在正常情况下均应这样做的：

正面词采用“应”；

反面词采用“不应”或“不得”。

(3)表示允许稍有选择，在条件许可时首先应这样做的：

正面词采用“宜”或“可”；

反面词采用“不宜”。

B.0.2 条文中指明应按其他有关标准、规范的规定执行时，写法为“应符合……的规定”或“应按……执行”。

水运工程施工监理规范条文说明

1 总　　则

1.0.2 本条所指国家规定必须实行监理的项目，系指大中型水运工程项目和重要的小型水运工程项目；其他项目为规定范围外水运工程项目。

1.0.3 本条按照交通部交基发[1994]840 号文的规定对监理单位的资质和监理工程师的资质要求作了明确的规定，这是规范水运监理市场和保证监理工作质量的需要。没有水运资质的监理单位和监理工程师不得从事水运工程施工监理。

1.0.4～1.0.6 本 3 条是指在工程监理体制中对监理、业主、承包人、设计单位之间关系的说明，业主和监理单位之间是委托和被委托的合同关系，监理和承包人是监理与被监理的关系，设计单位与监理单位是工作协作关系，这是交通部交基发[1994]840 号《水运工程施工监理规定（试行）》和建设部、国家计委建监[1995]737 号《工程建设监理规定》确定的。

1.0.7 国家现行标准和法律、法规主要是指中华人民共和国建筑法、建设部和国家计委建监[1995]737 号《工程建设监理规定》、交通部交基发[1994]840 号《水运工程施工监理规定（试行）》、国家工商行政管理局和建设部 GF—91—0201《建设工程施工合同》和相应的工程质量检验评定标准。

3 一 般 规 定

3.0.1 本条按交通部《水运工程施工监理规定（试行）》中明确的五条监理依据，并结合实际监理工作归纳而成。

3.0.2 本条是总结监理工作的规律，将施工监理划分为四个阶段。防止只注重“施工期”，不重视“施工招标期”、“施工准备期”及“交工验收及保修期”，所以本规范明确了各个施工监理期的工作内容。

3.0.3 本条监理机构的设置、监理人员与设备配置，视被监理工程的实际需要（规模、内容、合同工期、环境条件等因素）确定，本规范不作统一规定。

总监理工程师负责制是根据建设部、国家计委建监[1995]737 号《工程建设监理规定》制订的。监理试验室的设置未作出硬性规定。根据国外监理情况，为促进监理行业的水准，在大中型工程项目的监理中逐步配置独立的监理检验试验室。

3.0.4～3.0.7 监理机构的权利、职责与义务在中华人民共和国建筑法、交通部交基发[1994]840 号《水运工程施工监理规定（试行）》、建设部和国家计委建监[1995]737 号《工程建设监理规定》中均作了规定。

4 施工招标期监理

4.0.1 本条根据交通部《水运工程施工监理规定(试行)》对施工招标期监理的职责作了原则规定。

监理单位可以受业主委托,协助编写招标申请报告、编写施工招标文件、审查投标单位资质和业绩、组织或参加考察工程现场与投标答疑、参加开标、评标和定标及协助商签施工承包合同等。同时遵照交通部交水发[1999]6号《水运工程施工监理招标投标管理办法(试行)》及其他有关文件规定,还可以开展相应工作。

5 施工准备期监理

5.1 监理准备

本节是根据汕头港外导流防沙堤、华能汕头电厂重件码头、中海石油滑道工程、黄骅港一期工程等20余项部内外工程监理工作经验的总结。监理单位在监理合同签订后,必须做好施工监理各项准备工作,包括监理组织机构与人员、监理仪器、设备进场安排;监理人员进场后要熟悉合同文件,核查设计文件与图纸,掌握标准,现场复查,施工环境调查;编写《监理规划》和《监理实施细则》,进行人员分工落实责任制;建立工程质量控制体系和必要的监控制度,制定监理图表等。

5.2 施工准备期监理

5.2.1 本条就监理机构在施工准备期进行的主要工作予以规定。施工准备期与施工期乃至保修期的监理工作,是有机联系的整体,需要在整个施工监理过程中分期穿插进行。为了避免不必要的重复,在有关章节需要出现的,本条未做叙述。

5.2.2 施工组织设计是承包人对承建工程项目的总体安排。监理工程师要按5.2.2.1款所列主要内容认真组织审查,经总监理工程师签认后,报业主批复作为承包人施工和监理工程师对其进行管理的依据。

施工组织设计一经批准,不得随意变动;如有充足理由需作变动,则由承包人书面提出,并经其原批准部门审批后,监理工程师重新组织审查,报业主批准。

5.2.3 本条充分体现承包人是质量责任人的原则。承包人的质量管理体系规定由有资历的专职质量负责人,建立一个上下贯通,职责明确,制度健全的质量自检组织。

明确承包人质量负责人由项目经理或项目总工担任,目的在于明确承包人的负责人是第一责任人,从而便于加强对工序的质量控制。在质量控制中,应始终贯彻承包人自检为主、报监理工程师抽检复试的原则,避免以监理检验代替承包人自检的错误做法。

承包人的自检机构及自检人员除直接接受项目技术负责人的领导外,尚应接受监理工程师的业务指导及指令。

承包人自检职责及分工,在实际工作中,根据自检人员不同层次和岗位,具体予以划分并深化。

承包人的质量责任人也是根据 FIDIC 条款 15.1 条提出的。

5.2.4 为了使承包人的试验室与监理试验室在称谓上有所区别，故将其定名为“工地试验室”。

关于承包人工地试验室的设备类型、规格及数量，监理工程师应根据承包人在投标书附件或其他文件中填报的内容并按实际情况予以审查。在承包人满足现场试验要求的条件下，监理工程师允许试验设备分期进场，也可批准承包人长期委托当地有相应资质的试验室进行试验。

5.2.6 本条是依据 FIDIC 条款第 42.1 条结合我国目前施工实际提出的。水、电、路、通信是开工条件所必需的。对承包人进场材料品种、数量、规格和型号将直接影响工程的质量，按有关规定进行严格监督管理。落实采购计划，避免停工待料。

对直接影响工程进度和质量的施工设备、数量要与承包人在投标书附表中所列内容与进场时间一致。

按投标文件，检查承包人施工进场的组织机构与主要人员组成。项目经理、主要技术负责人等管理人员一定要到位。如有变动，由承包人提出相应的调换名单重新报批。进场的岗位技术人员和主要管理人员应持证上岗，并在施工过程中保持相对稳定。

6 施工期监理

6.1 工程质量控制

6.1.1 本条列出的 7 项质量控制主要内容，根据被监理项目实际可予以细化。

6.1.2 本条提出了以预防为主的质量控制原则，使施工中出现的问题苗头消灭在萌芽状态，其重点是在施工前善于提出问题，施工中善于发现和解决问题，坚持上道工序不合格不得进行下道工序施工。

6.1.4 本条对材料、商品构配件和工程设备采购前的预先鉴定或进场后的验收试验的程序作了规定，目的在于防止不合格的材料、商品构配件、设备进场，影响工程质量。

承包人对进场材料按规定复验是保证工程质量的主要手段。同时明确材料取样送检应有监理人员见证，确保实验成果真实。

在承包人抽检试验的同时或对重要材料、关键部位、乃至有疑问的材料，监理机构同时进行试验(平行试验)，用以判断承包人试验的准确与可靠。

6.1.6 本条要求监理人员对施工现场分别采取定期巡视、检查、旁站的方法，对承包人的施工进行全过程监理。在条文中特别指明对关键部位混凝土浇筑和倒滤层、沉桩、灌注桩、强夯、排水板和水下安装等施工过程必须进行旁站监理。在巡视和旁站过程中对发现的施工问题要求承包人及时改正。监理人员随时纠正承包人违背施工方案进行施工的现象。

6.1.10～6.1.11 本 2 条遵循国家工商行政管理局、建设部[1991]年制定的《建设工程施工合同》合同条件第 16 条、交通部《港口工程质量检验评定标准》，(JTJ221—98)，结合工程实践编写。对隐蔽工程，分项工程验收明确了质量控制程序，体现了必须由承包人的质检人员按标准验收合格后，再申报监理复验和抽检，对合格工程，由承包人的专职质检员和监理工程师分别核定分项工程质量等级。在质量控制程序执行上，如果承包人的自检与监理工程师的检查配合得好，还可以进行平行检查，以减少层次、节省时间，并使检查中发现的问题能得以及时沟通和纠正。

6.1.12 尽管监理工程师在工程实施期间对工程质量进行了严格的控制，但在实际施工中质量缺陷以及质量事故仍难免发生。港口工程质量检验评定标准中讲述较多，为此本条对不同原因造成的不同程度质量缺陷作了概括性的规定。

应当注意的是，无论是质量缺陷的补救或质量事故的处理，均以不降低质量标准或使用要求为前提。经检测单位鉴定，达不到原设计要求，但经设计单位签认能满足结构安全和使用功能要求，应注意征得业主的同意，并在交工报告及交工资料中特别说明。

6.2 工程进度控制

6.2.1 本条列出5项进度控制内容是最基本的，在实际监理工作中，根据需要可进一步细化条款。

6.2.2 本条是依据FIDIC条款第14.1条和第14.2条提出的。本条目标是达到承包合同约定的工期，其重要原则是在保证质量的前提下保证工期，工期与质量是密不可分的，没有工程质量，工期也失去意义。工期控制的关键是采用动态的控制方法，把关键路线控制好。

6.2.3 本条根据工程监理工作经验，参照华能汕头电厂重件码头工程和黄骅港一期工程的实际而提出。在实际操作中以实现“工期目标”为前提，理顺承包人与监理机构之间进度控制程序。

6.2.4 本条主要强调监理机构要采取动态控制的方法控制施工进度。监理机构可以制定“每日(周)进度检查记录表”供承包人填写，监理机构每周进行核对并汇总记录。另外，监理机构采用相关进度控制图表等手段，结合承包人提供每月进度报告绘制时间、工作量关系曲线，定期向业主汇报并抄送给承包人。

6.2.5 本条是FIDIC条款第4.2条、第45.1条、第46.1条提出的，并涉及到第44条。正常性的进度计划调整，一般应每三个月进行一次，或者按合同条款规定的时间予以调整。调整进度计划是要对施工安排及施工力量进行实质性的调配。调整进度还往往会与延期索赔纠缠在一起，监理工程师工作时要具体分析、区别对待，并在与业主及承包人协商后作出决定。

6.3 工程费用控制

6.3.1 工程费用控制是根据FIDIC条款第56.1条编写。定期分析、制定防范措施、减少索赔是费用控制工作的主要内容。

6.3.2 本条根据交通部交基发[1994] 840号《水运工程施工监理规定(试行)》编写的。承包人自检合格并报监理工程师验收合格的工程，计量才真正对支付有意义。

6.3.3 本条工程预付款包含动员预付款和材料预付款。

6.3.4 本条是根据GF—91—0201《建设工程施工合同》合同条件第21条、第22条，结合监理实际经验编写。

6.3.5 本条是根据GF—91—0201《建设工程施工合同》合同条件第22条、第20条编写。工程预付款按协议条款约定的时间和比例在中期支付中逐次扣回。

6.3.6 工程变更根据FIDIC条款第52条,GF—91—0201《建设工程施工合同》合同条件第26条编写。工程发生变更增加新内容时,要协商确定单价,审核变更工程量,故强调变更工程按工程变更确定的支付原则,办理支付。

6.3.7 索赔费用根据FIDIC条款第53.5条,GF—91—0201《建设工程施工合同》合同条件第32条编写。

6.4 合同管理

6.4.1～6.4.2 合同管理的内容和原则是根据交通部交基发[1994] 840号文《水运工程施工监理规定(试行)》结合工程监理实践总结而成。

6.4.3 工程分包根据FIDIC条款第4.1条,GF—91—0201"建设工程施工合同"合同条件第36条编写。

指定分包根据FIDIC条款第59条编写。指定分包的工程通常均有其特殊性,因此宜设专人进行管理,有利于工程的顺利进行。尽管指定分包多是由业主决定的,但为了确保指定分包工程的质量和业主的利益,仍需要求指定分包人向监理工程师提交一份资格情况及证明资料。

6.4.4 工程变更的管理根据中华人民共和国建筑法,GF—91—0201"建设工程施工合同"合同条件第25条,结合FIDIC条款第51条与工程监理实践编写。其中业主、设计单位、监理单位、承包人,无论谁提出变更,均要经业主同意,由原设计单位出变更设计图。

6.4.5 费用索赔的处理系根据FIDIC条款第53条,GF—91—0201"建设工程施工合同"合同条件第32条、第37条编写。

其中不可抗力发生的费用由双方分别承担;承包人在施工中发现文物、古墓、化石、钱币等有考古、地质研究价值的物品或其他影响施工的地下障碍物时,应在48小时内通知业主,并报告有关管理部门和采取有效保护措施。业主收到承包人通知12小时内对承包人采取保护措施予以批准或提出处理意见。业主承担保护措施的费用,延误的工期相应顺延。

6.4.6 工程保险根据GF—91—0201"建设工程施工合同"合同条件第38条编写。业主按合同文件的约定办理建设工程和施工场地业主人员及第三方人员财产保险并支付一定费用。承包人办理自己在施工场地人员生命财产和机械设备的保险,并支付一定费用。

6.5 工地会议

6.5.1 本条总结监理实践,将组织协调和监理工作,定期以工地会议形式加以固定,但应根据各工程项目业主不同的管理模式来做此项工作,实现承包合同所约定的质量、工期和费用控制目标。

6.5.2 本次会议为在工地召开的参建各方第一次见面会议,故称"第一次工地会议"。开好第一次工地会议,对理顺三方关系、明确办事程序至关重要,为此在会议召开之前应有充分的准备。

第一次工地会议应在监理机构审查开工条件成熟时,建议业主及时召开。

6.5.3 监理周例会、月度生产协调会应在整个施工活动期间定期召开,故称"常规工地会议"。工地会议重点在对工程进行检查和协调,以保证施工活动正常运行。

(1)周例会

工地会议一般可每周召开一次。开会前应要求承包人做好书面材料,监理工程师也应就如何开好这次会议做好准备。

(2)月度生产协调会

现场协调会一般为每月定期召开,它是业主、监理机构、承包人三者之间的工作协调,总结本月施工情况,布置下月施工计划和要求。业主协助解决承包人提出的问题。

6.5.4 本条结合监理实际,针对施工中出现的技术问题,及时召开专题会议进行研究解决,确保工程施工正常进行。

6.6 施工监理交底

本节结合监理实际工作编写,使承包人进一步了解工程监理工作的内容和程序,便于施工中操作。

7 交工验收及保修期监理

7.1 交工验收

7.1.1～7.1.5 承包人完成施工合同范围内的全部工程,并进行了全面的自检和质量评定后,向监理机构提出预验收申请,监理机构及时对施工现场和有关资料进行审查后,确认具备预验收条件,由监理机构组织业主、承包人三方进行联合预验收,预验合格后,由承包人提出正式交工验收申请,监理机构再次进行审查,提出监理机构的意见报送质量监督站,由业主组织各有关单位进行交工验收,并共同签署“交工验收证书”。签发“交工验收证书”日期为交工日期。

7.1.6 本条根据 GF—91—0201《建设工程施工合同》合同条件第 28 条编写。监理机构在承包人交工工程预验收合格后,要求承包人编制工程结算书,并提供有关资料作为结算依据。经监理机构审核,业主确定,待交工验收通过后,办理交工结算。

7.1.7 根据 GF—91—0201《建设工程施工合同》合同条件第 27 条编写。

7.2 保修期监理

本节根据 GF—91—0201“建设工程施工合同”合同条件第 29 条,并结合 FIDIC 条款第 49 条编写。

8 信息与资料管理

8.1 信息管理

本节所列信息分类和信息管理,在监理工作中根据业主要求和工程实际需要确定。但强调信息管理的重要性并建立必要的管理制度。

8.2 资料管理

本节监理记录、月报和监理工作总结报告系监理工作实践总结。在今后监理实践中需不断补充、完善使之进一步规范化、制度化。

监理机构在施工过程中和工程交工验收工作中，必须重视资料的整理和归档工作。

参 考 文 献

[1] 交通部.水运工程施工监理规范(JTJ 216—2000).北京:人民交通出版社,2000
[2] 交通部.水运工程施工监理招标投标管理办法.交通部令 2002 年第 3 号,2002.6
[3] 交通部.水运工程建设市场管理办法.交通部令 1997 年第 1 号,1997.10
[4] 交通部.公路、水运工程监理人监理资质管理规定.交通部令 2004 年第 5 号,2004.6
[5] 交通部.水运工程施工监理规定(试行)(1994).交基发(1994)840 号
[6] 交通部.公路、水运工程监理工程师资质管理办法(1996).交基发(1996)29 号,1996.1
[7] 交通部.水运工程质量监督规定(2000).交通部令 2000 年第 3 号,2000.2
[8] 交通部.公路、水运工程监理工程师资格考试工作暂行规定.交质监发[2004]125 号
[9] 王祖志.监理概论(第二版).北京:人民交通出版社,2003
[10] 杨振寰.水运工程监理知识问答(上、下).北京:人民交通出版社,1999.8